汉语国际传播基础理论与实践研究丛书

U0646318

面向第二语言教学的
汉语本体研究

MIANXIANG DI'ER YUYAN JIAOXUE DE HANYU BENTI YANJIU

主　编　丁崇明　陈绂

作　者
（按音序排列）

白　荃　步延新　陈　绂　陈　颖　丁崇明　伏学凤　海　峰　胡秀梅　黄晓琴　柯　航
李　彤　李晟宇　刘兰民　卢华岩　吕俞辉　马新宇　亓　华　汝淑媛　尚　平　申东月
史芬茹　孙红娟　吴方敏　许艳华　杨　泉　张和生　张　会　赵清永　周　奕　朱志平

北京师范大学出版集团
BEIJING NORMAL UNIVERSITY PUBLISHING GROUP
北京师范大学出版社

图书在版编目(CIP)数据

面向第二语言教学的汉语本体研究/丁崇明、陈绂主编. —北京:北京师范大学出版社,2014.11

(汉语国际传播基础理论与实践研究丛书)

ISBN 978-7-303-17624-3

Ⅰ.①面… Ⅱ.①丁… Ⅲ.①汉语-对外汉语教学—教学研究 Ⅳ.①H195

中国版本图书馆 CIP 数据核字(2014)第 140989 号

营 销 中 心 电 话　010-58802181　58805532
北师大出版社高等教育分社网　http://gaojiao.bnup.com
电 子 信 箱　gaojiao@bnupg.com

出版发行:北京师范大学出版社　http://www.bnup.com
　　　　　北京新街口外大街 19 号
　　　　　邮政编码:100875
印　　　刷:三河兴达印务有限公司
经　　　销:全国新华书店
开　　　本:170 mm×230 mm
印　　　张:30.25
字　　　数:560 千字
版　　　次:2014 年 11 月第 1 版
印　　　次:2014 年 11 月第 1 次印刷
定　　　价:69.00 元

策划编辑:杨　帆　　　　责任编辑:杨　帆
美术编辑:焦　丽　　　　装帧设计:吴乾文
责任校对:李　菡　　　　责任印制:陈　涛

开展学术研究是推动我们学科发展的利器

（代序）

"汉语国际传播基础理论与实践研究丛书"自 2008 年筹划，2009 年立项，迄今已历时 5 年有余。碍于作者人数众多，加之我催稿力度不够等原因，致使出版时间一拖再拖。正因为如此，当责任编辑告知丛书付梓在即，嘱我为丛书作序时，我一时竟不知从何说起。

本丛书凡五册，包括《面向第二语言教学的汉语本体研究》《汉语作为外语教学研究》《汉语作为第二语言习得研究》《面向第二语言教学的中华文化与跨文化传播研究》和《第二语言教学研究中的前沿问题》。丛书的内容、体例、审定由编委会统筹，各册则由主编负责组稿。

这套丛书可以看作北京师范大学对外汉语教学研究的一个标志性成果，其得以问世，要感谢几位主编的尽心尽力，感谢全体编著者的辛勤劳动，感谢北京师范大学出版社的大力协助，特别要感谢学校的重视以及"211"经费的支持。

由于特定的历史原因，新中国的对外汉语教学从 20 世纪 50 年代开始就植根于高校，这一点与其他国家把母语作为二语教学的主体放在语言学校有很大的不同。高校是教学、科研并重的。一个只专注于教学而不重视研究的院系，在高校就没有学科地位，也鲜有发展空间，甚至没有生存空间，这是对外汉语教学发展几十年来的经验之谈。

汉语作为第二语言教学在国内形成独立的学科，是 20 世纪 80 年代初的事，迄今才及"而立之年"，实实在在是个年轻的学科。年轻的好处是充满朝气，但缺乏学术积淀的不足也显而易见。放眼全国高校，对外汉语教学单位大多是学术研究的"弱势群体"。时至今日，没有哪个综合性大学会把对外汉语教学当作自己要重点发展的学科。坦率地说，对外汉语教学也不该是一所综合性大学的"招牌学科"。但我们也应当看到，一所大学要在21世纪跻身世界知名、国内一流的行列，大概无法忽视对外汉语教学这个业已存在的学科，因为在今后相当长一段时间，对外汉语教学还将是国内高校展示国际化办学的重要窗口，是中外大学校际交流的重要纽带。更何况，在当前汉语国际教育的大背景下，这个学科紧密地服务于国家的和平发展战略。我们有足够的理由把我们的学科做大做强，而开展学术研究是推动我们学科发展的利器。如果中国的汉语国际教育研究能够引领世界第二语言教学的学科发展，谁人还敢小觑？

作为一个年轻的学科，我们需要学校的扶持，包括某些政策的倾斜，但毫无疑问，我们更需要的是学界内部的殚精竭虑、自强不息。我不敢高估本套丛书的学术水平，但我敢说，我们已经在努力，而且还会一直努力。

拉拉杂杂，凑成"千字文"，权且算作本丛书的"代序"。

张和生
甲午年小暑

前 言

　　汉语是世界上使用人口最多的语言，也是近年来作为第二语言选择学习人数增长最快的语言之一。汉语作为一种比较典型的孤立语，与德语、俄语那样的屈折语有着明显的不同，与斯瓦希里语那样的黏着语也有明显的不同。语言教学的核心是语言，而要搞好汉语教学，首先要对汉语的词汇、语法和语音有深入的研究，把握汉语的内在规律，搞清楚汉语与其他语言之间的异同，并在此基础上运用科学、有效的方法，使汉语学习者尽快掌握汉语，运用汉语进行交际。

　　本书并没有对汉语本体及教学进行全面系统的研究，而是对一些比较重要的、与教学相关的问题进行研究。本书中的大部分章节是从某一个特殊的角度对汉语或汉字教学中的具体问题进行研究。有的研究相对比较宏观，有的研究则相对比较微观，而大多数是把宏观研究与微观研究结合起来。

　　本书上编分别对汉语词汇、语音及汉字等问题分为三章进行研究。相对于上述三个方面，语法研究及其教学方面的篇幅更多一些，因此语法等内容的研究专门列为下编。由于国内外与第二语言教学相关的汉语词汇、汉字及语法三方面的研究成果较多，我们专门组织教师分别撰写了词汇、汉字、语法三方面的研究综述。希望读者通过这三个综述对这几个方面的研究现状有一个大致的了解。

　　词汇是外国人学习第二语言最为重要的部分，汉语的词汇有其自身的特点，在"词汇研究与教学"这一章中，本书分节对外国学生汉语词汇量的问题，某些复合词的语义及其构成理据，以及外来词、网络语词等问题进行了探讨。

　　文字是记录语言的书写/视觉符号系统，汉字作为主要记录汉语的书写/视觉符号系统，与世界其他语言的文字都不同。相对于学习表音文字，学习汉字需要花费更多的时间和精力，因此汉字学习常常成为汉语阅读与写作的"瓶颈"。绝大多数汉字是一个表示一定语义的语素，大多数汉字同时又是构成复合词的构词成分，而有的汉字还代表语义不相干的几个语素。汉字历史悠久，在整个汉语演变的过程中它并不是完全被动地记录汉语，它在一定程度上也影响着汉语词汇构成，甚至在某种程度上对汉语语法也有一些微妙的制约。总之，汉字与汉语的关系远比表音文字与它所记录的语言的关系要复杂得多。因此，研究汉字对于搞好汉字教学，对于外国人学好汉语是很有帮助的。汉字所代表的语素在词义构成中的情况也很复杂，汉语某些词汇的研究也要结合汉字所表示的语义加以研究。汉字以及汉字教学的研究在汉语第二语言教学中的地位极其特殊，这是表音体系语言的教学中未曾遇到的，本书专列了"汉字研究与教学"一章研究汉字及其教学问题。除研究综述外，这一章的主体部分主要分为三类：(1)汉字的构形理据及其教学；(2)外国学生学习汉字的讹误分析；(3)西方汉语学习者汉字教学策略。由于汉字与汉语的特殊关系，第一章第三节"汉语双音复合词及其组词语素与相关汉字的教学"，把双音节复合词与汉字结合起来研究，并探讨了相关汉字教学的问题。

本书的主要目的是努力揭示汉语和汉字的一些规律，希望我们的研究可以帮助教师掌握这些规律，搞好汉语教学。如第一章第五节"集合性复合词的语义特征及其构成理据"，研究某一类合成词的语义特征及其构成理据，其目的是挖掘这类词的构成特点，帮助汉语学习者学好这类词。

在定性研究的基础上进行必要的定量研究是本书的一个特点。如第一章第二节"外国留学生汉语词汇学习状况计量研究"和第二章第三节"面向对外汉语教学的汉字构形理据量化研究"突出的特点在于量化研究，而第五章第五节"汉语特殊疑问句形式反问句的形式特征调查分析"从三部作品中检索出 357 个反问句，对这些反问句进行定量统计分析。

从对比的角度来研究汉语，以展现汉语的特点，这也是本书部分研究的特点之一，如第三章第二节"汉日辅音系统对比及汉语语音教学"和第三章第三节"汉字对韩语元音和音节结构的影响"，又如第一章第九节"从颜色词素与人体词素所构成的复合词的意义看韩汉隐喻认知的差异"。

外国学生学习汉语的难点当然也是本书研究的重点。汉语的补语种类多，情况复杂，一直是很多外国学生学习汉语的难点。下编有三节从不同角度研究补语：第五章第一节"有关补语几个重要问题的重新认识"，第五章第二节"结果补语的句法语义及其相关问题"和第五章第三节"构成可能补语的主客观条件"。"把"字句是汉语公认的难点，第五章第四节"'把'字句语义、常用种类及其使用情境"，描写各类"把"字句的语法特征，归纳分析"把"字句的语义和使用情境。量词是外国学生学习汉语的一个难点，本书第六章第六节从历史角度研究汉语常用量词的来源问题，第六章第七节则研究"汉语陪伴性物量词的由来及其应用原则"。外国人学习汉语词汇，难在不知道词与词之间的搭配规律。词的搭配规律是比较隐蔽的语法规律，其研究难度大。第六章第三节"单音节形容词与名词搭配问题研究"和第六章第四节"双音节时空类形容词与后置名词搭配研究"分别探讨了部分形容词的搭配问题。

外国学生学习汉语的过程中必然会产生一些偏误，研究外国学生的偏误无疑对于教师帮助学生学好汉语和汉字是具有指导意义的。在第二章中有一节专门研究欧美学生学习汉字的偏误及其产生原因，另一节则研究日本学生书写汉语汉字的讹误及其产生原因。第八章专设一章研究外国学生的语法偏误，有的是分国别研究，有的不仅分国别，还对某一国家学生某一语法点的偏误进行专门研究，如第八章第三节"美国留学生'比'字句偏误分析"，第八章第四节"日本学生学习助动词的难点与误区"；有的则是对某一语法点的偏误进行研究，如第八章第二节专门研究离合词的偏误；也有的是研究语音的偏误的，如第三章第一节"汉语拼音对外国学生发音偏误的诱发机制及其教学对策"。

外国学生学习汉语实词中的同义词和易混淆词是学习的难点。第一章第六节专门探讨易混淆词的问题，第七节则探讨同义词的辨析问题。第六章讨论了副词"统统""丝毫"和"简直"的语义及用法上的问题，而第五章第八节研究了框式介词结构"对……来说"和"在……看来"的区别。

从语义及表达的角度揭示汉语的规律对于汉语教学来说无疑有着更加广泛的应用空间，有很多研究就是从语义或者表达的角度来研究汉语的。如第七章第一节"汉语的时间表达"，第五章第六节"汉语条件句的语义焦点与视角的双向性",第六章第一节"形容词 AABB 重叠式和'很＋形容词'语法语义研究",第六章第五节"属性的描述与表达"以及第七章第二节"句末'点儿'的语法功能和认知模式分析"。而第七章第三节则是研究修辞与对外汉语教学的。

本书的作者共 30 位,除一名博士生和一名硕士生之外,其他 28 位作者均在北京师范大学汉语文化学院从事外国学生汉语教学工作多年,也都有过在国外大学进行汉语教学的经历。作为北京师范大学汉语文化学院的专职教师,在教学之余,大家努力从第二语言教学的角度,对汉语本体进行研究。本书正是北京师范大学汉语文化学院这些教师近年来研究的部分成果。本书的大部分内容在国内的学术期刊上发表过,有的在原文的基础上进行了修改和补充,当然也有部分内容是此前没有发表过的。望我们的研究能对以汉语为第二语言的教学,能对汉语的本体研究起到一定的参考作用。

为促进汉语教学事业的发展,不揣浅陋,以此示世人,就教于方家,目的在抛砖引玉。

丁崇明　陈绂

目 录

下编　语法研究与教学

上编　词汇、汉字、语音研究与教学

第一章　词汇研究与教学

第一节　面向第二语言教学的汉语词汇研究综述[①]

词汇教学是第二语言教学的重点，由于汉语缺乏屈折语时态、语态、人称、性、数、格一类形态变化，词汇学习的重要性就表现得更为突出。相对于20世纪最后20年的对外汉语教学研究状况，进入21世纪以来，学者们对对外汉语词汇教学研究的重视程度有了明显的加强，研究成果无论是数量还是质量都有了显著提高。[②] 我们统计了从2000年1月到2011年6月发表在4种核心期刊上的有关研究文章44篇，即《世界汉语教学》16篇，《语言教学与研究》14篇，《汉语学习》4篇，《语言文字应用》10篇。本节主要基于以上44篇相关文章对21世纪以来对外汉语词汇教学进行综述。

这十年来的汉语作为第二语言词汇教学研究，主要集中在面向汉语作为第二语言教学的词汇本体研究、面向汉语作为第二语言教学的词汇教学研究、面向汉语作为第二语言教学的词汇认知研究三个方面，也有学者还就《汉语水平词汇等级大纲》进行了研究。

一、面向第二语言教学的汉语词汇本体研究

（一）汉语语素研究及在教学中的应用

近年来，在面向对外汉语教学的词汇本体研究中，语素研究越来越受重视。语素的多义问题、语素的难度和频率、语素构词能力逐步成为考察的对象和研究的热点，其研究成果也被运用到对外汉语教学中。语素教学也越来越受

---

① 本节作者：许艳华、张和生。

② 对外汉语教学核心期刊《语言教学与研究》1979年至1999年20年间的"汉语词汇研究"类论文共104篇，而"汉语语法研究"类论文共355篇；在"对外汉语教学研究"类全部279篇论文中，专门论及词汇教学的论文14篇，仅占5％。在1999年8月第六届国际汉语教学讨论会的211篇入选论文中，涉及词汇与词汇教学专题的论文只有24篇，占11％。

重视，从理论建设到具体的教学设计，研究成果日益丰富。

就语素的多义问题，李如龙（2005）提出了对外汉语词汇教学的频度原则和语素分析原则。认为在教学活动和教材的编写中，针对目前多义语素不能体现义项层次性的现象，必须适当考虑义项的实际使用频率，尽量按频度来安排义项学习的顺序和比重。要弄清每个语素参与构成的常用词的数目，对大纲中涉及的语素义进行整理，归纳出最简单、最常用的义项作为教学内容，并考察每个构词语素所组成的合成词，理出每个语素的基本义、常用义，进而合理编写教材，设计教学活动，让学生对合成词的结构和意义关系有初步了解。王娟等（2010）以汉字文化圈和非汉字文化圈背景的初、中、高级留学生为被试，考察了语素的多义性对留学生词汇习得的影响。发现语素的多义性对留学生习得词汇影响很大，留学生对语素多义系统的认识会随着汉语水平的提高而逐渐趋于完善。多义语素的构词能力会对留学生区别词语义项产生影响，构词能力越强，学生受到的干扰越大，区别判断的效果越差。

针对语素的构词能力问题，姜自霞（2005）以43个构词能力强的名词性语素构成的10008个词语为对象，从义项角度出发考察了语素在词中的位置及构词能力的强弱。邢红兵（2006）则以《汉语水平词汇等级大纲》的双音节词为基础建立了语素数据库，并对数据库中语素的类型、语素独立构词能力、语素的多义性等属性进行了统计和分析。经过研究认为，语素教学的思路是可行的，但要有针对性，构词能力强、语义透明度好的词语是语素教学的重点。

从对外汉语教学的"本位"观出发，施正宇（2008）针对近年来对外汉语教学基本单位的讨论，提出了以词、语素、汉字为基本框架的教学理念。她以词的使用频率和字的构形规律为线索建立了教学词库，梳理与之相关的教学字库。指出在教学中应做到字词兼顾，并在语素的基础上扩展学生的汉语能力和汉字能力。彭小川等（2010）也认为在汉语词汇教学中，应有针对性地吸收"字本位教学法"和"语素教学法"积极的一面，树立"词""语素""字"在教学中各当其用的意识。还有学者则通过心理学实验证明，在对外汉语词汇教学中，围绕核心字及其语义展开的词汇信息输入比逐词输入更有益于学习者的长时记忆，在对外汉语教学中应更多地采取按核心字输入的方式。（王骏，2008）可见在21世纪对外汉语词汇教学中，"汉字"和"语素"越来越被重视，字词关系已越来越多地被应用到词汇教学中去。仲清（2011）也认为应启发留学生的语素意识，引导留学生充分利用同素关系，注意语素分析与理据解释的结合，并根据实际情况区分语素分析法对于各类汉语词汇的适用性，都是有利于加深留学生对汉语词汇的理解和记忆，提高对外汉语教学效果的重要步骤和措施。

（二）近义词及易混淆词研究

近义词辨析是对外汉语教学的重点和难点。教学实践表明，由于意义相近、用法相似，难以区分，近义词成为制约留学生汉语词汇水平提高的"瓶颈"之一。对于汉语教师来说，能够正确及时地在课堂上应对学生提出的各种词语辨析问题，并非易事；对于海外汉语学习者来说，能够正确地理解并使用近义词就更难。学界对近义词及同义词的研究非常重视，学者们从实践出发总结了一系列教学对策。

刘春梅（2007）对《汉语水平词汇与汉字等级大纲》中的单双音同义名词的应用实例进行了统计分析，发现二者偏误存在不平衡现象，总结出偏误的主要类型有语义差异引起的偏误、色彩的偏误、音节限制引起的偏误、受量词修饰引起的偏误等，并在此基础上分析了偏误产生的原因。敖桂华（2008）阐述了近义词辨析的教学对策，揭示了近义词辨析应该从以下三个方面入手：辨析语义，探究语义上的细微差别；深入语境，捕捉用法的差异；区别词性，认知词性的语法功能。对教师教学和外国留学生学习汉语近义词具有一定的指导意义。吴琳（2008）针对同义词教学的复杂性提出了运用系统化、程序化的方法建立分层有序的同义词异同对比项目系统，使同义词教学有了具体的操作流程，更加方便。

尽管我们对留学生提出的各种近义词辨析问题有一系列的教学策略可以采用，尽管还有许多对外汉语近义词辨析词典为词语辨析提供了帮助，但近年来一些学者发现，从中介语的用词情况来看，不少留学生经常混淆的词无法作为近义词辨析。[①] 尽管从 20 世纪 90 年代开始，对外汉语词语辨析的范围有所扩大，提高了学习者学习汉语词汇的效率，但是，以往的同义词、近义词辨析已不能完全适应第二语言词汇教学的需要。近年来，词语辨析由本体意义上的同义词、近义词辨析扩展到基于中介语的易混淆词辨析。所谓易混淆词是"站在中介语的立场、着眼于目的与理解和使用中的词语混淆现象并根据混淆的普遍程度归纳出来的词语类聚"（张博，2007）。

张博（2005）第一次将中介语理论和易混淆词研究结合起来，对如何发现具有群体性、普遍性的易混淆词，怎样探寻词语混用的原因，教师给出怎样的提示能使学习者更好地区分这些易混淆词等方面的问题作了初步探讨，并在此基础上，又作了进一步研究。张博（2007）明确提出，面对对外汉语教学的词语辨析不宜固守"同义""近义"这类汉语本体研究提供的标尺，应当真正转换视角，基于中介语词语混用的现实进行词语辨析。并根据词语混淆的影响因素归纳了汉语中介语易混淆词的主要类型：理性意义基本相同的词、有相同语素的词、语音相同或相近的词、字形相近的词、母语一词多义对应的汉语词、母语汉字词与对应的汉语词。张博（2008a）做了进一步的理论探索，区别了

---

① 张博：《基于中介语语料库的汉语词汇专题研究》，4 页，北京，北京大学出版社，2008。

第二语言学习者中介语的词语误用和词语混淆，指出了汉语中介语易混淆词的主要特点，提出汉语中介语易混淆词的测查方法及辨析要领。张博（2008b）又针对第二语言学习者中介语易混淆词的特点、类型和现状，讨论了外向型易混淆词词典的编纂原则与体例问题。

萧频（2008）对印尼学生汉语中介语易混淆词做了研究，探讨了易混淆词的确定与混淆情况，分析了印尼学生因词形相同、形似而导致的词语混淆情况及混淆的原因，并对印尼学生汉语中介语语料中出现的词义混淆进行了描述。这是对汉语中介语易混淆词理论的运用，也是"目前所知第一篇探讨特定母语背景学习者汉语中介语易混淆词的专文"（张博，2008）。

随着第二语言学习者汉语词汇习得的研究不断深化，学界出现了比较深入细致的词汇语义研究。张博（2011）就第二语言学习中"母语词义误推"进行了分类并总结了其特点，将"母语词义误推"分为义位误推、义域误推和语义特征误推三类。她还指出研究母语词义误推，对于理性地探求第二语言学习者特异性词语错误的根源、认识不同类型的词语误推对语言表达的影响力并采取适宜的消解对策具有重要意义。

二、面向第二语言教学的汉语词汇教学研究

（一）汉语词汇教学方法、教学原则的研究

汉语作为第二语言词汇教学，既要从宏观上整体把握，掌握正确的教学原则；又要从微观上深入研究，探讨具体有效的教学方法。这两方面近年来学界都有涉及。

朱志平（2004）对留学生汉语双音节复合词的偏误作了分析，总结出双音词偏误的三种类型，并针对这些偏误类型提出了双音词教学应遵循的原则。她指出，在教学中应将语义结构作为双音词教学和研究的核心与基础，在双音词习得研究中应关注"隐性偏误"，应关注民族文化对词语的隐喻及思考方式的影响。

还有一些学者将其他领域的理论和成果应用到汉语作为第二语言词汇教学中来。焉得才（2006）提出了针对中高级汉语词汇教学的"有度放射"的教学策略，以帮助留学生在头脑中建立类似中国人那样的词汇网络系统。这一策略包括十二类放射形式：词义义项放射、同义义类放射、反义义类放射、类比放射、语素共核放射、解释性放射、结构放射、语体色彩放射、感情色彩放射、多重放射、文化词语放射、话题词汇放射。何清强（2008）指出不同的教学任务类型会产生不同的教学效果，在教学过程中通过教学任务的设计可以控制、调节学习者的认知、非智力因素，从而提高学习效率。何清强从不同的词汇教学任务出发，以影响词汇学习内隐学习、有意义的学习、选择性注意、信息加

工深度和动机五个因素，构建了词汇学习的"认识—动机"模型，并指出在词汇教学中恰当地调控这个模型将有效提高教学效果。郭睿（2010）把教育学中的"概念地图"理念引入到汉语作为第二语言词汇教学中，提出了中级汉语词汇教学"概念地图"的教学策略，这一策略利用词语意义之间不同类型的关系，以层级结构的形式列出词语，用呈现相关语义结构的方法来达到对词群意义的学习。干红梅（2011）考察了上下文语境对阅读中词汇学习的影响，发现语境的丰富程度会影响目标词的学习，强语境能降低词语的学习难度，尤其是对不透明词的学习有显著的促进作用；前语境对学习目标词比后语境的促进作用更大；语境同时具有距离效应，不同语义类型的语境对目标词的学习有不同的影响。

除了上述从宏观上对教学原则、教学方法的探讨，学者们也从微观入手，探讨将词形、词义系统、义类等因素运用到汉语作为第二语言词汇教学中来。

张金桥等（2005）以高、中、低三种汉语水平共 76 名外国留学生为被试，系统地探讨了词形和词义因素在留学生汉语词汇选择题选择判断中的作用。结果表明，词形和词义因素在留学生汉语词汇选择判断中发生重要作用，其作用特点与留学生的汉语水平有一定关系。同时指出在汉语作为第二语言词汇教学中，在教给留学生注意汉语词汇词形的相似性以及词义上具有关联性的同时，更应该注重这些汉语词汇意义上的细微差别，并注重在题干（语境）条件下理解汉语词汇的意义，强调汉语词汇的语用性和交际性，只有这样才有利于留学生掌握汉语词汇。周建等（2006）从汉语词汇的词义系统性和网络性对对外汉语词汇教学的作用入手，提出了结合词义系统进行词汇教学的原则和策略，指出单音词的教学要突出形、音、义系联原则；合成词的教学则要突出语素分析原则。朱志平（2006）针对双音节词第二语言教学中的两个难题：学习者阅读时切分词语的困难和近义词辨析的困难，指出在教学中引入双音词语素结合理据的分析有助于双音词语的掌握。理据勾连着双音词的各个语义要素，对双音词的句法、语用功能都有影响，理据分析的合理语用有利于激活第二语言学习者对双音词语素语义关系的感知，有助于区分近义词的意义、文化和用法差异。张和生（2008）通过实验的方式探讨了利用词语义类进行词汇教学的可行性和有效性。实验证明汉语义类可以有效地帮助留学生记忆汉语词汇，包括即时记忆和延时记忆。除此之外，汉语义类研究有助于对外汉语教材的编写；面向第二语言词汇教学的汉语义类系统研究可以用"义类词表"的形式编纂"汉语作为第二语言义类词典"一类的工具书；面向第二语言学习者编写的"义类词表"还可以直接服务于学习者，帮助留学生学习汉语词汇。

也有一些学者在教学实践和理论摸索中发现了目前研究中的不足，或提出了针对性的研究课题和方向，或尝试从全新的角度入手进行汉语词汇教学研究。张和生（2006）经调查发现，中级以上汉语水平的学生存在着较严重的汉语词汇量不足问题，学习者进入汉语中级水平以后，词汇量扩展的速度呈明显衰减趋势。针对这一问题，张和生提出了汉语作为第二语言词汇教学亟待研究的重要课题：应将探讨如何有效扩大学生的词汇量，如何有针对性地化解学生词汇学习中的难点作为汉语作为第二语言词汇教学的重要课题。李彤（2008）则通过对中级水平留学生双音节动词习得偏误的分析，提出词汇教学研究应加强词义教学，强调词语搭配的研究。苏向丽、李如龙（2011）针对目前研究不多的词汇知识深度问题，在词价（即词的价值，包括词的表义和使用功能）研究的基础上探讨了汉语词汇知识的深度习得问题。指出词汇深度习得的过程是学习者深化已有的词汇知识，用已知词促进未知词的过程。词汇深度习得的最终目的是帮助学习者建立起二语词汇语义网络。这一研究为对外汉语词汇教学研究提供了新视角。

（二）国别化的汉语词汇教学研究

随着国际汉语教育的发展，汉语学习者的国别呈现多元化趋势。不同的国别、母语背景，对汉语学习的迁移作用势必不同。以往学界对此类迁移的研究大多集中在语法上，而对不同母语背景在汉语词汇学习方面的研究涉及并不多。

朱勇（2007）就对日汉语词汇教学研究的现状与前瞻进行了描述和探讨，指出目前对日词汇教学主要集中在汉日同形词对比、中日汉字词异同统计、汉日同义异形词对比等方面。针对现状，他提出在今后的研究中应着力于词汇教学模式和教学内容两个方面，并尝试建构了对日汉语词汇教学模式：直接/间接教学、输入/输出教学、分级教学。

赵扬（2011）考察了韩国学生对韩汉同形同义、同形异义、异形同义、近形同义等类别的汉语词语的习得情况，发现与韩国语词语语义相同、语素顺序相反的汉语词语最难习得，韩汉同形同义词语最容易习得，对学习者习得汉语词语影响最大的因素是本族语和目标语词语的相似性与区分度。高度相似或区分度大，则容易习得；相似但区分度小，习得难度增加。

三、面向第二语言教学的汉语词汇认知研究

（一）基于认知心理学的实验研究

付瑞华（2003）提出汉语教学应当重视学生的认知系统，教师应有意识地推进学生的认知过程。在词汇教学中应将学生的注意力转移到词语的结构、含义和用法，有意识地编织汉语词语网络，重视词汇教学中的意识增进。

徐晓羽（2004）通过实验研究发现初级水平的留学生已经初具语素意识，通过语素义来推知词义是他们理解新词的一个重要策略；词的结构类型是留学生理解和生成中很重要的因素；同时字形、字音等对留学生词的认知也有一定的影响，语素的构词能力强弱、能否单用等也影响着留学生对复合词的认知。

高立群等（2005）以双音节汉日同形同义词、同形异义词、非日词语为材料，采用语音判断和语义判断任务，考察了"同形"对日本留学生汉语词汇加工的影响。通过研究发现，词形和学习者的汉语水平会影响心理词典表征结构以及词汇通达模式，初级水平学习者对同形词的加工是词汇联结模型，对异形词的加工是多通路模型，高级水平学习者的加工是多通路模型。不同汉语水平的学习者有不同的心理词结构，这是由学习者对词的理解深度不同引起的。

邢红兵（2009）以联结主义理论为理论基础，结合目前语料库研究的成果探讨了第二语言词汇习得的过程和特点。通过研究发现，词汇习得过程中存在四个关键性因素：家族、频度、一致性和规则性。这些关键性因素使具有相同属性的词聚合到了一起，其中"家族"是基础性因素。在此基础上构拟了第二语言词汇习得模型，将第二语言词汇习得过程分为静态词义的转换过程、动态词汇知识的纠正学习、第二语言词汇知识自主表征三个阶段。

冯丽萍（2009）采用启动条件下词汇判断的实验范式，以韩国和欧美学生为被试，考察了外国学生合成词加工中词素的作用及其与时间进程的关系。她发现，不同语言背景的学习者汉语词汇加工的总体趋势相同，但是在同形词素及语音激活上存在差异，提出在外国学生的心理词典中存在着形、音、义三个层次和词素与整词两种单元的表征。指出教学中应培养学生有效的词素意识；提高学生汉语心理词典各单元表征及相关联结之间的清晰性、条理性、稳定性；重视字词的语音教学等教学建议。

陈永朝等（2010）使用联结主义的语义计算模型，通过现代汉语语料和留学生中介语语料对一组复合词进行了语义抽取试验，得到一系列语义聚类的网图，并以此作为联结主义推行的"心理词典"映射假设，考察了初、中、高三个等级的留学生对复合词的语义习得情况。实验研究和理论推测表明：初级水平的留学生还不能很好地识别同家族复合词的近义、同形关系。随着水平的提高，留学生掌握同家族复合词的数量慢慢增加，他们的语义系统逐渐发展。到了高年级水平，留学生已经能够比较好地识别同家族复合词的近义、同形等关系，但是仍然不如汉语母语使用者的语义系统完善。

（二）语义透明度及词义猜测研究

运用认知心理学的研究方法，学界对汉语词语的语义透明度作了大量的研究。语义透明度是指复合词的语义可以从其所组成的各个词素的语义推知的程度，其操作性定义为整词与其语素的语义相关程度。① 从认知心理学的视角，通过词语语义透明度的研究，可以获知语义透明度对词汇加工的影响。从语义透明度的定义我们不难看出，其研究的基础是词语内部语素义和词义的关系。相应地，在词汇学方面，学界也有大量对语素义和词义关系的考察和讨论，词汇学的研究则侧重通过分析语素义和词义的关系类型来明确合成词的语义构成，二者可谓殊途同归。

干红梅（2008）以日韩、欧美、华裔背景的三组被试为对象，通过两个实验讨论了语义透明度对汉语阅读中词汇学习的影响。结果发现语义透明度对词汇学习影响显著，透明词的学习效果显著好于不透明词。建议在教材编写中注意透明词和不透明词的数量搭配和不同释义的要求，在教学中强调学习多义语素的新语素义，鼓励学习者通过语境学习不透明词。张金桥（2009）通过实验证实了汉语联合式合成词的内部词素结构，尤其是词素义和整词义的关系，是影响词汇通达的重要因素。张金桥等（2010）以中级汉语学习者为被试，考察了语义透明度等对中级水平留学生新造词语理解与学习的影响。通过实验证明，在留学生汉语词汇教学中应注重词汇语义透明度策略教学。利用语素义去理解整词意义的语义透明度策略，是一种经济有效的学习与识别策略。

对于语义透明度高、语素义和词义关系明晰的词语，留学生在学习中容易猜测，而语义透明度低、语素义和词义关系不明晰的词语在留学生的学习中则相反。以汉语词语语义透明度研究为背景，汉语作为第二语言教学界展开了外国学生汉语词义猜测研究。

郭胜春（2004）以构词语素义与词义存在一定关联的复合词为对象，考察了学习汉语已满一年的非日韩留学生在缺乏语境的条件下推测新词词义的能力。发现合成词的内部结构方式、构词语素的显义程度及语素的多义性、字形、学习者的经验和对世界的认识等因素均能影响词义的获得，从而提出了强调"合"的词汇教学思路，对非日韩留学生加强词汇语音和书写形式的教学、在教材中对加合型和融合型词语作不同的处理及在教学中更多地利用语义搭配的方法来讲授词义的教学建议。钱旭菁（2005）通过访谈的形式对一个有汉语背景的日本留学生在阅读过程中的词义猜测活动做了个案分析，总结了留学生在词义猜测中可能用到的三种知识：语内知识、语际知识、超语言知识。这为我们进一步了解留学生的词汇学习情况提供了很好的依据，对我们的词汇教学有一定的指导意义。张江丽（2010）以 40 名中级水平的汉语学习者为调查对象，对学习者双音复合词词义猜测情况作了定量研究。她指出，在复合词内

---

① 王春茂、彭聃龄：《合成词加工中的词频、词素累计频率及语义透明度》，载《心理学报》，1999（3）。

部，两个语素间的结构关系是词义猜测的重要影响因素。建议在教学中应提高学习者的语素意识，尤其应引导学生关注多义语素和语素的多义性；加强对复合词内部关系复杂性的认识；重视对词汇、汉字的深度加工。

（三）生词重现率研究

认知心理学实验表明，频率和记忆有着密切的关系，事物出现的频率越高则越不容易被遗忘。在汉语作为第二语言词汇教学中，"确保新教的字词可以在短期内有较高的复现率，可以显著提高习得效率和记忆效果"。（吴世雄，1998）字词的复现率是影响留学生汉语词汇学习的一个重要因素，也是教材编写和教师教学关注的问题。近年来，一些学者对这一问题进行了研究。

柳燕梅（2002）通过实验研究了生词重现率对欧美学生汉语词汇学习的影响，发现词频效应存在于词汇学习中，词的重现率越高，学生掌握得越好，采取提高生词重现率的教学方法能够促进学生的词汇学习。康艳红等（2005）对初级对外汉语教材中词汇重现率进行了研究，对对外汉语教材的编写和教学词汇的安排提供了很好的统计数据。江新（2005）通过实验探讨了非汉字圈学生汉语双字词学习中的频率效应。实验结果表明，整词的复现率影响双字词的学习效果；字的复现率影响双字词的学习，字的复现率越高，词的学习效果越好。因此在选择字词、编写课文时要尽可能兼顾汉字的复现率、词的复现率，以提高字词的学习效率。江新等（2006）通过一系列实验得出，在外国留学生汉语字词学习的影响因素中，汉语词语学习的因素是留学生的词语学习受单字出现频率和整词出现频率的影响，单字和整词出现频率越高，词的学习效果就越好。对外汉语教师可以选择一些出现频率比较高的合成词教授给学生，同时还可以考虑选择一些出现频率较高的常用汉字教授给学生，这样不仅有助于单字的学习，还有助于词汇的学习。

四、《汉语水平词汇等级大纲》研究

《汉语水平词汇等级大纲》（以下简称《等级大纲》）是我国对外汉语教学整体设计、教材编写、课堂教学及成绩测试的重要依据，尽管该大纲问世已经超过20年有必要进行修订，但其对对外汉语词汇教学仍具有指导意义。一些学者从大纲出发，以大纲为基础进行了汉语词汇教学研究。

苏新春（2006）在对《现代汉语频率词典》和《等级大纲》两个有代表性的词表进行对比的同时，以北大版和北语版教材的词汇状况作参照，探讨了不同目的下进行的词汇计量和词表制作对对外汉语教材编写的影响。通过比较，发现两种教材与词表的差异显著。因此提出应根据汉语教学的目的和功能编著教学用的通用型词表与专用型词表，在词表科学化基础上加强指导性，加强汉字教学，弥补词表的刚性不足等词表制定对策。李绍林（2007）对《汉语水平词汇与汉字等级大纲》中的甲、乙两级 3000 多个基础词作了难度分析，打破了基础词语简单易学的错觉，分析得出基础词语存在同形字多、虚词数量众多、义项多而复杂、构词能力强的特点，而级别较高的丙、丁级词语在不同上下文中音义则不会有太多的变化。因而在教学中应该从多方位对基础词语的不同义项、不同用法进行重现，从而使留学生能更好地掌握基础词语的意义和用法。

虽然大纲是指导我们教学、教材编写及测试的纲领性文件，但由于在编写过程中不注重语义义频统计等，还存在一些不合理之处。针对这些不足之处，近年来一些学者对大纲的修改提出了建议。

赵金铭等（2003）针对《等级大纲》中存在的由于缺乏义频统计而造成的多义词义项筛选及等级不明、兼类词词性失注或多注、兼类词词性排序不当、同形词误合为一及同形词失收等问题提出了大纲的修订意见：应在兼类词和同形同音词的划界、轻声词与儿化词的注音、等义词的括注、词缀的名称及处理、非词成分的处理等方面有所改进。马清华（2011）从词频与词类差异性原则的关系、词频与心理便捷性原则的关系、词频与内容现实性原则的关系、词频与任务针对性原则的关系、词频与高能优先性原则的关系等方面证实了在唯频率的标准下不可能制定出符合第二语言教学实际的词汇大纲，指出词汇大纲的制定原则应该以词频为基础原则，以词类差异性、心理便捷性、内容现实性、任务针对性及高能优先性为干预原则，做到语义、语用、句法三个标准的结合。

五、小结

从以上的研究我们可以看出，进入 21 世纪以来，学界对汉语作为第二语言词汇教学研究比以往更加重视，无论宏观还是微观的研究都对我们的汉语词汇教学有很大启发。学界在汉语作为第二语言词汇教学研究方面的进步是显而易见的，主要表现在：第一，与以往研究相比视角更加开阔，如苏向丽、李如龙（2011）从词价入手研究词汇，将词汇知识研究纳入到了汉语作为第二语言词汇教学中来，为我们的研究开启了全新视角。第二，研究领域进一步扩展，出现了教学研究的新动向，主要表现在以张博（2007，2008）为代表的学者对中介语易混淆词的研究。词义辨析的对象由近义词、同义词转变到易混淆词，表明我们更加关注站在第二语言学习者的立场，从学习者自身的需要出发，向解决学习者的词汇学习问题迈进了一步。第三，对教学原则、具体教学方法的探讨更加深入，这十年来的研究，不仅出现了对外汉语教学原则在本学科应用的研究，更有学者将教育学、心理学的理论应用到汉语作为第二语言教学中来。更多的学者则打破了以往研究的范式，更注重实证研究，将词形、词义系统、义类这些以往研究中不被重视的因素纳入到教学中，探索更加高效的教学方法。第四，更加重视语素、字词关系在教学中的应用，更多的学者将对语素和字词关系的研究成果运用到汉语作为第二语言教学中来，如施正宇（2008）、王骏（2008）、彭小川（2010）、仲清（2011）等，提出了具有可操作性的教学策略，对外国留学生的汉语词汇学习将有所帮助。

尽管我们的研究已经取得了长足的进步，但仍然存在一些不足之处。比如，学者们虽然比以往更加关注语素的研究和语素在教学中的应用，但是对于语素的多义性问题研究并不深入，对于多义语素的义项多义性及义项频率的研究并不多，语素的多义性与多义词的关系问题涉及也很少。汉语常用词的义项数往往很多，而目前在教学中对多义词的处理不外乎"随文释义"和"列举多个义项"两种，而多义词是留学生学习的难点，怎样处理好多义语素和多义词的关系问题，有待进一步探讨。

第二节　外国留学生汉语词汇学习状况计量研究①

一、引言

从第二语言习得的角度看，词汇学习是语言学习的难点与核心，是第二语言学习者最重要的任务。从对外汉语教学角度看，汉语的语法规则是有限的②，汉语的声韵调等发音规则就更有限，而词汇却是一个相对开放的量。我们通常在三至四个学期即可完成基本语法项目的教学，汉语的语音教学内容更是在几周之内即可完成，而扩大汉语词汇量可以说是学习者终生的任务。因此，在学习者基本掌握语音、语法规则后，词汇量的扩展应当是教学的核心，是对外汉语教学工作中最主要的部分。从开展对外汉语词汇教学研究看，为了使我们的研究更具针对性，我们有必要了解处于汉语学习各阶段的留学生的词汇量状况，了解他们的词汇量与他们汉语水平的关系，了解不同水平的学习者在学习、记忆汉语词汇时面临的问题和难点，了解他们在词语辨识和理解中容易出现的错误，而以往针对这些问题的研究并不十分充分。本节尝试采用计量研究的方法，通过抽样调查和诊断性测试，对上述问题进行探讨。

---

① 本节作者：张和生。原文载《世界汉语教学》，2006（1）。

② 《汉语水平等级标准与语法等级大纲》罗列的甲、乙、丙、丁四级全部语法项目为1168项，其中30%以上的项目与词汇教学有关。

二、外国留学生汉语词汇量调查

通过实验调查留学生的汉语词汇量，首先要定义一个汉语词汇总量，然后才能测算出被试的词汇量在词汇总量中的比率。语言中的词汇是一个无限总体，所以在留学生汉语词汇量统计中定义一个有限总体目标并非易事。北京航空航天大学"现代汉语词频统计"课题组的研究结果表明，汉语的词汇量是 4 万；以记录普通话语汇为主的中型词典《现代汉语词典》收词量约为 5 万 6 千。上述两个数字还不包括各学科的专业词汇及新词语，这样庞大的数字显然不适于用来作为对外汉语教学专业的词汇总目标。而对外汉语教学界经过几十年教学和多种语料反复统计、实践后，大体达成了一个关于词汇量的共识，即3000 词、5000 词和 8000 词可以分别作为词汇教学的三个界标，其中 8000 词又可以作为现阶段对外汉语教学专业的词汇总目标、总需求，"这一数量与社会的总需求基本是一致的，也是符合近期内教学规划和发展的实际的"。（国家汉语水平考试委员会办公室考试中心，2001）近年来有学者认为，《汉语水平词汇与汉字等级大纲》（以下简称《大纲》）把词汇量定为 8822 个失之于保守（张凯，1997），也有学者呼吁"扩纲"（李清华，1999）。鉴于我国当前对外汉语词汇教学的现状，完成《大纲》指标已属不易，"扩纲"并没有太大的现实意义，故本节仍把《大纲》所收 8822 个词语作为有限总体目标，从中抽取样本测量留学生词汇量。从被试对词语测量样本的识别计算出来的结果，应该可以作为对被试词汇量的一种估计。

在实验方案的设计中，我们无法回避的是统计学中的一个经典性问题，即如何从一个部分所具有的特征来推断总体所可能具有的特征。具体到我们的词汇量调查，就是在什么范围内选择哪些词语作为测量样本，以及在什么范围内选择被试。我们选择的词语样本，是否做到了词语总体中的每一元素都有一定的被选中的概率；我们选择的被试，是否能代表留学生的总体情况。

统计学认为，随机抽样能够克服统计中明显的或隐蔽的偏倚，故本节采用随机抽样的方法设计了"留学生汉语词汇量测量表"。统计学中的"随机"并非指样本中的事件是偶然的、完全无序的，而是指按照一定的步骤来构造样本使得总体中的每一元素都有一定的被选中的概率。因此，我们的词语随机抽样测量表实际上是在《大纲》8822 个词语中，根据词语等级（词频）、词语音节、词类、词义选择样本，并适当考虑词语样本书写笔画的多寡等字种因素。在不得不考虑控制测量时间长度的限制下，每一级词汇的选择比例均控制在 1.5%，共得 132 个词语作为测量样本。

考察学习者的第二语言词汇量，从严格意义上说，应当从听、说、读、写几方面测量，即了解被试在某一词语的输入与输出的各方面是否真正能把握一个词。受研究的时间与条件限制，本节的统计仅限于测量被试对词语书面形式的辨识，而且对被试是否真正识别某一词语，仅采用五点量统计方法计量，并未采用严格的客观标准判别。

经验告诉我们，对外汉语教学与其他第二语言教学一样，在初、中级阶段是词汇量大量增加的时间，而中、高级阶段词汇量的增加却呈缓慢性发展的趋势。为验证这一趋势进而分析其成因，本调查选择中、高级汉语水平的学生作为被试。我们知道，不经过严格的标准化水平测试，不考虑学习者是在母语环境下还是在目的语环境下学习第二语言，而仅以学习时间长短等因素把学习者的水平大致区分为初、中、高三个等级，不是一种科学、严谨的划分，即使同样的学习时间也有教师教学方法的优劣、学生素质的高低、课时密度的差异、教材深浅的不同等区别。但在第二语言教学界，包括对外汉语教学界，这又是通行的、尚可容忍的模糊分级方式。我们大体上以零起点水平在校专门学习汉语 800 学时以内，800 学时以上至 2000 学时以内，2000 学时以上，作为初、中、高三级汉语水平的界标，大致分别对应北京师范大学汉语文化学院 100～101（汉语言专业预科及本科一年级上学期，余类推）、102～202 和 301 以上年级。

调查对象以北京师范大学汉语文化学院的留学生为主，我们称为 A 组被试；作为对照组，我们统计分析的对象还包括一定数量的美国高校学生，即在母语环境下学习汉语的学生，我们称为 B 组被试。在考察不同类型学习者词汇量的同时，我们还关注汉字文化圈学生与非汉字文化圈学生在词汇量方面的差异。

在统计推断中，最普通的抽样框架就是一个包含所有打算对其进行概括的被试的（实际的或观念上的）清单，然后选取 n 个记录作为一个简单的随机样本，如果 n 足够大，那么均值会非常近似。为了方便选取足够的具有中级以上汉语水平的样本，同时方便了解学生词汇量与汉语水平的关系，我们对 A 组的调查统计是安排在有 600 名留学生参加的学院分班考试（placement test）上进行。为保证调查的有效率，我们是在考试进程过半，零起点或入门阶段学生退场后开始随机发放测量表。共发放测量表 100 份，又按词语样本是否给拼音分为 A1、A2 两组，每组各 50 份。回收 100 份，其中 94 份为有效表格。其中 A1 组 46 份，无拼音；A2 组 48 份，有拼音。鉴于目前我国留学生构成的现状，94 名被试基本上为韩、日籍，汉语学习背景各不相同，平均学习时间长度为 18 个月。有关 A 组被试词汇量测量结果如表 1-1 至表 1-3 所示。

表 1-1　A 组留学生综合词汇量及各级词汇掌握情况

词汇级别	词汇量		《大纲》词汇辨识率（%）	
	A1 组	A2 组	A1 组	A2 组
甲级	849	883	82	85.5
乙级	1120	1201	55.5	59.5
丙级	649	714	32	35.3
丁级	468	613	13	17.2
合计	3086	3411	35	38.7
总计	3248.5		36.85	

表 1-2　各学习阶段词汇辨识情况①

学习时间	词汇量	《大纲》词汇辨识率（%）
12 个月以内	2465	28
13～18 个月	2873	32.5
19～24 个月	3601	40.8
25 个月以上	3986	45

表 1-3　学生所在班级与学生平均词汇量的关系②

年　级	101	102	201	202	301
词汇量	1640	2593	3697	4272	4733

　　我们承认 1.5% 的词语抽样比例和 100 份左右问卷的样本量都偏小，因而我们这个调查的局限是显而易见的。尽管如此，我们仍然认为调查结果对了解当前不同水平留学生的"接受型"词汇量具有一定的参考价值。有趣的是，近期有学者对十余万字的"外国学生汉语作文语料库"进行统计，分析一至三年级以汉字文化圈为主的留学生作文用词情况。统计结果显示，各年级留学生使用的词语总量为 3985 个。（江新，2004）如果我们假定高年级学生掌握的词汇涵盖低年级学生词汇，那么上述统计数字与本节统计的学习时间在 25 个月以上学习者 3986 个词汇量惊人地相似。尽管"输出型"词汇量通常要小于"接受型"词汇量，但这也许可以从一个侧面证实本节统计的可信度，而不能只用巧合来解释。

---

　　①　5 名被试未标明学习时间，不在统计中。

　　②　表 1-3 为 A 组开学后一个月的所在班级，其时学生调班已结束，表明被试所在班级适合其汉语水平。

作为对照组的 B 组被试，均选自美国明德大学（Middlebury College）2004 年中文暑校三年级学生。他们主要是来自美国各高校的在校本科生、研究生，也包括少量大学毕业就业后进修汉语的在职人员。经筛选，B 组被试均来自非汉字文化圈，平均学习汉语的时间为 21 个月，较 A 组为多。对照组共发放测量表 41 份，其中 36 份为有效表格。

B 组被试是美国高校汉语学习者中的一个较为特殊的群体。我们知道，美国大学中常规的汉语教学为每周 6 课时左右，一学年约 30 个教学周，即 180 学时左右。北美最为通行的汉语教材《中文听说读写》① 一、二年级总共为学习者提供仅 2000 个左右生词。这样的教学量根本无法与中国境内的对外汉语教学相比。然而明德大学中文暑校采用的是短期密集型、沉浸式的教学方式，9周的课堂教学量就不低于 180 学时，且学生大多出自名校，综合素质较高。明德大学中文暑校的高年级学生中，其中很多人还不只一次参加过开设在中国境内的一些知名汉语强化项目，如"PIB""IUP""ACC""CET"等②，因而他们的汉语词汇量应高于那些无论在学习密度还是在教材上都受到限制的一般美国院校的学生。即便如此，B 组被试中学习时间在 19～24 个月的学生的平均词汇量为 3019 个，《大纲》词汇的掌握比例为 34%，还是明显少于 A 组的 40.8%。

本节统计过程中的一个遗憾是，A 组被试中有的是首次来中国学习，而 B 组被试中有的有在华学习的经历，因而本调查无法准确显示学习者在母语环境下或目的语环境下学习汉语在词汇量方面的差异。

分析上述抽样调查结果，我们可以得出如下初步结论：

第一，由于 A 组被试基本上为韩日学生，有一定的汉字背景，所以问卷是否提供词语发音对他们识词的影响有限，A1 与 A2 组词汇量无显著差异（见表 1-1）。

第二，通过 A、B 组的对照可知，韩日学生的汉字学习背景对"接受型"词汇量的正面影响是显而易见的，词汇量的大小与汉字辨识能力的强弱紧密相关。在学习时间长于 A 组的前提下，非汉字文化圈的 B 组被试词汇量只是 A 组的 84%。在汉语学习的初级阶段，汉字对欧美学习者造成的强烈困扰是学界熟知的。而本节的研究显示，汉字辨识能力对词汇量扩展的作用在汉语学习的中级阶段依旧显而易见。我们可以由此推断，对外汉语词汇教学应当在学生的各学习阶段强化汉字教学的内容。

第三，被试对词语的辨识率随着词汇等级的升高以平均超过 20% 的比例下

---

① 　Yuehua Liu & Tao-chung Yao：*Integrated Chinese*. Boston：Cheng & Tsui Company，1997.

② 　"PIB"，美国普林斯顿大学与北京师范大学合作的暑期中文教学项目；"IUP"，Inter-University Program；"ACC"，Associate College in China；"CET"，China Education Tour. 以上汉语教学项目均设于北京。

降。词汇等级越高，辨识率越低。这表明词频对学习者词汇量的重大影响，也证实了《大纲》对词汇等级划分的整体合理性（见表1-1）。因此，有意识地提高中、低频词语在中高级汉语教材、教学中的出现率与重现率，肯定有助于扩大学生的词汇量，有助于改善学生中、低频词语的记忆效果。

第四，学习时间的长度与词汇量的增长成不规则正比。但对于有汉字背景且平均学习汉语已经一年半的学习者来说，掌握《大纲》不足三分之一的词语，明显嫌少；至于学习时间超过两年的学生，而词汇量仅为《大纲》要求的45％，远远未达到《大纲》丙级词要求的5253的词汇量，就更显不足（见表1-2）。[1]

第五，学习者一年内词汇扩展进步显著，这与他们所学的词语出现频度较高有关，而一年后由于记忆负担显现等原因，词汇学习进步速度呈明显衰减趋势（见图1-1）。以这样的词汇学习速度，显然无法达到《大纲》所规划的前两年先掌握5000词、以后两年每年各掌握1500词。经过一年的学习，学习者已经初具汉语语法结构方面的知识，且有了一定量的词汇积累，但词汇扩展速度却明显放缓，这似乎是第二语言学习中带有规律性的问题。如果简单地把对外汉语教学中的这一现象归结于共核词汇以外的词汇比例加大，或语言类课程以外的课程加多，恐怕失之于片面，也无助于教学的改进。对这种现象还应从教材、教法、学习方法、第二语言习得等方面进行多角度探究，以寻求解决或改进方案。

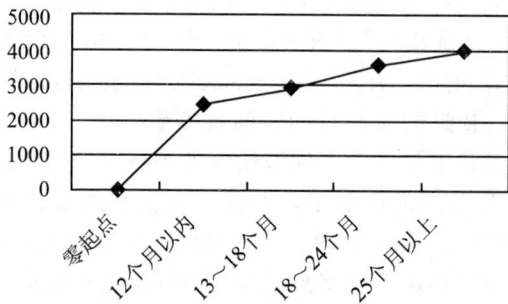

图 1-1　学习时间与词汇量扩展关系

第六，学生班级在相当大的程度上反映着学生的汉语水平，而学生的汉语词汇量与其所在班级的高低成正比（见表1-3），SPSS统计软件计算其相关值为0.565，为高度相关。我们甚至可以据此推断，仅根据词汇量即可相对准确地为学习者定级分班。

---

[1] 《大纲》认为，学习者应在两年内完成5000词的学习。

三、外国留学生汉语词汇学习难点调查

如果我们承认现阶段留学生的汉语词汇量不足，注意到中级水平学生的词汇学习效率降低，词汇扩展速度明显放缓，那么我们下一步要做的应该是开展扩大留学生汉语词汇量方法的研究，而这一研究应当基于对外国学生汉语词汇学习难点的调查与分析。

我们的实验采用诊断性测试（diagnostic test）的方式设计。所谓诊断性测试，指该测试是根据我们在对外汉语词汇教学中发现的学生常见错误，来设计答案线索或备选答案作为干扰项，预期通过对被试选择答案的分析，印证学生在学习、记忆汉语词汇时面临的问题和难点。试题形式为多项选择唯一答案的客观题。考虑到实验条件的限制，试题仅选择《大纲》各级词汇以及超纲词共40个，按词语等级分为 a 至 e 五组试题。选择项的设计包括从语素或字形类属判断词义、同素异序词语对词义识别的影响、同义词辨析等因素。为避免上下文对词义的提示，测试题的题干采用无语境的单词形式；为避免或减少选择项中相对低频词语对调查目的的干扰，选择项使用的词语原则上与题干词语属于同一级别。

我们仍然把调查对象限定在中级以上汉语水平的学生。本实验的被试与上文"外国留学生汉语词汇量调查"之 B 组被试部分相同，即均为美国明德大学2004 年中文暑校三年级至五年级的学生。我们根据被试的所在年级，又将被试分为两组：三年级为 A 组，平均学习汉语时间为 2 年以上；四、五年级为 B 组，平均学习汉语时间为 3 年以上。调查时间安排在为期 9 周的沉浸式、强化型汉语教学即将结束前，被试的汉语水平较先前做词汇量测量时又有了一定的提高。调查共发放问卷 52 份，回收有效问卷 51 份。其中 A 组 40 份，B 组11 份。

通过实验结果分析，我们可以得出如下初步结论：

第一，尽管本测试样本偏小，且不以了解被试词汇量为诉求，但总体正确率偏低仍在一定程度上反映出学生词汇量不足的问题。B 组正确率高于 A 组，可以再次印证词汇掌握程度对学习者汉语水平的决定性作用。B 组在甲、乙、丙三级词语辨识的正确率上都高于 A 组，特别是在丙级词辨识正确率上明显高于 A 组，而两组在丁级词、超纲词的辨识中都存在着答案选择分散的"猜词"现象，两组在这一词汇等级区间的正确率上难分高下。这一现象或可说明，现阶段中级汉语水平与中高级汉语水平学生在词汇量上的差距仍主要体现在 5000词这个界标之内，特别是 3000 词到 5000 词区间（见表 1-4）。换言之，尽管美国把三年级以上的汉语教学统称为"高级"（Advanced Chinese），但实际上三年级学生与五年级学生的汉语词汇量的差距主要体现在初、中级与中级，而非

中级与中、高级。

表 1-4　汉语词汇学习难点调查结果

正确率（％） 被试分组	a组 甲级词	b组 乙级词	c组 丙级词	d组 丁级词	e组 超纲词
A组	79.4	62.5	43.8	48.4	28.1
B组	87.5	68.2	61.3	45.5	26.1
A、B组合计	a～d组正确率 62		a～e组正确率 55		

第二，从问卷中五组题目各自的答题情况看，A、B两组被试的正确率基本上都是随词频的降低（即词语等级的升高）而降低，再次印证词频对词语辨识的决定性影响。

第三，中级以上汉语水平的欧美学生已经具有了一定的语素意识，年级较高的 B 组被试"熟字生词"现象少于 A 组，可以说明其语素意识强于 A 组。从他们猜测词义时对选择项的取舍可以发现，两组被试都在不同程度上有意识地运用有限的语素知识，即便对答案的选择是错误的，仍可看出语素对他们判断词义的影响。例如，在 A 组被试中，对"发烧"一词的意思做出了正确选择的只占 40％，而另有 40％的被试显然是受"烧"的影响错误地选择了"火灾"。同类的情况还可见于测试中的"出院""马虎""别扭"等例。利用字义（语素义）推导词义无疑是扩大词汇量的有效方法之一。加强汉字教学，或者说把汉字教学纳入词汇教学，应当是改进汉语词汇教学的一个重要途径。但被试由于受语素义误导而错误选择词义的现象同时提示我们，学界有必要继续深入开展语素义与词义关系的研究，有必要在一定的词语范围内开展不同水平学习者"从字义猜词义"成功概率的统计研究，有必要探讨促进学习者语素意识形成的方式。因为这是在词汇教学中引入汉字教学或开展语素教学能否成功的关键。

第四，对同素异序词语的误认是学习者词汇辨识中的高频错误。例如，在 A 组被试中，混淆"事故"与"故事"、"奶牛"与"牛奶"、"心虚"与"虚心"等词语的错误比例分别为 32.5％、25％和 22.5％。即便是 B 组，也有 27％的比例混淆了"法语"与"语法"。联想到在教学中常见的留学生把"讲究"读成"讲研"，把"上校"读成"上学"一类错误，我们可以发现，缺乏语素意识和语素位置感是发生此类错误的根本原因。在很多情况下，学生仍趋于不分别理解语素而是把词作为整体记忆，混淆同素异序词语的根本原因还是语素意识的不成熟。这一结论提示我们，强化汉字教学，加强由字组词的训练，或可扭转这一现象。

第五，被试由汉字部首类属推断词义的能力欠缺，表现为不能判断"跳"

"瞪""惆怅"等词分别与脚的动作、看的方式及心理活动有关，不能判断"砸"与"水""火"无关。A 组被试对此类词语的判断错误率达 40％，B 组被试虽明显强于 A 组，但错误率仍高达 25％。测试结果提醒我们，尽管现代汉字"据形说义"的基础由于汉字字形隶化与词义引申的影响而受到了限制，但在汉语阅读中，字形类属知识对词义的辨识仍具有积极的意义。

第六，从两组被试无人把"久"理解为"酒"以及仅有 4％的人把"剧场"误作"机场"等例子可以看出，汉字字形在很大程度上限制了同音词对学习者汉语阅读的干扰作用，这是表意文字与拼音文字相比的优势所在，也是我们呼吁加强汉字教学的理论依据之一。

第七，通过对测试中低正确率答题的分析，也促使我们设想利用义类方式开展词汇教学的可能性。例如，对测试中的乙级词"摘"，被试无法确定该词的词义究竟是"从上面拿下来""从地下拿起来""从里面拿出来"还是"用两只手拿"。该题 A 组正确率仅为 20％，B 组正确率甚至只有 9％，且两组的答案选择都十分分散。假如我们在词汇教学中能做到"按义分类，联系情境；集中显现，分散复出"（张和生，2002），令学习者在某一课文中集中学习了"摘""捡""掏""捧"等表示手的动作的动词，并进行辨析练习，相信完成这一类试题应当不是难事。利用成年学习者善于联想的能力，采用义类方式开展词汇教学，尽可能让他们在某一学习阶段同时接触到处于同一语义类属的词语，进而在同中求异，应有助于他们扩大汉语词汇量，有助于他们提高学生汉语近义词辨析的能力。

四、结语

通过对外国留学生汉语词汇量的调查以及汉语词汇学习难点调查，我们发现，中级以上汉语水平的学生存在着较严重的汉语词汇量不足的问题。学习者进入汉语中级水平以后，词汇量扩展的速度呈明显衰减趋势，这一现象值得我们关注。按照学习者目前的词汇量扩展速度，他们将无法达到《等级大纲》对词汇量的要求，因而就无法满足汉语阅读与交际的需要。中级以上汉语水平的欧美学生已经具有了一定的语素意识但仍不成熟，误猜词义或误认同素异序词语都是学习者词汇辨识中的高频错误。缺乏辨析近义词的能力，缺乏由汉字类属推断词义的能力，也是中级以上汉语水平的欧美学生存在的问题。探讨如何有效地扩大学生的词汇量，如何有针对性地化解学生词汇学习中的难点，无疑是当前对外汉语教学界重要的研究课题。

第三节 汉语双音复合词及其组词语素 与相关汉字的教学①

一、引言

汉语作为第二语言的词汇教学一直有两个问题有待解决：一个是双音复合词词义的教与学；一个是组成单音节词或双音节词的语素及其书写符号——汉字的教与学。这两个问题对双音复合词来说又是关联在一起的：复合词不好教是因为词内语素的语义不容易拿到句法层面来讲，双音词学不好是因为对词内语素的语义关系不理解而造成困扰；语素之不容易掌握往往是由于语素的多义性以及语素处于句法层面以下，而且又往往由于学习者没有掌握记录语素的汉字，等等。因此，从根本上讲，汉语双音复合词的教学是一个贯穿字—词—义三者的问题。

本节认为，关键在于语义的理解和掌握。但要在教学法的层面上探讨双音复合词教学，还需要结合双音复合词的本体研究和第二语言习得研究来进行。这里拟从四个方面讨论本节引言提出的两个问题：第一，汉语双音复合词的性质；第二，汉语双音复合词组词语素的特点与第二语言学习的关系；第三，汉语双音复合词组词语素结合理据对词义理解的影响；第四，汉语双音复合词组词语素与汉字衔接的问题。

在上述四个问题讨论的基础上，本节提出有关汉语双音复合词的第二语言教学原则。

二、汉语双音复合词的性质

（一）相关研究述评

传统的现代汉语词汇研究对汉语双音复合词性质的关注主要在三个方面：一个是音节性质；一个是词汇的语法性质；还有一个是组词语素的结构性质。

汉语的词汇有单音节的，比如"吃""穿""用"，也有多音节的，比如双音节的"国家""民族"，三音节的"小老虎""展览馆"，五音节的"发展中国

---

① 本节作者：朱志平。本节写作在一定程度上借鉴了国家社会科学基金一般项目"对外汉语教学使用的现代汉语双音词属性库的创建"（项目号 02BYY019，主持人朱志平，已结项）研究成果。该项目研究成果主要内容曾先后以专著或论文形式发表，因此，本节部分数据或内容与这些专著或论文相同或相关，均在下面注明并列出参考文献。

家"等。但这其中，单音节词和双音节词是汉语词汇系统中的主流，三音节或四音节以上的较少，多音节的词语更多属于短语范围。根据朱志平对 2003 年出版的《汉语水平词汇与汉字等级大纲》（经济科学出版社）8822 个词的考查，其中主要是单双音节词。（朱志平，2005）

事实上，多音节词多半是在单音节（或语素）与双音节的基础上形成的，比如上述的"小老虎""展览馆"都是在"老虎"和"展览"的基础上添加单音节语素构成的，"发展中国家"则是在"发展"和"国家"的基础上添加语素"中"构成，因此，学术界从音节角度对词汇的研究更多是集中在单双音节上。但是，在对双音节词的研究方面，传统的现代汉语词汇研究更多地关注附加式合成词，对复合式合成词以及连绵词音节特点的关注则相对较少。

词性研究是现代汉语传统的研究领域，双音复合词的词性应当是双音词词汇属性的一个方面，它涉及双音词的句法功能，值得关注。现代汉语研究传统对汉语词性的关注与研究有两个特点，一个是普遍关注各类词语，专注于双音复合词的比较少，另一个是更多地从句法层面探讨词性，较少关联词义与词性的关系。

双音复合词的性质很大程度上取决于组词语素语义及其结构关系。在这个方面，传统的现代汉语词汇研究更多关注的是组词语素的结构关系，多将组词语素的关系与汉语句法等同起来，比如将双音复合词语素结构分为五类：联合、偏正、补充、动宾、主谓。（黄伯荣、廖序东，1991）这样的分析使双音复合词语素间的结构关系变得很清晰，但也带来一定的问题——使双音复合词组词语素的关系简单化了，也容易误导学习者把词汇层面的结构跟句法结构等同起来。需要进一步指出的是，传统的现代汉语研究往往将词义与词的结构特点截然分开研究，这对于科学的研究分类和分析固然不无好处，但是这在客观上也给双音复合词的研究造成了障碍，致使双音复合词的研究往往止于结构类型而不前。

根据朱志平对汉语常用双音复合词属性的测查，从语言应用的角度看，汉语双音复合词的主要属性参数至少可以分为四类：基础参数、语义参数、语法参数、语用参数。（朱志平，2005）由此可见，"语法参数"仅仅只是第二语言学习者使用汉语双音复合词所需掌握的四个参数中的一个。有鉴于此，我们需要从不同角度来讨论汉语双音复合词的属性，下面要集中讨论的是它的语义属性，主要借鉴了汉语词汇语义学的引申理论。

（二）汉语双音复合词的语义属性

在朱志平所分汉语双音复合词的四类属性中，其中每一类都可以再次分为若干子类，比如"基础参数"有 3 个子类，"语义参数"有 9 个子类，"语法参数"有 2 个子类,"语用参数"有 9 个子类,见表 1-5①。

表 1-5　汉语双音复合词主要属性参数及参数分类

基础参数	字—素对应关系
	汉字构形的可分析性
	语素本义的可追溯性
语义参数	语素本义
	语素义引申线索
	语素义项数
	语素的自由度
	语素性质结构方式
	语素结合理据清晰度
	语义结构
	语义引申的民族性
	双音词义项数
语法参数	词性
	结构合成类型
语用参数	难度值
	难易梯度
	词频
	双音复合词义值含量
	语素构词频度
	语素 A 组词情况
	语素 B 组词情况
	双音复合词与其他语言对译情况
	学习者偏误

　　由表 1-5 所列子类参数可以看到:一是语法参数仅是四类参数之一,二是在四类参数中,语法参数的子类参数是最少的。这表明,对双音复合词的研究,特别是从第二语言教学的角度看,仅仅关注双音复合词的语法性质是不够的。

---

　　①　为了便于叙述,这里对朱志平《汉语双音复合词属性研究》原书所列双音词属性参数分类略作调整。

另外，如果根据传统的对语言要素的分类"语音、语法、语义、语用"来确定双音复合词的属性特征，我们还可以在表 1-5 四类参数的基础上补出一类参数——语音参数。语音参数也可以下设几个子类参数，除了音节数量以外，还可以有声韵特点、声调特点①，等等。不过，即便补出"语音参数"我们还是会发现，所有 5 类参数中，下辖子类参数最多的主要是"语义参数"和"语用参数"，设 5 类参数下辖 25 项子类参数，而涉及语义和语用的子类参数就已经有 18 项，占属性参数子类总数的 70％左右。从数量优势的角度看，"语义参数"和"语用参数"是会对汉语双音复合词基本性质产生重要影响的。根据这个我们认为，对双音复合词性质的判断应当更多地依据语义参数和语用参数，而不能局限于均衡地使用这 5 类参数，更不能仅仅只依据语法和语音参数。在这个结论的基础上，我们来讨论下一个问题。

三、汉语双音复合词组词语素的特点与第二语言学习的关系

纵览表 1-5 所列的各项子类参数，不难发现，"语素"几乎可以作为其中的"关键词"，在表 1-5 所列的 23 项子类参数中，有 12 项都与语素相关，显然，语素的基本属性与双音词的语义和语用特点密切相关。因此，研究双音复合词的教学，有必要首先探讨双音复合词组词层面上语素的特点。

这些与语素有关的参数，如果从组词语素本身及其与另一个组词语素的关系来看，可以分为两类：一类主要与组词语素自身的语义及特点相关，一类涉及两个组词语素之间的语义及其结构关系。前者如语素本义的可追溯性、语素本义、语素义引申线索、语素义项数、语义引申的民族性等；后者如语素的自由度、语素性质结构方式、语素结合理据清晰度、语义结构、语素构词频度、语素 A 或 B 组词情况等。

前者涉及双音复合词某个组词语素的语义及其形成过程，它们是语素语义形成的内因；后者关涉某双音复合词两个组词语素的语义关系及该词的形成过程，它们是双音复合词组词语素相互关联的外因。但二者又都构成双音复合词语义形成的内因，在一定程度上这二者还有可能成为双音复合词句法及语用特征的最根本的影响因素。显然，语素语义形成的内因会对语素语义关系产生影响，因为前者处在更为核心的地位。由于这个原因，我们这里先集中讨论前者。

（一）双音复合词组词语素语义形成的内因

"本义是与原始字形相贴切的词的一个义项"，也是"造字最初阶段的词义"，是"在现有的书面语言材料中可以追溯的最早词义"（王宁，1996），可

---

① 译音和假借也与语音性质有关，已纳入基础参数中的"字—素对应关系"。

见语素的本义在与语素自身语义及其特点相关的这一系列参数中又是最核心的。比如,"关(關)"① 的本义是"以木横持门户"(《说文·门部》),其本义可以追溯到"關"这个字形,"以木横持门户"就是关门,用门闩把两个门扇贯连起来。因此,也可以说"关"作为"关卡""关心"等双音复合词的组词语素,它的本义是具有可追溯性的。

当语素本义具有可追溯性的时候,语素的语义是"可视"的,我们可以从语素本义顺藤摸瓜,探求到语素语义引申的线索,这时,尽管某个语素在某个双音复合词中使用的并不是本义,我们还是可以通过本义分析出来。仍以"关(關)"为例,由于"关"是"用门闩把两个门扇贯连起来",这样一个动作产生两个结果,一个是切断内外(某个)通道,一个是关联两个原先分离的事物。顺着这两条引申线索,我们可以看到两组由"关"组成的双音复合词,一组是"关口、关卡、海关、开关";另一组是"关联、关系"等。后一组又进一步分化为关联事情("有关、关于")与关联情感("关心、关爱、关照、关怀")两条线。

不过,上面这个例子也表明,语素语义的引申线索是否清晰也很重要。在上面几组含"关"的双音复合词中,并不是每一组都同样清晰,它们在清晰度上有差别。我们可以看到,由于在"关卡""开关""关联"这些词语中,"关"的语义可以直接跟"关门"这个本义联系起来,这些"关"语义的引申线索就较为清晰,很容易理解,也便于讲解。而当"关"用在"关心""关爱""关照""关怀"这些词中的时候,似乎没有在"关口""关卡""海关"中那么清晰,不进行深入分析,往往难以把这些"关"跟"关门"关联起来,这些词的可理解性也就相对降低(当然,如果教师下点儿功夫,它们还是具有可讲解性的)。这个局面的产生跟"关"在本义的基础上辗转引申有密切关系,"关"的前一条引申线索是直接引申形成的,而后一条线索则是从另一侧面认识这个动作的结果而产生的,在这个基础上进一步跟情感关联。如果我们把语素语义的引申比作从原点出发旅行的路线,那么,"关卡"这条线就是一条有很多人行走的主干道,而"关系"这条线则是一条在草丛中的小路,不熟悉的人可能不知道它,那么,"关心"这条线则是小路上的分岔,它埋没在草丛中,不分开荆棘可能就看不到它。由此,我们可以看到从"关卡—关系—关心","关"这个语素的语义从本义出发,随着不断辗转引申,其引申线索的清晰度逐渐下降的过程。随着这种清晰程度的下降,双音复合词两个组词语素之间的语义关系及结构关系也就变得越来越模糊。可见,语素本义的可追溯性,语素语义引申线索的清晰程度都与语素语义的可理解性直接关联在一起。那么,进行双音词

① 简体"关"繁体写作"關",异体写作"関"。

教学，分析语素本义和引申义就是一项基础工作。

上面这个例子只是表明语义引申线索在清晰程度上的差别，实际情况要比这个复杂。比如，在"更换"这个词中，"更"尽管使用的还是本义，但是由于"更"字形笔画的改变，已经很难从字形直接看到本义。再如"若干"，"若"在词中使用的是假借义，"干"的引申线索比较曲折。它的本义是"干犯、冒犯"，《说文·干部》："干，犯也。"引申为"干涉"①，在此基础上引申出"牵连、关涉"义。又由于"乾""幹"两字简化为"干"，三字合为一字，更增加了本义追溯的困难。而"若干"本身作为一个代词，表疑问或概数，其语义就更不易分析，又何谈理解。因此，当碰到这样的语素时，教师下一番功夫就是不可避免的了。

由于语义引申的客观存在，语素本身就会携带不止一个义项，所以，语素本身具有多义性。根据朱志平的调查（朱志平，2005），在组成 3251 个常用双音复合词的 1882 个组词语素中，其中 467 个语素属于高频语素。这些高频语素中有 333 个含有两个以上义项，约占高频语素总数 71%。这个调查表明，三分之二以上的语素是多义的。那么，教学研究中在对双音复合词语素语义进行分析的时候，语素义项数就成为不可忽略的一个因素。比如，"机关"中的"机"，《说文·木部》："機（机）②，主发谓之机。""机"的本义指发射弓弩的机关，引申为表示各种有机关的机械，由"机械"义再引申为"飞机"。发射机关是弓弩最重要的部分，由此又引申为表示事情变化的枢纽，如"机要""生机"。由于发射机关多半灵巧，从另一个引申方向，"机"又引申表示"机智""机巧"。发射弓弩需要恰当的时间，"机"又引申为"机会""时间"，等等。由上面的几次及几个不同方向的引申，"机"产生了若干不同的义项。《现代汉语词典》列举了"机"的 9 个义项，刨除其中用于姓氏和用于"日理万机"成语中的两个，还有 7 个义项：①机器；②飞机；③生机；④机会；⑤机能；⑥动机；⑦机警。从引申方向看，义项①和②是由本义向同一个方向连续引申产生的，③和④、⑥和⑦引申方向也两两相同。即便是这样，"机"至少还存在 4 个方向的引申。分布在 4 个方向上的 7 个义项都集中在"机"这样一个字形上，教学研究中如果不加以分析势必会引起理解和课堂讲解上的困难。③

从"机"这一语素的本义及其语义引申过程我们还可以看到，这种引申与汉民族生活方式及其对事物的认知有着密切的关联。早期的弓弩由木制成，故

---

① "强行过问或制止不该管的事。"（曹先擢等：《汉字形义分析字典》，156 页，北京，北京大学出版社，1999）

② 字形简化以后与"机"合为一字，上古为两个字。

③ 根据"义列分素法"，朱志平主张将它们分成 4 个语素来教学，这里暂不讨论。

"机"以"木"为义符（形声字，从木，幾声）。随着汉民族的生产与生活的发展，"机"开始衍生出不同的意义，这些意义很难与第二语言学习者的母语及其生活经验一一对应起来，以英语为例，"打字机"是"typewriter"，"飞机"是"aircraft"，"生机"是"gleam of hope"，"机会"是"opportunity"，"机能"是"organic"，"动机"是"motive"，等等。再如前面讨论过的"关系""关心"一类词中的语素"关"，在语义引申上无疑也是具有民族性的，从第二语言学习者的角度看，从"关门"引申到"关卡"可能不难理解，但是从"关门"引申到"关系"甚至于"关爱"就不一定能理解，这正是由于这些引申多半是汉民族特有的。因此，关注语素意义引申的民族性也是双音词教学研究过程中不可缺少的环节。

以上我们依次分析了组成双音词的语素语义形成的诸多内因及其与教学的关联。这些内因共同促成了某个语素的特点：语义形成的内在理据性。这些理据既是基于人类的一般认知规律，又是跟汉民族特定社会生活条件下的认知方式关联在一起的。

这种特点使我们认识到：双音复合词组词语素的根本属性是语义的，而这些语素的语法属性往往就建立在语义的基础上。比如"贿赂"之所以不能带"钱、财"一类的词作宾语，主要是因为"贿"已经表示了"钱财"义。根据这样的事实，双音复合词的教与学更多地应该从语义入手，而不是简单地讨论其语素结构关系以及词性。特别是要引导学习者充分利用人类的一般认知规律并关注汉民族的特有认知方式。

事实上，在充分研究的基础上做到这一点并不难，有关学习策略的调查表明，在学习者已经采取的词汇学习策略中，有相当数量是跟语义相关的。

（二）第二语言学习者对语素语义的关注

根据刘超英的调查，从习得的角度看，第二语言学习者在采用一定的学习策略来学习双音复合词的时候，所采用的策略主要有 6 大类：利用汉字与词汇的音义关系知识策略、利用语素语义知识策略、利用词语外部环境策略、利用词汇语义关系知识策略、利用母语策略、利用重复来加强记忆策略。（刘超英，2007）这些策略的使用率如表 1-6 所示。

表 1-6　汉语双音复合词学习策略使用率

汉语双音复合词学习策略①	平均使用率（满分 5 分）
利用汉字与词汇的音义关系知识策略	3.12
利用语素语义知识策略	3.63
利用词语外部环境策略	3.54

---

① 该调查覆盖的汉语词汇主要是双音复合词。

续表

汉语双音复合词学习策略	平均使用率（满分 5 分）
利用词汇语义关系知识策略	3.16
利用母语策略	3.19
利用重复来加强记忆策略	2.93

从这 6 类策略的使用率来看，使用率最高的是"利用语素语义知识策略"。这个结论初步表明，第二语言学习者在学习汉语双音复合词的时候是比较关注语素语义的。

这些策略是在一些更为琐细的策略基础上归纳出来的，如果进一步分析它们的子策略，可能得出更为清楚的结论。

六大策略的下位子策略有 24 类。对 123 位中级水平的外国留学生的问卷调查结果显示，在这 24 个子策略中，使用率在 3.5 以上的主要是下述 8 个策略。（刘超英，2007）这些策略根据使用率降序排列如下（朱志平、冯丽萍主编，2011）：

(1) 分语素查词典策略（4.11）；

(2) 利用已知语素猜测词义策略（4.07）；

(3) 利用相近的母语词学习汉语词汇策略（3.78）；

(4) 利用上下文语义线索猜测词义策略（3.76）；

(5) 利用课文内容策略（3.71）；

(6) 多义词各义项关联策略（3.67）；

(7) 结合上下文重复记忆策略（3.62）；

(8) 汉字部件与词义关联策略（3.59）。

在上面的这 8 个子策略中，第①③⑤⑦项尽管字面上跟语义不是直接相关，可以很清楚地看出，它们其实也是与语义关联着的："分语素查词典"的目的显然是要通过词典对语素语义的解释来确定双音复合词的意思；"利用相近的母语词"是通过母语词的词义来获取汉语词词义，当然，采用这一策略的主要是汉字文化圈的学习者（刘超英，2007）；"课文内容"与"上下文"都涉及了目标词所在的语言环境，学习者显然是利用语境来帮助记忆目标词的。

以上数据表明，学习者的学习策略取向是倾向于从语义切入的。因此，教学中引导学习者关注语素语义并非难事。因为无论是汉语双音复合词组词语素的基本特点，还是学习者学习双音复合词的策略取向，都围绕着一个核心，这就是语义。

然而，有关学习策略研究的另一些结果也令我们有些担忧：学习者对语义的关注主要在组成汉语双音复合词的单个语素上。从刘超英 24 类子策略使用率的分项数据来看，在"利用语素语义知识方面"只有一项子策略涉及语素语义关系，即"利用语素关系分析词义策略"，其使用率为 3.3，而与之相对的另一策略"离析式语素语义策略"使用率还略高，为 3.34。这两个策略，前者关注双音复合词两个语素的语义关系以及与词义的关系，后者只关注单个语素语义与词义的关系。

这个现象可能与汉语单个汉字记词的特点相关，但是也提醒我们：不少学习者有可能是误以为两个语素意义相加即等于该双音复合词的词义。这样一来，有一个问题就是不得不讨论的了，这就是双音复合词组词语素结合的理据对词义理解和词义教学的影响。

四、汉语双音复合词组词语素结合理据对词义理解的影响

前面已经谈到，在与语素有关的两组参数中，一组涉及组词语素本身，另一组涉及组词语素的相互关系，后者是语素的自由度、语素性质结构方式、语素结合理据清晰度、语义结构、语素构词频度、语素 A 或 B 组词情况。

根据这些参数与组词语素及双音复合词词义的关系，它们可以进一步分为两类：一类与双音复合词语用相关，如"语素构词频度"和"语素 A 或 B 组词情况"；一类与双音复合词的词内结构相关，如"语素的自由度""语素性质结构方式""语义结构""语素结合理据清晰度"。

前一组参数虽然也与双音复合词组词语素相关，但主要关注点在不同双音词之间，而不一定在某个双音复合词内部，因此它们跟双音复合词的语用关系更为密切。从学习策略的调查结果看，学习者对同一语素在不同双音复合词中出现这一现象的还是比较关注的，如"离析式语素语义策略"（使用率 3.34）和"利用已知语素猜测词义策略"（使用率 4.07）都跟学习者关注这个现象有关系。另外，从汉字的角度看，这些参数又与汉字字形、字义关联，将在下一节讨论它们，这里集中讨论后一组参数。

在涉及双音复合词内部语素相互关系的这 4 个参数中，我们认为"语素结合理据清晰度"是核心，它是其他 3 个参数的集中体现。"语素的自由度"是语素在构词方面的一种性质，一个语素是否自由不是绝对的①，自由度较高的语素，既可能独立成为一个单音节词，也可能与其他语素一起构成一个双音节复合词，因此"语素的自由度"在这里更多地跟某个语素是否独立成词的可能性有关。根据朱志平的测查，组成 3251 个常用双音词的 1882 个语素中，三分之一为非自由语素，这些语素一般不独立构成单音节，只存在于双音复合词中。比如前面讨论过的"机"，由于语义向不同方向引申最终形成 4 个语素，

---

① 这里主要讨论与汉语双音复合词相关的实语素，不涉及那些完全不自由的作为词缀的虚语素。

其中表"机会""机能""机警"义的语素自由度都比较低，它们一般不单用；而表"机器""飞机"义的语素自由度则比较高。对比这两组语素的语义，我们不难发现，前者的意义不如后者清晰。这个例子也让我们看到，语素的语义在辗转引申之后，语义变得不清晰又是语素是否自由的基础，在这一点上，语素的自由度与语素语义的内因关联。

因此，语素是否自由，或者说语素的自由度高低会影响一个双音复合词词内语素语义的清晰度，当然也就会影响到语素结合理据清晰与否。与此相关的是，当两个语素自由度都高或者都低或者一高一低的时候，双音词的两个组词语素的意义本身和相互关系必然影响到双音词词义的清晰度，这就是"语素性质结构方式"的词义的影响。至于"语义结构"，它指两个语素是否直接生成，它其实是语素结合理据清晰度的另一个基础，有些语素结合成双音词的时候是以直接生成的方式，如"地震""朋友"，两个语素结合的理据比较清晰；有的则不是，如"花生""生意"，它们中间有些语素失落了，致使理据模糊；还有一些居中，如"鸡蛋""菜农"，虽然失落了一些语素，但能据两个语素的语义补出，处于半模糊状态。因此，当我们在教学研究中直接关注"语素结合理据"的时候，上述参数都会涉及。

由于学习者对语素结合理据的关注度不够，这就应当成为双音词教学的一个重点，这其实也是多数第二语言教师容易忽略的一个重点。理据是双音复合词两个语素结合的动因（朱志平，2005），它告诉我们两个语素为什么会结合。比如"包"和"袱"结合成"包袱"表示"用来包裹、覆盖衣物的布块"这个词义，在这个词义中，"包"表示"裹"①，"袱"表示"（……的）布块"，如果把它们分开，那么"用来……（衣物）的……"这个语义是不存在的，而"用来……（衣物）的……"正是使"包"和"袱"结合的理据。在"包袱"的成词过程中，诸多因素都参与了构词，如语素本义、语素义的引申线索等都参与其中，但最终使这两个语素结合的关键作用是由"用来……（衣物）的……"发出的，也就是说"包"和"袱"都跟它有语义上的关系。所以，当我们用"用来……（衣物）的……"把"包"和"袱"连接起来的时候，"用来包裹、覆盖衣物的布块"这个词义形成了。在这个基础上，"包袱"引申为"用布包起来的包儿"，又进一步经过比喻形成表示的"某种负担"这个意义。

"包袱"最初的意义已经渐渐远离现代生活，而今很少有人会再背着包袱乘火车或汽车出门远行，但是"背包袱"或"思想包袱"在我们的日常生活中并不少用，如果通过理据分析，把"包"和"袱"结合的过程重新展示出来，就可以把"背包袱"或"思想包袱"这样一些相对抽象的表达具象化，使之与

---

① "包"本义"胎衣"（《说文解字》："包，象人怀妊"），引申为"裹"。

学习者曾经有过的历史记忆关联起来，从而帮助他们快速掌握汉语词汇的语义及其使用。

可以清楚地看到，在"包袱"的成词过程中，语义不是"1＋1＝2"，而是"1＋1＞2"。也就是说，双音词的词义实际上大于两个语素语义的简单相加。再比如"菜农"指的是"种菜的农民"，与"果农"相对。在这两个双音复合词的语素层面上存在的"种……的……"这层意思并没有在双音复合词的字面上体现出来，这就形成一个表象：双音复合词的词义是两个语素的语义简单相加，所以它们往往会误导学习者只关注组成双音复合词的每一个语素。从另一方面讲，如果没有教师引导，学习者也无从获得两个语素结合的理据，从而形成对语素语义关系的臆测。"偏误合成词"应当是这种误区的一个表现。（邢红兵，2003）有些双音复合词的结合理据比较清晰，可以直接分析出来，如"地震""朋友""把握"，这是形成上述误区的另一个原因。

综合我们在本节"三"中的讨论，我们认为，涉及双音复合词的各种参数虽然很多，但是在教学中有两点是必须把握住的，一点是组词语素的本义及其引申线索，另一点是两个语素结合的理据。这两点正好卡住双音复合词语义的两头，本义是开始，引申是过程，而理据则是结束。因为当某个语素本义不易追溯到，语义引申线索也不清晰，这个语素的语义就是模糊的，那么，两个语素之间的语义及结构关系也就不会那么清楚。要是两个语素的语义都不具有可追溯性的时候，又何谈理据，那么，它们组成的这个双音复合词的词义也很难达到清晰的程度。这时，这个词的掌握就要依靠其他一些策略了。因此，组词语素的本义及其引申线索和两个语素结合的理据是词义的可理解性和易讲解性的基本保证。

鉴于语素本义的重要性，因此，与语素本义相关的另一些参数也是我们关注的，这就是记录语素的汉字与语素的对应关系及其构形的可分析性，它们涉及语素本义的可追溯性，下面我们从"字词衔接"的角度来讨论。

五、汉语双音复合词组词语素与汉字衔接的问题

诸多研究表明，来自非汉字文化圈国家的第二语言学习者掌握汉字并记住汉字所书写的词形，要比汉字文化圈国家的学生困难得多。根据朱志平的调查，在中级水平的"日韩""印尼""欧美"这三种学生中进行两种测试，一种是"听写"，学生写出听到的语句，而不能参考任何资料；另一种是听答，学生根据听到的问题写出回答的语句，可以参考相关课文，只是不能照抄课文。这两个测试的满分都是 10 分，调查结果发现，日韩学生任意抽取的在前一种的 5 次测试中都表现良好，成绩一直在 9 分上下，有的人每次都能得到 10 分，但在后一种测试中日韩学生表现一般；与此相反的是欧美学生在前一种测试中表

现较差，平均成绩均不超过 8 分，而后一种测试则表现良好。（朱志平，2007）很显然，前一种测试偏向考核学生对字词的机械记忆能力，后一种测试偏向考核学生对字词的理解能力。也就是说，后者跟语义的关联更紧密一些。这里暂不讨论印尼学生的情况，单就上述日韩和欧美学生表现的反差，我们可以分析出两点：一个是日韩学生的依靠母语跟汉语相关的字词掌握汉语字词的优势与过于依赖母语从而忽略母语词义与汉语词义细微差别的劣势，一个是欧美学生记忆字形的劣势与他们在无近义干扰下语义提取的优势。

怎样才能平衡二者的失衡状态从而使每个学习者均衡获益？我们认为，教师要在教学过程中帮助学生把字和词在语义上的关系衔接起来。事实上，在上述的调查中，不论是日韩学生还是欧美学生，在学习的优势方面都是利用了语义。日韩学生靠母语记住汉语字词是因为母语词在意义上与汉语词的关联，欧美学生靠直观的字词分析来获得对课文的理解并正确使用这些字词，也是利用了他们对汉语字词意义关系的分析与掌握。因此，语义正是可以将字和词衔接起来的纽带，也是平衡二者各自缺失的天平。

事实上，本节开头提出的两个问题，在这里已经汇合在一起。已如上述，语素的本义是通过对记录语素的汉字进行构形分析获得的。因此，对汉字进行构形分析的过程首先就跟汉字教学关联在一起，比如本节前面对"关"的分析，对"机"的分析，等等，都涉及了汉字构形分析。

根据汉字构形学理论，汉字有两个层面的元素，一个是构形元素，一个是书写元素。（王宁，2002）根据认知心理学的理论，认字的过程是对汉字解构的过程。（朱志平，2002）学习者如果掌握了汉字的结构关系，认知一个汉字就会变得容易起来，比如"初"是由"衣"和"刀"组成的，"章"是由"立"和"早"组成的，"国"是由"口"和"玉"（繁体为或）组成的，"初"是左右结构，"章"是上下结构，"国"是内外结构，等等。由于绝大多数汉字的构形基本遵循一定的规律，学习者在对每个汉字的解构过程中就会逐渐习得汉字的构形关系和构形规律。认知心理学采用三种字测试学习者对汉字的认知水平：一种是"非字"，比如把"她"的两个部件左右颠倒；一种是假字，比如把"他"的单人旁写成双人旁；一种是真字，及汉字系统中存在的字。朱志平利用这种测试方式调查第二语言学习者偏误，结果发现三种偏误：一种是"真（假）字偏误"；一种是"形似偏误"，把"这"写成"还"；比如还有一种是"音近偏误"，比如把"幸"写成"辛"等。这三种偏误在初级、中级、高级三个不同学习阶段比例有升降趋势，随着汉语水平提高，真（假）字偏误比例下降，"形似偏误"和"音近偏误"上升。（朱志平，2002）调查结果向我们展示了一个对汉字结构的认知过程：部件位置混乱—部件位置正确，音义关系混乱—音义关系接近。这里暂不讨论汉字形音义关系与汉字认知的问题，单就前一个认知过程看，学习者对汉字部件的认知事实上是经历了一个"解构—重组—复原"的过程。从双音复合词教学看，语素意义系统认知与汉字结构关系认知，这两个工作是重合在一起的。那么，如果能通过汉字构形分析追溯语素本义及其引申义，并从而引导学习者关注双音复合词语素意义的引申系统，就可以同时解决"双音词难"与"汉字难"这两大难题，缓解由于"两难"给学习者带来的学习压力，以一石而击二鸟，何乐不为呢？

另外，这里也顺便讨论一下表 1-5 与语素有关的另外两个参数："语素构词频度"和"语素 A 或 B 组词情况"。前者是某个语素组词的数量在语素整体中的对比情况，后者指双音复合词 A、B 两个语素各自组词的具体数量。从双音复合词的教学来看，它们都关注语素构词的多寡。具体到某个语素本身在双音复合词中的出现频率，它们就跟汉字构形分析与语素本义追溯以及语素意义的引申系统关联在一起。某个双音复合词的某个语素其本义分析得越清楚，就越有利于学习者将它与其他含有这个语素的双音复合词或单音词关联起来①，从而使学习者最终得以掌握汉语词汇的语义系统，真正掌握汉语。

六、汉语双音复合词第二语言教学设计的基本思路

依据上面的讨论，我们提出汉语双音复合词在第二语言教学中的教学设计的基本思路：第一步，分析记录语素的汉字的构形特点，了解语素本义的可追溯性；第二步，追溯语素本义及其引申线索，弄清楚语素意义的引申系统；第三步，关联不同语素的意义及其引申特点的民族性；第四步，分析双音复合词两个语素结合的理据，弄清楚语素的语义关系；第五步，将上述分析纳入课前的教学设计。

第四节　汉语双音复合词难易梯度的语义分析②

一、引言

难易梯度和教学顺序是第二语言教学在考虑"教什么"和"怎样教"（吕

---

① 这还需要建立在近义辨析的基础上，这实际上是双音复合词另一个语素的语义分析。

② 本节作者：朱志平。本节写于 2004 年，当时由于种种原因未发表。本节写作主要基于国家社会科学基金一般项目"对外汉语教学使用的现代汉语双音词属性库的创建"（项目号 02BYY019，主持人朱志平，已结项）研究成果。该项目对 3254 个常用双音节复合词（实词）的属性进行了测查，这些词主要选自《汉语水平词汇与汉字等级大纲》的甲、乙、丙级词汇。该项目研究成果主要内容曾先后以专著或论文形式发表，因此，本节部分数据或内容会与这些专著或论文相同或相关，均在下面注明并列出参考文献。

必松，1993）时不能回避的两个基本问题，词汇教学也不例外。双音节复合词（简称"双音词"）的数量在词汇中占多数，在国家汉语水平考试委员会制定的《汉语水平词汇与汉字等级大纲》（以下简称《大纲》）中共有 8822 个词，其中双音复合词 6077 个，占总数 69％。双音复合词的书写形式是两两结合，但词义却不等于语素义的两两相加，这往往给第二语言学习者带来切分和理解的困难。因此，无论从词汇系统还是从词的形式和语义的关系看，双音词都是词汇教学的重点和难点。

过去 20 年来，对外汉语词汇教学排序一直主要依赖词频。词频是中国人在日常生活中使用词汇的频繁程度，由于频繁使用，如果先学会了，对学习者固然会很方便。但词频只是双音复合词的语用属性之一，它不可能跟难易梯度完全对等。汉语第二语言教学要理性化，就需要将研究的视角扩大到词频以外的领域，在难度排序的时候把相关的因素都考虑进来。我们主张把双音复合词的语用属性和语义属性结合起来认识双音复合词在汉语第二语言教学中的问题。本节将在第二语言学习者偏误分析的基础上，分析影响 3254 个常用双音复合词难易梯度的语义跟语用因素，并以此说明我们的难易观。

二、汉语第二语言词汇教学中的变量

要确定双音复合词的难易梯度，首先要找到衡量它的客观标准。在日常生活中，词汇的难易常常跟个人经验相关。比如，一个久住北京的人可能对"胡同"这个词比较熟悉，但同时可能也就对"里弄"这样的词比较陌生，可是，如果这个人常在上海和北京两地居住，那他可能就会对它们同样熟悉；要是这个人住在广州，那么这两个词他可能就都不熟悉，这时我们就得根据这两个词本身的性质和特点来确定它们对学习者的难易程度了。从这个角度看第二语言学习，对学习者来说，词汇的难易程度主要涉及两个方面的变量[1]，一个是语言的词汇自身在客观上所表现出的难易梯度，另一个是学习者在理解词汇、使用词汇时感到困难的程度。前者是自变量，后者是因变量。具体到双音复合词，自变量涉及的是双音复合词自身的性质和特点。显然，这种性质和特点只会因其所属的实体不同而改变，换句话说，自变量只会因双音复合词的不同而有所变化，因此，依据这种性质和特点确定的双音复合词的难易梯度就具有一定的客观性。

因变量跟学习者自身条件关系密切，如学习者的水平、母语、个人学习策略等。在这些条件中，学习水平是跟自变量直接相关的主要条件，因为要从头学起，而且会不断进步。至于学习者的母语、学习策略等条件，则更多地涉及

---

① "变量是指随着时间变化而变化或因个体不同而有差异的因素。"（刘润清，1999）

个人因素。比如，不同母语的学习者对同一个词感到的难度可能不同。以"有"这个词为例，对以汉语为母语的人来说，"教室里有三个学生"和"他有三本书"这两个句子里的"有"没有太大的区别，所以，"他家有三口人"和"他有两个弟弟"极有可能放在初级阶段的同一课里教给学生，但这两个句子中的"有"在英语里完全不同，英国学生理解起来就有些困难。再比如说"请她做练习"和"请他吃饭"中的这两个"请"也不一样。但是这种区别也许只对英语为母语的学习者有用，而对其他语言为母语的学生没有用。因此，就不同母语的学生而言，他们对这两个词的难易梯度的感受可能很不一样，学习者个人的学习策略和学习经历就更是千差万别。因此，它们既是双音复合词这个自变量的因变量，同时也是学习者这个自变量的因变量，对这些变量的研究要通过其他一些渠道完成，如对学习者母语的对比、习得研究的实验、个案追踪调查等。从这个意义上说，学习者母语、学习策略等属于不易控制的变量。相对而言，学习水平则是容易控制的变量，我们有可能根据双音复合词本身的难度来确定学习顺序和教学方法，因此可以把学习者的学习水平作为主要因变量。

在确定了自变量跟因变量以后，还有一个绝对难度和相对难度的问题。不同水平的学习者对同一双音词的难度也会有不同的感受，对于一个学习汉语一年以上的学习者来说，"开水"这样的词不是什么难词，尽管他也许不知道"开"和"水"是怎么结合到一起的，但是对于一个"零起点"的学习者而言，"开水"同样也是一个难词儿。这种因学习者水平而变化的难度是相对难度，这也不在本节讨论的难度之内。

这里讨论绝对难度，它是我们从客观上对双音复合词确定的难易标准。一般来讲，它是由语义决定的，也涉及语用因素。在语义方面，双音复合词自身在语义上会表现出难度。比如，"爱情"和"事情"共用同一个汉字"情"，但是这两个"情"在语义上并不相同。"情"本指"情感"，所以"爱情"指"爱之情感"，这对第二语言学习者来说比较容易理解，因为人类的情感是相通的。但中国古人也认为"人的情感是先天就有的，引申为未经改变的原本的情况"（曹先擢等，1999），进而引申为"事情"。后一个意思就不易被第二语言学习者理解①。因此，由于"事情"的理据涉及汉文化，它对第二语言学习者的难度就要大于"爱情"。从语用讲，主要涉及某个双音复合词的使用频度。比如，"开水"这个双音复合词的理据并不十分清晰，且带有一定的文化内涵。但是它的使用十分广泛而且所指非常具体，学习者每天日常生活中常常涉及它，尽

---

① 这两个"情"，意义相差较远，我们不认为它们是同一个语素，参见朱志平《汉语双音复合词属性研究》。

管对它的构词理据不甚了解，学习者也能够比较快地掌握它。

三、双音复合词的语义及其与第二语言学习的关系

根据葛本仪对汉语词汇的分析，一个词至少有以下 6 个特点：具有语音形式，有一定的语义，是音义结合的定型结构，可以独立运用，是造句的最小单位，是造句材料的单位。不难看到，在这些特点中，由于"词的根本用途"是"组词成句以表达思想"（葛本仪，2001），它们是以语义为核心的。第二语言学习的最终目的主要是交际，交际的成功与否是以语义理解为前提的。因此，双音复合词的语用直接跟语义关联，这一点可以通过偏误分析来验证。

从成人第二语言学习的角度看问题，词汇偏误的产生往往说明说话人尚未真正理解所用词语的意义，所以我们可以通过学习者的偏误观察到问题的症结所在。根据笔者对 1110 例①第二语言学习者双音复合词使用偏误的统计和分析，与双音复合词使用有关的偏误，可大致分为 4 类②，如表 1-7 所示。

表 1-7　第二语言学习者双音复合词使用偏误分类表

偏误情况分类	偏误数	比例（％）
①同语素近义双音复合词之间的误用	518	47
②非同语素近义双音复合词之间的误用	250	23
③双音复合词使用不当	211	19
④其他	131	11

表 1-7 的第一种情况指应当用 A 词，却用了 B 词，AB 共用一个语素，意义相近，比如把"保管"说成"保护"（"﹡请大家保护好自己的贵重物品，以免丢失"）；第二种情况也指应当用 A 词，却用了 B 词，但 AB 两个词没有共用语素，但是意义相近，比如该用"安全"，却用了"保险"（"﹡一个人去旅行不保险，还是找个伴儿一起去吧"）；第三种情况指用对了词，但这个词在句中的位置或用法不对，比如"抱歉他"之类（"﹡父亲一直觉得很抱歉他"）；第四种则包括一些"该用词"和"误用词"双方不都是双音复合词的情况，比如"骗"与"欺骗"（"﹡他欺骗我的钱"），"反而"与"竟"（"﹡我以为你来不了了，你反而赶来了"），"反复"与"一遍"（"﹡她怕我们不明白，说了一遍又

---

① 这些偏误例子部分来源于杨庆蕙教授主编的《现代汉语正误词典》（笔者是编委之一），部分由作者在教学中收集所得，已经收入上述项目的成果之一《属性库示范软件》。下仿此。

② 为便于讨论，此处列举主要偏误类别，详细分类参见朱志平：《汉语双音词偏误的词汇语义学分析》，载《汉语学习》，2004（2）。

反复")等。

　　统计结果有两点值得我们注意，第一，偏误与正确之间几乎都是近义关系，刨除第三种"使用不当"，近义之间的误用占偏误总数 81%；第二，"同语素"之间的误用占偏误总数一半左右①。这两个现象表明，偏误产生的根源和语义有关系，主要是对词义理解的不准确，而且，"同语素"双音复合词之间的误用进一步说明，词义理解的不准确，根本原因是语素的语义理解不准确，特别是不相同的那个语素的语义理解不准确才是偏误产生的最根本原因。明确了这一点，在讨论双音复合词的难易梯度时，影响到双音词语义的参数就理所当然地要作为主要参数了。

四、决定双音复合词难易梯度的语义参数

　　既然我们已经确定双音复合词的难易跟双音复合词的语素义密切相关，那么，跟语素义相关的参数就要首先纳入我们的讨论范围。但是，语素并不直接进入语用，它们要结合成双音复合词以后才进入句子。在我们所调查的 3254 个双音复合词中，81% 的双音复合词含有至少一个不自由语素，也就是说，这些语素是不能作为单音节词直接进入句法的。而且，在剩下的 19% 中，两个语素结合的情况往往也不是简单地相加，比如，"口试"这样的词，尽管"口"和"试"都是自由语素，但是"口试"这个双音词的意思并不是"口"和"试"语义的简单相加。这表明，不能只在词汇层面寻找决定双音复合词难易梯度的语义参数，应该到构词层面去找。

　　在构词层面上分析语素，我们会发现语素是多义的，同一个语素在不同的双音词中它所承载的意义不同。比如，"开"作为单音节词（以下简称"单音词"）的基本义是"打开"，但是在双音复合词"开始""公开""开水"中，它所表示的意义则与"打开"相距甚远。根据《现代汉语词典》的"分素法"，我们对《大纲》中的甲级双音复合词所涉及的语素进行了统计分析，543 个双音节实词，涉及 569 个语素，其中 467 个在乙级、丙级双音词中一再出现，属于复现频率较高的。这些语素中"一素多义"的有 333 个，占总数 71%。从统计结果不难得出结论：语素的义项越多，语素出现在双音词中的频率越高，该语素组成的双音复合词难度就越大。从语用的角度看，在"开始""公开""开水"这三个双音词中，学习者要分辨的不仅仅是"开"是一个语素还是两个语素，更重要的是分辨以"开"为同一形式的三个不同意义。因此，"多义"是我们不能忽略的一个语义参数。

---

　　① 如果加上"骗"与"欺骗"这类同语素单—双音节词之间的误用（6%），"同语素"偏误达 53%。

　　这么多的义项，它们之间的关联与差别是什么？这是我们要关注的下一个问题。这个问题的讨论要追溯语素义的引申过程和汉字所承载的语素本义。在语言的系统中，语素的各个义项既不是杂乱无章地堆在那儿，也不是相互之间毫无关联。为了说明这一点，我们不妨对一组同语素的双音复合词作一个双向分析。仍旧以含有"开"这个语素的双音复合词为例，在《大纲》的甲、乙、丙级双音复合词中，有 14 个双音复合词含有语素"开"，它们是开办、开除、开动、开发、开放、开明、开辟、开设、开始、开水、开演、开展、公开、召开。如果根据义项来划分，这 14 个双音复合词可以分成 9 组：

（1）开辟、开发：使原本不相通的两处接通；
（2）开动：使机械的某些部件不再连接；
（3）开除：使劳资关系不再连接；
（4）开放、公开：使抽象意义的连接（封闭）断开；
（5）开水：（由于温度上升沸腾的水）静止的水面连接被断开（的水）；
（6）开始、开演：使……从静止状态到运作；
（7）开设、开展、开办：使……从无到有——从静止到运作；
（8）召开：使人员聚拢讨论问题——从静止到运作；
（9）开明：思想（不对外封闭）与社会变化保持连接。

　　冒号后是"开"这个语素在双音复合词中所含的意义分析。意义分析显示，上面的 9 组意义可归为 3 类：使原本不相通的两处接通、断开原有的连接、从静止到运作。进一步分析，"从静止到运作"实际上是抽象意义的空间关系上的一种对"原本不相通的两处接通"，因此，这 9 个义项实际上只表达了 2 种情况：接通、断开。这两种情况跟"开"的基本意义"打开"有什么关系呢？我们分析一下"开"的字形就清楚了。"开"的繁体写作"開"，和古文非常接近，字形表示"两旁为两扇门，中间一横为门闩，下面为两只手，表示用双手拉动门闩开门"。（曹先擢等，1999）当我们开门的时候，我们实际上是"接通"了门内与门外的空间，同时也就"断开"了原来关闭的状态。"开"所含有的语义都跟这两个引申方向相关，因为它们都是在这个意义的基础上产生的，这个根据汉字的字形分析得到的意义就是"开"的本义。因此，语素的不同义项是通过本义相关联的。这表明本义是否清楚会影响词义的清晰性，也表明义项的引申线索清楚与否关系到词义的理解，所以，本义和语素的引申轨迹当然也就是不可缺少的语义参数之一。

　　"开"在大多数双音复合词中是自由语素，由于它同时可以作为单音词进入语用，学习者比较容易把握它的意义。但是，汉语的词汇系统中有大量的双音复合词，它们所含有的语素是不自由的，不能直接进入语用。在前面的分析中我们已经指出，在本节所研究的 3254 个双音复合词中，81% 的双音复合词含有至少一个不自由语素，事实上，3254 个双音复合词共涉及语素 1860 个，其中非自由语素 1250 个，占语素总数的 67％，这个数字表明三分之二的语素不可能通过单音词来掌握。因此，这些语素的难度显然要大于自由语素。所以，语素自由与否，也就是语素在构词过程中的性质应当成为影响双音词语义难度的参数之一。

由于非自由语素的存在，在构词层面上我们还必须考虑两个语素结合在语义上的关系，这种关系可以从两个角度看，一个是两个语素结合的理据，一个是两个语素结合以后形成的语义结构。理据是从造词的角度对词语的研究，由于双音复合词是汉语词汇历史发展的产物，有些词的语义往往和它们的语素结合理据联系在一起。比如"国家""师范""人物"这些双音词，如果我们不追溯到它们形成时的历史背景和当时中国的社会生活、中国人的认知习惯等，我们是不可能了解到，"国""家"原来分别指诸侯和大夫的政治势力范围，是这段历史使它们结合到了一块儿；"范"原指竹制的模子，它是制作其他器物的标准，按照中国人传统的观念，老师应当成为学生效仿的楷模，所以，"师"和"范"才有可能结合成一个词；"物"原指"杂色牛"（王力，2000），引申为动物的毛色和种类，进一步引申表示"类别"，"人物"正是那些不同于一般人的人。这些词的理据并不那么清楚，需要加以分析。显然，当一个双音复合词的理据清楚时，它的语义自然也就很清楚，反之，则不清楚，这时学习者理解起来就有难度。比如"国家"的"家"跟"家庭"的"家"，后者比前者容易理解。既然如此，理据的清晰与否当然也就必须纳入我们确定双音复合词难易梯度的语义参数范围。

不同双音词的两个语素在语义上的关系是不同的，这种关系就是语义结构。比如前面我们已经论及的"口试"，"口试"是指"以口语问答为主要方式的考试"，"笔试"与之相对，它们是古代名词作状语结构的遗留；再比如"国家""窗户""花生"等，它们的两个语素（或语素义）中有一个已经失落了，只有当我们补足两个语素前后略去的成分，这个词的意义才昭然若揭。这类由于要补足意义成分或加以说明的双音复合词，学习者理解起来就不会像语义可以直接从两个语素本身表现出来的那些双音复合词那么容易理解。所以，语义结构也在一定程度上体现了双音复合词的难易梯度，是我们要考虑的。

以上是在构词层面上与双音复合词难易梯度相关的语义参数，在这些参数的基础上，我们还需要考虑词汇层面的问题。我们已知语素是多义的，与此相同的是，双音复合词本身也存在着多义性，因此双音复合词的义项也应当作为参数之一。

此外，还有语义引申方式的问题。前面谈到的语素义引申，它是造成语素多义的根本原因。不过在复合词层面上，义项的问题并不突出，在 3254 个双音复合词中，占总数 58.5% 的词只含一个义项，30% 的词含两个义项（朱志平，2005），所以我们采用双音复合词义项数作为语义参数之一，不进一步考虑它的引申轨迹。但是，与引申相关的另一个问题却不能不考虑进去，这就是语素和双音复合词的语义在引申过程中所表现出来的隐喻特点。

认知语言学的研究者认为，隐喻是一种思维方式，隐喻现象在语言中是普遍存在的。根据 Lakoff 等人的研究，英语里大约有 70% 的表达方式是隐喻性的。（张敏，1997）我们认为，汉语的词汇中同样存在这一现象，它表现为词义的引申方式。而且，由于隐喻跟使用语言的人的社会生活和认知方式紧密关联，隐喻就不仅具有普遍性，而且具有民族性[①]。对于第二语言学习者，汉语双音复合词及其语素的语义引申形成的具有普遍性的隐喻并不难理解，但是，语义引申形成的具有民族性的隐喻就不那么容易理解了。比如"宣布"，"宣"本指古代天子发布命令的大殿，在这个意义上产生了"发布"义，"布"本来指麻布，取布可以铺开的意义，引申为"诏告"，二者在此基础上结合为双音复合词；又如"题目"，本来分别指"前额"和"眼睛"，以其表现给人以深刻印象的人体部位而隐喻为表示文章的主题，等等。这些具有中国人民族特性和认知方式的词，难度显然要大于那些诸如"山顶""山脚"之类的带有人类认知共性的词。所以，隐喻的民族性也是要考虑的一个语义参数。

综上所述，我们讨论了 8 个决定双音复合词难易梯度的语义参数，它们是语素本义、语素义的引申轨迹、语素的义项数、语素性质、语素结合的理据清晰度、语素结合的语义结构、双音复合词的义项数、语义引申的民族性。

五、影响双音复合词难易梯度的语用参数

从语用的角度考虑难易梯度的参数，词频就成了首先要考虑的参数。但是，仅此还不够，还有两个参数是必须考虑的，一个是双音复合词的义值含量，一个是语素的构词量。

"义值"是"词形式所表现的内容"（张志毅，2001），义值的含量越大，义值所表现的语义就越具体可感。反之，语义越不可感，义值含量就越小。因此，双音复合词的义值含量能反映词义跟现实生活关系的远近，词义在现实生活中越具体可感，学习者理解也就越容易，反之则越难。比如，"东西"这样的词，虽然含有一定的文化内涵，但是因为它是学习者每天要接触到的，因而也就变得容易掌握。同样都由"彩"组成，"精彩"比"色彩"难于掌握，因

---

① 这个问题笔者另有专文讨论，限于篇幅此处不深入讨论。

为"色彩"所形容的事物往往是可视的，而"精彩"所形容的事物多半是不可视的。

"语素的构词量"是一个特殊的参数，它可以量化，但是它在数量上的表现跟"语素义项数""双音复合词义项数"的数量成反比关系。一般来讲，语素义项越多、双音复合词义项越多，学习者掌握起来难度就越大。但是，语素的构词量越大，语素在教学中的复现率就越高，这就带来两个结果，一个是学习者越容易熟悉它，一个是它对"同语素双音复合词"的学习就越重要——因为它带来教学中"同语素双音复合词"辨析的任务。这两个结果都跟学习者的"知识储备"有关系，一个语素的复现率高，就意味着它有可能成为学习者下一步学习所需的基础。因此，如果学习者先学会这个语素，他（她）对进一步的学习就会比较容易把握。因此，它也帮助我们确定双音复合词的教学顺序和教学重点。

六、双音复合词难易梯度的量化

在根据双音复合词的属性确定了与双音复合词难易梯度密切相关的语义参数和语用参数以后，我们需要将参数数据化，以便计算出表示难易梯度的难度值。下面先讨论 8 个语义参数。

第一，语素本义。"本义是与原始字形相贴切的词的一个义项"（王宁，1996），可以通过分析汉字的构形理据获得。但是，汉字经历了演变，不是每个语素的本义都可以通过记录这个语素的汉字字形获得。归纳起来，汉字字形和语素本义有如下几种关系：（1）汉字构形直接反映本义；（2）汉字构形不直接反映本义，但通过文献资料可以查找得到；（3）记录单音词或语素的是借字，不是本字，但是假借关系清晰可循；（4）本义无从追寻。第（1）类较容易，第（4）类较难，第（2）（3）类属于中等。因此"语素本义"的难易程度可以分为三档：本义清晰、本义可寻、本义不存。

第二，语素义的引申轨迹。当引申轨迹清晰，语素义跟本义的关系清楚，语素结合的语义关系就比较容易把握，这样的语素就易，反之则难。引申轨迹复杂的则属于中等。据此，我们把"语素义的引申轨迹"的难度分成三档：轨迹清晰、轨迹可寻、轨迹难寻。

第三，语素的义项数。它是可以直接量化的参数。显然，只有一个义项的最容易，义项最多的最难。所以，语素义项数的难度参数也设为三档，鉴于我们所研究的语素义项最多的为 9，最少的为 1，我们设第一档：1～3；第二档：4～6；第三档：7～9。

第四，语素性质。自由语素和非自由语素在双音词中主要有 4 种组合形式：F＋F，F＋Z，Z＋F，Z＋Z。由于非自由语素不能独立成词，在 F＋F 组合条件下，语素的语义最不容易掌握；F＋Z 和 Z＋F 都含有一个自由语素，难度相当，且比 F＋F 容易；Z＋Z 有两种，难度不一样，比如，"海拔"和"面包"的难度差别就很大。因此我们认为应分为两组：一组是"裁缝""海拔""笔试"等，写作 Z＋Z'；另一组是"课本""书包""面包"等，写作 Z＋Z。我们把"语素性质"的难度分为三档：Z＋Z；Z＋F，F＋Z，Z＋Z'；F＋F。

第五，语素结合的理据清晰度。语素结合的理据清晰时，双音复合词的语义就比较清楚，双音词也就比较容易理解，如"白菜""青菜"；有的则不那么清楚，如"蔬菜"；有的双音词理据则更难寻求，如"聚集""规矩"等。因此，我们将双音复合词理据的难度分为三档：理据清晰、理据模糊、理据难寻。

第六，语素结合的语义结构。根据王宁的研究，双音复合词结合的语义结构主要有三种：直接生成、半直接生成、非直接生成。"直接生成"指"语素义通过相应的语法结构方式直接生成词的使用义"（王宁，1999），如"口试""才能""蔬菜"等，较容易理解；"半直接生成"指"语素义部分失落"或"过渡性语素义不出现"（同上），如"窗户""国家""花生"等，相对难度加大；"非直接生成"指"语素义在词义上没有直接体现"，如"规矩""家伙""丝毫"等，难度最大。据此我们将"语义结构"分为三档：直接生成、半直接生成、非直接生成。

第七，双音复合词的义项数。多义项双音复合词也引起学习的困难，这也是一个可以量化的参数。"属性库"双音复合词的义项最多的为三个，绝大部分是一个，因此，取值范围也是三档。

第八，语义引申的民族性。语素义的引申具有人类语言共同方式的普遍性时，比较容易被不同语言的人所理解；语素义的引申表现使用该语言的民族特有的东西时，难于被持不同语言的人所理解。我们称前者是"理性引申"，后者是"状所引申"。难易也分为三档：无引申；理性引申；状所引申。

对于语用参数，鉴于词频是一个已经研究成熟的定数，由语义确定的难易梯度将与之对照。因此，其他两个语用参数暂时不宜作为难度系数进入难易梯度的计算，我们在此仅以之为参照。"双音复合词的义值含量"根据大小来定，"语素的构词量"设为 N。我们主张当某个语素的频度高，或者义值含量大，或其 N 值大于该语素的总难度值时，这个语素组成的词就应当相应提前一档，或作为重点教学。将语义的难度参数跟语用的难度参数结合起来，我们得出表 1-8。

表1-8　双音复合词语义、语用难度参数量化表

参数项		参数分档	参数量化
语义难度参数	语素本义	本义清晰、本义可寻、本义不存	(0～2) 2①
	语素义的引申轨迹	轨迹清晰、轨迹可寻、轨迹难寻	(0～2) 2
	语素的义项数	(1～3)，(4～6)，(7～9)	(1～9)＋(1～9)
	语素性质	Z＋Z；Z＋F，F＋Z，Z＋Z'；F＋F	0～4
	语素结合的理据清晰度	理据清晰、理据模糊、理据难寻	(1～9) 2
	语素结合的语义结构	直接生成、半直接生成、非直接生成	0～4
	双音复合词的义项数	1, 2, 3	0～2
	语义引申的民族性	无引申、理性引申、状所引申	0～4
语用难度参数	双音复合词的义值含量	义值含量大、义值含量小	
	语素的构词量	N	
	双音复合词的使用频度	甲、乙、丙	

根据上面的难度系数，当双音复合词的各项数值都是最低时，此时双音复合词的难度最低，因此最低难度值应当是2；与之相对，最高难度值则是58。②根据两极的数值，我们对常用的双音复合词3254个词作三次划分，每一次划分都是两档，如表1-9所示。

表1-9　双音复合词难易梯度划分表

划分次数	分档原则
第一次（对所有词进行划分）	最难，难度值≥36③
	一般难度，难度值≤35
第二次（对"难度值≤35"的词进行划分）	较难，难度值≥22～35
	不难，难度值≤21
第三次（对"难度值≤21"的词进行划分）	不难，难度值≥13～21
	容易，难度值≤12

三级划分的结果是得出了4档难度，分别为最难、较难、不难、容易。为了方便与词频排序对比，设容易—最难为第1档到第4档。按照上述难易梯度

---

① 最容易一档为0；双音复合词由两个语素组成，故乘以2，余仿此。

② 我们设语素义项最高的数值是9，双音词义项最高的数值是3。

③ 此处采用数值计算的"黄金分割法"，从0.618处取值。

数值的设定方法，逐个算出这些双音复合词的难度值，并依照数值的范围将它们排在 4 个档次中。

在此基础上，我们拿通过语义参数计算得出的难易梯度跟《大纲》的"使用频度"相对照，由于按照语义属性难度值分类的双音复合词跟按照词频分类的是同一批词，我们可以通过对比很清楚地看到这两种分类之间的差异。设"甲、乙、丙"三级跟第 1、2、3 档相当，两种排序的对比如表 1-10 所列。

表 1-10　词频难度分类与属性难度分类对比表

《大纲》	甲级词 543	乙级词 1247	丙级词 1464	
属性库	第 1 档 166	第 2 档 2087	第 3 档 978	第 4 档 23

在各级分别对比中可以看出：甲级词不都属于"容易"这一档；有的乙级词属于"较难"这一档；"较难"一档比丙级增加 25％以上；有最难的词。

为什么会有这种不一致呢？我们认为原因出在考察双音复合词的角度上。第一，《大纲》是把单音词和双音词混在一起排序的，这里暗含着一个未加证明的前提，即以为单音词与双音词难度相等，而事实上，由于存在构词层面的语义因素，双音词的语义比单音词难度大，本节的研究已经证明了这一点。因此，当我们根据语义来给双音复合词排序时，语义难度为容易的双音复合词并不多。换句话说，甲级词并不都是容易的，容易的词也并不都是甲级词。比如，"帮助""白菜""宝石"都在容易这一档，但却分属甲、乙、丙 3 级；"咳嗽""办法""半天""打算"都是甲级词，却分属容易、不难、较难、最难 4 个档次。

第二，当我们单纯从使用频度的角度去考察双音复合词的时候，我们实际上忽略了双音复合词本身的一个语义因素，即它所含有的语素的使用频度越高，这个词在社会生活中所指的相关事物就越复杂。这是由于人们从不同角度去认知词的所指及其相关事物时，所产生的词义引申带来的结果。比如"安"的本义是"安定"，作动词，就有了"使之安"的意思，由此又引申为"安排"，"安全""安慰"等，"安"的这种多义性正是它的常用性带来的。我们前面已经测查出，组成《大纲》甲级词的语素 71％都具有 2 个以上的义项，最多的达 8 个义项。因此，当我们从语义的角度去考察高频词的时候，显而易见，它们在语义上表现出的纷繁复杂只可能给学习者带来困难。事实上，正是高频语素的这个特点造成了双音复合词频度和难度的矛盾。

第三，由于汉字书写形式和大量非自由语素的存在，造成了双音复合词在形式上两两结合，在语义上却需要汇合理解的特点。因此，只有深入到双音复合词的构词层面才能将双音复合词的语义因素分析清楚，只是简单地依靠词频显然不能做到这一点。

七、结语

两种排序的不一致验证了本节的基本论点：双音复合词的难易梯度跟词频不是一回事，不能等同。同时，由于双音复合词难易梯度跟双音复合词的语义关系密切，在进行汉语教学设计和教材编写的时候需要结合语义和语用。双音复合词教学可以根据学生的学习水平和教学目标确定词汇范围，并在此基础上结合语义难度和词频来划定教学重点。较难而又高频的双音复合词就应当作为教学重点。比如"功夫"是乙级词，频度较高，但它的语义难度却在第3档，这是由于它的词义引申过程涉及文化造成的，因此，在"我喜欢功夫"这个句子里它并不难理解，但在"这个演员真有功夫"和"半天的工夫他喝了5瓶酒"这两个句子中它就会让初级水平的第二语言学习者费解。这样的词不但应把3个义项分先后顺序教，而且应当作为重点教学的词。而像"港口""岗位"，虽为丙级词，却是可以在教的时候一带而过的。

第五节　集合性复合词的语义特征及其构成理据[①]

在将汉语作为第二语言的教学中，量词教学是一个难点，这是由汉语的特点所决定的。这个"难"体现在几个方面，其中，对含有"量词语素"（即可以作为量词称量前一个语素的语素）的复合词的掌握和使用对于留学生而言，也是困难之一。对于这些由"实词语素"和"量词语素"组成的复合词，留学生们经常会产生一些疑问：同是由实词语素与可作量词的语素组合的复合词，为什么"马匹"就是马，而"猪头"就不是"猪"呢？"张"和"页"都是称量纸的量词，为什么"纸"和"张"可以组合，而"纸"和"页"却不能组合？"纸张"就是"纸"，为什么可以说"几张纸"，却不能说"几张纸张"？要想解决好这些问题，就必须对这些复合词进行具体的分析。

究其实质，这些貌似相同的复合词，其"实词语素"与"量词语素"之间的关系以及组合之后所呈现出的意义并不相同，我们可以根据其差异将它们分为两大类：第一类，复合词所指斥的与"实词语素"所指斥的基本上是同一个现实现象，即复合词的意义与"实词语素"所表示的意义基本相同（如"纸张"＝"纸"，"枪支"＝"枪"等）；第二类，复合词所指斥的现实现象与"实词语素"所指斥的现实现象完全不同，即复合词的意义与"实词语素"所表示的意义并不相同（如"菜盘"≠"菜"，"书包"≠"书"等）。这里我们

---

① 本节作者：陈绂。原文载《语言文字应用》，2008（4）。

着重要分析的是第一类。

对于这类复合词，学者们的看法不尽相同，有的从两个语素之间的关系入手，称它们为"后补性复合词"；有的从其特点出发，称它们为"集合性复合词"，我们比较认同第二种说法。

这类词的数量并不多，在现代汉语中常见的有"布匹""车辆""船只""花朵""马匹""人口""书本""纸张""灯盏""房间""云朵""事件""羊只""牛只"等。（其中"羊只""牛只"两词在现代汉语中不太常用，但有时也会看到，如"文章对羊只运送过程的描写令人感到十分凄惨"。然而这两个词在古代汉语中不仅存在，而且用得还比较普遍。）

鉴于集合性复合词数量很少，因此，基本可以进行封闭式研究。

一、集合性复合词的特点

我们将集合性复合词的特点归纳为以下几个方面：

（一）语义层面上的特点

首先，这些复合词的意义和构成复合词的"名词语素"所表示的意义基本相同，这是此类复合词的第一个特点，也是最基本的特点。但是，细分析起来，其中的关系并非如此简单，从字典辞书中的解释看，可以分为三种类型：

第一种，复合词与单音节名词之间存在着解释与被解释的关系，复合词表示事物的总称。

在《现代汉语词典》中，其"名词语素"作为单音节词直接解释复合词的有：

布匹，布（总称）。

车辆，各种车的总称。

船只，船（总称）。

花朵，花（总称）。

马匹，马（总称）。

枪支，枪（总称）。

人口，人（总称）。

书本，书（总称）。

纸张，纸（总称）。（以上见《现代汉语词典》）

这些训释清楚地显示出我们把它们称为"集合性复合词"的根本原因。

但以上各词并不是在任何条件下彼此间的关系都如此单纯，也有一些复合词和单音节名词在某种情况下表示出不同的指向，如"四川人口"与"四川人"的意思就绝不相同。当然，这只是一种例外。

第二种，复合词除了作为名词语素所表示的事物的总称之外，还有另外一个义项。例如：

> 灯盏：没有灯罩的油灯，也泛指灯（多用于总称）。（《现代汉语词典》）

这就是说，作为一个复合词，"灯盏"有两个义项：一个指油灯；另一个则是"灯"的总称。显然，这两个义项之间是包含与被包含的关系。

在实际运用中，"灯盏"确实可以表示广义的"灯"，古代和现代都如此。例如：

> 只见房中蟠着一条吊桶来粗大白蛇，两眼一似灯盏，放出金光来。（《白娘子永镇雷峰塔》）
>
> 用高悬于头顶的北斗星点燃心灵的灯盏。（《点燃心灵的灯盏》）

在"灯盏"作为"灯"的总称时，两个词可以通用。

第三种，复合词所表示的意思非但不是"总称"，反而是组成它们的实词语素所表示的意义的下位概念。例如：

> 云朵，呈块状的云。
>
> 房间，房子内隔成的各个部分。
>
> 事件，历史上或社会上发生的不平常的大事情。（以上见《现代汉语词典》）

这几个复合词与其"名词语素"之间都没有直接的训释关系，从解释上看，复合词所表示的意义是被"名词语素"所表示的意义包含的："云朵"只是"云"中的一种，"房间"只是"房"中被隔开的小间，"事件"只是所有"事"中具有特点的一类。这显然与上述几个集合性复合词的特点不尽相同。

然而，通过对语料的分析，我们又发现，这些词在日常使用中并非完全如此。比如，在文学作品中，"云朵"与"云"往往混在一起使用。在《关于云朵》这篇文章中有这样的字句："云朵被染上温暖的黄"；也有这样的描写："无边的碎云，哪一朵曾在哪见过"，"那云，从山后快速涌出，奔腾而上"。这里的"云"和前面的"云朵"所描写的是同一个事物。可见，"云"和"云朵"是可以通用的。

"房"与"房间"也有这样的情况，平时，我们说"订两个房间"和"订两间房"时，意思并没有什么差别。另外，《辞海》对"房"的解释是："房，古代指正室两旁的房间……现在为房屋的统称……也指房间。"这说明，"房间"和"房"也是可以通用的。

"事"与"事件"同样如此。在"腾讯网"上有一篇关于戴尔公司的报道，在叙述中，有时用复合词"事件"（"在'血汗工厂'事件曝出后几天里……"），有时用单音节词"事"（"因为这事摆明了有'借戴尔之名把事情闹大'的味道"）。这说明，"事件"与"事"在使用中所表示的意义常常并没有什么区别。

综上所述，我们可以得出这样一个结论：集合性复合词与构成它们的元素之一——可以独立成词的"名词语素"之间，在意义上的主要倾向是"趋同"，彼此间在一定语境中大多可以互换使用，但是也存在着一定的差异。

（二）语法层面上的特点

尽管复合词所表示的意思与单音节名词所表示的意思大体相同，而且词性也相同，但是在使用规则上，二者之间确有很多不同，这是这类复合词的又一个特点。

第一，在大多数集合性复合词的前面，不能再添加数量词。

这类复合词虽然都是指称事物的名词，但是它们中的大多数不能用数量词修饰，如我们可以说"五本书"，但不能说"五本书本"。这一点正体现了这类复合词的"集合性"——"书"可以是个体，所以能够统计数量；而"书本"是一切"书"的"总称"，是概指，是不好统计具体数量的。

第二，少数集合性复合词的前面可以添加数量词，但很少使用该复合词中的"量词语素"。

在我们上面列举的例子中，有几个集合性复合词是可以用数量词称量的。例如：

我们是同一块云朵落下的雨滴。①
两个人同一个房间，有时确实很奇妙。
博导论文严重抄袭，复旦大学通报三起事件。
改变历史的 20 个事件。
原来是一个皮袋，里面盛着些挑刀、斧头，一个皮灯盏，和那盛油的罐儿，又有一领蓑衣。（元代话本《闹樊楼多情周胜仙》）

我们可以看出，可以用数量词称量的只有"云朵""房间""事件""灯盏"，前三个词是它们在意义上与其"名词语素"存在着上下位关系，即复合词所指称的事物是"名词语素"所指称的事物中的一部分；"灯盏"一词则有相互包含事物两个义项。当它们所表示的意义为"总体中的一部分"时，所表示的是个体，这自然就可以统计、可以使用数量词了。

值得注意的是，当这几个词被称量时，一般不再使用组成复合词的那个"量词语素"，即称量单音节名词的那个量词，而是另外一个量词了，如上述各例所示（如"云朵"用"块"，"房间"用"个"……）。我们认为，这除了符合汉语的名物词一般可以与几个不同的量词搭配使用这一规则之外，更是为了

---

① 例句未注明出处的一律出自北京大学汉语语言学研究中心语料库。

汉语的韵律要求——汉语讲究错综美，经常用换用字词的方法来避免由于相同音节的隔字复现所引起的声音上的重沓。试想，"一件事件"总不如"一起事件"听起来顺耳。

但我们又发现，也存在例外的情况，尤其在网络中。例如：

十万朵云朵的身后，掩藏着月光与恩情的纤维。
东城水岸出租两间房间。
三十五岁前必须做的十件事件。

这些出现在网络中的用法虽然并不普遍，但却从一定角度说明了语言的发展与变化。随着现实生活的飞速发展，语言使用的"常规"经常被打破也是理所当然的。

第三，搭配的结构不尽相同。

集合性复合词在与其他词语搭配使用时，也很有特点：复合词一般需要搭配双音节词或双音结构，而"名词语素"所对应的单音节名词则一般可以搭配单音节词。例如：

购买/买	购买纸张（√）	购买纸（?）
	买纸（√）	买纸张（×）
修理/修	修理车辆（√）	修理车（?）
	修车（√）	修车辆（×）
打扫/扫	打扫房间（√）	打扫房（×）
	扫房（√）	扫房间（×）
好	好马（√）	好马匹（×）
野	野花（√）	野花朵（×）

一些固定结构也是这样，如我们可以说"枪支弹药"，但不能说"枪弹药"；可以说"书本知识"，但不能说"书知识"。在句子中也是如此：

非法制造、买卖、运输、邮寄、储存的枪支，是指《枪支管理办法》中规定的枪支。
该技术涉及造纸，印刷和纸张加工等综合技术。

当然也有例外，如我们既可以说"人口众多"，也可以说"人口多"，但这种情况的出现并不影响一般的搭配规律。

集合性复合词之所以主要与双音节词搭配使用，主要是受到汉语韵律的影响，这一点早有学者指出，此处不再赘言。

（三）语用层面上的特点

在使用中，集合性复合词还表现出了另一个很明显的特点：即复合词与单音节名词之间尽管可以相互通用，但是，它们使用的场景往往有差别，在不同的语境中经常需要使用不同的词，使用时所呈现出的语义色彩也不尽相同。这表现在以下几个方面：

1. 书面语和口语的不同

集合性复合词一般使用在书面语中，而与之对应的单音节名词则经常使用在口语色彩较浓的文句中。例如：

船只／船：　这片神秘的海域共失踪了数以百计的<u>船只</u>和飞机。
　　　　　要找<u>船</u>找南京濑州船务有限公司。

枪支／枪：　中华人民共和国<u>枪支</u>管理法于 1996 年 7 月 5 日通过。
　　　　　<u>枪</u>杆的粗细，根据使用者性别、年龄而异。

事件／事：　<u>事件</u>是法律事实的一种。
　　　　　"鬼<u>事</u>"指令人生厌或不愉快的<u>事</u>。

房间／房：　早晨真一在一间乱糟糟的<u>房间</u>中醒来。
　　　　　开发商盖<u>房</u>盖了一半，就没钱再盖了。

纸张／纸：　目前我国出版、印刷上所使用的<u>纸张</u>种类约有下列几种。
　　　　　<u>纸</u>是我们可敬的蔡伦老祖宗发明的。

上述各例，上面一句都使用了集合性复合词，下面一句则使用了单音节名词。对它们进行比较，我们不难体会出两个句子所显现出的不同。

2. 感情色彩不同

在描述同一件事时，集合性复合词与单音节名词往往表现出不同的感情色彩。如同时针对赵薇穿军旗装这件事，有一篇文章的题目叫"赵薇军旗装<u>事</u><u>件</u>"，语气除了显得严肃之外，也不乏气愤和指责；而"你一定是因为无知受人利用才做出这种冒天下大不韪的<u>事</u>"这句话则出现在文章中所引用的一些老年人给赵薇写的信中，二者之间感情色彩的差异是很明显的——信中表现的更多的是教育与爱护，指责是次要的。

在日常用语中，当我们说"一起事件"时一般都指不好的、人们不希望发生的事；而说"一件事"时，这个"事"却是中性的，可以是好事、也可以是坏事。我们说"枪支弹药"，就显得庄重；而说"枪和子弹"则显得随便。

此外，上节中的各例也可以从感情色彩上进行解释，因为书面用语一般会比较庄重严肃；而口语则比较随便，有的甚至还带有调侃的口气。如"纸是我们可敬的蔡伦老祖宗发明的"一句，如果换成"纸张是我们可敬的蔡伦老祖宗发明的"，前后的语气就显得很不统一，整个句子也会因而显得有些别扭。又如"早晨真一在一间乱糟糟的房间中醒来"，这本是小说中的一句话，显得文雅而正式，如果改用"房"，文学色彩则少了许多。

3. 适用对象不同

这种差异与集合性复合词的"集合性"密切相关。如我们说"少年儿童是祖国的花朵",这是因为"少年儿童"是泛指,不指任何个人,因此,要使用集合性复合词"花朵";而专门唱给爱人听的"你是我的玫瑰你是我的花",则要使用单音节词"花",因为"花"比"花朵"显得亲切,显出一定的专一性。又如"前方施工,车辆绕行",是告诉所有经过这里的车;而"你把车开过去"的"车"则只指一辆特定的车,这时是不能使用"车辆"的。

总之,一般来说,集合性复合词适用于泛指性的事物,而相对应的单音节名词适用于个体的、特指的事物。

二、集合性复合词形成的时间

众所周知,古代汉语中以单音节词为主,这种集合性复合词是从什么时候开始出现的呢?从古代书面语文献来看,这一类复合词形成较早的当是"人口"一词,早在班固撰写的《汉书·王莽传上》中,就已经出现了:

> 宪等奏言:"羌豪良愿等种,人口可万二千人,愿为内臣……"

这大概是古文献中第一次出现的集合性复合词,应该说,这样的用法在当时并不普遍。但是《颜氏家训集解》的作者王利器先生曾在注释中指出:"书本之说,汉代已有之……爰及赵宋,刻板大行,名义遂定。"他认为,在汉代除了"人口"一词,作为复合词使用的还有"书本"一词。这个说法是不错的,我们在东汉时期的著作《太平经》中就发现了"书本"作为一个双音节词使用的例句:"夫圣贤高士,见文书而学,必与吾书本相应,不失丝发之间。"可见,集合性复合词在汉代就已经初现端倪了,王利器先生的论断是很有根据的。

到了南北朝时期,集合性复合词开始丰富起来。首先,"人口"和"书本"两个词已经被广泛地使用了,王利器先生在《颜氏家训集解》中就明确指出:"书本为六朝、唐人习用之词,本篇下文云:'江南书本穴皆误作六。'"在这个时期其他的集合性复合词也开始出现了,如"马匹"一词,较早的例句出现在北齐人魏收所著的《魏书》之中:"谯州刺史朱文开俘馘甚多,班师出,帝赍马匹,迁吏部尚书。"

大部分集合性复合词出现在唐宋时期。除了上述几个,在唐宋文献中我们还看到:

> 船只:投下乞计会差,借船只过河。(《三朝北盟会编》)
>
> 蔡京私运盐钞……拘刷船只揭起黄旗,所过关津,莫敢谁何。(《大宋宣和遗事》)
>
> 房间:夜半鹤声残梦里,犹疑琴曲洞房间。(《万首唐人绝句》)

　　　　檐不覆基，房间通街。（《隋书·牛弘列传》）

花朵：行到中庭数花朵，蜻蜓飞上玉搔头。（《刘宾客文集》）……鬓边斜
　　　　插些花朵，脸上微堆着笑容。（《话本选集·宋四公大闹禁魂张》）

事件：朝廷当与汝国别定两界，约束事件，各常遵守。（《张子全书》）

云朵：野叠凉云朵，苔重怪木阴。（《白莲集》）
　　　　金铜引水龙一条，长二尺六寸，前脚踏虚云朵。（《虎钤经》）

　　元明以降，不仅以前就已经形成的几个复合词使用得更为普遍，其他几个在现代汉语中经常使用的复合词也基本形成了。例如：

布匹：你这人参布匹……（《老乞大新释》）

车辆：古出沽儿管修造车辆。（《元朝秘史》）

纸张：自二十一史之书成，纸张数多，印刷甚众。（《张庄僖文集》）
　　　　把这纸张撇做一地。（《平妖传》）

灯盏：又取灯盏残油灌疮口。（《备急千金要方》）

羊只：迭改管牧放羊只。（《元朝秘史》）

牛只：有岭南县令丁斐在南山之上，见马超追操甚急，恐伤操命，遂将寨
　　　　内牛只马匹尽驱于外。（《三国演义》）

只有"枪支"一词出现得很晚，这大概是由于这种事物本身出现就很晚的缘故。

三、集合性复合词形成的原因

　　这些集合性复合词之所以形成的根本原因是其中一个语素在它作为单音节词使用时逐渐演变为了一个量词，用来称量另一个单音节名词。随着语言的发展，这个量词与它所称量的名词逐渐黏合成了集合性复合词，它们也就变成了语素。没有这一演变，两个单音节词是根本不可能组合成集合性复合词的。但仅仅这个因素还是不够的，我们认为，除此之外其形成原因还有这样两个：

（一）上下文的表达需要双音节格式

　　我们在分析集合性复合词的语法特点时已经指出，与它们搭配使用的往往是双音节词或双音结构。例如：

马行九十余日，人口贫羸，逃亡山谷间。（《后汉书·西域传》）

如今曹家辎重车辆无数，你们欲得富贵不难。（《三国演义》）

仍岁备牛羊马匹各二万。（《南迁录》）

并使臣得廪给羊马及车辆牛只。（《元朝秘史续集》）

有贼人新济等……将原抢马牛羊只依数倍还。（《忠肃集》）

于其下得尊像、油瓮、锥刀、灯盏之类。（《云笈七签》）

檐不覆基，房间通街。(《隋书·牛弘列传》)

逐月抄录事件，送付史馆。(《旧五代史》)

若共载一勒，纸张短窄，难以该载。(《南宫奏稿》)

我们认为，这也正是集合性复合词形成的原因之一。因为这些双音节词所表示的意思与单音节名词所表示的意思本没有太大的区别，使用单音节名词并不影响意义的表达，但是上下文所使用的都是双音结构，为了韵律的统一，本来可以使用单音节词的地方就需要使用一个双音结构，久而久之，这些双音结构就"凝固"成了一个个的双音节的复合词了。

当集合性复合词已经相当成熟以后，不管其前后是什么样的语言结构，都不妨碍它们的使用了。

(二) 经常的"接连使用"提供了黏合为复合词的可能

《颜氏家训集解》的作者王利器先生曾引用《一切经音译》中的两段话来说明"书本"一词的来历。先引《风俗通》："案：刘向《别录》：'雠校，一人读书，校其上下，得谬误，为校。一人持本，一人读书，若怨家相对，为雠。'"又引《集训》："两人对本校书曰雠。"他由此而总结说："则书本之说，汉代已有之，且有区别，本者犹今言底本，书者犹今言副本。爰及赵宋，刻板大行，名义遂定，如岳珂《九经三传沿革例》遂以书本为一例焉。"

从这些叙述中可以得知，"书""本"本来是各有其义的，而它们之间的关系又很密切，常常在一起使用，随着社会与语言的发展，就逐渐凝固成了一个复合词。我们认为，这也是集合性复合词形成的原因之一。积习成惯，语言本来就是约定俗成的。当然，"本"作为"书"的量词自有文化的渊源，而"底本"之义与"本"之最终演变为量词也是有一定的关系的。

其他的例子也可以说明这一点。如在古代文献中，"匹"经常放在"马"字的后面使用，表示"匹配"等意思：

六四，月几望，马匹亡，无咎。(《易·中孚》)

圉人良马匹一人，驽马丽一人。(《周礼·夏官》)

天下马少，平牡马匹二十万。(《汉书·武帝纪》)

这里虽"马""匹"连用，但却不是一个双音节词，"马匹亡"是"马之匹亡"；下两例的"匹"都是"匹配""匹敌"的意思。其他如：

故吾书本道德之根，弃除邪文巧伪之法，悉不与焉。(《太平经》)

数夕还答，生验书本意，皆父平生之迹。(《太平广记》)

鄙语曰"儿妇人口不可用"，顾君与我何如耳。(《史记·陈丞相世家》)

万代史书歌舜主，千年人口赞王祥。(《敦煌变文集新书》)

化生童子本无情，尽向莲花朵里生。(《敦煌变文集新书》)

问岩云朵朵为谁飞，向来读何书。(《全宋词》)

在这些例句中，连用的"书"与"本"等，都不是复合词，它们每个字都是一个独立的词，各有其本来的含义。

当然，并不能因为两个语素作为单音节词时曾经接连使用就可以凝固成集合性复合词，前文已经说过，这些本来单独使用的单音节词之所以黏合成复合词的根本原因是其中的一个词演变成了可以称量另一个词的量词。

四、集合性复合词形成的条件

汉语的名物词绝大多数都可以用量词来称量，但是，并不是所有的量词都能与它们所称量的名词构成集合性复合词；同时，可以称量某一个名物的量词往往不止一个，能够和这个名词黏合成集合性复合词的却只能是其中的一个。这说明，构成集合性复合词是有着较为严格的条件的，而且，不同的复合词的形成又有着不同的条件。但总的来说，我们认为这主要取决于"量词语素"的意义特征。

第一，"量词语素"在作为单音节词使用时，不能是承载物，不能承载"名词语素"所对应的现实现象。这就形成了它们与"饭碗""书包"等同样是"名＋量"组合的复合词之间的本质区别——"碗"和"包"分别是"饭"和"书"的承载物，它们作为量词语素与"饭""书"组合成复合词之后，指称"盛饭的碗"和"装书的包"，而上述各集合性复合词中的量词语素，如"张""本""朵""间""件"等，它们从来都不是可以承载某一名物的承载物。

第二，"量词语素"所指称的事物不是"名词语素"所指称的事物中的一部分。许多"名＋量"结构的复合词中的"量词语素"是由名词演变来的，在它们作为名词使用时，有的就表示"名词语素"所指称的事物的一部分。如"头"是"猪"的一部分，"管"是"枪"的一部分，组合成复合词之后，"猪头"就是"猪"的"头"，"枪管"就是"枪"的"管"。而集合性复合词的情况就不是这样了，虽然也有一些词中的"量词语素"曾是单音节名词，如"本"，但它所表示的意义却并不是"名词语素"所对应的事物中的一部分。在"书"与"本"之间，并不存在着整体与部分的关系，它们所组成的复合词，就有可能是集合性复合词。

但是，"口"正是"人之口"，为什么又能组成集合性复合词呢？我们认为，这大概与"口"后来有了更通用的名称——"嘴"有关，我们说"人口"，已经不大可能引起"人之口"的误解，所以，"人口"连用指称"人"也就显得很正常了。

第三，"量词语素"与"名词语素"不能指称同一事物。组合成集合性复合词的"量词语素"不能与"名词语素"指称同一个事物，这也是形成这类词的条件。如"纸"既可以用"张"称量，也可以用"页"称量，但不存在"纸页"这样一个词。这是因为，"页"作为量词是假借，它的本字是"葉"（原作"竹字头"），本指古代的竹简、简策，而这些就相当于今天的"纸"，也就是说，"葉"与"纸"所指称的本是同一种事物，因此，"葉（假借为'页'）"虽然成了"纸"的量词，但它不能与"纸"组合成集合性复合词。"书"与"本"组合而不能与"册"组合也是同样的道理。

第四，"量词语素"作为量词使用时，所称量的应该是某一事物的总括。"支"和"条"都可以作为"枪"的量词，但组成集合性复合词的只有"支"。我们认为，这是因为用"条"称量"枪"时，一般只能称量长枪，而用"支"时，则可以称量所有的、不同样式的枪，即可以称量"枪"的"全体"。

第五，"量词语素"作为量词使用时基本不存在"泛化"的倾向。这些集合性复合词中的"量词语素"，在它们作为独立的量词使用时，不仅都是专用量词，而且适用的范围都比较窄，没有像中古时期的"枚"以及现代的"个""把"这样出现泛化现象，这恐怕也是"个"可以称量"人"，但却不能与"人"组合成复合词的主要原因。

双音节词的大量出现本来就是汉语词汇表意越来越精密、越来越色彩化的表现，集合性复合词的出现也是语言发展的结果。但这类词的数量稀少又符合语言的另一个规则——经济规则。因为既然二者的意义出入不大，可以使用单音节词表示的，就不一定非要使用双音节词，因此大量的表示名物的单音节词，并没有与称量它们的量词组合成双音节词。

第六节　对外汉语教学中的易混词①

一、对外汉语教学中的近义词与易混词

在现代汉语词汇研究中，学者们常常用到"同义词""等义词""近义词"一组概念，在使用这些术语时，学者们的认识并不一致，存在种种争议。在此，我们采用多数学者认同的观点，即同义词是一个上位概念，包括那些意义相同或相近的词，而等义词、近义词是下位概念，分别指称意义完全相同的词和意义相近的词。也就是说，同义词包括等义词和近义词两类。其中等义词数量较少，而近义词则数量庞大。

---

① 本节作者：刘兰民。原文见《葛本仪汉语词汇理论体系研究》，济南，山东大学出版社，2012。

在这里，我们首先应该分清两个不同层次的近义词：一个是语言中客观存在的近义词，可以叫作客观近义词；另一个是语言使用中的近义词，可以叫作主观近义词。各种语言中都存在数量不等的近义词，这些近义词是客观存在的，与语言的使用主体无关，如汉语中的"结果"与"成果"，"感情"与"情感"，"交流"与"交换"，"据说"与"听说"，"帮忙"与"帮助"，"美丽"与"漂亮"，"经常"与"常常"，"突然"与"忽然"等。这些近义词之间因为词义相近而形成一个近义词类聚，作为词汇系统的一部分客观地存在于各自的词汇系统中。这些近义词就是第一个层次的近义词，即客观近义词。在使用语言的过程中，因为母语者对客观近义词之间的差别认识不清，常常混用近义词。为了帮助母语者正确地认识和使用近义词，就出现了各种各样的近义词辨析的辞书。比如，针对汉语母语者的《简明同义词典》（张志毅，1981）、《现代汉语同义词词典》（刘叔新，1987）等（这两部词典虽名为"同义词词典"，实际上辨析的对象均为"近义词"）。第二语言学习者存在同样的问题，他们在学习和使用第二语言的时候，也经常混用近义词。为了帮助他们正确地认识和使用近义词，同样出现了大量的针对第二语言学习者的近义词辨析辞书。比如，针对以汉语为第二语言学习者的《近义词辨析》（刘淑娥等，1983）、《汉英汉语近义词用法词典》（邓守信，1994）、《汉语近义词词典》（马燕华等，2002）等。辨析同义词之间的差异，无论是对于针对母语者的语文教学，还是针对第二语言学习者的第二语言教学，都具有重要意义。但是这些辨析所针对的对象，均属于第二个层次的近义词，即主观近义词。

需要说明的是，主观近义词辨析，因为使用主体的不同，辨析的对象往往会有较大的差异。比如，汉语母语者很少混用"气候"与"天气"这两个词，但是第二语言学习者却常常混用这两个词。下面两例错句就是很好的证明：

＊盼望的春天来了，在多么（应为"这么"）舒服的气候里，一起努力学习吧！（日本学生）

＊因为那个农场的海拔有一千一百多米，所以气候凉快，不用说晚上，白天也过得很舒服。（日本学生）

显然这两句中的"气候"都应该是"天气"。由此我们也可以看出，第二语言学习者容易混淆的近义词范围要比母语者大得多。

在对外汉语教学过程中，我们还会遇到另外一种常见的情况，就是一组词根本不是近义词，外国学生也常常会混淆。比如，"害怕"与"可怕"虽然意义相关，但无论如何不是近义词，韩国学生常常会混淆。

＊她好几次问我，但不能回答，她的声音越来越高，好像跟我吵架，我很可怕、想哭。

　　＊因为那时候，我的年龄太小，而且第一次离开家，感觉非常可怕。

　　＊因为是有的孩子们太可怕自己的爸爸，甚至是躲避爸爸。

以上三个例句中的"可怕"都应该是"害怕"。

　　"参观"与"访问"在汉语中也没有什么近义关系，但是外国学生由于种种原因常常混用，像这种情况是很多的。因此，有学者提出了对外汉语教学领域"易混词"的概念，以弥补现行的近义词范围过于狭窄的问题。比如，有学者指出："有鉴于此，对外汉语教学中的词语辨析应当放弃'同义''近义'这类汉语本体研究提供的标尺，真正转换视角，基于中介语词语混用的现实进行词语辨析，所辨析的对象就是'易混淆词'（confusable words）。"（张博，2007）这种主张一语中的，符合对外汉语词语教学的实际，能够更准确地概括外国人学习汉语词语的事实，可以涵盖诸如"参观"与"访问"之类的词。

　　易混词，顾名思义，就是容易混淆的一组词，其成员可能是两个，也可能是两个以上。比如"可怕"与"害怕"，"或者"与"还是"等易混词，其易混成员是两个。但是"放弃/抛弃/舍弃/离弃""方法/方式/手段""改/改变/改动/更改"等几组易混词的成员都是两个以上。

　　"易混词"这个术语是就词语使用主体来说的，是指语言的使用者在使用过程中容易混淆的那些词。既然如此，易混词就会因为使用主体的差别而有所不同。某一组词，使用者Ａ容易混淆，使用者Ｂ不见得混淆。就汉语母语使用者来说，文化层次的不同会导致易混词的不同。比如，小学生的易混词不一定也是中学生的易混词，相应地，中学生的易混词也不一定就是大学生的易混词。就汉语使用的整体而言，外国人的易混词不一定是中国人的易混词，Ａ国家学生的易混词不一定是Ｂ国家学生的易混词。日本学生常常混用汉语中的"经验"和"经历"，因为这两个词对应于日语中的一个词"经验"。这一组词不一定就成为其他国家学生的易混词。可见，易混词因为使用主体的差异而表现出个性差异。但是，这并不等于说易混词的确定就没有规律可循，同一个国家的学生在使用汉语词汇时，往往会表现出易混词的一些共性。日本学生常常扩大"爱情"一词的使用范围，从而混淆"爱情/感情/情感"一组词。另外，不同国家的学生在使用汉语词汇时，在易混词方面也会有一定的共性。比如，欧美学生常常混淆"或者"与"还是"等，韩国、日本、马来西亚、印尼、泰国等国家学生常常混淆"认识/知道"等。外国人在易混词方面存在的种种共性，使我们有可能探索对外汉语教学中的易混词的规律，总结出应该辨析且可辨析的对象，为帮助学生避免混用这些词提供依据。

　　与易混词相关的另一个问题就是易混词和近义词的关系。张博先生认为："'易混淆词'与'同义词''近义词'之间有交叉关系，而非包含关系或并列关系，因为它们是研究者站在不同的立场、以不同视角和不同标准归纳出来的词语类聚。"主要理由是："有些同义/近义词是第二语言学习者容易混淆的词，有些则可能不存在混淆的问题，比如'受伤：挂彩''熟悉：熟稔'这类使用频率差异较大的'同义/近义'词对，学习者在阅读和表达中一般不会遇到或用到那个低频词，因而也就不可能发生混淆；反之，有些易混淆词是同义/近义词，有些则可能不是，如前举'从：离''乘（坐）：用'等就不是近义词。"（张博，2007）我们认为，在对外汉语教学中，易混词的范围应该是比近义词大，也就是说，易混词应该包括近义词。汉语中大量的近义词往往使会外国学习者无法辨别，从而混淆使用。这样的话，近义词都有可能是易混词。另外，像"受伤/挂彩""熟悉/熟稔"等近义词，虽然不常用，一般也不存在易混的问题，但是不常用并不等于不用，一般不易混也不等于永远不易混。比如，当外国人的汉语已经达到很高的水平，达到接近汉语母语者的程度时，这些近义词就很可能成为易混词。因此，这些也可以看作易混词。这样看来，近义词都可以看作是易混词的一个部分。当然，易混词还有其他的类型，下文中将进行探讨。

二、对外汉语教学中易混词的成因及类型

易混词的成因与类型是相互联系的两个方面，成因在一定程度上决定了它的类型。对外汉语教学中的易混词成因复杂、种类繁多，大致分为以下几种情况：

（一）汉语中本来存在的近义词

跟其他语言一样，汉语中也存在着大量的近义词。近义词之间的差异，令很多汉语母语者也难以分辨，并因此而常常混用，不具备汉语语感的外国人就更容易混淆。

比如，"冷淡"与"冷漠"一组近义词就是外国人常常混淆的。

＊我认为在发达国家人和人之间的关系有点冷淡，而发展中国家的人之间的关系比较亲热。（日本学生，"冷淡"应改为"冷漠"）

＊如果父母不太照顾孩子，对孩子的表现没特别反应的话，孩子会成很冷淡的人。（日本学生，"冷淡"应改为"冷漠"）

再比如，"交流"与"交换"也是一组近义词，外国人使用这两个词的时候，混淆两个词的现象屡见不鲜。

＊大学在学中，对英语感兴趣，到现在学了四年的英语了，我的英语水平跟外国人可以交换意思的程度。（韩国学生，"交换"应改为"交流"）

＊如和晚辈谈心，交换思想，讨论问题。（泰国学生，"交换"应改为"交流"）

需要指出的是，下列几类特殊的近义词，更容易引起使用者的混淆：

第一，同音近义词。例如，"年青/年轻""权利/权力"等。这些近义词语音相同，语义相近，非常容易引起使用者的混淆。仅以外国学生的错误为例来说明一下：

*不竟（应为"毕竟"），父母也曾年青过，他们其实也很清楚子女的想法。（澳大利亚学生，"年青"应改为"年轻"）

*即使在这事例中"安乐死"是由妻子要求的，但在于人道立场，无论哪一方却没有权利夺走她的生命。（英国学生，"权利"应改为"权力"）

第二，同素异序近义词。"累积"与"积累"、"论争"与"争论"、"前面"与"面前"、"难为"与"为难"、"气力"与"力气"等就是这种情况。这些词本来就意义相近，再加上词素相同，只是顺序相反，更容易引起外国人学习和使用的错误。混同以上几组词的错误，分别举例如下：

*我在任职一年后辞职，然后加入DSD广告公司当广告设计主任，累积了两年的广告设计经验。（新加坡学生，"累积"应改为"积累"）

*由于对安乐死的不同的看法，发生了矛盾，会引起安乐死论争。（日本学生，"论证"应改为"争论"）

*三个和尚集合在大雄宝殿面前，奇怪原来每天自己挑水喝的和尚不见了。（日本学生，该句中的"目前"应为"前面"）

随着社会的发展，有的汉字消灭（应为"消亡"），有的汉字产生，有的汉字改变它的用法与意思，而且成语俗话等汉语的独特表达方式总是让我们难为，因为这种词汇里包含着许多文化背景和中国人的思考内容。（韩国学生，"难为"应改为"为难"）

*前几天我生病了，一直没有气力，不能作（应为"做"）什么。（韩国学生，"气力"应改为"力气"）

第三，同素近义的单双音节对应词。在现代汉语中，存在许多同素近义的单双音节对应词，这类词中既有名词、动词、形容词，也有副词。比如，作为名词的"家"与"家庭"、"名"与"名字"，作为动词的"可"与"可以"、"交"与"交往"，作为形容词的"美"与"美丽"作为副词的"刚"与"刚刚"等。这些对应词之间，在语义、语法上有相似之处，但也有很多不同，外国人多半不清楚这些不同，所以往往混用这些单双音节对应词。比如：

*我也出生在农村家。（韩国学生，"家"应改为"家庭"）

*首先我独立成家庭，当父亲，找工作或学习，然后我应该好好养他们。（日本学生，"家庭"应改为"家"）

*我的名叫×××，毕业于新加坡国立大学的商业工程。（新加坡学生，"名"应改为"名字"）

＊爸、妈，我好像忘了告诉你们我上次寒假到了中国的很多地方旅游，也可说中国名胜古迹的地方吧！（印度尼西亚学生，"可"应改为"可以"）

＊和他交了多年，我连一次都没看过他吃蔬菜、鱼类的场面。（日本学生，"交"应改为"交往"）

＊有了措施对于公众也带来了很多的利益，就是第一，公路更加美和静（应为"干净"）多了。（印度尼西亚学生，"美"应改为"美丽"）

它们长得刚好，不大也不小，最重要是健康。（印度尼西亚学生，"刚"应改为"刚刚"）

第四，以词释词造成的近义词。在众多的汉语教材、词典中，往往存在以甲词释乙词的情况。另外，汉语教师在向学生解释词义时，也习惯这样的做法。这样，甲词和乙词就形成了近义词。外国学生在学习过程中就会产生疑惑，搞不清楚的话，就会混用甲词和乙词。比如，以"认为"释"以为"，以"好看"释"美丽"，以"听到"释"听见"，以"表面"释"外表"，以"突然"释"忽然"等，这样的释词方式，就容易使学生混淆释词与被释词。应该说，以词释词是导致外国学生产生易混词的一个极为重要的原因。如果教材、词典和教师在以词释词的同时，能够指出这些近义词之间的不同，就会大大减少外国学生易混词的产生。

（二）学生母语词和汉语词的不对应形成的易混词

不同的语言有不同的词汇系统，不同的语言对同一事物的范围划分是不同的。在甲语言中是一个词，对应乙语言可能是几个词，也可能相反，这样就造成不同语言之间词与词的不对应。比如，汉语中的"手"和"臂"，对应英语中的"hand"和"arm"，但在俄语中只有一个"рука"。以俄语为母语者在学生汉语和英语时就会产生疑惑："手"和"臂"有何不同？"hand"和"arm"有什么区别？

外国人在学习汉语时，特别是在初始阶段，往往习惯借助母语词来理解汉语词。遇到母语和汉语简单对应的情况时，一般不会产生混淆。比如，俄语中的"платье"与汉语的"连衣裙"简单对应，俄语母语者在学习汉语的"连衣裙"时就不存在与其他词混淆的情况。但是遇到不一一对应的情况时，就会发生混淆。比如，俄语中的"посетить"对应汉语中的"参观"与"访问"，俄语母语者就分不清这两个词的不同，就会混淆使用。这种现象在对外汉语教学中比比皆是。

下面以日本学生为例，再作一下简单分析。汉语中的"清洁"与"干净"在日语中可以用一个词"せいけつ"来表示，日本学生就分不清这两个词，于是产生下面的错误：

＊但是执行下去，现在品川市变得很清洁，而且青少年的犯罪也少了。

（"清洁"应改为"干净"）

日语中的"ようい"有时对应汉语中的"容易"与"简单"，日本学生就可能会混淆：

＊吸烟简单地引起肺癌以外，还有可能性被别人受热伤，特别在公共场所边走边抽烟的人容易让小孩子受到热伤，很危险。（"简单"应改为"容易"）

日语中的"じょうほう"可对应汉语中的"情报""信息"与"消息"，日本学生就会混淆这些词。

＊听到汽车喇叭音可以避免交通事故，听到宣传广告音可以知道各种情报，在房间里听到下雨音的话可以知道外面的天气情况。（"情报"应改为"信息"或"消息"）

由此可见，学生母语词和汉语词的不对应是引起学生混淆汉语词的一个极为重要的原因。英语母语者学习汉语时，有时会提出一系列的看似毫无关联的词来，问老师有何区别，如问老师"制度"与"体制"、"方法"与"方式"之间的区别。这些问题也是母语词和汉语词不对应的反映。

（三）因同音词的存在造成的易混词

汉语中存在大量的同音词，这些同音词有的意义相近，有的则相去甚远，这两种情况都会造成外国人学习汉语时的混淆。需要说明的是，由于外国学生在学习汉语过程中，常常会出现发音不准的问题，这样，本来不存在同音关系的两个词，在外国学生那里却成了同音词，进而造成使用时的偏误。比如，韩国学生常常发不好汉语的"x"，把这个音发成类似"sh"的音，再加上声调的问题，就常常把"相"与"上"读为同音词。与此相关，就出现了一些本不该有的易混词。例如：

＊实际上政府的收入中烟的税率是上当高，所以政府是一直忽视烟的有害性。（韩国学生，"上当"应改为"相当"）

（四）因同素异序词造成的易混词

汉语中有一批同素异序词，其中有些同素异序词意义相近，有些意义相关但是不存在近义关系，有些相去甚远。关于意义相近的同素异序词，上文已有论述。意义相关但不近义的和意义相去甚远的同素异序词，也往往会使外国学生混淆。比如，"前面"与"面前"虽然相关但并不近义，错误的例子如下：

＊三个和尚集合在大雄宝殿面前，奇怪原来每天自己挑水喝的和尚不见了。（日本学生，"面前"应改为"前面"）

还有些同素异序而意义相去甚远，如"和平"与"平和"就是这样的一组，日本学生往往在同素异序和日语的双重影响下，混淆这一组词。

＊他最讲究的是人和人的关系，他总说世界上所有的人都互相交朋友的话，就不会有战争，地球一定能得到平和。（日本学生，"平和"应改为"和平"）

（五）因字形相近造成的易混词

汉语中有很多字形相似的字，即所谓形似字。这些字写法相近，有时汉语母语者也会混淆，外国人就更是如此。比如，"即"和"既"字形相近，发音和意义不同，汉语母语者易混，外国人自然也会出错。比如：

＊人虽然与其他动物不同，既会用脑思考。（马来西亚学生，"既"应改为"即"）

类似的例子还有很多，仅以这个句子为例加以说明。

三、对外汉语教学中易混词的解释

对外汉语教学中的易混词成因复杂，种类繁多。针对不同类型的易混词，应该采用不同的解释方法。对于易混词中的近义词的解释，重点是辨析，可以参考汉语本体研究中已经比较成熟的辨析方法，也可以从词汇意义、色彩意义、用法等方面进行辨析。但是需要注意的是，对外汉语教学中的近义词辨析应该简明扼要，不必面面俱到地进行全面比较。下面举几个例子：

（1）"希望、盼望、渴望"一组近义词，都表示人的主观愿望，但是词义由轻到重。

（2）"个子"与"个儿"都可以指人的身高。"个子"不用于物体的大小，如可以说"个儿大的鸡蛋"，不能说"个子大的鸡蛋"。二者的范围大小不一样，"个儿"的范围大一些。

（3）"成果、结果、后果"一组词，"成果"指取得的成绩、成就，是褒义词；"后果"指不好的结局，是贬义词；"结果"则没有什么褒贬的意义，是中性词。

（4）"商量"与"商榷"，基本意思相同，"商量"多用于口语，而"商榷"多用于书面语。

（5）"突然"与"忽然"一组近义词，"突然"是形容词，可以受程度副词修饰，如"非常突然"，在句中作状语、补语和定语；"忽然"是副词，只能作状语，"他忽然一个急刹车，大家都摔倒了"。

（6）"以为"与"认为"都表示某人的看法，"认为"表达的看法更为肯定。

（7）"遇到"与"遇见"基本意义相同，都表示"事先没有约好而见到"，"遇见"重点在"见"，也就是"人在现场"，"遇到"没有这个意思。

（8）"据说"与"听说"两个动词都表示不是亲眼所见、亲耳听到，但从意义上来说"据说"更强调消息来源的不确定性，用法也不同："听说"前面可以有主语（我听说你弟弟去了美国），而"据说"通常位于句首，前面没有主语。

对于那些因学生母语词和汉语词的不对应而形成的易混词，应该从源头上说明其间的不同。对于那些实词，可以通过习惯搭配让学生了解其不同。比如"参观"与"访问"这两个词，可以通过"参观学校、参观工厂、参观名胜古迹、参观世博会中国馆"和"访问农民、访问劳模、访问中国、访问北京"等搭配，让学生明白"参观"是"到实地观察"，是去看某个地方和那个地方的各种东西；"访问"是在某个地方有目的地跟人交谈，它的对象是人。

对于那些虚词，可以从语法特点方面来分析。比如"或者"与"还是"一组词，可以通过一些例句来总结其语法特点的不同。给学生列出三句话："你是中国人还是韩国人？""无论喜欢还是不喜欢，你都应该去。""我要买那件红的或者黄的。"在选择问句或者无条件句中，用"还是"，在一般的陈述句中用"或者"。

对于因字形相近、同素异序、同音词造成的易混词，教师应该在教学的过程中主动地分辨这些易混词，使学生在学习这些词的初始阶段就有分辨这些词的意识。比如，"大"与"太"、"己"与"已"、"即"与"既"等字形相近，教学的时候就应该重点让学生注意这些词的书写形式的细微差异，避免混淆。"做"与"作"是由于字形相似、同音而造成的一组易混词，在教学的时候，教师提醒学生注意这两个词的不同搭配和特点。

第七节 从"有名"与"知名"
谈辨析同义词的角度[①]

一、问题的提出

在对外汉语教学中经常会碰到同义词辨析的问题，一般来说，教师总会从词的现实意义、用法等几个角度出发，分辨它们的同与异，在分辨的基础上归纳一组同义词的使用规则，这是无可非议的。然而，由于我们教授的大多数是成年人，他们有着完好的知识背景以及对语言的较强的感知能力，尤其是一些有着较高学历、醉心于中国语言和中国文化的人，他们往往不能满足于"知其然"，而是会进一步追问"所以然"，这时，仅仅停留在字面上或使用上的辨析显然就不能圆满地解决问题了。要想回答出"所以然"，就必须追溯它们的来

---

① 本节作者：陈绂。原文载《世界汉语教学》，2006（3）。

源，从构词法以及构词语素的本义等角度出发，进行深入分析和历时追踪，这样才能挖掘出同义词之间真正的差异及其产生的原因。"有名"与"知名"这一组同义词就需要这样的辨析。

二、"有名"的意义及用法分析

"有名"与"知名"作为复合词，它们都是形容词，都可以形容人和物：既可以说"有名的教授"，也可以说"知名的教授"；既可以说"这位教授很有名"，也可以说"这位教授很知名"。从形式上看，它们的不同主要表现在用"有名"修饰一个事物时，一般要加"的"；而用"知名"时则可加可不加。如我们可以说"知名教授"，但不可以说"有名教授"，而必须说"有名的教授"；我们可以说"知名品牌"，但不可以说"有名品牌"，而必须说"有名的品牌"。

每次讲到这里的时候，总会有学生问："为什么会有这样的差异呢？"这就必须深入到词的内部进行历时的探讨了。虽然"有名"与"知名"在表示"有名气、著名"这个意思时的确是同义词，而且很多用法是一致的，但这并不说明，这两个词无论在什么语言环境中都是同义词，更不说明这两个词的内部结构以及它们的历史演变过程没有差异。

"有名"与"知名"虽然都具有形容词的性质，但作为复合词，它们的内部结构并不相同，因此它们之所以具有形容词性质的缘由也不尽相同。

"有名"两字相连，在汉语中并不只是一个词，它在现代汉语中对应的是两个不同的语言单位：一个是由两个单音节词组成的、具有动宾关系的短语，如"师出有名"的"有名"；一个是由两个语素组成的复合词，语素间仍然是动宾关系，如"有名的教授"中的"有名"。这两个"有名"分别具有不同的意义内涵，前者是"有名目""有理由"的意思；后者是"有名气、著名"的意思。

"有名"两字连用，开始是一个动宾短语：

> 与其无义而有名兮，宁穷处而守高。（《楚辞·九辩》）
> 居则有名，动则有功。（《荀子·王霸篇》）
> 是故穷则必有名，达则必有功。（《荀子·君道篇》）
> 项氏世世将家，有名于楚。（《史记·项羽本纪》）

在前三个例句中，"有名"分别与"无义""有功"相对使用，均为动宾短语无疑；在第四个例句中，"有名"后接补语成分"于楚"，说明"有"为动词，则"有名"为动宾短语。在这些句子中，"有"和"名"分别是单音节词，它们在组成动宾短语时，仍然完整地表示各自作为一个词的独立的意义。因此，动宾短语的含义就是"有"和"名"这两个词的意义的简单组合。

在现代汉语中，这种用法被保留了下来，如"师出有名""有名"都是作为动宾短语存在的，这里的"有名"不是形容词，也不能修饰名词或名词性短语。

"有名"还可以是一个复合词，这种用法在古代汉语中出现得也比较早：

天下有名之士也。（《史记·汲郑列传》）

因擢延寿为谏大夫，迁淮阳太守，治甚有名，徙颍川。（《汉书·赵尹韩张两王传》）

在这两句话中，一个是用"有名"修饰名词，而且用"之"字连接；一个是用副词"甚"修饰"有名"。因此，我们有理由认为，这两个"有名"已经凝固为一个具有形容词性质的复合词了。在这个复合词中，"有"和"名"只是两个语素。作为一个形容词，"有名"所表示的意义是一个完整的意义，而不是两个独立的词的意义的简单组合。

虽然"有"与"名"作为该词的两个语素彼此之间仍然保留了"动＋宾"的关系，仍然含有"有名气"的意思，但是，从整体来讲，"有名"已经成了一个独立的形容词，具备了形容词的性质，它所表现出来的语法功能当然只能是作为一个形容词所具有的语法功能。也就是说，当它和其他语词组合成更大的语言单位时，其语素之间所具有的动宾关系并不能决定它的语法功能，决定复合词"有名"的语法功能的只能是该"词"的词性，也就是它所具有的形容词的词性。形容词与名词组合成偏正结构时经常要用"的"相连，这就是用"有名"修饰名词时需要加"的"的根本原因。

"有"与"名"相连，为什么能以两种不同的语言单位存在于汉语之中呢？这与"有"的性质密切相关。"有"作为一个存现式动词，它的后面一般可以带一个名词或名词性短语，组成动宾结构。这个动宾结构的后面还可以再加一个动词或动词性短语，如"有老师帮忙""有人叫我"等，但是不能再加名词或名词性结构。所以，当"有"组成动宾结构而后面又出现名词或名词性结构时，这个"动宾结构"一定已经转换了性质。就"有名"而言，经常的连用和意义上的切合，使得它已经从一个动宾短语凝固为一个复合词，这个复合词经常用来修饰名词或名词性短语，它自然就丧失了一个动宾短语所具有的各种语法特征，而显现出了可以修饰名词或名词性短语的形容词的词性。这就是复合词"有名"之所以形成的语法基础。

但是，形容词在修饰名词时可以加"的"，也可以不加"的"，如"漂亮的姑娘"，也可以说"漂亮姑娘"，有无"的"字并不影响意义的表达，为什么"有名"作为形容词，在修饰名词时就要加上"的"呢？这与"有名"所对应的是两种语言单位有密切关系：因为"有名"既可以是形容词，也可以是一个动宾结构，而修饰名词时后面加上"的"是形容词的典型标志。也就是说，只要"有名"的后面有一个"的"字，这个"有名"就肯定是形容词，不会有另一种可能性；而没有这个"的"字，形容词的标志就不那么明显了。其他的形容词，如"漂亮""年轻""黄色"等，它们的结构与"有名"不同，同时，也没有一个与它们结构不同、语法功能不同、但形式却完全相同的语言单位存在，有没有"的"字丝毫不影响它们的形容词性质的显现。由此我们得出结论：形容词"有名"修饰名词时需要加"的"是为了使它的形容词性质得到凸显，从而与动宾短语"有名"明显地区分开来。因为，汉语是一种没有严格意义上的词形变化的语言，而文句中虚词的使用，往往可以起到区分词性的作用，从这个意义上讲，我们也可以认为，用加"的"的方式凸显"有名"的形容词词性，正是汉语用来弥补"没有严格意义上的词形变化"的有效措施之一。

另一方面，不管"有名"是复合词还是短语，其内部结构都是动宾关系，前面讲过，当"有"的后面带上一个名词（或名词性短语）时，这个结构的后面就不能再加一个名词或名词性短语了。当"有名"作为形容词修饰名词而又不带"的"字的话，如"有名教授"，这一组合正给了我们"有＋名词＋名词"的感觉，这显然是不符合汉语的语法规则的。从这个角度讲，也说明了当"有名"修饰名词时加上"的"字是十分必要的。

"有名"的后面有没有不加"的"而直接跟上名词的情况呢？我们在网上搜索到一些"有名"后接名词的短语："有名管道（FIFO）""有名合同""有名网络"……显然，这些都是术语性质的词语，而术语是一种不同于普通话语的语言结构，它强调专业性和严密性，因此我们不能用一般的语法结构去理解和要求术语。另一方面，对这几个术语的意义进行分析，也可看出这里的"有名"与"有名的"并不相同，它们分别表示"有名称""有条件"等含义，如"有名管道"指"有名称的管道"，而非"有名气的管道"。应该说，这几个"有名"都不是形容词性质的复合词，而是动宾短语，这些词语恰恰从另一个侧面证明了形容词"有名"在修饰名词时一般需要加"的"的事实。

然而，我们也搜索到一些"有名"确实是形容词，但在修饰名词时后面并没有加"的"的例句：

日本政界有名帅哥执掌民主党。

鼎鼎有名大天才。

有名胡同三千六。

有名人物无名氏。

世界有名毒蜘蛛。

认识基督教界的有名作家。

花样年华的有名插曲。

这些句子中的"有名"无疑都是形容词，它们修饰的也均为名词或名词性短语，中间却并没有用"的"相连。这似乎与我们的论述相悖，但仔细分析这些例句，我们也不难找到其中的原因：这都是由它们所在的具体文句的结构特点决定的。

首先，这些句子绝大多数都是文章的标题（除第 6 句之外），标题就需要简洁明朗，在不影响意义表达的原则下，可省略的词应该省略，尤其是虚词。因此，"的"字的省略也就很容易理解了。其次，这些句子的结构都很有特点：它们或用"有名"修饰双音节结构，或组成"2—2—3"的七字句。如果在"有名"之后加上"的"字，不仅会使句子显得冗长，给人一种不够简练的感觉，也破坏了前后双音一组的韵律以及整个文句的规整。而最后两个例句在"有名＋名词"这一结构的或前或后都出现了"的"字，如果在"有名"之后再加一个"的"，虽然不会影响句子的意义和表达，但整个句子就会显得拖沓啰嗦，缺少了汉语本身固有的节奏和韵律。我们认为，这是汉语本身的韵律决定了"的"的取舍，也可以说是一般的语法规则向韵律的"妥协"。

由这些例句我们还联想到，除了"有名"之外，"有"类动宾式复合词充当定语时确实有不少不加"的"的情况，如"有力措施""有效成分""有期徒刑"等，考察这几个短语之所以成立的原因，正符合吕叔湘先生主编的《现代汉语八百词》中所总结出的规律：在用一些词或短语修饰双音节名词时，不一定都构成"的"字短语：当意义已经专门化了的时候，就可以不用"的"字；当某一修饰语和中心名词不经常组合时，要用"的"字；而修饰语和中心名词经常组合时，"的"字可用可不用。"有力措施"等结构恰恰符合这些原则，所以，它们均可以不用"的"字连接。

我们在用这些规律考察上述 7 个例句时发现，虽然有个别的组合（"有名人物"）基本符合"的"字使用规律之外，但大多数句子却并不能用这些原则衡量。这是因为，"有名"作为形容词，其适用范围非常宽泛，很难说有哪些名词与之组合之后所形成的意义能够"专门化"，也很难分辨出哪些名词是与"有名""经常组合"或"不经常组合"的。所以说，"有名"修饰名词或名词性短语时，绝大部分情况下都要使用"的"字相连。

三、"知名"的意义及用法分析

与形容词"有名"相对应的"知名"也是一个具有形容词性质的复合词，但其内部结构与"有名"并不相同。单独讲"知"与"名"，似乎与"有"与"名"很相似，实际上二者之间有较大的差异，这同样必须从历时的角度进行分析。

"知"与"名"连用，出现很早，在历史的演变中，它们也经历了一个由动宾短语逐渐凝固为复合词的过程，但意义却发生了很大的变化。

最早的"知名"确曾是一个与"有名"的结构大体相同的动宾短语，表示

"知道姓名"的意思。例如：

> 男女非有行媒不相知名。(《礼记·曲礼上》)
> 故尝事范氏及中行氏，而无所知名。(《史记·刺客列传》)

例句的"不相知名"是"彼此不知道姓名"的意思，"无所知名"是"没有什么人知道他的姓名"，这两个"知名"都是动宾短语。

然而，同样的"知名"也可以表示与这一意义相关却又并不完全相同的意思：

> 青时给事建章，未知名。(《史记·卫将军骠骑列传》)
> 吴与胶西，知名诸侯也。(《史记·吴王濞列传》)
> 苏建有三子……中子武最知名。(《汉书·李广苏建传》)
> 由是后进知名之士，莫不归心焉。(《后汉书·王龚传》)

很明显，这四句中的"知名"并不是"知道姓名"的意思，而是表示"出名""有名""著名"等含义了。

这种差异的产生与"知""名"两个词的含义及其语法特征，以及古代汉语的句型特征都有很大的关系。"知"是动词，表示"知道""闻知"的意思；"名"是名词，在古代汉语中有"姓名""名声""名气""名目"等几个不尽相同的义项，而且，这些义项一直沿用至今。"知"与"名"组成短语后，在古代汉语中它们之间可以呈现出两种不同的语法关系：第一种，"名"可以做"知"的直接宾语，这时的"知名"就是"知道姓名"的意思；第二种，"知名"之间还可以具有一种被动关系，即"名被（人）知"。因为古代汉语与现代汉语不同，在现代汉语中，表示被动关系一般是有标志的，而古代汉语的被动句是完全可以没有任何标志的。如"如姬最幸"(《史记·信陵君列传》)，是说"如姬最被宠幸"；"三军可夺帅也，匹夫不可夺志也"(《论语·子罕》)，是说"三军之帅可以被夺，而匹夫之志却不可被夺"。其中，"夺帅""夺志"与"知名"的结构完全相同，其动词和后面的名词之间都呈被动关系。可见，在不同的语言环境里，"知名"相连，可能会由于所在文句的含义而呈现出不同的语法关系，而这两种不同的语法关系也就带来了意义上的差异。

随着语言的演变，在单音节词大量地双音节化的过程中，语言变得越来越精密，"知道姓名"这一含义已经不能简单地用"知名"两个字来表示了。但是，"知名"两字作为一个固定结构表示"名被（人）知"这种古代汉语的表达方式却被固定了下来，一直沿用到今天。这大概与古今汉语的被动句式不尽相同，而古汉语的两字结构言简意赅密切相关。当然，这时的"知名"已经不是一个动宾短语，而是一个由两个语素组成的、具有形容词性质的双音节词了。无论是"……很知名"还是"知名的……"，其中的"知名"都是一个词，而并非短语。正因为"知名"作为一般的动宾短语并没有保留到现代汉语中，因此在我们日常的语言中，并不存在着用同一种语言形式（即"知名"）对应两个不同的语言单位的情况，现代汉语中的"知名"只是一个形容词，这自然也就不用为了区分什么而特别地添加某一标志以达到凸显的目的——用"的"不用"的"都不会影响人们对"知名"的理解，这就是"知名"可以直接修饰名词的根本原因。同时，考察其意义，也已经"专门化"了，从这一点讲，又符合"的"字的使用规则，因此，用"知名"充当修饰语时，其后是完全可以不加"的"的。

前文谈到，当"有名"与"知名"同样作为复合词时，它们都是形容词，彼此的意思相差不多，在用法上最明显的不同就是前者要加"的"而后者可以不加。但如果究其内部的语法结构，我们还是可以体会到其意义上的区别的："有名的教授"是"有名气的教授"；而"知名的教授"则是"名气为人所知的教授"，彼此间还是有一定的差异。

四、辨析同义词应注意历时的演变

通过以上的分析我们得知，作为同义词的"有名"与"知名"之所以在使用中有差别，是由于它们彼此不同的内部结构造成的，也是它们在各自的历时演变中所经历的不同轨迹所导致的。

类似的同义词还有一些：如"崩溃"与"瓦解"，这两个词都是动词，都可以表示解体、垮台等意思，都可以用于政治、经济、军事以及某些抽象的概念，如思想、体系等，但在实际使用中，二者却有一定的差异。从语法上讲，"崩溃"不能带宾语，"瓦解"可以带宾语，如我们可以说"瓦解了敌人的斗志"，但不可以说"崩溃了敌人的斗志"；从语义上讲，我们可以说"她的精神完全崩溃了"，但不可以说"她的精神完全瓦解了"。这些差异显然与它们的内部结构不同有关："崩溃"是并列结构，是"山崩，水溃"的意思；"瓦解"是状中结构，是"像瓦似的分解"的意思。"山崩，水溃"不可能再涉及他物，而"瓦解"之后是可以有具体的涉及对象的。这是因为，"崩""溃""解"三个语素作为单音节动词使用时，"崩"与"溃"都是不及物动词，它们本身都不能带宾语，而"解"是及物动词，是可以带宾语的。正因为在本义上有这样的差异，因此以它们为语素组成的复合词也就产生了在使用上的差异。

类似的例子还有不少，如"把握"与"掌握"、"成长"与"生长"、"差别"与"区别"、"表演"与"扮演"等，比较各组同义词，它们在使用以及所表达的意义上都有同有异，而它们各自的区别，都跟它们的结构和产生的缘由密切相关。限于篇幅，此处不再详析。

通过对这些同义词的分析，我们看到，看起来意义相近的词之间所呈现的差异，是有其历史原因的。而我们要给学生讲清楚这些词，就必须自己先搞懂，也就是说，要把分析的对象放到历史的长河中进行剖析，只有这样，才能真正解决其"所以然"的问题。

第八节　30 年来汉语外来词的新发展与对外汉语教学[①]

作为异文化使者的现代汉语外来词，自 20 世纪 80 年代改革开放以来被源源不断地引进中国大陆，不仅对当代社会政治、科学文化、信息传媒、生活方式、休闲娱乐各方面产生了深刻的影响，也在中外经贸往来和文化交流中发挥了重要作用，它已成为现代汉语新词新语的重要来源之一。而随着中外政治经济、思想文化、科技信息的交流融通，新时期的外来语词出现了一些新变化、新发展，在对外汉语教学中我们也遇到了一些新问题。因此，有必要从对外汉语教学的角度，对 30 年来汉语外来词的新发展做一个概括梳理，并就教学中遇到的一些问题展开探讨。

一、30 年来我国的外来词研究

外来词作为汉语词汇的重要组成部分，是外来文化的负载者，研究外来词，不但可以了解其在汉语发展过程中所起的作用，而且有助于探究汉族发展史上民族交往与文化交流的状况。在过去的几十年中，我国学界在外来词的研究方面取得了丰硕的成果。笔者曾分别以其为篇名项，对"中国知网"的中文期刊全文数据库进行检索，发现标题中使用"外来词"的论文最多（938 篇），使用"借词"的有 728 篇，"外来语"的有 613 篇。本节的研究亦以"外来词"名之。目前代表性的研究成果有：张金梅的《现代汉语外来词研究述评》，高燕的《汉语外来词五十年研究》，郭剑英的《一个世纪以来的汉语外来词研究》，向荣的《建国后汉语外来词研究述评》，曹莉亚的《百年汉语外来词研究热点述要》等。这些研究成果从不同角度、不同层面对外来词研究进行了较为全面的归纳和总结。纵观百年以来，外来词研究热点问题主要集中在外来词的性质、分类、来源以及规范化四个方面。

（一）关于外来词的名称、类别与属性

外来词的名称术语繁多，主要有"外来语"（章太炎，1902），"借用语"（胡以鲁，1914），"借字"（罗常培，1950），"外来词"（1957），"借词"（1957），"借语"（赵元任，1970），"外来概念词"（1993），"外来影响词"

(1995)，"外源词"（钟吉娅，2003），等等。1993 年香港中国语文学会词库工作组提出的"外来概念词"，1995 年黄河清与史有为提出的"外来影响词"，开拓了汉语外来词研究的新视野，使意译词和日语借形词在汉语外来词研究中的价值得到了应有的重视，在理论上和实践上都有重大的意义。

汉语外来词的分类标准主要有三种：一是外来词的来源；二是外来词进入汉语的时间；三是外来词的译借方式（表 1-11）。按前两种标准来进行分类，大家意见较为一致，似乎不会因为分类细则的不具体而得出各不相同的结论。第三种分类法最为通行，但问题却最多。

表 1-11　外来词的分类

代表人物	来源出处	外来词及其分类	不包含或属于外来词类别
1. 罗常培	《语言与文化》，1950	音译词、音译加类名词、兼译词、意译词	没有谈及半音译、字母词、日源词和仿译词
2. 孙常叙	《汉语词汇》，1956	音译词、半音译、音译加类名词、兼译词、意译词、日源词	没有谈及字母词和仿译词
3. 王力	《汉语史稿》，1957	音译词、兼译词	没有谈及半音译、音译加类名词、字母词；而意译词、日源词和仿译词不是外来词
4. 高名凯、刘正埮	《现代汉语外来词研究》，1958	音译词、半音译、音译加类名词、兼译词、日源词	没谈及字母词和仿译词；意译词不是外来词
5. 叶蜚声、徐通锵	《语言学纲要》，1981	音译词、半音译词、音译加类名词、日源词	不包括兼译词、字母词；仿译词、意译词不是外来词
6. 符淮青	《现代汉语词汇》，1985	音译词、半音译、音译加类名词、兼译词、意译词	没有谈及字母词和仿译词，把日源词单列一类
7. 岑麒祥	《汉语外来语词典》，1990	音译词、半音译、音译加类名词、兼译词、意译词、日源词、仿译词	没有谈及字母词
8. 刘叔新	《汉语描写词汇学》，1990	音译词、半音译、音译加类名词、兼译词、日源词	意译词不属于外来词
9. 香港中文语文学会词库工作小组	外来概念词词库，1993	音译词、半音译、音译加类名词、意译词、字母词、日源词	没有谈及兼译词和仿译词

代表人物	来源出处	外来词及其分类	不包含或属于外来词类别
10. 黄河清	《汉语外来影响词》，1995	音译词、半音译、音译加类名词、兼译词、意译词、日源词、字母词和仿译词	无
11. 胡晓清	《外来语》，1998	音译词、半音译、音译加类名词、兼译词、日源词	没有谈及字母词和仿译词；意译词不是外来词
12. 黄伯荣、廖序东	《现代汉语》，1997	音译词、半音译、音译加类名词、兼译词、意译词、日源词、字母词	没有谈及仿译词
13. 史有为	《汉语外来词》，2000	音译词、半音译、音译加类名词、兼译词、字母词、日源词	意译词和仿译词都不属于外来词
14. 葛本仪	《现代汉语词汇学》，2001	音译词、音译加类名词、兼译词、意译词、字母词	没有谈及半音译、日源词和仿译词
15 许威汉	《汉语词汇学引论》，1992		

外来词的命名可谓百家争鸣，其实质是来源自对于外来词的内涵及外延认识的不同而产生的分歧，这就自然而然地体现在外来词定义方面的不同，几十年来各家各派的研究者从各个不同的角度、不同的层面对外来词的定义进行了归纳，各派学者把外来词大致分为广义外来词和狭义外来词两类。20 世纪 90 年代以来，不断有学者重倡意译词是外来词观，主张"以更广阔的视野来看待借词，不仅以语言学的视野而且也以社会和文化的视野来研究来自外语的词汇，不管它是语音上的借用或是语义上的借用"①。

二、30 年来外来词引进的总体特征

张德鑫先生曾形象而概括地把 20 世纪 80 年代以后汹涌而来的外来词比作第三次浪潮。② 在汉语发展史上，大规模地引进外来词大致有过三次。第一次是在东汉至隋唐时期，与西域各国的交流和佛教东传带来的佛经翻译，导致了对西域物产名称及佛教语汇的大量吸收。第二次是晚清至五四运动近百年间，西学东渐，以英语为主反映西方新科学、新文化、新思想的语词大量吸收到汉

---

① 黄河清：《汉语外来影响词》，载《词库建设通讯》，1995（7）。

② 张德鑫：《中外语言文化漫议》，186 页，北京，华语教学出版社，1996。

语中来。第三次是 20 世纪 80 年代改革开放至今的三十年时间。与同是引进西方先进文明、思想文化和科学技术的第二次浪潮相比，第三次浪潮虽然只经历了短短的三十几年，但由于中国社会改革开放的深入，网络信息时代的到来，国民经济和科学技术的迅猛发展进，国民文化素质、英语水平的不断提高和社会思想、价值观念的巨大变革等诸多因素的影响，使得这次引进不论在来源规模上，还是在形式内容上都发生了较大的变化，取得了前所未有的发展。总起来看，主要有以下三个特征。

第一，新时期外来词在来源上发生了很大转变。西文（主要是英文）借词占首位，日语借词退居次要；港台英译借词替代日语汉字借词成为此次外来词引进的主要来源，从而改变了外来词引进的方式和体貌。19 世纪末 20 世纪初，在外来词的引入中曾出现过通过日语借词吸收西方先进思想文化的高潮，日语汉字借词在汉语吸收西方外来语词中发挥了中介和主导的作用。笔者根据刘正埮、高名凯等编的《汉语外来词词典》① 统计，虽然音译西文借词在数量上大大超过日语汉字借词，但前者能成为现代汉语常用词的不足 200 个，而所收的 830 个左右日语汉字词几乎都成为现代汉语的常用词。正是有了这批日语汉字词，才使得第二次引进外来词的总体特征呈现出意译词逐步取代早期的音译词，而成为吸收外来词的主要方式。20 世纪 80 年代改革开放以来，中国大陆和香港、台湾地区的经济文化交流日渐增多，作为信息载体的语言的交流也日益加深。港台词语能够大量进入普通话，一方面是因为大陆实行和平统一、一国两制的政治制度，港台外来词通过经济交往（来大陆投资办厂）和文化传播（通过电影、电视、录像带、影碟等媒体）等渠道源源而来。另一方面，港台地区社会经济和中外文化交流先于大陆而发展，尤其是香港地区，创制出大量的汉语英译外来词。许多港台词语先流入广东、福建等毗邻的特区省份，再由南向北，不断扩大使用范围，最后进入普通话词汇系统。新时期外来词来源地的转变，直接导致了译词方式的转向，音译词、字母词得到了空前的繁荣发展。

第二，引进方式更趋灵活多样，更具信息化、国际化特色。19 世纪末 20 世纪初汉语吸收外来词的方式有以下 5 种：（1）纯音译，如咖啡、扑克、沙发等。纯音译比较重视音节的对应，很少使用略称，如伯理玺天德（president）、德谟克拉西（democracy）等。（2）半音译半意译，如冰激凌、呼啦圈、华尔街等。（3）音译加类名，如啤酒、爵士乐、芭蕾舞等。（4）音意兼译，如可口可乐、俱乐部、浪漫等。（5）借形（主要借自日语），如教育、文明、封建、干部、取缔、人力车等。新时期大陆外来词的引进，由于受到港台地区译词的影响，在沿用上述方法的基础上又有了一些新特点、新方法：（1）纯音译词大

① 　高名凯等编：《汉语外来词词典》，上海，上海辞书出版社，1984。

量增加，并出现现代汉语意译词向音译词回流的现象；（2）音意兼译法因符合汉民族以音谐义、谐音双关的审美趣味和认知心理而受到青睐；（3）新式借形词——"字母词"大量出现，并越来越多地为人们所接受；（4）外来词的语素化现象，使外来词本身具有了能产性；（5）仿译词从原属的意译词中凸显出来，其外来的语义文化内涵受到重视，并有望取得外来词的资格。

　　第三，新时期外来词在内容上发生了如下变化。（1）网络词语借助"网络语言"的流行传播开来。网络时代、e时代的到来带来了大量反映计算机科学的字母词，如"IT行业""Internet""Microsoft""CD-ROM""Y2K""PC""E-mail""E-sale""DIY""EPS""CPU""IBM""CIH病毒""LG电子""IP卡""CAD应用培训""LOG文件""YM汉码""TT网站""Mb字节""TXT文本""BASIC语言"等。在网络语言中，音译词倾向于选择一些组合后具有风趣幽默效果的汉字，如"猫"（modem）、"烘焙鸡"（homepage）、"伊妹儿"（E-mail）、"黑客"（Hacker）、"菜鸟"（trainee）、"雅虎"（Yahoo）、"瘟95"（Win95）等。（2）商业品牌、公司名称借助广告传媒进入寻常百姓家，影响着百姓的消费心理。外来商品品牌词多以音译方式出现，如"佳能""奔驰""耐克""力士""雪碧""雅黛""乐百氏""柯尼卡""味美思""高露洁""金利来""飞利浦""万宝路""皮尔·卡丹""潘婷""捷达""康佳""索尼""富士"等。（3）社会文化、文体娱乐方面的词语迅速增加，异域民族多姿多彩的生活方式和娱乐方式极大地影响和带动了中国人生活方式、文化观念的转变。其中，反映社会文化的词语有"嬉皮士""雅皮士""雅特士""SOHO族""X世代""三D人""三K党""脱口秀""丁克家庭""核心家庭""单亲家庭""派对""AA制"等；反映文娱体育方面的词语有"迪斯科""探戈""踢踏舞""霹雳舞""流行音乐""卡拉OK""MTV""KTV""CD唱片""奥斯卡""迪士尼""卡通""拉力赛""高尔夫球""蹦极跳""保龄球""桑拿浴"等；反映饮食文化生活的词语有"曲奇""比萨饼""士力架""汉堡包""麦当劳""肯德基""司考奇""雪碧""苹果派"等。①

三、20世纪80年代以来外来词引进方式的新发展

（一）音译词快速增加，并出现意译词向音译词回流的现象

　　第一，纯音译词大量增加。纯音译的方法能够迅速快捷地引进外来词，尤其是对于科技术语、人名地名、医疗器械、公司及商品名称等，如"克隆""基因""纳米""厄尔尼诺""比基尼""麦当劳""可卡因""可的松""希尔顿""诺基亚""西门子"等。

---

① 赵爱武：《新时期外来词的几种变化》，载《江汉大学学报》，2002（5）。

第二，出现放弃意译词，改用音译词的语用现象。自鸦片战争以来，引进外来词经历了从音译到意译，又从意译到音译的反复，最终意译词占了上风，成为外来词引进的主要方式，这意味着外来词的汉化与归化。改革开放以来，随着社会思想观念的解放，对外来新鲜事物和文化的好奇与接纳，加上港台用词的影响，出现了放弃已有的意译词，改用以前的或新译的音译词现象。例如，改回原来的词有"六弦琴→吉他"（guitar）、"出租汽车→的士"（taxi）、"超短裙→迷你裙"（mini－skirt）、"激光→镭射"（laser）；改用港台新译词有"表演→作秀"（make show）、"甜饼干→曲奇饼"（cooky）。其实这种用词回流的现象并不奇怪，主要为了追求语用的新奇与陌生化效应。如果把它说成是对意译词的"摒弃"不免言过其实了。音译词和意译词带有不同的表达色彩和修辞功能，两者会长期并存、各司其职的。

第三，音意兼译词为人们喜闻乐见，成为音译词的首选方式。由于汉字是表意文字，长期以来汉民族形成了谐音双关的审美趣味和语用心理。新时期外来词的引进准确把握了汉民族的这种文化心理，特别注意选用那些能在字面上引起词义联想的汉字。例如，20 世纪 90 年代末从美语中借入、在青少年中颇为流行的"酷"（cool）字，从字面上就可联想到潇洒中带点冷峻的人物形象；美国的 TOEFL 考试被译作"托福"，借此表达通过托福考试拿到出国留学资格将获得幸福生活的美好愿望；DINKS 被译作"丁克家庭"，一望可知是人口（丁）控制减少（克）的家庭，与其实际含义——"双收入，无孩子"语义相关、语音相谐。最风趣的要数"伊妹儿"，电子邮件自我昵称为"你的妹儿"，褪去了冷漠的外衣，平添了妩媚的柔情，令人一见生情。类似的词还有"奔驰""奔腾""脱口秀""香波""佳能""舒肤佳""佳洁士""倍舒特""伟哥""捷安特""敌杀死"等。

（二）"字母词"大量出现

"字母词"是指汉语中"直接用外文字母（简称）或与汉字组合而成的词"①。汉语所使用的"外文字母"主要有拉丁字母和希腊字母两种。拉丁字母占绝大多数，希腊字母一般只用作数理化术语。据统计，目前"《现代汉语词典》（83 年版、96 年版）及十七部新词新语词典中共收集不重复的字母词 170 个"②，但实际数量远不止这些。现代汉语西文字母词大体可分为两类：

第一，直接借外文原词形，尤以原形缩略语居多。从词的来源上又可细分为：（1）来自英文的字母词占绝大多数，如"WTO"（世界贸易组织）、"DVD"（数字式激光唱盘）、"CPU"（计算机中央处理器）、"EQ"（情商）、

---

① 黄伯荣、廖序东主编：《现代汉语》上册，309 页，北京，高等教育出版社，1997。

② 李小华：《再谈字母词的读音问题》，载《语言文字应用》，2002（3）。

"IQ"（智商）、"NBA"（美国全国篮球协会）、"UFO"（不明飞行物）、"MBA"（工商经营管理硕士）、"GDP"（国民生产总值）、"DNA"（脱氧核糖核酸）、"DOS"（磁盘操作系统）、"IDP"（国际直拨电话）、"BBC"（英国广播公司）、"IBM"（国际商用机器公司）等；（2）来自汉语拼音或与英文缩写并用，这类词比较少，如"HSK"（汉语水平考试）、"GB"（国家标准）、"CTV"（相声电视）、"CCTV"（中国中央电视台）、"BTV"（北京电视台）、"SDTV"（山东电视台）等；（3）仿英文造词，这类词也不多，如仿"NBA"造"CBA""CUBA"，仿"TVA"（田纳西开发计划）造"YVA"（扬子江开发计划），仿"ESL"（作为第二语言使用的英语）和"EFL"（作为外语使用的英语）造"CSL"（Chinese as a Second Language）和 CFL（Chinese as a Foreign Language）等。

第二，字母和汉字混用。从字母和汉字所在的位置又可分细为：（1）字母位于汉字前的占绝大多数，如"T 恤""AB 型血""B 超""BP 机""VCD 光盘""S 端子""IC 卡""GRE 考试""OK 街""A、B 股""Y 染色体"等；（2）字母位于汉字后，这类词比较少，如"卡拉 OK""维生素 E""相声TV"等；（3）字母位于汉字中间，这类词更少，如"三 C 革命""中国 C网""后 PC 时代""卡拉 OK 热"等。

（三）外来词的语素化现象，使外来词本身具有了能产性

在汉语外来词中，有些原本是纯音译的词，其音译字本身并不含有什么意义，"但在长期使用过程中，音译词中的某个音译字逐渐取得了独立性，不表意的成分被赋予了一定的意义，或者单独使用或者用于组成新词，成为一个音意结合的汉语词素"[①]。

以"酒吧"为例，它是通过音译加意译方式从英语"bar"翻译而来的，"吧"本是纯音译成分。后来，又用它创造了"吧台、吧女、网吧、书吧、茶吧、氧吧"等，此时"吧"已成为一个独立的构词成分，具有了"……的场所"之意。类似这种音译词的记音成分语素化或独立成词的现象还有不少，如由"的士"的"的"构成了"面的、摩的、打的、拦的、的哥、的姐、的爷"等；由"水门"的"门"字构成了"高丽门、辩论门、伊朗门、伊拉克门"等；由"因特网"的"网"字构成了"触网、网民、网虫、网址"等；由"可口可乐"的"可乐"构成的"百事可乐、非常可乐"等。

（四）仿译词不断增加，其归属问题引起讨论

所谓"仿译"又叫"摹借"，就是保留外语词的形态结构和内部形式不变，

---

① 　郭鸿杰：《二十年来现代汉语中的英语借词及其对汉语语法的影响》，载《解放军外国语学院学报》，2002（5）。

用汉语词汇逐字（词、词素）直译的方法。由于我国语言学界历来把仿译词归入意译词中，而意译词历来不被看成是外来词，只有"把外语中具有非本语言所有的意义的词连音带义都搬到本语言里来，这种词才是外来词"①。由于缺少记录，第二次引进外来词浪潮中到底吸收了多少"仿译词"已很难查考，所幸的是，现有的外来词词典中详细地记录了借自日语的汉字借词。在这 830 个左右的日语意译汉字借词中，有大约 160 个词是用仿译法从西语（主要是英语）中直译来的。新时期仿译词不断增加，仿译词从意译词中凸显出来，成为汉语吸收外来词的主要方法之一，同时它也是其他汉字文化圈的国家吸收外来词的一种重要方法。在对外汉语教学中，仿译词作为半国际化的词语亦有助于学生理解词义、学习汉字。仿译词的内容覆盖面很宽，但明显缺少体育用品、商品品牌、企业名称类词语。从内容上大致可分为以下 7 类：

（1）政治经济类：软着陆、洗脑、传销、黑市、第一夫人、冷战、穿梭外交。

（2）科技信息类：语料库、多媒体、软件、移动电话、数字通信、信息高速公路、知识产权、千年虫、电脑病毒、飞碟。

（3）商业贸易类：超市、连锁店、贸易战、信用卡。

（4）社会文化类：人口爆炸、代沟、生态危机、同性恋、洗钱、白领、蓝领、黑马、绿卡、热线、蓝图、时事。

（5）文学艺术类：处女作、黑色幽默、意识流、交谊舞、摇滚乐。

（6）医药卫生类：安乐死、试管婴儿。

（7）食品餐饮类：绿色食品、鸡尾酒会、快餐。

目前，很多学者呼吁把"仿译词"归入外来词或称"外来概念词"。语言学界已认识到，将汉语中所有意译词完全排除在外来词之外，作为汉语固有词汇，是"人为地割裂意译外来词与相应的外语和外来文化之间的天然联系，不利于意译外来词文化内涵意义的挖掘和解释，也不利于客观真实地揭示汉语发展变化过程中所受到的来自外国语言和外国文化的影响"②。笔者认为应该将仿译词全部收入外来词词典，并注明它的原语，一是便于将来追源溯本，二是兼顾汉语对外来词吸收的多样性，同时，也可显示出现代汉语对外来语言文化的包容性和开放性。

---

① 高名凯、刘正埮：《现代汉语外来词研究》，8 页，北京，文字改革出版社，1958。

② 贺文照：《汉语意译外来词归属问题探讨》，载《安庆师范学院学报》（社会科学版），2000（3）。

三、汉语外来词教学中的问题

笔者从 20 世纪 90 年代初开始利用汉语音译外来词对初级和初中级汉语水平的英美学生（包括来自美国莱特大学、达慕思大学和英国伦敦大学亚非学院）采用集中识读、强化记忆的办法，使他们很快掌握并能使用一百来个像"沙发""可口可乐""啤酒""高尔夫""保龄球""X 光""AA 制"这样的音译外来词。长期的实践表明，这些与英语音近音谐的汉语外来词，不仅能使学生们在愉快的学习领悟中增加汉语词汇量，而且也有助于相关汉字与声调的记忆。可以说，利用汉语外来词进行汉字和词汇教学可以达到事半功倍的效果。另一方面，由于外来词在对外汉语教学中还没有受到足够的重视，外国学生虽然对此很感兴趣，但在接触学习中也难免遇到许多问题，感到困惑不解，可概括为以下三点：

（一）字母词的来源问题

字母词作为一种新生事物，其是否具有汉语词汇的合法身份问题一直是语言学界争论的热点。目前尚存在着欢迎和反对两种截然不同的态度。因而，对字母词的收集、编纂工作长期以来滞后于实际的发展。以《现代汉语词典》1996 年修订第三版为例，字母词被以"西文字母开头的词语"的名目附录在词典的后面，一共只编入了 39 个，而且有的注解也太简单。以"AA 制"为例，词典中只注明："指聚餐会账时各人平摊出钱或个人算个人的账的做法。"释义中没有说明字母"AA"代表什么，源自哪里。而笔者从 1992 年起就在给外国学生的报刊选读和阅读课上不断遇到该词，遗憾的是没有一位教师和外国学生知道字母"AA"的来历。直到 2000 年笔者遇到一位香港学生才弄清楚，原来"AA 制"一词产于香港，"AA"是英文"each，each"的读音简化，因为香港人两词连发近似于"AA"的读音。此种说法笔者在朱永锴编著《香港话普通话对照词典》[①] 中得到证实。但到目前为止，在大陆出版的 17 本新词新语词典中没有一本这样解释。2000 年由花城出版社出版的林伦伦、朱永锴等编著的《现代汉语新词语词典》却说"AA 制"是"英语 AA Form 半音半意借词"，笔者则认为英语的"AA Form"借自香港，香港才是"AA 制"一词的原产地。[②] 可见，搞清字母词的来源、缩略方式以及产生时间都是极为重要的。我们在教学中常会遇到只知其义、不知其源的新译外来词，深感如实准确地记录新译外来词（包括意译词或称外来概念词）的创制时间与语义发展变异的重要性。笔者认为字母词的出现有其合理性，它可以弥补汉语自身缺陷，顺应世界

---

① 朱永锴编著：《香港话普通话对照词典》，上海，汉语大词典出版社，1997。

② 亓华：《"AA 制"的"AA"源自何方》，载《语文建设》，2001（8）。

语言发展的潮流。西文字母词，特别是英文缩略语，尽管有些已经过汉化音调处理，但其把外文直接"拿来"的做法，不仅利于中国与世界的交流，对外国学生学习汉语也大有好处。

（二）字母词和音译词读音标准与规范问题

关于字母词的读音问题，目前学术界还存在着较大的争议。归纳起来主要有两派：一派认为字母词的字母读音都受到了汉语语音的影响，应用汉语语音或近似的汉语音去读这些字母。另一派则主张采用英文字母本音来读。笔者基本上赞同后一派主张，认为除了极少数采用希腊字母的词（如"α、β射线"）以外，包括英文字母和汉语拼音在内的拉丁字母词，宜统一采用英文字母的标准读音，即使是少数像"HSK"（汉语水平考试）、"GB"（国家标准）这样由汉语拼音缩写的字母词也不例外。这样做既符合语言应用的实际情况，又有利于国际交流和外国人学汉语。据调查，电视广播等大众传媒和普通人群中普遍采用英文字母读音。但无论是中国人还是外国人也都存在一定的读音差异和不太标准的问题，需要进一步加以规范。目前，读音的差异大致有以下三类。

第一，同一字母的发音略有不同。例如，"VCD"中的"V"读〔vi〕或〔wi〕，"C"读〔si〕或〔xi〕，"UFO"中的"F"读〔ef〕、〔efʒ〕或〔efu〕，"X光"的"X"读〔eks〕或〔es〕，"GRE"中的"G"读〔ji〕或〔zhei〕，等等。

第二，字母发音相同，音调却不同。如"CT"中的"T"，"HSK"的"K"和"NBA"的"A"都有轻读和重读、带声调和不带声调的读法。

（3）字母分读与连读的不同。如对于字母之夹有元音的字母词，常有分读或连读两种读法。如"DOS"有时连读为〔d/tos〕，"SIM"卡连读为〔sim〕，"CD-ROM"〔si：di：rəum〕。目前习惯上对字母词素较长又带有元音的常常连读，如"POS""OPEC""SOHO""YAHOO""SARS"。①

如果说字母词读音的差异基本上还是属于英文字母读音的内部差异，是标准和非标准的差异的话，那么，音译词的读音却涉及英汉两种语言音位的差异。汉语音译外来词往往忽略原语的轻重音，而按照汉字的声调来读。例如，"golf"读成"高尔夫"（gāo ěr fū），"cartoon"读成"卡通"（kǎ tōng），"Dickens"读成"狄更斯"（dí gēng sī）。外国学生对此感到很不习惯，开始时也会因声调问题影响言语交际。例如，很多学生会把"cola"（可乐，kě lè）发成"渴了"（kě le），结果"可口可乐"听上去就成了"可口渴了"。汉语是声调语，汉语外来词大都被加上声调，这对于拼音文字的学生来说有一

① 李小华：《再谈字母词的读音问题》，载《语言文字应用》，2002（3）。

个习惯的问题。

（三）译词用字的规范统一问题

英汉音位系统的音位数相差较大，汉语只有 34 个音位，其中元音音位 8 个，音位 22 个，声调音位 4 个；而英语有 46 个音位，其中元音 20 个，辅音 26 个。即使是同一音位，其主要首位变体构成情况也相差甚远。两种语言的尾位音位差异更为明显，汉语只有 6 种收尾方式，英语则有 24 种。因此，在吸收外来词时汉语只能以相似音位对译，如"radar"[r] 译为"雷达"[l]，"vitamine"和"vaseline"[v] 分别译为"维他命"[u] 和"凡士林"[f]。再加上汉语以字表音、一音多字的特点，汉语外来词中就不可避免地出现一词多译、译名不一致的问题。如"marathon"译为"马拉松、马拉敦、马拉爽"，"disco"译为"的士高（港）、狄斯可（台）、迪斯科（大陆）"，"taxi"译为"的士（港）、计程车（台）、出租汽车（大陆）"等。在对外汉语教学中，除了英汉语音自身存在的差异外，港台地区粤、闽方音以及创制者人为造成的影响也不可忽视。例如，由于"的士"的读音与英语"taxi"几无相似之处，外国学生几乎都对此译词感到困惑，对于由"的"派生的一系列词也很不理解；有些日本学生对"三明治"（sandwich）译词的用字大惑不解，不知日本的明治时代何以变成了中国人的盘中西餐。而令各国留学生普遍喜爱、赞叹的是"可口可乐"的翻译，被认为是最完美的译制。可见"望字生义""音意谐和"的认知心理并非中国人所独有。

总之，汉语英译外来词对于外国留学生，特别是英美学生具有耳熟能详、易学易记的认知功能，这在一定程度上降低了其学习的难度，在对外汉语教学中具有一定的可利用价值。在汉语国际教学中应该对汉语外来词教学予以足够的重视，并关注外来词的新发展、新变化，使之在汉语国际教学中发挥应有的作用。

第九节　从颜色词素与人体词素所构成的复合词的意义看韩汉隐喻认知的差异①

一、引言

美国认知语言学家 Lakoff 和 Johnson 指出："隐喻不仅仅是一种修辞手法，更是一种人们普遍使用的认知手段和思维方式。隐喻的实质就是通过一类事物

---

① 　本节作者：孙红娟。

来理解和经历另一类事物。"① 隐喻是由源域（source domain）到目标域（target domain）之间的投射（mapping）产生的，这意味着用一个范畴的认知域去建构或解释另一个范畴。

认知语言学家兰盖克认为："颜色域是语言中最基本的认知域之一。"（R. Langacker，1987）当我们用颜色词语来修饰其他原本没有颜色的事物时，便形成了颜色隐喻。而当我们用颜色的基本范畴去表达和解释其他认知域的范畴时，便形成了颜色隐喻认知。

那么当人们把对颜色域的认知投射到同样为人类所熟悉的人体域时，又产生了哪些有趣的隐喻呢？很多学者已经从社会文化差异方面对颜色词语进行了研究，而从认知角度对由基本颜色词语组成的隐喻则很少涉及，对由颜色域投射到人体域所组成词语的隐喻意义的研究则几乎还没有。本节从基本颜色词语的隐喻形成机制角度对由基本颜色词语组成的隐喻认知功能进行论述，并在此基础上对韩汉两种语言中的颜色人体词的隐喻化认知进行较详细的对比研究，分析了韩汉两种颜色人体词隐喻认知中所包含的普遍性和文化差异性。

二、颜色隐喻认知的内部机制

Lakoff 认为，隐喻的本质就是把人们对自己所熟悉域的认知投射到另一个域中，当这种域与域之间的映射是在两个或多个感官之间进行时，就形成了通感。而颜色词语作为一种符号形式，其联想意义正是通过视觉器官给人的感受，通过通感下意识地传给其他器官如触觉、嗅觉及心理的过程中所构成的。

认知语言学认为，隐喻同时具有体验性和文化性，人的概念体系吸取了大量的身体特征及客观世界和文化世界的具体特征。如果色源体本身就具有两种特性，给人的联想意义就不同；而人类对颜色的认知同时也受到社会文化的影响，从而表现出对颜色的喜爱或厌恶。也就是说，人类对颜色的认知同时受到色源体本身特征和本民族文化的影响。由此形成颜色词隐喻认知的双重特征：

第一，由色源体的双重特性导致的颜色词语的"双重特征"。如白色这一颜色，太阳的光线、白云、白雪是其重要的色源体。因为韩民族崇拜太阳神，而白色又是太阳的光线，所以，看到白色，心里会生出神圣的感觉。当"白色"的这一特征投射到其他认知域时，所产生的联想意义就是正面的、吉祥的、积极的。所以，韩民族自称"白衣民族"，而在俗语中也存在很多类似"꿈에 백발이 되면 그해에 근심없이 생활한다（梦见头发白一年不知愁）"，"아침에 흰 말을 보면 돈이 생긴다（早晨看见白马会有钱）"的说法。但是同

---

① G. Lakoff & M. Johnson：*Metaphors We Live By*. Chicago：University of Chicago Press，1980：3—5.

时，白色本身又是没色相的，因而是没有生气的，具有生活已经结束的死人的空虚性。因而，白色又给人以卑贱、不吉利的感觉，所以在韩语中同样存在"백정（白丁：指没有地位受压迫的屠夫）"，"이른 봄에 흰나비가 집으로 들어오면 초상이 난다（春天看见白蝴蝶就会穿丧服）"等与前面白色的意义截然相反的说法。

第二，由人类精神观念本身存在的两极化现象而导致的颜色词语的"双重特征"。如黄色，在中国传统文化中居五色之中，是"帝王之色"，因而常让人联想起皇权、辉煌和崇高，反映在词语中，我们把皇帝发布的文告称为"黄榜"，把帝王的车盖称为"黄屋"。但同时，在近代，因受西方文化的影响，黄色还有了"淫秽"之义，形成了"黄色书刊""扫黄"等词语。

由此可见，人们对颜色的认知受到颜色本身色源体和文化的双重限制，当色源体本身或文化价值观念本身即具有对立的"双重特征"时，颜色词语的联想意义也就自然被附上了特定的正与反、善与恶、褒与贬的文化价值，从而使颜色词语的联想意义具有了"双重心理意象"这一认知特征。

三、韩汉颜色人体词的隐喻认知的普遍性及其细微差异性的分析

柏林（Berlin）和凯依（Kay）论证了基本颜色词的普遍性，他们指出："人类语言有十一个普通的基本颜色范畴：白、黑、红、绿、黄、蓝、紫、粉红、橙、棕、灰。"（张仁兰，1999）各种语言中根据本民族的认知心理按顺序存在上述颜色词的一部分或全部。而韩汉两个民族有着悠久的历史渊源，在最初的基本颜色词的划分方面也一样。由于都受到了古代阴阳五行学说的影响，韩汉两个民族自古就形成了五色观——黑（검정색）、白（흰색）、红（빨강색）、黄（노랑색）、绿（파랑색），并将这五种颜色与五行、五事、季节、方位、动物、性质、五脏、五音等一一对应，形成了不同于其他民族的颜色观。在本节中，我们就详细来看一下当韩汉两个民族把对黑色、白色、红色、黄色的认知投射到人体域时有哪些共性及差异。

（一）黑色（검다）

一说到黑色，我们自然会想起黑夜，而黑夜使我们感到神秘、恐惧。当人们把黑色的这一个特征投射到人体域时，又发生了怎样的认知呢？颜色人体词又有什么样的隐喻意义呢？在韩汉语两种语言文化中，都有用黑色这一基本范畴来描述、解释一些神秘的、阴险的事物以使人们对这些事物有真实而形象的认知（表1-12）。

下面我们就具体来看一下韩汉两个民族是怎样用对颜色的感受来认识人体这一认知域的。

表 1-12　韩汉对黑色的认知

始源域	目标域（手、心、脸）	
	汉语	韩语
黑色	黑手、手黑、黑手党	검은 마수/손（黑手）　흑수（黑手）
	黑心、心黑	흑심　＊검은 뱃속
	抹黑脸、脸（一）黑	먹칠하다（涂墨漆）　검은얼굴（黑脸）

1. 黑色投射到手的认知域

手是人类抓取的主要工具，当黑色给人的阴沉感觉投射到本没有颜色的手上时，"黑手"就成了黑暗势力的代表，而"手黑"就具有了手段毒辣的意义。例如：

值得注意的是，为什么这只黑手在一些单位活动长期未能引起有关人员的警觉？（《人民日报》）

老主子，你老先别难过，这事也到了咱们应该说话的时候，有人看着我们侯家大院好欺，也不能就这样手黑呀！（林希《府佑大街纪事》）

在汉语中，"黑"还让人联想到非法，所以汉语中还用"黑手党"来代指"意大利乃至全球最大的黑社会组织"。例如：

俄罗斯局势动荡，经济恶化，治安秩序混乱，公职人员贪污受贿，黑手党活动及犯罪率上升。（刘成社《一言难尽出国潮》）
同样，在韩语中，也用"검은 손/마수（黑色的魔手）/흑수"来比喻暗中进行阴谋活动的人或势力。例如：

외국의 폭력 조직이 마약 시장 확대를 목적으로 우리나라에 검은 마수를 뻗쳤다.（外国的暴力组织为了扩大毒品市场，已把黑手伸向了我国。）

중국 언론은 맥주의 침전제로 포름알데히드를 사용하지 않고 있는 일부 맥주업체를 '검은 손'으로 시사하기도 했다.［中国的媒体暗示，（他们）已向一部分不使用作为啤酒沉淀剂甲醛的啤酒企业伸出了黑手。］

但是，韩语不能用"手黑"表示手段狠毒，这个意义韩语是用"손버릇이나쁘다"来表示，如"그는 손버릇이 아주 나쁘니까，너 조심해야겠다"。

2. 黑色投射到心的认知域

"心"在身体的内部，主导人类的情感和智慧，心本来是红色的，当人们用"黑色"来形容"心"时，就把"黑色"给人的阴暗感觉投射到了"心"的认知域，此时人类那阴险狠毒或者贪得无厌的形象立时就变得更加立体生动。因此，"黑心"就表示"阴险狠毒的心肠，坏心眼"；"心黑"就有了"心肠凶狠毒辣、贪心"的意思。例如：

当然，现在社会上"<u>黑心</u>"的出租车司机很多，但职业不能代表所有人，我要塑造出好的这一个。(《人民日报》)

据估计，买煤矸石的车主，掺假一般都在百分之二十至百分之二十五之间，碰到心<u>黑</u>的车主，一车煤要掺入三吨多煤矸石。(《人民日报》)

在汉语中，"黑"和"心"作为独立的语素，结合时比较灵活，可组成"黑心""起黑心""黑了心""黑下心"等构词方式。此外，"黑心"还可作为一个词根，再投射到其他人或物的领域，构成形形色色的各种词汇。例如，"黑心钱"比喻昧着良心赚的钱，"黑心秤"则指卖家使用不合格的秤坑害顾客等。其实，因为"隐喻"是人类普遍具有的一种思维方式，所以根据人类自身的生活经验，随着新事物、新现象的出现，人们还会不断创造出新的词汇来。

在韩语中，"흑심（黑心）"指"阴险的、不正当的贪欲"，常指"男人对女子怀有的占有之心"。例如：

대원군의 그늘에서 벗어나 친정에 나선 고종이 그 상징으로 세운 건청궁은 1887년 우리나라에서 최초로 전등이 밤을 밝힌 문명의 공간이기도 하지만, 청일전쟁 이후 조선을 보호국으로 만들려던 일본의 흑심을 친러 정책을 통해 막으려 했던 명성황후가 일본 낭인들에 의해 무참히 시해된 치욕의 장소이기도 하다. (高宗亲政后，为了摆脱大院君的统治而于 1887 年建设了建昌宫，它是朝鲜最早的文明聚居地。甲午战争以后，明成皇后为阻止日本把朝鲜变为其殖民地的野心，曾采取了亲俄政策。)

일학년 때부터 나한테 흑심 품었었다고 고백한 거 나 아직 안 잊어먹었어요. (박완서 《오만과 몽상》) (我现在还忘不了，他曾向我表白，一年级时他对我怀有占有之心。)

同时，在韩语中，黑色还投射到肚子认知域中，形成"검은 뱃속을 채우다"这样的惯用语，直译为"填满自己的黑肚"，意思是"满足一己之私欲"。例如：

그는 자신의 검은 뱃속을 채우기 위해 수단과 방법을 가리지 않았다. (他为满足自己的私欲不择手段。)

3. 黑色投射到"脸"的认知域

爱面子是中国人的典型特征之一，所以"脸"一定要干净，而若脸被抹上黑色，会让人联想到"肮脏"，当然是很"没面子"，所以人们根据自己的这一经验投射到抽象的"名誉"域，就指使某人的形象受损。例如：

多年来，咱们这儿有一条规矩，只许给雷锋添光彩，不容给雷锋抹<u>黑脸</u>。

(《人民日报》)

　　韩语中，是用"먹칠하다（涂墨漆）"来表达这个意思的，与汉语的认知过程相同。例如：

　　더 이상 이 아비 얼굴에 먹칠하지 마라.（别再给爸爸脸上抹黑了。）

　　同时，在汉语中，如果说一个人脸色变"黑"，也并非真的是"黑"，而是指一个人生气了，发火了，态度不好。例如：

　　那个搬运工头气得脸色发黑，不知如何发作，如果不是看在我瘦瘦小小一介女流份上，一定上来狠狠揍我几拳，以泄心头之恨。（《读书》）

　　所以，在汉语中还用"黑脸相向"表示给别人脸色看。例如：

　　书店书架远在柜台内一米多，还是书脊冲着你，我这样不严重的近视眼戴着眼镜在柜台外也无法看清，店员常常是黑脸相向，请他（她）拿一本还行，要是拿了两本还不准备掏钱，他（她）绝不再理你。（《人民日报》）

　　在韩语中，也有"검은얼굴（黑脸）"的用法，但意思通常指"忧郁的无表情的脸色"，例如：

　　숨이 차고 얼굴빛이 흙처럼 검어지면서 식욕이 없어지는 증상을 보였다.（出现呼吸困难、脸色发黑、无食欲的症状。）

　　所以在这里，韩民族对"黑"的认识，主要是从光线的角度来谈的，即"暗"，脸色黯淡无光当然让人联想到身体状态不好或心情不好。

　　从上面的分析可以看出，因为"黑色"的色源体为黑夜，"神秘、恐惧、厌恶"是韩汉两个民族所共有的心理联想，所以，当黑色这一特征投射到人体域如"手""心""脸"，形成"黑手""手黑""黑心""抹黑脸""脸黑"等词汇时，其意义色彩都是否定的、贬义的。但由于二者所处的社会条件不同，所以，韩汉两个民族对颜色人体词意义的认知还存在一些差异，如在韩语中，"黑心"更多地用在男女关系上，汉语则是泛指人"阴险狠毒的心肠"。这正好验证了隐喻认知的普遍性和文化的一致性。

　　（二）白色（희다）

　　白色乃白云、白雪、白花之色，常给人以纯洁、纯净、素雅、明亮的感觉。同时，因为白色不带任何色彩，所以也给人以空虚、贫寒的感觉。基于白色的这双重特征，当白色范畴投射到人体域范畴时，受韩汉语言文化的影响，就构成了一些意义或相同或不同的隐喻语言表达方式（表1-13）。

表 1-13　韩汉对白色的认知

始源域	目标域（人体）	
	汉语	韩语
白色	白丁	백정
	白眼、翻白眼、白眼狼	백안시（白眼视）　흰눈으로 보다（白眼视之）　눈을 희번덕이다（翻白眼）
	白手、白手起家	백수（白手）　백수건달
	白头、白头帖子、白头材料	백두（白头）　＊흑두재상（黑头宰相）＊흑두공（黑头公）

1. 当白色投射到整个人体域时

当白色没有任何色彩的这一感觉投射到人体时，其"空无"的特征就如人所拥有的财产一样，因而"白身""白丁"就比喻没有功名的人。例如：

我退休以后，是个下台干部，离休白丁，无业，无职衔，当然也无须印片子。（艾煊《一级作家》）

韩语中也有"백정（白丁）"，但指没有地位受压迫的屠夫。例如：

백정에 대한 사회적 편견과 차별은 엄연히 존재하고 있는 것이 현실이다.（事实是，社会上对屠夫仍然存在偏见和歧视。）

2. 当白色投射到眼部时

人们在对别人表示轻蔑或冷淡时，眼睛往往朝上看或斜眼相看，露出眼白，这一生理特征为人们所认知，"白眼"就有了瞧不起人的含义，并产生了一系列词汇，如"白眼狼"比喻忘恩负义之人；"吃白眼"指遭受歧视，受冷遇；而"翻白眼"则表示"对人不满"。例如：

由于家庭出身不好，经济又十分困难，受到了多少人的白眼，可说是小小年纪受尽人间的几多煎熬，有些事情可能是你一时难以想象的。

你不记事的时候，你爸就让一个坏女人勾引走了，你爸是个忘恩负义的白眼狼。

我偷瞟了一下同行诸位，但见他们亦都变了色，皱了眉，互翻白眼，难以下箸。（王英琦《在印度当老外》）

在韩语中，也有类似的隐喻认知，"백안시（白眼视）"，"흰눈으로 보다（白眼视之）"，"눈을 희번덕이다（翻白眼）"，表示"轻视"或"不满"。例如：

잘된 것만은 아닙니다. 아직도 민주주의를 백안시하는 사람들이 있고, 남북관계 개선을 거부하는 사람들이 있습니다. (还有人对民主主义白眼视之，也还有人拒绝改善南北关系。)

배운 것 없고 가진 것 없는 그였기에 주변 사람 모두 그를 <u>흰눈으로</u> 보는 것은 당연한 일이었다. (既没有值得学习的，也没有任何东西，周边的人们瞧不起他是理所当然的。)

순사들이 눈을 희번덕이고 숨을 몰아쉬며 동네마다 들쑤시고 다니는 소란이 벌어졌다. (警察们翻着白眼，喘着粗气，搅得各个村子一片混乱。)

3. 当白色投射到手部时

因为白色不带任何色彩，所以白色又让人常常联想到"空"，所以"白手"就有了"空手"之义。例如：

况你又是我的仇人，擅敢<u>白手</u>来取？（《西游记》）

"空手"即"一无所有"，故在汉语中，又常用作"白手起家"，形容在毫无基础或条件很差的情况下创出一番事业。例如：

所以，在美国人心目中，能<u>白手起家</u>的人是社会上的英雄，美国的社会文化和社会心态要求个人在社会生活中充分表现自我。（《略论企业文化》）

韩语中也有"백수"，但与汉语的含义不完全一样，韩语的白手既可以表示"空手"，也可表示身无分文的二流子。例如：

왜병의 독한 칼날은 <u>백수</u>로 항전하는 송 부사의 작은집 금섬의 목에도 잔인한 칼을 꽂았다. (尽管是用空手来抵抗侵略者的大刀，但脖子上也被残忍地插上了刀。)

그는 취직이 되지 않아 <u>백수 생활을</u> 한다. (他也不找工作，整天游手好闲。)

"백수"也常常与"건달（游手好闲的人，穷光蛋）"一起组成"백수 건달"，代指游手好闲的二流子。例如：

그는 대학을 졸업한 지 오 년이 지나도록 <u>백수건달</u>로 지내고 있다. (他大学毕业都5年了，一直游手好闲地晃荡着。)

此外，基于人老了头发会变白这一生理特征，韩汉语中都用"白头"表示老翁。但汉语的白头还有不署名或没有盖印章的意思，如"白头帖子""白头材料"。而韩语中的"白头"则还可表示地位虽高、但不做官的"两班"，如韩语中用"흑두재상（黑头宰相）""흑두공（黑头公）"来表示年轻的宰相。

（三）红色（빨갛다）

明媚的太阳，鲜艳的花朵，人健康的肤色，充满活力的血液，这些都是红色的，因此，在韩汉两个民族中，红色都给人以喜庆、高兴的感觉。下面，我们就来看看韩汉两个民族用红色的范畴来隐喻认知人体域时的表现（表1-14）。

表1-14 韩汉对红色的认知

始源域	目标域（脸、心、眼）	
	汉语	韩语
红色	红脸、红脸汉子	얼굴을 붉히다（使脸红）　낯을 붉히다（使红脸） 얼굴이 빨갛다（脸红）
	红心、赤心、丹心	단심（丹心）　일편단심（一片丹心）
	红眼、眼红	눈이 시뻘겋다（眼红）　눈이 빨개지다（眼变红）

1. 当红色投射到脸部认知域时

因为人在情绪激动时，脸部血液扩充，脸色变红，所以，人们就用"脸红""红脸"这一生理特征来表示人羞愧、害羞、生气、吵架等各种情绪。例如：

我一下子闹个<u>大红脸</u>，事后请教农业技术员，才明白农作物都有自己的生长期。（《人民日报》）（羞愧）

于是游戏出现了僵局，二位互不相让，几乎弄得要<u>红脸</u>了。（王明义《又冒出一张牌》）（生气）

此外，在汉语中，也把容易生气和发脾气的男人，也叫"红脸汉子"。例如：

张桂玉是个吃软不吃硬的<u>红脸汉子</u>，见村干部如此张狂，毫不示弱，就跟着来到屋后，……（《中国农民调查》）

在韩语中，"얼굴을 붉히다（使脸红）"，"낯을 붉히다（使红脸）"，"얼굴이 빨갛다（脸红）"也表示羞愧、害羞、生气等情绪。例如：

이 처녀애는 낯선 사람만 보면 <u>얼굴을 붉힌다</u>.（这个女孩一见陌生人就脸红。）（害羞）

우리 두 사람은 지금까지 한번도 <u>낯을 붉힌</u> 적이 없다.（我们两个人至今为止没红过脸。）（生气）

2. 当红色投射到心的认知域时

尽管韩汉两个民族对"红心"的认知都带有褒义色彩，但其意义并不完全一样。在汉语中，"红心"比喻忠于无产阶级革命事业的心，"赤心""丹心"比喻对国家、对民族忠贞不贰的诚心。例如：

太阳花是具有战士性格的花朵，而战士们一颗颗爱礁守礁的<u>红心</u>，不也正

是一朵朵四季盛开在南沙群岛上的太阳花吗？（《人民日报》）

他回顾了自己70年的执教生涯，表达了一个百岁老人对祖国教育事业的一片<u>赤心</u>。（《人民日报》）

但在韩语中，"단심（丹心）"，"일편단심（一片丹心）"除了具有"不变的真诚的心"的含义之外，还可表示对恋人的痴心，对某种事物的痴心。例如：

신하는 임금을 <u>일편단심</u>으로 섬겨야 한다. （臣子应该对国王忠心耿耿。）（忠心、诚心）

축구에 대한 <u>일편단심</u>을 엿볼 수 있는 모습이었다. （他对足球的一片痴心由此可见一斑。）（不变的心）

《화세계》는 1911년 동양서원（東洋書院）간행. 을 향한 여인의 <u>일편단심</u>을 그린 소설이다. （《花世界》于1911年由东洋书院出版，是一部描述女人对爱人一片痴心的小说。）（女子对男子的痴心）

3. 对眼部认知域的投射

人在情绪激动的时候，眼睛容易充血，以此为认知理据，"红了眼"通常用在动词"急""吵""打"后面表示程度；"眼红""红眼病"常表示嫉妒、羡慕的心理，"眼红"还表示"仇恨"。例如：

李福成养牛发家了，有些人就犯<u>红眼病</u>。

大笔钱手中过，<u>眼不红心不动</u>。

在韩语中，也有"눈이 시뻘겋다（眼红）"，"눈이 빨개지다（眼变红）"，表示嫉妒羡慕的心理，但用法不如汉语灵活。例如：

젊은 사람들이 돈에 <u>눈이 시뻘겋</u>게 되어 날뛰는 것처럼 보기 흉한 것도 없다. （并没有年轻人对钱红了眼，都争相模仿。）

此外，在韩语中，"눈(이) 벌겋다"还表示"자기 잇속만 찾는 데에 몹시 열중하다."（过于热衷对自己有利的事情）。例如：

가물어서 온 동네 사람이 물 푸러 다니기에 <u>눈이 벌겋다</u>는 사실도잊어버린 듯했다. （他好像忘了因为干旱，村子里所有的人都红着眼睛争相取水的事情。）

（四）黄色（누렇다）

在自然界中，秋天树叶变黄，飘落在地使人们容易引起衰败、凋零的心理意象，因此，在韩汉两种语言中，黄色都有枯萎、凋零的意思。黄色给人的这种心理意象投射到人体域，就常用来形容脸色极差。例如：

晚上九点多钟，我听到敲门声，开门一看，只见张艺谋<u>脸色灰黄</u>，神态沮

衰倦怠地站在门口，我赶紧接过他身上的提包。（肖华《往事悠悠》）

가슴을 얻어맞은 꼬마는 숨을 못 쉬겠는지 얼굴이 노랗게 되면서 입만 헐떡거린다. （小不点胸部挨打，似乎都不能呼吸了，脸色蜡黄，只剩下嘴在喘气。）

此外，在汉语中，由黄色所引发的衰败、凋零的相似性联想，在黄色投射到人本身时，也引发了一些颜色人体词的隐喻认知义。例如，人们常用"黄脸婆"指已经结婚的女子，这是因为，已经结婚的中年女性往往因生活上的众多琐碎的事情而无暇顾及自身容颜的修整，导致容貌看上去比较衰老，面如菜色，而黄色所引发的凋零的气象让中年妇女的形象跃然纸上，比说"中年妇女"给人的感觉更生动具体。例如：

她骨瘦如柴，脸上的皮肤缺乏保养而色素沉着，真真正正是尘满面鬓如霜的黄脸婆。（唐颖《糜烂》）

四、韩汉颜色人体词的隐喻认知的个性分析

由于韩汉两个民族的语言文化、风俗习惯等因素的不同，在利用基本颜色范畴去隐喻化认知人体域时，就会呈现出许多不同的个性和差异来。下面我们对这几个基本颜色隐喻进行分别对比分析。

（一）汉语中有而韩语中没有的

1. 利用身体部位的关系来隐喻事物之间的联系

我们在上文谈到了汉语独特的隐喻化认知方式，就是经常利用身体部位的关系来隐喻事物之间的联系，这一特点反映在"黑"的隐喻投射中，就是黑色这一特征投射到人体的不同器官部位，来表示与"黑心"同样的意思。如"黑心黑肺""黑心肠""黑心眼"等。

他是个孤儿，是吃千家饭长大的，怎么会这么黑心黑肺地对待手下的同志呢？（周梅森《人间正道》）

阿英说，早知道这个世界上，心眼好的人就该被人伤害就该落到这种下场，都变成黑心肠去！（曾明了《宽容生活》）

我可没干黑心眼的事啊！（冯德英《迎春花》）

两手攥空拳啊，穷困潦倒，社会上什么黑心肝的事情没见过？（陈建功《皇城根》）

他们虽说都是中国人，因为黑了心肠，忘记了祖宗三代，所以连一点中国人味也都闻不到了！（冯志《敌后武工队》）

2. 受中国传统京剧脸谱影响所形成的颜色人体词的隐喻认知

中国京剧脸谱文化博大精深，而脸谱的彩妆运用尤其妙不可言。戏剧家张

庚先生说:"脸谱是一种中国戏曲内独有的、在舞台演出中使用的化妆造型艺术。从戏剧的角度来讲,它是性格化的;从美术的角度来看,它是图案式的。在漫长的岁月里,戏曲脸谱是随着戏曲的孕育成熟,逐渐形成,并以谱式的方法相对固定下来。"脸谱是中国戏曲独有的,不同于其他国家任何戏剧的化妆,戏曲脸谱有着独特的迷人魅力。

中国戏曲中人物角色的行当分类,按传统习惯,有生、旦、净、丑几个主要角色。脸谱化妆,是用于净、丑行当的各种人物,以夸张强烈的色彩和变幻无穷的线条来改变演员的本来面目,与素面的生、旦化妆形成对比。在戏曲中,面部化妆和服装是区分人物角色的可视的直接表征,服装主要是表现人物的身份、地位、职业,而在人的脸上涂上某种颜色以象征这个人的性格和品质、角色和命运,在舞台上代表或正义或反面的人物,这是京剧的一大特点,也是理解剧情的关键。简单地讲,红脸含有褒义,代表忠勇者,代表人物如关羽;黑脸在京剧脸谱种以武人为主,代表猛智者,其中一个最著名的文人就是包拯,代表铁面无私;蓝脸和绿脸也为中性,代表草莽英雄;黄脸和白脸含贬义,代表凶诈者,如曹操;金脸和银脸是神秘,代表神妖。

中国京剧脸谱艺术中的红脸、黑脸、白脸之分这种艺术形式映射到日常生活中来,就形成了"黑脸包公""唱黑脸""唱白脸""唱红脸"等词汇。

(1)黑脸包公:比喻敢于执法、公正无私的人。例如:

特别是那个叫吴维山的局长助理,人称"黑脸包公",执起法来六亲不认。(《人民日报》)

河南平顶山矿务局六矿实行矿领导"井口黑脸划工"制度,实行面对面领导,正副矿长月平均每人下井 15 天…… (《人民日报》)

(2)唱黑脸:给人眼色看;敢于维护正义。例如:

卖粮十分困难,当你一粒一粒,把粮食晒干弄净,汗流浃背地送到粮站时,别人还要挑挑剔剔,给你唱个"黑脸",最后还可能打张白条,硬让你积蓄一年的希望变成阳光下的肥皂泡。(《报刊精选》)(给人眼色看)

这个市纪检监察机关对顶风违纪的,敢唱"黑脸",对 60 台公车使用者进行了通报批评,共收缴罚款 8 万余元。(《人民日报》)(敢于维护正义)

(3)唱红脸:京剧中的正派角色。比喻扮演正面的角色,对事情采取宽容忍让的态度,在解决矛盾冲突的过程中充当友善或令人喜爱的角色。例如:

美国 JP 摩根、日本野村忽唱红脸,客观上引发香港股市的异常表现。(《报刊精选》)

一个当黑手,一个又来唱红脸儿,没用!(陈建功《皇城根》)

（4）"唱红脸"与"唱黑脸"一起用时，则表示在对同一对象进行说服的时候，一人和善晓以大义，一人讥讽进行激将，两种方式同时施用。例如：

为了选贤任能，既要唱"红脸"，也要唱"黑脸"。（《报刊精选》）

辽宁在全面实施规划环评和战略环评过程中，既唱黑脸也唱红脸，推动实现以环境保护优化经济增长。（新浪新闻）

（5）唱白脸：京剧中的反派角色。指扮演反面的角色，对事情采取尖酸苛刻的态度，装出一副严厉或凶狠的样子。"唱白脸"常和表示正义的"唱红脸"一起用。例如：

张守业和张守敬，一个唱红脸，一个唱白脸，说好说歹，最后决定叫大家拿出一千两银子和五十石粮食，粗细对半，另外拿出来五十两银子给张。（姚雪垠《李自成》）

太对了，家事如国事，必须有一个唱红脸的，一个唱白脸的，清一色很多话不好说。（王朔《无人喝彩》）

（6）"唱白脸"与"唱黑脸"一起用时，"唱白脸"就和"唱红脸"的功能是一样的，表示以温情晓以大义的一方。例如：

根据《人民警察法》《道路交通安全法》和《行政处罚法》的规定，人民警察执法，对行政相对人违法行为进行处理、处罚，既要"唱黑脸"：严格执法，秉公执法；又要"唱白脸"：礼貌待人，文明执法，对行政相对人进行处罚要先告知处罚根据，说明理由，听取申辩。

母亲和父亲在一个家庭当中扮演的角色是不同的，尤其是在教育孩子的时候，父亲"唱黑脸"时母亲就该"唱白脸"，一定不能孤立孩子。

3. 新词的创造

上面我们提到的很多词，如"黑心""黑手"已经作为词条进入词典释义，成为词义的一部分，人们几乎已经感觉不到它是隐喻，这就是所谓的"死隐喻"。然而，隐喻不仅仅是一种修辞方式，更是人们的一种认知方式，所以，人们利用对颜色域和人体域的认知，将二者的特征互相映射，从而不断创造出新的隐喻意义。

我们知道，黑色因为其色源体为黑夜，使我们心里自然生出神秘、恐惧的感觉。所以，黑色投射到人体域时，结合相应人体部位的功能，隐喻出不同的意义来。

（1）黑嘴：信口雌黄，说不吉利话的人。例如：

中房股份的 10 亿预收款是真的吗，还是黑嘴的又一次骗局。

现在很多地方电视台明知道"黑嘴"们是骗人的，却长期为"黑嘴"们提供表演阵地，成为他们蒙骗投资者的最大道具。

（2）黑脚：特指足球比赛中为了某种目的故意犯规的球员。例如：

马里克·阿伦这个在 NBA 打了 6 年球的球痞，昨天虽然只打了 1 分钟，但他的黑脚却差点毁了姚明。（中国经济网：《火箭七连败姚明吃黑脚 姚妈妈谴责阿伦"损人"》，2005 年 11 月 28 日）

球场暴力，就像潘多拉魔盒被打开一样，一直困扰着足坛，挥之不去。自从有了"黑脚"，足球这一本应给人带来快乐的运动也被笼罩上了一层灰色。（新华网：《黑脚！又见黑脚！——保加利亚上演"全武行"》，2004 年 6 月 19 日）

4. 其他

（1）白色。我们知道，朝鲜民族钟爱白色，以"白衣民族"自居，在韩语中，白色让人联想到"纯洁"和"清白"。汉语中"白色"也象征着"纯洁"。当这一颜色投射到女人身上时，"白肤美人"是韩汉两种语言所共同的认知。但是，在汉语中，若白色投射到男人身上，则构成了意义截然相反的韩语所没有的隐喻。

①小白脸："小白脸"常用作一些本身没有付出什么贡献，由女性或同性恋伴侣提供金钱支援的男性之蔑称，即使他们并非真正的婚外情人。例如：

素荷的丈夫，是一家音像公司的监制，据说是小白脸一个，整天情调今分的。（张欣《掘金时代》）

②白面书生：年轻但缺乏阅历经验的读书人。此词出自《宋书·沈庆之传》："太祖将北讨……上使湛之等难庆之。庆之曰：'治国譬如治家，耕当问奴，织当访婢。陛下今欲伐国，而与白面书生辈谋之，事何由济！'"但是，皇帝最终没有采纳沈庆之的意见，结果打了败仗。后来，人们就用沈庆之说的"白面书生"用来形容年轻没有经验的读书人，隐喻他们只知道书本上的知识，不晓得实际应付事情的方法，含讽刺义。例如：

大客车在滴水洞 3 号房停下，从车上下来的男青年们一个个都是白面书生，文质彬彬。（廖时禹《"西方山洞"里的毛泽东》）

那时候，我是一个刚满 20 岁的白面书生，通过森严的环境和压抑气氛将我击垮打倒，简直易如反掌。（刁斗《伪币制造者》）

（2）黄色。我们在上文已经知道，在韩汉两种语言中，"黄色"都让人联想到秋天的落叶，给人以"衰败、凋零"之感，但是，在汉语中，黄色还有"稚嫩"的意思，这来自一个典故。《孔子家语·六本》："孔子见罗雀者，所得皆黄口小雀。夫子问之曰：'大雀独不得，何也？'罗者曰：'大雀善惊而难得，黄口贪食而易得。'"所以，后代常用"黄口"代指小孩子，也常用"黄口小儿"讥讽别人年幼无知。例如：

当时我虽是个乳臭未干的<u>黄口小儿</u>，却因对表姐印象极佳，跟祖父母哭闹了一场。（刘绍棠《我差点儿跟一个比我大六岁的女孩订亲》）（小孩子）

可是时隔数百年，即使是对小说毫无研究的<u>黄口小儿</u>也已经知道，那都是一些偏见。

此外，汉语中也有"黄毛丫头"的说法，通常指不谙世事、幼稚的青年男女，常含戏谑或轻侮意。例如：

沧州那片贫瘠的黄土地，却慷慨地赋予她成熟的体态与白皙的皮肤，<u>黄毛丫头</u>已变成一个水灵灵的大姑娘了。（赵先知《一位打工姐的血泪作家梦》）

（二）韩语所独有的隐喻认知

1. 黑色我们知道，不管是朝鲜民族还是汉族，黑色都给人以"黑暗、恐怖"的心理意象。在汉语中，"黑色"还具有"非法"的含义，如"黑市""黑社会"等。在韩语中，黑色投射到人的眼睛上，因为"眼睛"是人的视觉器官，若眼前是黑色的，那人们就无法看到外部，也就无法了解世界。"文字"是人类文明进步的标志，我们对历史、对文化的探知在很大程度上依赖于文字，如果一个人不识字，那就如睁眼瞎一样，无法与外界沟通。正是基于此心理相似性，韩语中用"까막눈（黑眼）"来表达人对文化的无知，或"文盲"。例如：

이놈 형 놈이 있는데, <u>까막눈</u>을 면해서 치부는 잘할 겁니다. （这个家伙有个哥哥，免于当文盲，应该可以记好账簿的。）（文盲）

박문장은 별명과는 달리 겨우 천자문밖에 떼지 못해 문장은커녕 겨우<u>까막눈</u>을 면했을 뿐이었다. （与他的别名"朴文章"不同，他连千字文都认不全，更别说写文章了，不过是能勉强认几个字而已。）

그 사람은 원래 조실부모하고 남의 집 머슴살이를 하면서 자랐기 때문에 글을 배우지 못해서 <u>까막눈</u>이었다더라. （那个人以前跟赵实的父母一起给别人做长工，没机会上学，是个文盲。）

2. 绿色

绿色是生命色，在五色中排行第一，是草木及植物最茂盛的颜色，象征着万物生长。绿色给人以宁静的感觉，无论是在韩语中，还是在汉语中，都用绿色来象征安全和平，用绿灯表示安全通过的信号。因为绿色的典型色源体是绿草、绿树，因而含有"青春""活力"的隐喻义。在韩语中，人们用绿色来象征年轻与生命，因而形成了一些独特的颜色人体词的隐喻认知。

（1）새파란 젊은이：充满活力的年轻人。例如：

문빗장을 따고 우리를 맞아준 것은 녀주인이 아니라 안경을 점잖게건 20 대의 새파란 젊은이였다. （打开门闩迎接我们的不是女主人，而是一个 20 多 岁的年轻人，戴着眼镜，看起来很斯文。）

인천항만공사 직원 9 명 뽑는데 7 천 몇백명이 모여, 경쟁율이740：1 이라고 한다. 이처럼 일자리가 부족하여 20 대 새파란 젊은이의 90%가 백수로 사는 나라인데. （仁川港湾工程要选拔 9 名职员，报名人数居然达到七千多名， 录取率为 740：1。我们国家的职位多么不足由此可见一斑，二十多岁的年轻人 中失业者高达 90％。）

（2）풋내기：乳臭未干的毛孩。例如：

일본 적응은 어려웠다고 한다. 풋내기 한국 지도자에 대한 보이지 않는 차별과 견제가 끊이지 않았다. 똑같은 서비스 동작도 우리 팀 선수에겐 파울 이고…… （适应日本的生活方式并非易事，对年轻的韩国领导者的无形歧视和 牵制从没停止过，同样的动作对我们组的选手来说就是犯规……）

（3）푸른 목소리：年轻的嗓音。例如：

양희은, 세월이 흘러도 늘 푸른 목소리! （即使岁月流逝，杨熙恩的嗓音却 一直年轻悦耳!）

3. 红色与青色

在韩语中，"红色"代表地，"青色"① 代表天，因此，当这种颜色投射到 人身上时，就有了身份的隐喻认知。在漫长的历史上，"平民"和"两班"曾 是朝鲜社会两大对立阶级，"红色"和"绿色"的这种特征投射到这两大对立 阶级身上，就有了"빨간 상놈 푸른 양반（深红的平民，深青的两班）"这样 的谚语，这里的"红"代表了平民率直的、一无所有的形象，"青"代表统治 者权威的、可怕的形象，这条谚语通过颜色特征简单而又生动地指出了士大夫 同庶民之间的对立关系。

五、结语

当我们用颜色词语来修饰其他原本没有颜色的事物时，便形成了颜色隐 喻。颜色隐喻的构成需要两个基本条件：语义冲突和心理相似性。由于各种颜 色的色源体给人的感觉不同，因此各个颜色所产生的生理、心理效应及在社会 中的价值观念也是不一样的。同时，由于颜色本身的色源体往往具有双重特 性，而人类的精神观念与文化价值本身也存在两极化现象，所以，颜色词语往

---

① 在古代，"青色"包含绿、蓝、黑三种颜色；而"프르다"只包含绿、蓝两种颜色。

往具有双重认知功能，这说明隐喻认知与文化模型密切相关。

在本章我们对韩汉两种语言中的颜色人体词的隐喻认知进行了对比研究。首先，由于韩汉两个民族都受到阴阳五行思想的影响而形成了基本相似的颜色观念，而且，两个民族都不约而同地用这些基本颜色范畴来描述人体的部位器官或整个人体域，从而形成了对颜色人体词的隐喻化认知。而且，因为韩汉两个民族对颜色的认知存在很多共性，而人们的身体构造又基本相同，且人类具有相似的认知能力、思维过程及一些共享的世界知识和社会经验，所以在韩汉两种语言中，有一些颜色人体词的隐喻化认知是相似的。比如，对于黑色，韩汉两个民族的心理联想都是负面的，所以"黑心"在汉语中是"阴险狠毒"的意义，在韩语中指人们不该有的贪心，或男人对女人的不良企图以及无知等。

同时，由于韩汉两个民族的文化价值观念、历史传统、生存环境、生活经历、习俗不同，因此，人们对颜色域的认知也不尽相同，反映在语言上，就是当人们把对颜色域认知投射到人体域时，所构成的人体词的隐喻意义也呈现出很多的个性和差异来，让我们更清楚地了解两个民族的文化风俗和心理习惯。比如，汉语中由于受到京剧脸谱文化的影响，所以，出现了"唱白脸""唱黑脸""唱红脸"等对颜色的隐喻认知；而韩语中因为长期以来两班和平民的对立，因而当"红"和"青"作为一种对立的颜色投射到这两种不同类型的人身上时，就有了"빨간 상놈 푸른 양반（深红的平民，深青的两班）"这样独特的谚语。

第十节　网络语词概说①

社会已经进入信息网络时代，网络对人类社会、文化产生了巨大的影响。伴随网络的产生，网上出现了一种新的交际方式，即以网络为媒介而实现的人际交流方式。在这个交流的过程中，基于网络文学和网上聊天室出现了一种新的"语言"——"网络语言"。这种"网络语言"运用特殊的语句、词汇以及各种非汉字符号来表情达意，它一经产生就以其新颖、独特的视觉形式，受到网友们的欢迎。有人把"网络语言"称为"网上黑话"——"一群人聚集久了，就产生了只有自己人才懂得的表达方式，这就是黑话"。但二者存在本质的不同，因为"网络语言"是新环境下语言文字应用过程中的产物。

词汇是语言中发展变化最快速、最为活跃的部分，社会的发展变化首先反映到词汇中来。网络语言说到底就是现实语言的一种社会变体，它基于一定数量的使用人群而发展起来。网络语言的特点同样在词汇的运用上表现得最为明显，从词汇上最早反映出来。因此我们也最先感觉到词汇的巨大变化。所以研

---

① 本节作者：张会。原文载《广西社会科学》，2001（4）。

究网络语言首先要从对"网络语词"的研究入手，努力发现它们产生和发展的规律，正确评价它们，从而更好地指导汉字、汉语在网络上的应用与传播。

所谓网络语词指的是源于网络聊天室和网络文学的用语或词汇，不是指网络行业的术语，当然其中也包含一些网络行业的术语，因为它们有可能被经常应用于聊天室和网络文学。由于这些语言单位尚未定型，还不能明确词与非词的界限，另外其中有一部分不同于传统词的符号和数字，所以才用"语词"来概括这些新生的语言单位。网络语词可以分成二大类：汉字词和非汉字符号。

一、汉字词

说它们是"汉字词"，是因为这些词虽然都是由汉字构成，但是构成的方式灵活多样、千差万别，种种情形，不一而卒，简直像《魔鬼词典》对词的解释一样，虽然和原有词汇系统的词外形相同，都是由汉字构成，但其所代表的内容或含义与传统词义大相径庭，因此称之为"汉字词"，以与传统词汇相区别。总的来说，它们的构成一般有以下几种情况：

第一，符合传统的构词方式，如"烘焙鸡"是"homepage"（个人主页）的音译，但它们与传统音译法在字的选择上走的路子不同，不是按传统的方式运作。传统上将"telephone"翻译成"德律风"，只考虑音同或音近，而不考虑几个汉字组合后的意义。而网络音译词倾向于选择那些组合后具有幽默风趣的效果的字，其中又以动物化情绪为主流，再如"猫"（modem，调制解调器）也是如此。

第二，对传统词汇进行改造，比如将"东西"改称"东东"完全是为了与传统的用法相异而进行的改造，改造后的"东东"虽然仍表"东西"的意思，却成了重叠式，具有了表"小且可爱"的内涵。还有用"美眉"谐"妹妹"的音来表示年轻貌美的网上女性，虽然"美眉"与"妹妹"意义相同，但字眼更漂亮，还能引发无限联想。

第三，利用原有词形重新解释，增加新意义新用法，这些意义往往都很幽默、诙谐，或具有讽刺意味。这类词又包括两种情况：

其一，有的旧词增加的新义与原来的意义完全相反。比如："偶像——呕吐对象"；"天才——天生蠢材"；"耐看——耐着性子看"；"不错——长成这样真的不是你的错"；"讨厌——讨人喜欢百看不厌"；"善良——善变又没天良"；"天生丽质——天生没有利用的价值"；"贤惠——闲在家里什么都不会"。因此，如果在网络内有人称你为"天才""偶像"，你可要小心领会其中的内涵。

但是不要因此而担心它们的存在会影响传统词义的使用与学习，正是由于它们利用的是原有的词形，所以可以断言这些词不太容易走出网络，不会冲击现代汉语词汇系统。因为传统的词义的用法是几千年文化积淀下来的，承载着中华文明，要想用完全相反的意义来代替原来的用法，几乎是不可能的。

其二，有的词本来是因为修辞的需要被使用的，比如用"恐龙"来比喻外形不佳的女网民，这个用法一经约定使用，就成了丑女的代名词了。"菜羊"指的是赛扬主板，"赛扬"本身已经是音译词，在此基础上又进一步动物化成"菜羊"。

第四，自行创造符合需要的新词。最典型的是音变造词法，如"酱紫"并不是一种什么颜色，而是"这样子"音变后的汉字符号。在港台剧中"这样子"被人们挂在嘴上，急读之便成了类似"酱紫"的音，于是假借之法发挥作用，就用"酱紫"来记录此音，一个新词就产生了。

二、非汉字符号

（一）网络符号语

网络符号语是"网络语词"的一个重要组成部分。所谓符号语就是指用键盘上提供的各种符号按一定规则组合后表达一定的意义内容的一种特殊的语言单位，它基于网络而出现，经网民约定而在网络上通行，有别于传统上的各种语言单位。网络符号语以形体表语义内容，它负载的信息通过形体表现出来，所以它只能算是一种图画，而不能称为词，因为词是语音语义的结合体。它更不是语言，因为语音是语言的物质形式，称它为"符号语"正是基于这样一种考虑。各种符号的组合更多的是具有语义和语用上的价值。

网络符号语运用符号来表情达意，但不是用符号本身的意义或声音，而是用符号的形体组合后表义，这一点和文字的来源——"文字来源于图画"何其相似。文字来源于图画，而独有汉字一直在沿着这条道路前进，甲骨文以前的"文字"是这样，从甲骨文到今天的简化字也始终如此，究其原因是与汉民族的具象思维方式分不开的。自古以来我们的汉民族就多具象思维，这是历史形成的。这种思维方式"使汉民族太习惯于用相应的具体形象来使抽象的概念生动可感从而有所依托"，容易向形象化的方向思考问题，认识客观事物的规律。因为"人民群众使用了文字，在长时期的使用实践中，文字这一客观存在，又锻炼了人民群众，教育了人民群众，真所谓'潜移默化'，让这个文字体系在人民群众思想意识中深深地扎下了根"。所以在特定环境下，现有文字不足以表情达意、需要创造新的"文字"形式的时候，人们自然想到了图画这一原始的形式。而键盘上恰好提供了这样一些符号，它们可以组成表情达意的简单的图画，于是选择它们作为组成新的交际符号就是必然的了。

我们说现有的文字不足以表情达意是指在网络这一全新的生存空间里，不论是主观上还是客观上都要求"简""明""快",因而在某种情况下现有文字体系不能很准确地传递信息,表达很丰富炽烈的情感。虽然文字是记录语言的书写符号系统,但文字在记录语言的过程中失落了许多信息,比如语气语调信息、语境信息、表情信息等,于是通常我们在阅读文学作品时就只好自己去揣摩、体会、猜度作者赋予作品人物的内心感情、言语表情等原本在面对面的交谈中最简单明了的信息。但是网上交流是要求在有限的时间里做尽可能多的交流,对速度的要求是至上的,你不可能有时间去仔细品味你的朋友的话语的内涵,你需要的是一目了然对信息的把握。这种情况下,任何表达都是苍白无力的,最直接的表达方式莫过于形象化的图像。比如你要表达"脸红了"这样一个表情,面对面的交谈对方可以自己看见你的表情,但是在屏幕上用言语该怎么表达呢?说多少话、再怎么婉转都不如一个简单的图像(＝^－^＝)给人的感受深刻而贴切,更重要的是避免了直接表白的尴尬,不需要话语的啰嗦,只要一个图像就足够了,省去了多少话语表达不清的内容。因此为了弥补信息缺失造成的空白,人们就地取材,充分利用键盘提供的各种符号,组合成图像,于是网络符号语应运而生了。

这些网络符号语努力追求"形"像,因而也有构造的理据性,但由于它们难学难记而且输入较慢,所以很难迅速流通被众多的人使用,而且很多的聊天室考虑到网民的需要,专门设计了许多生动的漫画来帮助表情达意,这样更增加了人的惰性。因此网络符号语注定只能生存在一个狭小的圈子里,就像汉字中的繁难字的存在一样,它们的存在会丰富交流,所以也会有人认得并运用它们,但因其繁难又难以普适,所以它们的存在范围就只好是有限度的了。

(二)网络数语

在网上,有时几个数字组合在一起,并不表示具体的数目,而是通过谐音后表达一定的概念、意义,我们称之为"网络数语"。网络数语用数字来表情达意,但不是用数字本身的意义或形体,而是用数字所具有的语音形式,按照音同或音近的原则来谐汉语中的某个或某些语音以表达这语音所代表的语义,这一点和符号语不同。

因此,谐音表义原则是网络数语的一个最大的特点。网络数语之所以会采用谐音的原则来表义也是和汉语汉字的传统以及汉民族的思维方式紧密相连的。从汉字的造字之初,六书中的"假借"和"形声"就是人们利用音同、音近的原则实现了汉字的使用与创造。因此汉字一直有这样的传统,并且在人民群众使用汉字的过程当中"文字教育了人民群众",使他们在继续使用汉字的过程中能够按照这个方向推动文字向前发展。也就是说在我们的民族思维当中就有这样一种定式,容易向形象化的方向思考问题,认识客观事物的规律,再干瘪的事物也能和具体的形象联系在一起,在数字的运用上就体现了形象思维的典型特征。

贯彻谐声这一原则行事的典型事例古已有之，古代训诂学上"因声求义"的研究方法，就是利用形声字声旁表义这一规律进行的对语义的研究。另外，相传古时候民间就有人将圆周率的数值编成一个故事来加强形象记忆，用"山巅一寺一壶酒……"来代替"3.14159……"，这是对数字谐音的直接应用。现代人对电话号码、车辆牌照等常用数字的选择也是对数字应用法的继承，体现了人们对谐声原则的青睐。电话号码、车辆牌照均由数字组成，人们之所以喜欢某些数字而厌恶某些数字，其根据就是先将数字谐声理解，然后看语义是否吉利，从而判断其好坏。虽然被斥为迷信，但人们还是我行我素，其根本原因就是千百年来积淀下来的民族心理在起作用，选择了一个不吉利的数字号码总是让人心里不舒服。比如选择车辆牌照时没有人愿意要"4"，因为"4"谐音为"死"；相反人人都愿意选择"8"，因为"8"谐"发"音。可见这种民族心理的习惯力量是巨大的。顺便说一句，这种具象思维方式还有助于对数字的记忆，数字化的现代社会越来越多的地方要采用数字，为了帮助记忆，人们有时候也会把这些数字和具体的事物联系起来，以便牢固记忆，这一点无须赘言，相信大家都有这方面的经历。

因此，可以说网络数语的出现并不是网络的独创，而是现实生活中早就有了的数字用法的变化形式，只是当数字用于网络这一语境后被网上的特殊人群在借鉴了现实生活的用法后又赋予了它们一些适合网络语境的新的含义而已。借鉴之处如"5"依然还可表"吾（我）"义等。

网络数语的创造符合了网络上"快""简""明"的要求。"快"是网络的第一要求，既有时间就是金钱的压力，又有打字速度的驱动。要想在有限的时间里充分发挥金钱的价值、享受更多的网络魅力，需要"快"；要想在聊天室里同时和几个人聊天而又不影响交流，也同样需要"快"。"简"是为了满足"快"的要求而产生的。要想将输入的速度达到极致，必须运指如飞，即便如此也还不能够满足需要时，只有数字是最快捷的输入选择。在"万码奔腾"的年代里仍然有人在寻求更为简洁的汉字输入编码方式，其中数字就是人们的一个选择方向，小键盘数字输入的未来很受人们的青睐，试想一下，仅仅用一只手敲 10 个阿拉伯数字就能够完成汉字的输入，既能节省时间又能节省人力，何乐而不为呢？可见目前在键盘上可应用的字母和符号中是没有比数字更为简捷的了。数字已经满足了"快"和"简"的要求，但为了交际的需要还要让人能够明白才行。要想让数字满足"明"的要求，能够用来交际、交流，就必须赋予它们一定的意思。我们不可能让 10 个数字就代表了成千上万的汉字，因为这种代替不会有任何的理据性可言，每一个数字的负担太重，不可能用来交际。

那么数字该怎样与汉字发生联系呢？别忘了在汉字的使用过程中，还有一种常用的用字方法——"假借"。"假借"是与汉字相始终的，没有假借汉字就无法维持其生命——交际。它的一个重要的特点就是对音的重视，假借字因音同或音近而借。虽然"传统"上的"假借"是针对汉字的使用情况而言的，但是如上所言，基于民族的思维方式而形成的类推的习惯作用是强大的。任何性质相同或相近的事物都可以类推。阿拉伯数字要与汉语的意义结合，从形体上不具备条件，只好从语音上通过同音或近音假借来实现。数字终于通过语音上的相似点而和汉语的意义结合在了一起，从而可以实现网络交际"快""简""明"的要求。因此网络数语的创造也符合汉字假借用字的原理，符合符号代替的原理。

网络数语作为一种交际符号被应用于网上，数字与其所表示的意义之间有相对稳定的对应关系，如"0"一般代表"你"，"5"多代表"我"，但数字的数目毕竟有限，当数字不够用时为了表义的需要也有一定程度的变通，如"0"可以变通为"理（8006 不理你了）"，"5"也可以表示哭声"呜（555 呜呜呜）"等。数字只有 10 个，所以每一个的使用频率都相当高。限于篇幅，这里就不再举例。目前数字所表达的意义还多停留在常用语上，将来也不会有大的变化，因为用有限的数字去表达无限的话语，同时又要照顾到数字组合后的语音代表的内容符合所要表达的语义，困难是可想而知的了。

（三）网络字母词

近年来，随着经济的发展，大量外来字母出现在现代汉字系统中。网络是最新科技的集散地，因此也就成了外来字母滋生繁衍的土壤。我们把网上交际中使用的外来字母或字母的组合称之为"网络字母词"。

字母的进入中国，并不是很久的事情。因为汉字系统本来是一个自足的系统，汉字的性质也完全不同于字母文字，可以说最初汉字和字母是毫无关系的。只是到了近现代，"西学东渐"，西方的字母文字才开始了向汉字渗透的过程，鲁迅的《阿 Q 正传》就是使用字母的典型例证，但这还只是零星的点缀，在当时的历史条件下，在汉字强大的同化作用下，它并没有形成气候。

字母词的大量出现是在近几十年，主要原因是：第一，伴随着中国改革开放程度的不断加深，与世界的交流日趋频繁，国人在接触外来的新事物的同时不可避免地要受到外来语言的影响，英语对汉语产生了强大的冲击；第二，《汉语拼音方案》的推行和人的教育素质的提高，使人们不再以字母为怪；第三，汉字是和拼音文字性质完全不同的一种文字，历史上外来词进入汉语系统首先要经过一个音译或意译的过程，音译时选用音同或音近的汉字作为记录符号，不考虑汉字本身固有的意义，这就和汉字的表意性质产生矛盾，因此音译词多被意译词代替。但是在信息爆炸的今天，这个由音译到意译的过程相对人们的需求来说就有了一定的滞后性，因此当外来事物大量出现，人们来不及找到一个合适的词来翻译时干脆就原样搬用，直接以字母的形式借入。所以外来字母暂时进入书写系统是一种必然，是书写系统对自身适应性的一种改造。

网络世界是人类的又一生存空间，现实生活中对字母词的接受情绪自然也被人们带到网络中来。加之网络集中了当今最先进的科技，网内人的教育素质又偏高，这都给了字母词以滋生的土壤。网络字母词以拉丁字母为主，多源于汉语拼音和英文单词或句子的缩写。例如，汉语拼音的缩写，"BT"（变态）、"GG"（哥哥）、"MM"（美眉）、"NB"（牛×）、"PMP"（拍马屁）、"TMD"（他妈的）；英文单词或句子的缩写，"BB——BABY"（小孩、情人）、"U——You"（你）、"IMO——in my opinion"（依我之见）、"BTW——by the way"（顺便说一句）。

网络字母词依附网络而生，和现代汉字系统中的字母词很相似，但由于网络的特殊性，更多了很多的特殊用法。比如人们根据自己的思维方式，将英文也按照汉语的规律进行改造，把"see you"（再见）用谐音后的"CU"来代替，简洁的同时还显出一定的神秘。但是这种用法在规范的现代汉字系统中是难以存在的。

20世纪90年代以来，新生代的年轻人开始注意追求个性、张扬自我、反叛传统，在这一反主流精神的支撑下，许多网友把这种情绪带到网络中来，在网上采取一种嬉笑怒骂、冷嘲热讽、不认真的态度，从言语到行为都是如此。加之网络产生初期的神秘感，网络就像明星一样被当作一种时尚来追求，而时尚就一定要以新取胜，以奇取胜，自然网络用语就有了发展的市场，被人们争相学习、使用。

虽然从理论上讲，网络语言还没有公认的定义，但它们拥有庞大的且不断扩大的使用人群。2010年1月15日，中国互联网络信息中心（CNNIC）在京发布了《第25次中国互联网络发展状况统计报告》，数据显示，截至2009年12月，我国网民规模已达3.84亿，互联网普及率进一步提升，达到28.9%。网民不但在网络内部使用这些"网络语言"，而且还可能把它们带到现实生活中，那么它们的不合语言文字规范的用法必然会对现实的语言学习产生一定程度的影响，因此，如何对待它们就成为一个十分严肃的问题。在汉语语言文字规范化与标准化的大背景下，究竟如何对待这些新生现象，汉字、汉语在网络上的应用与传播该如何进行，都需要我们对网络语言进行深入的研究。

第十一节　词汇中的文化因素及其教学①

　　词汇中的文化因素是一个普遍存在和客观事实，由词语文化因素导致的文化差异是教学中经常遇到的问题。在研究词汇中的文化因素和教学处理时，必须要坚持对文化差异的客观性教学态度，由于第二语言学习者的文化背景与目的语文化背景不同，语言教学中会出现文化差异。第二语言教学中大量存在的是词语中蕴涵的文化，如"闹洞房""财神爷""月下老人""红娘""拜年"等。由于这些词语蕴涵的文化具有十分明显的民族特性，因而虽然与异文化的差异性很大，但对第二语言学习者来说不会产生文化交际冲突。另有一类观念文化差异，如"堕胎""再婚""两性关系""中国的人口政策"等，往往会由于观念不同而产生文化交际冲突。对这一类观念文化差异，教学中应采取客观性原则。也就是说，教师应站在客观的立场上对该观念文化做客观的介绍，从中国的现状和实际出发，摆明事实，讲清道理。

　　目前在教学中存在的问题，一个是扬长避短。教师板起面孔说教，宣传第二语言的观念文化并竭力说服学生放弃自己的文化观念，甚至批评异文化。同时，对第二语言的某些观念文化和某些社会问题又采取遮掩的态度，或竭力辩护。这样的课堂教学多少带有母语教学的痕迹，忽视了作为成年人的第二语言学习者的思考能力。从教育学理论来看，这样的课堂教学属于极端的"教师中心论"，学生反映这样的教师最让他们反感。另一个是随波逐流，这是一种"学生中心论"的课堂教学。问题并不在于教师的观念与学生观念文化趋同，在观念文化差异上教师可以并且也应该有一种倾向，但如果没有第二语言观念文化的客观介绍，就会误导学生，学生就不会正确客观的了解第二语言的观念文化。一味迁就学生的文化观念，对第二语言文化观念进行带有主观性的批评，会使学生误解甚至歪曲第二语言文化。

　　第二语言文化教学必须是在学习者具备了一定的目的语语言能力以后才可能实现，何况第二语言文化完全可以通过学习者的母语来学习。因此，我们应该站在语言形式教学的角度来看待文化教学，也就是说，对把汉语作为交际工具来学习的学生来说，语言教学是第一位的，文化教学应跟着语言形式教学走，而不是相反。文化教学的目的应该是为语言教学提供培养和提高学习者对语言学习兴趣方面的支持。反过来，成功的语言形式教学也一定会对第二语言文化的认知兴趣起到促进作用。特别是语言形式教学中的词语文化内涵和交际

---

①　本节作者：卢华岩。原题为《试论对外汉语教学中的词语文化内涵》，载《北京师范大学学报》（人文社会科学版），2002（6）。

文化的学习，对保持和提高学习者对第二语言的学习兴趣十分重要。因此，我们认为文化教学应该在培养和提高学习者对目的语语言学习兴趣的层面来认识和讨论。这方面的问题更多地集中在中高级阶段的教学中。

一、语料认知中的语言与文化

语料认知离不开目的语的语言知识和文化知识的输入。但与第一语言教学不同的是，在第二语言教学中，语言知识和文化知识只是作为语料的认知手段。通过语言知识和文化知识的输入，使学习者理解教学语料，为言语技能的训练提供"可懂输入"的前提。当然，在这个过程中，语言知识和文化知识本身的学习是必不可少的，但这不是初中级阶段第二语言教学的主要任务。随着学习者第二语言言语技能和交际技能的提高，有关目的语的文化知识的水平也会随之提高。因此，语言知识、文化知识、言语技能三者是相辅相成的关系。

语言和文化既互相依存，又彼此不同。语言是文化的形式载体，而文化是语言的语义内容。文化可以分为语言文化和非语言文化。语言文化大都表现为词语的文化内涵，如"吹牛""红娘""吃醋"等；而某些非语言文化与语言本身关系不大，如关于武术、饮食、剪纸等方面的表述。非语言文化既可以用本族语言来表述，也可以用外族语言来表述。汉语教学所关注的不是非语言文化，而是和语言密不可分的语言文化。

任何民族都有属于本民族特有的文化，其文化作为知识可以被本族人和外族人学习。不论语言文化或非语言文化，都属于知识范畴，即所谓文化知识。对第二语言学习者来说，文化知识既可以通过第二语言获得，也可以通过自己的母语获得。但语言文化的学习必须结合第二语言的学习来进行，语言文化的学习可以反过来促进对第二语言的理解和使用。文化知识的学习方式有教师讲解和书面阅读两种方式。一般来说，使用母语的文化知识获得只需一次讲解或阅读即可完成，其心理活动属于认知范畴。而使用第二语言的文化知识获得则与第二语言的技能有关，因而不仅仅是认知问题。

语言的获得过程是语言知识的学习和语言技能的习得相互作用的过程。（这里只是使用"学习"和"习得"的概念来说明"知识"和"技能"的获得方式不同，无意讨论"学习"和"习得"之间概念上的差异。）语言知识包括语音、词汇、语法、语用、语言文化等，这些语言知识的获得方式与文化知识的获得方式一样，既可以通过第二语言来学习，也可以通过母语来学习。从这一层面来说，语言知识和文化知识的获得都属于"学习"的范畴。但仅仅获得语言知识并不意味着真正掌握第二语言，第二语言的获得与第二语言言语技能的习得密切相关。言语技能的获得不能仅仅通过学习来完成，而必须经过一个反复训练的"习得"过程。知识的获得不需要经过反复训练，因此知识的获得方式是学习，技能的获得必须经过反复训练才能养成，因此技能的获得方式是"习得"。语言除了具有知识的属性以外，还具有技能的特性。文化虽然也具有知识属性，但其技能特性与语言知识关系不大。文化、语言、知识、技能这四者之间的关系如图 1-2 所示。

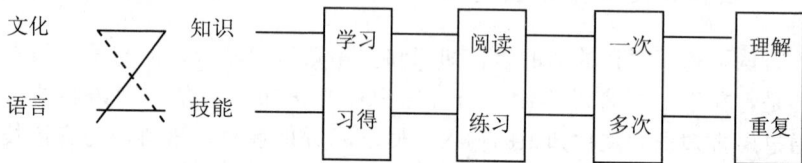

图 1-2 文化、语言、知识、技能关系图

任何一种技能的习得都必须经过反复的"练习"才能完成。就像儿童习得母语或汽车驾驶技能的获得一样，技能习得不需要知识也可以完成。但对第二语言的学习者来说，通过学习所获得的知识，可以对言语技能的获得起认知方面的促进作用。但我们千万不能夸大这种认知作用，更不能把这种认知作用当成言语技能本身。在当今信息时代的背景下，把认知理解作为第二语言教学核心的翻译法已经不能满足听和说的需要。因此，我们有必要把第二语言言语技能的习得摆在与语言知识和文化知识的学习同等重要甚至更高的位置上。

二、汉语教学中的词语文化因素与知识文化

文化知识教学服务于语料认知。通过语料认知也可以学习语料中蕴涵的文化知识，但在初中级阶段，这不是第二语言教学的主要教学目标。目前学界有一种轻视语言形式教学、夸大文化教学的倾向，甚至把影响第二语言学习的语言之外的因素都归入文化。对此，我们的看法是，应该站在语言形式教学的角度来看文化教学，也就是说，在初中级阶段，文化教学应跟着语言形式教学走，而不是相反。即使到了中高级阶段，语言形式教学也应是第二语言教学的主要任务，只是从口语语言形式教学过渡到书面语语言形式教学。对于初中级水平的学习者来说，文化知识教学为语料认知服务。文化知识教学的目的是为了排除在语料认知理解方面的障碍，进而在"可懂输入"原则下展开语言形式和言语技能的训练。

当然，文化知识教学的另一个重要作用是培养学习者对中国文化的兴趣，其中自然也包括对进一步学习汉语的兴趣。文化知识教学的这种作用既可以通过汉语教学来实现，也可以通过使用学习者的母语讲授来实现，我们所关注的是如何通过汉语教学来学习中国的文化知识以及如何通过文化知识教学来学习汉语。不同的教学阶段有不同的教学目标，在初中级阶段，文化知识教学的主要目的是通过知识的输入为语料认知和理解提供解读依据。文化知识及其教学

是一个十分复杂的问题，作为影响语料认知处理的动态因素，我们这里仅从文化知识与语料认知的角度加以分析和讨论。

汉语教学中的文化因素主要有词语文化内涵（语言形式中的文化）、语言教学中的文化、言语交际中的文化、知识文化。文化教学研究者所谓的语言形式中的文化因素，实际上应包含四个方面的内容：词语的文化成因、词语的观念文化、知识文化（文化背景知识）、句义预设。

这里所说的"知识文化"（文化背景知识）是指与语言形式有关的知识文化。比如，"晚婚晚育"在西方国家属于个人行为，无所谓褒贬，但在中国人的观念里，这个词语具有一定程度上的褒义，这就属于"词语的观念文化"。至于跟这个词语的"观念文化"有关的中国的人口政策则属于这个词语的"知识文化"，这种"知识文化"与语言形式的教学有关。当然，如果与语言形式无关，比如在一篇内容涉及中国人口问题的课文中，"中国的人口政策"也属于知识文化，但这种"知识文化"与语言形式的教学无关。所以，这里所说的"知识文化"应属于两个不同的层面，对"知识文化"的这种区分具有语言形式教学和语言内容教学的不同含义，其教学对策也会有所不同，在词语文化内涵的研究中不应把句义预设同词语文化内涵混为一谈。严格来说，句义预设不是文化因素，句义预设属于语言层面，它常常映射词语的文化因素，然而句义预设常常被研究者直接当成文化因素。如果对此不加以区分，就会淡化语言形式的教学，从而出现夸大文化教学的倾向。

（一）词语文化内涵在对外汉语教学中的地位和教学策略

许多词语从形成之初到使用过程中蕴涵着十分丰富的文化内涵，比如成语，另外也有像"矛盾""吹牛""二百五""过关""闹洞房"等，这些词语的文化成因不是第二语言教学的主要内容。学生了解了该词的语义并会使用该词就可以了，如果教师在课堂上讲解这些词语的文化成因，其课堂教学内容势必会超出教学计划，使教学处于无序状态。其实，即使是中国人，也未必都知道这些词语的文化成因，可这一点也不影响他们使用和理解这些词语。当然，在教材中可以设计某篇课文来介绍某一词语的文化成因，但课文中语言形式的教学也仍然是第二语言教学的核心。如果教师认为有必要讲解某一词语的文化成因，那么他必须在备课时做好充分准备，以保证其教学语言在学生学过的词语范围之内。了解词语文化成因的目的是为了更准确地理解和使用词语，因此，在这种情况下，词语语言形式的教学仍然重于文化内涵的教学。从这个意义上来说，在现代汉语词语教学中，某些词语的词义演变也不是教学的主要内容。比如"勾当"，古时指做事，无所谓好事坏事，而现在专指坏事、阴谋，是贬义词。教学中只介绍该词语的现代义既可，没有必要"讲清楚当时和现在不同的历史文化背景"（赖志金，2008）。目前，有些教师在强调词语文化教学的同时往往轻视了语言形式和言语技能的教学，从而导致课堂教学"讲"多于"练"。

另有一类词语，文化含义和字面义并存，如"眼红""吃醋""放羊""翻船""多嘴""撞车""咬耳朵"之类。与上面一类不同，由于受到字面义的影响，学习者理解的难点在于语言之外的文化含义。但学生只要记住其文化含义，在使用中一般不会出现由文化差异造成的偏误。因此，这一类词语文化差异造成的交际障碍并不大。

有一些词语或词组，文化含义常常表现为观念上的差异，如"两性关系""有个性""再婚""晚婚晚育""堕胎""狗""猪""老黄牛"等。文化背景不同，对这一类词语的文化阐释也不同。由于这种观念上的差异，常常造成交际上的障碍。比如，《汉语中级听力教程·下册（二）》第二课乙课文《老年人的再婚》中说，"再婚在中国人眼里有不幸的含义"，但再婚在西方人眼里没有不幸的含义。再比如，"猪"在汉语里有"懒"的文化含义，而在日语里没有这种含义。这种不同文化之间的差异不是词语本身具有的，而是附加在词语之上的观念文化所带来的。因此，像"再婚""晚婚晚育"这一类词语，在教学中有必要做异文化的观念对比。教师在对其观念文化的差异做客观的介绍和对比的同时，也正可利用其差异性，组织语言形式的练习。

（二）句义预设在对外汉语文化教学中的地位和教学策略

词语的观念文化对句义的理解构成一定障碍，其中的一个主要原因是句义预设影响学习者对句义的理解和正常交际，而句义预设又常常被研究者直接当成文化因素。因此，在讨论词语文化内涵时，我们有必要把文化因素和句义预设区别开。林国立先生在《构建对外汉语教学的文化因素体系》一文中谈及"文化大纲的基本内容"时举了如下例子：

最近我的老师忙极了，他说他连午睡的时间也没有。

当了校长以后，他还是骑自行车上班。

上面两个例句中，在"午睡"和"自行车"这两个词语上，具有词语文化内涵中的观念文化的差异，即"中国人一般情况下每天有午睡的习惯"和"普通中国人上下班一般骑自行车"，而其他国家可能没有这种生活方式和文化观念。所以，林国立先生分析说："中国人一般情况下每天有午睡和普通人上下班一般骑自行车这种生活方式则是文化因素体系和文化大纲的内容。"

文化不是个体行为，它具有民族性。个体行为所反映的静态的文化因素常常通过句义预设进入交际。因此，从语言层面来看，上面两个例句中的句义，"我的老师每天有午睡的习惯"和"他当校长以前一般骑自行车上下班"是这两个句子的预设，不是文化因素。"预设在话语本身上有标志，这些标志是从语言形式上（听觉上、视觉上）能直接接触到的教学元素。"这就是 Levinson

所说的"预设触发语"（presupposition-triggers）。Levinson 给预设触发语下的定义是："预设跟某些特定的词相连，我们把这些产生预设的词语称作预设触发语。"（温洁，1993）以上两个句子中有明显的"预设触发语"——"连……也……"和"还是"。

这里使用的"预设"概念区别于"交际前提"，"交际前提"属于逻辑范畴，预设属于语言范畴。比如"我去图书馆"一句，"学校有一个图书馆"是"我去图书馆"的交际前提，而不是预设，更不是文化因素。下面仅以"当了校长以后，他还是骑自行车上班"为例，列举该句有关"自行车"这个词语的观念文化、文化知识、交际前提和预设：

（1）自行车——普通中国人上下班一般骑自行车（词语观念文化）

（2）领导（校长）不用骑自行车上下班。（知识文化）

（3）他有自行车。（交际前提）

（4）当校长以前，他骑自行车上下班。（预设）

（5）当校长以后，他还是骑自行车上下班。（本句）

当然，并不是所有的句子都同时包含以上（1）（2）（3）（4）四个方面。比如：

电视机都买好了，就等着办事了。

那时候，他们家过年连饺子都吃不上。

"中国人把电视机作为结婚必备的一个重要的大件物品"和"汉族人过年一定要吃饺子"的观念属于附加在"电视机""饺子"词之上的观念文化。这些观念文化进入交际后，"电视机""饺子"本身就超出了它的词义范围，通过"都……了""连……都……"这样的预设触发语，把中国人有关电视机和饺子的观念文化变成了句义预设。因此，教学中应从体现蕴涵观念文化的句义预设的预设触发语"都……了""连……都……"入手，给学生揭示中国人对"电视机"和"饺子"的观念文化。

知识文化是指包含语言在内的有关世界的一切知识，而词语观念文化仅仅是附加在语言形式之上的文化；词语观念文化一旦进入交际成为交际前提后，在预设触发语的作用下就有可能成为预设，造成预设对文化因素的映射。当然，文化因素也可以以比喻的方式直接进入句子。例如：

他是个典型的农民。

他真是一头老黄牛。

这里的"农民"不仅仅是指"在农村从事农业生产的劳动者"，"老黄牛"也不仅仅指"牛的一种"，句中的"农民"指的是农民身上的品质特点，"老黄牛"是"比喻老老实实、勤勤恳恳工作的人",这些附加在"农民"和"老黄牛"上的词语观念文化是这两个句子的语义核心。教学中,第二语言学习者的不同文化背景所带来的这些词语的观念文化差异会直接影响学习者对句义的理解。

词语观念文化和句义预设是两个不同层面上的问题。句义预设属于语言层面,词语的观念文化是句义预设的上位概念。并不是所有的句义预设都映射文化因素,文化因素也不是一定要通过句义预设来体现。但在言语交际的教学中有必要对此加以区分,因为学生的问题可能是词语的观念文化不同造成的,也可能是对句义预设和预设触发语不理解造成的。对外汉语的文化教学有必要结合句义预设和预设触发语来揭示语言和文化的关系。

(三) 目的语知识文化在对外汉语教学中的地位和教学策略

目的语知识文化浩如烟海,它蕴涵在大量的目的语语言材料当中。第二语言教学和母语教学同样都面临以语言材料为媒介传授知识文化的问题。目的语知识文化既可以用第二语言学习者的目的语来讲授,也可以用第二语言学习者的母语来讲授。既然是第二语言教学,在中高级阶段目的语的语言形式仍然是教学的核心。但与初级阶段的词语文化教学不同的是,中高级阶段的知识文化教学应从目的语的口语形式转向书面语形式。大量的知识文化往往以书面语的形式储存在目的语的书面材料之中,准确快速地阅读、听辨、理解书面语是中高级阶段的学生必备的言语技能。同时,提高以目的语知识文化为背景的目的语的写作能力,也是中高级阶段的培养目标。汉语的书面语在音节的韵律、词语的搭配、句法的格式和固定的词语组合等方面有许多不同于口语的表达方式,在教学中,对这些书面语的表达方式同样需要进行听、说、读、写技能的训练和培养。

随着第二语言学习者目的语的听辨和阅读能力的提高,目的语知识文化也会在这个过程中得到丰富。但第二语言教学绝不能以丰富学生的目的语知识文化为教学目的,而应以提高学生对蕴涵目的语知识文化的语言材料的听辨和阅读的能力为教学目标,毕竟我们的教学是第二语言教学,而不是第二文化教学。

国外中文教育大多在训练学生汉语语言技能的同时,用学生的母语为学生开设许多介绍中国各种知识文化的课程。学生对有关中国的各种知识文化并不陌生,甚至某一方面比一般中国人知道的还要多,只是学生不具备或较少具备用汉语听辨、阅读、写作该知识文化的语言技能。因此,对外汉语教学中知识文化的教学仍然不能忽视汉语书面语言形式的教学,忽略这一点就会丧失对外汉语教学的特点,而把对外汉语教学混同于汉语母语教学。

周思源先生在谈及第二语言的文化教学时说:"丰富的文化知识为语言表

达提供了大量潜在的可能性。不仅仅是在'学语言'中学习有关交际的'交际文化'，而且是学习了必要的文化知识才会在交际中随机应变地以各种恰当得体的语言来使交际获得最大的成效。"（周思源，1997）周思源先生强调了文化知识对提高语言表达的重要性，但周先生的这段话对以汉语为母语的中国人来说也同样适用。以汉语为目的语的第二语言学习者通过自己的母语也可以建立有关中国的丰富的知识文化体系，但如果没有相应的汉语能力，他们是绝不会在交际中做到"随机应变"的。所以，在对外汉语教学中还应把提高言语技能放在首要位置，在言语技能提高的同时，第二语言的知识文化也会相应增加。但由于目的语知识文化也可以通过学生的母语来学习，因此，目的语知识文化的增加并不一定伴随目的语言语技能的提高。那些"哑巴"中国通，就说明了这一问题。

我们认为第二语言的文化教学的目的有三：通过文化知识的学习培养提高学习兴趣；掌握第二语言的"交际文化"，排除交际障碍；学习书面语的表达方式及书面语在口语中的使用。我们建议中高级阶段，特别是高级阶段的课程语料可按照书面语的体裁分为诸如公文语料（书信、通知、启事、申请等）、新闻语料（新闻、消息、报道等）、论说语料（议论文、学术论文、法律文书等）、小说语料、诗歌散文语料等。在语料内容的选择上，充分考虑不同专门知识文化的分布，如经济类知识文化可放入新闻语料或论说语料。这样，学生既可以学到不同知识文化中的有关词语，也可以学到不同体裁中常见的表达方式。在对语料进行听、说、读、写等言语技能训练的同时，学生的知识文化也会得到相应的丰富和提高。

三、词语文化因素教学案例——涉及学生个人信息和个人隐私的词语及提问语设计

由词语文化因素导致的文化差异会造成交际冲突，在教学中最典型的交际冲突莫过于课堂教学中涉及的个人信息和个人隐私问题，在这方面中西方的文化差异最为敏感。在此，以涉及学生个人信息和个人隐私的词语及提问语设计问题为例，来讨论词语文化因素的教学对策。

个人信息和个人隐私是不同的概念。个人信息是客观存在，而个人隐私则在此基础上增加了主观色彩，也就是说，有的人会把某种个人信息看成是个人隐私，有的人则不会，不同的人对于二者的界定也不一样。我们在教学上不能把学生的个人信息完全等同于个人隐私，也不能把涉及学生个人信息或个人隐私的提问语变成一种语言禁忌。那样的话，就难以开展交际性提问语的训练。目前，什么属于隐私？学生的隐私包括哪些方面？对外汉语课堂上学生的隐私是什么？这些问题都没有统一的认识，东西方对个人隐私的认识和界定也不太

一样。因此，研究汉语课堂教学中涉及个人隐私的提问语设计问题就显得模糊不清。百度百科的解释是："个人隐私是指公民个人生活中不愿为他人公开或知悉的秘密。"课堂上为了练习教学语料而提出的涉及学生个人信息的问题，无论如何不能被看成是在全班同学面前"公开"所谓的个人隐私。比如，"你的手机号码是多少？""你家有几口人？"几乎没有学生会把这样的问题当成涉及个人隐私的提问。

有专家主张课堂提问不能问学生的个人隐私问题，对此我们还是要从第二语言言语技能和交际能力训练的角度一分为二地来分析。实际上，课堂教学中的提问不能涉及学生的个人隐私并不是对外汉语教学所特有的问题，其他任何课堂教学中的提问都存在这样的问题，这也是人们日常交际必须遵守的一个底线。在对外汉语课堂教学中，由于存在异文化之间的跨文化交际现象，所以在设计提问语时人们才格外注意文化差异所导致的交际冲突。其实在对外汉语课堂教学提问语设计方面所涉及的学生个人隐私问题并不是一个常见的问题，即使出现这样的问题，也属于教师课堂教学组织管理方面的教学技能问题，而不是提问语设计本身的问题。

首先，交际性提问语所涉及的内容大都属于学生的个人信息。交际性提问语是从课文问题转化而来，所依据的是教材中的课文语料。交际问题中涉及的学生个人信息，都是为了练习课文中的词语和语言项目，即使某一交际性提问语被看成是涉及所谓学生隐私的问题，其教学上的出发点也是如此。比如，"你的银行卡的密码是多少？"从内容上来看，该句肯定涉及学生的个人信息，也被很多人看成是个人隐私，但"银行卡"和"密码"等词语都是课文中需要练习的词语，此提问语并不是毫无教学目的的提问。

其次，交际性提问语设计目的是为了练习言语技能和交际能力，这样的训练是利用语料内容来达到语言形式训练的目的。从教师的主观动机和提问的教学目的来看，"你的银行卡的密码是多少？"绝不属于"调查""刺探""泄露""收集"学生的个人信息。因此，汉语课堂教学中涉及个人信息的提问不属于道德或法律层面的问题。比如，提问语"你有女朋友吗？"对于某性格开朗的男生来说，在课堂上不会被其看成是一个隐私问题。但是，提问语"你有男朋友吗？"对一个性格不太开朗的女生来说则显得有些冒昧。因此，如果说交际性提问语中存在所谓的学生个人隐私问题的话，那么这不是提问语本身的设计问题，而是属于提问的课堂组织和管理的问题，是提问对象的选择和控制方面的教学策略和教学技能问题。

再者，如果某学生把某一交际性问题看成是涉及个人隐私的提问语，而拒绝回答，那么教师完全可以换人回答。比如提问"你爸爸做什么工作"，学生回答："我没有爸爸。"这种情况在教师的意料之外，但并无冒犯之意，所以教师说一句"对不起！"就可马上换人。当然学生也完全可以编造答案内容回答，因为教师在意的不是内容，而是语言形式，只要让学生意识到回答交际性提问语只是为了练习汉语听和说的技能，学生自然不会较真。

　　当然，我们并不是主张刻意利用学生的个人隐私来达到课堂教学的目的，只是认为不能把此类问题绝对化、片面化，否则因为怕触及学生的个人隐私，而不敢问学生的个人信息等交际性问题，就会造成谈虎色变，草木皆兵。为此，我们还是多多从言语技能和交际能力训练，特别是课堂教学组织管理的教学技能角度加以分析和思考。下面列举笔者在美国加州班初级水平教学的一个课堂教学实例，来说明课堂教学中涉及学生个人隐私的提问及其教学策略。

（课文语料1）A：存折要六位数的密码。

　　　　　　　B：好，谢谢！

（课文语料2）A：我可以办理银行卡吗？

　　　　　　　B：当然可以，请填写申请表。

交际问题：你的银行卡的密码是几位数？

　　　　　你的银行卡的密码是多少？

课堂实录：（《走近汉语——初级听说》第18课的复习课）

教　　师：你的银行卡的密码是几位数？

学　生　1：我的银行卡的密码是四位数。

教　　师：你的银行卡的密码是几位数？

学　生　2：我的银行卡的密码也是四位数。

教　　师：美国的银行卡的密码都是四位数吗？

学　生　3：对，美国的银行卡的密码都是四位数。

教　　师：你的银行卡的密码是多少？

学　生　3：我的银行卡的密码是……

教　　师：你的银行卡的密码是多少？（看样子学生3不知怎么回答，所以换问学生4）

学　生　4：我的银行卡的密码是1234。（显然是编造的）

教　　师：真的吗？

学　生　4：真的。（笑着说）

教　　师：他的银行卡的密码是多少？（指着学生4问学生5）

学　生　5：他的银行卡的密码是1234。

教　　师：你的银行卡的密码是多少？

学　生　5：……（看样子学生5不想回答）

教　　师：大家一起说："我不告诉你。"（面向全班领读。在第19课中学习了"告诉"一词）

全　　班：我不告诉你。

教　　师：你的银行卡的密码是多少？

学　生 5：我不告诉你。

教　　师：好吧。（故意做无可奈何状）

在以上练习中，学生们始终兴趣盎然，课堂气氛活跃。虽然学生 5 没有回答他的银行卡的密码到底是多少，但回答"我不告诉你"也是一种成功的交际。"我不告诉你"一句的设计意图是练习第 19 课的生词"告诉"，同时教给学生面对涉及个人隐私的提问，如何用汉语简单地应对，这完全符合自然交际的真实情况。因此，围绕课文语料提问时，只要处理得当，我们并不绝对排斥涉及学生个人隐私的提问语。把学生的个人信息当成是个人隐私的所谓教师语言禁忌可能会限制教学新手的提问语设计，也不利于汉语学习者交际能力的培养。

第二章　汉字研究与教学

第一节　对外汉字教学研究综述^①

所谓"对外汉字教学"，顾名思义，指的是以将汉语作为第二语言学习的外国人为教学对象，以汉字的识记、书写等运用技能为教学目标的教学活动。对外汉字教学不仅是汉字教学领域的一个重要组成部分，也是对外汉语教学的重要组成部分。梳理总结对外汉字教学研究的历史与现状具有极其重要的意义。

一、对外汉字教学研究的总体情况

"汉字是汉语的书写符号系统。要学习汉语，特别是要获得汉语读写能力，必须学习汉字……中国人如此，外国人也如此。"^②　而汉语作为第二语言的教学一般不会只是口语的教和学，突破汉字教学难关就成为对外汉语教学的一项特殊而重要的任务。对外汉字教学研究的重要性不言而喻。但是，一直以来，对外汉字教学，乃至汉字教学总体上都处于相对滞后和落后的境地。

我们对《世界汉语教学》《汉语学习》《语言教学与研究》《语言文字应用》《汉字文化》几大语言学刊物所刊论文情况进行过统计，1980 年至 2012 年的 30 多年来，这 5 本刊物共刊发有关语言学研究的文章 13600 多篇，但主题包含"汉字的教学"的文章只有 193 篇，仅占文章总数的 1.02%，5 本刊物年均仅刊发此类文章不足 6 篇。其中，《汉字文化》算是刊发此类文章最多的，但年均刊发数也仅仅达到 1.6 篇，《汉语学习》刊发此类文章最少，年均不足一篇，由此可见汉字教学研究的薄弱程度。具体数据参见表 2-1。

---

① 本节作者：伏学凤。
② 李大遂：《对外汉字教学发展与研究概述》，载《暨南大学华文学院学报》，2004（2）。

表 2-1　5 本语言学刊物刊发有关"汉字教学"文章统计表

年度	世界汉语教学	汉语学习	语言教学与研究	语言文字应用	汉字文化	总计
1980—1989	4	2	5	0	3	14
1990—1999	19	7	11	11	22	70
2000—2009	16	10	21	22	21	90
2010 年至今	5	3	1	3	7	19
总计（篇）	44	22	38	36	53	193
年均（篇）	1.3	0.7	1.2	1.1	1.6	5.8

当然，我们也可以看到，随着时间的推移，各刊物刊发有关汉字教学的文章的数量还是有着明显的增加。20 世纪 80 年代，10 年间 5 本刊物仅刊发 14 篇此类文章，年均不足 1.5 篇，但到了 90 年代就猛增到 70 篇，达到年均 7 篇，21 世纪的第一个 10 年更是增加到 90 篇，达到年均 9 篇。尤其是《汉语学习》《语言教学与研究》《语言文字应用》这 3 本刊物中此类研究成果的增长最为迅速，21 世纪的第一个 10 年间，《语言文字应用》所刊发的此类文章的数量竟然是过去 20 年总和的两倍。

对外汉字教学作为汉字教学的一部分，因其教学对象的特殊性而有着自己鲜明的特色。但从历史发展看，却和汉字教学一样存在相对滞后和落后的问题。研究成果的数量非常有限。同样以上述 5 本刊物为例，1980 年至 2012 年的 33 年间，5 本刊物所刊发的 13600 篇文章中，主题包含"对外汉字教学"的仅有 57 篇，只占千分之四左右；题名中明确包含"对外汉字教学"的仅为 18 篇，只占千分之一。

当然，从研究成果的绝对数量上来说，包括对外汉字教学在内的汉字教学研究的成果还是挺丰富的，研究涉及的范围也很广泛，几乎涵盖了教学活动相关的方方面面，后文将逐一梳理。

二、对外汉字教学研究的分期

可以说，"对外汉字教学"是伴随着"对外汉语教学"的出现而出现的，统观对外汉字教学研究的历程，我们将对外汉字教学研究的发展大致分为如下四个阶段。

（一）研究成果依附于对外汉语综合教材的阶段

这一阶段应该是从对外汉语教学发端开始，延续至 20 世纪 80 年代前后。"据史书记载，汉代一些少数民族就派人来长安学习汉语和汉族文化，一些国家也向我国派遣了留学生。这应该看作是最早的对外汉语教学。"① 即使是在最早期的对外汉语教学中，应该也不仅仅是学习汉语口语，对外汉字教学大约应该也是发端于这一时期。但是，有关这一时期对外汉语教学研究情况的记录非常有限，暂时略而不论。据刘珣先生的研究，"对外汉语教学真正发展成为一项事业、成为一门学科则是从新中国成立以后开始的。我国的对外汉语教学，从1950年7月在清华大学成立第一个对外汉语教学机构'东欧交换生中国语文专修班'算起"②。

最初的对外汉字教学主要是在对外汉语教学的基础阶段进行的，那时的汉语教材大多是不分语言技能的综合性教材，教材开篇常常会先安排一些汉字教学的内容，讲授笔画、笔顺、结构分析等简单的汉字知识，教材最后常附有《汉字生字表》，如邓懿主编的《汉语教科书》（时代出版社，1958）等。这时候的对外汉字教学研究极其有限，研究者对于汉字教学的观点和理念都融入于对外汉语教材的编排之中了。

（二）研究成果体现为独立的汉字教学练习册或汉字教学课本的阶段

这一阶段自20世纪80年代开始，一直持续到90年代中期。这一时期出现了独立成册的汉字教学练习册或汉字教学课本，如北京语言学院编写的《基础汉语课本·汉字练习本》（外文出版社，1980）；刘岚云编写的《初级汉语课本·汉字读写练习》（北京语言学院出版社、华语教学出版社联合出版，1986）；[法]白乐桑、张朋朋合作编著的《汉语语言文字启蒙》（1989年，在法国出版）；张朋朋的《现代千字文》（北京大学出版社，1995）；张静贤的《现代汉字教程》（现代出版社，1992）；李大遂的《简明实用汉字学》（北京大学出版社，1993）等。这一时期，不少从事对外汉语教学的学校还开设了汉字选修课。这些练习册或教科书融入了汉字的基本知识以及编者对汉字教学的认识，对外汉字教学研究比上一时期更系统化，也更充实了。

单篇研究论文也已开始出现，但数量相当有限。据我们对中国知网（www. cnki. net）所录文献的搜索，题名包含"汉字教学"的文献仅有67篇，而题名包含"对外汉字教学"的仅有7篇，如施光亨《对外汉字教学要从形体入手》（《世界汉语教学》1987年第2期）、卢绍昌《对外汉语教学中汉字教学的新尝试》（《彭城职业大学学报》1988年第4期）、张旺熹《从汉字部件到汉字结构——谈对外汉字教学》（《世界汉语教学》1990年第2期）、黄立华《对外汉字教学的尝试》[《广西民族学院学报（哲学社会科学版）》1990年第2期]等。

（三）研究全面铺开的大发展阶段

对外汉字教学的第三个阶段始自20世纪90年代中期，延续至21世纪最初

---

① 刘珣：《对外汉语教育学引论》，37页，北京，北京语言文化大学出版社，2000。

② 同上。

的三四年。这一阶段召开了多次有影响的汉语教学讨论会，对对外汉语教学事业的发展，尤其是对对外汉字教学研究的发展有极其重要的推动作用。这几次大会分别是 1996 年召开的第五届国际汉语教学讨论会、1997 年 6 月召开的首次汉字和汉字教学研讨会、1998 年 2 月在巴黎举办的国际汉字教学研讨会。

1996 年召开的第五届国际汉语教学讨论会是对外汉字教学大发展时代的发端。在这次研讨会上，很多专家学者（如许嘉璐、白乐桑、柯彼德）都发出了要重视汉字和汉字教学研究的呼吁。而在 1997 年、1998 年的两次大会上，与会专家学者则就汉字教学的地位、任务、方法等问题，进行了深入热烈的讨论。会后还出版了吕必松主编的《汉字与汉字教学研究论文选》（北京大学出版社，1999）。此后，汉字和汉字教学研究进入大发展时期，汉字和汉字教学研究的文章逐年增加，研究的深度和广度也大大提高。

根据我们对中国知网所录文献的搜索，题名包含"汉字教学"的文献共计545 篇，时间跨度涵盖 1960 年至 2012 年，其中 1997 年以前的文献仅有 67 篇，而 1997 年至 2004 年的 8 年间则达到 102 篇之多，2005 年至 2012 年的 8 年间则骤增至 376 篇。当然，这可能或多或少和早期文献的电子化程度有关，但在时间跨度悬殊情况下，研究成果的数量成倍增长还是在一定程度上展现了"汉字教学"在这一时期的极大发展。

同样，作为"汉字教学"一部分的"对外汉字教学"也有了长足的进展。还是以同样的数据库为依据，题名中包含"对外汉字教学"的文献共计 225 篇，但 1997 年以前的成果只有区区 7 篇，而 1997 年至 2004 年则增至 38 篇，2005 年至 2012 年达到 180 篇，而且这还是在 2012 年成果未完全收录于资料库的情况下所做的统计。

作为"汉字教学"研究的一部分，"对外汉字教学"研究自然会在很大程度上受到"汉字教学"研究整体发展程度的影响和制约。但与此同时，我们也相信，随着对外汉语教学（汉语国际推广）的发展，对外汉字教学研究也会随之发展和繁荣，而"对外汉字教学"的发展和繁荣同样会作用于"汉字教学"的研究和发展。"对外汉字教学"和"汉字教学"研究成果数量的比例足以证明这一点，如表 2-2 所示。

表 2-2 "对外汉字教学"和"汉字教学"研究成果数量的比例

年度	汉字教学研究文献篇数	对外汉字教学研究文献篇数	比例（%）
1997 年以前	67	7	10.45
1997	7	1	14.29
1998	17	7	41.18
1999	10	4	40.00

续表

年度	汉字教学研究文献篇数	对外汉字教学研究文献篇数	比例（％）
2000	11	4	36.36
2001	11	3	27.27
2002	18	6	33.33
2003	10	4	40.00
2004	18	9	50.00
2005	18	6	33.33
2006	23	8	34.78
2007	36	18	50.00
2008	49	26	53.06
2009	57	25	43.86
2010	53	25	47.17
2011	83	33	39.76
2012	57	39	68.42
总计	545	225	41.28

从表 1-2 中可知，在所有"汉字教学"研究文献中，仅标题中显示有关"对外汉字教学"的文献就达到 41.28％，占有相当大的比重。但是，在 1997 年以前，在对外汉字教学研究的初级阶段，成果的绝对数量非常有限，同时所占汉字教学研究成果的比例也很低，只有一成多（10.45％）；而在对外汉字教学研究的大发展时期（为方便比较和统计，我们将这一时期截至 2004 年），不仅成果的绝对数量有所增加，所占汉字教学研究成果的比例也随之升高，达到 37.25％，在最近的一个时期，更是高达 47.87％，如表 2-3 所示。到了 2012 年，在 57 篇汉字教学研究的文献中，对外汉字教学的研究文献就有 39 篇，所占比例将近 70％。由此可见"对外汉字教学"研究在汉字教学研究中的重要地位。

表 2-3　三个时期"对外汉字教学"和"汉字教学"研究成果数量的比例

年度	汉字教学研究文献篇数	对外汉字教学研究文献篇数	比例（％）
1997 年以前	67	7	10.45
1997—2004	102	38	37.25
2005—2012	376	180	47.87
总计	545	225	41.28

与此同时，这一时期还出现了一批以初中级留学生为对象的独立的汉字教材，如周健等人的《外国人汉字速成》；施正宇的《汉字津梁》；张朋朋的《新编基础汉语·识字篇》和《新编基础汉语·写字篇》；张惠芬、陈贤纯编写的《汉语强化教程·汉字与阅读课本》；李大遂的《系统学汉字·中级本》等，也都在一定程度上展现了这一时期对外汉字教学研究的发展。

（四）研究更加全面深入的创新发展时期

经历了第三阶段的大发展以后，自 21 世纪初，对外汉字教学研究进入了创新发展时期。在这一时期，有关对外汉字教学的研究更加深入系统，研究者们越来越重视汉字独有的特性，注意兼顾教学活动所涉及的各个要素。

除了如上文所说，有大量专门的研究论文发表外，这一时期还出现了有关对外汉字教学的国家级项目：万业馨的"对外汉语教学中的汉字教学研究"被立为国家哲学社会科学基金项目。还出现了专门研究对外汉字教学的专著：2005 年安徽大学出版社出版了《应用文字学概要》（万业馨上一项目的最终成果），"这是迄今为止唯一一本专门研究对外汉字教学的专著"①。此外，2006 年还出现了继吕必松主编的《汉字与汉字教学研究论文选》之后的第二部对外汉字教学论文集——商务印书馆出版的孙德金主编的《对外汉字教学研究》。

当然，新时期汉语国际推广事业的发展也在一定程度上对对外汉语教学提出了新的要求，对外汉字教学也到了另一个总结反思创新的时期。

在 2008 年 9 月召开的第 15 届德语区现代汉语教学学术研讨会上，欧洲语言协会主席沃尔夫冈·马茨凯维奇曾指出："现在的汉语教学中存在有待加强的方面，尤其是汉字教学。"伦敦孔子学院院长张新生博士也认为对外汉语教学出现了危机，主张改进欧洲汉字教学的方法，认为学生不能坚持学习汉语的根本原因之一是汉语教材及其教学方法未能充分根据汉字特点进行。法国教育部汉语总督学白乐桑也认为，不承认中国文字的特殊性以及不正确处理中国文字和语言特有的关系，正是对外汉语教学危机的根源。由此，我们也许可以窥见对外汉字教学发展的出路和趋势。

三、对外汉字教学研究的主要成果

纵观对外汉字教学研究的历程，其成果主要涉及以下几个方面：

（一）有关汉字本身的研究

汉字是对外汉字教学的主要内容，教多少汉字、教哪些汉字、教学中要注意汉字的哪些要素和特征……都是对外汉字教学不可回避的问题，也是进行对

---

① 李大遂：《对外汉字教学回顾与展望》，载《渤海大学学报》（哲学社会科学版），2007（2）。

外汉字教学的基础。这方面的研究最受关注，成果也非常丰富。

1. 对外汉字教学的内容问题

对外汉字教学的内容问题涉及两个方面，一是教多少汉字的问题，一是教哪些汉字的问题。

元元《汉字量和汉字教学》（1980）较早研究母语非汉语学习者应学习掌握的汉字量，文章认为应根据使用频率确定最常用汉字，并对常用汉字进行分级，首先解决最常用的 1000 字，然后依次推行。还提出在不同阶段，对不同等级的字，可以提出不同的要求。有的要求能读能写，有的只要求能读，有的不提出什么要求，只注音标调，在哪篇课文里会念就可以了。还主张多给学生编印一点课外阅读材料，培养学生独立使用工具书的能力，以便自查新字，自查新的义项，使学生在提高阅读能力的同时，加大识字量。

此后，随着对外汉语教学事业的发展，字量问题受到进一步关注。1985年，北京语言学院语言教学研究所编制了《汉字频度表》，根据汉字使用频度的高低，为 4574 字分级。1992 年国家汉办汉语水平考试部发表了《汉语水平词汇与汉字等级大纲》，将 2905 个常用字分为甲、乙、丙、丁四级，为不同阶段汉字教学教哪些字提供了依据。

1998 年，易洪川等《从基本字表的研制看汉字学与汉字教学》则依据字度原则（高频率、宽用域、高构词率、稳定度）、代表字原则（汉字形音义代表字、字词关系代表字、文化代表字）、自释原则（称说结构单位用字、称说结构关系用字、汉字检索用字、术语用字）、经济原则（等级字、核心字、入门字）编选了 1300 字左右制成了基本字字表，并以此选字原则反观了《汉语水平词汇与汉字等级大纲》选字的合理性。卞觉非《汉字教学：教什么？怎么教？》（1999）、周健《论汉字教学的阶段性策略》（2000）等也都对大致要教多少汉字、教哪些汉字有所论述。

2. 有关汉字字形的研究

有关字形的研究由来已久，但较早针对对外汉字教学进行字形研究的是施光亨，他在 1987 年的《对外汉字教学要从形体入手》一文中就提出"对初学汉语的外国人的汉字教学还得从形体入手"的观点，认为教外国人写汉字要抓住四个环节——从教笔画开始，抓字素环节，抓汉字的基本结构，从基本字到常用字；主张把汉字教学与汉语教学结合起来，做到能说会写。

此后，有关汉字字形的研究进一步展开，成果涉及笔画、笔顺的研究、汉字部件的研究以及整字形体构造的研究等多个层级。

（1）与笔画、笔顺有关的研究

笔画是组成现代汉字字形的最小单位，而笔顺则是把汉字写快写好的一个重要因素，对于以汉语为第二语言的学习者来说，汉字的笔画、笔顺是他们要克服汉字难关的第一个考验。

张静贤《现代汉字笔形论》（1988）是最早明确从对外汉语教学的角度讨论笔形问题的文章。从对外汉语教学需要出发，把笔形分成基本笔形和派生笔形。根据汉字应用实际的要求，认为应该尽量减少新笔形的出现，归并构字频率极低的笔形。还描述了笔形的形变规律，对外国学生笔形方面的错误作了分类描述，指出外国学生写汉字主要存在增减笔画、混淆同音、误植部件、混淆笔形等类型的错误。

笔画笔顺教学可以说是汉字教学的基础，但是汉语本体研究对汉字笔画的类别、不同笔形的总数、书写时的顺序等尚无定论。① 这自然会给汉字字形教学带来一系列问题，因此，很多学者都关注到笔画笔顺的规范问题。

1997年费锦昌《现代汉字笔画规范刍议》（1997）就对当时有代表性的四种著述有关汉字笔画及其分类的研究进行了分析统计，从笔画的种类、笔画的名称、笔画的组合和形变、笔顺这几个方面举例性地描写了在现代汉字笔画层面规范水平不高的种种表现，而"这些问题的存在正在影响对外和对内汉字教学的效率，正在给汉字的使用特别是汉字信息处理造成麻烦"。易洪川也从规范的角度在《折笔的研究与教学》（2001）中讨论了折笔的确定和指称，主张"不同叫名用字应该表示不同笔形，否则就不能充分显示笔形差异，区别不同笔形"。在另一篇《笔顺规范化问题研究》（1999）一文则提出把"查字笔顺"与"写字笔顺"区分开，认为"一个汉字只有一种写字笔顺"的笔顺规范化是不可行的，人们应把注意力放在笔向规范化特别是笔序规范化上，以尽早彻底解决汉字的排序问题亦即查字笔顺的规范化问题。陆华、李业才的《笔顺规范问题与对外汉字教学应对》（2011）则分析了汉字笔顺难以规范的原因，提出了对外汉字教学中笔顺教学的策略，主张对照汉字等级大纲画出汉字的笔顺书写动态图；从认知心理学的角度为笔顺规范找到符合学生书写心理的最佳解释，对笔顺教学进行精心设计；对外汉字的书写教学必须首先立足于书写正确等。

（2）与汉字部件有关的研究

汉字部件被看作汉字的第二级构形单位，是过去十几年中的一个研究热

---

① 《现代汉字教程》（时代出版社，1992）列基本笔形"横、竖、撇、点、捺、提"6种，派生笔形25种，共计31种。《现代汉字学》（高等教育出版社，1993）、《现代汉字学纲要》（北京大学出版社，1994）与其相同。但是，高校的一些现代汉语教材却有所不同。黄伯荣、廖序东主编《现代汉语》（增订二版，高等教育出版社，1997）列单一笔画"横、竖、撇、点、折"5种，变化笔画36种，共计41种。邢福义主编《现代汉语教程》（湖北科学技术出版社，1994）列基本笔画"点、横、竖、撇、捺、提"6种，变形笔画29种，共计35种。一些辞书例如《现代汉语词典》《新华字典》，基本笔形只有"横、竖、撇、点、折"5种。

点，研究涉及汉字部件的切分原则及其在对外汉语教学中的应用等。较有代表性的研究文章主要有：

张旺熹的《从汉字部件到汉字结构——谈对外汉字教学》（1990）从汉字特点、外国学生书写汉字的错误及其原因出发，对 1000 个最常用汉字的部件和结构进行了统计，认为"汉字最常用字的基本部件和结构类型都很有限，而且并不复杂，这就为我们在汉字教学的初级阶段进行部件与结构的系统训练，提供了可能"。如果学生熟练掌握了 118 个基本部件的正确书写形式，也就解决了 1000 个最常用汉字中 80％的部件书写问题。据此提出汉字部件结构教学的设想，给出了汉字部件结构教学的基本原则和方法。该文是对外汉语教学研究领域较早讨论汉字部件分析及其教学问题的重要文章。

苏培成的《现代汉字的部件切分》（1995）提出部件的切分包括两个问题，一个是如何确定末级部件，另一个是如何确定切分层次。在充分考虑了汉字的有序性和无序性基础上，分五种类型讨论了末级部件的确定规则。认为在确定末级部件时只能依据现代汉字的笔画组合关系，而在确定切分层次时，首先要采用构字原则，再辅之以单纯字形原则。

崔永华的《汉字部件和对外汉字教学》（1997）、邢红兵的《汉语水平〈汉字等级大纲〉汉字部件统计分析》（2005）则通过分析《汉语水平考试词汇大纲》所用汉字的构成部件，说明了利用汉字部件进行汉字教学的可行性和相关问题。邢文还提出了三个教学建议：一是基本字带动部件教学；二是根据构字能力各有侧重；三是根据能否成字强调不同的方法。认识和结论都基于数据统计，实证性强。

梁彦民的《汉字部件区别特征与对外汉字教学》（2004）则从外国学生书写错别字的实例出发，依据汉字构型理论，讨论了汉字部件区别特征的表现形式，提出了汉字教学应该贯彻汉字理据性原则及系统性原则的观点。

柳燕梅的《汉字教学中部件策略训练效果的研究》（2009）则通过自然课堂环境下的教学实验，探索了汉字部件策略的训练教学中分散训练和集中训练两种方式对学生策略使用的影响，探索了不同母语背景学生策略使用的影响效果。发现策略训练会使学生的策略使用频率有所提高，分散训练方式的效果略优于集中训练的方式，但对欧美学生和东南亚学生的教学效果无显著差异，证实了部件策略训练的有效性。

（3）与整字有关的研究

整字是汉字构形的最大单位，相对来说这方面有影响的研究文章不太多，主要有：

施正宇的《现代汉字的几何性质及其在汉字教学中的意义》（1998）探讨了汉字笔画、笔顺部件结构等在几何上的向量特征，强调了书写字形在基础阶段的重要作用，认为"按照向量特征的要求书写，不仅能写出符合拓扑性质的方块形体，而且也奠定了识字和用字的基础"，认为"加强字形的书写训练是对外汉字教学中的首要任务"。

邹燕平的《汉字教学中要不要作字形分析及如何分析》（2000）则认为汉字具有可析性、可述性，在给来华的外国留学生教汉语时要尽量地"说文解字"以帮助学生记、认、读、写。但在讲解汉字字形的时候，应该按照正统的文字学来讲而不是采用所谓的俗文字学去"望文说义"。

朱志平的《汉字构形学说与对外汉字教学》（2002）讨论了汉字整体构形关系及其在对外汉语教学中的运用，讨论了教学中运用构形理论应遵循的原则：一是识字应先于写字；一是根据汉字的多元属性来设计教学。

此外，王颖的《现代汉字构形法在对外汉语汉字教学中的应用策略——对英美学习者的汉字教学》（2007），王传东、王晓丽的《从汉字构形特点看对外汉字教学》（2008），陈明娥的《从汉字形体和理据的演变看对外汉字教学》（2009），曹婧一的《汉字的构型分析与对外汉字教学策略》（2011）也对这一问题进行了研究。

3. 有关汉字字音的研究

近年来汉字与汉字教学研究已初步改变以往偏重于表意方面的做法，开始关注汉字读音及字音教学的探讨。而形声字作为现代汉字的主体，受到了研究者的广泛关注。

叶楚强的《用声类和韵类汉字教学汉字字音》（1985）提出采用声类和韵类汉字进行汉字字音教学的观点，分析了这种字音教学方法的种种优势，认为通过这种方法，外国人掌握少量汉字就能通晓所有汉字字音。

张熙昌的《论形声字声旁在汉字教学中的作用》（2007）分析了汉字学习中重形旁、轻声旁的原因，对2500个常用字中形声字声旁进行了考察，提出某些声旁对形声字具有类推示音的作用，主张在注意防止"读字读半边"的错误的同时尽量利用声旁来帮助记忆字音。

冯丽萍的《对外汉语教学用2905汉字的语音状况分析》（1998）对《汉语水平词汇与汉字等级大纲》中的1920个形声字进行了封闭式统计分析，据考察结果提出汉字教学原则：抓住形声字这一主体，引导学生找到学习与记忆汉字的有效方法；发现汉字内在的深层规律，设计合理的教学方法；在教学的不同阶段，对不同的汉字采用不同教学方法等。

李大遂的《略论汉字表音偏旁及其教学》（2001）探讨了表音偏旁的由来、现代汉语形声字与表音偏旁的关系、表音偏旁教学在汉字教学中的地位等问题，主张通过增加表音偏旁教学内容，充分利用表音偏旁的读音信息等方法帮助学生掌握形声字读音。

万业馨的《略论形声字声旁与对外汉字教学》（2000）一文则讨论形声字及其教学问题，指出了当前汉字教学中存在的重形不重音的偏向并分析了这种现象产生的原因。该文提出：汉字和其他文字体系一样也是表音的；声旁字不是了解形声字读音的唯一途径；要帮助留学生获得汉字语音的认识，就应关注声旁字与由它组成的形声字的读音关系，声旁字与由它组成的形声字的常用程度的比较，形声字阅读时的语音转录机制。

4. 有关汉字字义的研究

字义研究，特别是对汉字形符或偏旁表义情况的研究，历来在汉字研究和教学中颇受重视。根据认知心理学的研究，汉字识别中形旁对字义的提取有重要影响。有关字义的研究也大多集中在对形声字形符或偏旁的表义分析方面。

李蕊的《对外汉语教学中的形声字表义状况分析》（2005），对《高等学校外国留学生汉语教学大纲（汉字表）》中的形声字进行了封闭性统计分析，考察了这 1789 个形声字形旁的表义能力、构字能力等，发现形旁表义的形声字约占 62.3%，超过半数的形声字形旁具有提示语义的作用。认为集中了高表义度和高构字能力的形旁对教学还是相当有意义的。顾安达的《汉字偏旁表义度探索》（1999）基于传统的偏旁分析法对《汉字属性字典》中的 4000 个高频字进行了分析，采用实验的方法验证了偏旁的表义情况，认为在教学中介绍偏旁的表义性可以及时减轻学习汉字的难度。此外，康加深的《现代汉语形声字形符研究》（1993）、凌帅的《从外国学生汉字书写偏误看形声字意符在对外汉语汉字教学中的作用》（2009）等文也对形声字形符表义问题进行了一定的研究。

（二）有关对外汉字教学的原则、模式和方法的研究

对外汉字教学虽然和母语识字教学一样以汉字为教学内容，但毕竟是针对母语非汉语的学习者的，自然有其独特之处，这主要体现在教学原则的确定、课程或教学的总体设计、教学模式的选择、具体教学方法的使用上，所有这些也是研究者们关注的热点。

1. 对外汉字教学的原则

有关对外汉字教学的原则历来众说纷纭，但概括来说，主要集中在对两对关系的认识上：一是对汉字教学与汉语教学的关系的认识；一是对字本位和词本位关系的认识。

（1）有关汉字教学与汉语教学关系

这方面的文章主要有李培元、任远的《汉字教学简述》（1986），白乐桑的《汉语教材中的文、语之争：是合并，还是自主，抑或分离?》（1997），以及发表于《汉字与汉字教学研究论文》（1999）上的 4 篇文章：吕必松的《汉字教学与汉语教学》、陈绂的《谈汉字及汉字教学》、李大遂的《从汉语的两个特点谈必须切实重视汉字教学》《关于对外汉字教学如何走出困境的思考》。

（2）有关字本位和词本位的关系

有关"字本位"和"词本位"的讨论始自法国出版的白乐桑、张朋朋合编的《汉语语言文字启蒙》一书，该书被视为"字本位"汉语教学新路子的代表。张朋朋的《词本位教学法和字本位教学法的比较》、王若江的《由法国"字本位"汉语教材引发的思考》、贾颖的《字本位与对外汉语词汇教学》、徐通锵的《"字"和汉语的句法结构》《"字"和汉语研究的方法论——兼评汉语研究中的印欧语的眼光》、潘文国的《"字"与 Word 的对应性（上、下）》、孟华的《"字本位"理论与汉语的能指投射原则》等都从不同方面论述了"字本位"在汉语教学中的可取之处。①

施正宇的《从汉字教学看对外汉语教学中的本位问题》（2010）就以汉字教学为出发点，通过对汉语教学本位问题的缘起、发展及其影响的历史回顾与理性思考，探讨了对外汉语教学领域中词本位教学法和字本位教学法的实质。主张汉语作为第二语言教学应当遵循汉字、语素和词汇并重的基本原则，建立有别于西方第二语言教学的对外汉语教学模式。周巧的《"字本位"理论与对外汉字教学》（2011）则认为"字本位"理论紧紧抓住汉语和汉字自身的特点，从汉字构成、汉民族造字的特征角度来讲解汉字，同时又从汉字本身挖掘出其中的文化蕴涵，有助于学生理解汉字对汉语文化的传承性。此外，刘婷婷的《"字本位"与对外汉字教学》（2009）、秦建文的《"字本位"观与汉字教学》（2010）、张黎黎的《字的本质和对外汉字教学》（2010）也都从"字本位"理论出发，主张抓住汉字特征更好地进行对外汉字教学活动。

2. 有关对外汉字教材的研究

如前所述，在对外汉字教学发展的第二阶段就出现了独立的汉字练习册和简单的汉字教学课本，但有关汉字教材的研究成果并不多。主要集中在两方面：一是就现有汉语教材讨论专门的汉字教材及汉字教学；二是理论上探讨对外汉字教材的编写原则及结构内容。

较早较有代表性的研究当数肖奚强的《汉字教学及其教材编写问题》（1994）一文，该文分析了汉字教学在对外汉语教学体系中不受重视的现状，指出教材编写上对汉字教学的忽视，主张在基础阶段的汉语教学中给予汉字教学以足够的重视，探讨了在教材不足情况下开展汉字教学的途径，主张开设独立的汉字课，以保证汉字教学时间；在汉字书写教学过程中利用汉字练习本，但要重视手写体的教学；应尽早编写将汉字基本知识和书写技能的培养结合起来的教材。

张惠芬的《汉字教学及其教材编写》（1998）、张静贤的《关于编写对外汉

---

① 李大遂：《对外汉字教学发展与研究概述》，载《暨南大学华文学院学报》，2004（2）。

字教材的思考》(1999)、马燕华的《论汉字教学的性质、类型、特征对不同类型语言教材中的汉字选择》(2005)都是就现有教材讨论汉字教材的编写问题。张静贤文指出了《初级汉语课本》《实用汉语课本》《现代汉语教程》几部被广泛使用的汉语教材在生字选择和出现顺序编排上的随意性,针对编写独立的汉字教学课本,在"字量""字种""编写原则和方法""教材结构"等方面进行了设计。张惠芬文则在分析《基础汉语课本》《实用汉语课本》《初级汉语课本》中汉字教学内容的安排方式的基础上提出了编写专门汉字教材应该注意的问题。马燕华文也是以典型的、不同性质、不同类型的汉字教材为语料,从选字范围、识字顺序、教学模式、练习形式四个方面进行对照分析,归纳了不同性质、不同类型汉字教学的特征,对对外汉字教学的性质进行了界定,提出了对外汉语汉字教学的原则。卢小宁的《关于对外汉语汉字教材的思考》(2001)借助语言学的"汉字构形学理论"、心理学的"认知心理学理论"、计算机科学的"系统论"等成果对现存教材的利弊进行了分析、评价,并在此基础上对新型汉字教材的编写原则、内容、媒介诸方面提出设想。王瑞烽的《对外汉字教学研究——基础汉语教材的汉字教学内容分析》(2002)从汉字知识(包括笔画、笔顺、部件等)、汉字练习、所教的生字三个方面对不同时期的、有较大影响力的 13 部基础阶段汉语教材的汉字教学内容做了全面、细致的研究,分析其优势与不足,并对几种汉字教学改革思路的可行性进行探讨。

柳燕梅的《从识记因素谈汉字教材的编写原则》(2002)将学习者的识记因素列入汉字教材编写的考虑范围之内,从学习者记忆心理的角度来讨论汉字教材在整体内容的选取和具体操作两方面的编写原则。此外,周健的《汉字教学策略与汉字教材编写》(2002)、关之英的《汉字教学教材——设计理念与实践》(2008)、邓小琴的《汉字教学设计的"可教性假设"研究——以〈体验汉语〉系列教材为例》(2010)等文也都涉及对外汉字教材研究内容,对汉字教材的编写提出了一定的设想。

3. 对外汉字教学的方法

对外汉字教学的方法几经变迁,单从教学模式上讲,就有先语后文、语文穿插、语文并进和语文双轨 4 种,从本质上讲还是文字的识记书写技能与语言的听说技能的关系问题。所谓"先语后文"指的是先教口语,学生有了一定的口语基础后再教汉字。这种模式曾在 20 世纪 50 年代尝试过,虽然在初学阶段分散了教学难点,但在后期学生学新词时会集中难点,学生既要学新的汉字又要补学旧的汉字。所谓"语文并进"也叫"随文识字",指的是口语教学和汉字教学同步进行,汉字教学是配合口语教学的,在进行听、说、读、写训练的同时教汉字。优点是听、说、读、写相结合可以互相影响、互相促进,每天记几个汉字可以分散学习汉字的负担。缺点是忽视了汉字本身的系统性和相对独立性，汉字的出现只能服从课文的需要，不符合循序渐进的原则。所谓"语文穿插"指的是将教学中出现的笔画、结构较复杂超出学生的汉字认知能力的汉字用拼音代替。优点是可以在一定程度上解决汉字教学中随机识记和系统识记的矛盾，缺点是虽然目前对汉字认知规律的研究已有一定成果，但各阶段汉字的出现量和出现顺序的标准化工作还远未完成，很难客观地界定在某一学习阶段哪些汉字该出现哪些汉字不该出现。所谓"语文双轨"指的是口语和书面语区别对待，将听说与读写分开，各自保持自己的独立性。优点是有利于听、说、读、写等的专项技能训练，缺点是在大多数情况下，汉字教学还是服从于听说教学，还是处于从属地位。

至于具体的教学方法，各家见仁见智各有主张。

有的主张借助图表进行汉字教学，如王学作的《汉字图表教学法浅谈》《析字教学法》。

有的主张借助"字素"，通过分析汉字形体部件结构进行汉字教学，如李文治等的《字素拼合法在汉字教学中的作用》、施光亨的《对外汉字教学要从形体入手》、陈仁凤和陈阿宝的《一千高频度汉字的解析及教学构想》等。

也有的主张借鉴以汉语为母语的儿童的识字规律、识字方法进行汉字教学，如潘先军的《对外汉字教学与小学识字教学》(1999)、崔永华的《从母语儿童识字看对外汉字教学》(2008)、白雪敏的《从儿童母语习得规律看对外汉字教学》(2009) 等。

有的主张借鉴传统"六书"理论进行对外汉字教学，如陈亚川的《六书说、简体字与汉字教学》(1982)、康建华的《〈说文解字〉与少数民族汉语教学中的汉字教学》(2009)、杨开昌等的《"六书"理论在对外汉语汉字教学中的作用》(2010)、沈映梅的《"六书"说与对外汉字教学》(2012)、朱秋佳等的《论"六书"在对外汉语汉字教学中的作用》(2012)。

有的主张引入认知心理学的研究成果开展对外汉字教学，如吴世雄的《认知心理学的记忆原理对汉字教学的启迪》(1998)、石羽佳的《简论欧美留学生汉字认知的特点——运用心理学进行汉字教学的思考》(1998)、徐彩华的《汉字教学中的几个认知心理问题》(2000)、郑继娥的《汉字认知心理研究成果与汉字教学》(2001)、张晓涛的《基于认知规律的汉字教学研究》(2008)、王丽和朱宏的《认知结构理论视角下的对外汉字教学探讨》(2011)。

还有的主张借鉴中文信息处理技术和多媒体技术进行对外汉字教学，如刘庆俄的《多媒体技术与汉字教学》(1997)、潘先军的《汉字电脑输入与对外汉字教学》(2000)、李金兰的《谈对 L-2 的多媒体辅助汉字教学》(2002)、卢竑和段宁贵的《基于多媒体技术的对外汉字教学》(2008)、程福慧的《多媒体技术在对外汉字教学中的应用》(2012)。

（三）针对不同国别、不同汉语水平学生的汉字教学研究

针对不同国别学生的母语实际，开展有针对性的教学研究，是近十几年来普遍比较关注的课题。

1. 对不同国别学生汉字教学的研究

（1）对韩国学生汉字教学研究

针对韩国学生的对外汉字教学研究成果丰富，全香兰的《韩国人的汉字字音认知基础及其教学》、孟柱亿的《韩国汉语教学的特点和问题——兼说汉字对韩国学生的正负迁移》较有代表性。全香兰文以《汉语水平词汇与汉字等级大纲》中的 2905 个汉字为主要研究对象，从韩国汉字音的认知单位、音节结构、音节数、语流音变中的特点以及中韩两国汉字字音的对应关系等方面进行比较，揭示韩国人学习中国汉字字音的认知基础，提出了汉字学习和教学中需要克服的障碍、干扰和对策。孟柱亿文则重点讨论了韩国人汉语教学和学习的问题，认为汉字对韩国人的影响是问题的主线，对汉字给韩国人在汉语学习中带来正面和负面的影响进行了具体分析。除此以外，类似研究还有吴恩锡的《韩国语"汉字词"与对韩国学生的汉字教学》（2008）、赵允敬的《韩国的汉字和汉字教学探究》（2009）、黄艾的《汉字教学在对韩汉语教学中的优劣势浅析》（2010）、刘俊颀的《对韩汉字教学的优势与劣势分析》（2011）、金燕的《谈对韩国留学生的汉字教学——兼谈两种文字的异同》（2011）等。

（2）对日本学生汉字教学研究

对日本学生汉字教学的研究主要集中在汉日共用汉字中的似像非像、同形不同义的微妙差别给日本人学习汉语带来的困惑方面，多数研究者认为，如何帮助学生利用正迁移的积极作用减少负迁移的消极影响，以达到更好的学习效果，是对日汉字教学的关键所在。

郑杰的《试论对日汉字教学——日本留学生汉字生字考察统计分析》、张凡的《中日常用汉字对比分析与对日学生的汉字教学》（2012）都对中日汉字进行了比对，提出对日汉字教学的建议。郑杰还对 HSK 汉字等级大纲中的汉日同形字、汉日异形字的分布情况和分布形式做了考察，确定了日本学生汉字生字的数量和范围，对于有的放矢地进行对日汉字教学有很好的参考价值。此外，王幼敏的《对日本人书写中文汉字差错规律的分析及思考》对日本学生汉字书写错误做了分类描述，指出日本学生的汉字错误与欧美学生不同，主要是因为受到了日文汉字的干扰。韩淑靖的《对日留学生的汉字教学策略》（2011）则在分析日本留学生特点的基础上提出了对日汉字教学的策略。

（3）对波兰、泰国、俄罗斯、蒙古国学生的汉字教学研究

除了对日韩两国留学生的汉字教学进行针对性研究外，研究者们还对波兰、泰国、俄罗斯、蒙古国学生的汉字教学进行了分析，提出了不少有价值的

教学建议。主要成果有：

针对波兰学生：朱志平、哈丽娜的《波兰学生暨欧美学生汉字习得的考察、分析和思考》，以波兰一所大学汉语专业学生为对象，并以美国一所大学的一组学生为对比组，对欧美学生汉字习得状况和特点进行了考察。文章认为，施之以有效的教学手段、保证足够长的有效训练时间，并在教学中注重汉字形音义的全方位训练，就有助于以拼音文字为母语文字的学生克服自身母语背景条件的干扰而习得汉字。

针对俄罗斯学生：吴焕宝的《俄罗斯留学生汉字教学方法探究》（2010）和《对俄汉字教学理念问题探讨》（2011）。

针对泰国学生：许翠英的《泰国汉字教学的现状与教学对策研究》（2008）、卢桂芝和孙玉卿的《情感教学原理在泰国儿童汉字教学中的运用》（2010）、李雪华的《泰国少儿汉字教学活动设计》（2012）。

（4）笼统地对西方国家或非汉字文化圈以及海外华裔学生的汉字教学研究

除了明确国别有针对性的研究之外，研究者们还关注到非汉字文化圈、西方国家学生以及海外华裔学生群体各自的特点，各群体内部在汉字教学方面存在共同之处。例如，田慧刚的《关于对西方国家学生汉字教学的理论性思考》（1998），讨论了汉字教学 14 个方面的问题，有汉字本体问题，有教学方法问题，还有的是教师、教材问题。此外还有白剑波的《从非汉字文化圈学习汉字的规律谈对外汉字教学》（2007）、周凤玲的《谈对非汉字圈学生的汉字教学》（2008）、鲍丽娟和王晓坤的《非汉字文化圈留学生汉字教学实践性原则的探讨》（2010）、张秋红和陈鹤的《浅谈地方高校非汉字文化圈留学生初级阶段的对外汉字教学设计》（2011）、段婧的《试述对非汉字文化圈国家中学习者的汉字教学策略》（2011）、曲凤荣的《非汉字文化圈留学生汉字教学策略分析》（2012）。

有关海外华裔汉字教学的马燕华的《论海外华裔儿童汉字教学的特殊性》（2003）和《论海外周末制中文学校汉字教学的性质、特征及教学原则》（2007）、王潇潇的《论海外华裔汉字教学》（2007）、李瑾的《关于对华裔儿童汉语汉字教学的思考》（2011）。

2. 对不同汉语水平学生的汉字教学的研究

就当前情况来看，汉字教学主要集中在汉语教学的基础阶段，因此，研究成果也主要集中在对零起点和初级阶段的学习者的对外汉字教学研究。例如，王晓光的《在甲级字解析基础上的对外汉字教学构想》（2002）、陈俊羽的《对外汉语初级阶段汉字教学重要性初探》（2003）、冯凌宇的《略论对外汉语教学初级阶段汉字教学的若干问题》（2010）和《试论对外汉语初级阶段的汉字教学》（2010）、伍英姿的《初级阶段"语文并进"模式下的汉字教学》（2010）、宋硕的《浅谈零起点非洲留学生的汉字教学》（2011）、吴玉梅的《关于初级阶段对外汉字教学的思考》（2012）。

（四）针对学习者的汉字运用偏误的研究

这方面的研究都以分析学习者书写汉字的偏误为主，在分析偏误的基础上反观汉字特点，提出有关对外汉字教学的设想。

范可育的《从外国学生书写汉字的错误看汉字字形特点和汉字教学》（1993）一文将学生的书写错误归为"笔形错误""笔画增减"等八大类，认为这些错误可以帮助教学者认清汉字的特点，提示改进对外汉字教学的方向，对对外汉字教学提出多条建议。

刘居红的《对外国学生汉字书写偏误的分析——兼谈汉字教学》（2008）一文则以外国学生的汉字书写错误为材料，从字形角度入手，运用偏误分析的方法分析他们的书写错误，总结了错误类型及其成因，提出要因材施教、利用汉字的理据性特点、重视部件教学等汉字教学对策，还提出要避免出现过分强调汉字理据性、过分低估汉字规律性的错误倾向。

凌帅的《从外国学生汉字书写偏误看形声字意符在对外汉语汉字教学中的作用》（2009）一文则在总结各家有关偏误类型的研究成果的基础上，探讨了利用形声字意符减少留学生汉字书写偏误的可能和具体方法。此外，李培元、任远的《汉字教学简述》（1986）；张旺熹的《从汉字部件到汉字结构——谈对外汉字教学》（1990）；杜同惠的《留学生汉字书写差错规律试析》（1993）；陈绂的《谈对欧美留学生的字词教学》（1996）；叶步青的《汉语书面词语的中介形式》（1997）；曾金金的《听写中的汉字偏误分析》（2001）；陈慧的《外国学生识别形声字错误类型小析》（2001）；肖奚强的《外国学生汉字偏误分析》（2002）等也都对学习者的汉字运用偏误进行了一定研究，探讨了对外汉字教学的有效方法模式等。

综上所述，对外汉字教学研究虽然总体上相对落后，但研究成果的绝对数量并不少，研究覆盖的范围也很广，对外汉字教学研究正走向深入发展的创新时期，关注汉字特点、关注汉语与汉字的特殊关系，开创有自己特色的对外汉字教学模式必定会成为将来研究的趋势，也是解决当前对外汉字教学所存在、所面临的诸多问题的最好出路。

第二节　汉字构形学说与对外汉字教学①

第二语言教学的研究属于应用语言学的范畴。它要研究学习主体，即人对第二语言的认知、习得规律；它必须借鉴语言本体和语言理论研究的成果，并

---

① 本节作者：朱志平。原文载在《语言教学与研究》，2002（4）。

使之在应用的领域里进一步延伸。因为"语言学家事实上并没有为发展语言科学而对语言进行'全面的'描写"（S. Pit Corder，1983）。从理论与教学的关系看，理论研究只涉及语言的规律，如何应用这些规律，使之为教学服务，"这个问题属于应用语言学的研究领域"（同上）。汉字是记录汉语的符号，在汉语作为第二语言的教学中，汉字教学不可避免，教学中也要借鉴汉字本体的研究成果，所以必须引入研究汉字字形的理论——汉字构形学。

一、汉字教学的特殊性

有人曾经就中国儿童和美国儿童的阅读情况做过对比，二者的阅读曲线呈剪刀差形分布。中国儿童对已学知识掌握得很好，却难以阅读有生字的内容；美国儿童能阅读有生词的篇章，却不一定理解已读的内容。[①] 二者的这种差异就是文字的差异造成的。与拼音文字不同，汉字不传递口语信息。拼音文字可以以语音为中介达到拼读、辨识和拼写的目的，其口语与书面形式是一致的。汉字却不同，"汉字是世界上唯一未曾中断使用而延续至今的表意文字系统"（王宁，2000）。以笔画和部件为基础构建起来的方块字几乎完全不能直接拼读，更难以仅凭语音去辨认。这是今天包括中国人在内的绝大多数人在学习汉字的最初阶段既要借助于汉语拼音的帮助，又不能只停留在拼音阶段的主要原因。

汉字虽是记录汉语的符号，却有自身的系统与结构规律。汉字有三个要素：形、音、义。其中，音与义属于汉字所记录的语言，只有字形属于汉字本体。阅读时要通过字形来实现书面语与口语的沟通，从而达到理解。由于汉字属表意文字系统，字形反映造字之初的语义，随着社会的发展与变化，语言的音、义会发生变化。但语义的变化不直接影响字形，所以字形并不随语言的变化而变化，汉字结构所折射的语义与今天汉字所负载的语义已经有了差别。汉字字形与其所记录的语言在变化上的这种"不同步"，形成二者在规律上的差别，使得我们只有对汉字形体及形体构成方式进行分析，才有可能捕捉到原始造义与今天汉字所记录的语义之间的关系，才有可能使汉字的三要素"形、音、义"统一起来，这是汉字得以识别和记忆的基础。

在汉语学习中，不了解字形，就无法掌握汉语的读写技能。汉字的性质，决定了汉字教学的特殊性。它决定了汉字的教与学必须建立在对字形结构的分析上，以字形分析为基础，沟通字音与字义，从而帮助汉语学习者突破书面语与口语之间的障碍。

---

① 参见何九盈等主编：《中国汉字文化大观》，73页，北京，北京大学出版社，1995。

二、汉字构形学说及其应用性

汉字构形学说"探讨汉字的形体依一定的理据构成和演变的规律，包括个体字符的构形方式和汉字构形的总体系统中所包含的规律"（王宁，1995）。

汉字在造字之初是根据词义构形的，汉字字形"总是携带着可供分析的意义信息"（王宁，1995），这种情况从汉字使用以来并没有发生太大变化，这是汉字之所以能超越时空局限，超越不同的历史阶段和各个方言区的主要原因。虽然在漫长的历史演变中，大多数汉字构形所表现的最初造义与汉字所负载的语言中的语义有了一定的距离，但它们之间的联系往往可以通过对构形理据的分析来辨别（音借字除外）。如"初"字，《说文解字》"刀"部："始也，从刀从衣，裁衣之始也。""从刀从衣"是"初"字的构形，"裁衣之始"是"初"字的构意，"始也"则是许慎对"初"字所负载语义的诠释。通过《说文解字》对"初"字构形的说解，我们就可以知道在"起初""当初"等词中的"初"字为什么是由"衣"旁和"刀"组成的。在这个字里，"刀"是独体字，"衣"是部首，二者都可以通过类推与学习者的生活经验联系起来。如果把这样的构形关系引入对外汉字教学课堂，学生就有可能避免把"初"字中的"衣"旁写成"示"旁或把"刀"写成"力"。当字形与其所携带的意义信息同汉字所记录的语言中的词义之间建立起某种联系时，一个字的辨识、理解与记忆就会由难变易。

汉字系统中，每个汉字的构形都遵循整个系统的总规律。汉字构形的这种系统性，许慎《说文解字》已经给予了较大的关注，近年来学术界又在此基础上进行了大量的研究。王宁教授提出了汉字的"书写元素"和"构形元素"的概念，这两个概念从静态的角度讲，它们分别包括了（就楷书而言，相当于）我们通常说的笔画和部件，笔画是部件的下位概念，部件由笔画组成，再组成整字。但从动态的角度看，书写元素和构形元素则分别与汉字的书写和辨识两个方面相关联。写字要一笔一画地写，如果每一笔每一画的起落位置不明确，就会产生笔画书写的错误。所以，在汉字的书写过程中，书写元素是个不可忽略的概念。

在静态条件下，汉字的书写元素并不复杂。汉字楷书的基本笔形①大致可归纳为"横、竖、撇（捺）、点（提）、折"几种。但每一种笔形都有特定的写法，偏离一定写法超过某一限度时，就会产生笔形的错误。比如，"横"的右侧抬得太高，会与"撇"相混，"厂"就成了"质"的上部。因此它的动态过程就变得异常重要，以拼音文字为母语的学生在学习汉字的最初阶段，他们的大多数错字是书写元素的偏误造成的。比如，把"商"的两个相向的笔画写成

---

① 王宁（1995）："笔画写成以后的样式，称作笔形。"

反向的，"为"的两点放错了位置而写成"办""希"的第四笔书写不到位，"贝"的最后一笔则因写得太长并且拐了弯而成了"见"；又如"男"因少了一笔而成了"日"与"力"的组合，"味"则因多了一笔而成了"口"与"朱"的组合，等等。从"男"与"味"的错误还可以看到，书写元素的数量即笔数，也极为重要。由此可见书写元素的偏误是导致错字产生的一个重要原因。如果在教学中重视对书写元素的教学，就可以在一定程度上避免错字的产生。根据朱志平等（1999）的调查，对汉字基本笔画，也即书写元素的概念输入与书写训练，是减少学生汉字偏误的有效方法之一。该调查从实践上证明了书写元素教学的重要性。

但写字又需要有对构形元素认识的前期积累作基础，因为笔画起落依附于结构的特点。在认识构形元素以后，书写过程才能达到理性化。构形元素的分析可使学习者建立起系统的观念，所以书写元素最终的熟练掌握依附于对构形元素的理性认识。

在对汉字进行辨识时，汉字的构形元素是汉字能否被正确辨识的关键。构形元素是直接进入构形的最小单位，也是汉字结构中表义的最小单位，它对汉字的识别和记忆起到相当关键的作用。由于构形元素带有意义，它在一定程度上体现汉字的构意，如"初"字的构意"裁衣之始"是由"衣"旁和"刀"组合起来体现的。因此，当一个已认得"初"字的人看到"示"旁和"力"组成的"怪字"时，决不会认为这就是"初"字。心理学家在研究汉字正字法对汉字"字优效应"[①]的影响时，使用了三组字：真字（通行的汉字）；假字（构形元素位置与真字一致，但不是通行汉字，如双人旁和"也"组成的字）；非字（构形元素位置与真字不一致，如"她"字的"也"和"女"互换位置）。实验结果表明，真字的识别率最高，假字次之，非字识别率最低。心理学的实验对象是已经习得汉字的人，由于实验材料限于构形元素位置及搭配的变化，被试对真字、假字和非字识别的这种梯度表现就说明，已经习得汉字的人是根据构形元素及其位置和结构方式对汉字进行识别的。当然，认字虽不涉及笔画，记住每个构件却又要以笔画为基础，因为整体认读由于缺乏分析只能达到对汉字笼统的认识。由此可见，书写元素与构形元素之间是一种相辅相成的辩证关系。在应用中可以通过"写"和"认"的相互促进达到汉字的最终习得。

从第二语言学习的情况来看，学生的许多偏误是由于对构形元素辨识不清，对构意不明而造成的。例如，把"租"写成"祖"，把"往"写成"住"，把"为"写成"办"等，既是书写的错误，也是由于辨别不清"禾苗旁"与"示"字旁，单人旁与双人旁等本身所携带的语义。因此，在汉字识别的教学

---

① 参见彭聃龄主编：《汉语认知研究》，济南，山东教育出版社，1997。

中，绝不能忽视构形元素及其位置、结构方式和构意的分析。其中构形元素所携带的意义的掌握极其关键，要让学生明白，"示"字旁与"衣"字旁只相差一点，却表示完全不同的意思。当这些构形元素与各自表示的语义建立起联系时，就很难再混淆起来。

从汉字构形系统来看，组成汉字的构形元素不是无限的，可以归纳为一定数量的形位。汉字构形学的研究表明，在汉字使用的每个历史时期，"形位的数量都大致在 250～300 个，它们分别或完全具有表音、表义、表形、标示四种功能"（王宁，1995）。例如，"刀"在"初"字里的功能是表义，在"刃"字里就是表形。在《现代汉语词典》里，以"衣"字旁为表义形素的汉字就达100 多个。掌握这些形素及其构形规律，显然是习得汉字的捷径。

几百个形素又可以组成上万个汉字，它们的结构方式并不复杂。据研究，汉字的结构方式主要有两种：层次结构与平面结构。"平面结构由形素一次性集合而成"（王宁，1995），如"器"，见图 2-1；层次结构则由形素逐级依次组成，如"灏"，见图 2-2。

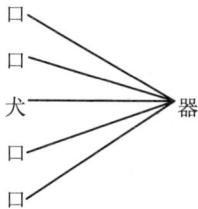

图 2-1　"器"字的结构　　　图 2-2　"灏"字的结构

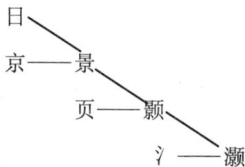

汉字形素的功能及其结构方式是汉字构形理据的基本内涵，除少数因字体变异而产生形素粘连（如"事""更"等）的汉字以外，大多数汉字都可以通过构形理据的分析得以理解和掌握。由此可见，"汉字构形学说"在汉字教学中的应用是完全可行的。

三、汉字构形学说与汉字学习、习得规律的相关性

对外汉语教学是一种成人教育。美国应用语言学家 Stephen D. Krashen（1995）指出，成人获得语言与儿童有所不同，成人可以通过两个途径，一是自然的习得（unconscious acquisition），一是有意识的学习（1earning），后者是人脑随后天的发育成熟而形成的一种能力，对前者有推动作用，可使习得效果大大提高。而语言教学在习得和学习上的作用有所不同，它对学习有很强的引导作用。因此，对成人来说，机械性的重复训练应当更多地被可理解的分析与归纳所代替。此外，语言学习与习得的另一个原则是"可懂输入原则"，这个原则认为，语言的习得依赖于可懂材料的输入。所以，如果我们把汉字构形的

特点和理据分析透彻，给予成人学生能够理解的汉字材料，就会极大地推动他们的汉字习得。在这一点上，汉字构形学说的分析特性与上述需要正好吻合。

当前认知心理学对汉字字形认知的研究主要在三个方面：笔画、部件、正字法。心理学家在研究了汉字认知过程中的字形加工以后指出，"笔画是识别所有汉字的一个单元"，"部件也是汉字识别的一个单元。与笔画的特征分析相比，部件分析发生在一个较高的层次上"。（彭聃龄，1997）这一研究结果与汉字构形学说的理论是一致的。正因为部件（即构形元素）的分析处在"较高的层次上"，它才与汉字的辨认密切相关。所以，从认字的角度来说，构形元素的识别顺序当在笔画之前。当我们对一个字加以分析时，我们首先拆分得到构形元素，其次才是书写元素——笔画，如图 2-3 所示。

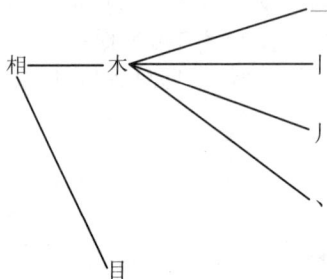

图 2-3 "相"字的结构

当一个字分析到最基础的构形元素（即末级部件）时，这个字的构形分析就基本完成了，它的构意及结构层次也就一目了然。在留学生的汉字偏误中，有相当数量是由于形似而产生的混淆。从认知的角度看，它是一种"错觉结合"（illusory conjunction）现象，是由于字形与心理词典（mental lexicon）的词条未能对应的一种表现。（朱志平等，1999）从构形学说的角度说，它是不了解构意与结构层次而产生的混淆，是由于在学习过程中未对构形元素及其结构关系加以注意而造成的。"好"和"如"就是学生常常混淆的一对"形似字"，我们将它们拆分后进行对比，如图 2-4、2-5 所示。

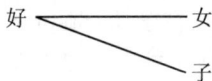

图 2-4 "好"字的结构　　　　**图 2-5 "如"字的结构**

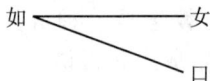

图 2-4 和图 2-5 使人很清楚地看到，这两个字有一个构形元素不同，其构意当然也不同。《说文》"女"部："好，美也，从女子"，是"美好"的意思；"如，从随也，从女从口"，是"跟从"的意思。"女""子""口"分别是"好"和"如"的末级部件，它们本身还具有意义，可以同时借助构形元素的意义和

构意将这一对形似字区别开来。

认字的问题解决以后，写字就会容易得多。这时就可以把学生引入下一个"认知层次"——笔画。我们常用"照猫画虎"批评某人写字不认真，而留学生们的"照猫画虎"往往是无奈的。比如"国"字的偏误虽然都出在"口"内，却多达十几例，问题均出在包围结构里的"玉"字上，如果学生懂得三横一竖为"王"，加点为"玉"的话，这种错误是可以避免的。所以在构形元素分析的基础上要引入书写元素的概念，对学生进行笔画、笔顺、笔数的训练，这样就可以避免笔形的错误，从而避免错字的产生。朱志平等（1999）的研究证明，学生汉字偏误多是教学或学习过程中缺少相关训练造成的，错误出在笔形上是由于对构形元素分析不足、认识不清。

在静态条件下对比，构形元素与书写元素的差别是有意义与无意义。对成人教育而言，这个差别应当重视。由于成人有较强的推理能力和分析归纳能力，他们能通过对意义的抽象达到理解，因而，这两个概念在教学实践上应各有侧重。在书写元素概念（如笔画、笔顺、笔数）输入以后要进行一定的机械训练，但机械训练的强化必须建立在构形分析的基础上。

由于构形元素是有意义的，可以通过分析讲解使之成为一种"可懂输入"，从而达到推动习得的目的。心理学家在研究汉字语义加工时发现，"形声字的义符对语义判断有显著影响"（冯丽萍，1998），这说明成人认知汉字时能利用生活的经验将汉字中的语义提取出来，从而达到对汉字的理解。那么，成人学习汉字时当然也能够利用生活的经验较快掌握带有意义信息的构形元素。事实上，绝大部分形声字的义符都是带有意义信息的构形元素，它们在构形中多半充当基础构件，同时又是部首。这些构形元素既能统率一批字，又便于学习使用工具书。

汉字正字法是使汉字书写合于标准的法则，是每个历史层面所通行的汉字构形在全社会取得共识的条件下形成的，存在于每个习得汉字的人的头脑中。它使人们意识到，哪个字写错了，哪个字的写法是正确的，所以它是对构形元素与书写元素习得情况的最终检验。但正字法的掌握是一个较长的过程，在这个过程中学习者不断习得笔画的正确书写，不断纠正错误的印象，习得构形元素的正确位置。这个过程可以从下面的调查中看得比较清楚。

在对初、中、高三个水平组的欧美学生汉字偏误调查中①，有一个有趣的现象。学生别字与"真字"的比例与水平上升成正比，"非（假）字"与水平上升成反比，具体百分比见表 2-4。

---

① 这是三批处在不同水平阶段的学生。初级组已学（≥）900 字；中级组已学（≥）1600 字；高级组已学（≥）2500 字。教学方法在此略去不计。

表 2-4　初、中、高级欧美学生汉字偏误 66 例表

水平等级	别字占偏误 比例（%）	"真字"占偏误 比例（%）	"非（假）字"占偏误 比例（%）
初级	8	27	65
中级	20	32	48
高级	30	33	37

这里，我们采用了认知心理学上的"真字"与"非（假）字"来概括并分别学生的错字。"真字"指把某个字错写成另一个通行的汉字，如"这"写成"还"、"问"写成"门"等，即形似而产生的混淆；"非（假）字"指错写成的非通行汉字（例略）；别字与传统文字学的"别字"概念相当。很显然，"非（假）字"是"不容于"汉字正字法的"字"；真字虽合于正字法但却不合上下文的要求，如"化（代）表""门（问）题"，它表明学生未能将汉字的形与其音义联系起来，这种偏误表现了汉字习得过程中的一种中间状态；别字在形音义统一方面比之"真字"又进了一步，它说明学生已有了形音对应的概念，但掌握得还不够好，如"辛（幸）存""同（通）过""希（喜）欢"等。"非（假）字"比例下降的事实，说明学生逐渐地建立起了评判对与错的标准，这是他们汉字正字法逐渐形成的一种表现。别字、"真字"的比例上升，一方面表明学生已有评判对错的能力，另一方面表明，学生的汉字心理词典中的"词条"尚未与每个汉字的形、音、义一一对应起来。

心理学家认为，"学会了语言和阅读的人，都具有一个心理词典。所谓认知一个词，就是在心理词典中找出了与这个词相对应的词条，并使它激活达到了一定的水平"（张必隐，1992），并认为"中文有可能是以字的形式储存于心理词典之中的"（彭聃龄等，1997）。因此，当汉字形音义三要素与心理词典中的相应词条对应起来时，某个字的认知与习得就完成了。

心理学对汉字认知的神经机制研究表明，认知过程要经过"字形的精确确认"与"字义和语音的加工"才能完成（李辉，1999），这也说明汉字认知的完成必须建立在汉字形、音、义三者统一的基础之上。当所学汉字都达到这个水平时，汉字的正字法就习得了。以上的分析充分说明，汉字构形学说与汉字的学习、习得是密切相关的。

四、教学中运用汉字构形学说应遵循的原则

前面我们从汉字的特点、汉字构形学说的基本方法，以及汉字学习、习得规律三个方面论证了汉字构形学说作为汉字本体理论与汉字教学的密切关系。但汉字本体研究的理论并没有为理论在教学中的运用做出具体的规定，因此根

据汉字本体理论与汉字学习规律来安排教学程序，拿出教学对策，摸索出一套行之有效的汉字教学方法，是对外汉字教学研究者责无旁贷的任务。

在目前的对外汉语教学中，大多数汉语学习者往往是在学习汉语的同时开始接触汉字的，这种"语文并进"的情况使学生接触到的汉字顺序既不按照汉字构形规律也不按照汉字习得规律。在没有开设汉字课的教学部门，学生是在学习汉语的同时"顺便"学习汉字的，学生学到的汉字是一盘散沙，根本谈不上规律的掌握。比如，"你好"这个句子，是多数学生在开始学汉语时接触到的第一个句子，但组成这个极简单的句子的两个汉字，却不是开始学习汉字时的最佳选择。从认知心理学的"笔画数效应"（冯丽萍，1998）来看，汉字笔画数量与认知所需时间在大多数情况下成正比，"你好"这两个字的笔画数并不多，它们不属于笔画上最具认知优势的字。从构形元素的角度看，这两个字本身都不是基础构件，而是由基础构件和其他构件组成的。从汉字认知的顺序看，学生应在掌握"亻""尔""女""子"之后再来学习"你"和"好"。先学"你"和"好"显然既不符合汉字构形规律，又违反汉字认知规律，难怪有的学生学了两年汉语，还把"你好"写成"尔如"。由于汉字既是记录汉语的符号又有自身的特殊规律，汉字教学就不能与汉语教学完全等同起来。一方面它不能脱离语言教学；另一方面又要有自己的策略。鉴于汉字在构形上以构形元素为基本单位与在认知上以部件为上位分析层次的特点，我们建议的第一条原则就是：识字应先于写字。

我们建议的第二条原则是，根据汉字的多元属性来设计教学。汉字在构形上有自己的属性，其属性是多元的。因此，在设计教学时，必须从多元的角度来认识汉字的属性，分辨汉字的各种属性对汉字学习和习得的作用，提出相应的教学策略。根据汉字构形学的研究，汉字有五类属性。汉字有一批基础构件，它们在不同汉字中具有不同的功能，这是汉字最重要的属性。基础构件是汉字构形元素中构字频率最高的一批形素，外国成人学生掌握这些构件以后，就能够通过推理与抽象掌握一批汉字的类义，了解汉字的基本结构方式，从而促进正字法的习得。基础构件在作为构形元素时，功能不一，如"禾"在"和"里有示音功能，在"私"里的功能就是表义。其次，汉字的基础构件有不同的组合样式，这是汉字的又一属性。组合样式不同就可能组合成不同的字，如"呆"与"杏"的构件完全相同，只是位置不同，它们是不同的字。汉字构件的组合过程（即结构方式）以及结构的级层数和各级构件，是汉字的另外两个属性。如前所述，汉字构件的组合有两种方式：平面结构和层次结构。其组合过程以及层次结构的级层数和各级构件，是了解汉字构意的重要途径。这后三种属性在汉字的构形分析中是不可或缺的。汉字的构形模式是汉字的第五种属性。王宁（1995）指出，汉字的构形模式一共有10种，它们是对汉字进行认同和别异的重要依据。汉字的上述属性从不同方面反映了汉字构形的特点，汉字教学要研究各个特点的具体作用。如何利用汉字的多元属性设计教学，这是另一个重要论题。限于篇幅，本文不再深入讨论。

第三节　面向对外汉语教学的汉字构形理据量化研究[①]

一、问题的提出

当代世界上的文字可以分为表音文字和表意文字两大体系。无论是表音文字以字母拼词，还是表意文字的以部件构字，当它们以特定的形体记录语言时，其构形必然有所依据且有一定规则可循。

表音文字的构形理据在于见其形而知其音，由其音可得其形。若有一定的词根知识，还可以在一定程度上由其形猜其义。表音文字因其便于学习、使用，故被除汉语以外的各种语言采用，成为世界语言书写符号的主流，也因此较容易被不同国别的第二语言学习者接受。

汉语采用表意文字作为书写符号，既有历史传承的原因，更有汉语自身需求的内在规律驱动。因为汉字一个形体即为一个音节，通常也就是一个语素，这正好适应汉语单音节基本可以自足表意的语言特征。[②] 但汉字难学却是不争的事实。国内语文教学界有不少人认为，汉字有"三多、三难"：字多，难记；形多，难写；音多，难读。根据教育部制定的《全日制义务教育语文课程标准（实验稿）》规定，中国学生在九年义务教育阶段，应当掌握 3500 个常用汉字。其中一至二年级掌握 1600 至 1800 字，到三至四年级要掌握 2500 字。掌握常用汉字对于"先语后文"的中国学生而言，尚且是一个要付出努力才能实现的标准，对汉语作为第二语言学习者而言，由于汉字完全不同于他们所熟悉的表音文字体系，因而更是他们的主要学习难点之一。

我们这里不讨论汉字在中国文明史乃至国家统一上的巨大贡献，不涉及汉字在计算机信息处理上的优劣得失，也不研究汉字是否有益于人类心智的开发。我们关心的是，从甲骨文到现代通行汉字，在数千年的发展、演变进程

---

① 本节作者：张和生。原文载在《北京师范大学学报》，2011（6）。

② 韩国（朝鲜）语历史上吸收了大量的汉字词，在相当长的历史时期也以汉字为其书写符号。在其渐次实现的"去汉字化"的进程中，以韩文拼音形式呈现的汉字词如果脱离特定语境，往往会引起读者的理解障碍，因而需要再以汉字进行注释。这或可印证汉字适应记录汉语的需求。

中，随着汉字形体的篆化、隶化、楷化、简化，汉字形体由见形知义的"笔意"逐渐变为方便书写、印刷的"笔势"，形义关系渐次模糊；随着汉语语音的演变，占汉字约 80％的具有一定表音作用的形声字，其表音功能也渐次式微。汉字教学是对外汉语教学的重要组成部分，在汉语作为第二语言学习中，常用汉字 3000 个左右①，这对学习者，尤其是非汉字文化圈的学习者不能说少。初学者通常会感到，这 3000 个字，一字一个形体，观其形不能读其音，知其音不能书其形，观其形又知其音还未必能得其义。倘若真是如此，汉字学习势必成为汉语学习的"瓶颈"。

对外汉语教学界有必要探讨的是，在汉字教学中，我们是否要为学习者讲授现代汉字的构形规律，是否有必要为学习者沟通古今汉字形体的演变，是否有必要为学习者沟通形义的关联、形音的关联、字词的关联。倘若是，则何时讲，如何讲，就都值得研究。而现代汉字在形义关系上还有多大程度能"视而可识，察而见义"，在形音关系上还有多大程度能"以事为名，取譬相成"，应该是上述研究的前提。在一定范围内对现代汉字的构形理据度进行量化研究，可以对回答上述问题提供参考性数据。

二、当前对外汉字教学基本状况分析

目前，对外汉语教学（包括海外汉语作为第二语言教学）中的汉字教学在总体安排上大体可以分成下述四种情况。②

一是"先语后文"，即在初级阶段只教拼音，不接触汉字，待学生具备了一定口语水平后再教汉字。"先语后文"的方法是受小学语文教学中识字法的启发。中国的小学生在学习汉字之前就已经具备了汉语听说能力，在此基础上学习汉字相对容易一些。但我们认为这个方法从长远讲对外国学生并不十分经济。这主要是因为外国学生在学汉语之前对汉语一无所知，如果让他们在口语水平达到一定的水平之后再学汉字，不仅有可能影响汉语学习效率，而且会助长学生日后对汉字学习的畏难情绪和抵触心理，最终放弃汉字学习，进而限制了他们汉语水平的进一步提高。

二是"语文并进"，即随着课文出现的词语，逐一认读汉字。"语文并进"的方法在当前对外汉字教学中占主流地位，表现形式为课文中出现什么词，就教什么字，识词、记字同步进行。当前无论国内还是海外，通行汉语作为第二语言教材都是以"词"为教学本位，通过"由词及字"的方式，为"语文并

① 据《汉语水平词汇与汉字等级大纲》，把汉语作为第二语言学习者的汉字学习总体目标是 2905 字。

② 早期有些海外汉学家对汉字可以辨识而不能称说，不在我们讨论的范围之内。

进"的教学方法服务。一般认为，用"语文并进"的方法教授汉字易于学习者边学边巩固，同时对教师的汉字知识与汉字教学技能没有特别的要求，因而可操作性比较强。但由于汉语教学初级阶段易说的词语很可能是难写的汉字，因而这种方法容易给学生造成汉字没有规律、汉字难学的印象，进而影响到学习者的信心。

三是"语文穿插"，这是针对"语文并进"的不足而设计的模式，即拼音与汉字在课文中交叉分布，从而控制生词数量，调节汉字出现的顺序。"语文穿插"的办法确实可以有计划地控制生字的数量和安排汉字出现的顺序，但哪些汉字先出，哪些汉字后出，也是一个很棘手的问题。

四是"单独开设汉字课"，即不依附于按词汇项目和语法项目编排的课文，单独开设读写汉字的课程，编写使用专门教材。单独开设汉字课的做法，在汉字教学的安排上可以体现汉字的系统性，可以尝试进行"集中识字"，可以提高学生学习汉字的效率。不过通常有人对此持不同观点，认为这种教学方法和以交际为目的语言活动很难结合。此外，这种教学模式需要以学生一定的汉语水平为前提，以一定的课时投入为保障，也应该以一定的汉字教学量为依据。（张和生等，2006）

教学实践告诉我们，上述模式中最有影响的"语文并进"与通过开设独立汉字课推行"集中识字"，是两种不同的教学思路。我们究竟应当采用哪一思路？我们应当怎样协调二者之间的关系？

我们认为，汉语作为第二语言学习的初级阶段，对学习者（尤其是非汉字文化圈的学习者）来说，是实现汉字教学"零突破"的阶段，也是打基础的阶段。在这一阶段，汉字教学的任务应当是渐进式的积累，其中包括积累一定的汉字认读能力，也包括积累一定数量的汉字构形的基础知识。这一阶段比较可行、比较通行且比较合理的教学安排还是"语文并进"的方法。因为汉字是记录汉语的符号系统，汉字必须以自己的字形表现语言中的语音和语义才有价值。如果说对事实上已经"语在文先"的中国学童可以尝试"上大人，孔乙己"式的"集中识字"，那么对外国学生来说，汉字教学只能从属于汉语教学。脱离语境的汉字教学，不符合第二语言学习规律。在运用"语文并进"的方法进行汉字教学时，如何恰当地应用汉字构形理据知识来消除学生汉字难学、汉字没有规律的印象，如何降低学生学习汉字的难度，帮助他们克服对汉字的畏惧感，提高他们学习汉字的兴趣与效率，是需要我们认真探讨的问题。

在汉语学习的中高级阶段，利用现有的汉字构形理据研究成果，开设独立的汉字课，是"集中识字"、提高汉字学习效率进而推动汉语词汇学习的有效手段，这在一些院校的教学实验中已经得到了证实。但如何把握识字量，如何将汉字教学与词汇教学相结合，如何使汉字教学与以交际为目的语言活动相结合，怎样编写一部适用的对外汉字教学教材，都是尚需研究的课题。因为对于绝大多数外国学生来说，即便到了汉语学习的中、高级阶段，学习汉字的目标仍不是掌握汉字的构形系统或理解每个字的来源，而是通过认读汉字理解汉语文章，通过书写汉字表达自己的思想从而达到交际的目的。

可以肯定的是，汉字构形理据是重要的教学资源。无论是哪种汉字教学模式，都可以通过讲授汉字构形知识的方法来强化教学效果。但在现阶段，由于我们对现代汉字构形理据度缺乏总体认识，因而我们利用讲授汉字构形理据的方法进行汉字教学的规模、范围就都很有限。我们在教学中对传统"六书"学说的应用基本上是举例性的，目的仅在于引起学生对汉字的兴趣，或者帮助学生对汉字有一些初步认识；我们对偏旁部首的利用也只是以举例的方式在部分汉字中体现；我们的汉字教学与汉语词汇教学尚未紧密结合起来。

并不夸张地说，对外汉字教学的现状要求我们对现代汉字的构形理据进行定性、定量研究。

三、现代汉字构形理据分析与字词关系探讨

由于我们的研究是基于对外汉语教学的，因此我们把汉字构形理据度的分析限定在《汉语水平词汇与汉字等级大纲》（以下简称《等级大纲》）范围内。我们根据"六书"理论，首先按象形、指事、会意、形声"四书"对《等级大纲》中 2905 字进行分类。① 各类字的数量及所占比例如表 2-5 所示。

表 2-5 《等级大纲》内汉字按"四书"分类

分类	数量	比例（%）
象形字	240	8.3
指事字	40	1.4
会意字（含单纯会意 519，会意兼指事 1，象形兼会意 7）	527	18.1
形声字（含单纯形声 1804，形声兼会意 173，会意兼形声 121）	2098	72.2
总计	2905	100

通常认为，形声字在全部汉字中要占 80% 以上，但在我们的上述统计中，形声字仅占 72.2%。如果把其中的形声兼会意字和会意兼形声字并入"会意"类，则形声字比例更会降低至 62.1%。这是因为，汉字在孳乳、衍生过程中，主要是采用"形声相益"的方式，因而越是基础字、常用字，形声字的比例就越低，反之形声字的比例越高。《等级大纲》所收自然是常用字，且作为基础

---

① 我们的分类主要参照曹先擢、苏培成、吴润仪、谷衍奎等人的研究成果。他们的分类与《说文》字形说解或有不同，也与当代其他学者的分类存在些许差异。

汉字的独体字占了近 10%，纲内形声字比例偏低也就不足为怪了。

所谓汉字构形的"理据度"，是指对汉字构形的可解释性的量化分析结果。古代造字或"因义赋形"，或"形声相益"。因此，我们或可从字形得字义（包括从部首求得字义之类属），或可从偏旁得字音。无论是可以"因形得义"还是能"因形得音"，都是汉字的构形理据所在，也是我们得以利用的汉字教学基础。

苏培成（2001A）明确提出"理据度"的概念与计算方法，其计算公式为：

实际具有的理据值÷可能具有的最大理据值＝理据度

苏培成根据这一公式和他提出的"新六书"〔（1）会意字；（2）形声字；（3）半意符半记号字；（4）半音符半记号字；（5）独体记号字；（6）合体记号字〕，以（1）（2）两类为"理据字"，（3）（4）两类为"半理据字"，（5）（6）两类为"无理据字"，对《新华字典》中"又""彳""刂""鱼"四部共 203 个汉字做了抽样调查，这四部的理据度分别为 0.29、0.46、0.65、0.86，并据此推测，现代汉字的平均理据度在 0.50 上下。

我们采用与苏培成基本相同的研究方法，对《等级大纲》中的汉字进行理据度分析，但在判断、计量理据值时将从教学实际操作的可能性出发，采用不尽相同的测量尺度。我们将高理据度汉字称之为形义、形音关系"透明"，随着理据度的降低依次为"半透明"和"不透明"。凡形义、形音关系"透明"的，我们将理据值计为 10；形义、形音关系"半透明"的，理据值计为 5；形义、形音关系"不透明"的，理据值计为 0。需要说明的是，无论我们怎样界定形义关系的"透明""半透明"和"不透明"，对汉字理据值的判定难免有研究者的主观因素，因此我们得出的理据度，无论是某一字的，还是某一类字的，都只能是一个参考值。

《等级大纲》中象形、指事、会意三类字总计 807 个，占纲内汉字总数的 27.8%。

对象形和指事两类字，我们可以采用字形回溯的方式分析其理据度。对通过字形回溯可以把握、领会字义的，定为形义关系"透明"，如"马""鱼""册""车"等象形字和"本""末""寸""刃"等指事字；对通过字形回溯、讲解就基本可以了解字义的，定为形义关系"半透明"，如"臣""高""回""京"等象形字和"亦""元""朱""甘"等指事字；对通过字形回溯、讲解仍难于说清字义的，定为形义关系"不透明"，如"不""丁""白""毕"等象形字和"亏""七""八""只"等指事字。

对会意字的理据度分析，我们可以采用将偏旁义相加求得字义的方式。对通过偏旁义相加就可以比较清楚地体现该字字义的，定为形义关系"透明"，如"卡""尖""甭""冰"等字；对通过偏旁义相加并需再加以解释方可辗转体现该字字义的，定为形义关系"半透明"，如"取""初""北""烦"等字；把通过偏旁义相加后经解释仍不能体现该字字义的，定为形义关系"不透明"，如"皮""器""件""加"等字。

考虑到象形、指事、会意三类汉字在《等级大纲》内远不及形声字所占的比例高，同时受研究工作量的限制，我们对象形、指事、会意三类汉字只是提出理据度分析思路，而将纲内部分汉字理据度的具体分析首先限制在形声字范围内。

《等级大纲》中有形声字 2098 个，是四类汉字中最需要注意的一类。测量形声字的理据值与测量象形字、指事字、会意字的指标不同，形声字主要考虑因素是义符能否清楚表明该字字义类属，若仅有三五个字隶属同一部首，即便它们具有共同的义素，在教学上也不具备太多"以少驭多"的意义。出于这样的考虑，我们采用在 2098 个字中选择部分形声字进行理据度分析的方式。我们选择了统摄 10 字（含 10 字）以上部首作为测量对象，共得 51 个部首，我们称之为"大部首"。"大部首"下辖 1781 个汉字，应当说，1781 字的分析量不算太少。而 51 个大部首仅占汉字 201 个部首的 25%，而所统摄的 1781 个汉字却约占全部 2098 个形声字的 85%，这也可以保证被选中的 51 个部首在汉字构形理据度分析中的典型性。①

我们把义符可以清楚表明该字语义类属（主要考虑现代汉语语义，兼及学习者较容易理解的古义）的，或声符与该字读音（依据今音）完全一致的（两个条件居一即可），定为形义、形音关系"透明"，如"蝉""芳"等字，"蝉"为虫属，"芳"与"方"声同。把需经解释才能表明义符与该字语义类属关系的，或声符与该字读音相近的（两个条件居一即可），定为形义、形音关系"半透明"，如"适""造"二字旧有"行进"义，且旧义在现代汉语书面词汇"无所适从""造访"中保留，"完""客"二字分别从"元""各"得声，等等。把义符已不能表明该字语义类属或声符与该字读音完全不一致的定为形义、形音关系"不透明"，如"这""筑"等字。表 2-6 是我们测量统计的结果。

表 2-6　汉字构形理据度分析统计表

部首	字数	透明字	半透明字	不透明字	实际理据值	最大理据值	理据度
厂	10	6	1	3	65	100	0.65
亻	89	38	43	8	595	890	0.67
亠	15	0	4	11	20	150	0.13

---

①　苏培成分析了 4898 个形声字，构字 20 个以上的形符有 54 个，与我们统计的 51 个部首数量大体一致。（参见苏培成，2001b）。

续表

部首	字数	透明字	半透明字	不透明字	实际理据值	最大理据值	理据度
冫	15	6	5	4	85	150	0.57
刂	23	11	8	4	150	230	0.65
力	16	11	3	2	125	160	0.78
土	46	29	11	6	345	460	0.75
艹	71	49	13	9	555	710	0.78
口	101	71	20	10	810	1010	0.80
山	14	7	5	2	95	140	0.68
彳	16	6	3	7	75	160	0.47
广	15	6	4	5	80	150	0.53
门	10	3	7	0	65	100	0.65
宀	22	6	9	7	105	220	0.48
辶	50	26	23	1	375	500	0.75
尸	13	2	7	4	55	130	0.42
女	37	19	14	4	260	370	0.70
马	17	8	9	0	125	170	0.74
王	19	10	8	1	140	190	0.74
木	96	64	25	7	765	960	0.80
犭	22	13	8	1	170	220	0.77
车	15	9	6	0	120	150	0.80
夂	10	1	6	3	40	100	0.40
日	25	18	7	0	215	250	0.86
贝	25	21	1	3	215	250	0.86
氵	140	118	17	5	1265	1400	0.90
扌手	163	139	20	4	1490	1630	0.91
月	46	38	6	2	410	460	0.89
火灬	41	37	3	1	385	410	0.94
心忄小	85	76	7	2	795	850	0.94
石	30	20	8	2	240	300	0.80
目	22	21	1	0	215	220	0.98

续表

部首	字数	透明字	半透明字	不透明字	实际理据值	最大理据值	理据度
禾	27	13	8	6	170	280	0.61
广	23	23	0	0	230	230	1
穴	11	8	3	0	95	110	0.86
耳	11	4	3	4	55	110	0.50
页	18	6	11	1	115	180	0.64
虫	26	16	5	5	185	260	0.71
竹	27	22	3	2	235	270	0.87
衤	15	13	0	2	130	150	0.87
米	14	11	1	2	115	140	0.82
糸纟	59	34	18	7	430	590	0.73
走	10	6	4	0	80	100	0.80
酉	12	5	5	2	75	120	0.63
足	27	22	5	0	245	270	0.91
邑阝(在右)	12	5	3	4	65	120	0.54
言讠	67	52	13	2	585	670	0.87
雨	10	6	3	1	75	100	0.75
阜阝(在左)	29	13	6	10	160	290	0.55
钅	48	41	4	3	430	480	0.90
饣	16	12	2	2	130	160	0.81
合 计	1781	1201	409	171	14055	17810	0.79

如果与苏培成举例性的理据度测量结果对照，我们发现，在苏培成统计的"又""冫""刂""鱼"四部中，"又""鱼"两部因各自在《等级大纲》内统辖的汉字不足 10 字，而不在我们的统计范围内。苏培成的"冫"部字理据度为 0.46，低于我们的 0.57，原因是苏培成以《新华字典》为统计对象。该字典"冫"部收 33 字，其中"习""尽""弱"等无理据字，因不是形声字而不在我们"冫"部的计量范围中。而苏培成的"刂"部字理据度为 0.65，与我们的统计结果完全相同。

这一量化研究结果对我们利用汉字理据进行汉字教学的思路是有力的数据支持。因为由 51 个常用汉字部首所统摄的近 1800 形声字，其理据度达 0.79。"透明字"占到 67%。即便把未进入统计的那 317 个形声字全部计为"不透明"

（而事实并非如此），以 20980 为最大理据值，纲内形声字的理据度仍可达到 0.67，大大高于苏培成所推测的 50%。这样高的形声字构形理据度若不在汉语字词教学中加以利用，可以说是忽视了汉语、汉字的特色，是一种教学资源的浪费。

我们在这里还想论及汉字教学与汉语词汇教学的关系，因为二者是无法割裂的。"汉语的语素和汉字多数是一对一的关系"（吕叔湘，1979），而《等级大纲》1033 个甲级词中单音节词占了大约 45%，这些字与词高度重合的高频单音节词有着很强的组成复合词的能力，所以我们主张强化汉字教学在汉语词汇教学中的作用，包括通过偏旁教学强化他们的"字感"和对"形义关联""形音关联"的认识，通过"由字组词"的训练强化他们的语素意识。

《等级大纲》所收的 8822 个词语中，有 8566 个被收入《现代汉语词典》。据统计，这 8566 个词语的总义项数为 15280 个，平均义项数约为 1.8 个，而其中的单音节词的平均义项数约为 3.1 个，远高于多音节词的义项数，显示出"单音节词多义项、多音节词单义项"这一汉语词汇发展趋势。具体数据统计如表 2-7 所示。

表 2-7　词汇义项统计表

音节数	单音节	双音节	多音节	总平均义项数
平均义项数	3.1209	1.4125	1.1955	1.7861

我们知道，《等级大纲》中有单音节词 1930 个，双音节词 6343 个，三音节以上词 549 个。若以表 2-7 所列的义项数为依据计算，则单音节词共有 6023 个义项，覆盖全部义项的 38.5%；多音节词共有 9615 个义项，覆盖全部义项的 61.5%。也就是说，约 20% 的单音节词大约覆盖了 40% 的义项，而约 80% 的多音节词只覆盖了 60% 的义项。这个统计结果告诉我们，如果说词汇学习在一定程度上就是词语义项的学习，那么在一个字与一个单音节词基本对应的前提下，汉字学习与词汇学习是互为表里的。更何况，在绝大多数情况下，复合词中每一个汉字的字义都对该复合词词义的形成起决定作用，因而汉字学习在词汇学习中的意义是显而易见的。我们应当在理论上分清字与词，在教材编写和教学中沟通字与词的关系。换言之，汉字学习不等于词汇学习，而汉字学习可以紧密服务于词汇学习，促进学习者词汇量的扩展。当然，对外国学生而言，尤其是对非汉字文化圈的学生而言，发现"形义关联"与"形音关联"的能力以及"由字识词"的能力，是需要通过教学的指引与反复的训练而逐渐养成的。

第四节　利用汉字基本属性进行对外汉语教学①

一、对外汉语教学中的汉字教学

相对于表音文字来说，汉字形体结构复杂多样，因而很多汉语学习者认为汉字书写加大了汉语学习的难度，于是或者放弃汉字的学习，或者干脆放弃汉语的学习。于是，汉字的难学难记的印象与"传言"使得很多汉语学习者望而却步。特别是对于已经习惯了线型文字书写的成年学习者来说，汉字的方块结构充满了神秘的色彩。汉字作为记录汉语的书写符号系统，是伴随着汉语的发展和中华文化的发展而不断完善成熟的文字系统，汉字不但是说汉语人的最重要的辅助交际工具，更是中华文化的载体。

多年来，汉字教学一直没有突破性进展。以往汉字教学的方法均建立在汉字结构分析研究成果的基础上，或从整字认知到部件识别再到汉字书写，或从笔画学习到部件认知再到整字认读书写，但无论哪种方法，均与汉语功能教学法不相适应，语与文不能并进，于是出现了先语后文的教法，但是对于成人第二语言学习者来说，他们具有成熟的思维能力和强烈的学习欲望，学习初期阶段就可以理解比较复杂的句子并应用于实践。仅通过汉语拼音学习汉语，除了要遇到汉语四声的声调问题，还有由于母语字母发音造成的负迁移问题，汉语语音的学习难度大大增加，而且由于汉语的四声别意、单音节、多同音字词等特点，仅仅停留在口头交际的层面上，是很难将汉语的学习程度加深的。

随着汉语学习热潮的兴起，关于汉字的教学效率问题再度提上日程。那么，汉字的识记到底有多难，汉字的学习有没有规律可循，学多少汉字才能满足交流的需要？对于汉字来说，所难者，无非其形体之书写方式不同于字母而已。只要能克服汉字形体认知的畏难心理，就可以为汉字的识记找到一条相对捷径。

传统文字学认为汉字是形、音、义的统一体，也就是说汉字的形、音、义是相互关联的，我们把这种关联性称为汉字的理据性。一般来说，看到一个汉字，能够从它的部件联想到它的读音和意义，知道它代表的是什么语素，这样的字叫有理据。相反，看到了部件不能够引起联想，这样的字就是没有理据。

这种理据是建立在掌握一定数量的汉字的基础上的，而对于以汉语为第二语言的初学者来说，在一个汉字也不认识的情况下，所有汉字都是一样的陌

---

①　本节作者：张会。原文载《学术研究》，2007（3）。

生，根本无法将汉字的形、音、义联系在一起，当然无法引起任何联想。所以，在汉语学习的初期阶段，"先语后文"的理念是很有道理的，这样可以不受汉字学习的束缚，降低汉语学习的难度。而对于学习者来说，一旦学会了一些语句，就自然有将其记录下来的愿望，初期很多学习者或是用汉语拼音，或是用自己熟悉的方法（往往是根据母语的发音规律）来记录汉语。对于以英语为母语的人来说，在学习用汉语拼音记录汉语的时候，受到母语的影响，拼音的发音与拼写规则似乎总在误导人，因此有的学习者并不完全用拼音，而是用自己认为发音更为接近的其他英语词语或英语拼写的规则来记录。比如，"看"的拼音是"kàn"，英语中的"can"恰好与之音近，于是学习者会自然地用"can"来为"看"标音，岂不知"can"也是汉语中存在的一个音节，与"kan"迥异。

我们认为，在"先语后文"的前提下，同时可以利用一些涉及的笔画较少的简单汉字，培养学习者对汉字的认识，经过一段时间的积累，即便没有专门的汉字课，也可以从这些简单的汉字入手，掌握汉字构形的基本规律。那么，要熟悉并掌握汉字的构形规律，应该掌握多少汉字呢？

《汉语水平词汇与汉字等级大纲》（以下简称《大纲》）是对汉语词汇和汉字进行筛选并形成汉语词汇和汉字等级系列的大纲，是对外汉语教学总体设计、教材编写、课堂教学及课程测试的重要依据。《大纲》中的 1000 个最常用词可以满足旅游和最起码的生活需要，是基础教学阶段中第一个教学阶段的词汇量的要求，与这 1000 词相对应的汉字有 800 个。大纲中规定的常用汉字 2905 个，甲级字占其中的三分之一弱。掌握了甲级字后，对汉字的形体结构的认识应该就已经达到了一定的程度，可以自主分析归纳汉字的结构了。那么，从甲级字入手，教给学习者汉字构形的规律，是不是就可以逐步培养他们分析汉字的能力并消除学习汉字的障碍呢？初学者对于汉字的认识，来源于对汉字结构的不了解。所以我们的首要任务是消除学习者的畏难情绪，确立汉字结构的系统性和汉字的可拆分与可组合性特点。那么就可以由简入繁，逐渐掌握汉字。为了验证这一方法的有效性，我们对四个成人业余班的零起点的学生进行了教学实验，所有人都是以英语为母语的，在教学过程中采取"识繁写简"（认识形体繁杂的字，学写形体简单的字）的策略，采用英汉翻译的直接教学方法。

首先，我们对甲级字进行分析，从容易书写的字入手，为汉字入门奠定基础，培养分析、组合汉字的能力。无论是写字还是画画，横线和竖线都是人类共同的认识，所以汉字里面由横笔和竖笔构成的字可以最先教给学生。在甲级字中，这样单纯用横笔和竖笔组成的汉字 5 画以下的有 18 个："一、二、三、十、干、工、口、山、上、丰、日、中、出、旧、目、且、世、正。"汉字的方块结构特点决定了某些汉字可以按照自有的语法规则编出具有某种含义的句子，例如上述 18 个字，我们可以试着组成以下一些语句：

世上十日干，一日出山中。

一日二日三日十日日日口中干，一山二山三山十山山山世上出。

而且其中"一、口、日、目、且、旧"以及"二、十、干、工"形体紧密相连，容易记忆也容易理解。如果加上另外的 11 个两画以下的字，"八、厂、刀、儿、几、力、了、七、人、又、之"，就可以组成更多句子。

通过这些字还可以帮助学生了解汉字的笔画关系，即相离、相接、相交三种关系。例如：

相离：二　三　旧

相接：工　上　正　口　山

相交：十　中　丰

掌握这三种关系后，学习者就基本具备了汉字形体的组合与拆分意识，消除了初写汉字时对笔画关系的困惑。

通过对甲级字的分析，我们认为，降低汉字在学习者心理上的难度是可能的。在甲级字中，笔画在 5 画以下（包括 5 画）的字有 157 个，详细分布见表 2-8。

表 2-8　甲级字中笔画数在 5 画以下（包括 5 画）的字

笔画数	字数	例字
1	1	一
2	13	八厂刀儿二几力了七人十又之
3	28	才叉大飞干个工广己久口马么门女千三山上勺万习下小也已亿子
4	57	办比币不长车从反方分丰风夫父公互户火计见介斤今开历六毛内牛片气切认日少什手书双水它太天为文五午心以艺友元月云支中化
5	58	白半包北本必边出打代东对发汉好号记加节旧句卡可礼立们民母每日平且去让如生史示世市术司四他讨头外务写行业永用右乐正只主左

《跟我学汉语》[①] 对汉字的处理采用"先认字后写字"的原则，第一册出现汉字 313 个，为了让学习者了解汉字发展的历史，专门列出了汉字构字部件从甲骨文、金文、小篆到楷书的字形演变过程，并且在教师用书中较为详细地

---

①　陈绂、朱志平主编：《跟我学汉语》，北京，人民教育出版社，2003。

解释了汉字部件与整字的关系以及书写时的注意事项。让学习者了解汉字部件的演变过程，目的也是帮助其建立汉字可拆分的概念，明白汉字形体具有表意和表音的特点。

《轻松学汉语》①先用一个单元来让学生适应并培养汉字是可分解为偏旁部首的意识，然后从第二到第五单元，每一个单元都设计了三个识字课，用笔画较少的独体汉字，组成一个个具有整体含义的小歌诀，或者体现汉字的可拆分组合的特点，或者将某一类词聚合在一起，可以建立各个词的意义的联系。例如：

木子李　口天吴　弓长张　古月胡

耳口目　头手足　乌发长　白牙光

从类推原则来看，具有构字能力的部件（包括成字部件和不成字的准部件）可以系联一批汉字，符合思维的信息存储与提取规律，将同一部件的字聚合在一起，可以形成一个部件族，各个有联系的部件族之间可以链接成一个庞大的思维导图，根据这个图来设计编写识字课文，应该可以起到批量习得汉字的效果。

针对学习阶段的不同，可以将甲乙级字作为学习的第一阶段。常用字数量多，系联复杂，但也更能体现出汉字的系统性。通过对甲级字构字部件初步统计分析，我们发现甲级字中，作为构字部件参与构字的成字部件和不成字部件中，参与构字 10 个以上的如表 2-9 所示。

表 2-9　甲级字中的构字部件

序号	部件	构字数量
1	口	93
2	木	43
3	日	38
4	亻	36
5	扌	33
6	讠	29
7	氵	28
8	月	27
9	又	24

---

① 李欣颖、马亚敏编著：《轻松学汉语》第一册，第 2 版，香港，三联书店有限公司，2006。

续表

序号	部件	构字数量
10	土	23
11	人	23
12	宀	19
13	一	19
14	辶	19
15	女	18
16	十	17
17	心	17
18	攵	17
19	寸	16
20	阝	14
21	力	14
22	艹	14
23	广	13
24	田	13
25	刂	13
26	目	12
27	竹	11

以上这些部件,无论是成字的还是不成字的,都是有意义的或者有意义可以追溯的,所以在汉字教学中比较容易解释给学习者,学习者也比较容易接受。掌握这些构字能力较强的部件,就可以具有汉字可拆分的意识,也可以逐渐主动地去分解汉字,那么在学习汉字的过程当中就不会觉得汉字是无从下手的图画了。

在教学过程当中,教师可以有意识地提醒学习者,某个字是由某些个部件组成的,甚至可以通过说字的办法来逐渐强化其类推意识,比如《轻松学汉语》中用到的"木子李""口天吴"等识字歌诀,其实就是在利用汉字字形的可拆分的特点。

也许在非专门的识字课上,我们只能点点滴滴地利用汉字字形的组合特点来帮助学习者记忆汉字的形体和意义,但是如果有专门的识字课,就可以将同一形旁的一些字或者同一声旁的一些字组织在一起,建立某种联系,既可以比较它们的区别,也可以帮学习者在记忆中建立一个个字族,那么汉字的系统性就将充分体现出来，学习汉字的难度就会大幅降低。

二、古今汉字构形理据在对外汉语教学中的应用

文字是记录语言的符号，语言是音义结合的词汇语法体系。用文字来记录语言，就是使文字符号和语言成分建立固定的联系。这种联系可以是任意的，就是无理据的；也可以是有道理可循的，就是有理据的。通过对汉字理据性的考察，可以明确汉字形、音、义之间的联系程度，为汉字的认知、教学奠定良好的基础。分析汉字字形与意义的古今差异，统计可以应用于教学的形义联系，培养学生的汉字构字有理据的意识。利用汉字构形的系统性，识记汉字，理解字词意义。分析古今汉字形体的联系，为汉语学习开辟道路。特别是华裔学生，已有较好的听说能力，但读写不足，可以借此类推大量识记汉字。

下面我们从构形、形义、形音和音义几方面对现代汉字进行分析，以便在教学实践当中能够充分发挥它们的作用。

（一）现代汉字的构形理据

汉字属于表意性质的文字体系，它的理据性首先表现为字形的构造具有理据性特征，即汉字在造字时，最初都是或用象形方法，或用表意方法，或用表意符号加表音符号的方法构成一个完整的汉字形体的。例如，"木""刀""人""又""大""口""马""门""女""山""子""车""火""毛""牛""气""日""手""水""心""月""立""目""示"都是用象形法构成的符号，"休"是用表意法构成的符号，"沐"则是用表意符号（"水"）加表音符号（"木"）构成的符号。

汉字符号为数众多，就汉字整个符号系统来说，在造就众多的形声字时需要有一个基础，那就是要使原先象形阶段的所有符号形体发生一种系统变化，通过对各种具体象形符号进行一番同化、类化工作，形成一个构字符号系统（即偏旁系统）。汉字发展到小篆，其构字符号系统和形体构造机制已臻完善，所以许慎在《说文解字》中以540个部首系联了整个汉字符号系统，汉字的形音义就紧密联系在一起。可以说汉字系统的形声化事实上同时带来了汉字形体符号的一次类化，使汉字构形理据进一步抽象化、规整化。这样既便于产生新字，也便于识记和应用。其次，汉字的构字符号具有能产性。如上所述，汉字系统内部又有一个构字符号系统，构字符号系统中的符号是构造汉字整体字形的偏旁。这些偏旁按照一定的构字理据可以组合成更多的新字，例如"马"旁用作意符，可以构成与"马"有关的"驶、骄、驱、驸、骅、骧、骊"等一系列的字，虽然"马"也可以作为声符存在，但汉字构形意符多在左、声符多在右的左形右声原则可以帮助学习者很容易地判断"马"在一个字中的作用；"丁"旁用作声符，可以构成"顶、盯、订、叮、钉"等字，其中"顶"背离

了左形右声的原则，因为以"页"为形符的字都是将声符置于左边的。又如现代化学中"氢、氧、氰、氟、氩、氮、氦"等元素的名称，都是用形声条例构造的新字。在汉字构字符号系统中，笔画是最基本的构字单位，汉字依靠笔画和笔画的空间组合，构成偏旁、进而构成整字以及整个的汉字符号系统。迄今为止，汉字总数大约8万多（《中华字海》），现代常用字也有三四千，然而汉字的基本笔形只有5～8种，派生笔形也不过二三十种。在汉字形成的过程中，以较少的笔画和部件复合成庞大的汉字群，要想构造出来并且适于应用，就必须是一个有机的系统化的整体，必然要求汉字构形有一定的理据性。

从古代汉字到现代汉字，汉字的形体虽然发生了很大变化，但表意的基本性质始终没有变，汉字的理据性始终贯穿其中，这一点对于汉字的教学极为重要。正因为有理据性存在，我们才能容易地建立起汉字的形音义之间的联系。例如"书"这个字，它所记录的词的词义古今都发生了变化，但是只要我们了解了它所记录的词的词义的古今演变情况，就能知道它在古代书面语中是什么意思。这种方法有助于理解记忆书面语词汇及成语的意义，有助于辨析近义词等。

当然由于汉字字形与字音的历时变化，字形反映字音、字义的能力也相应地发生了变化，也就是说现代汉字的理据性相对于古汉字来说已经有所改变。因此有必要考察现代汉字的理据性，以明确现代汉字形、音、义之间的关系，这样不但可以使教学者充分利用它以寻求更有效的教学方法，使学习者在学习过程当中充分利用现代汉字的理据性以提高学习效率，而且可以使汉字教材的编写更有针对性、科学性，无疑这几个方面都将有利于提高现代汉字的学习和使用效率。当然，对汉字理据性的分析并不是为了帮助记忆而对汉字字形进行简单的任意说解，而是对汉字系统的总体进行科学的研究，研究字形与字音、字义的联系程度，从而针对不同的教学目的对理据性不同的汉字加以分类，建立充分而有效的学习体制和学习方法。

（二）现代汉字的形义关系

古代汉字发展到现代汉字就已经成了"不象形的象形字、不十分谐声的谐声字"。考察现代汉字的理据则需要根据现代字形分析现代字形和现代常用字义的关系，且不能再以是否表意为标准，因为现代汉字已不再是象形字，肯定是不能直接以形表意的，所以要考察字形与字义之间的关系就得从字形与它所代表的词的意义是否一致入手。

古代的象形字或指事字因为它们记录的是常用词，所以最先被简化，现在都不象形了，若直观根据它们的形体就很难建立形义之间的关系，自然就毫无理据可言，而没有理据的字学习和使用起来都比较困难，因为许多成分要靠死记，一般来说这种字可以称作记号字。但是这些独体的象形或指事字往往又是构字的符号，有相当高的构字频率，若是同理类推下去，由它们做偏旁组成的字也是记号或半记号字了，而这个结论与人的心理现实是不相适应的。文字都是有理据的，汉字也是如此，不可能说汉字是一堆毫无理据的记号。虽然我们从象形、指事等字的形体上看不出它们的理据，但只要向其溯源说明古汉字的构形理据及其发展演变关系，学生在大脑中经过一个信息的转换过程，迅速形成一个链索——从现代汉字到古代汉字再回到现代汉字，就很容易建立起它们的形义联系，这样学习者不但易于接受，而且会很感兴趣，此类象形字如"山""水""木""人""手""刀""门"等均可以采用溯源之法，这些字往往还是构字能力很强的义符，掌握了这些字就可以类推出一批汉字的形义联系来。如"马"本是象形字，现在虽然不象形而成为记号字，但它本身固定下来的"马"这个词的意义始终没变，当它作意符组成"骏、驭、驰、驯、骑"等字时，也是靠它自身固定下来的词的意义来表与"马"有关的意思，所以还应把它看作是真正的意符，是有理据的。那么当学习者了解了"马"的意义之后，一旦见到以"马"为左偏旁的字就会自然地联想到这个字所代表的词的意义与马有关。其他"土""人""手""水"等核心表义义符，均有同样的作用。再如"楼"字"从木"，表示建筑的材料，尽管现在常见的楼房都由砖瓦混凝土构成，与"木"旁似乎无关，若按狭义的形声字（意符表意、音符表音的形声字）的标准来衡量，把"楼"看作半记号半音符字，估计大多数人都不会同意。因为它概括古今所有的可以称为"楼"的高层建筑，"木"作意符组成形声字时，是靠已经固定下来的它所代表的词的意义在起作用，"木"字的形体就成了与"木"的意义有关的事物的标志，只要看到"木"作意符，人们就可以联想到与木有关。只要看看现存的古代楼阁等建筑就能够充分明白这一点，学生还可以了解一些古代的文化知识。许多不成字的偏旁也是如此，如"疒""纟""忄""扌""氵""灬""犭""牜"等，它们的传统名称仍在提醒着人们它们所代表的意义内容，既然它们可以引起人的正确联想，可以帮助人的认知记忆，教学中就应当充分利用其中的理据性。这一点也同样适合会意字，如"休"，以"人靠木"表"休息"意，"木"与词义之间有着直接的理据。又如"寇""即""既""北""得""弃""降"等古代会意字，向学生介绍字源，分析形义之间的联系，找寻字的理据，也能收到良好的效果。另外，汉字的字义古今一脉相承，对现代汉字的字形、字义进行溯源还可以建立形义之间的联系，这种联系有助于对字所代表的词的意义的理解。根据邢红兵的统计结果，构字数在 100 个以上的部件有 8 个，分别是"口""日""扌""木""氵""一""亻""艹"。除了"一"以外，其他 7 个部件都可以起到提示字义的作用，可见形义联系的作用是很大的。

但是应用这种寻求理据的办法解释字形与字义的关系要注意有一定的限

度，注意总结规律，但同时又不能过分强调，否则容易误导学生对汉字的理解，因为并不是任何汉字都能这样做。比如"射"和"矮"，"射"由"寸""身"构成，而"寸身"当表"矮"意，"矮"由"委""矢"构成，而"委矢"（射箭）当表"射"意才对，为什么事实却是相反的呢？这是一个典型的以形解义误解字义的例子，一旦过多地运用了会意解字的方法，误把它们当作会意字来解释，自然要产生这样的疑惑，如果不知道这两个字的真正字源（"射"在甲骨文中是象形字，象手拉弓箭；"矮"字后起，是"从矢委声"的形声字），就难以做出正确的回答。以汉语为母语的人尚且如此，若我们面对的是初学汉语的外国人，情况就更复杂，分析汉字时更要小心。很多对外汉语教师为了帮助学生记忆汉字字形与字义，偏爱会意解字法。比如，"要"上部与女士挎包形似，下部为女，二者相合可以会意"女人有很多要求、需要很多东西，女人想要将挎包装满东西"等；"船"可会意"八张口（八个生物）在船上"，此意与诺亚方舟的故事相符，通过这种种办法来加强汉字形体与学习者已有知识的联系，以助其记忆。但是这种做法一旦被学习者推而广之，在增强记忆的同时也容易发生错误。比如，学了"线"字后知道"纟"旁与"丝线"有关，那么，学生看到"绳"字有部件"纟"和"电"，就可能会认为"绳"是"电线"的意思。之所以出现这种现象，是因为人们在理解字义时往往倾向于选择自己熟悉的简单的事物来帮助记忆，愿意从字面上建立最直接的联系，这是人的一种直观的认知心理的反映。见"三点（氵）"而知为"水"，见"王"旁却不知是"玉"，也是因为人的认知心理在作怪，"玉"与人的现实生活逐渐脱离，人们对它的认识也就逐渐陌生，只知道"玉"表"玉石"而不必知道"王"是"玉"的古形体。这种心理是长期应用汉字的过程中约定俗成下来的，为众人所公认的。所以，教师应该多了解一些汉字的发展源流，在教学中利用一切可以利用的积极因素，引导学生正确分析汉字。

（三）现代汉字的形音关系

汉字的字形与语音发生直接联系始自形声字的产生，形声字的声旁是起标记语音的作用的，可是汉字字形和语音的演变使原本一致的二者产生了分歧。在现代汉字中，许多传统形声字的声旁已经不能表音或只表近似音，如"江"的声旁"工"已不再表音，"河"的声旁"可"也只能表近似音，"布"本"从巾父声"，由于汉字形体的发展演变，如今声旁"父"已经看不出来了，此种例子举不胜举。"秀才识字认半边"在古代曾是一条识字的规律，而今实际意义却大打折扣。

声旁表音功能的弱化，究其原因，主要有以下两个：

一是语音系统的演变。在语音演变的过程中，形声字的声旁或形声字本身的读音发生了改变，于是产生了声旁表音不准的现象。"古无轻唇音"，本来都读重唇音的字到隋唐时代发生分化,如"昧"及其声旁"未"在古代同属重唇,后来"昧"读重唇,"未"读轻唇。这种情况相当多。"胎、怠、殆"和"治、始、怡"两组字都以"台"为声旁,而今读音并不相同,也是由于语音发生了演变的缘故。

二是字形的变化。汉字形体在历史上有两次重大的变革:一次是秦汉时期的隶变,一次是新中国成立后的汉字简化。这两次变革使许多形声字的声旁发生变化,如"更(原从攴丙声)""急(原从心及声)""布(原从巾父声)""疫(从役省)"都是隶变后消失的形声字,"鸡(雞)""办(辦)""盘(盤)""际(際)"都是简化后消失的形声字。

面对这种复杂局面,使用汉字的人是怎样获得汉字的读音的呢?实验心理学对此进行了研究,认为词义类别、发音线索等是汉字信息加工的主要步骤,首先是带有语音线索的部件激发了许多外形相同的其他汉字,然后综合这些汉字的发音,读者在脑海中形成一个可能的发音。但这并不是读音获得的唯一依据,因为许多外形相同的其他汉字,尤其是从同一声旁得声的形声字,它们对阅读者同样具有语音方面的提示作用。换句话说,获得一个形声字的读音,既可以根据声旁的读音,也可根据同声旁形声字的读音,二者所起的作用几乎是同等重要的。比如,认识"读"之后,很容易想到"犊、渎、椟、牍"等字都是从"卖"得声的形声字,尽管"卖"已不能表声。

鉴于此,在简化汉字时,一些形声字的表音不准确、笔画繁多的声旁被替换为表音准确且笔画简单的声旁,简化后的汉字表音更准确,如"態""證"分别简化成"态""证",改变了部分由于语音的演变造成的声旁表音不准确的现象,增加了表音的理据性。

关于形声字声旁的表音规律及认知原理,语言学家和心理学家都已进行了长期的探讨。周有光在 1978 年的研究表明,完全规则的形声字大约只占汉字的 30%。近年来一些基于计算机统计的工作对形声字表音特点作了更细致的分析,对造字时的形声字和现代汉字的形声字(意符表意,音符准确或近似表音的形声字)以及半记号半表音字(意符不再表意,音符准确或近似表音的字)进行了区分,并根据音符的声、韵、调与整字的关系进行细致的分类,区分准确表音字(声、韵、调全同)、近似表音字(声、韵同;韵同;韵、调同)和不表音字(声、韵、调全不同)。20 世纪 90 年代初,语言文字应用研究所汉字整理研究室从声、韵、调三方面对声旁与整字读音的声、韵、调关系的研究表明,声旁与整字读音的声、韵、调全相同的情况占 38%;声旁与整字读音的声、韵相同,调不同的占 18%;声旁与整字读音的韵相同,声、调不同的占 16%。然后将各种表音类型的总分除以形声结构数得出声符总体表音度约为 66%。由此可见,现代汉字的形音之间的绝对理据不是很高。那么如何利用现存的汉字的形音关系提高汉字的认知效率呢？

在教学过程中可以发现，成人在阅读及书写的过程中，常会对汉字的构造提出疑问，比如，为什么"会"是"人"和"云"的组合？"思"为什么是"田"和"心"的组合？而且还会混淆同一声旁的形声字，如"很""狠""跟""根""银"，或只注意声旁而忽视了形旁，如"该"误读作"孩"，"冷"读如"令"等。通过教学实验也证明了这一点。所以我们在重视形旁表意作用的同时，绝不能忽视声旁的重要性。

因此，分析统计现代汉字形声字声旁与其构成的形声字在语音构成方面的异同并根据表音能力的不同进行细致的分类是十分必要的。这样学生就可以知道哪些字是可以根据声旁类推读音的，哪些是不能的，从而对通用汉字有一个系统的把握。如果我们能够充分利用汉字以形声字为主的特点，引导学生注意声旁字所处的部位，比较它与形声字的读音的异同，帮助初学者获得对语音的认识，启发他们以接近、对比等联想方法去认读和记忆，相信会收到良好的效果。

（四）汉字的音义关系

一般认为，语言中音与义的结合是任意的，声音和概念没有必然的联系，任何声音都可以表示任何概念。但是，经过社会长时间的约定俗成，某一声音就固定地表示了某个概念，于是在这一语言系统里它们发生了联系。

汉字在记录汉语的时候，一般并不直接显示读音，而是侧重显现它所表达的语言中的某个特定的含义，因此，最初的象形字、指事字和独体会意字都体现了以形表义的思想，根本没有考虑声音的成分。有一部分会意字，其中某个意符除了表意以外，还有表音的作用，但这种表音是次要的，它的主要作用还是表意，这种字叫作"亦声字"，《说文解字》里边有"某亦声"的提法。例如：

珥：一种耳饰，从耳玉，耳亦声。

返：还走，从反走，反亦声。

坪：平土，从平土，平亦声。

娶：取女作妇，从取女，取亦声。

此外，一部分形声字的声符在表音的同时也有表意的作用。本来形声字义符表义，声符表音，分工明确，可是重视表义的民族思维，促使人们给表意不清的字加注意符，造出新的形声字。因此，一部分声符的意义和形声字的字义有联系，即音符兼表意。例如：

蛇：由初文"它"加注意符"虫"。

征：由初文"正"加注意符"彳"。

暮：由初文"莫"加注意符"日"。

捧：由初文"奉"加注意符"扌"。

古人就注意到了某些声符能表意的现象，汉代开始使用"声训"的方法，即用同音字或音近字去解释字义。许慎作《说文解字》，郑玄注经，都使用"读若""读为"的方法，就是声训的应用。刘熙作《释名》，通篇使用声训的方法。到了宋代，王安石在《字说》中指出"凡字声都有义"。王圣美进而提出"右文说"，认为"凡字其类在左，其义在右"。虽然这种因声求义的做法有很大的局限性，但毕竟发现了汉字形体的读音与意义的关系，为汉字研究开辟了一条新路。

因为这类兼表音义的字在汉字中数量不是很多，而且这种音义关系的分析主要是集中在对语源的探求上，而现代汉字的形义关系重点在现代字形与现代常用义的关系上，所以对音义关系的分析利用主要建立在掌握相当数量的汉字的基础上，在教学中的应用也相对较少。

汉字学习初期会觉得比较困难，即便是对母语者来说，也是如此。如何提高汉字的学习和使用效率，让汉字在信息网络时代更好地实现交际交流的功能，是各级语文教学需要继续研究的问题，其中汉字教学也是相当重要的一个环节。因此，不论对内还是对外，对汉字的学习都是同样重要的。那么在教学过程当中，就需要教师想方设法地提高汉字的教与学的效率。这时依靠汉字的自身条件，从根本上认识汉字，以提高汉字的使用效率就显得非常重要。在上述分析的基础上，如何提高汉字教学的效率？我们认为可以从以下几个方面着手：

第一，配合甲级字的学习，还可以在学习者的生活当中尽可能地创造汉字的环境，使学习者可以在某个相对静止时间较长的地方随时看到汉字，使有意学习与无意识别相结合，培养学习者对独体汉字与合体汉字的归纳意识与类推意识。

第二，可以在各种具体实物上标出汉字，也可以利用图画中的实物或动作呈现汉字，还可以动手制作某种东西，如日历等，从抽象的汉字形体中还原汉字的具体性，培养汉字与实物的思维联系。这种办法在外语学习中会经常用到。

第三，在上述基础上，介绍汉字形声字的构造原则，使学习者了解形声字所蕴含的表意与表音功能。

母语儿童识记汉字的水平，在小学一年级结束后，常用字基本没有问题。因为语言先于文字，只要掌握一定数量的汉字后，就可以自然产生汉字的类推能力。但对于第二语言学习者来说，语言学习与文字学习几乎是同步的，所以不可能掌握超出语言水平的文字，也就是说，汉字的习得相对于汉语的学习来说一定是滞后的。所以，对成人来说，不一定要先从学习简单的语句开始。通过上述对现代汉字的分析可知，无论是在教材的编写还是教学的安排等方面，都可以充分利用现代汉字的整体构形理据、形义理据和形音理据，从而发挥人脑思维的强大的联想力，以相同的形旁或声旁为联结节点，联结相关信息，打破过去逐字循序学习的线性学习方式，建立一种以一统多、触类旁通的非线性的"超文本"方式。在汉字教材的编写上可以本着由易到难、由最常用到次常用的原则，同时从形音两方面形成选字的系统性，以便从根本上为汉字的学习奠定基础；在教学过程中充分利用汉字的理据性，对比相关信息，以增强学习者的学习兴趣，提高学习的效率。因此说现代汉字的系统性、理据性对于汉字的认知与教学具有十分重要的意义，有必要进行深入的研究和探索。

第五节　西方汉语学习者汉字教学策略①

　　长期以来，汉语难学是一种普遍存在的看法。但很多事实证明，汉语口语并不比其他语言难学。因为汉语缺乏严格意义的形态，一些词语连缀起来就可以表达语义。造成汉语难学的关键是汉字。汉字的确难学，即使对中国人来说也是难学的。中国小学 6 年的语文教学最主要的教学任务就是教认字，在中学的 6 年中，学生也还要不断地认字。中国人掌握了常用汉字也需要经常读汉语文章，写汉字，否则很多汉字很容易遗忘，最终阅读能力也会下降。② 汉字对于西方人来说更为难学。柯彼德（1995）指出："学习汉语最大的难关就是中国的传统文字。掌握汉语的日常口语，只用学习几个星期或几个月就可以了。反而，学好汉语日常交际所需要的汉字至少要花一两年的时间，而且要天天艰苦，不许放松地训练才能有成效，要达到高级水平，两三年的专心和努力还不够，同达到钢琴家这一程度一样吃力，正如古代所说的'十年寒窗'。汉语和其他多数外语的根本区别就在于听说和读写两类技能之间的巨大差异和分隔。汉语文字习得的难度比口语习得的难度大几倍。如果协调地推进听说和读写的技能，学生不能不花费大部分的时间和精力学会汉字的读和写，恐怕占80％～90％的时间比例。正因为如此，不少会说一口流利的汉语在口语交际不成问题的外国人在书面交际方面是文盲或半文盲。这是其他外语几乎没有的现象。"他的分析很有道理。目前越来越多的西方人学习汉语，但是真正坚持下来的人不多，究其原因，汉字难学难记是一个重要原因。针对这样的情况，有必要对

---

　　① 本节作者：丁崇明。原文见顾安达等主编：《汉字的认知与教学》，北京，北京语言大学出版社，2007。

　　② 出生于北京，国内大学中文系毕业，然后到美国留学，现在美国大学任教的李红博士说，她为保住汉语阅读水平，要有意识地阅读一些汉语书刊，否则很多汉字会忘了。

西方人汉字学习的策略进行的反思，寻找能使西方人高效率地学汉语、使更多西方人愿意学汉语、愿意把汉语学习坚持学习下去的办法。

一、"四会"对多数人是不切实际的要求

人们往往低估外语学习的难度，总是制订一些不切实际的外语学习目标，这突出表现在把会听、会说、会读、会写的所谓"四会"作为大多数人的目标，实际上大多数外语学习者很难到达"四会"的目标。特别是由于汉字不是表音文字，中国的文盲比例比表音文字体系的民族的文盲的比例要大，讲一口流利汉语而大字不认一箩筐的文盲至今大有人在。中国学生花在汉字上的时间远多于表音体系文字国家的学生。汉字的特殊性决定了多数西方学习者不可能达到"四会"。大多数西方汉语学习者，每周仅有一两次学汉语的时间，不可能花费很多时间，所以要求非专业西方汉语学习者达到"四会"，只会分散他们汉语学习的时间和精力。所以，对于大多数西方非汉语专业汉语学习者来说，要求他们达到"四会"只是我们的一厢情愿，是一种美好的愿望。①

二、不同学习者应采取不同教学策略

立志把汉语作为专业的人才应该以"四会"作为自己的学习目标，他们当然要学好汉字，但即使对他们也不应一开始就教他们汉字，而应当先学汉语发音和拼音。等他们基本掌握了汉语的发音和拼音，学了一些简单的汉语，再开始学汉字。总之汉语学习与汉字学习不能同步进行。刘珣（2003）主编的《新实用汉语课本》中，汉字与语言的教学就不是同步进行的。中国一年级小学生（特别是大多数方言区的学生）近半个学期都不学汉字，先集中学汉语拼音，然后才开始学汉字。

对于不准备把汉语作为专业及仅是想大致了解一下汉语，并不想真正把汉语作为专业的一般的汉语学习者的人来说，应当以汉语听说作为他们学习汉语的主要目标。应根据不同的情况，考虑是否教他们认汉字，教多少汉字，区别对待。

第一类，工作繁忙的商务等其他专业人士。由于工作需要，他们要与中国人打交道，要求学会日常汉语口语，具有初中级汉语听说能力。这些人可以不

---

① 据北京电视台 2005 年 6 月一个节目介绍，山西一对留学英国后定居在英国的中国夫妇，为让孩子学会汉语、汉字，每天教孩子学汉语、汉字，还把这个任务教给到英国探亲的爷爷、奶奶。他们教到孩子小学四年级，终于坚持不下去了，因教了新的就忘了原来学过的。这孩子智力绝对没有问题，16 岁就考取了剑桥大学。这是汉字难学的又一佐证，也是在海外学习汉字难的一个例证。

学汉字，只学汉语听说。拼音是他们汉语学习的好帮手。这样的人在西方汉语学习者中比例相当大。当然为满足他们的好奇心，可以有选择地教他们认几十个汉字，但他们仍然是会说汉语的文盲。不学汉字借助拼音完全可以把汉语口语学好，北京语言大学马士奇班就是这样教学的成功范例。这个班学生是高级白领，只教听说，不教汉字，仅半年，他们的汉语口语水平就达到了令人惊喜的程度，可以进行日常口语交际。①

第二类，有机会到中国工作或已在中国工作的较为年轻的、不太忙的非汉语专业学习者。他们学汉语主要是为了和中国人交往。这些人一开始学汉语也不用学汉字，学完初级汉语，如果有时间、有兴趣，在学口语的同时，可以教他们学最基本的 300 个左右汉字。他们学习汉字的目的不是要用汉语写文章，而是在于提高汉语学习的兴趣，在于了解汉字——这一中国文化的特殊载体，当然也为他们在中国生活提供一些方便。比如，能连猜带蒙地看懂公共场所的简单汉字，为其独立出行提供方便。他们是会说中级汉语的半文盲。

第三类，已经达到中级汉语口语水平，掌握了 300 个左右汉字，还有恒心进一步学习汉字的学习者。他们希望能大致读懂中国的报刊，不甘心当半文盲，可教他们掌握更多的汉字。

三、"认写分开，多认少写"，区分写认读汉字与认读汉字

汉字总字数没有精确的数字，包括异体字和一些现代已经不再使用的字，收字最多的是徐中舒主编的《汉语大字典》，共收字 56000 个左右，实际通行的汉字根本没有那么多。据国家语委和国家教委于 1998 年 1 月发布的《现代汉语常用字表》，其中常用字为 2500 个，次常用字为 1000 个。对 300 万字语料的检测结果是：2500 个常用字覆盖率达 97.97%，1000 次常用字覆盖率达 1.51%，3500 个常用字覆盖率达 99.48%。（黄伯荣、廖序东，1991）

对于中国人来说，要掌握常用和次常用的 3500 个汉字也并不是一件容易的事。实际上绝大多数中国人一般写作用到的汉字达不到 3000 个。据统计，叶圣陶的小说《倪焕之》，全书 138330 字，只用了 3039 个汉字；老舍的小说《骆驼祥子》，全书 107360 字，只用了 2413 个汉字；《毛泽东选集》（1～4 卷）全书 659928 字，只用了 2981 个汉字。大多数文学家所用汉字最多也就是 3000 个汉字，一般人所会写的汉字估计不会超过 2000。对西方汉语学习者来说，要掌握 2500 个常用汉字也是非常不容易的，所以根本没有必要要求以汉语为外语的外国人掌握太多的汉字。

---

① 这是北京语言大学崔希亮校长分别于 2005 年 6 月和 8 月在北京大学、北京师范大学所做的学术报告中介绍的。

以汉语为母语的人，不论文化水平如何，会写的字总是少于会认的字。中国过去小学语文教学大纲，认字要求"四会"——会读、会写、会讲、会用，要求"认写同步"，所以每册识字数量十分有限。以人教版义务教育六年制小学语文教材来说，前四册识字量分别是 160 个、280 个、380 个、360 个，共计 1180 个。本来每册识字量不大，但由于认写要求一步到位，师生负担很重。21 世纪新的语文课程标准则明确提出："识字与写字的要求应有所不同，1～2 年级要多认少写。"很明显，新语文课程标准体现了识字教学观念的变化，即由"认写同步全面要求"，调整为"认写分开，多认少写，加强写字，降低难度"。这样做的主要目的是"识字提速"，以便小学生及早进入利用汉字阅读的阶段。2000 年开始进行实验的人教版课程标准小学实验教材，前四册的认字量分别是 400 个、550 个、450 个、400 个，共计 1800 个。小学生认识 1800 个常用字，便可覆盖书报刊物用字的 90％以上。使用实验教材的二年级学生，阅读书报刊物基本上已无生字障碍。"认写分开，多认少写"的识字策略，使小学生直接利用汉字阅读，差不多提前了一年。《小学语文新课程标准》要求小学 3～4 年级累计认识常用汉字 2500 个，其中 2000 个左右会写；5～6 年级累计认识常用汉字 3000 个，其中 2500 个左右会写。以汉语为母语的学习者都调整了汉字教学的方针，因此我们也没有必要要求外国人学过的汉字都会写，更应当坚持"认写分开，多认少写"的原则，更应当区分认读写汉字与认读汉字。

《高等学校外国留学生汉语教学大纲长期进修（附件）》（以下简称《留学生汉字大纲》）中的汉字表分为三个汉字表：初等阶段汉字表（共 1414 个）、中等阶段汉字表（共 700 个）、高等阶段汉字表（共 491 个），三个表共计 2605 个汉字。仔细考察《留学生汉字大纲》中的三个表，高级阶段的汉字中多数是中国人写作时也很不用的字。这里随机选择几个声母的第一行字：

C：睬 槽 插 诧 掺 馋 缠 蝉 忏 昌 猖 怅

D：瘩 怠 胆 荡 叨 祷 悼 涤 蒂 缔 掂 淀

K：凯 慨 勘 堪 坎 慷 苛 亢 坎 磕 垦 啃

高级阶段的这些字中只有少数几个（如"插""胆""苛""慷"）平时写作会用得到外，大多数字我们中国人也不容易用得到。

再看中级阶段同样声母的第一行字：

C：财 裁 参 残 渐 惨 灿 仓 舱 侧 岔 搀

D：歹 贷 逮 耽 旦 诞 弹 档 蹈 盗 德 蹬

K：刊 侃 壳 克 坑 孔 窟 库 夸 垮 筐 旷

中级阶段汉字显然出现频率要高于高级阶段的，但是就写作而言，其中不少字一般中国人也不常写，如"惨""灿""岔""歹""蹬""侃""窟""耽"。

对于大多数西方人来说，没有必要要求他们去硬记多少汉字的写法，因为真正要求西方人用汉语写文章的机会是极少的。现在几乎每一个国家都有能够用汉语写作的中国人，实际上西方外国公司的中文文件绝大多数都是由中国人起草的。另外，要求凡是学汉语的外国人都要掌握学过的汉字，都要会用汉语写文章实在是不现实。一个外国人要想写出没有语病而又得体的汉语文章，一定得经过长期正规训练并且坚持不懈地花时间保持自己的汉语，才能做到这一点，而能做到这一点的是那些极少数精通汉语的外国人。既然是少数人才能做到的事情，就没有必要要求大多数人把大量时间花在很不容易做的事情上。与其让他们花费大量时间去记那些最后还是记不住的出现频率不高的汉字，还不如让他们把有限的时间和精力放在学习那些最值得学的常用必用汉字上。这样做的目的只有一个，那就是提高西方人学习汉语的成效，让他们花最少的时间，取得最佳的学习效果，并使他们学了就能用，使汉语真正成为一门更多西方人乐于学的语言，进而吸引更多的西方人来学习汉语。

　　首先，我们应当经过研究，为那些想学汉语阅读和基础写作的大多数西方人提供两个字表：西方一般汉语学习者读写认字表和西方一般汉语学习者认读字表。"西方一般汉语学习者读写认字表"是以汉语为第二语言的外国学习者要掌握的最基本汉字。这些字主要是出现频率最高的汉字，也有个别字出现频率并不高，但是基础写作很可能用的字。《留学生汉字大纲》中的汉字是专家根据出现频率制订出来的，很有价值。对其中"初等阶段汉字表"中的1414个汉字逐一进行分析，我们认为为减轻西方学习者的负担，其中有一部分字没必要要求一般学习者会写，只需他们会认读即可。另外，我们考察了"中等阶段汉字表"中700个汉字，其中除"废、参、财、般、河"5个字应列入"写认读字表"外，多数字不必要求一般西方学习者会写，只要能认读即可。我们确定的"写认读字表"共922个字（见附录）。

　　确定这"写认读字表"共922个字，我们依据以下原则：第一，高频字。第二，构词能力强，这也不是必备条件，有的字构词能力并不强。第三，虽不是高频字，构词能力也不强，但是人们日常表达常用的词或构词语素。"中等阶段汉字表"中的"废、参、财、般、河"列入其中就是出于这一原因。

　　"西方一般汉语学习者认读字表"中的字大多数出现频率没有"写认读字表"中的出现频率高。这些汉字不要求学习者会写，只要求掌握大致的字形和字义，能够在语境中辨认，学习这些字主要是为了阅读。初等阶段汉字表1414个汉字除去917个归入"写认读字表"外，其余的497个都归入"认读字表"，另外认读字表主要部分是"中等阶段汉字表"700个汉字中的695个（有5个归入"写认读字表"），《留学生汉字大纲》中的"高级阶段汉字表"中也有部分应归入"认读字表"中。至于"高级阶段汉字表"中哪些应当归入"认读字表"，我们目前还没有一个较为成熟的标准，但是初步考察，我们认为其中的

491 个字中，大多数字一般西方学习者没有必要把它们作为认读字，因为它们的出现频率不高，构词能力也很有限。请看高级阶段以下第一个音序和最后一个音序的字：

A：蔼 隘 暧 案 昂 凹
·

Z：攒 葬 凿 枣 喷 眨 诈 窄 债 瞻 斩 彰 折 侦 振
·   ·   ·   ·
蒸 芝 肢 脂 蜘 恁 旨 挚 滞 仲 昼 骤 诸 蛛 拄
拽、缀、卓、拙、浊、酌、琢、阻
·

我们认为其中只有少数几个加点字（"案""债""窄""折""阻"）能够归入"西方一般学习者认读字表"，多数不应当列入认读字表。

"初等阶段汉字表"中列出的汉字有的在各个级别的词汇表中都没有，这样的超纲字外国人也不必会写，充其量也就只能列入"认读字表"中。如"币"属于超纲词，不会写这个字不会影响表达，会写"钱"字就可以表达"币"的语义。

"初级阶段汉字表"中有的字属于次常用词，但是比较书面语化，写作中使用频率并不很高，这些字也应归入"认读字表"。如"彻"虽然是初级阶段汉字，"彻底"是"次常用词"，但是人们写作中用得不多，归入"认读字表"中比较合适。

有的初级阶段字虽然也是常用词，但一般人写文章很少用得到，这样的字列入"认读字表"即可，如"厕"字。"助"属于"初等阶段汉字"，但是"助"在《高等学校外国留学生汉语教学大纲·长期进修（附件）》中的"次常用词汇"中没有组合成词，在中级词汇中也只有"助手"一个词，因此没有把"助"列入"写认读字表"。"饱"虽然是"初级阶段汉字"，也是"最常用词汇"中的词，但是由于它在常用词中的组词能力弱，在中级词汇中没有用它构成的词，只是在高级词汇中构成"饱满"，另外，写作时用到它的概率不会太大，所以我们没把它归入"写认读字表"中，仅归入"认读字表"中。

当一个字有与它语义相同相近的其他更常用的字代替它时，应该选择那个更常用的字，而把相对不太常用的字归入"认读字表"。如"摆"虽然在"初级阶段汉字表"中，也属于次常用词，但是由于"放"字出现频率更高，"摆"的多数语义可以用"放"字来替代，所以不要求会写"摆"，而把它归入"认读字表"中。

有的双音节复合词其中一个语素的字出现频率不高，构词能力不强，另外有可以代替它的出现频率更高的单音节词，这样的字就应当归入"认读字表"。如中级阶段词"扮演"中的"扮"，口语中可以用"演"代替，所以"扮"就归入"认读字表"中。

有的词虽然属于次常用词，但是它是一个双音节词偏正型词，其中处在前面的修饰型语素是一个出现频率低构词能力不强的语素，这样的字也应当归入"认读字表"。即使其中的这个修饰性语素不认识，人们也不会对它的语义范畴理解错。因为人们理解语言并不需要认识每一个语言成分，在一定的上下文语境中，人们可以猜出它的大致语义。如"傍晚"中的"傍"，归入"认读字表"，即使人们忘了它也可以理解它的大致语义，因为它的中心语素是"晚"，而不是"傍"。

联合型的复合式合成词中，两个构词语素出现的频率并不一致，有的联合型复合词其中一个语素出现频率低构词能力弱，这样的字可以归入"认读字表"，不要求会写。如"墙壁"属于"中等阶段词汇"，其中"墙"是一个成词语素，属于"初级阶段汉字"，把它归入"写认读字表"。而"壁"虽然也是"初级阶段汉字"，但"壁"是一个不成词语素，即使不会写它也不会影响表达，所以把"壁"归入"认读字表"即可。又如最常用词"基础"中的"础"虽也是"初级阶段汉字"，但它构词能力很差，所以把"础"归入"认读字表"。

每一种语言中都有一些词，虽然是常用或次常用词，在语言中不时地也会用到，但是在一般文本材料中很少会用到它，这样的词，对一般西方学习者来说不必要求他们会写。例如"鼻子"虽然是次常用词，但是大多数情况下，人们很少在文章中写它，所以不必要求西方学习者会写"鼻"字，归入"认读字表"就可以了。

同样是"次常用词"，有的汉字归入"写认读字表"，有的却归入"认读字表"，这是根据构词能力来归类的。如"次常用词表"中的"乘""诚""承"，"承""乘"在次常用、中级、高级三个词表中，各构成 5 个词，所以把它归入"写认读字表"。而"诚"构成的词达不到 5 个，只把它归入"认读字表"。语素"程"只是构成次常用词"程度""日程"以及"高等阶段词汇"中构成"行程"，一共 3 个词，所以，只能把它归入"认读字表"。

每一种语言中都有一些语素，它的构词能力并不强，但是它是出现频率比较高的词中的一个语素，并且人们写作时比较容易用得到这样的词，所以尽管它的构词能力不强，也把它归入"写认读字表"，如"政府"的"府"，"丰富"的"丰"。

赵元任早在 1967 年就在美国发表了《通字方案》，1983 年被翻译为中文出版。"所谓通字（general Chinese）是为了研究和写作的方便，取中国语言当中的一部分作全部的代表。"通字以官话、吴语、闽语为基础，从常用字中挑出来的 2085 字。我们挑出的"西方汉语学习者写认读字表"主要是为西方部分汉语学习者学习汉语阅读写作用的字，我们提出区分"写认读字表"与"认读字表"与赵元任先生的《通用字表》有很多差别。（篇幅所限，不能详述）

四、扩大拼音使用范围让更多不认字的外国人可利用拼音阅读

　　柯彼德（2003）认为："在学习汉语的过程中，听说能力和读写能力经常不能协调，甚至会相互脱离互相干扰。这个突出的矛盾也许是汉语学习的独一无二。"汉语拼音可以帮助我们在一定程度上解决汉语听说能力与读写能力不协调的矛盾。由于汉字难学，难以长期维持，我们应当充分发挥拼音的作用，扩大拼音使用的范围，以方便不认字或认字不多的外国人。第一，编写并出版适合成人学习者学习汉语的具有可读性的纯汉语拼音书刊，供非汉字圈的学习者阅读，其中有些词语应当用英语或者学习者的母语做必要的注释，这些书刊实际也可以用于中国人推广普通话。第二，编写一些汉字注拼音的成人读物，让学习者通过大量的快速阅读认知汉字，可以巩固已经学会的汉字，提高阅读能力，提高学习兴趣。第三，利用最新电子图书技术，编写一些汉语电子读物。这些读物中不认识的汉语词，只要鼠标点上去就能读出汉语，有英文解释，同时标注有拼音，这样可以消除频繁查字典使学习者失去学习兴趣的弊病。第四，公共场合的招贴招牌中的汉字应注上拼音，使不懂汉字的外国人能够看懂这些招贴招牌。

五、开发针对西方学习者的汉语考试

　　HSK 考试作为一个国家考试，已经取得了很大的成绩。但是它对汉字依赖太大，不懂汉字或认识汉字不多的西方汉语学习者参加 HSK 考试的人数不多。我们应该开发针对西方学习者的 HSK 考试，可以开发专门考核听说能力的考试。针对西方人的汉语水平考试考题可以用汉语拼音出，考题中某些部分（如阅读中的选项）可以用英语或其他考生的母语（如德语、法语等语言）来出题。阅读部分可以是纯拼音的，也可以是汉字注拼音的。考生可以用汉语拼音或英语回答问题，写作部分可以写汉字也可以写拼音。总之，开发出针对西方人的多样性的较少受汉字水平制约的，更加偏重测试语言能力的考试。这并不意味着废除传统的 HSK 考试，而是让不同的汉语学习者有多种考试可选择。

附：写认读字表

啊宾场答哭鸟食众堆逛黄金累煤妻杀顺同误到表儿贺块牛收种负国即尽礼门奇
上思痛希大别唱含快努瘦中复果极进里们骑神死偷析半补超回宽农术治富过急
禁理米起升四头悉带猜单会况爬树制该孩集京历秘汽生送蛋习的顿吵活扩派数
指改海几经立面器声俗突洗白部读或拦配最息概害己精丽民千胜诉图喜参并成
获来碰族阳干喊计景利名强省速土戏刀病承鸡座皮足依赶汉记警脸命墙剩酸吐

系吧统晨积坐啤租赢敢汗纪净练母切失算团细多公称火浪昨走主感航技竟炼拿
且师虽推下败播城机劳票总装刚好既敬恋哪轻十随腿吓队赛吃基老品自资高号
济久良内清什岁退夏爸地迟激了旁字作搞喝继酒凉那情石损外先店室充际泪破
子组告合寄旧两奶晴时所弯鲜搬天冲减灯普着八哥何加救亮男庆识他完显道才
虫检力期桌而歌和夹就量难穷实它玩险帮材重简例气捉耳个河家居林脑秋史台
晚现等点肚见连前准二各盒价局令闹求使抬碗线杯采出件联枪追发给黑驾举另
呢球士太万限办电度交辆钱转法根很假句流能区世态网乡爱彩除安料欠讨翻跟
恨坚距录年取市谈往相般菜厨讲邻桥专凡更红间绝路怕去式汤忘香班掉饿角领
抢抓反工后艰觉旅排趣事糖望箱但茶处建灵巧查饭功厚健军律牌全视躺危响兵
包传把临青著方共候江卡虑盘却试趟为想悲差穿打楼缺祝防狗乎将开乱胖确室
套卫向北产短借陆群注房估呼脚看落跑人是特未项变定船近留然助放古湖叫考
妈陪认适疼位像本长窗静绿让住飞鼓互较烤麻培任手提味消被丢床究论扰逐非
故护教靠马赔扔守题温小笨常吹九骂热社肥顾花阶科吗批仍首体文效比东春做
买扫诗废瓜化接客嘛片日受替问校弟厂词具满伞与费挂划街肯卖偏容书填我笑
笔藏对剧毛晒预分怪画节口慢篇肉舒挑握些边草得决冒善远份关话结苦忙骗如
输条污鞋必测次倒迷山院丰观坏她困贸漂入蔬跳无写财懂锻康免烧越风馆欢姐
拉帽乒软熟铁五谢编动从抗灭少赞夫管还解蓝貌平弱双厅午心调冬村可模绍早
服惯环界览么评三谁听武新便曾错渴木设造福光换今乐没瓶色水停舞信冰层存
刻目身择府广慌斤类每七森睡通务兴星修选牙养业以因迎邮愉园运怎章真支址
由醒秀学言样叶朋阴硬油雨原再增掌争知纸责姓须雪研咬夜艺音永游语愿在意
丈整织质张幸需血颜药一议引勇友育约咱摘招正直之这性许迅眼要衣译印用有
遇月脏展找证值只英兄续压演爷医易应优又元云澡站者政员鱼止休宣呀羊也已
琴梦否商

第六节　欧美学生学习汉字的偏误及其产生原因①

　　汉字作为表意文字，具有与拼音文字迥然不同的特点，这是众所周知的。
作为汉语的书写符号，它与汉语之间的关系又是十分密切与独特的。正是由于
汉字与汉语的种种特点，使得学习汉字和汉语对于以印欧语为母语的人们来
说，就不可避免地存在着一定困难。因此，欧美留学生在学习汉语的过程中写
错字、读错字的现象是十分普遍的。尤其是那些在自己的国家已学过一年半载
汉语的学生，他们出现的错误以及错误的顽固性，常常令老师们头疼。正因如

---

　　① 本节作者：陈绂。原文载《语言教学与研究》，1996（4）。

此，对外汉语教学中的字词教学，就一直是人们关注的问题，也有不少专家学者提出了各种建议和看法。为了深入探讨教学的规律，我们收集了伦敦大学中文系二年级（一年级是在伦敦大学本部读的）12名学生在诵读报刊文章时所出现的错误，并将这些错误进行了初步分析，在此基础上我们对汉字教学提出了一些想法。

一、偏误举例及分析

（一）偏误举例

我们收集到的错字、错词共 97 例，根据其错误原因的不同，把它们分成三大类，现排列如下：

1. 由于字形相近而造成的错误（左边是正确的，右边是错误的。下同）

A 类：

a. 第位——等位　动员——功员　摇动——托动
　改造——改速　迈步——边步　勤劳——动劳
　区域——区城　掌握——拿握　任务——位务
　遂——逐　　　云集——云朵　委员——安员
　致谢——政谢　核准——格准　投入——设入

b. 少量——小量　休息——体息　收入——收人
　厦门——复门　日前——目前　大约——大均
　实际——买际　立足——为足　信任——信住
　周期——固期　处理——外理　母亲——每亲
　恶性——严性　中央——中关　说服——说报

B 类：

　服侍——服待　桂树——挂树　特殊——持殊
　继续——继读　减少——感少　唯一——谁一
　偏远——遍远　无瑕——无假　吃惊——吃谅
　稳定——隐定　维修——谁修

C 类：

　何——可　　　患者——串者　似乎——以乎
　抽——由　　　耗费——毛费　例外——列外
　重视——重见　刑事——开事　价格——介格
　污染——亏染　还——不　　　服务——服力

D 类：

　责任——债任　关注——送注　此次——些次
　巩固——恐固　圣诞节——怪诞节

E 类：

　　　迁往——干往　　假期——段期　　数目——类目

　　　使用——更用　　仍然——及然

2. 由于意义相关而造成的错误

A 类：

　　　婚礼——结礼（结婚）　　出售——出货（售货）

　　　阅览——读览（阅读）　　推广——推场（广场）

　　　乐曲——谱曲（乐谱）　　期间——星间（星期）

　　　罪恶——犯恶（罪犯）　　用粮——用食（粮食）

　　　责任——负任（负责）　　不应——不该（应该）

　　　设计——设划（计划）　　中英——国英（中国）

　　　设计——建计（建设）　　引起——勾起（勾引）

　　　需求——需要（要求）　　女青年——妇青年（妇女）

B 类：

　　　微笑——少笑（微、少）　　缺乏——亏乏（缺、亏）

　　　万秀区——万秀处（区、处）

　　　开办之初——开办之前（初、前）

3. 与一个熟悉的常见词相混淆

A 类：

　　　刑释——刑满　　参与——参加　　目标——目的

　　　大量——大众　　农业——农民　　粮农——粮食

　　　不良——不是　　外汇——外币　　农业——农村

　　　登记表——登记载　　不成席——不行席

B 类：

　　　措施——拖拉　　贡献——羡慕

（二）偏误分析

针对这些错误，我们进行了细致的分析。

由于形体相近而造成错误的五类错字中，A 类完全是形体的原因，没有声音的因素。分辨这些正字和错字的结构以及它们之间的关系，可把它们分为两种类型。第一种大部分是形声字，也有少量的会意字，它们形体的相近是由于具有相同的构件，而这相同的构件并不是该字的声符，而是形符。显然，留学生之所以把它们认错，完全不是由于声音的关系，而仅仅是因为这些字的形体相近。第二种类型中的字比较复杂，就其结构讲，有独体字，如"日""目""人""入""立""母"等；有会意字，如"休""均"等；有形声字，如"夏""任""固""服"等。就其字形的演变讲，还有大量的简化字，如"体""处"

"恶""严""报"等。在这些正字与错字之间，没有明显相同的构件，或虽有形体相同的构件，但其在字中的作用全然不同。这些字的相似是一种整体的相似，其中，字的简化也是造成形体相近的原因之一。不管有没有相同的构件，A类字在形体相近这一点上是一致的，看来，留学生并没有搞清楚这些看似"差不多"的汉字之间在意义上和声音上有着怎样的不同以及为什么不同，也就是说，他们在根本不了解这些汉字的构造的情况下，就囫囵吞枣地、模糊地"记住了"这些汉字的大概"样子"。这样，在使用时把它们搞混，就是十分自然的了。

B类所呈现出的错误是最容易理解的：即将一个字的读音读为与它有着相同的声符、然而却不同音的另一个字的读音。这种错误的出现，说明在认读者的心目中对于汉字具有表音因素这一概念，是有所了解的，这也是中国人、尤其是小孩子在初学识字时很容易犯的错误。但应该指出的是，这种错误所占的比例并不很大。

C类的错误是把字"少读了一半"，即只读了该字中某一个构件的读音，这个构件可能是声符，如将"何"读为"可"，将"抽"读为"由"等（这种错误与B类具有相同的性质）；也可能是形符，如将"视"读为"见"等。还有的构件既不是声符也不是形符，而是由于简化造成的与另一个字形体的相近。如"价"字，本写作"價"，简化成"价"之后，右边写成了"介"，学生就误读成了"介"；"开"本写作"開"，简化成"开"之后与"刑"字左边的构件十分相似。其他如"污"与"亏"、"还"与"不"等均属于此类。

D类与C类恰恰相反，是"多读了一半"，即把一个字读成以该字为构件的另一个字的读音。考察正字与错字之间的关系，大部分前者是后者的声符字，后者是由它构成的形声字。但也有由于简化造成的，如"圣"之所以成为"怪"字的"一半"，是因为它的形体由"聖"简化为"圣"，而并非本来就与"怪"的一个构件同形，更不是"怪"的声符。又如"巩"字，本写作"鞏"，以"巩"为声符，而"恐"也以"巩"为声符，这本是两个同声符的字，简化以后，似乎前者成了后者的声符字。

E类的错误是综合性的，也比较复杂，往往有两个方面的原因。如把"迁"读为"干"，是既混淆了"干"与"千"，又混淆了"迁"与"千"。又如"使"与"更"，认读者大概是一方面把"使"混同为"便"，同时，又把"便"错读为"更"。其他几例均如是。

由于意义相关而造成的错误中，情况大抵是这样的：

A类是误用了双音节词中的另一个字。如将"婚礼"读为"结礼"，是混淆了"结婚"一词中的"结"与"婚"；将"阅览"读为"读览"，是混淆了"阅读"一词中的"阅"与"读"。其他的例子也是这样。括号中的词就是我们认为留学生在认读时混淆了的双音节词。

B 类的错误在于用错了同义词或同类词。如"微笑"读为"少笑"，大概是由于"微"与"少"意义相近；把"开办之初"读为"开办之前"，应该说这与"初"和"前"均表时间有关；其他如"缺"与"乏"、"区"与"处"的混淆，也都因为它们在意义上有联系。

第 3 种情况比较特殊，一般来说，在正字和错字之间，既不存在形体上的相近，也没有意义上的联系，之所以读错，是因为留学生看到一个字之后，连带着想起了一个自己比较熟悉的双音节词。如 A 类中的"释"与"满"，在形、音、义三个方面都没有相同之处，读错的原因，大概主要是由于他们对"刑满"一词的熟悉。"登记表"之所以读为"登记载"，我们觉得，是由于看到了"记"字而连带着想起了"记载"这个常见词。"不成席"读成了"不行席"也是由于对"不行"这一词语的熟悉。B 类的情况就更复杂了，如把"措施"读为"拖拉"，我们认为，首先是因为学生把"施"认成了"拖"，这是由于形体相近而产生的错误；又由"拖"而联想起了"拖拉"一词；至于将"贡献"一词读成了"羡慕"，这里面恐怕还有声音上的原因，即由于"献"与"羡"同音，学生误将"献"认成了"羡"，由"羡"又连带出了"羡慕"一词，以致出现了这样让人感到奇怪的错误。

以上是我们对留学生在诵读中出现的错误的初步分析，由于人在认知过程中的思维活动是十分复杂的，许多错误的出现就不仅仅是一方面的原因。如将"日前"读为"目前"，除了因为"日"与"目"形体相近之外，还可能因为"目前"是一个常见的词。"中央"与"中关"的混淆，除了"央"与"关"的形体原因，恐怕也与学生对"中关村"这一地名的熟悉有关。"重视"读为"重见"，我们想，一方面是因为"见"是"视"的声符，一方面也因为"视"与"见"是同义词。此外，"用粮"与"用食"的混淆，除了"粮"与"食"在意义上相关之外，二者在形体上的相近恐怕也是原因之一。同样，"不良"与"不是"的混淆，除了因为学生更熟悉"不是"这一词语外，恐怕还因为"良"与"是"在形体上的相近。这样的情况还有不少，这说明，学生认错了字和词，其原因可能是多方面的，因而在分析解决这个问题的时候，也应该从多方面入手。

二、偏误产生原因分析

以上我们列举、分析的错误产生的原因有两方面：学习者和教授者。

（一）学习者的原因

从学习者来说，他们都是以英语等印欧语为母语的成年人，他们所使用的文字也都是拼音文字，拼音文字和它们所记录的语言的对应关系与汉字和汉语的对应关系是全然不同的。在这些娴熟地使用着拼音文字的留学生的认知结构中，从小就熟悉了用字母拼写单词的思维模式，在他们的心目中，字母与单词之间只有声音上的联系，字母的形体与单词的意义毫不相关，他们只需要记住二三十个字母，然后用这些字母去拼写自己从会说话起就天天使用着的众多的单词就行了。而汉字不同，汉字是表意文字，在字与词之间存在着拼音文字和以它们为书写符号的语言之间所根本没有的密切关系，对此，留学生缺乏足够的心理认识和相应的理论知识。许多学生反映，在他们最初接触汉字时（往往是在本国），只是一笔一画地学写汉字，没有人告诉他们应该怎样去学习汉字和汉语，怎样掌握汉字与它所对应的词之间的关系，学习汉字汉语与学习自己母语之外的其他印欧语应有着怎样不同的认知方式等，这样就很容易形成他们学习中的认知障碍。他们很难像中国人那样，看到一个汉字，就能马上映现出它的声音和意义，在他们的思维中，不习惯把汉字的形体和它的声音以及所表示的意义有机地统一起来并联系在一起考虑，所以只能采取死记硬背的方法，这样就违反了成年人的认知规律。而汉字中大量的形近字，又给留学生的学习造成了相当的困难。

与此相关联的，留学生在学习中的另一个障碍是对汉字及汉语词汇的构成缺乏理性的了解。首先，留学生不知道汉字的造字法则及其结构，他们不明白汉字和它所对应的词之间在形与义、形与音上的有机联系。而这些汉字的根本特点，在中国的小孩子学习汉字之初，虽然没有给他们详细讲解过，但在教材的编写上，在老师的讲授中，尤其在孩子们日常耳濡目染的过程中，都时时处处地体现出来，并逐渐地进入到他们的脑海中，形成了中国人在学习自己的母语时所特有的认知结构，而这正是留学生所缺乏的。以上我们所列举的各类错误就充分说明了这个问题。如他们不明白"日"与"目"分别画出了现实生活中太阳和眼睛的形象，不明白"集"字是用鸟在树（木）上的形象表现聚集的概念，更不明白"母"和"每"这看来似乎相差不多的两个字是用完全不同的造字法则造出来的……留学生对形声字的误读也集中反映了他们对汉字理论的不了解，他们不清楚什么是形符，什么是声符，当然也不明白形符和声符在形声字中所起的作用，囫囵吞枣地认，囫囵吞枣地记，所以他们才会发生把"惊"读作"谅"，把"责"读成"债"等中国人一般不容易出现的错误。

至于因为意义相关而造成的错误，则在另一个侧面反映了留学生在学习汉语时的弱点，这同样与他们的认知特点和知识结构有关。由于他们母语中的词一般都是多音节的，所以他们在学习汉语中以双音节为主的多音节词时，就容易采取整体理解、整体记忆的方式，他们不甚了解也不习惯汉语复合词的可分性，一般不会再把组成词的几个字拆开记忆，如"农民"就是"peasant"，不会记成"农"＋"民"；"阅读"就是"read"，而不再拆成"阅"＋"读"；"妇女"就是"woman",而不再区分"妇"和"女"。这样,当复合词中的某一个字又与其他的字组成另一个多音节词时,他们脑子里出现的往往是包括该字在内的、自己最熟悉的那个多音节词,而不是这一个字。如看到"罪",就想起"罪犯",于是就把"罪大"读成了"犯大";看到"责",就想起了"负责",于是就把"责任"读成了"负任"。对同义、同类词的误用也体现了这种认知方式在学习汉语时所造成的障碍。如前文所列举的"微"与"少"、"缺"与"亏"、"前"与"初"、"区"与"处"的混淆,都说明了留学生习惯对词的整体记忆,没有注意到组成词的两个汉字在形体、意义等方面所存在的种种差异,因而也就没有把它们各自的意义特征和它们的形体正确地对应起来,以至产生了错误。

总之,无论是留学生所固有的认知特点,还是对汉字与汉语的理论知识的缺乏,都导致了他们在学习过程中的障碍,可以说这是造成汉字书写和认读的种种错误的主要原因之一。

(二)教授者的原因

从教授者这方面来讲,忽视了作为成年人的留学生在认知中所固有的模式是问题之一。前几年,知识界普遍流行着一种看法,认为教外国人说中国话就等于教中国的小学生一样,把成年人学外语等同于儿童的启蒙教育,这是完全错误的。虽然二者在不认识汉字这一点上是相同的,但在学习过程中的思维活动和心理活动是全然不同的。正如前文所述,作为已熟练掌握母语的成年人,已经培养起了一套完整的认知模式,他们的思维活动、心理活动都是成熟的、理性的,要想让他们学习好第二语言(汉语)及它的书写符号汉字,就必须指导他们改变自己头脑中固有的认知模式,充分了解汉语及汉字的特点,培养起一套适合于汉语和汉字的认知模式。可是,从事对外汉语教学的教师往往忽略了这一点,只注重语言技能的培养。这样,就很容易形成留学生在汉语学习中的误区,从而增加了学习的困难,达不到预期的效果。

与此相关联的,是关于汉语与汉字的理论讲授也显得有些薄弱。目前,对外汉语教学的课程,多以读写、口语、听力、视听说等为主,这大都属于汉语技能的传授,而有关的理论知识则很少触及。而来华的留学生大都是成年人,他们完全有驾驭理性知识的能力,而且,理解力也很强,他们对自己的母语(甚至几门语言)有着从感性到理性的科学的认识,相当一部分学生对语言学理论也有一定的了解,面对这样的学生,如果只偏重感性教学,只强调多说、多听,就容易使他们对知识的掌握偏于零散而缺乏系统性,对于成年人来说,这样的教学方法是不可取的。

事实也是这样,我们发现,学得比较好、进步比较快的学生,往往是在课上爱问"为什么"的学生。这说明,他们不满足于只是知其然而不知其所以然的状况，渴望知道这些语言现象之所以产生的理论实质。我们可以这样认为，学生在语言课上提出这些问题，正说明我们课堂讲授中存在的缺陷。

三、教学建议

（一）扩大教师队伍的来源，拓宽教师自身的知识结构

近几年来，随着对外汉语教学任务的加重，教师队伍也得到了很大的改善和加强，许多语言专业、文学专业的硕士生甚至博士生都加入到了这个行列中，给这支队伍增添了新的血液，这对进一步搞好对外汉语教学提供了十分有利的条件。

作为对外汉语教师，第一，必须对古今汉语在语音、语法、词汇、文字等各方面的理论有充分的了解，这样才能正确而科学地讲解出每一种语言现象的所以然，也才可能准确地回答出学生们形形色色的"为什么"。常言说，要想给学生一杯水，自己必须有一桶水。只有教师具有相当高的汉语理论水平，才能真正搞好对外汉语教学。第二，既然是教外国人学汉语，自己也必须较好地掌握一门外语，这样，在教授刚刚入门的学生时，就可以用外语讲解一些浅显的、但又是不能不讲的理论问题，使学生们在初学阶段就能认识并掌握汉语的理论系统，因而能举一反三，达到事半功倍的效果。我们认为，语言环境固然是重要的，但如前文所讲，对于成年人来说，得不到用自己听得懂的语言所做的解释和分析，勉强地听着自己听不懂的话，效果并不理想。第三，必须加强有关教育学和心理学方面的学习。据我们所知，目前在对外汉语教师队伍中，教育专业毕业的人员还很少，这不能不说是一种缺憾。前文已详细分析过，针对学生的心理特点和认知模式开展教学活动是十分重要的，而如果对这方面的知识知之甚少，是无法做到这一点的。

当然，要使每一位教师都能有理想的知识结构并不是一件很容易的事，但这应该成为我们的努力方向，只有不断提高整个教师队伍的水平，才能适合迅速发展的对外汉语教学事业。

（二）加强理论教学

前文已经讲过，因为学习者是把汉语作为第二语言学习的成年人，所以针对他们的特点，必须加强理论教学，只有这样，才能使他们的学习系统化和理论化。

我们建议，在留学生学习汉字的初始阶段，就给他们讲解有关汉字结构的理论规律。在讲解中，也不要只强调笔画，待学生掌握了基本笔画之后，就应该把汉字的本质特征，即形、音、义之间的关系讲清楚，而要讲清这一点，又必须把汉字的造字法则即"六书"理论融汇在自己的教学之中，学生在对汉字的结构有了理性的认识后，就能逐渐形成对汉字整个系统的掌握，从而能以简

驭繁，认识了一个字，也就掌握了一批字。正像周有光先生说的，只要规律讲明白了，就好像给了学生一把学习汉语的钥匙，他们就可以积极主动、有效地学习汉语了。

在进行词汇教学时，则要把复合词化整为零，拆开讲解，这样，学生搞明白了这具有整体意义的双音节词原来是由两个本来有独立意义的单音节词按一定的语法规则组成的，明白了两个单音节词各自的意义，他们就对这个复合词有了深入的、分析性的理解，而不至于囫囵吞枣地整记整背了。而单音节词的意义往往又和它的书写形式——汉字的形体密切相关，所以，词的教学也离不开字的教学，讲词离不开讲字，这也正是汉语的重要特点之一。可见，讲解汉字的结构规律同样有益于词的教学。同义词、同类词问题也是如此。我们认为，在充分理解了字词对应、形义对应的理论后，有助于学生们对同义词、同类词进行辨析，使他们既能统其同，又能析其异，不至于动不动就搞混了。

应该说，加强理论教学与拓宽教师的知识结构这二者是相辅相成的，只有教师的汉语理论水平提高了，同时又具有相当的外语水平，才有可能搞好对外汉语教学。

（三）编纂一批体现汉语理论体系的教材和工具书

与课堂教学关系十分密切的是教材问题。目前的对外汉语教材不可谓不多，形式和内容也可以说是丰富多彩，但总的来讲，是以感性材料（如口语、听力的练习，供阅读的文章等）为主。当然，其间也有不少词语释例、句型讲解等理论内容，但给人的总体感觉是系统性不够，即缺乏一个虽简单浅显、但完整而且特点突出的理论体系。前文已反复强调，因为对象是把汉语作为外语学习的成年人，他们不仅有能力而且也应该较系统地学习和掌握有关汉语的理论问题，从而采取理论联系实际、理论统率实践的学习方法，也只有这样才能达到事半功倍的效果。为了做到这一点，除了要加强课堂教学的系统性之外，教材的编纂也应注意到这个问题。我们认为，从初级到高级，每一套教材都应遵循汉语的理论体系，由浅入深、由表及里地把课文和练习完全纳入这一体系之中，这当然不是说要编成理性的现代汉语教材，而是说把感性的材料分列在理论框架之中，把二者相结合，使学生汉语水平的提高不仅表现在会说会听上，也表现在对汉语理论的掌握上。我们相信，这样将会提高我们对外汉语教学的水平和档次。

另一方面，随着教材的改进，也应该编纂出一套配合对外汉语教学使用的工具书和参考书，这里不仅指那些双语对照的字典辞书，更指一些适合于留学生用的专门性的工具书，还应该包括一些专门讲解有关汉语的基本理论问题的小册子，以此配合课堂教学和工具书的编纂。据我们所知，许多学校和教师个人都已意识到了这个问题，也做了一些工作，但还是远远不够的。我们希望，有更多的学者、教师能注意到这一点，编写出更多更好的这种类型的图书来。

总之，汉字教学是一个系统性工程，需要从教师、教材、教法等多方面入手，才能解决学生在学习过程中产生的各种问题。

第七节　日本学生书写汉语汉字的讹误及其产生原因[①]

汉字教学历来是对外汉语教学中的一个难点，但有一种看法认为，这主要是针对欧美学生而言的，对于用汉字作为自己语言的书写文字之一的日本学生来说，汉字并不是教学的难点，日本学生在学习汉字时出现的问题也只是容易将日语汉字混同于汉语汉字而已。事实究竟如何呢？我们从中级水平的日本学生所写的作文、作业以及日常的听写中，收集到他们所写的错字、别字 289 例，通过对这些错字、别字的分析，我们发现，事情并不如此简单。在日本学生学习汉字的"优势"背后同样存在着许多问题，而且所谓"日本汉字的负迁移现象"，也并不是他们学习中的最主要的障碍。我们必须寻找出妨碍他们学好汉字的真正原因，只有寻找到真正的症结，才能帮助我们找出产生这些症结的原因以及解决它们的途径。

一、讹误举例

日本学生所误写的汉字（以下简称"误字"）可以分为三大类型：第一种是误将日语汉字当作汉语汉字来写，也就是说，从汉语汉字的角度讲，他们写的是"错字"；但从汉字的总体角度讲，这些字并不错，只不过是日本人用的汉字而已。第二种是我们通常讲的"别字"。从用字的角度讲，他们写的字是错误的；但从汉语汉字的构形来讲，这些字并不错，它们是正确的汉语汉字，但却不是该写的字。第三种是真正的错字，即在汉字的字符库中，根本找不到这样的字。下面就是我们对日本学生所误写的 289 个汉字所做的分类统计。

（一）误将日语汉字当作汉语汉字

这类讹误共有 23 例，在全部 289 例中，仅占 7.9%，可见数量是比较少的。在这些汉日相对应的汉字之间，有的差别比较大，留学生之所以写错，的确是他们完全弄混了（下述例字前边是正确的汉字，后边是学生写错的字），如"乐——楽""险——険""续——続""严——厳"。也有一些例字本身的差别并不大，仅仅是笔画出头不出头、多一点少一点的问题。学生们写错了，大

---

①　本节作者：陈绂。原文载《世界汉语教学》，2001（4）。

都是由于马虎和不经心，对于日语汉字和汉语汉字之间的区别，他们根本没意识到或没看出来，如"经——経""厅——庁""涉——渉""德——徳"。

（二）别字

对这类失误，有的学者称之为"假字"（施正字，2000）。在我们收集的所有误字中，这类误字共有 154 个，占讹误总数的 53.3％，超过了一半。这一比例足以反映日本学生学习汉字时最容易出现的失误，也是我们应该特别重视的问题。根据正字与误字之间的关系，还可以将这些讹误分为以下四种类型。

1. 由于形体相近产生的讹误

这是仅仅由于两个汉字的形体相近而产生的讹误。这一类别字共 36 例，占别字总数的 23.38％。对这类别字进行进一步分析，我们发现，虽然也有把独体字写错了的情况（如把"子"写成"了"），但数量很少，这种讹误绝大多数发生在合体字上。大体有以下几种类型：

第一，将应写汉字的部件写错了，结果成了另一个汉字，如"民族——民旅""销售——错售""触动——解动""航行——般行"。这种情况最多，占这类讹误的 80％以上。

第二，多写或少写了部件，如将"广"写成"扩"，将"皴"写成"当"等。

第三，整体字形的讹误，如将"丧"写成"衷"等。

以上这些正字与别字之间，不存在声音上的关系，学生产生书写上的讹误，仅由于它们之间在形体上的相近。

2. 由于声音相近产生的讹误

这是指仅仅由于声音相同或相近而产生的讹误，共 50 例，占别字总数的 32.46％。所谓"仅仅由于声音"，是说在正字与别字之间，没有形体相近的因素。同时，我们还要指出，"声音相同或相近"，这里有两个层面的含义：一个层面是说，两个汉字本身的发音的确相同或相近；另一层面是说，两字之间在读音上本有一定差异，但日本学生将这两个字的读音搞混了，继而又搞混了两个字的字形，从而写出了别字。这其中又可分为以下几种不同的情况：

第一，在正字和别字之间，声音完全相同，如"站立——站力""以为——已为""绅士——身势""不省人事——不醒人事"。

第二，声母韵母相同，但声调不同，如"排队——派队""盘子——攀子""黄昏——黄混""依靠——以靠""游手好闲——有手好闲""不省人事——不行人事""置之度外——置至度外"。

第三，声母或者韵母不同，在语音上差异较大，有的甚至完全是另一个复合词，如"一番——一方""更新——更亲""熟悉——舒适""底细——必须""影响——印象"。

3. 由于声音和形体都相近而产生的讹误

在全部别字中这种类型的讹误最多，共 62 个，占别字总数的 40.26％。根据正字与别字之间的关系，可分为以下几种情况：

第一，如正字和别字均为独体字，二者字形整体相近，声音也相近，因而产生讹误，如"失去——矢去"。

第二，别字具有与正字完全相同的表声部件，而留学生又不明白另一个部件在该字中的作用，因而写错。这种情况占这类别字的绝大多数，如"欺骗——期骗""担子——但子（胆子）""忧愁——优愁（犹愁）"。

第三，正字是合体字，别字只是正字的表声部件，如"年龄——年令""悬挂——县挂""植树——直树""大洲——大州"。

第四，正字本来是独体字，别字是以该字为表声部件的合体字，如"力量——励量""要求——要球""元旦——元胆（担）""包子——抱子"。

4. 由于意义相近而产生的讹误

在这类正字与别字之间，虽然也可能存在着形体上或语音上的相似之处，但更为突出的是它们在意义上的关联。这种类型的例子很少，仅见 7 例，占别字总数的 4.4％。例如：

父亲——爸亲：这显然是由于"父"与"爸"的词义一致而将二者搞混了。"父"与"爸"在古音上的关系恐怕不是留学生所能明了的。

一双鞋———一两鞋：这是听写时发生的讹误，听到"双"而写了"两"，主要是由于这两个字在表示数量时的一致性。

宽阔——扩阔："宽"和"扩"在形体上毫无相同之处，在语音上虽然有些相近，但我们认为这种"相近"在留学生听来并不明显，不足以造成讹误。这两个字之所以被搞混，同样由于它们在语义上的相近。

据说——根说："据"与"根"在声音和形体上都毫无相似之处，唯一能使它们产生联系的，是它们在意义上的关联。

还有一些别字，如将"米饭"写成"米饮"、将"落日"写成"落阳"、将"联结"写成"联系"等，虽然在正字与误字之间十分明显地具有相同的偏旁（或一字充当另一字的偏旁），但我们认为，它们在意义上的相类应该也是原因之一。

当然，以上的分析是从分门别类的角度进行的，而很多别字产生的原因是多方面的，这一点显而易见，不再赘言。

（三）错字

错字是指在汉字的字符库中根本找不到的字，即学生们自造的"汉字"，这类失误共有 112 例，占讹误总数的 38.8％。无论从所占比例上讲，还是从讹误的类型上讲，它们同"别字"一样，都反映了日本学生学习汉字时的某些规律性问题。这种错字大体上分为两种类型：一种是结构错了；一种是笔画错了。

1. 结构错

所谓"结构错"，是基于我们把一个完整的字拆成部件所进行的分析的。在教学过程中，留学生常常将构成一个汉字的正确部件写成了另一个部件，或者多写少写了部件，从而形成了讹误。他们写出的所谓"汉字"，实际上并不存在。考察这类错字的具体情况，大致有这样几种：

第一，写错了部件，如"皱——皱""担——担""努——努""熬——熬"。

第二，多写了部件，如"咐——嘶""策——箾""携——携""晨——辰"。

第三，少写了部件，如"哪——哪""托——毛""癌——瘟""懂——憧"。

第四，写错了部件的位置，如"从——仌""懂——薏""码——玗"。

2. 笔画错

"笔画错"有两种情况，一种是笔画的多少不对，即多写或少写了笔画；另一种是笔画数目没有错，但笔画的写法错了，或方向不对，或位置不对。

第一，多写或少写了笔画。例如："抓—抓""餐—餐""钱—钱"（以上为多写了笔画）；"罪—罘""省—省""家—豕"（以上为少写了笔画）。

第二，写错了笔画。例如："赶—赶""宵—宵""励—励""扫—扙"。

在不少错字上，我们还看到了多种错误，有的部件和笔画都错了，有的在一个部件上多笔画却在另一个部件上少笔画等，如"鹜——鹆""俱——具""黎——黎""择—译"。总之，日本学生所产出的错字是形形色色的。

二、讹误产生原因分析

通过上述分析，我们看到，日本学生在学习与书写汉字的过程中所表现出的讹误类型是多种多样的，分析这些讹误产生的原因，我们得出如下结论：

（一）日语汉字的"负迁移"现象并不是日本学生产生讹误的主要原因

首先，"负迁移"现象的确是日本学生学习汉字时的障碍之一。这不仅表现为他们会写出一些日本汉字来"充当"汉语汉字，也表现为在他们所书写的完全错误的字中，存在着一些由于受到日本汉字的影响而写成的"非日非汉"的字。也就是说，在一些错字的形成过程中，很明显地存在着日本汉字的"痕迹"。如日语汉语用的是同一个"蹈"字，但日本留学生却将"蹈"写成"蹈"，我们认为，这是由于与"稻"字对应的日语汉字写作"稻"，他们受到这个字的影响，就写出了不伦不类的"蹈"字。再如"钱"字，日语中一般写作"錢"，结果留学生在写该字时，一边写成了汉语汉字的简化部件，一边写成了日语汉字的部件，就成了"钱"。又如将"读"写成"读"，也显然是受到日语汉字"読"的影响。以上各例虽然没有把汉语汉字写成日语汉字，但其中显现出了母语文字的"负迁移"影响，这是肯定的。

但是，在肯定日语汉字的"负迁移现象"存在的同时，更应该看到，它并不是造成日本留学生写错汉语汉字的主要原因。这可以从两个方面得到证实：

1. 这类错字所占比例不大

在全部 289 个例字中，误将汉语汉字写成日语汉字的仅有 23 例，所占比例还不到总数的 8%；虽然还有一些明显地受到日语汉字的影响而写错的字，但为数也很少。与此相比，写错、用错的字却占到讹误总数的 90% 多，其中，完全写错的，即根本不成字的"字"占到总量的 38.75%。这样大的比例已经充分说明，绝大多数的讹误是由于不能正确地认知与使用汉字造成的，并不是混淆了日语汉字和汉语汉字的区别。

2. 存在着两种语言所用的汉字一样而学生却写错了的情况

在日本学生产生的讹误中，许多字在日语中的写法与在汉语中的写法是完全相同的，但学生并没有写出那个正确的日语汉字，而是写了一个误字。仅在完全写错的字中这种情况就有 59 例，几乎占到全部错字的 53%。其中，情况也不尽相同。

首先，像上文举出的"餐""黎""休""庄""努"等字，日语汉字与汉语汉字的书写形式是完全一样的，按理说，日本留学生是不应该写错的，但是他们却写错了。分析产生这种讹误的原因，大概有两个：第一，是由于他们平时大概也不经常使用这些日语汉字，或者也没有认真地注意这些字的写法，因此写不对；第二，可能正是由于强调了日本汉字与汉语汉字的差异，使他们产生了错觉，"矫枉过正"，将本来没有差异的字也写出了差异，结果反而搞错了。这正如皮特·科德所言："在语言上过于精明的学生则可能反其道而行之；他也许会假定（或担心）一些实际上并不存在的差别。"①

其次，有一些汉字在中国已经简化了，但在日本仍在使用繁体字，然而学生并没有写出在日本使用的那个相应的繁体字，而是在写简体字时写错了，如将"韩""获""疗"写成"韓""荻""厅"等。这些讹误的产生说明，日本学生们还是很清楚汉日在某些字书写上的区别的，而且他们主观上也想写汉语汉字，但没有掌握好汉语汉字的笔画结构，结果写错了，这是在书写汉语汉字的过程中写错了，并不是将汉语汉字和日语汉字搞混了。

3. 存在着日语汉字与汉语汉字的确不一样，但学生完全写错了的情况

的确有些日语汉字与汉语汉字形体不同，但是学生在书写时既没写成汉语汉字，也没写成日语汉字，而是完全写错了，如将"直""读"写成"直""读"等。我们认为，应该从两个相反的方面来分析这些错字出现的原因，一方面是

---

① ［英］皮特·科德：《应用语言学导论》，221 页，上海，上海外语教育出版社，1983。

日本学生在书写汉语汉字时所受到的母语汉字的影响，另一方面也可以看作是他们在力图分别出日语汉字和汉语汉字的差异，因为这两个字在日语中分别写作"直"与"読"，也就是说，学生们也没有写成正确的日语汉字。这说明，他们之所以没有写对，主要是因为没有真正搞清汉语汉字的结构和写法。

以上事实充分证明，日本学生书写汉字时产生的讹误并不像我们所想的那样，主要是由于混淆了日本汉字和汉语汉字的差别，相反，他们还是有意识地注意到了二者的差异的，只是没有掌握好汉语汉字的正确写法而已。

（二）对于汉语汉字缺乏理性认识是日本学生在汉字认知上的主要障碍

有一种看法是，由于日语的书写符号中也有汉字，所以日本人在学习汉字时就有得天独厚的条件，在对日汉语教学中，可以不把汉字列为教学内容，即可以不教汉字，日本学生自会写出正确的汉字。但上面列举的种种讹误告诉我们，实际情况并非如此。的确，由于汉字是日语的书写符号之一，与欧美学生相比，日本学生在学习汉字时确实有一定的优势，但这种优势，只是他们对汉字的形体比较熟悉、不至于像欧美学生那样把汉字看作是一幅画罢了。当然，他们也可以根据自己所掌握的日语汉字推测他们所见到的汉语汉字的意思，但他们对于汉字的结构、汉字的造字理据，尤其是汉字与其所表达的意义之间的关系等，其了解程度与欧美学生相比，并没有本质的不同。因此我们认为，日本学生在认识、掌握汉字的过程中之所以出现上述各种讹误，与他们对汉字的理解密切相关。这主要体现在以下几个方面：

1. 不明白汉字的造字理据

首先，他们不了解汉字造字的理据，不明白汉字字形与它所表示的意义之间有着怎样的关系，所以会写出种种错字来。如将"抓"写作"㧓"，是由于不明白该字右边之所以必须是"爪"，是因为"爪"表示"手"，与"抓"的动作紧紧相关；他们把"从"写成下下排列的"众"，也是由于不明白"从"字的造字理据是一个人跟着一个人；由于不明白"忧"字中必须有"心"，"脑"的左边是变形的"肉"字，而分别写成了"优"（犹）和"恼"；不明白"航"以"亢"为声、"销"以"肖"为声，因此写成了"般"和"错"……发生在笔画、造字部件或者整个字上的种种讹误，无一不说明日本学生并不明了汉字本质的事实，他们仅仅是将汉字作为书写符号来记识的，并不能真正像中国人那样，把汉字的形体与它所对应的音与义联系起来，也就是说，日语汉字只是帮助他们熟悉了汉字的书写方法而已，并不能使他们由此而得知每个汉字构形的所以然。因为，在日语里，虽然许多汉字的写法与汉语是一致的，但它们为什么这样写，一般的日本人并不了解。他们习惯于把汉字作为一个个整体来认知，而不可能依照汉字的特点将之拆分为部件并进行具体分析，这样就无法明白每一个部件在该字中所起的作用，当然也就不可能理解该字与其所记录的汉语词语之间的有机联系。这正是日本留学生在学习和掌握汉字时容易产生讹误的主要原因。

2. 习惯于音与义的对应

在我们收集的日本学生所写的别字中，由于声音相同或相近而造成的讹误有 112 例，占别字总数的 72.2％还多。寻找其中的缘由，我们发现，这虽然也可以归结为是由于不明白造字理据所导致的失误，但我们还是可以从另一个侧面总结其原因——在用文字记录语言时，"语音"的概念及其作用在他们的脑子中是占主导地位的，也就是说，在他们看来，音与义的结合是天经地义的，而文字仅仅是用来记录语音的，这也正是日语汉字与其日语词语之间的关系。因此在学习汉语汉字时，他们很容易也很自然地将音与义联系在一起，十分注意每个词语所应发出的声音，而形与义的联系对他们来说是陌生的，也是很难记住的，这当然就不可能将汉语中大量的音同音近词准确地区分开了。可以说，由于母语的作用，日本学生同样习惯于音与义的对应，如果没有理性的认识，就不可能正确地树立形与义的对应关系，这正是导致他们经常写出音近而讹的别字的主要原因。

3. 对汉语复合词和固定结构的整体识别

分析日本学生的这些讹误，我们还发现，他们在识别汉字时之所以产生讹误，与他们对汉语词语的识别模式有一定关系。如果没有相应的讲解，外国留学生（包括日本学生）对汉语复合词和固定结构的理解一般是整体性的，很少会真正懂得这些词语的内部结构以及组成它们的几个汉字之间的关系，因此也就很难想象学生们可以将它们拆分开进行更深入的理解。正如一位日本留学生在她的硕士论文中所分析的那样："对汉语词中的大多数，人们（指日本人）已失去了将其分成单个汉字理解的意识，而是把它看成一个整体。"这种情况不仅使他们缺乏对该词语的真正理解，而且也妨碍他们对组成该词语的几个汉字的正确书写。如前面曾列举的"联结——联系""痛苦——疼苦""据说——根说""迟到——迟道""不省人事——不醒人事""昏天黑地——混天黑地"。

这些例子虽然都可以认为是由于形近、音近而产生的讹误，但是我们仔细分析正字与误字之间的关系，可以明显地感到，除了音与形的原因之外，讹误的产生也与学生们是否能正确认知这些复合词和固定结构有关。这些讹误，有的是混淆了两个意义相近的复合词，如将"联结"写成"联系"；有的是根本不理解组成复合词的每个字的含义及其所起的作用而随手写了一个音同（或音近）的误字，如将"迟到"写成"迟道"；还有的是明显地误用了相关复合词中的另一个字，如将"痛苦"写成"疼苦"，将"据说"写成"根说"，就恐怕与"痛苦""根据"两个词有关了。固定结构中出现的讹误同样是由于学生们对它们的结构本身不理解所造成的，对结构的不理解自然也就影响到对组成它们的每个汉字的理解，因此，将汉字写错的现象也就在所难免了。

总之，日本留学生在认知和书写汉字时产生的种种讹误又一次提醒我们，汉字教学是一个十分重要的问题，这不仅是对欧美国家的留学生而言，对来自任何文化背景的留学生（包括日本留学生）来讲都是如此。这是因为，虽然日本人也同样使用汉字记录他们的语言，但他们对汉字的认识和使用与中国人对汉字的认识和使用是有着本质区别的。

三、教学建议

对日本学生在书写汉字时的讹误及其产生原因的分析，帮助我们进一步考虑这样一些问题：即这些讹误的产生与我们的教学有没有关系？如果我们改进教学方法，这些讹误能不能避免？答案当然是肯定的，那么，应该如何改进我们的教学呢？

（一）深刻认识日语汉字与汉语汉字在记录语言时的本质区别

汉字在书写日语与书写汉语时是有本质区别的，不要以为日本学生会写汉字，也就能像中国人一样理解汉字，明白汉字的形体与意义之间的关系。实际情况并不是这样。汉字，在日本人眼中和在我们眼中并不一样。在他们眼中，汉字只是书写符号，和他们自造的字母（假名）没有什么本质的区别。汉字在书写日语时，起到的是与假名相同的作用，所不同的是，假名是音节文字，而一个汉字往往并非一个音节（如"山"，日语"やま"，是两个音节）。至于汉字的形体与它所对应的意义之间的联系，那是汉语所赋予它的，是在日本人借用汉字书写他们的语言之前就存在的，并不是日语所赋予它的。关于汉字形与义之间的关系，最初将汉字借用过去书写自己的语言的日本先哲们当然是明白的，然而现在的日本人，尤其是年轻人，并不一定明白这个道理。尽管大部分日语汉字的形体仍与其所表达的意义相关，但就其实质而言，汉字在日本是作为与音节文字基本等同的书写符号使用的，与汉字在书写汉语时所具有的"音节—语素"文字的特点是有着本质不同的，这一点必须认识到。

（二）对日本学生需要讲解汉字的理据

既然日语汉字和汉语汉字在记录语言时有如此大的差异，那么针对日本学生的汉字教学就应该认真对待这种差别，将汉字与其所对应的汉语词之间的关系作为讲解的重要内容。也就是说，在教授汉字时，应该科学地讲解汉字的结构，使学生们搞清楚汉字的造字理据。只有这样，才能使日本学生在理解的前提下学习汉字，从而真正懂得汉字的规律；也只有这样，才能摆脱日本汉字对他们的影响，从理性上系统地掌握汉字。

当然，这种讲授并非要大讲特讲古老的"六书"理论，也并不是说要像国内中文系那样讲授文字学知识，而是要以讲解汉字的本质特征为前提，使日本学生能够树立对汉字的形与义关系的正确认识，并将这一认识深入到自己头脑中去。必须指出的是，这种讲授应该是科学的，我们反对"俗文字学"那种对汉字随心所欲的拆解。我们认为，汉字教学所应采取的原则是：对于科学系统的汉字知识，要么不讲，要讲就要讲对。

我们认为，由于日本学生会写汉字，明白汉字的间架结构，所以对他们的汉字教学可以在较高的起点上开始，不必从笔画教起，只应以部件教学为主，尤以部件的组合原则为重点。这与欧美学生是很不相同的，因此，在汉字教学上，应该区分国别，"因材施教"。

鉴于汉字的特点，许多学者主张，汉字教学应该强调字与词之间的对应关系，应以单音节语素为本进行教学，这样，既照顾到学生们对汉字的认识，也便于他们理解汉字与汉语词的有机联系。我们非常同意这种意见，同时，我们还认为，这种教学法同样适用于日本学生。因为日本学生对汉字与汉语之间的关系同样缺乏理性的认识，字词结合、以语素为本的教学法正是解决这一问题的有力措施。

第三章　语音研究与教学

第一节　汉语拼音对外国学生发音偏误的
诱发机制及其教学对策①

对外汉语教学界一直致力于研究各国汉语学习者的汉语语音偏误问题，同时也在不断地探寻引起偏误的原因和机制。除了重点研究汉语学习者的母语语音系统和汉语语音系统的差异引起汉语学习者的语音偏误外，也有研究者注意到了外国学习者学习汉语语音的主要工具——汉语拼音和汉语拼音方案对学习者汉语发音偏误的诱发问题。

孟子敏的《在对外汉语语音教学中使用〈汉语拼音方案〉的几个问题》，第一个讨论了汉语拼音方案对汉语发音偏误的诱发和教学对策的问题。

在赵金铭主编的《对外汉语教学概论》中，也专门提到了《汉语拼音方案》的优点与不足，指出了汉语拼音对汉语语音学习产生的积极影响和负面影响。

此外，还有一些研究者从不同母语背景研究了相关问题，如周奕（1996）对日本学生，孟柱亿（韩国，2000）对韩国学生，蔡整莹、曹文（2002）对泰国学生，施光亨（1980）对阿拉伯学生，杨娜（2005）对越南学生，都在对其语音偏误研究的论文中，指出过汉语拼音对偏误的诱发问题。

正如大多数研究者所指出的，汉语拼音和汉语拼音方案对中国人民的语言生活特别是汉语学习和汉语教学的巨大贡献是有目共睹的，其科学性也是经过专家论证和实践检验的，对它的基本评价也是高度肯定的。吴洁敏在《汉语拼音在语言教学中的应用》中高度评价了汉语拼音方案，指出汉语拼音在方言区人们学习普通话、小学语文教学、外国人学习汉语、华裔子弟学好汉语以及文化扫盲中的重要作用。但毋庸讳言，由于汉语拼音创始之初所秉持的一些原则，如"第一原则"是"我们自己学起来和事物上用起来合宜不合宜，不能全顾到中国人学习外国语言或外国人学中国言语的便当与否"，以及"字母和音

---

①　本节作者：周奕。原文载《语言文字应用》，2005 年增刊。

标要分开对待"，字母"不作精确的研究器具"，"要求实用上的便利"，所以"一个字母可以有两种或几种读法"。（王理嘉，2003）这些原则在简化了拼音方案的同时，确实也给以后的使用特别是外国人学习汉语带来了一些问题。但这些只是在使用《汉语拼音方案》时遇到的问题，只要研究使用的对策和学习方法，就可以扬长避短，充分发挥汉语拼音在对外汉语教学中的基础作用。

本文将从汉语拼音对外国学生汉语发音的偏误诱发的种类、表现和诱发机制以及相应的教学对策方面进行分析阐述。

先分析、阐述偏误的种类、表现及其诱发机制。

汉语拼音的拉丁字母发音引起的发音偏误。汉语拼音采用的是拉丁字母，而拉丁字母在不同的语言中的发音是有所不同的。学习汉语的外国人特别是拉丁语系的人，其母语中字母的发音干扰着汉语拼音拉丁字母的正确发音，如操英语的学生。（孟子敏，1997）即使是有自己独特字母体系的语言，也有相应的一套拉丁字母的拼写系统，如日语、韩语、泰语和越南语等。比如，在汉语中"r"是翘舌音，而在日语、韩语和泰语中都是边音，同汉语拼音中的"l"。在日语的拉丁字母的拼写系统中，"zhi""chi""shi"的发音等同于汉语的"ji""qi""xi"。泰语的拉丁字母的拼写系统中"j"与汉语"zh"发音相似。越南语中的书写符号"p"，读音是不送气的 [p]，汉语的读音却是送气的 [p']。因此，越南的汉语学习者常会按原有习惯把"p"发成不送气的 [p]。即使是母语为非拉丁语系，而且也没有拉丁语拼写体系的语言的学生由于学习了英语，在学习汉语拼音字母的发音时也会受到干扰。比如学习过英语后再学习汉语的阿拉伯国家学生，在学习汉语拼音就遇到了汉语拼音字母发音、记音和拼写规则方面的问题。（施光亨，1980）由于汉语学习者最早接触的就是汉语拼音字母，因此由不同语言中相同的拉丁字母的不同的发音所引起的干扰和负迁移往往产生在汉语学习的初级阶段。但如果不及时进行矫正训练，这种干扰所造成的偏误会化石化，存在于汉语学习和汉语生活的整个过程。

汉语拼音从诞生的第一天起，就同时承担了两个角色——拼音文字和注音工具。作为注音工具，为了使用简便，在创制之初便定下了有别于国际音标严式音标的原则，它类似于国际音标的宽式音标（王理嘉等，2003），甚至比宽式国际音标还宽。它常常只代表一个音位，而对音位变体没有描写力。这样做可以以较少的字母标注更多的发音，但这也带来了一些负面问题。比如，"i"的"一仆三主"造成的"zi、ci、si""zhi、chi、shi"和"ji、qi、xi"三组音在拼读和拼写方面造成的混淆和干扰问题。（孟子敏，1997；林端，2005）还有"a"，在音节中不同位置的不同发音问题，以及在"ao、iao、ong"中，以"o"代替"u"的问题。

外国学生学习汉语时的发音过程不同于操汉语母语说话的中国人。中国人实际的汉语音感印象的获得往往早于汉语拼音工具的掌握，而外国学生往往是同步的，甚至是颠倒的，即外国学生是通过利用汉语拼音的拼读获得汉语发音的最早的音感印象，因此如果表音方式不是"一符一音"的方式的话，一定会影响汉语语音发音的精确度，也会影响到听力理解的准确度。

大量外国学生学习汉语拼音和发音的偏误统计和分析表明，汉语拼音方案中对某些音节主要元音的省略和某些省写规则也是发音偏误的重要诱发因素。最为突出的是对"iu"中的主要元音"o"的缺省，造成了大面积、多国别的汉语学习者的语音偏误。特别是日本（周奕，1996）、韩国和泰国的汉语学习者普遍存在发音动程短、音质奇怪的问题。还有，"bo、po、mo、fo"实际的自然的发音应该是"buo、puo、muo、fuo"，也就是说在"b"与"o"之间有一个动程和一个过渡音"u"，然而很多外国学习者根据拼音拼读时缺乏中间的过渡和动程，把这组音读得非常短促和欠自然，影响语音的纯正度。

这种"省写"，原始目的是为了减轻汉语拼音使用者的负担，但由于获得最初汉语语音音感印象的时间、环境和方式不同，对以汉语为母语的中国人和以汉语为目的语的外国人的影响是不同的。对于大多数外国人来说，这种"省写"的消极影响大于积极影响，至少在汉语学习初期。

而"u"有没有上面两点的省写规则，也给学习者带来了很强的误导和干扰。（孟子敏，1997）泰国学生在发"ju、qu、xu、yu"时，普遍把省略了两点的"u"，读成了 [ieu]。我们做过一个实验，分别讲解"u"有没有两点的不同，又讲解了在发"jū、qū、xū、yū"与发"jū、qū、xū、yū"时的相同。然后让他们朗读有两点组，结果读音基本正确。再让他们读没有两点组，结果读音基本不正确。这说明，一些字形相似的字母在字形书写上的某些特征有很强的区别功能。如果隐去这些特征，会给字母的认知和发音带来负迁移。特别是在某些语言有负迁移后的发音的时候，更强化了这种混淆，如泰语。

在对汉语拼音对发音偏误诱发机制进行研究时，我们还发现了一种情况，就是汉语拼音不能像严式音标那样，对某些发音变化或音位变体进行提示，间接导致了偏误的发生，如"汉语的大多数辅音音位在同后头的圆唇元音相拼时都双唇拢圆，即产生各种圆唇音的音位变体"（黄伯荣、廖序东，2002）。

在以圆唇音为介音或主要韵母的音节中，整个音节从一开始就有圆唇化的音变。但汉语拼音注音时没有任何提示，结果造成外国人的发音偏误特别是母语中圆唇音不占优势的学习者的偏误，如日本学生的偏误（周奕，1996）。

很多外国学生在发"jiong、qiong、xiong"这一组音时，由于对上述音变现象不了解，就产生了先发"ji、qi、xi"，再发"ong"的不同于操汉语母语者的奇怪的发音。而如果明示这条音变规则，让学生在发整个音节之前作好圆唇的口形，就会避免发生这种偏误。

　　在汉语拼音中，因为没有对声调的实际调形和调值进行标注，也诱发了一些外国汉语学习者声调发音的偏误。如对"一""不"一律标原调的规定，给外国学生带来不小的负担和误导。还有轻声不标调的规定也给外国学习者准确地掌握在"阴、阳、上、去"音节后的轻声不同的调形带来麻烦。实际上，在学习轻声时，即便学生知道是轻声，并能"轻读"时，也不能准确地读出轻声。这是因为轻声仅仅读得"短""轻"是不够的，在不同的声调后面的不同调势或调形也是至关重要的。在第一声、第二声和第四声后的轻声都应是一个降调；在第三声后面则是一个平调。然而，汉语拼音在标注轻声时没有显示出这些信息。由于权威的汉语拼音注音遗漏了一些汉语发音的重要信息，使外国汉语学习者在掌握汉语的正确发音时，高度依赖高水平的汉语教师，这对学习者自学，对汉语的推广和普及显然是十分不利的。汉语双音节词语中，前位词语为上声时的变调偏误也有同样性质的问题。

　　探究现有的汉语拼音和汉语拼音方案在对外汉语教学中对学习者的某些发音偏误的诱发机制，最终目的不是否定汉语拼音和汉语拼音方案，而是为了完善它们，使它们在对外汉语教学中扮演更积极的角色。我们一方面寄希望于权威人士对汉语拼音方案做出正式的调整补充，以适应外国人学习汉语使用；另一方面也要在自己的语音教学工作中寻找教学对策，探索新的教学方法，以消除偏误诱因。

　　针对汉语拼音对于发音偏误诱发机制的研究，我们应该在汉语拼音教学和汉语语音教学中采取以下三方面的教学对策：

　　第一，加强各语种拉丁字母标音体系的字母发音层面的系统研究，并同汉语拼音字母发音进行系统比较。结合两种语言音位层面的对比，预测偏误发生点，在教学中加强对比，强调不同。

　　第二，还原汉语拼音标注时所省略的字形层面的特征信息和音位变体信息，细化发音特征，向外国学习者提供汉语发音的完整的实际的发音信息。

　　第三，参考严式国际音标，创制标注发音的一些特殊符号，辅助汉语拼音注音，明示一些特殊的发音方法，如辅音圆唇化符号和轻声的调形和时长符号等。

　　运用以上三方面对策，加上科学、扎实的教学训练活动，汉语教师会有效减少汉语拼音诱发外国学生发音偏误的概率，从而提高汉语语音教学的质量。

第二节　汉日辅音系统对比及汉语语音教学[①]

在对外汉语教学中，汉外语言的比较教学是最有效的方法，这是大家早就公认的。语音系统是相对封闭的，因此，较易于作对比分析。汉、日两种语言的语音系统有很大的差异，元音、辅音、声调以及音节结构都相去甚远。限于篇幅，在本文中我们把对比的范围只限定在辅音方面，仅对汉、日两种语言辅音音位系统进行比较，分析日本学生在汉语学习过程中普遍存在的语音难点和偏误的原因，并提出具体的教学方法。

为了便于说明汉、日辅音系统的异同，我们先列出如下汉、日辅音对照表（见表 2-10），后文将据此详细探讨。

表 2-10　汉、日辅音对照表

方法 ＼ 部位				唇音		舌尖音			舌叶	舌面		舌根	小舌	喉音
				双唇	唇齿	前	中	后		前	中			
塞音	清	不送气	汉	p			t					k		
			日	p			t					k		
		送气	汉	pʰ			tʰ					kʰ		
			日											
	浊	不送气	汉											
			日	b			d							
		送气	汉											
			日											
塞擦音	清	不送气	汉			ts		tʂ		tɕ				
			日			ts			tʃ					
		送气	汉			tsʰ		tʂʰ		tɕʰ				
			日											
	浊	不送气	汉											
			日			tz		○						
		送气	汉											
			日											

---

① 本节作者：申东月、伏学凤。原文载《语言文字应用》，2006（S2）。

续表

方法		汉/日	唇音		舌尖音			舌叶	舌面		舌根	小舌	喉音
部位 →			双唇	唇齿	前	中	后		前	中			
擦音	清	汉		f	s		ʂ		ɕ		x		
		日	ɸ		s			ʃ	ç				h
	浊	汉					ʐ						
		日			z			ʒ					
鼻音		汉	m			n					ŋ		
		日	m			n				ɲ		– N	
边音		汉				l							
		日											
闪音		汉											
		日				r							

据表 2-10，汉、日两种语言辅音音位系统的异同显而易见，下文将针对这些异同分析、总结日本学生学习汉语时的语音难点，并提出相应的教学对策：

第一，汉语里有舌尖前边音［l］和舌尖后浊擦音［ʐ］，而日语里只有一个舌尖前闪音［r］。

日本学生容易把汉语里的"l"和"r"这两个声母相混或者发成闪音，他们常常把"日本"说成"利本"，"绿色"说成"玉色"或"日色"。因为日语里没有这两个音，却有与它们相近的闪音［r］，就是日语"ら"行的辅音［r］。日语的闪音［r］在后接不同的元音时音值会有所变化：当闪音后接元音［i］时，很接近汉语的边音［l］，当闪音后接元音［o］时，又十分近似汉语舌尖后浊擦音［ʐ］。所以，他们很自然地以日语中熟悉的闪音来代替汉语的声母"l"和"r"，这是学习中常出现的以易代难的现象。

我们在教这两个声母之前，要先弄清楚这两者的差异：

从发音部位看："l"是舌尖前音，与"d、t、n"发音部位一样；而"r"是舌尖后音，与"zh、ch、sh"发音部位一样。两者最大的区别是发音方法不同：发"l"音时，舌尖顶住上齿龈，舌的两边留有比较宽的空隙，气流从舌头两边通过，这时产生的摩擦不十分明显；而发"r"音时，舌尖与硬腭前部留有窄缝，呼气并颤动声带，让气流从窄缝间摩擦而出。

所以，区分这两者的关键是，发擦音"r"时，舌尖上翘，靠近硬腭前部但不接触；而发边音"l"时，舌尖不单要碰到上齿龈，而且要紧张用力顶住上齿龈。舌尖一顶发出来的音就不是擦音"r"而是边音"l"了，可是这时舌头一旦放松，就很容易变成类似擦音"r"了。

我们在教声母"r"时，可以从易入手，用发音部位相同的声母 sh 来引出声母 r，即拖长"sh"时舌头不要动，使声带振动（一般发低音时声带容易振动），就可以发出"r"音了。需要注意的是，教"ri"音时不要将声母和韵母相拼，而是直接一口气读出。因为"ri"中的"i"不同于拼音"ji、qi、xi"中的 [i]，而是声母"r"的延长音 [ɿ]。

至于学生把声母"l"误发为"r"的原因则是舌尖过于放松，从而造成稳定性差。为了避免这种偏误现象，在学生发音时，要注意让学生尽量用舌尖用力顶住上齿龈，并拖长一段时间再发韵母，如"l——la"。这样，因为舌尖固定在上齿龈，就不会发出"r"音来了。让学生在这种夸张的发音过程中，加深对"l"声母的印象，找到正确的感觉后，通过反复的练习加以巩固。

第二，汉语辅音有送气与不送气的对立，没有清浊对立；日语则有清浊的对立，没有送气与不送气的对立。

汉语普通话中有 6 对送气与不送气的音位对立的辅音：p/pʰ、t/tʰ、k/kʰ、tɕ/tɕʰ、ts/tsʰ、tʂ/tʂʰ。由于日语里送气与不送气没有区别意义的作用，所以日本学生对此不敏感，很难听辨；另外，日语中的清浊对立对学习送气与不送气也会造成负迁移。我们常常听到他们把"肚子疼"说成"兔子等"，"啤酒"说成"鼻酒"等笑话。

尽管送气与否不是日语辅音系统的音位对立，但清塞音和塞擦音有音位变体：通常处在词首时发送气音，不在词首时发不送气音。例如：

たかい（高）[tʰa－ka－i]
かたい（硬）[kʰa－ta－i]
ちち（父亲）[tʃʰi－tʃʰi]

因此，在教学中我们可以利用日语的这种语音特征来引导学生，让他们先通过读日语的词语来感知不送气和送气音在发音方法上的不同。然后，我们设计练习时，也根据日语的这种语音规律将送气与不送气音放在一起练习。但需要注意的是，日语清辅音在词首的送气音比汉语的时段短，属于弱送气音，汉语的"送气时长一般都在不送气时长的 2 倍以上"（朱川，1997）。所以老师领读时，尽量把发音动作放慢，有意识地将送气的时间拖长一些，然后再发韵母，这样做可以使学生在视觉和听觉上体会到两者的区别。例如：

q～ì jí   t～è bié   k～è gǔ   p～ù bù
气 急   特 别   刻 骨   瀑 布

开始练习时，我们要有意识地将第一音节的送气音与第四声结合，因为第四声本身气量足，学生容易掌握用力点，等学生有了语感后再进一步练习其他的音。

第三，汉语里有舌尖后音（[tʂ] [tʂʰ] [ʂ]）、舌尖前音（[ts] [tsʰ] [s]）、舌面音（[tɕ] [tɕʰ] [ɕ]）三组辅音音位对立。日语里没有舌尖后音和舌面音，而舌尖前音和舌叶音又是一个音位的两个音位变体。所以，日本学生容易把这三组辅音全面相混。针对这三组辅音之间的混淆现象，我们可以采用不同的对比方法，进行教学。

针对有些学生把舌尖后音发成舌面音的情况，在教学过程中，除了要讲明它们发音部位，还要提醒学生发舌尖后音时不要舌头前伸或舌面抬高，否则就发成舌面音了。我们可以从"一只"这两个简单的音开始，让学生先体会发"i"时舌面前部抬高贴近上腭，而发"只"时舌体收缩，只有舌尖上翘。反复体会以后，从"i"发"j"，只要舌面往上腭一贴就行；而发"zh"音时，只要舌尖往硬腭一触即可。

针对有些学生把 zh、ch、sh 发成 z、c、s 的情况，我们除了要引导学生找准发音部位，正确发出 zh 组音，还要指出 zh 组与 z 组的最大区别，就是舌头与上腭接触位置的前后：发 z、c、s 时，舌尖靠前抵住或接近上齿背，舌头平伸；而发 zh、ch、sh 时，舌尖上翘抵住或接近硬腭开端，部位靠后。相对来说，zh 组发音更困难，更容易出现偏误，所以在刚开始学习的时候，发 zh 组音不妨稍微夸张一些，以求扩大与 z 组音的差别，待学生学会以后，再进行进一步的指导使他们发音更自然。

第四，汉语里有唇齿擦音 [f] 和舌根擦音 [x]，而日语里双唇擦音 [ɸ] 和喉擦音 [h]，但这两个音是"は"行辅音音位的两个音位变体。

这几个音发音方法相同，只是发音部位有差异，所以日本学生经常以 [ɸ] 来代替 [f]，或发汉语 [x] 时发音部位过于靠后发成喉音 [h]。例如，把"发福"[fa fu] 说成 [ɸaɸu]，把"大海"[ta xai] 说成 [ta hai]。

针对学生将汉语的声母 f 发成双唇擦音ふ [ɸ] 的偏误，我们可以用夸张口形的方法，给学生示范并让他们模仿。让学生有意识地用上齿咬住下唇，然后唇齿慢慢摩擦分离，就是 f 音了。开始时不妨"矫枉过正"，等到他们有了感觉以后，再进行进一步指导使他们发音更自然。如提醒学生不要上齿使劲咬住下唇不放，而是要上齿轻轻"碰"到下唇上部或内侧，气流从唇齿间摩擦出来。其实学生单单模仿 f 音并不难，但是一旦与韵母拼合成音节，就容易被其母语的习惯力量牵走发成ふ [ɸ] 音，因此我们最好不要单练 f 声母，而应结合音节或词语来进行练习。

至于学生习惯性地把汉语声母 h 发成喉音 [h]，老师应该告诉学生喉音 [h] 的发音部位比汉语声母 h 靠后，使学生清楚地了解声母 h 的正确发音部位。另外，因为声母 h 和不同的韵母相拼时，受到干扰的程度是不同的，对此进行纠正的难易程度也有区别。例如，声母 h 与韵母 a 及以 a 开头的韵母相拼时，一般干扰较少；而声母 h 与韵母 u 及以 u 开头的韵母相拼时，干扰就较大，容易发成 [φu]。所以我们应该先练习与 a 开头的韵母相拼，从易到难，再练习与 u 开头的韵母相拼。

第五，汉语里有两个鼻辅音韵尾 [-n] 和 [-ŋ]，而日语里只有一个鼻辅音韵尾（拨音ん/n/）。

日语的鼻辅音跟不同元音相拼时，其音值会有所不同，有很多音位变体。所以日本学生对前、后鼻韵母不太敏感，很难听辨，用起来也很混乱。

针对这种情况，我们可以引导他们在日语中找到这两个音位变体，让他们对前、后鼻音有个感性的认识。如日语"案あん"在"案内"和"案外"这两个词中实际发音是不同的，前者为 [an]，后者为 [aŋ]。原因是"あん"受后面舌尖音 [n] 和舌根音 [ŋ] 的影响发生了不同的语流音变。在教学中我们可以利用拨音的音位变体来加以引导，让学生慢慢体会 [-n] 和 [-ŋ] 这两者的不同。

等学生对前、后鼻韵母有了语感以后，可以用"引衬法"来训练学生，使其鼻韵母的发音到位准确。所谓"引衬法"即用后面的音节配合帮衬，促成前面的鼻韵母归音到位。练习时，可利用鼻韵尾 [-n] 和 [-ŋ] 的发音部位与声母中的舌尖中音（/t/、/tᵇ/、/n/、/l/）、舌根音（/k/、/kᵇ/、/x/）相同的特点，采用后字引衬前字法，做正音练习。例如：

-n	烦恼	fán—nǎo	-ng	生活	shēng—huó
	奋斗	fèn—dòu		慷慨	kāng—kǎi
	安乐	ān—lè		梗概	gěng—gài
	贪图	tān—tú		放火	fàng—huǒ
	明天	míng—tiān		两个	liǎng—gè

以上我们就汉、日辅音系统作了对比分析，并针对日语的辅音特点提出了教学对策，我们相信，这种方法有助于提高对日汉语教学效率。

第三节 汉字对韩语元音和音节结构的影响①

汉语和韩语是不同语系的语言，汉语属汉藏语系，韩语属阿尔泰语系。类型上，汉语是孤立语，韩语是黏着语。虽然两种语言在发生学和结构类型

---

① 本节作者：申东月。部分内容载《民族语文》，2005（6），原题为《汉韩语言接触对韩语语音发展的影响》。

上都没有共同性，但韩语在汉字汉文的长期影响下，改变了自己的面貌，不仅使自己的语言单位发生了巨大的变化，而且使自己的深层结构也发生了变化。

本部分主要考察汉字对韩语的元音和音节结构产生的影响。根据研究结果，其影响主要体现在：第一，使韩语的多音节短化；第二，促使韩语的元音和谐律松化；第三，汉字使古代韩语书面语产生了声调，后来声调消失而衍生出韩语长短音的超音段音位，从而使韩语的音节结构发生了巨大的变化。

一、韩语多音节的短化

韩语原来是多音节的语言，受单音节特征的汉字词的影响，致使音节短化，多数变为双音节、三音节，单音节也不占少数，如表 2-11 所示。（东亚新国语辞典，1992）

表 2-11 韩语固有词的多音节短化现象

音节短化的词	例子与出处
구위실>구실	구위실 마로미 ᄯᅩ사ᄅᆞ ᄆᆡ테어놀 （杜初 10：29）. 1481 年
그어긔>거기	諸佛淨土ㅣ 다 그어긔現커늘 （月釋 8：5）. 1459 年
ᄀᆞᇝ>감	쵯쇅ᄀᆞᇝ：顔料 （訓蒙中 30）. 1527 年
가비야ᄫᅵ>가벼이	네 미친 마ᄅᆞᆯ 가비야ᄫᅵ 發하야 （牧牛 9）. 1466 年
가야미>개미.	가야미 머구믈 免ᄒᆞ야 （法華 6：154）. 1463 年
거우로>거울	불ᄀᆞᆫ거우로애 아노니 （杜初 21：41）. 1481 年
검듸영>검댕	가마 미? 검듸영 （救解上 16）. 1466 年
것바ᇫ>거지	太子ㅣ 것바ᇫ ᄃᆞ외야 （釋譜 24：52）. 1447 年
고고리>꼭지	ᄇᆞ논불휘와 고고리 업고 （杜初 16：19）. 1481 年
나릿믈>냇물	正月ㅅ 나릿므른 아으 어져 녹져 ᄒᆞ논ᄃᆡ （樂範. 動動）. 1493 年
다리우리>다리미	다리우리 울：熨 （訓蒙中 14）. 1527 年
드를>들	드르헤 龍이 싸호아 （龍歌 69 章）. 1447 年
비두로기>비둘기	비두로기새ᄂᆞᆫ 우루믈 （鄕樂. 維鳩曲）. 1488 年
비야미>뱀	蛇ᄂᆞᆫ 비야미오狗ᄂᆞᆫ 가히라 （月釋 21：42）. 1459 年
소옴>솜	소옴 둔 오시 ᄃᆞ외얏도다 （杜重 12：10）. 1632 年

续表

音节短化的词	例子与出处
쇠야기>쐐기	轄은 술윗軸곧 쇠야기라 (法華序 21). 1463 年
수울>술	樓우희셔 수울 먹고 (杜初 8：28). 1481 年
쉿무**슈**>순무	쉿무**슈** 만:蔓：蔓 (訓蒙上 14). 1527 年
스ᄀᆞ봀>시골	스ᄀᆞ봀軍馬ᄅᆞᆯ 이길쎄 (龍歌 35 章). 1447 年
자히>채	믈톤 자히 건너시니이다 (龍歌 34 章). 1447 年
죠고마>조금	죠고맛 드틀도 업게 (月釋 2：62). 1459 年
터리>털	귀 미틧 터리ᄂᆞᆫ 본더 절로 셰오 (杜初 10：10). 1481 年
파라ᄒᆞ다>파랗다	ᄆᆞᆫᄀᆞ쉬내왇ᄂᆞᆫ ᄭᅩ우미 파라ᄒᆞ도다 (杜初 6：51). 1481 年
하외욤>하품	하외욤ᄒᆞ며 기지게ᄒᆞ며 기춤호ᄆᆞᆯ (金三 2：11). 1482 年

这种音节短化主要是通过音节内的元音脱落，使开音节变为闭音节的方式进行的。当然也有靠词缀的添加或词根和词根的组合而增加音节的，但数量并不多。

二、韩语元音和谐律的松化

古代韩语是用汉字来记录的，所以有没有元音和谐律没有确切的资料可以印证，但通过周围的亲属语言和中世韩语较严格的元音和谐律来推断，古代韩语应该有完备的元音和谐律。（李基文，1998）

中世韩语有 7 个单元音，分阴阳两个系列，其中 i 是中性元音，如表 2-12 所示。

表 2-12 中世韩语单元音的阴阳对应表

阳	aㅏ	a、	oㅗ	iㅣ
阴	ㅓ	w一	uㅜ	

这种阴阳对立的元音字母，后来经历了复音节词短化的过程，其单元音由原来的 7 个变为 10 个，而又产生了 11 个复元音。"而单词内音节的短化引起单词内元音的繁化，正是古今满语语音演变进而导致现代满语元音和谐律解体的一条重要发展规律。"（赵杰，1998）

到了近代，随着元音 "、" "a" 的分化演变，也促使了韩语元音和谐的瓦解。所以到了现代韩语，除了拟声拟态语以外，已基本没有了元音和谐律。

三、古代韩语的声调与现代韩语长音的关系

现代韩语没有声调，但 15 世纪创制《训民正音》时，一些韵书记载有声点符号加在固有词和汉字词的左旁。例如：

《训民正音·例义篇》："左加一点则去声，二则上声，无则平声，入声加点同而促急。"

《训民正音·解例》："谚语平上去入，如촬为弓而其声平。:돌为石而其声上。·갈为刀而其声去。붇为笔而其声入之类。凡字之左，加一点为去声，二点为上声，无点为平声，而文之入声与去声相似。谚之入声无定，或似平声，如긷为柱，녑为胁；或似上声，如：낟谷，:깁为缯；或似去声，如·몯为钉，·입为口之类。其加点则与平上去同。平声安而和，春也，万物舒泰。上声和而举，夏也，万物渐盛。去声举而壮，秋也，万物成熟。入声促而塞，冬也，万物闭藏。"

《东国正韵·序》："语音则四声皆明，字音则上去无别。"该书把汉字音分为三个调类。

《训蒙字会·凡例》："凡字音高低皆以字傍点之有无多少为准。平声无点，上声二点，去声、入声皆一点。平声哀而安，上声厉而举，去声清而远，入声直而促。谚解亦同。"

《四声通解·凡例》："其谚音上声去声则其音自同。"

不少学者根据这些韵书认为中世韩语固有词存在声调，这是中世韩语区别于近代韩语的最重要的标记之一。例如，李基文在《国语史概说》（1998）中说："中世纪国语的声调体系是很单纯的，由低调和高调两个平板调构成。对中世纪国语来讲，声调功能负担量绝不少。很多单词仅靠声调来区别。例如：손（客），·손（手）；·솔（松），:솔（刷）；·발（足），:발（廉）；서·리（霜），·서리（间）；가·지（种），·가지（枝），·가·지（鞒）等。一般名词的声调是固定的，但动词声调往往是不固定的……"

人们都说中世纪韩语有声调，但很少有人阐释声调是如何产生的，到了 16 世纪末它又为何消失得如此彻底。

我们不认为声调是古韩语固有的特征，因为韩语语音系统的特质决定它不会有声调。正如上文所说，韩语语音系统的本质特征在于它的三合性。它主要依靠音段音位的组合区别词的语音形式，这使得它的音节数目庞大，足够区别词的外部形式。韩语作为多音节语言，可以用音节和音节的组合区别词形，因而，没有必要在元音的音高上做文章。汉语是二合的，这无形中等于减少了声母的组合对象而使音节的数量较少。韵母的主要元音有升降折平等音高变化，就使声母的组合对象成倍增加，从而大幅度扩大音节的数量。所以，韩语的无

声调，跟汉语有声调一样，都是由各自语音系统的本质特征决定的。如果三合的韩语再通过声调增加音节数量，那韩语的音节数量远远不止二千多。古代韩语的终声比现在 8 终声复杂得多，这样算来，古代韩语的音节数量必定会超过二千多个。如此庞大的音节数目，是不可想象的。

现代韩语是没有声调的语言。如果说古代韩语有声调，而借用的汉字读音也有声调，那么只能使韩语的声调系统更为复杂，而不会使之消失。

但受长期的汉字书面语的影响，在中世纪以前的韩语中确曾存在过调系。

郑仁甲曾经对《训蒙字会》3350 个字汉韩两种声调进行过全面的比较，结果，对音声调有 77.55％符合《切韵》系调系。但不同调类的符合程度不同，平声（98.87％）、入声（99.67％）基本符合，上声（81.36％）不大符合，去声（13.43％）基本不符合。问题在上声和去声，尤其是去声字。去声字有 80％对音作上声，有 6％作平声，以致对音去声字所剩无几。以此，郑仁甲推断《训蒙字会》的对音调系反映的是上古汉语"古无去声"。（郑仁甲，1998）

上古汉语的调系如何一直是迷，但可以肯定的是上古汉语平、入二声比较完备，上、去二声尤其是去声若有若无，因此学术界有"古无上去"（黄侃、王力）、"古无去声"（段玉裁）之说。韩语中对音去声字寥寥无几可能是上古汉语这一现象的写照。实际上对音只有三种调类：平、上（去）、入。对这种特征，《训民正音》时代的学者早有发现，如："语音则四声皆明，字音则上去无别。"（《东国正韵·序》）该书把汉字音分为三个调类，即平、上（去）、入。

那么，如何解释这种汉字词和固有词中产生的声调现象呢？

可以这样设想，因为古代韩语的初声系统开始很单调，只有一个清音不送气音系列，送气音尚未取得独立的音位地位，这样，必然会造成大量的同音汉字。由于古代韩语的言文二致中的"文"不是韩语而是汉语，所以大量的同音汉字音不能满足将"文"（即书面语）转换成有声语言的要求，而且随着韩语多音节短化也造成大量的同音词。因而，人们尽可能地利用汉语汉字音固有的声调，以减少同音字（词）的数量。随着送气音与不送气音对立的形成，声调的对立已经不再非要不可，16 世纪开始紊乱。所以，声调逐渐消失。根据韩国古代的韵书，表记声调的旁点始于 15 世纪，而且非常整齐。16 世纪前期的《训蒙字会》基本上整齐。16 世纪后期，时间越靠后声调表记越混乱。到了 16 世纪末叶的《四书谚解》的表记已经不再有什么规则，几乎找不到任何规律性。这个时期声调体系已经完全消失。由于声调没有语言基础，所以，它最终没有成为韩语的调位。

声调确实是从此就从韩语中消失了，但其中的上声调促使韩语语音系统产生了长音的超音段音位。长音这种语言功能，也是随着韩语音节演变中内部需要应运而生的。因为韩语多音节短化后，出现大量的单音节和双音节词，这样势必导致很多同音现象。为了避免同音语素过多而影响交际，语言系统自然需要以别的区别手段来满足语言的这种功能，这样原来的羡余特征（音长）被放大，产生了音长音位。也就是说，随着调位这种区别特征因为没有语言基础支持而消失，但它所承担的一部分区别功能便会转移，改由音长来作为补偿。

韩语学术界主张长音来自上声调的有许雄（1984）、李相亿（1979）、권경근（1997）等。

我们可以通过当时的文献记载考察上声的具体调型，如《训民正音》谚解本："上聲온 처어미 눗갑고 乃終이 노푼소리라。"（上声先低后高）《训蒙字会》："기리혀 나종 돌티는 소리옛 字논上聲이니。"（长而后举的是上声）把这两者结合起来考察，可以推定上声应该是"v"的调型，而且是长的声调，如现代汉语的上声就比别的声调长一些。

崔吉元曾经根据《朝鲜语小辞典》的两千多个汉字词的长短音与古汉语声调作了比较，其统计情况大致如表 2-13 所示。（崔吉元，1979）

表 2-13　声调与音长的对应关系

调别	长音占比例（%）	短音占比例（%）
平声字	10.7	89.3
上声字	62.6	37.4
去声字	65.9	34.1
入声字	0.28	99.72

从表 2-13 统计中可以看出，现代韩语汉字词的长短与古汉语声调确实有对应关系，所以说长音来自上声这种主张是有道理的。"在语音分析上，声调的不同，有声音高低的不同，也有长短的不同。比方第三声就比较长一些……"（赵元任，2000）

16 世纪末声调消失转成音长语言，即"ton language"变成"time language"。我们也可以从 19 世纪外国人表记的一些资料中看到当时音长音位已经在语言中广泛使用，表 2-14 是 1881 年在日本横滨出版的《Grammaire Coréenne》（Introduction）中的例子。（李秉根，第 72 号）

表 2-14　19 世纪韩语固有词的长短音对照表

	Longues（长音）		Bréves（短音）
간	KA、N (foie)	간	KAN (numeral des chambers)
밤	PA、M (cha taigne)	밤	PAM (nuit)
벌	PE、L (abeille)	벌	PEL (punition)
벗	PE、T (ami)	벗	PET (cerise)
짐	TjI、M (espèce d'oiseau Fabuleux)	짐	TjIM (une charge d'homme)

再看现代韩语固有词的长短音区别，如表 2-15 所示。

表 2-15　现代韩语固有词的长短音对照表①

a. 눈［眼］/눈：［雪］	b. 돌［週］/돌：［石］
c. 말［馬］/말：［言］	d. 못［釘］/못：［不能］
e. 발［足］/발：［簾］	f. 밤［夜］/밤：［栗］
g. 배［船，梨，腹］/배：［倍］	h. 병（甁）/병：（病）
i. 섬［石］/섬：［島］	j. 열（熱）/열：［十］
k. 일（一）/일：［事］	l. 되다［become］/되：다［thick］
m. 사과（沙果）/사：과（謝過）	n. 사기（沙器，詐欺）/사：기（士氣）
o. 적다［記］/적：다［少］	p. 제비［選］/제：비［燕］

以上例子中，长音都对应于中世韩语的上声调。这说明，从中世韩语到现代韩语的发展过程中，声调消失的同时产生了音长音位。这样大部分的长音是来自上声调，部分例外现象，其中有些是入声遏制长音产生的缘故。长音音位产生后，固有词里音节短化也带来了长音，如（권경근，1997）：

a. 가을→갈：　마음→맘：

　싸움→쌈：　처음→첨：

b. 꾸어→꿔：　보아→봐：

　이어→여：　주어→줘：

但这种变化的前提是，其语言里先存在了长短音的音位区别的条件。所以我们认为固有词中的长音是后来类推而产生的。

---

① 例子引自李相亿：《音长与声调》。（http://www. korean. go. kr/nkview/nklife/2000_1/10_14. htm＃top）

下编　语法研究与教学

第四章 与对外汉语教学相关的
语法研究综述[①]

从 1898 年《马氏文通》出版后的 100 多年以来，汉语语法的基本构架已建立起来，但在 20 世纪 80 年代以前，针对对外汉语教学的汉语语法研究十分薄弱，有的学者认识到对外汉语语法体系"显而易见，是没有摆脱以汉语为母语的人所讲语法的路子"（赵金铭，1996）。30 多年来，随着对外汉语教学事业的发展，越来越多的学者关注与对外汉语教学相关的语法研究，发表对外汉语教学研究论文的期刊和各种形式的集刊相继出现[②]，近十多年来，与对外汉语教学相关的论文发表的数量大幅度增加。我们有必要总结 30 多年来这方面的研究进展和需要注意的问题，以促进学科的发展。

一、教学语法体系与语法教学研究

（一）对外汉语教学语法体系研究

20 世纪 80 年代后期，吕文华（1987）指出对外汉语教学语法体系基本上保持 1958 年《汉语教科书》的体系，落后于学科的发展，应进行改革。她对语法难点的认识、语法点的选择与编排等方面都提出修改意见。国外学者也对教学语法体系提出了一些修改意见，德国学者柯彼德的《汉语作为外语教学的语法体系急需修改的要点》（1991）认为传统语法体系是构成汉语教学难以达到更高水平

---

① 本章作者：丁崇明。原文载《北京师范大学学报》，2005（4），收入本书时新增了近几年的情况。

② 20 世纪 80 年代，全国有两个对外汉语教学的专业期刊：一是原北京语言学院（现北京语言大学）的学报《语言教学与研究》；二是世界汉语教学学会的会刊《世界汉语教学》。21 世纪，中国增加了两个对外汉语教学的专业期刊：2001 年，暨南大学华文学院创办《暨南大学华文学院学报》，2010 年起更名为《华文教学与研究》。2003 年，云南师范大学把《云南师范大学学报（教育学版）》改版为《云南师范大学学报（对外汉语教学版）》，从此中国有了四个主要发表对外汉语教学学术论文的正式期刊。《汉语学习》从 80 年代起，就一直以一定的篇幅发表一些与对外汉语教学相关的论文，《语言文字应用》近些年也开辟了对外汉语教学专栏，也发表少量与对外汉语教学相关的论文。2005 年，北京大学对外汉语教育学院创办《汉语教学学刊》，以书代刊的形式每年由北京大学出版社出版一本集刊。同年，上海师范大学国际文化交流学院创办《对外汉语教学研究》，每年由商务印书馆出版一本集刊。

的最大障碍之一，对提出急需修改之处发表了意见，认为汉语句子成分、复句、词法三方面都有些具体的问题需要修改。

1988 年《汉语水平等级标准和等级大纲》（以下简称为《大纲》）出版，结束了教学安排和教材编写无章可循的局面。吕文华（1992）从语法体系、语法项目分布、教学语法的体系性问题、具体的语法问题对《大纲》提出了一些意见。李晓琪《〈HSK 词汇等级大纲〉中形容词和副词的词类标注问题》（1997）在讨论八组状中结构时，提出了很有价值的 4 条原则，对大纲某些词性的标注提出了意见。卞觉非《"汉语交际语法"的构想》（1992）提出汉语交际语法的构想，力图"按照从内容到形式这一模式编织语法系统，组织教学语法"。把汉语语法的交际功能分为三个层次：意念功能、意向功能、情景功能，下分 110 个子类目。这体现了功能教学语法的思想。王若江《由法国"字本位"汉语教材引发的思考》（2000）是一篇既有实证分析又有理论思考的好文章，文章用统计方法分析了法国教材《汉语语言文字启蒙》字与词的特点，论述了"字本位"教材和"词本位"教材利弊，指出该教材成功之处在于它突破了传统的语法框架，找到了汉语的基本结构单位——字，认为遵循着汉语自身的规律进行教学，可以达到事半功倍的效果。一般认为现代汉语包括书面语和口语，冯胜利《书面语语法及教学的相对独立性》（2003）提出不同的看法，认为书面语有自己的一套语法，有特有的语法运作——［双＋双］的格律模式，有特有的构语方式——单＋单，书面语独立于口语与文言，韵律控制书面语。关于对外汉语教学语法体系讨论的值得注意的文章还有竟成《我们究竟需要什么样的语法大纲》（1993）、李芳杰《句型主体论》（1999）、吴中伟《对外汉语教学语法体系中的主语和主题》（2000）。

（二）语法教学研究

赵金铭《教外国人汉语语法的一些原则问题》（1994）全面论述了教外国人语法的一些原则问题，对于对外汉语语法教学具有指导意义。赵金铭《对外汉语语法教学的三个阶段及其教学主旨》（1996）提出非母语的学生学习语法的三个阶段及其主旨：初级阶段只需教最基本的语法形式，使习得者具备区分正误的能力；中级阶段侧重语义语法的教学，使习得者具备区别语言形式异同的能力；高级阶段侧重语用功能语法的教学，使习得者具备区别语言形式之高下的能力。陆俭明《"对外汉语教学"中的语法教学》（2000）讨论语法教学在对外汉语教学中的定位问题，认为初级阶段不应过分强调语法教学，三、四年级可略为系统地讲一些必要的、基本的、实用的语法知识。关于语法教学教什么的问题作者认为要考虑三点：最急需的语法点；汉语和学生母语语法上的异同；学生在学习上的语法毛病。并提出着重教以下两类语法：第一，汉语有而学生母语中没有的语法现象；第二，虚词。郑懿德（1995）撰文总结自己从事语法教学 8 年之经验，从 8 个方面阐述了对汉语专业高年级语法教学的思考。其经验及其思考不仅值得任课教师认真吸取，而且对编写教材也很有参考价值，是这些年专门总结对外汉语教学语法经验不多见的好文章。韩容洙（1999）讨论了对韩汉语教学中的介词教学。孙德金《语法不教什么——对外汉语语法教学的两个原则问题》（2006）提出了对外汉语语法教学的两个原则：第一，属于词汇范畴的不教；第二，属于共知范畴的不教，在语法教学中要充分利用第二语言学习者的认知能力。这方面值得参考的文章还有彭小川《对外汉语语法课语段教学刍议》（1999）、卢福波《语法教学的基本原则与操作方法》（2008）。

二、用法研究

用法研究的文章数量最多，大致可分为以下四类。

第一，由教学问题引发而写的用法文章。有的论文是研究者根据教学和编教材中遇到的问题或学生提出的问题引发而写的。史有为写了多篇这样的文章，他的《"没完"和"不停"》（1995）指出，"没完"不同于"不停"，它用于有段落、有结束的事情，它还有厌嫌的贬义色彩，"不停"没有这种色彩，更多的是客观描述。

第二，对教材的解释不满意所写的用法文章。王还《对外汉语教学：汉语内部规律的试金石——以"反而"为例》（1994）通过留学生的例句论证了原来对"反而"的语法意义归纳得不太准确，应改为"当某一现象或情况没有大致按情理应导致的结果，而导致相反的结果，就用'反而'引出这相反的结果"。指出对外汉语教学是汉语内部规律的试金石。相原茂《汉语比较句的两种否定形式——"不比"型和"没有"型》（1992）指出教材对"不比"型句的解释不对，认为"不比"型句和"没有"型句的预设、含义或主张相反，它们常常是互补的。白荃《"不"、"没（有）"教学和研究上的误区——关于"不"、"没（有）"的意义和用法的探讨》（2000）对"不""没有"的一般解释提出质疑，提出其区别并不在于时间，而在于叙述的角度是主观还是客观。

第三，由学生病句而引发所写的用法文章。许多文章是受留学生病句启发而写的语言本体的文章。受留学生使用时间词的病句的启发，周小兵《谈汉语时间词》（1995）研究汉语的时点词和时段词与英语的有的对应、有的不对应，指出留学生产生病句的原因是不明白其区别、构成和使用规则。陈满华《从外国学生的病句看方位词的用法》（1995）从留学生病句讨论方位词"里、中、上、下"的用法。这些文章不仅研究汉语语言本体，对汉语教学也很有帮助。

第四，语法难点的研究。有的文章主要从本体角度研究语法难点。张旺熹《"把字结构"的语义及其语用分析》（1991）认为："'把'字句历来是个难点，这与语法教学中只重视结构形式而忽略句子的语义和语用功能有关。"文章总结出"把字结构"的语义是以表达与目的的意义紧密相关的语义内容为本质特征，也总结出其语用规律。补语是汉语中既特殊又很复杂的成分，如何教外国人掌握补语的问题备受关注。鲁建骥（1993）尝试用三个平面的理论分析状态补语及其教学问题。众所周知量词是一个难点，陈绂《谈汉语陪伴性物量词的由来及其应用原则》（1998）认为量词内部是有序的充满理据的群体，从历时与共时的角度考察并总结陪伴性物量词的语义规律，对如何对留学讲授量词提出了一些行之有效的办法。这篇文章对汉语史与现代汉语语法结合、本体研究与应用研究结合的研究做出了十分有益的尝试。袁毓林《并列结构的否定表达》（1999）对谓词性并列结构"讨论和通过"的否定表达式为什么不能在前面加"不、没有"构成否定式的问题进行了研究，比较了汉英并列结构否定表达的异同。马真《表加强否定语气的副词"并"和"又"——兼谈词语使用的语义背景》（2001）研究表示否定语气的副词"并"和"又"的用法，文章论证了在教学中让学生了解掌握词语或句法格式语义背景的必要性。祖人植《"被"字句表义特性分析》（1997）文章最后提出"被"字句语法教学的分级与解说的三点启示。金立鑫《词尾"了"的时体意义及其句法条件》（2002）和杉村博文《句尾助词"了"的语义扩张及其使用条件》（2006）都获得了具有一定启发意义的结论。其他论文如赵淑华《句型研究与对外汉语教学——兼析"才"字句》（1992）、刘月华《以"固然""于是"为例谈虚词的用法研究》（1999）、李泉《试论现代汉语完句范畴》（2005）、丁崇明《"大有……"结构及其教学》（2002）、古川裕《关于动词"来"和"去"选择的问卷调查报告》（2005）、徐晶凝《语气助词"呢"的意义及对外汉语教学》（2008）、王海峰《离合词教学的理论与实践》（2009）、陈前瑞和王继红《动词前"一"的体貌地位及其语法化》（2006）、吕必松《"把"字短语、"把"字句和"把"字句教学》（2010）、张则顺《"实在"句的语义格局和对外教学探讨》（2011）。

三、语法偏误研究

语法偏误分析是比较热门的领域。20 世纪 90 年代上半段发表的文章大多不是针对某一母语背景学生的偏误，随着研究的深入，大多数文章是针对某一母语背景的学生所出现的偏误，可见语法偏误研究逐步精细化，研究更具针对性。较早的研究语法偏误的文章有刘坚《外国学生学习汉语时的语法错误举例》（1991）和鲁健骥《外国人学汉语的语法偏误分析》（1994）；有的文章是研究分类偏误的，如李大忠《"使"字兼语句偏误分析》（1996）和陈小荷《跟副词"也"有关的偏误分析》（1996）；后来大多数文章是分国别偏误分析的，陈绂《浅析日本学生学习助动词的难点与偏误》（2002）指出日本学生学习助动词的偏误有四类：漏用、多用、误用和词序颠倒，并从汉日对比的角度分析了出现这些偏误的原因。其他文章如肖奚强《韩国学生汉语语法偏误分析》（2000）、崔希亮《欧美学生汉语介词习得的特点及偏误分析》（2005）、崔立斌《日本学生汉语学习的语法错误分析与汉日语言对比》（2001）和孙红娟《韩国学生副词使用偏误分析及韩汉语言对比》（2002）。赵金铭《外国人语法偏误句子的等级序列》（2002）运用"最小差异对"的观点，给语法偏误句排出了等级序列，深化了偏误研究，文章既可指导教学，对于寻找普遍语法规则及探索语言的本质也有一定启发。

四、语法习得研究

（一）汉语语法习得与教材编写

语法项目和习得项目顺序的确定是一个十分重要的问题，它是关系到教学效果和效率的关键因素之一。杨寄洲《对外汉语教学初级阶段语法项目的排序问题》（2000）讨论初级教材语法点的确定和编排，提出初级阶段以"了"为分界线，各项目相互依存不断推进。杨德峰《初级汉语教材语法点确定、编排中存在的问题——兼议语法点确定、编排的原则》（2001）讨论了一些代表的教材语法项目排序的方式，分析利弊，提出了初级汉语编排语法点的六条原则。

（二）语法项目的习得研究

20世纪90年代初期，汉语语法的习得研究逐渐为学者们所重视。进入21世纪，这方面的研究成为一个热点。靳洪刚《从汉语"把"字句看语言分类规律在第二语言习得过程中的作用》（1993）研究以英语为母语的人习得"把"字句的过程，把"把"字句习得分为三个阶段。该文兼具理论价值和应用价值，产生了一定的影响。此后国内逐渐兴起了语法习得研究的热潮。赵淑华、刘社会、胡翔（1995）对北京语言学院使用的精读教材主课文中34万字的句型进行了较为全面的统计，其研究为教材中确定语法项目的排序、确定语法难点以及制定语法大纲提供了重要参考数据。钱旭菁《日本留学生汉语趋向补语的习得顺序》（1997）分析了401个日本学生带趋向补语的句子，提出了10种趋向补语的习得顺序。该文是对语法单项习得顺序研究得比较好的一篇文章。余文青《留学生使用"把"字句的调查报告》（2000）选取日本、韩国、欧美各10名学生对其使用"把"字句的情况进行研究，其方法值得借鉴。刘颂浩《论"把"字句运用中的回避现象及"把"字句的难点》（2003）对学生回避"把"字句进行了分析，研究了这一句式的教学难点。杨德峰《英语母语学习者趋向补语的习得顺序——基于汉语中介语语料库的研究》（2003）利用中介语语料库，分析了影响以英语为母语的学生习得趋向补语因素，构拟出趋向补语的习得顺序。孙德金《外国留学生汉语"得"字补语句习得情况考察》（2002）利用中介语语料库，对留学生习得带"得"的补语的情况进行考察，得出5条很有参考价值的结论。赵果《初级阶段美国留学生"吗"字是非问的习得》（2003）在考察研究的基础上得出习得特点和习得顺序。香港浸会大学和北京语言大学几位学者组成的一个研究团队，对汉语语法中的重要语法项目的习得进行考察研究，发表了一系列高水平的研究论文，如黄月圆、杨素英、高立群、崔希亮《汉语作为第二语言反身代词习得考察》（2005），曹秀玲、杨素英、黄月圆、高立群、崔希亮《汉语作为第二语言话题句习得研究》（2006），黄月圆、杨素英、高立群、张旺熹、崔希亮《汉语作为第二语言"被"字句习得的考察》（2007）。丁崇明针对外国留学生汉语副词的习得进行了一系列研究，发表了多篇论文，如丁崇明《留学生副词"也"语序的考察及其习得顺序》（2007）。丁雪欢对外国学生习得疑问句进行了深入研究，发表了多篇高水平的文章，如《初中级留学生是非问的分布特征与发展过程》（2006）和《汉语作为第二语言学习者疑问句早期习得的个案研究》（2007）。其他应当注意的文章又如肖奚强《外国学生"除了"句式使用情况的考察》（2005）、赵杨《汉语及其中介语中的宾语论元》（2007）、周小兵和邓小宁《两种"得"字补语句的习得考察》（2009）等。

（三）语法项目的认知心理研究

较早地从认知角度研究汉语习得的文章是刘宁生《语言关于时间的认知特点与第二语言习得》（1993），文章研究外国人习得汉语时间词。缑瑞隆《方位词"上""下"的语义认知基础与对外汉语教学》（2004）从认知的角度研究外国人习得"上、下"的问题，认为其差异反映了汉族对空间的某些认知特点。高立群《"把"字句位移图式心理现实性的实验研究》（2002）从心理语言学的角度对"把"字句的习得进行实验研究。总之，汉语习得的认知心理实验研究近年成了新的研究分支。

五、汉外语法比较

汉外语法对比的文章以日汉比较的居多，其次是韩汉比较和英汉比较，还有一些小语种的比较文章，如汉语与意大利语、与阿拉伯语等。有的比较个别特殊虚词，有的比较某一词类，有的比较汉语的某一语法成分在其他语言中的翻译或表述。方霁《从认知的角度看英汉时制系统极其表达差异》（2000）角度较新。齐沪扬、章天明《汉语与日语的时相比较研究》（2001）得出了3条很有参考价值的结论。崔健、朴贞姬《日汉移位终点表达形式对比》（2003）从语义、句法功能方面进行比较，是一篇很扎实的文章。柳英绿发表《韩汉语比较句对比》（2002）等一系列文章对韩汉语句法进行比较，产生了一定影响。其他文章如李宗江《从施、动、受的表层形式看汉语的特点——比较汉语和俄语的三种语义成分在语法形式上的差别》（1991）、刘元满《汉日叹词特点的比较》（2000）、韩在均《同素同义逆序词在汉语和韩语中的差异表现》（1999）。

六、新的理论及方法的运用

近年来一些国外的语法理论不断介绍到国内，有的学者尝试把配价语法、构式语法以及语法化等理论引入到与对外汉语教学相关的语法研究中。例如，陆俭明《配价语法理论和对外汉语教学》（1997）、陈满华《构式语法理论对二语教学的启示》（2009）、苏丹洁和陆俭明《"构式—语块"句法分析法和教学法》（2010）以及高顺全《动词虚化与对外汉语教学》（2002）。

七、结语

纵观 20 世纪 80 年代以来与对外汉语教学相关的语法论文，数量逐年增加，研究逐渐深入，成果显著，特别是进入 21 世纪以后，随着对外汉语教学事业的发展及能够发表这类文章的刊物的增加，相关成果增长明显，分国别外国学生习得汉语语法的研究成果出现了明显增长的势头，研究逐渐向深度和广度方面发展，但也有些问题值得注意。在语法体系研究方面，出现了几篇很好的讨论教学语法体系和语法项目习得顺序的文章，促进了学科的发展，但总的来说，讨论不够热烈、深入。当然语法体系问题有赖于语法本体研究的深化，习得顺序研究则有赖于微观的习得研究成果的进一步出现。用法研究方面成果突出，解决了教学中的一些问题，也深化了汉语语法本体的研究。有的文章语法描写较准确，但联系教学就比较表面，教学建议针对性不强。学科的发展期待有更多描写深入到位、概括性强、教学实用性更强的用法研究成果，特别是一些重要的虚词用法方面的成果。语法偏误研究有了长足的进步，但能够立足汉语语法特点，针对学习者母语背景，把偏误研究与习得研究结合起来的好文章还不多见。语法习得研究成为一个新的亮点，出现了一些较好的文章，但与学科发展的要求还相距较远，这当然与此项研究要获得科学可信的调查数据难度较大不无关系。出现了几篇把认知心理学与语法习得研究结合起来的语法认知研究较好的文章，但这一新的研究分支有很多重要问题还没有涉及。可以预见，汉语语法项目的习得研究与认知研究是研究者大有可为的一个新领域。从研究方法看，实验、统计方法使用的范围扩大了，这值得肯定。但也出现了一些不良的倾向，如有的文章调查实验被试对象数量较少，有的缺乏必要的跟踪调查，或者对不同背景的被试没有进行必要的区别，这些都会降低结论的可信度。也应注意个别文章学风不够严谨，引用别人的观点不注明；有个别文章缺乏新意，有"炒冷饭"之嫌。

总的来看，今后对外汉语教学的语法研究需要加强理论探索意识，具体问题研究有的方面亟待加强，如从表义功能方面对汉语空间范畴、时间范畴、状态范畴的分国别习得研究、认知研究以及汉外比较研究亟待加强。也需要大力加强不同国别学生对汉语特殊虚词、特殊句法成分、特殊句式的习得研究、认知研究。语法习得与认知研究如果要上台阶，长期习得跟踪调查研究将是一个重要的突破口。在实验方法使用的同时，也应当鼓励使用传统描写语言学的方法，把语法、语义与语用结合起来，大力开展服务于教学的语法描写的研究，其研究成果要求进一步解释语言使用者在什么情况下应当使用某种句式或者某个虚词，也要力图解释什么情况下不能使用某种句式或者某个虚词，这样实实在在的研究成果将对汉语教学起到更加直接的指导作用。

语法教学法也需在必要的时候进行总结与提高，一方面要总结汉语语法课的教学法，另一方面也有必要总结词汇与语法结合的语法教学法的经验。此外，学科的发展也呼唤必要的、健康的学术争论。

第五章　特殊句法成分与特殊句式研究

第一节　有关补语几个重要问题的重新认识[①]

一、汉语补语复杂难学探因及认识上的歧见种种

汉语补语很复杂。对母语非汉语的外国学习者来说，非常难懂难学；对语言研究者来说，虽然下了很大功夫，如今相关的"研究文献汗牛充栋，但至今难题依旧"（金立鑫，2009）。面对这些尚存歧见、一时难以搞清的问题，近年有人索性提出应放弃"补语"这个语法概念，将其"一分为二"：一部分叫"后置状语"，一部分叫"次级谓语"（金立鑫，2009）。

和其他语言（如英、俄、日语等）比较起来，汉语"补语"是个很特殊的句子成分。主语、谓语、宾语等成分在其他语言中都有基本相对应的成分，而"补语"是没有的。这应该是学习汉语的外国人觉得它难理解难学习的最重要的一条原因。

据我们所知，汉语的补语在几种主要外语中有着不同的表现形式。

比如"他吃完饭了"一句，译成俄语的形式最少有两种：第一种是"Он доел"，"吃完饭了"用动词"吃"的完成体动词"доесть"阳性过去时就可以了；另一种是"Он-закончил-есть"，"吃完饭了"是用动词"结束"的完成体"закончиь"的阳性过去时和动词"吃"的原形"есть"来表示。这样看来，汉语的"吃完（饭）"这个包含有结果补语的述补短语在俄语句子中与动词的"性""时"和"体"都有关系。

再举一个带"得"的句子"天气冷得我夜里睡不着觉"为例。译成俄语一般要用一个因果复句来表示："Ночью-я-не-могу-спать，потому-что-холодно."（夜里我不能睡觉，是因为天气冷。）译成英语应该也是个因果复句："The weather is so cold，I can not sleep in the night."（天气这么冷，夜里我睡不着

①　本节作者：赵清永。原文见齐沪扬主编：《对外汉语研究》（第七期），北京，商务印书馆，2011。

觉。）这种在汉语中用一个带有补语的单句就可以把意思表达清楚，而在其他语言中需要用两个单句构成的复句才能把意思表达完整的现象，不但能够说明汉语带补语句子的独特性，也充分体现出汉语表达简洁的特点。

汉语补语难以理解，难以透彻研究，带有补语的句子问题很多，根本原因还是其本身的复杂性所致。

第一，补语的构成形式复杂。小到一个单音节词，大到一个句子，甚至一个复句，都可以充当补语。归纳起来有如下一些情况：

（1）单音节词，如："自行车很快修<u>好</u>了。""最近爸爸忙得<u>很</u>。""这么大的西瓜你吃得<u>了</u>吗？"

（2）双音节词，如："我只是开句玩笑，看你吓得<u>那样</u>！""只有分析得<u>透彻</u>，结论才能让人信服。"

（3）形容词的生动形式，如："他的脸被炉火映得<u>红彤彤</u>。""房间早已打扫得<u>干干净净</u>。"

（4）动宾式离合词的"离"式，如："小伙子吓得<u>吃了一惊</u>。""一口吞下去，他被噎得<u>打了好几个嗝</u>。"

（5）象声词，如："一屋子的瓷器被砸个<u>稀里哗啦</u>。""刚扔进灶膛里的木棍烧得<u>噼噼啪啪</u>，火星四溅。"

（6）各种形式的短语：

①动宾短语，如："她急得<u>像热锅上的蚂蚁</u>。""孩子都热得<u>出汗</u>了，妈妈也不愿意打开窗户。"

②状中短语，如："车轴磨得<u>吱吱响</u>。""房间里书、报、本子摆得<u>到处都是</u>。"

③定中短语，如："看你，跑了<u>一脸的汗</u>，快擦擦。""最近几天他熬夜熬得满眼的<u>红血丝</u>。"

④介词短语，如："你把书放<u>在桌子上</u>吧。""上面的文字摘<u>自《鲁迅全集》</u>。""这种地形地貌形成<u>于六千万年以前</u>。"

⑤述补短语，如："观众们激动得<u>跳起来</u>。""她吓得<u>愣了半天</u>，连一句话也说不出来。"

⑥数量短语，如："见了面，你要高兴<u>一些</u>。""大家等<u>两个小时</u>了，可还不见他的人影。"

⑦并列短语，如："他说得<u>有鼻子有眼儿</u>。""小院儿收拾得<u>干净整齐</u>。"

⑧连动短语，如："师傅累得<u>躺下就睡着了</u>。""奶奶气得<u>倒在沙发上晕过去了</u>。"

⑨兼语短语，如："茶话会开得<u>让人回肠荡气</u>。""他们糊涂得<u>叫人替他们难过</u>。"

⑩比况短语，如："弟弟长得<u>比哥哥还高一头</u>。""他那话说得<u>比唱的还好听</u>，你相信吗？"

⑪连字短语，如："屋子里热得<u>连一件背心也穿不住</u>。""她刚出名那会儿，骄傲自大得<u>连老师都不放在眼里</u>。"

⑫成语及四字短语，如："这句话把大家说得<u>莫名其妙</u>。""我的辫子又黑又长，脑门儿剃得<u>锃光青亮</u>。"

⑬主谓短语（小句），如："姑娘冻得<u>两腿直打颤</u>。""祥子是那么诚恳，弄得<u>老头子有点不好意思了</u>。"

（7）俗语、歇后语，如："我再蠢，也不会蠢得<u>拿着鸡蛋去碰石头</u>吧。""昨天的事把她闹得<u>猪八戒照镜子——里外不是人</u>。"

（8）复句，如："这句话说得<u>茅草根有点灰溜溜的，又有点心安理得</u>。""张子强吓得<u>只要一看到父亲就开始紧张，不能说话</u>。"

第二，补语内涵面广，导致其意义种类繁多，而且存有不少歧见。具有代表性的有下面一些说法：

分为五种，如朱德熙（1982）把补语分为结果补语、趋向补语、可能补语、程度补语和状态补语。他认为谓语动词后的数量短语是准宾语，介词短语是宾语。还有对外汉语教学界的李德津、程美珍（1988），他们分的五种是结果补语、程度补语、数量补语、趋向补语、可能补语。其中结果补语不仅有"衣服都洗干净了"中的"干净"，还包括"那些杂志别放在椅子上"中的"在椅子上"；其中"程度补语"不仅包括"开水烫极了""他怕得很"中的程度副词"极""很"，更多的是"他跑得快""我们说得她不好意思"中的"快""她不好意思"这样的形容词和主谓语短语等形式。

分为六种，如国家对外汉语教学领导小组办公室编的《高等学校外国留学生汉语教学大纲》，分为状态补语、程度补语、结果补语、趋向补语、可能补语和数量补语。其中的结果补语也是不但包括"买到""听清楚"中的"到""清楚"，还包括"放在桌子上""寄给朋友"中的"在桌子上""给朋友"。

大部分学者分为七种，如黄伯荣和廖序东（2002）、刘月华等人（2001），分为结果补语、趋向补语、数量补语、可能补语、时间处所补语（或称"介词短语补语"）、程度补语、状态补语（或称"情态补语"）。

分为八种，如徐枢（1985），分为结果补语、程度补语、趋向补语、动态补语、状态补语、可能补语、时间补语、数量补语。没有介词短语表示的处所补语。

分为九种，如李子云（1991）。他把上面"七种说"中的"介词短语补语"分解为"时间补语""处所补语"和"方向补语"三种，如"鲁迅出生于1881年""你把书放在桌子上""东方红客轮下午3点开往南京"三个句子中的"于

1881 年""在桌子上""往南京"。其他的则与"七种说"相同。

第三，补语语义的多指向性。补语语义可以前指，也可以后指，可指向谓语，也可指向在句子其他位置上的名词性词语。

语义前指的如：

庄稼都枯死了。（"死"语义指向主语"庄稼"）

他跑得上气不接下气。（"上气不接下气"语义指向主语"他"）

你说完了没有？（"完"语义指向谓语"说"）

天气冷极了。（"极"语义指向谓语"冷"）

战士们把腿伸得笔直。（"笔直"语义指向作状语的介词短语中的"腿"）

大夫叫我趴在床上。（"在床上"说明兼语部分主语"我"经"趴"后的所在）

语义后指的如：

姑娘羞红了脸。（"红"语义指向宾语"脸"）

汽车撞倒了一棵小树。（"倒"语义指向宾语"小树"）

这足以说明补语在句子中语义的多向性。

第四，带补语的句子内部语义链接的复杂性，这和上面一点紧密相关。主要是指句子中的主、谓、宾、补语以及状语中的名词性成分间复杂的语义关联。

吕叔湘（1986）将句子主、谓、宾、补等成分语义之间的关系进行了认真的考察和描写，把带结果补语的句子分成了 15 类（其中一般主谓宾句的有 8 类，"把"字句的有 4 类，"被"字句的有 3 类）。下面仅举几例，以说明其内部语义链接关系的多样性。

他一连发出界两个球。

$$主\ (\ )\ \nearrow^{\text{动}}\searrow\ 宾,\ 补$$

这类句子的语义链接关系是：谓语动词所表动作发自主语（施事），及于宾语（受事），使宾语出现补语所表示的结果；宾语和补语构成一个表述。

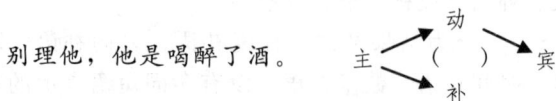

别理他，他是喝醉了酒。

$$主\ (\ )\ \nearrow^{\text{动}}\searrow\ 宾,\ 补$$

这类句子的语义链接关系是：谓语动词所表动作发自主语（施事），及于宾语（受事），使主语出现补语所表示的结果；主语和补语构成一个表述。

这些年的大锅饭把人都吃穷了。　　主—把宾〈　　动　／　补　〉（　　）

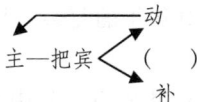

这类句子的语义链接关系是：主语是谓语动词所表动作的受事；"把"字的宾语是施事，由于动作的影响而使其出现了补语所表示的结果；"把"后宾语和补语构成一个表述。

二愣这阵牢骚把个梁永生牢骚笑了。　　主—动→把宾〈　　动　／　补　〉（　　）

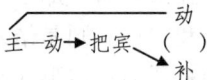

这类句子的语义链接关系是：主语是和谓语动词形式完全相同的名词，它和补语没有直接语义关系；"把"后宾语是谓语的"感事"，它和补语构成一个表述。

妈妈果然被闺女逗笑了。　　主—被宾〈　　动　＼　补　〉（　　）

这类句子的语义链接关系是：主语是谓语动词所表动作的受事，"被"后的宾语是施事，主语由于受动作的影响而出现补语所表示的结果；主语和补语构成一个表述。

这些看似极简单的句子，经这么一描写，原来其内部语义链接关系这么复杂！

第五，一个句子里可以出现几项补语连用。例如：

这一夜他被叫醒三次。

王二小被摔死在大石头上。

青年们走散到各个革命根据地去。

在这些同时使用两个或三个补语的句子中，哪种补语和哪种补语可以同现是有条件的，其前后排列顺序也是不可随便改变的。据考察，结果补语和谓语结合是最紧密的，它可以与数量、处所、时间、趋向等补语同现。

第六，双层补语的套用，即充当句子补语的是一个述补短语。例如：

他累得倒在了地上。

爸爸一吼，孩子吓得哭了起来。

到朋友家里去，他的汗比话来得方便得多。

这种由一个述补短语充当补语的句子，一般是用助词"得"连接谓语和补语的。

补语本身和带补语句子的复杂，导致了某些辨认上的困难和对其认识方面的歧见。

就按意义给补语分类来说，其中有一些表面形式相同而实际意义不同的，应该怎样区分的问题。

第一，结果补语和不用"得"和前面谓语连接的程度补语应该怎样区分的问题。如"今天的活儿累死我了""这任务最近可把大家忙坏了"中的"死"和"坏"是程度补语，而"那匹老马累死了""该休息就休息，不要忙坏了身体"中的"死"和"坏"则是结果补语。

第二，可能补语的肯定形式和状态补语的肯定形式怎样区分。如"这事和你有没有关系，你自己说得清楚吗"和"她说得清楚，大家一听就明白了"两个句子里都有"说得清楚"，前者的"说得清楚"应该是带可能补语的述补短语，而后者的"说得清楚"应该是带表示判断评价的状态补语的述补短语。

有关论著对这些问题都作了比较详尽的说明，已经基本解决。

某些有纠缠的地方通过 20 世纪八九十年代的教学实践和讨论，认识也基本上得到了统一。例如：

第一，"书放在桌子上"中的"在桌子上"是"结果补语"还是"处所补语"？现在大部分人都认为这种介词短语充当的补语应该是处所补语而不是结果补语。

第二，"马跑得都瘸了"中的"都瘸了"是"结果补语"吗？说它是结果补语的人认为"都瘸了"是因谓语"跑"而出现的结果。什么是结果补语？有人认为，结果补语是说明谓语所导致的一种结果（唐启运，1980）；还有人说，所谓结果补语就是补语前有"得"而不表示可能的（王还，1979）。经过一段时间的探讨和冷静思考，现在大概没有人再把这种用"得"连接的补语称为结果补语了。

有些比较难的问题，通过讨论正在逐步清晰，认识趋于接近，但由于某种原因，至今还没能完全取得一致。比如，究竟怎样给补语分类才能说得更清楚，才能更有利于教学，特别是对外汉语教学？再比如，除了表示可能的补语以外，用"得"和谓语连接的补语究竟应该怎么区分？具体地说，像"队伍排得非常整齐""他急得冒汗"一类的句子中"得"后补语是程度补语还是状态补语？

我们认为，有些问题确实很难一下子彻底解决，但不能说解决不了。数十年的研究取得了很大成绩，使今天我们所说的"补语"从"后附的副词性附加语"（黎锦熙，1924）、"补足语"（张志公，1953）、"随带成分"（陈望道，1978）等诸多交错说法中凸显出来。应该说其构架和系统已大体形成，其轮廓及内部经纬也已基本勾勒清楚，很多不同意见或原来模糊的问题也解决了不少，取得了共识。现在要做的工作是：尊重几代语言学先辈的耕耘成果，在前人相关研究的基础上，用科学的态度、更切合汉语实际的方法或从新的角度继续深入研究，以澄清目前尚存争议或不十分清楚的问题。本节拟对有关补语的几个重要问题进行重新审视，以期对相关研究有所推动，使对补语的描写更加清晰，对语法教学有所帮助。

二、关于补语的定义

关于什么是补语，这似乎是一个不成问题的问题，然而数十年来"一贯制"的说法，并非十分科学严谨，滴水不漏。

20 世纪 50 年代初语法学界前辈们给补语下的定义是："补语是动词或形容词后主要对动词或形容词进行补充说明的成分。"（丁声树等著《现代汉语语法讲话》）自此以后的很多现代汉语教材，包括近三十多年来编写的对外汉语教学的语法教材，虽然对补语的定义不完全相同，但基本都延续了上面的说法："补语是位于动词或形容词后主要对动词或形容词进行补充说明的成分。"（刘月华等《实用现代汉语语法》）"补语是动词或形容词后边的连带成分，对动词、形容词起补充说明作用。"（冯志纯主编《现代汉语》）"补语是用于由动词或形容词充当的述语之后，对述语进行补充说明的成分。"（张宝林《汉语教学参考语法》）这些"补语"的定义虽都具有高度的概括性，但至少存在以下的不足：

第一，我们所说的"补语"，应该是构成句子六个基本成分之一的"补语"。而上面所说的，并不完全是句子的"补语"，它实际上包括了两个不同层面的东西：一是构成句子的基本成分之一——补语；二是以整体作为句子某个成分的述补短语中起"补充说明"作用的部分。就这一点来说，还是黄伯荣、廖序东的《现代汉语》中的补语定义说得清楚些："补语是附加在谓语后面或其他中心语动词、形容词后面的成分。"其实，这两个不同层次的概念是应该予以适当区分的，否则会给人们（特别是那些学习研究汉语而母语非汉语的其他国家、民族的人）造成语法概念上的混淆。

比如，"这康大叔却没有觉察，仍然提高了喉咙只是嚷，嚷得里面睡着的小栓也合伙咳嗽起来"这个句子最后的分句中究竟有几个"补语"？如果按照上面定义的说法，应该有三个："里面睡着的小栓也合伙咳嗽起来"，"着（zháo）"和"起来"。而实际上能够称为该句子"补语"的只有一个，那就是助词"得"后面的"里面睡着的小栓也合伙咳嗽起来"这个主谓短语（小句）。述补短语"睡着"，是此主谓短语（小句）中主语"小栓"的一个定语，而"着"只是此述补短语中起补充作用的词；"起来"说明"咳嗽"开始并继续，是此主谓短语（小句）的补充部分。这两个都不能说是句子的

"补语"。

第二，补语究竟"补充说明"的是句子中的哪个词语？大量的语言事实告诉我们：它可以补充说明充当谓语的动词或形容词，同时也有很多补充说明句子中充当其他成分的名词性词语的情况。如"他把茶杯摔得粉碎"一句中的"粉碎"，就是补充说明作状语的介词短语"把茶杯"中的"茶杯"的，它说的是"茶杯"经谓语动词"摔"的作用后出现的状态（有很强的结果意味），"茶杯"从语义关系上说是受事。再如"新正将尽，卫老婆子来拜年了，已经喝得醉醺醺的"，补语"醉醺醺的"是说明施事主语"卫老婆子"喝（酒）后的状态的。毋庸置疑，这些补语所表示的情况或状态与谓语动词或形容词所表示的动作变化的作用和影响是分不开的，但按照以往说的"补语是补充说明动词或形容词的"的说法，把"粉碎"说成是补充说明"摔"的，把"醉醺醺的"说成是补充说明"喝"的，显得有些牵强。所以，把"补语"一律说成是补充说明"谓（述）语"动词或形容词的这种说法大有值得商榷的地方。

其实，早已有人注意到了补语所补充说明的对象不止是作谓语的动词、形容词的问题，分析过其语义的多指向（李临定，1963；吕叔湘，1986；李子云，1990；朱子良，1992；北京大学中文系现代汉语教研室，2004），只不过没把相关结论反映到怎么给补语下定义上来。

比较早注意到以往给补语所下定义的不足，并试图有所突破的是杨润陆、周一民编著的《现代汉语》（2000）："补语是谓语后面补充说明的成分。补语同谓语是补充和被补充的关系，这是从语法角度说的。从语义角度看，补充说明的成分不仅仅是谓语，补语有多种语义指向。"这个定义确实比以往前进了一大步。看得出来，杨、周二位先生试图从语法（准确地说应该是句法）和语义两个角度来说明什么是补语，只不过阐释得还不够精确清楚，仍给人有"皮毛两分"的"夹生"感觉。

基于以上情况，我们认为应该这样给补语下定义才更好：

补语是位于谓语动词、形容词（或短语）之后，对谓语或与谓语有一定语义关系的句中某个名词性词语进行补充说明的句子成分。

这个"补语定义"至少三个方面更加科学合理：

第一，以往给补语下的定义大多说在补语前充当谓语的是"动词或形容词"，实际上能在补语前充当谓语的还有一些动词、形容词的短语（包括成语）。例如：

他兴高采烈得非常："天门两块！"

听到总理爱抚的话语，我悲喜交集得说不出话来。

这只木船这些年里也早已被翻造扩充得不是早先模样了。

所以我们要在定义中的"谓语动词、形容词"后的括号里用"或短语"加以明确。

第二，我们下的定义明确了补语补充说明的对象分为两种：一种是充当谓语的动词、形容词（或短语）；另一种是受谓语动词或形容词所表动作行为变化的作用影响，与谓语有一定语义关系的，在句中其他位置的名词性词语。前者如：

> 小栓已经吃完饭。
>
> 阿 Q 迟疑了一会，四面一看，并没有人。
>
> 第二天我起得很迟。
>
> 岛上静得出奇，也干净得出奇。

这四个句子中的补语"完""一会""很迟"和两个"出奇"分别说明充当谓语的"吃""迟疑""起""静"和"干净"。后者如：

> 要不是偷，怎么会打断腿？
>
> 老栓走到家，店面早经收拾干净。
>
> 后来全镇的人们几乎都能背诵她的话，一听就厌烦得头痛。
>
> 大家把铁棍撬得七扭八歪了，可那块石头却纹丝不动。
>
> 每当举办讲座时，闻讯而来的郑州文化界人士、读者便把酒家二楼这座大堂挤得满满的。

以上五个句子中的补语"断""干净""头痛""七扭八歪""满满的"分别补充说明的是宾语"腿"（受事）、主语"店面"（受事）、主语"人们"（施事）、充当状语的介词短语中的名词性词语"铁棍"（工具）和"酒家二楼这座大堂"（处所）。当然，说这些补语补充说明的不是谓语，不是说它们和谓语没有关系。它们所补充说明的对象是受到谓语所表示的动作变化的作用或影响，才会出现补语所展示的情况状态。因此可以说，谓语是"因"，而补语是"果"。这些被补充说明的，在句中其他位置上的名词性词语一定都与谓语存在着某种语义关系。

我们给补语下的新定义客观地阐述了"补语"补充说明的对象不止"谓（述）语"的问题，从而也就解决了"补语"在句子结构形式（句法）和内涵（语义）上"补充说明"的对象出现不尽一致的矛盾。

第三，我们所说的"补语"，应该是构成句子的六个基本成分之一。至于像"（康大叔）嚷得里面睡着的小栓也合伙咳嗽起来"一句中充当定语的述补短语"睡着"里的"着"叫什么，我们认为最好有别于句子的"补语"。或叫作该述补短语的"补充部分"，或来个"旧词新用"，将现在早已不用的"补词"挪用过来，作为对述补短语里"补充部分"的称呼，以解决很多句子中两个不同层面上"补充说明"成分的称呼容易混淆的问题。同时也可显现出在汉语中对不同层级的语法单位有不同称呼的科学性和严密性。如果有人持"没有必要,数十年都是这样说的,已经约定俗成"的观点,起码我们应该明确述补短语里的"补语"说法是从句子成分的称呼中借用过来的。

三、关于补语的分类

前面我们曾介绍过,在对补语的分类上,学界存在不同意见,而且不断有人提出新的看法。目前在主流意见中具有代表性的是黄伯荣、廖序东的《现代汉语》,该教材按意义将补语分为七种:结果、程度、状态、趋向、数量、时间和处所、可能。刘月华等人(2001)的分类与他们的意见基本一致,只是把其中的时间和处所补语按照结构特点命名为"介词短语补语",将状态补语称为"情态补语"。对于"可能补语",也有不同的叫法,如"能否补语"(唐启运,1980)、"结果、趋向补语的可能式"(胡裕树,1981)、"能性补语"(李晓琪,1985)等。

对补语分类有不同的或新意见的学者主要有缪锦安、张旺熹、竟成等。

缪锦安在《汉语的语义结构和补语的形式》(1990)一书中,首先从结构出发,把补语分为简单式(不用"得"连接)和复杂式(用"得"连接)两大类,然后再根据充当补语的是什么性质的词或短语作进一步的细分并命名。简单式里分为时间处所补语、次数补语、受事补语、受命行事补语、趋向补语、感受补语、程度补语、被描述者补语和评述补语9种。复杂式里分为依从补语、描述补语两种。这种分类方法及对补语的命名引入了语义含义,名称大部分和传统的主流称呼有所不同。另外它的数量达到了11种,还不包括我们所说的"可能补语"。

张旺熹在《汉语特殊句法的语义研究》(1999)一书中也曾试图把补语的类别简化。在对传统的补语类型从结构及语义上进行了比较充分的论证之后,他把动补结构系统整合为三种典型形式:"VC"结构、"V 不 / 得 C"结构和"V 得(很)C"结构,并就三者的关系列出了一张表。

竟成的《补语的分类及其教学》(1993)一文认为,立足于对外汉语教学需要,补语分类应该"尽量从语言的结构形式、外在的标志入手,再讲到对应的语法意义"。他列了一张表,纵列把补语的构成成分分为8类:形容词、动词、趋向动词、数量词语、介词短语、副词、短语、"个"字短语;每类又分直接和间接,再细化为肯定和否定4种形式。又按补语意义的不同,横排分为9类:动态、时空、动量、时量、比较数量、可能、结果、情状、对象。在形式和意义的交叉点上,共得出补语的33种形式和意义的结合体。

以上这些意见,都注意到了要把形式和意义结合起来,这是值得肯定的。

虽然各有长处，但是在多年来的教学中，特别是在对外汉语教学中却难以普及。

　　陆俭明在为《现代汉语补语研究资料》（1992）一书所作的"序"里，从构成形式特点入手，归纳总结了补语的总体构架及分类。为了能让人一目了然，我们将其内容用图的形式展现，如图 5-1 所示。

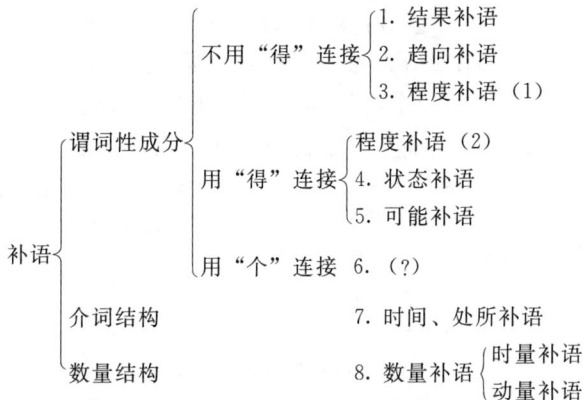

```
                            ┌ 1. 结果补语
              ┌ 不用"得"连接 ┤ 2. 趋向补语
              │             └ 3. 程度补语（1）
      谓词性成分┤             ┌ 程度补语（2）
              │ 用"得"连接  ┤ 4. 状态补语
              │             └ 5. 可能补语
              └ 用"个"连接 6.（?）
补语 ┤
      介词结构              7. 时间、处所补语
                                      ┌ 时量补语
      数量结构              8. 数量补语┤
                                      └ 动量补语
```

图 5-1　补语的总体构架及分类

这样的分类继承了前人的研究成果，包括丁声树、吕叔湘等人的《现代汉语语法讲话》、朱德熙的《语法讲义》等，并结合新的意见对其中的某些地方做了补充和修正，较真实地描绘出了补语体系的整体面貌及内部格局。但细细审视，还是稍有不甚周密之处。如不用"得"连接的程度补语（1）中，当然包括副词"极"，它怎能放在"谓词性词语"的范畴里呢？再如用"个"连接的补语，没有明确其类别归属，它实际应包括在"状态补语"之中。

　　我们认为，对补语的描写分类应该遵循"形式—意义—形式"的思路，在已取得的有关成果之上，应该更清楚地做进一步细化，如图 5-2 所示。

　　我们认为，从大的结构角度出发，再按意义给其分类，最后交代清楚每种补语都由哪些结构形式充当，这样就能比较清晰地描绘出补语的整个体系了。对于学习者来说，便于接受、理解和掌握。

　　另需说明的是，上面的分类图表基本概括了所有补语，但是没有包括不用"得"连接的"定中短语"作状态补语和用"到"连接的程度补语的情况。

1. 结果　　　　动词、形容词
2. 趋向　　　　方向动词（简单、复合）
3. 时间（点）　介词＋时间名词
4. 处所及对象　介词＋处所名词/代词连接的
5. 数量　A. 时量　数词＋时量词
　　　　　B. 动量　数词＋动量词
　　　　　C. 比较数量　数词＋度量词
6. 程度 1　副：极、非常；形：多、远、坏、无比、不堪、非凡等；
　　　　　　动：死、透等；固定短语：一点、一些、了去了等；

不用"得"连接的

程度 2　副：很、非常等；形：多、厉害、出奇等；动：不行、要命等；
　　　　固定短语：不得了；不固定短语：动宾、状中、述补、
　　　　主谓、并列、连动、兼语等；成语；俗语
7. 可能　A. 动＋得/不＋动/形
　　　　　B. 动＋得/不＋了（liǎo）
　　　　　C. 动＋得/不得
8. 状态 1　形容词（或"生动形式"）；象声词；不固定短语：动宾、
　　　　　状中（包括"比况"、"连"字、"越……越……"等）、述补、
　　　　　主谓、并列、定中、连动、兼语等；成语；俗语；歇后语；
　　　　　复句以及"零形式"

用"得"连接的

补语

用"个"连接的：状态 2　没完、不停（止/住）；形容词及其生动形式；四字短语、成
　　　　　　　　　　　　语等

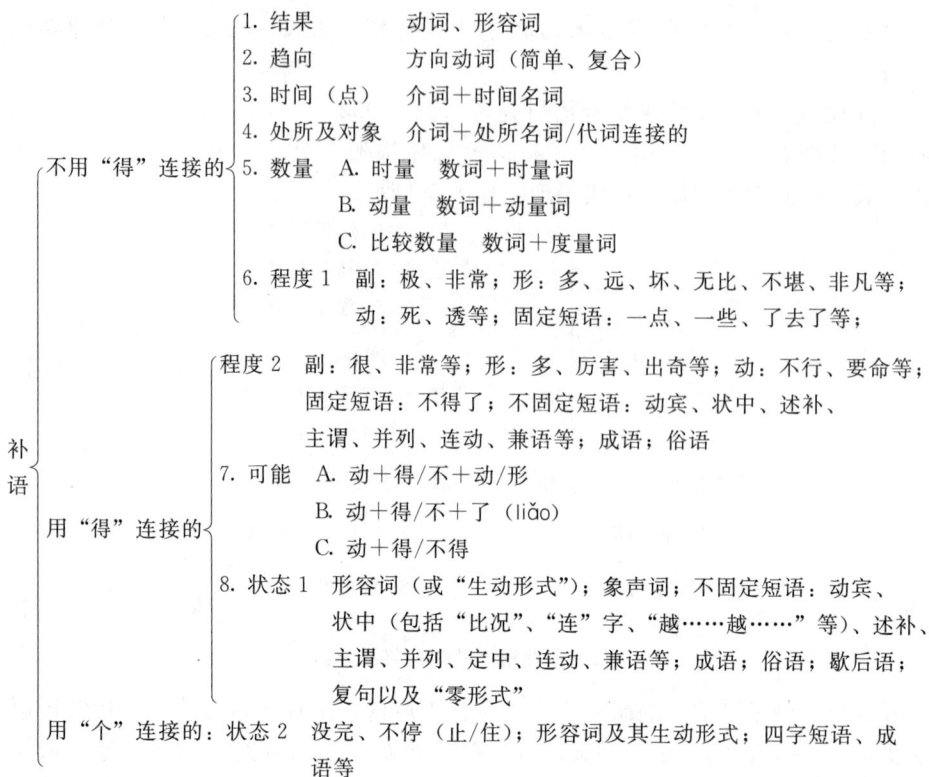

图 5-2　补语的总体构架及分类细化图

第一，不用"得"连接的定中短语作补语的如：

我摔了一身的伤。

他熬夜熬了一眼的红血丝。

她骂人骂了满肚子的气。

以上例句都出自李临定《名词短语补语句析》（1989）一文。文中说，构成补语的定中短语中的"一""满"都不能省去。但没有说明谓语动词后的"了"的作用。我们认为，这个"了"不仅有动态助词的作用，强调动作的实现完成，而且兼有结构助词"得"的连接作用。因此，三个句子可以变为：

在雨中爬山，免不了摔跟头，你看，我摔得一身的伤。

他熬夜熬得一眼的红血丝。

她骂人骂得满肚子的气。

这样看来，把这种句子归入用"得"连接的状态补语也就顺理成章了。

第二，用"到"连接的程度补语如：

空中青碧到如一片海。

毛家的大儿子进来了，胖到像一个汤圆。

和她叔子，她早经闹开，至于使他气愤到不再认她做侄女。

这样句子中谓语后面的"到"和"得"无论从语音上还是从句法作用上说都很相近。对此，林焘先生（1957）早做过考察。他认为，现代汉语中的助词"得"有两个来源，"到"是其中的一个。所以我们把这样句子中的"到"换成"得"，完全说得通。因此我们在上面的表中也就没有把它单独列上。另外有一点要说明，就是"到"用在谓语动词形容词后还常常充当结果补语。如：

想起来，我从顶上冷到脚跟。

以前这种电视都是一万两万的，现在便宜到了几千块钱。

此时的"到"不是助词，是不能用"得"来替换的，应该区分清楚。

四、程度补语及用"得"连接的程度补语与状态补语的界定

关于程度补语及其和状态补语的纠葛，历来就存在。特别是用"得"和谓语连接的程度补语和状态补语，认识一直难于统一。因此不断有人发问："等级大纲说'笑得肚子疼'是程度补语，那么结构相同的'长得皮肤白白的'能否也算作程度补语呢？换句话说，凭什么来划定程度补语的范围呢？"（竟成，1993）面对诸家的不同说法、实际存在的认识上的模糊和类似如此的困惑质疑，多年来也不断有人在努力探索，以求找到一个科学合理的答案，如王邱丕和施建基的《程度与情状》（1990）、宋玉柱的《谈谈程度补语》（1990）、贺晓萍的《关于状态补语的几个问题》（1999）等。在以往研究结论的基础之上，我们对程度补语及其与状态补语究竟有何区别作进一步的梳理和廓清。

首先要澄清的是，究竟什么是程度补语。王邱丕和施建基（1990）曾说过："程度补语是说明谓语所达到的程度的。"宋玉柱（1990）也说："'程度补语'的'程度'不能是指补语本身，而应该是指中心语的程度。"这些说法是完全正确的，它清楚地说明：程度补语是补充说明谓语动词、形容词或具有程度属性的短语所达到的程度的，它的语义指向只能是谓语。而"我笑得肚子疼"中的补语"肚子疼"的语义指向是"我"，"队伍排得非常整齐"中的补语"非常整齐"的语义指向是"队伍"，因此这类句子的补语都不能算程度补语。

既然程度补语是说明谓语所达到的程度的，这就要求能充当程度补语前面谓（述）语的词语有程度的属性，也就是说它应具备程度高低的可衡量性。具有这种属性的词语有：（1）性质形容词，如"好""热""漂亮""干净""好吃"等；（2）大部分心理动词，如"爱""想""愁""得意""后悔""尊敬"等，而"猜""考虑""琢磨""回忆""盘算"等则没有这种属性；（3）可以表

示人的感受的动词，如"吵""挤""颠""撑""晒""扎"等，这类动词原是表示某种动作的，但它可被借用来表示人的某种感受；（4）少数能用程度副词在前面进行修饰的一般行为动词，如"像""费""欢迎""节约""照顾""普及"等；（5）一些具有性质形容词特点的动词短语，如"有钱""没劲""会说话""伤脑筋""靠不住""说明问题""过意不去"等；（6）具有性质形容词特点的成语，如"自以为是""耐人寻味""心平气和"等。以上6种词语前都可用"很"等程度副词修饰，所以都可带程度补语。"很笑""十分排"等搭配是绝对没有的，因此像"我笑得肚子疼""他跑得很快""队伍排得很整齐"等句子中的补语都不是程度补语，而应看作是状态补语。

另需说明的是，最近一些年，"程度副词＋名词"的语言现象越来越多，而且也为大家所接受，如"百强地板，真的很德国""他们对我全都很绅士"等句子屡见不鲜。随之而来的是"名词＋程度补语"的现象也出现了，如"他的样子流氓极了""圈养的野兔山鸡更是美味得很"等。照此发展下去，将来某些名词可充当程度补语前的谓语也就会成为一条新的语法规则了。

程度补语分为用助词"得"（或"到"）和谓语连接与不用助词和谓语连接的两种。

可充当不用助词连接的程度补语的词语数量有限，常用的有：

副词："极"（热极了）、"非常"（热闹非常）、"不过"（气愤不过）。

形容词："多"（好多了）、"远"（差远了）、"坏"（累坏了）、"无比"（英勇无比）、"不堪"（肮脏不堪）、"非凡"（热烈非凡）、"到家"（精明到家）。

动词："死"（忙死了）、"透"（可笑透了）。

不定数量词："一点"（舒服一点）、"一些"（勇敢一些）。

可充当用"得"连接的程度补语的词语可分为范围可圈定即封闭的一类和不可圈定即开放的一类。

封闭的一类常用的有：

副词："很"（糟得很）。

形容词："多"（强得多）、"远"（差得远）、"慌"（累得慌）、"凶"（闹得凶）、"厉害"（颠得厉害）、"出奇"（热得出奇）、"可怜"（少得可怜）、"吓人"（黑得吓人）、"邪乎"（冷得邪乎）、"够呛"（累得够呛）、"够劲儿"（辣得够劲儿）、"够受的"（挤得够受的）、"够瞧的"（懒得够瞧的）、"了不得"（高兴得了不得）。

动词："不行"（难看得不行）、"要命"（脏得要命）、"要死"（急得要死）。

固定短语："不得了"（好吃得不得了）。

开放的一类主要是下面一些：

不固定短语：动宾短语，如"吓得丢了魂"；状中短语，如"穷得叮当响"；述补短语，如"骄傲得忘乎所以起来"；主谓短语，如"气得肺都炸了"；并列短语，如"疼得哭爹喊娘"；连字短语，如"得意得连自己姓什么都忘了"；连动短语，如"困得歪在沙发上就睡着了"；兼语短语，如"漂亮得让人赞叹不已"，

成语：如"干净得一尘不染"，"惊得魂飞魄散"。

俗语：如"好得穿一条裤子"，"蠢得拿着鸡蛋去碰石头"。

对于可充当不用"得"连接的程度补语的词语，大家意见很一致；对于可充当用"得"连接的程度补语的词语如"很""不行""不得了"等这些固定形式也没什么分歧。但对于像"（他）忙得脚丫子朝天""（孩子）疼得直咧嘴"一类句子的补语性质就拿不准了，因此有人把它们统统归入"状态补语"（马庆株，1992）。但也有不同的意见，认为只有动词后的补语才是状态补语，形容词后的补语都应是程度补语，其理由是"动词和动元与'状态'（situation）相联系，无所谓'程度'（degree）；形容词所表示的性质（quality）与'程度'相联系，'性质'无所谓'状态'"（贺晓萍，1999）。我们认为两种意见都有值得商榷之处。这样句子的补语有的应属于程度补语，有的可看作状态补语。为什么这么说呢？这就牵涉到对用"得"连接的程度补语和状态补语的认识和划界问题了。

用"得"连接的程度补语和状态补语确实不太容易区分，因此长期存在着认识上的差异。

要区分"得"后的补语是程度补语还是状态补语，首先要看其前面充当谓（述）语的词语是否具备程度属性。不具备程度属性的，其后应该是状态补语，如"他跑得很快"中的"很快"，因为动词"跑"不具备程度属性，没有"很＋跑"这样的搭配，所以它不能带程度补语；再如"我笑得肚子疼"中的"肚子疼"也一样，是状态补语而不是程度补语。

充当谓（述）语的词语具备程度属性的，我们再作进一步的考察和区分。试看下面的两组句子：

A	B
a1. 爸爸最近忙得常常忘了吃饭。	b1. 爸爸最近忙得脚打后脑勺。
a2. 她的皮肤嫩得像豆腐一样细滑白皙。	b2. 她的皮肤，嫩得可以掐出水来。
a3. 干了一会儿，我就累得腰都直不起来了。	b3. 干了一会儿，我就累得浑身散了架。

这两组句子里作谓语的词语都具有程度属性，都可以带程度补语，这是它们的共同之处。

它们的区别之一是：A组句子"得"后的补语所显示的都是可出现的情况或是明确的比喻。而B组句子"得"后补语所说的都是现实中不可能存在的情况：爸爸再"忙"也不可能"脚打后脑勺"；皮肤再"嫩"也不可能"可以掐

出水来";人再"累"也不可能"浑身散了架"。它显示的是一种"虚"的、实际不存在的"蜃景",是一种极度夸张的手法,用这种方法只能是来表示程度之高而不是对现实情况状态的真实描写。

  它们的区别之二是:正因为 A 组句子的补语所描写的是现实可以存在的或比喻的情况,它的语义指向是谓语所陈述的主体(名词),因而这种句子具备结构上的"缩略性"(陆俭明,1992),所以可分解为有一定内在联系的两个表述(主谓短语),即可以"一分为二":

  a1. 爸爸最近忙＋爸爸常常忘了吃饭

  a2. 她的皮肤嫩＋她的皮肤像豆腐一样细滑白皙

  a3. 干了一会儿,我就累了＋干了一会儿,我就腰都直不起来了

而 B 组的句子则不可能像 A 组那样"一分为二",因为分解后的第二个表述虽然从句法上讲似乎可以,但是从语义、情理上讲却是说不通的:

  b1. 爸爸最近忙＋? 爸爸脚打后脑勺

  b2. 她的皮肤嫩＋? 她的皮肤可以掐出水来

  b3. 干了一会儿,我就累了＋? 干了一会儿,我就浑身散了架

A 组句子"一分为二"后两个表述都成立,是因补语是"写实"的;B 组句子分解后的第一个表述成立,第二个不成立,是因它表现的情况不可能存在。

  我们说 B 组句子的补语应该是程度补语,还有一个理由,就是这种句子可以把充当补语的词语加上比喻词后挪到谓语之前作状语来形象说明谓语所达到的程度:

  b1. 爸爸最近像脚打后脑勺似的那么忙。

  b2. 她的皮肤像可以掐出水来那么(地)嫩。

  b3. 干了一会儿,我就像浑身散了架似的那么(地)累。

  这就说明这些极为夸张的词语的语义指向是谓语,它们充当补语的作用无疑也是说明谓语所达到的程度的。

  从以上分析中可以发现:第一,用"得"连接的程度补语前的谓语须是具有程度属性的动词、形容词或短语等,否则应是状态补语。第二,充当谓语的词语具备程度属性的,其后的补语有可能是程度补语,也有可能是状态补语,这要看补语所表现的情景如何:是现实中可以出现的情况或是明确比喻的,如 A 组句子以及像"他紧张得直哆嗦""你走路怎么慢得像个小脚老太太似的"等句的"得"后部分,可以认为是表示程度,但也可以认为是表示状态,这是两者交错的模糊区域,很难"一刀切"(吕叔湘,1979),见仁见智,各有其理,不必非此即彼;若是现实中不可能出现的情况,表极度夸张的,如 B 组句

子以及像"我紧张得心都提到了嗓子眼""她第一次上船出海，晕得天旋地转"等句中的补语则应看作是程度补语，因为这么说的目的不在于表示一种现实情况状态的存在，而在于用"虚"的极度夸张强调谓语所达到的程度极高。

五、述补短语的句法功能

人们常说，词是句子中最小的能够独立运用的语言单位，这没错。但实际上在很多句子中，短语（词组、结构）才是构成句子的基本单位。述补短语跟其他短语一样，在构句时表现得非常灵活，常常以整体出现在句子的多个位置上，弄清它的构句功能很有必要。请看下面两个句子：

这是我们交际了半年，又谈起她在这里的胞叔和在家的父亲时，她默想了一会之后，分明地，坚决地，沉静地说出来的话。

她虽然是粗笨女人，心里却有决断，便站起身，从木柜子里掏出每天节省下来的十三个小银元和一百八十铜钱，都装在衣袋里，锁上门，抱着宝儿直向何家奔过去。

第一个句子是个单句，在宾语"话"前的定语部分连续使用了 4 个述补短语；第二个句子是个多重复句，在后一部分的连贯复句中，连续用了 6 个述补短语。这说明述补短语的使用频率很高，在句中可出现在多个地方充当多种成分。

我们把述补短语分为 8 种：（1）带结果补语的述补短语，如"做好"；（2）带趋向补语的述补短语，如"跑过来"；（3）带数量补语的述补短语，如"摸一下""干两个小时"；（4）带处所补语的述补短语，如"放在床上""走向胜利"（"方向"应看作"泛处所"）；（5）带可能补语的述补短语，如"吃得／不完"；（6）带程度补语的述补短语，如"热极了""好得很"；（7）带状态补语的述补短语，如"站得腰酸腿疼"；（8）带时间补语的述补短语，如"发生在 1958年"。

下面我们就分析一下这些述补短语在构句中的作用。

很多述补短语可以出现在主语的位置上。例如：

来得早不如来得巧。

"说不清"是一句极有用的话。

喝一点酒是可以的，但是喝醉了不好。

大部分述补短语之所以能充当主语，是因为它们可以表示出一种结果或是预期的结果或状态。我们常说，主语表达的是已知信息。当人、事物的动作变化有了结果或是可以出现一种预期结果状态的时候，也就构成了一种已知信息，我们也就可以对它做出评判了。所以这种句子常是表示评价的。

带表示结果补语和可能补语的述补短语常在句中作谓语。我们所说的是指它像一个动词那样，占据着谓语中心词的位置，其后还可以整体的名义带宾语。这个宾语可以是一个名词、代词，也可以是一个名词性、动词性的短语，还可以是一个主谓短语，甚至是一个完整的小句。例如：

孔乙己便<u>涨红了</u>脸，额上的青筋条条绽出。
伊一<u>瞥见</u>七斤的光头，便忍不住动怒。
阿Q<u>料不到</u>他的名字会和"老"字连接起来。

不及物动词本是不能带真宾语的，可带上结果补语后就能带宾语了。如"孔乙己涨红了脸"一句，不能说"涨脸"，但"涨红"作谓语就能带"脸"作宾语了。

述补短语充当宾语大致分两种情况：有些可单独作宾语；有些是再带上附加成分，如述语前有状语或后面带宾语。例如：

我终日如<u>坐在冰窖子里</u>，如<u>站在刑场旁边</u>。
（四叔）直到河边，才见<u>平平整整放在岸上</u>。
从这荷池里，虽然从来没有见过<u>养出半朵荷花来</u>，然而养虾蟆却实在是一个极合适的处所。

能带述补短语作宾语的动词数量不是很多，都有哪些，有待进一步调查研究。

大部分述补短语都可以充当定语。有的只是一个最简单的述补短语，有的则是前面带状语或后面带有宾语的较复杂的形式。例如：

<u>看不上眼</u>的王胡尚且那么多，自己反倒这样少。
<u>去年出过三次国</u>的他这次又非要参加去南美的考察团。
喜欢这些歌的大都是<u>出生于上个世纪四五十年代</u>的中老年人。
（她）从木柜子里掏出<u>每天省下来</u>的十三个小银元和一百八十铜钱。
我远远地将<u>缚在棒上</u>的绳子只一拉，那鸟雀就罩在竹匾下了。

第一、二个句子中的述补短语都是主语的定语，第三、四个句子中的述补短语是宾语的定语，第五个句子中的述补短语是充当状语的介词短语"将＋名词"里的名词的定语。述补短语作定语时，它和后面名词中间都要用助词"的"。

有一些述补短语可以充当状语。带有可能补语的述补短语作状语，一般不用助词"地"和谓语连接；其他述补短语作状语，则情况不太一样。例如：

我的心<u>禁不住</u>悲凉起来。
那老旦只是<u>踱来踱去</u>地唱。
他<u>凶得像一头狮子一样</u>（地）猛扑了上去。

上面第一个句子作状语的是表示可能的述补短语，它和谓语中间不用"地"；第二个句子是带趋向补语的述补短语作状语，它和谓语中间要用"地"；第三个句子是带有状态补语的述补短语作状语，它和谓语中间可用可不用"地"。

述补短语充当补语，其前一般不能有附带成分，其后可以有宾语，前边要用助词"得"和谓语相连。例如：

益堂咳<u>得弯下腰去</u>了。

到朋友家去，他的汗比话来<u>得方便得多</u>。

煽动的和风，暖敦的将伊的气力吹<u>得弥漫在宇宙里</u>。

述补短语频频出现在整体充当句子某个成分的主谓短语（小句）中。该主谓短语（小句）又可以在主语、宾语、状语、定语、补语的位置上以及兼语句中的兼语部分。例如：

（"说起来容易<u>做起来难</u>"）是中国人常用的一句俗语。

我以为（他实在将生命<u>造得太滥，毁得太滥</u>了）。

人们还隐约看见（他<u>玩得高兴</u>）的笑容。

（她婆婆<u>抓她回去</u>）的时候，是早已许给了贺家坳的贺老六。

忽然，扑通一声，惊得（他又<u>睁开了眼睛</u>）。

他们于是想打发她走了，教（<u>她回到卫老婆子那里去</u>）。

述补短语在充当句子某个成分的更大的主谓短语（小句）中可出现的位置和上面所讲的是基本一致的。

述补短语作插入语。可充当插入语的述补短语并不多，只有"看起来（看来）""看上去（看去）""说起来（说来）""听起来""想不到"等几个。例如：

这件事<u>说起来</u>并不那么简单。

神甫，<u>看起来</u>，事情是要越闹越大呀？

近来的烙饼，一天天小下去了。<u>看来</u>确也要像出事情。

窗外的星月和屋里的松明似乎都骤然失去了光辉，唯有青光充塞宇内。那剑便溶在这青光中，<u>看去</u>好像一无所有。

这几个可以作插入语的述补短语的功能都是表示说话人的判断或估计，口语使用的频率相当高。

"如果我们把各类词组的结构和功能都足够详细地描写清楚了，那么句子的结构实际上也就描写清楚了。"朱德熙（1985）二十多年前的话现在对我们仍然有很大的启示：如果把最基本的述补短语的句法功能都搞清楚了，那么也就朝着正确使用它们组成句子前进了一大步。我们在教授补语的时候，一要使学生明白各种补语的形式、意义和用法；二要让学生了解各种述补短语在组句时的句法功能。

以上所谈的句法功能，是就"述补短语"的整体而言的。然而每一种述补短语的句法功能并非完全一样，它们之间存在着很不平衡的现象。如带有时间补语的述补短语一般只能出现在定语的位置上，而带可能补语的述补短语几乎能出现在句子的各种位置上。这些事实告诉我们，具体到每一种述补短语能在句子中充当什么成分，不能充当什么成分，为什么能充当这种成分而不能充当那种成分，以及某一种述补短语在什么位置上出现频率高，在什么位置上使用频率低，都是有一定规律的。这些都还有待进一步深入调查分析。

第二节　结果补语的句法语义及其相关问题[①]

本节运用语义指向分析、语义特征分析和变换分析的方法，考察了汉语动结式在进入句子之前的内部语义关系和进入句子之后动结式与前后的名词性成分（主语和宾语）所形成的外部语义关系。指出汉语的动结式在入句后实际存在三种不同的外部语义关系：自动关系，使动关系和他动关系。而动结式的语义重心在后一个成分，动结式的内部是一种限制关系。动结式入句之后的不同外部语义关系可以解释它们与"把字句""被动句""重动句"之间的变换关系。

"动补结构是现代汉语里非常重要的一种句法构造。印欧语里没有跟它相对应的格式。简单的动补结构是由两个动词或者一个动词一个形容词构成的（听懂/切碎/染红/洗干净）。"（朱德熙，2001）本节所论述的就是朱先生所说的"简单的动补结构"：动结式。

本节所研究的动结式的范围是：第一，前一成分由自主动词（多为及物动词）、后一成分由非自主动词（多为不及物动词和形容词）构成。第二，都能带宾语。"能带宾语"只是说明有这种能力，并不是时时刻刻都带着宾语，而是有时候带，有时候不带。带和不带所显示的语义关系不同。这类动结式的特点是：没有祈使式，不能重叠，不能用"不"否定、只能用"没"否定。

根据结果补语的语义指向，我们把动结式分为两类：第一类，补语的语义指向随着带不带宾语而发生变化。在动结式带宾语的时候，补语的语义指向宾语，而不是指向句子的主语；在动结式不带宾语的时候，补语的语义指向句子的主语。例如，"分清""推翻""摧毁""说服""扑灭""提高""洗干净""说清楚""戳穿""打死""切碎""晒干"等，汉语中大多数动结式都属于这一类。第二类，动结式无论带不带宾语，补语的语义总是指向句子的主语。例如，"战胜""喝醉""听懂""吃不惯""打赢""听烦""吃腻""学会""学懂"

等。我们首先考察这两类动结式的外部语义关系，然后通过外部语义关系总结动结式的内部语义关系。

一、第一类动结式的外部语义关系

(一) 带宾语的时候

例如：

A. 我们推翻了旧社会。——➤A1. 我们把旧社会推翻了。

　　　　　　　　　　　　　　A2. 我们推旧社会，使旧社会翻了。

B. 消防队员扑灭了大火。——➤B1. 消防队员把大火扑灭了。

　　　　　　　　　　　　　　B2. 消防队员扑大火，使大火灭了。

C. 他们分清了财产。——➤C1. 他们把财产分清了。

　　　　　　　　　　　　C2. 他们分财产，使财产清了。

D. 我们洗干净了衣服。——➤D1. 我们把衣服洗干净了。

　　　　　　　　　　　　　D2. 我们洗衣服，使衣服干净了。

带宾语的时候，由于第一个动词是及物动词，所以宾语既是第一个动词的受事宾语，又是第二个动词的致使宾语，都能变换为"把字句"，如例句 A1～D1。由于第二个动词是非自主的（一般是不及物动词和形容词），带致使宾语的动结式总是含有"使达到某个结果的意义"，所以可以变换为 A2～D2 式，这类动结式也因此被王力先生称为"使成式"（王力，1996），这也说明了这类动结式在带宾语的时候，动结式与宾语之间的语义关系是使动关系。这一点我们从这些动结式的释义可见一斑（除特别注明的以外，其他均来源于《现代汉语词典》）：

挨近：靠近。（靠近：向一定目标运动，使彼此间的距离缩小。）

拔高：提高；有意抬高某些人物或作品等的地位。

摆平：放平，比喻公平处理使各方面平衡。

补足：补充使足数。

拆散（sǎn）：使成套的物件分散。

拆散（sàn）：使家庭、集体等分散。

澄（chéng）清：清亮；使混浊变为清明，比喻肃清混乱局面；弄清楚（认识、问题等）。

打败：战胜（敌人）［笔者自己释义：使（敌人）失败，战胜］；在战争中或竞赛中失败，打败仗。

打开：揭开、拉开、解开；使停止的局面开展。

使处于一种展开的或伸展的状态；使流动；使运行。（金山词霸 2002《高

级汉语大词典》电子版词条释义）

打破：打击并使之破损；比喻突破原有的限制、约束等。（杨庆蕙《现代汉语离合词用法词典》）

打垮：打击使崩溃。

打通：除去阻隔使相贯通。

打倒：用短促而猛烈的打击使倒下；推翻；使进入一种低微的或恶劣的或失败的状态。（金山词霸2002《高级汉语大词典》电子版词条释义）

打断：使某一活动（语音、思绪、行动）中断；（身体上某一部分的）骨折断。（金山词霸2002《高级汉语大词典》电子版词条释义）

打翻：通过用力使之倾斜或倾覆。（金山词霸2002《高级汉语大词典》电子版词条释义）

分开：人或事物不聚在一起；使分开。

放大：使图像、声音、功能等变大。（金山词霸2002《高级汉语大词典》电子版词条释义）

搞乱：使交织或混杂得难于分开；使糊涂。（金山词霸2002《高级汉语大词典》电子版。词条释义）

降低：下降，使下降。

搅浑：搅动使混浊。

搅乱：搅动使混乱。

浸湿：（液体）渐渐渗入，使变湿。

扩大：使（范围、规模）等比原来大。

拉平：使有高有低的变成相等。

瞄准：射击时为使子弹、炮弹打中一定目标，调整枪口、炮口的方位和高低。

扑灭：扑打消灭。消灭：消失、灭亡；使消灭，除掉。

说服：用理由充分的话使对方心服。

缩小：使由大变小。使在规模、数量、范围或数目上减少；由大变小。（金山词霸2002《高级汉语大词典》电子版词条释义）

提高：使位置、程度、水平、数量、质量等方面比原来高。

推倒：向前用力使立着的倒下来。

推动：使事物前进。

推翻：用武力打垮旧的政权，使局面彻底改变。

校准：校对机器、仪器等使准确。

压低：使降低。

压服：用强力制伏；迫使服从。

摇动：摇东西使它动；摇摆。

制伏：用强力压制使驯服。

……

从上面的释义中，我们可以清楚地看到这些动结式带宾语时所含有的"使动"的语义特征，以及动结式与宾语之间的使动关系。具有使动关系的动结式必须带使动宾语，补语的语义指向宾语，都能变成"把字句"。我们还可以通过"拔高"、"打开"的解释——"提高、抬高""揭开、拉开、解开"，看出前一成分与后一成分之间的修饰限制关系和后一成分的意义中心地位，因为它们的中心含义"高""开"是共同的，前一成分的不同只是"使高""使开"的方式不同，这样它们才能构成近义关系，互相释义。

（二）不带宾语的时候

虽然上面的动结式都能带致使宾语，但是带和不带的语义关系却大不一样，主语也会有相应的不同。例如：

A. 中国足球队打败了。——►A1. 中国足球队败了。——►A2. 中国足球队被打败了。

B. （那场）大火扑灭了。——►B1. （那场）大火灭了。——►B2. （那场）大火被扑灭了。

C. 今年物价降低了。——►C1. 今年物价低了。——►C2. 今年物价被降低了。

D. 衣服洗干净了。——►D1. 衣服干净了。——►D2. 衣服被洗干净了。

不带致使宾语的时候，动结式的补语语义直接指向主语，句子一般可以变换成为只有主语和补语构成的自动句（如上例中 A1～D1 的变换），完全就变成了一种自动关系。这一点，我们也可以从这些结构的释义中看出来，在带宾语和不带宾语的时候，有两种不同的语义关系：一种是不带宾语时的自动关系；一种是带宾语的使动关系。例如（来自《现代汉语词典》）：

打败：战胜（敌人）；在战争中或竞赛中失败，打败仗。

［表示"失败，打败仗"的意义时，不带宾语，是自动含义；表示"战胜（敌人）"的意思时，括号里的"敌人"就是暗指在这个义项时必须带宾语，是使动含义。］

降低：下降，使下降。

（表示"下降"意义时不带宾语，是自动含义；表示"使下降"意义暗含带宾语之意，是使动含义。）

扑灭：扑打消灭。消灭：消失、灭亡；使消灭，除掉。

（表示"消失、灭亡"意义时不带宾语，是自动含义；表示"使消灭，除掉"意义暗含带宾语之意，是使动含义。）

澄（chéng）清：<u>清亮</u>；使混浊变为清明，比喻肃清混乱局面；弄清楚（认识、问题等）。

（表示"清亮"义时，不带宾语，是自动含义；表示"使混浊变为清明"意义暗含带宾语之意，是使动含义。）

分开：人或事物<u>不聚在一起</u>；使分开。

（表示"不聚在一起"意义时不带宾语，是自动含义；表示"使分开"意义暗含带宾语之意，是使动含义。）

摇动：摇东西使它动；<u>摇摆</u>。

（表示"摇摆"意义时不带宾语，是自动含义；表示"摇东西使它动"意义暗含带宾语"东西""它"之意，是使动含义。）

缩小：使在规模、数量、范围或数目上减少；<u>由大变小</u>。（金山词霸2002《高级汉语大词典》电子版词条释义）

（表示"由大变小"意义时不带宾语，是自动含义；表示"使减少"意义暗含带宾语"规模、数量、范围"之意，是使动含义。）

打断：使某一活动（语音、思绪、行动）中断；（身体上某一部分的）<u>骨折断</u>。（金山词霸2002《高级汉语大词典》电子版词条释义）

（表示"折断"意义时，不带宾语，是自动含义；表示"使中断"意义暗含带宾语"语音、思绪、行动"之意，是使动含义。）

通过对词典释义进行语义特征分析，我们可以清楚地看到这类动结式在带宾语的时候，与宾语是一种使动关系，补语的语义指向宾语；不带宾语时呈现出一种自动关系，补语的语义指向主语。

打败：我们打败了。（意为：我们败了。）（自动）
　　　我们打败了他们。（意为：他们败了。而不是：我们败了。）（使动）
降低：物价降低了。（意为：物价低了。）（自动）
　　　政府降低了物价。（意为：物价降低了。而不是：政府降低了。）（使动）

所以根据上面的语义特征分析和吕叔湘先生"有宾语的时候是打败别人，没有宾语的时候是自己打败"，"自动（自败）、使动用法（败他）"（吕叔湘，2001）的说法，我们把这两种语义关系命名为"自动关系"和"使动关系"。具有自动关系的动结式不带宾语，补语的语义指向主语，故能省略前一个动词性成分，变换成为由主语和补语构成的自动句，由此也可以看出补语的中心地位。如果保留前一动词性成分，那么由于此动词的自主性就能变换成为被动句，主语一般是［−有生］。

二、第二类动结式的外部语义关系

第二类动结式也能带宾语，它与第一类动结式最大的不同之处就在于补语的语义指向不同。补语的语义指向并不随宾语的有无发生变化，而是一直指向主语。

（一）带宾语的时候

例如：

A. 他喝醉了酒。 ——▶A1. 他把酒喝醉了。
　　　　　　　　 ——▶A2. 他喝酒喝醉了。
　　　　　　　　　　　　他醉了酒。

B. 我吃腻了烤鸭。 ——▶B1. 我把烤鸭吃腻了。
　　　　　　　　　 ——▶B2. 我吃烤鸭吃腻了。
　　　　　　　　　　　　　我腻了烤鸭。

C. 我听懂了他的话。 ——▶C1. 我把他的话听懂了。
　　　　　　　　　　 ——▶C2. 我听他的话听懂了。
　　　　　　　　　　　　　　我懂了他的话。

D. 他听烦了她的说教。 ——▶D1. 他把她的说教听烦了。
　　　　　　　　　　　 ——▶D2. 他听她的说教听烦了。
　　　　　　　　　　　　　　　他烦了她的说教。

E. 我们战胜了日本队。 ——▶E1. 我们把日本队战胜了。
　　　　　　　　　　　 ——▶E2. 我们战日本队战胜了。
　　　　　　　　　　　　　　　我们胜了日本队。

F. 爸爸吃不惯西餐。 ——▶F1. 爸爸把西餐吃不惯。
　　　　　　　　　　 ——▶F2. 爸爸吃西餐吃不惯。
　　　　　　　　　　　　　　爸爸不（习）惯西餐。

从上面的变换分析中我们可以看出，这一类动结式都不能变成"把字句"，却都能变成"重动句"，这是由动结式补语的语义指向决定的，以上各例动结式的补语的语义都是指向主语的："他喝，他醉"……"我们战，我们胜"，"爸爸吃，爸爸不（习）惯"。不同于使动关系中的补语语义是指向宾语的"我们打，他们败"。此类动结式还可以省略第一个动词，仅用补语，变换成为上例 A2～F2 的第二行的他动句。这一方面说明补语在动结式中的核心地位，也说明了此类动结式与宾语之间的"他动"关系。这是因为此类补语虽然都是非自主性质的，但都具有一定的及物性质。

（二）不带宾语的时候

例如：

A. 他喝醉了。——→A1. 他醉了。——→A2. 他喝了。
B. 我吃腻了。——→B1. 我腻了。——→B2. 我吃了。
C. 我听懂了。——→C1. 我懂了。——→C2. 我听了。
D. 他听烦了。——→D1. 他烦了。——→D2. 他听了。
E. 我们战胜了。——→E1. 我们胜了。——→E2. 我们战了。
F. 爸爸吃不惯。——→F1. 爸爸不（习）惯。——→F2. 爸爸吃。

从上面的例子中我们可以看到，不带宾语的时候，都能变换成为由补语和主语构成的自动句（例A1～F1）。由此可以看出，动结式补语的语义指向还是指向主语。我们把这种无论带不带宾语时，补语语义都是指向主语的这种语义关系统称为"他动关系"，以便和前面的两种语义关系相区别。

另外，即使是不带宾语的时候，在保证语义不发生变化的情况下，都能省略动词做A1～F1之类的变换，却不能省略补语做A2～F2的变换，更加证明了在这一类动结式中，补语依然是动结式的语义重心，此类动结式内部也是"前轻后重"的限制关系。

三、动结式的语义关系

（一）内部关系

如果不考虑动结式与其他成分的关系，动结式无论哪一类两个成分之间都是一种限定关系，前一成分限定修饰后一成分，动结式的语义重心在补语，因而"着""了""过"等助词都加在第二个成分——补语的后面，而不是在第一个成分的后面。而且，所有动结式在进入句子之后，第一个动词都能省略，不会影响、改变句子的意义；而后一个成分——补语却是不能省略的。这一方面证明了补语的语义重心地位，另一方面也证明了动词与结果补语之间"前轻后重"的"修饰与被修饰，限制与被限制"的关系。

从另一个角度讲，以补语为中心——前者修饰限制后者，这种结构不但表达了使动、自动、他动等不同的语义关系，还用前者表达了使动、自动、他动的方式和原因等，它们的语义内涵比单纯的自动、使动、他动关系要丰富得多。试对比：

单纯的自动　　　　　　　　　　动结式自动
病人活了。　　　　　　　　　　病人［救］活了。
（怎么"活的"不明确，可能是被救，　（病人是"救"活的，不是自己活过
也可能是自己幸存。）　　　　　　来，"活"的方式是"救"，很明确。
　　　　　　　　　　　　　　　而且含有"被救"之意。）

孩子<u>醒</u>了。 孩子［吵］<u>醒</u>了。

（孩子"醒"的方式不明确，可能是"被 （孩子是"吵"醒的，方式很明确，不
吵醒"，也可能是"自己睡醒了"。） 是"自己睡醒了"。）

（单纯的使动） （动结式使动）

他们一起<u>清</u>了账目。 他们一起［分/算/划］清了账目。

（使"账目清"的方式不明确。） （使"账目清"的方式很明确，并有
被动含义。）

（单纯的他动） （动结式他动）

我<u>懂</u>了他的意思。 我［听/看］懂了他的意思。

我们<u>赢</u>了他们。 我们［打/踢/跑/比］赢了他们。

我<u>会</u>了这首歌。 我［学/听/唱/弹/练］会了这首歌。

（"懂""赢""会"的方式不明确。） （"懂""赢""会"的方式很明确。）

王力先生在《汉语语法史》（2000）中说："由使动用法发展为使成式，是
汉语语法的一大进步。因为使动用法只能表示使某物得到某种结果，而不能表
示用哪一种行为以达到这一结果。若要把那种行为说出来，就要加个'而'
字，如'斫而小之'。使成式不用'而'字，所以是一种进步。"并指出"而"
字前面的成分可以是状语。徐通锵先生也认为动补结构的"补"才是语义的重
心。（徐通锵，2001）

正是因为补语是整个动结式的语义重心这一点，决定了整个动结式的语义
性质与补语保持一致，呈现出非自主性的语义特征，而不是与第一个自主性的
动词保持一致。所以，动结式都没有祈使式、不能重叠、不能用"不"否定，
只能用"没"否定，不能加"着"。

（二）外部关系

1. 自动关系

由于动结式的前一成分是自主动词（多为及物动词），后一成分是非自主
动词（多为不及物动词和形容词）构成，而后一成分——补语又是整个结构的
语义重心，所以当动结式不带宾语的时候，作为语义重心的补语与主语构成自
动关系（前文的词典释义也证明了这一点）。此时由于不带宾语的语义关系没
有"使动"的含义，却因为受事做主语而与前一个动词构成所谓意义上的"被
动"关系。所以自动关系的动结式都可以变换为"被动句"。

2. 使动关系

我们知道，非自主动词是不能带受事宾语的，带上宾语之后，结构的语义
关系就会发生变化，就不是原来的自动关系了，而变成使动关系。动结式的语

义重心在非自主的补语上，所以一般不能带宾语，带宾语的时候，同样构成使动关系（前文的词典释义也证明了这种使动关系）。所以使动关系的动结式都必须带宾语，补语语义指向宾语，都能变换成为"把字句"。

3. 他动关系

这类动结式由于补语的语义指向不同，才使这一类结构的语义关系与前者不同。此类动结式无论带不带宾语，补语语义都指向句子的主语。所以都能变换成为由补语与主语构成的自动句，带宾语的时候还能变换成为"重动句"和由"主、补、宾"构成的"他动句"。

所以，单独挑出来一些动结式，我们只能判断它的内部语义关系，是限制关系，也就是平时所说的"向心"关系。只有把它们放入真实的句子，才能判断它们的外部语义关系。

正是由于动结式入句后彼此外部的语义关系不同，所以，同样是动结式，有些就可以变成"把字句""被动句"，有些则不能；有些可以变成"重动句""他动句"，有些则不能。正是这些不同的语义关系可以解释动结式，而与不同的句式之间的变换关系。

由于汉语动结式是非常复杂的语法现象，本节仅对能带宾语的"自主性动词＋非自主性补语"这一部分动结式作考察，不能带宾语的部分和其他类型的动结式如前后两个成分都是由非自主的动结式（如"长大""累死""累病"等）、都是自主性的动结式（如"买来""上去"等），笔者将另文撰述。

第三节　构成可能补语的主客观条件①

本节在前人研究的基础上，对趋向补语和结果补语的可能式"V 得/不 C"进行了考察，指出构成补语可能式的客观条件是补语语义的褒贬；构成补语可能式的主观条件是说话人的主观愿望。其中起决定作用的是主观条件——说话人是否希望补语结果的发生，同时主观条件也会受到客观条件的限制。本节还讨论了汉语说话人的主观愿望决定对语法形式选择的现象，并对"可能补语"的名称提出了质疑。

"V 得/不 C"是指由动补结构（动趋式和动结式）中插入"得/不"构成，表示动作的结果能否实现，因此被称为"可能补语"或"补语的可能式"（丁声树，1999），本节采用后一术语，简称"可能式"，原因后有详述。张旺熹先生在《"V 不 C"结构实现的语义条件》（1999）一文中，对进入补语可能式的

---

① 本节作者：黄晓琴。原文载《云南师范大学学报》（对外汉语教学版），2005（6）。

V 和 C 的语义特征：［自主性］和［目标性］分别进行了详细的考察，与本节的研究对象和结论都很相近，但也有不同：第一，本节除了研究"V 不 C"结构，还包括"V 得 C"结构，并涉及"V 得了/不了（N）"结构。第二，只讨论构成补语可能式时补语的主、客观条件限制，不涉及 V，因为笔者认为 V 的［±自主性］并不是决定这些结构成立的根本条件，非自主性 V 也可以构成这些结构（这一点，张先生也没否认）。第三，分出了主客观条件的层次，并指出了决定性的条件。

一、并不是所有的动补结构都能构成可能式

通过观察我们发现，并不是所有的动补式都能插入"得/不"。例如：

［1］我办砸了这件事。——＊ 我（你）办得砸这件事吗？

　　　　　　　　　　　＊ 我办得砸这件事。

　　　　　　　　　　　＊ 我办不砸这件事。

［2］他写错了这个字。——＊ 他写得错这个字吗？

　　　　　　　　　　　＊ 他写得错这个字。

　　　　　　　　　　　＊ 他写不错这个字。

［3］他打破了自己的鼻子。——＊ 他打得破自己的鼻子吗？

　　　　　　　　　　　　＊ 他打得破自己的鼻子。

　　　　　　　　　　　　＊ 他打不破自己的鼻子。

以上三个例句都不能变换成为"V 得/不 C"。但是如果将其中［1］［2］的补语换成相反意义的"好"与"对"，上面两个句子就可以成立了：

［4］他写对了这个字。——他写得对这个字吗？

　　　　　　　　　　　他写得对这个字。

　　　　　　　　　　　他写不对这个字。

［5］我办好了这件事。——我（你）办得好这件事吗？

　　　　　　　　　　　我办得好这件事。

　　　　　　　　　　　我办不好这件事

那么哪些能变？哪些又不能变呢？条件是什么呢？

二、构成可能式的客观条件

为了便于观察构成可能式的客观条件，我们把能构成和不能构成的分为两组。能构成"V 得/不 C"的动补式有①：

―――――――――

① 本节的语料来源于国家语委两千万字的现代汉语核心语料库。

摆平 绷紧 长大 吃饱 吃透 吃准 分清 读懂 看懂 看清 看准
考上 离开 升高 提高 贴近 挺直 挺住 养活 养胖 站稳 涨高 关严
立正 磨利 搞好 贴正 打败……

不能构成"V 得/C"的动补式有：

搞乱 写错 摔断 贴歪 站斜 烤煳 搅浑 听烦 吃腻 吓傻 踢翻
气跑 拆散 冻僵 掏空 放烂 喊哑 哭红 踏扁 看上瘾 哭瞎 办砸
磨钝……

从上面两组动补式我们可以看出：能构成可能式的动补式，其补语多为褒义；而不能构成可能式的动补式，其补语多为贬义①。这一点可以解释上文为什么同样一个句子，补语为贬义的 [1] [2] 就不能构成"V 得/不 C"，而将补语变成与之相对的褒义 [4] [5] 时，就能构成可能式。由此我们可以得出构成可能式的客观条件是补语语义的褒贬。

但是，也有一部分补语是贬义的，也能构成可能式。例如：

打破 打败 打死 打碎 打倒 驳倒 冻死 割断 攻破 压倒 折断

说明补语的语义褒贬只能大体反映其构成条件，并不是决定性的因素。上文例句 [3] 也不能变换成为可能式，可是如果同样是"打破"，换成下面的例句就可以：

[6] 他打破了世界纪录。——→他打得破世界纪录吗？

他打得破世界纪录。

他打不破世界纪录。

为什么"打破自己的鼻子"和"打破纪录"，语法结构完全相同，一个能构成可能式，一个就不能，二者究竟有什么不同之处？

三、构成可能式的主观条件

为了找出其中的规律，我们再多找几个例句：

[7] 他打碎了自己的眼镜。——→＊他打得碎自己的眼镜吗？

＊他打得碎自己的眼镜。

＊他打不碎自己的眼镜。

---

① 根据张旺熹 (1999) 的统计，由形容词做补语的 40 个中，有 37 个具有积极意义（相当于本节的褒义）。

　　［8］他用手打碎了这些核桃。——＊他用手打得碎这些核桃吗？

　　　　　　　　　　　　　　　　他用手打得碎这些核桃。

　　　　　　　　　　　　　　　　他用手打不碎这些核桃。

　　［9］我们打败了。——＊我们打得败吗？

　　　　　　　　　　　＊我们打得败。

　　　　　　　　　　　＊我们打不败。

　　［10］我们打败了巴西队。——我们打得败巴西队吗？

　　　　　　　　　　　　　　　我们打得败巴西队。

　　　　　　　　　　　　　　　我们打不败巴西队。

　　［11］他摔断了自己的胳膊。——＊他摔得断自己的胳膊吗？

　　　　　　　　　　　　　　　　＊他摔得断自己的胳膊。

　　　　　　　　　　　　　　　　＊他摔不断自己的胳膊。

不能构成可能式的例句［3］［7］［9］［11］都有一个共同的特点，那就是在现实生活中没有人希望发生这样的事，没有人希望"打破自己的鼻子"，"打碎自己的眼镜"，"（自己）失败"，"摔断胳膊"；而作为同样的动补结构，例句［6］［8］［10］却能构成可能式，那是因为在现实生活中人们都希望"打破世界纪录""用手打碎核桃"和"打败别人"。尤其是例句［9］和［10］，同样是"打败"，不带宾语的时候不说"打得败"，但带宾语的时候可以说"打得败巴西队""打不败巴西队"，所以能否插入"得、不"要取决于说话人的主观意愿，即是否愿意使补语的结果发生：如果说话人主观上愿意使结果发生，而且能发生，即"愿而且能"，就能插入"得"，构成可能式的肯定形式；主观上愿意使结果发生，但是实际上却没有发生，即"愿而不能"，就插入"不"，构成可能式的否定形式。由于人们总是希望好的结果发生，不希望坏的结果发生，所以补语语义的褒贬大体上可以决定能否使用这一语法形式。

四、非自主动词＋补语

　　尽管能插入"得/不"的动补结构的动词总体呈现出一种［＋自主］的语义特征，但是不可否认的是，也有一部分动词为［－自主］的动补结构同样能插入"得/不"构成补语的可能式，说明动补结构中动词的自主性并不影响和决定能否构成补语的可能式。那么构成可能式的条件是什么呢？请看以下例句：

　　［12］涨潮的时间到了，水一会儿肯定涨得高。

　　［13］这孩子都十五了怎么还长不高。

　　　　　放心吧，这孩子爸妈高，以后肯定长得高。

[14] 都几月了，温度还是升不高。

[15] 这批货物的质量达不到要求。

这些动补结构，还有其他的如"长大""达到""得到""碰到""出齐"等的补语基本都是褒义的（至少也是中性的）。而下面的动补结构一般不能构成可能式，例如：

[16] *我的钱包丢不掉（丢得掉）。

[17] *我亲爱的马怎么病不死？

[18] *这棵树怎么长不歪呀？

类似的还有"病死（了）""长斜（了）""塌下去（了）""昏过去（了）""亏惨（了）""瘫倒（了）""枯死（了）""昏倒""累趴下"等，其补语都是贬义的。

而在一些语境下，即便补语是贬义的也能构成可能式。例如：

[19] 说了多少次了，这些坏习惯怎么就丢不掉呢？（说话人希望听话人丢掉坏习惯）

[20] 这盆景的枝干太直，需要把花盆放倒才长得歪。（说话人希望并设法使树干长歪）

[21] 这个地主老财病了很多年了，怎么就病不死呢？（说话人希望地主病死）

补语同样是贬义的，但同样是在主观愿望的决定作用下，一样能构成可能式。因为没有人愿意丢失自己的钱包，让自己心爱的马病死；但是都愿意丢掉坏的习惯，让剥削者病死。所以，能否构成可能式的决定性条件还是说话人的主观意愿：是否愿意使补语的结果发生，而与动词的自主性无关。

同样，在"V得了/不了（N）"结构中，即便V是非自主动词，只要主观上希望补语的结果发生，也可以插入"得了/不了"构成可能式，如"倒霉""上当""及格""毕业""完工"等。例如：

[22] 你这样懒惰，肯定毕不了业。（想毕业）

[23] 这样的施工速度，到了年底根本完不了工。（想完工）

[24] 这次这个坏蛋倒得了霉吗？（贬义，但是我们希望坏蛋倒霉）

[25] *我怎么倒不了霉？（贬义，不成立，因为没有人希望自己倒霉）

[26] 我们早安排好了，罪犯肯定上得了当。（虽为贬义，但是我们希望罪犯上当）

[27] *我们这次一定上得了当。（贬义，不成立，因为没有人希望自己上当）

尽管决定性的条件依然是说话人主观愿望，但是总体上还是要受到客观条件的限制。比如一般表示贬义的VN中间不能插入，例如：

　*碍得了事　　*得不了病　　*到不了期　　*失不了业

　　＊ 出不了丑　　＊ 丢不了人　　＊ 贬得了值　　＊ 破不了产

　　＊ 吃不了惊　　＊ 发得了烧

而"及格、达标"等表示褒义的 VN 中间就可以插入。

　　从前文动补式的讨论中我们知道：能否插入可能补语主要取决于人的主观愿望：如果施事主体想让动作发生，就能插入；如果不想让动作发生，就不插入。从上面的例句中我们还可以发现无论自主动字还是非自主动字，只要表示说话者主观上愿意使动作发生就可以构成可能式。当然，这种主观意愿并不是不受限制、为所欲为的，总体上还要受客观逻辑和整个社会的价值观念（主要反映在语义的褒贬上）——客观条件的限制。褒义词积极美好的语义代表了人们普遍的追求和努力方向，而贬义词消极丑恶的语义则是人们普遍避免的结果，由此形成一种社会的价值观念。因此，虽然有时主观愿望会突破语义褒贬的范围，但是二者大体上还是保持一致的方向，基本是合二为一的。

五、余论

　　本节所谓构成可能式的客观条件——补语的语义褒贬，相当于张旺熹先生所谓的"积极（形容词）"和"消极（形容词）"，而主观条件——主观愿望，类似于张旺熹先生的"［＋目标性］"。但是不同的是张先生并没有把补语的语义褒贬作为一个客观条件，也没有区分二者的层次——没有指出主观愿望是构成可能式的决定性条件，也没有指出主客观条件之间的相互限制。而且是否能构成可能式与动补结构中动词的语义范畴并没有太大的关系，由非自主动词构成的动补结构，只要在主观条件允许的情况下，一样能构成可能式。这是本节与张文结论不同的地方。

　　对于这种结构，学界虽然更多采用"可能补语"的说法，也有学者（程棠，2000）认为"可能式"与"可能补语"只是表述方式不同，"其内容实质没有什么变化"。但是张旺熹先生执意把这种结构叫作"补语的可能式"而不是"可能补语"这一点，本节是举双手赞成的。第一，构成可能式是有条件的，并不是所有的动结式和动趋式都能插入"得/不"构成可能式，必须遵循其主客观条件。第二，这种结构是在动结式和动趋式的基础上构成的，说明这种结构是动结式和动趋式的下位概念，二者是有层次的，而不是与之无关的、与之并列的一种补语。第三，有学者（赵元任，1979；李英哲等，1990）称之为"中缀"，从词缀是附加在词干中间表示一定语法意义的概念来看，这种称法还是有一定道理的，至少比"可能补语"更符合语言事实，但是由于形态学的味道很浓，并不能为大家广泛接受。正是由于以上原因，吕叔湘先生曾建议称之作"结果补语和趋向补语的可能式"（王还，1994），丁声树先生（1999）也称之为"补语的可能式"，王力先生（1985）也称之为"使成式里的可能式"，这些都是非常有见地的。但是，在通行的现代汉语著作（刘月华，2001；黄伯荣，2000；北大中文系，1993；朱德熙，1984；胡裕树，2003；邢公畹，1992）和数十种对外汉语教材（程棠，2000）中，只有胡裕树先生和《汉语课本》（1977）采用了"可能式"一说，不能不说是一大遗憾。

另外，本节结论对"离合词"鉴定的问题也提出了疑问。传统上用能否插入"得"和"不"作为判别是否是"离合词"的标准，通过本节的分析，我们可以看到这个标准从某种意义说有点偏颇，因为同样的动补结构，补语是表示贬义的"搞乱""贴歪"虽然不能插入"得"和"不"，但是可以说"搞得非常乱""贴得很歪"作无限扩展，这些动补结构算不算"离合词"？"打败"不带宾语的时候不说"打得/不败"（如前文例句［9］），但带宾语的时候又可以说"打得败日本队""打不败日本队"，能说不带宾语的时候"打败"不是"离合词"而带宾语的时候又是"离合词"？能否插入"得"和"不"要视说话人的主观意愿，即是否愿意使结果发生而定：主观上愿意，而且能发生，就插入"得"；主观上愿意，但是却没能发生，就插入"不"，不能仅凭形式标准来判定是不是"离合词"。

通过本节，我们还发现汉语说话人主观愿望和语义褒贬可以决定对语法形式的选择。这一点，朱德熙先生早在1959年《说"差一点儿"》一文中就已经指出主观愿望在"差点儿""差点儿没"中的作用，凡是说话人不企望发生的事情，肯定形式和否定形式都表示否定的意义；凡是说话人企望发生的事情，肯定形式表示否定意义，否定形式表示肯定意义。陆俭明先生（2003）在讨论由"形容词＋（一）点儿"构成的祈使句式时，也得出了只有具有［＋可控，－贬义］语义特征的形容词才可以进入此句式。但是陆先生在上课的时候也提到贬义的形容词在一定特殊的情况下，比如演电影的时候也可以进入此类句式——卑鄙点儿！（再）凶恶一点儿！从这一点我们仍然可以看出来，能进入这个句式的也有贬义形容词，而决定能否进入这一句式的决定性因素也正是说话人的主观愿望，如果说话的人希望听话的人表现出某一性状，就可以使用这一句式，这与这个句式本身的意义——祈使，希望对方怎么样——完全符合，之所以进入这一句式的大部分是褒义形容词，那正是因为褒义形容词积极美好的语义代表了人们努力和期望的方向，这种人类社会共同的价值观念（在语言中就表现为语义褒贬）大体上可以客观反映人们的主观愿望，因此，能构成这一句式的形容词客观条件也是语义褒贬，而决定性的条件同样是说话人的主观愿望。

第四节　"把"字句语义、常用种类及其使用情境[①]

"把"字句是汉语中比较复杂的一种句式，这种句式也是以汉语为第二语言学习者学习汉语的一个难点。关于"把"字句的句式语义是一个争议比较大的问题，本节列举了学术界一些主要的观点，对此问题进行一点简要的探讨。"把"字句种类很多，但是我们认为有的"把"字句使用频率低，以汉语为第二语言的学习者没有必要学习这样的句子，如"把个老婆弄得黑眉乌嘴上灶丫头似的"（张爱玲《连环套》）。根据从北京大学 TIR 语料库检索出的"把"字句，我们归纳出 19 种以汉语为第二语言的学习者应该掌握的"把"字句，在此对其进行描写，给出它们典型的使用情境，并给出与它有变换关系的常用句式。[②] 我们希望它对于教材编写、教师培训具有参考价值，另外也能提高留学生的语言能力。由于篇幅所限，此处删去了很多例句及一些变换式。

一、"把"字句的句式语义

"把"字句是汉语中常见而又复杂的一种特殊句式，对于这种句式的语义，王力（1943，1944）概括为"处置式"，认为"把"字句表示的"是一种施行（execution），是一种处置"；就是"把人怎样安排，怎样支使，怎样对付；或把物怎样处理，或把事情怎样进行"。大多数"把"字句用处置可以解释得通，但也有少数的解释不通，王力（1943）也认识到这一点，认为"把你忘了"和"偏又把凤丫头病了"这一类属于"处置式的活用"或另立一类"继事式"，说"继事式并不表示一种处置，只表示此事是受另一事影响而生的结果"。

宋玉柱（1979）认为"处置"应理解为"句中谓语动词所表示的动作对'把'字介绍的受动成分施加某种积极的影响，这影响往往使得该成分发生某种变化，产生某种结果或处于某种状态"。但宋玉柱（1991）也承认"我把这件事忘了""他把我恨透了""怎么把特务跑了"这些"把"字句不能解释为上述意义上的处置。

邵敬敏（1985）把"把"字句的语法意义表达为"致果"或"致态"：由于某种动作或某种原因，使"把"的宾语、全句主语或整个事件获得某种结果或使动作达到某种状态。

张伯江（2000）认为，句式是一个完整的认知图式，其间各个组成成分的

---

① 本节作者：丁崇明。原文载《语言文字应用》，2007（增刊 S1），此处有修改补充。

② 丁崇明《现代汉语语法教程》（2009）中有一节专门介绍了"把"字句的使用种类及其使用情境等。

次序、远近、多寡都是造成句式整体意义的重要因素，文中借助认知心理学的"顺序原则""相邻原则"和"数量原则"说明"把"字句个别特点之间的逻辑联系，显示"把握整体"这种方法更广的解释力。通过 NPb 的自立性、位移性的特点和 NPa 的使因性的特点，借助认知心理学的顺序原则、相邻原则和数量原则，采取构式语法（construction grammar）的综合观，得出"把"字句"A 把 BVC"的整体意义：由 A 作为起因的、针对选定对象 B 的、以 V 的方式进行的、使 B 实现了完全变化的 C 的一种行为。

叶向阳（1997）在其他学者研究的基础上，用"致使性（causative）"理论对"把"字句的语法意义做出了统一的解释。那么"致使"和"处置"是什么关系呢？叶向阳（1997）认为致使情境中致使者对被致使者施加一种影响，而所谓处置，就是致使者通过可控的动作对被致使者施加影响。郭锐（2003）进一步解释为：

因此，"处置"实际上是一种特殊的"致使"：有意志力的（volitive）主动的（initiative）施行性（agentive）致使，如"他把衣服洗干净了"，"他把书放在桌上"。那些不能用"处置"解释的把字句，或者表示无意志力参与的致使（他把钱包丢了），或者是无意的致使（你把意思理解错了），或者是非施行性的致使（这些重活把他累病了），或者致使事件缺省（把特务跑了）。可见，"致使性"可以将"把"字句表达的各种语义统一起来，不但能说明表"处置"的"把"字句，也能说明"处置"所不能说明的"把"字句。

郭锐（2003）把"把"字句的语法意义归纳为"致使"，他认为：

其语义构造可表示为：致使者（NPa）＋把＋被致使者（NPb）＋致使事件谓词（V1）＋被使事件谓词（V2）。部分"把"字句的 V2 为零形式，极少数的"把"字句的 V1 为零形式。"把"字句来源于表示致使事件的小句和表示被使事件的小句的并合，致使者 NPa 来源于表示致使事件的小句的主体或客体、其他对象；被使者 NPb 来源于表示被使事件的小句的主体。

郭锐（2003）根据 VP 中是否由有形形式表示致使事件和被使事件把"把"字句分成分析型和综合型两类"把"字句。分析型"把"字句指包含表达致使事件的谓词和表达被使事件的谓词的"把"字句，由于有有形的谓词形式表示致使事件和被使事件，这类"把"字句很容易分析为致使情景。例如："他把衣服洗干净了。"［致使事件：他洗衣服→被使事件：衣服干净］"他把书放在桌上"。［他放书→书在桌上］

大多数"把"字句都是分析型的。

综合型"把"字句的 VP 不能从表面形式上分成致使事件的谓词和被使事件的谓词，但其中的 VP 实际上隐含着另一个事件，仍可分析为致使情景。根据隐含事件的性质分两种：

第一，隐含被使事件谓词："你把裙子再撕几个口子。"［你撕裙子→裙子产生几个口子］（VP 中有结果宾语，结果宾语本身实际上就表示了一个被使事件）

第二，隐含致使事件谓词："把问题复杂化。"［某人致使某事→问题变复杂］（"复杂化"本身就是一个致使动词，可以分析为"使某事复杂"）（郭锐，2003）

张旺熹（2001）认为："典型的'把'字句表现一个物体在外力的作用下从甲点转移到乙点的过程。"这些位移可以分为 7 种：物理空间的位移、时间层面的位移、人体空间层面的位移、社会空间的位移、心理空间层面的位移、范围空间层面的位移和泛方面空间层面的位移。而这种空间位移过程的图式通过隐喻拓展形成了"把"字句的系联图式、等值图式、变化图式和结果图式 4 种变体图式。

的确有很多"把"字句表示某一物体在外力的作用下从甲点转移到乙点。例如：

他把家从湖北搬到了北京。

他一到北京就把钱存进了中国银行。

他把哨子放在唇边。

但是也有一些"把"字句不能用"位移"来解释，如"妹妹把我的手机弄坏了"。

我们认为，王力先生早在 20 世纪 40 年代就能把"把"字句的语义归纳为"处置"是非常了不起的，主语主动施动的"把"字句都可以用处置来解释，而且解释起来非常贴切，应当说多数"把"字句的确是表示处置的。宋玉柱（1979）、邵敬敏（1985）、叶向阳（1997）、张伯江（2000）、张旺熹（2001）、郭锐（2003）等学者对"把"字句语义所做的研究从不同角度深化了王力先生的研究。为方便教学，我们赞同大多数"把"字句的语义归纳处置好，更容易理解，对其他用处置不便解释的"把"字句，用"致使"来解释。例如，"新家具的气味把我熏得头疼恶心"这样的句子用致使可以解释得更贴切，更让人能够理解。

二、"把"字句的分类及其使用情境

"把"字句中的"把"是一个介词，大多数"把"的功能是把充当动词宾语的受事成分提到动词之前。

（一）谓语主体为一个动词的"把"字句

句式 1	NP₁（施事）＋把＋NP₂（受事）＋V＋（了／着）

汉语中由一个动词充当谓语主体的"把"字句并不多,这样的句子大多数动词后面也要带上"了"或者"着"。例如:

你把盘子里的菜吃了!

把窗户开着,透透气。

也有少数"把"字句动词后面可以不加"了"或者"过",但是,动词前面要加状语。例如:

你先把话题往低处引,改变形象,让她认为你是个粗俗的人。(王朔)

他们统率大军,冲锋陷阵,驰骋疆场,直到把敌人全歼。(王朔)

句子变换举例:

你吃了盘子里的菜。⇔你把盘子里的菜吃了。

(二) 重动形式"把"字句

1. 重动形式"把"字句的构成

句式 2	NP_1（施事）＋把＋NP_2（受事）＋V_1（一）V_1

如果单个的动词后面不带"了"或者"着",那么动词就要以动词重动形式作为句子的谓语中心语来构成"把"字句。动词重动形式有多种,在"把"字句中出现的主要是带"一"。如"谈一谈""说一说""试一试",有时中间的"一"可以省略,就是单纯的动词重叠。这样的"把"字句只能用在口语中,而且主要是用在祈使句中。例如:

你把你的看法说一说。

你把头发理理。

表示已经发生过的事情用带"了"的重动形式"V 了 V",当然这样的用法不多见,仅限于个别动词。例如:

崇祯把稿子看了看,提笔改了两个字,加了一个内容,就是严厉责备卢象升。(姚雪垠)

2. 重动形式"把"字句的主要使用情境

如果要表述某人对一个对象施加一个动作,就可以用重动形式"把"字句。它既可以是祈使句,即让其他人对某一对象施加一个动作;也可以是陈述句,陈述某人对一个对象施加了一个动作。需要注意的是这样的陈述句后面一定有后续部分。例如:

你把你的书理理。

你把你的打算谈谈。

辛楣又把相片看一看，放进皮夹。（钱钟书）

句子变换举例：

你说一说你的看法。⇔你把你的看法说一说。

（三）结果补语"把"字句
1. 结果补语"把"字句的构成

句式 3	NP₁（施事）＋把＋NP₂（受事）＋V＋补语（结果补语）

"把"字句中大多数"把"字结构后面的谓词性部分都不是一个动词，而是一个动词带上补语构成的中补短语，而补语中结果补语构成的"把"字句又是比较常见的。

2. 结果补语"把"字句的主要使用情境

当人或团体对其他人或物施加动作之后产生了一个结果，这样的情况下就用结果补语"把"字句。如"小王"动了我的电脑，结果是我的电脑坏了，可以用"把"字句来说："小王把我的电脑搞坏了。"也可以用一般的带宾语的主谓句说成"小王搞坏了我的电脑"，但是多数中国人会选择用"把"字句来说。例句也可以转换成"被"字句，但是当人们回答"你的电脑怎么了?"或者"你的电脑呢?"这样问题时，倾向于用"被"字句。

又如，"他"修冰箱，致使的结果是冰箱好了，用"把"字句说就是："他把冰箱修好。"中国人常常把受事成分"冰箱"放在主语的位置上，用受事主语句表达，说成"冰箱他修好了"，也可以用一般的带宾语的主谓句说成"他修好了冰箱"，但这样的说法要少于前面两种说法。

你把盘子里的菜吃完了，别剩那么一点儿又不吃了！

他不说还好，他这一说把我弄糊涂了。

阴城的深夜，静寂得可怕，他们觉得若是吐出一个字，就必定像炸弹似的把一切震碎。（老舍）

句子变换举例：

小王搞坏了我的电脑。⇔小王把我的电脑搞坏了。⇔我的电脑被小王搞坏了。

（四）趋向补语"把"字句
1. 趋向补语"把"字句的构成

句式 4	NP₁（施事）＋把＋NP₂（受事）＋V＋补语（趋向补语）

有的"把"字句充当谓语主体部分的是趋向补语构成的中补短语，如"你把这台电视机抬出去"。

2. 典型的趋向补语"把"字句的主要使用情境

典型的趋向补语"把"字句主要用于表述什么人通过动作使某物体从原来所在的空间位置向着另一个方向移动。如"车"原来在车库里，他的动作使得车出来了，移动方向是从里往外出来。这一语义用"把"字句说就是以下的例句：

[1] 他把那辆车从车库里开出来了。

[2] 你把药从柜子里拿出来！

例[1]和例[2]都在句子中说明了物体原来的位置，但是在语境中，很多物体原来的位置是交际双方明白的，或者是语境已经提供的，不言自明的，不用在句子中说出来，所以多数句子不用说明被移动物体原来的位置。例如：

[3] 你把脚抬起来！我扫一下这里。

[4] 你别把狗放出来！我害怕！

[5] 中士，把我的车开过来。（王朔）

[6] 巡警们把学生押了进去。（老舍）

[7] 我看把我所有的力量拿出来，直接的或间接的去杀几个敌人，便是我的立场。（老舍）

[8] 国际局势很糟，欧洲免不了一打，日本是轴心国，早晚要牵进去的，上海、天津、香港全不稳，所以他把母亲接到重庆去。（钱钟书）

句子变换举例：

[9] 你抬起脚来。⇔你把脚抬起来。

有的趋向补语"把"字句并不能进行这样的变换，例[1]变换以后就很别扭，所以不进行上述变换。

（五）动量补语"把"字句

1. 动量补语"把"字句的构成

句式 5	NP₁（施事）＋把＋NP₂（受事）＋V＋补语（动量补语）

动量补语"把"字句中的补语是一个表示动作次数的"动量短语"。例如：

[10] 金山把这两句重复了好几遍。（老舍）。

2. 动量补语"把"字句的主要使用情境

典型的动量补语"把"字句主要用于表述其他人或某物施加了某一动作，并说明做动作的次数。如"他爸爸"打了"他"一次，而且打得很重，可以用一般的带宾语的主谓句说"他爸爸狠狠地打了他一顿"，也可以用介词"把"把宾语"他"提到动词之前，这样就成了"他爸爸把他狠狠地打了一顿"，强调"他爸爸"怎样处置"他"。

[11] 他们公司的领导把他骂了一顿。

[12] 我把要考的古文背了几遍。

[13] 安佳迅速把屋里归置了一遍，使一切井井有条，一尘不染。

[14] 他把听写中的错字又写了三遍。

[15] 他把家里的门都擦了一遍。

有的动量补语"一下"并不是真正表示动作的次数的，它只是一种完句成分，有时相当于语气词"了"。例如：

[16] 你把账结一下。

[17] 你把灯关一下。

句子变换举例：

[18] 他爸爸狠狠地打了他一顿。⇔他爸爸把他狠狠地打了一顿。⇔他被他爸爸狠狠地打了一顿。

[19] 我把家里的门擦了一遍。⇔我擦了一遍家里的门。

（六）时段补语"把"字句

1. 时段补语"把"字句的构成

句式 6	NP₁（施事）＋把＋NP₂（受事）＋V＋补语（时段补语）

时段补语"把"字句中的补语是一个表示时间长度的时间词语，如"一天""半小时""三年""一个世纪"。例如：

[20] 他们出去玩把他家的狗饿了一整天。

[21] 他醉酒驾车，警察把他关了两个星期。

2. 时段补语"把"字句的主要使用情境

典型的时段补语"把"字句主要用于表述什么人对某物或某人进行某种动作，并且说出动作进行的时间长度。例如：

[22] 他们把我的护照手续耽误了一个星期。

[23] 他跟方老太太关了房门，把信研究半天。（钱钟书）

句子变换举例：

[24] 他们把我的护照手续耽误了一个星期。⇔我的护照手续他们耽误了一个星期。⇔我的护照手续被他们耽误了一个星期。

（七）情态补语"把"字句

1. 情态补语"把"字句的构成

句式 7	NP₁（施事）＋把＋NP₂（受事）＋V＋得＋补语（情态补语）

情态补语"把"字句在主要动词后面加上结构助词"得"，然后加上表述具体情态的词语，有时可能是一个小句。例如：

[25] 今天把我冻得直哆嗦。

[26] 他那个不孝之子的话把他气得全身直发抖。

2. 情态补语"把"字句的主要使用情境

当表述动作发出者所进行的动作使得动作的受事表现出某种状况时，就可以使用情态补语"把"字句。如"那个顾客"批评那个女售货员，致使那个售货员说不出话来，这种情况可以这样来表述："那个顾客把那个女售货员说得话都说不出来。"又如：

[27] 牧乾很想不坐下，而且要还给他一句漂亮的话，可是她真打不起精神来，像个小猫似的，她三下两下把身子团起，在极难利用的地势，把自己安置得相当的舒适。（老舍）

[28] 像咱们这样的业余杀人犯根本没技术把死者的笔迹模仿得惟妙惟肖。（王朔）

这种"把"字句的主语绝大多数是人或其他有生命的动物，但有时也可以不是有生命的动物，而是致使受事表现出某种状态的无生命的事物，如天气等，如"今天把我冻得直哆嗦"，又如"那些酸苹果把我吃得牙都倒了"。

句子变换举例：

[29] 那个顾客把那个女售货员说得话都说不出来。⇨那个女售货员被那个顾客说得话都说不出来。

[30] 今天把我冻得直哆嗦。⇨今天我被冻得直哆嗦。⇨今天我冻得直哆嗦。

（八）位置处置"把"字句

1. 位置处置"把"字句的构成

位置处置"把"字句有两种不同的构成形式：一种是处所补语构成的；另一种是谓语中心语后面加上一个其他动词，后面再跟表示处所的宾语构成的。

（1）处所补语"把"字句

句式 8	NP₁（施事）＋把＋NP₂（受事）＋V＋补语（处所补语）

句式 8 主要由"在＋名词性词语＋方位名词"这样的框式介词放在句中的

动词后面构成，少数其他介词加上名词性词语构成的介词短语也可以充当处所补语。例如：

[31] 他把哨子放在唇边。（老舍）

[32] 你把我的包放在椅子上。

[33] 他要把我们公司引向何方？

（2）处所宾语"把"字句

句式 9	NP₁（施事）＋把＋NP₂（受事）＋V＋（补语）＋处所宾语

处所宾语"把"字句是动词后面跟一个动词（也可以不用动词），然后再加上处所宾语。例如：

[34] 小李把他女儿送回姥姥家了。

[35] 你把他送老家吧，现在你们夫妻俩都忙，孩子假期没有人照顾。

[36] 你把我的自行车停到我家门口。

例 [34] 动词后面跟趋向动词"回"作补语，然后接处所宾语"姥姥家"；例 [35] 动词后面没有补语，直接跟着处所宾语"老家"；例 [36] 动词后跟动词"到"作补语，然后接处所宾语"我家门口"。

2. 位置处置"把"字句的主要使用情境

当表述甲人或甲物通过某种力致使乙物体（或乙人）从 A 位置位移到 B 位置时，就可以使用位置处置"把"字句。这里的位置可以是具体空间上的位置，如上述几例，又如例 [37] [38]；也可以是比较抽象的位置，如例 [39] [40] [41]：

[37] 他们要打，都不愿把拳头打在教育局局长的脸上，那张脸上挂着官场中所有的卑污，与二三十年来所积聚的唾骂。（老舍）

[38] 我问你，你赚多少钱一个月可以把我供在家里？（钱钟书）

[39] 如果你不是以救死扶伤的革命人道主义去对待他，那无异于落井下石、谋财害命，把自己的欢乐建筑在他人的痛苦之上！（王朔）

[40] 他没有必成个学者的志愿，可是也不愿把时间都花费在办事上。（老舍）

[41] 您要时刻想到，多少不相干的人把理想寄托在您身上呢。（王朔）

句子变换举例：

[42] 你把我的包放在椅子上。⇔我的包你放在椅子上。

[43] 把理想寄托在您身上。⇔在您身上寄托理想。

（九）带助词"给"的"把"字句

句式 10	NP₁（施事）＋把＋NP₂（受事）＋给＋V＋（补语）

有的"把"字句要把助词"给"加在谓语中心语动词前面，多数情况下后面要加补语，这种句式主要用于口语。例如：

[44] 我把大门给锁上了！

[45] 杨妈这一番话，算是把金秀心里那点委屈给挑透了。（陈建功）

[46] 他这一问，这还真把我给问住了。（陈建功）

[47] 对对对，吴老板，我只记住老板了，把姓儿给忘了。（陈建功）

句子变换举例：

[48] 我把大门给锁上了。⇔锁上了大门。⇔大门我锁上了。⇔大门被我锁上了。

（十）与双宾句有变换关系的"把"字句

1. 与双宾句有变换关系的"把"字句构成

句式 11	NP（施事）＋把＋NP（受事$_1$）＋V＋给＋NP（受事$_2$）

句式 11 中谓语中心语后面加上动词"给"。例如：

[49] 他把这只小狗送给了我。

[50] 高松年的亲随赶来，满额是汗，把大信封一个交给鸿渐，说奉校长命送来的。（钱钟书）

句式 12	NP（施事）＋把＋NP（受事$_1$）＋V＋NP（受事$_2$）

句式 12 中谓语中心语后面加上直接带宾语。例如：

[51] 把实话告诉了他们，他们必定会马上释放了他的。（老舍）

[52] 鸿渐把适才的事告诉辛楣。（钱钟书）

2. 与双宾句有变换关系的"把"字句的主要使用情境

由双宾句变换来的"把"字句中有两个受事，"把"后面有一个受事，一般是东西，也可以是有生命的受事（人或者动物），动词后面的受事是人或者单位等机构。当要表示把某物或者某人处置给另一方时，就可以用这种句式。例如：

[53] 孙小姐知趣得很，说自己有雨帽，把手里的绿绸小伞借给他。（钱钟书）

[54] 他把这支派克金笔赠给了我。

有时所谓处置不是整体的转移，而是认识或者知晓。例如：

[55] 也许他真把你介绍给人了呢？（钱钟书）

句子变换举例：

[56] 他把这支派克金笔赠给了我。⇔他赠给了我这支派克金笔。⇔这支派克金笔他赠给了我。

(十一) "把 A＋V 作 B" 句式
1. 句式的构成

句式 13	NP（施事）＋把＋A（受事$_1$）＋V（作为、当作）＋B（受事$_2$）

这种句式的谓语中心语动词常见的是"作为""当作""看作"等。例如：

[57] 你不要客气，把这儿当作是你的家，想吃什么就说。

[58] 他提议，把这两间房作为交换条件。（钱钟书）

[59] 我把他作为自己的亲兄弟。

[60] 不自知的东西，照了镜子也没有用——譬如这只衔肉的狗，照镜以后，反害他大叫大闹，空把自己的影子，当作攻击狂吠的对象。（钱钟书）

2. "把 A＋V 作 B" 句式的主要使用情境

A 本来不是 B 事物（或人，或行为），而某人看 A 为 B 事物（或人，或行为），这种情况就可以使用句式 13。例如：

[61] 他把吃苦看作是锻炼意志，所以他不怕吃苦。

[62] 她把这只狗当作她最好的朋友。

句子变换举例：

[63] 我把他作为自己的亲兄弟。⇔他被我作为自己的亲兄弟来看待。

(十二) "把 A＋V 成 B" 句式
1. "把 A＋V 成 B" 句式的构成

句式 14	NP（施事）＋把＋NP（受事$_1$）＋V＋成＋NP（受事$_2$）

[64] 你们可以把这间房子改为书房。

[65] 我们不能扣留住闪电来代替高悬普照的太阳和月亮，所以我们也不能把笑变为一个固定的、集体的表情。（钱钟书）

2. "把 A＋V 成 B" 句式的主要使用情境

经过动作行为使得 A 变成 B，表述这样的情况就可以用句式 14。例如：

[66] 他把这篇小说改成了电影剧本。

[67] 他们把那些木料做成了家具。

[68] 他决心把自己的孩子培养成一个音乐家。

[69] 这种快乐，把忍受变为享受，是精神对于物质的最大胜利。（钱钟书）

句子变换举例：

［70］他们把那些木料做成了家具。⇔那些木料他们做成了家具。⇔那些木料被他们做成了家具。

（十三）"把"字比较句

1. 句式 15

（1）句式 15 的构成

句式 15	NP（施事）＋把＋NP₁＋和＋NP₂＋比（一下）

"把"字比较句中的动词主要是"比""比较""相比""对比"。例如：

［71］柔嘉没想到她会把鸿渐跟老李相比。（钱钟书）

［72］穆勒曾把"痛苦的苏格拉底"和"快乐的猪"比较。（钱钟书）

［73］通过示范使学生把自己的动作和示范动作作对比，认识错误的所在，以便纠正。

（2）句式 15 的主要使用情境

当表述某人拿 A 和 B 比时，就可以用句式 15。例如：

［74］你不要老把自己和别人比，这样你会很痛苦，俗话说"人比人气死人"。

2. 句式 16

（1）句式 16 的构成

句式 16	NP₁（施事）＋把＋NP₂＋和＋NP₃＋比……

句式 16 中"比"后面可以加上其他词语，用来说明这样比会怎么样，有时句首的施事可以不要。例如：

［75］有时你把自己的短处和别人的长处比会让你很痛苦。

［76］把自己的短处和别人的长处比会让你看到自己的不足。

（2）句式 16 的主要使用情境

当表述某人拿 A 和 B 比会怎么样时，就用句式 16。例如：

［77］老把自己的丈夫与别人的丈夫比是很不好的。

（十四）形容词致使"把"字句

1. 形容词致使"把"字句的构成

句式 17	NP ／ VP＋把＋NP＋形容词＋补语

句子的主语可以是名词性词语，也可以是动词性词语，谓语中心语可以是形容词。例如：

［78］这一大堆孩子可把你们夫妻俩累坏了。

［79］那几年闹饥荒把我父母都苦老了。

2. 形容词致使"把"字句的主要使用情境

表述某事或某人致使某人或某物表现出什么样或者状态，就用这种句子。这种"把"字句补语部分有的是结果补语，如上述例句，有的是程度补语。例如：

［80］谈恋爱的事把她伤心死了。

［81］儿子考上大学把他高兴坏了。

句子变换举例：

［82］谈恋爱的事把她伤心透了。⇔谈恋爱的事让她伤心透了。

［83］儿子考上大学把他高兴坏了。⇔儿子考上大学使他高兴坏了。

（十五）受事为联合短语的"把"字句

句式 18	NP₁（施事）＋把＋NP₂（受事_{联合短语}）＋VP

有的"把"字句中的受事是一个联合短语。例如：

［84］什么也不想，他已把过去现在及将来完全献给抗战。（老舍）

［85］他又摹仿上海大商店卖"一元货"的方法，把脸盆，毛巾，牙刷，牙粉配成一套卖一块钱，广告上就大书"大廉价一元货"。（茅盾）

［86］想到了这个，他们三步当作一步走的，急快回到庙中，好把热泪，委屈，和一切要说的话，都尽情的向大家倾倒出来，仿佛大家都是他们的亲手足似的。（老舍）

（十六）"把"字结构后面是连谓短语

句式 19	NP₁（施事）＋把＋NP₂（受事）＋VP＋VP

有的"把"字句中"把"字结构后面是两个或多个动词性成分构成的连谓短语。例如：

［87］譬如一串葡萄到手，一种人挑最好的先吃，另一种人把最好的留在最后吃。（钱钟书）

［88］鸿渐把这信给孙小姐看。（钱钟书）

［89］鸿渐郁勃的心情像关在黑屋里的野兽，把墙壁狠命的撞、抓、打，但找不着出路。（钱钟书）

［90］把饭给自己有饭吃的人吃，那是请饭；自己有饭可吃而去吃人家的饭，那是赏面子。（钱钟书）

三、余论

(一)"把"字句句首成分可以是非生命的

"把"字句句首的主语大多数是有生命的施事，是动作的发出者；但有些"把"字句的主语不是有生命的发出者，而是无生命的事物，它并不会有意识地发出什么动作，但是它的存在却致使某些人或者事物受到它的影响而出现一些变化。例如：

[91] 新家具的气味把我们熏得头昏脑涨。

[92] 这孩子升学的事把他父母都操心死了。

[93] 上长城之前那段路真是把我累得够呛！

[94] 鱼子酱狗粮啥都好，就是把我兽的狗毛吃得没了光泽。

[95] 什么事把他激动得浑身打颤？（吕新）

这样的"把"字句并不是现代才出现的，其实在中古汉语中就已经存在，宋代林升的诗歌中就有这样句子："暖风熏得游人醉。"（《题临安邸》）

"把"字句句首的主语还可以是一个行为动作，句子所表述的是这个行为动作致使人或物怎么样。例如：

[96] 你这样叫把我都吓出心脏病来了。

[97] 外面放鞭炮声把我惊醒了。

(二)"把"字句类型的参考数据

根据缪小放（1991）对老舍的 13 部作品的 1595 个"把"字句和张伯江（2000）对王朔 4 部作品中 613 个"把"字句的统计，在各类"把"字句中趋向补语"把"字句是使用频率最高的，其次是结果补语"把"字句。具体数据参见 5-1 表。

表 5-1　老舍和王朔部分作品中"把"字句的统计

类型	老舍作品		王朔作品	
	数量	百分比（%）	数量	百分比（%）
动趋类	286	46.7	802	50.3
动结类	107	17.5	291	18.2
"一成""当"类	47	7.7	60	3.8
给予类	46	7.5	94	5.9
单动类	45	7.3	113	7.1

	老舍作品		王朔作品	
"一得一"类	35	5.7	115	7.2
动量类	28	4.6	55	3.4
动宾类	14	2.3	59	3.7
"一着"类	5	0.8	6	0.4
总计	613	100	1595	100

表 5-1 中的给予类相当于我们所分出的与双宾句有变换关系的"把"字句，"一成""当"类相当于我们分出的"把 A＋V 成 B"类。

（三）一般不使用"把"字句的情况

我们在上述"把"字句分类的分析中归纳了它使用的情境，其目的是要使外国学生明白什么情况需要使用"把"字句，或者说什么情况下可以使用"把"字句，但是有的外国学生在一些不应当使用"把"字句的时候使用它。因此，如果我们能总结出一些不应当使用"把"字句的情况，这对于对外汉语教学是有帮助的。下面介绍一些一般不适合使用"把"字句的情况。

"把"字句"把"后面的应当是有定的成分，而排斥未知的无定成分。不能说"我把一件衣服洗干净了。"

表示心理感受的动词、领有的动词、存在的动词等不能构成"把"字句。如王力（1943）指出的"爱""看见""上""有""在"以及王还（1984）提出的"躲""到""遇到""得到""离开""接近""成为""赞成"。张伯江（2000）认为这些词之所以不能构成"把"字句"根本的原因还是在于，谓语不是表示空间意义上（或可能解释为由空间位移意义引申出来的）致使事物发生完全的变化"。

"把"字句后面不能出现否定谓语形式，这是学者们公认的事实。张伯江（2000）认为这是因为"否定式了的行为必然是一种'非完成'的，而'把'字句以要求一个'动程'为先决条件"。①

---

① "完全（telic）"与"非完全（atelic）"的对立是 Hoper and Thompson（1980）提出的，转引自张伯江（2000）。

第五节　汉语特殊疑问句形式反问句的
形式特征调查分析①

一、引言

　　反问句的句法形式，传统观点认为同一般的疑问句并无区别，只是表达功能不同而已。对反问句结构的描写，也都是以传统的疑问句四大结构类型（是非问、特指问、选择问、正反问）为纲。吕叔湘先生在《中国文法要略》（1942）中指出，"反诘和询问是作用的不同，在句子的基本形式上并无分别"，又指出，"特指问和是非问都可以用作反诘句，而以是非问的作用为最明显"，"抉择式和反复式是非问句，因为都是两歧的形式，反诘的语气不显"。其后的许多论著都是在此框架内分析反问句，如李铁根（1984）、邵敬敏（1996）、范晓（1998）等。

　　但是否所有反问句的句法结构都与疑问句相同呢？反问句有没有自己独特的形式标记？近年来，这一问题被越来越多的学者关注。

　　徐思益（1986）将反问句分为弱式反问句和强式反问句两种，"弱式反问句即特指问、是非问、选择问、反复问等与一般的疑问句同构的反问句，而强式反问句则是反问句特有的表达式，如'S不就P'和'S能不P'（S和P分别代表主项和谓项）两种格式"，并分别从句法结构、语义结构和逻辑结构三方面分析了其特殊性。

　　李宇明（1990）也认为反问句式与询问句式是一种交叉关系，而非完全重合的关系，并列举了一些反问句式的形式标记，如由"什么""哪、哪儿""怎么""何、岂"形成的反问句式。而且，文章还提到了表示反问的一些固定短语，如"有完没完""岂有此理"等。

　　常玉钟（1992）将"岂有此理"等固定短语称为习用化的反问句，认为其含义、功能已经与结构形式建立了固定的联系，并在口语交际中很常用。后来的学者多接受了这种说法。

　　萧国政（1993）通过对毛泽东著作的分析，指出现代汉语书面语的反问形式有三种，分别为词语反意形式（即能充当反问句形成条件和识别标志的词语，如"难道""岂""宁"等）、格式反意形式（即词语与词语同现构成的某种框架，如"不是……吗？"等）和语境反意形式。前两者可以看作反问句的

---

　　① 本节作者：史芬茹。原文载《神奈川大学言语研究》，第32号，略有删改。

形式标记，而后一种没有识别反意的形式标记，需通过语境来识别。

史金生（1997）研究并确认，"除'副＋动'的'不是'外，表提醒和表确认的两个'不是'只能用在反问句中"，如"今天不是还得拍电影吗?"中的"不是"表提醒，"世道变了，北京人的日子过得顺心顺气了。可又不能说人人顺心，个个顺气不是?"中的"不是"表示确认。

刘钦荣（2004）发现："对反问句来说，特指问和是非问有某种对应关系，可以互相变换；在特指问反问句中，疑问代词'怎么'和'哪里'如果做相同的成分，也可以互相转换。"这些现象说明，反问句和询问句的变换形式是不同的，因此反问句和询问句不是严格意义的同构形式。

我们认为：从本质特征上说，反问句属于一种语用现象，是疑问句在语用中产生的一种施为效果，所有的疑问句在特定的语境下都有可能成为反问句。但上述研究的存在也说明：反问句不仅要从语用层面上进行研究，也应该从句法层面上进行详尽的调查和描写。本节正是基于这一目的，通过对三部话剧作品的调查和整理，对现代汉语反问句的形式特征做出了初步的描写和分析。需要说明的是，本节在描写时列举的各种结构形式并不都为反问句所独有，但却都是反问句使用中相当常见而且相当有特色的，因此我们认为可以反映出反问句的形式特征。

二、语料来源

本节出现的反问句来源于以下三部话剧作品：《车站》（出自《高行健戏剧集》001，台湾联合文学出版社有限公司，2001）；《棋人》（出自《中国话剧百年剧作选》第 18 卷，中国对外翻译出版公司，2007）；《www.com》（出自《中国话剧百年剧作选》第 19 卷，中国对外翻译出版公司，2007）。之所以选择这三部作品，是因为这些作品都完成于 20 世纪 80 年代到 21 世纪初这段时间，作品内容反映的都是当代人的生活，而且作者不局限于一地，作品的语言风格不带有明显的方言特征，能够体现典型而规范的当代汉语口语特点。

经过反复检索与确认，我们从这三部作品中共获得 357 个反问句。这些反问句主要用于文中的例证和进行定量统计分析。

三、反问句形式分类与数量统计

句子可以根据不同的标准、在不同的层面上划分出不同的类型。袁毓林（1993）指出："句子的结构形式和特定的表达功能之间有某种稳定的联系。"也就是说，只有当某些句子具备了某种句法形式特征又具有某种语用功能时，我们才能断定它们是陈述句，或者是疑问句、祈使句、感叹句。同样，我们在确定一个句子是否属于反问句时，总的原则便是：在形式上具备了疑问句的结构特点，在功能上不表示询问而表示反诘。因为反问句总是脱不了疑问句的形式，那么按疑问句的四种类型给反问句进行形式分类就显得界限比较分明，而且更容易识别和整理。

基于以上考虑，我们将检索到的反问句首先分为四大类：特殊疑问句形式反问句、一般疑问句形式反问句、正反疑问句形式反问句和选择疑问句形式反问句。除此之外，还有一些复句形式的反问句，也单列一类。表 5-2 是对 357 个反问句形式分类后的数量分布表。

表 5-2　357 个反问句形式分类后的数量分布表

	特殊疑问句形式反问句	一般疑问句形式反问句	正反疑问句形式反问句	选择疑问句形式反问句	复句形式反问句	总计
《车站》	73	70	3	0	3	149
《棋人》	75	28	0	0	3	106
《www.com》	52	42	6	1	1	102
《总计》	200	140	9	1	7	357

由表 5-2 的数据可以看出，特殊疑问句形式的反问句占到了反问句总量的 56%，一般疑问句形式反问句则占反问句总量的 39%，其他三种类型反问句合计所占的比例不足 5%。吕叔湘先生在《中国文法要略》（1942）中说，特指问和是非问都可以用作反诘句，而以是非问的作用为最明显。[①] 但就我们目前所做的调查看，三部作品中的特殊疑问句形式反问句的数量都超过了一般疑问句形式的反问句。这一调查结果促使我们思考：是否应该是特指问，即特殊疑问句形式反问句的作用最明显，其次才是一般疑问句形式的反问句，而正反疑问句形式和选择疑问句形式的反问句数量很少，要得出更确切的结论还需要更多语料的支持。从现有的调查结果出发，我们将在本节中对特殊疑问句形式的反问句进行详细的描写与分析。为了行文方便，描写时采用了以下符号：N——名词；A——形容词；V——动词；VP——谓词性短语。并且，每个例句后会标明出处：《车》——《车站》；《棋》——《棋人》；《w》——《www.com》。

四、特殊疑问句形式反问句的形式描写与分析

（一）特殊疑问句形式反问句中的疑问代词

疑问代词进入反问句，就会形成特殊疑问句形式的反问句。在这种反问句中，疑问代词失去了作为疑问焦点的作用，意义发生了虚化。这是因为反问句

---

① 吕先生所说的是非问涵盖了一般疑问句、正反疑问句、是非疑问句三种形式的反问句，以一般疑问句形式的反问句为主。

使用者心中已有答案与主张，使用反问句的目的不是寻求答案，而是表达特殊的语用效果。

　　根据我们的调查结果，能够进入反问句的有如下一些疑问代词："什么（啥）""怎么（咋、怎么的）""谁""哪/哪儿""为什么""何""岂""几""多少"。其中使用频率最高的疑问代词是"什么"，"什么"类反问句在特殊疑问句形式反问句中所占比例为 43.8％；其次为"怎么"，"怎么"类反问句所占比例为 24.1％；之后依据使用频率排列的疑问代词依次为："谁""哪/哪儿""为什么""何""几/多少"。

（二）"什么"类反问句形式描写与分析

1. 什么＋N

　　[1] 聋子：主要是让她明白一个道理。

　　　　何云清：什么道理？道理已经不重要了。（《棋》）

　　[2] 艾扬：你什么时候真正关心过我？（《w》）

　　[3] 师傅：好好的牛奶搁酸了喝，啥味道？（《车》）

　　"什么"（在某些方言中也说成"啥"）可以在名词性成分前作定语，用在疑问句中询问该名词性成分的性质及类属。如果说话人认为该名词性成分所表示的对象不存在或对这种对象的性质不以为然，却仍然在该名词性成分前加"什么"发问，就形成了反问句。比如例 [1] 中，何云清认为聋子所说的道理根本不重要，因此通过"什么道理"来反驳他的行为。

2. V＋什么＋N

　　[4] 师傅：捣什么乱？站后面去！（《车》）

　　[5] 何云清：他犯了什么罪？（《棋》）

　　在这种结构中，"什么"表示否定。"捣什么乱"意为"别捣乱"，"犯什么罪"意为"没有犯罪"。很多动宾结构的词语可以进入这种结构形式，本节语料中类似的还有"着急""起哄""来劲"等。

3. V＋什么

　　"什么"可以直接用在动词的后面，用在及物动词后询问对象，用在不及物动词后询问原因。如果说话人认为动词支配的对象不存在，或者认为动作的发生没有理由、理由不恰当，就会利用这种结构的反问形式，通过否定支配的对象或动作发生的理由来实现对该动作、行为的否定。

　　[6] 戴眼镜的：威风什么？不就给外国人开车吗？（《车》）

　　[7] 艾扬：你忍耐我什么了？（《w》）

　　[8] 胡铁头：这你就不对了，我们听听能损失你什么？（《棋》）

例〔6〕中"威风什么"可以理解为"凭什么威风",当说话人认为后边"给外国人开车"这个理由不恰当时,就会用这个反问句来表示"没必要威风"的意思。而例〔8〕中,说话人认为"损失"的对象不存在,所以"损失什么"表示"根本没有损失"。

4. 有什么+N

"有什么"类反问句是"什么"类反问句中非常常用的形式类别。虽然"有什么"也可认为是"V+什么",但因为总是作为一个凝固的整体出现,所以我们单列一类说明。在此类反问句中,"有什么"完全没有询问的意味,单表示否定,意为"没有"。例如:

〔9〕马主任:在家呆着养老,享点清福,有什么不好?(《车》)

〔10〕聋子:不组织棋赛,活着有什么劲?(《棋》)

〔11〕艾扬:那你说这么维持下去又有什么意思?就像是癌症到了晚期。(《w》)

"有什么"单独使用也可表示反问,意为"没什么"。例如:

〔12〕胡铁头:郑庄公还掘地见母呐,咱们一个百姓说了不算那有什么?(《棋》)

5. 凭什么+VP

"凭什么"作为一个习用语,《现代汉语八百词》(1985)中解释其用法,"用十质问"。"凭什么"本义是询问行为存在的理由和依据,但是当说话人认为一种行为或要求没有道理时仍然发问,那么这种结构的反问句就会产生质问的语用效果。例如:

〔13〕聋子:她凭什么不让你下棋?又凭什么不让她儿子下棋?(《棋》)

〔14〕艾扬:我凭什么要给你笑脸?你算是哪根葱呀?(《w》)

6. 干什么+VPVP+干什么/做什么

"干什么"又可以说成"干吗",用在反问句中时,是通过否定做某件事的理由和动机来对某件事实施否定,意为"没有必要这样做""不应该这样做"。"干什么"类反问句的特别之处在于"干什么"的位置比较灵活,既可位于VP表示的事件前,也可位于事件后。例如:

〔15〕司慧:我干什么老围着儿子转呢?(《棋》)

〔16〕丙:人干吗喝敌敌畏找那罪受?(《车》)

〔17〕艾扬:我干吗要生气,能被别人爱并不是件坏事。(《w》)

〔18〕马主任:(既然没站名,)那还竖个牌子干什么?(《车》)

〔19〕夏炎:我怕她干吗?她应该怕我才对。(《w》)

在这里，我们还应该说一下"做什么"。"做什么"的意义与"干什么"完全相同，但用法稍有不同。"做什么"询问动机时只能放在事件后，不能放在事件前。而且，与"干什么"相比，"做什么"的使用频率较低。本节只发现了一部作品中的两个用例：

[20] 聋子：你不谈棋，总谈女人做什么？（《棋》）

[21] 何云清：围棋是一场生死游戏，你已经尝过真正的生死了，还学它做什么？（《棋》）

7. "什么"的反问用法总结

在特殊疑问句形式反问句中，包含"什么"的类型是最多的。在上述各种形式中，"什么"并不指代某个对象，只是表示说话者对所说之事持一种否定态度。"什么"表示否定的用法早已有人注意到，如吕叔湘先生在《现代汉语八百词》（1985）中还指出了以下几种形式引述别人的话加"什么"，表示不同意；"有＋什么＋形容词＋的"表示不以为然；"形容词＋什么"表示否定。综观所有这些用法，可以发现，"什么"在反问句中的句法位置相当灵活，已经远远超出作为疑问代词的"什么"所应有的使用范围，而且，"什么"的疑问意义在反问句中也被完全虚化。因此，我们可以把"什么"看作一个纯粹的否定标记。

（三）"怎么"类反问句形式描写与分析

跟"什么"一样，"怎么"也是现代汉语中一个使用频率很高而且用法相当灵活的词。根据《现代汉语八百词》，它可以询问方式、原因、性状、状况等，可以表示程度，可以用在句首表示惊异，另外还有虚指、任指等用法。"怎么"用在反问句中，则表示两种意义：

第一，"怎么"如问原因，表示"应该或不应该VP"。例如：

[22] 马主任：你怎么也不向他反映反映汽车公司的问题？（《车》）

[23] 何云清：这些评价你怎么今天才得出来？（《棋》）

[24] 艾扬：你怎么得理不饶人呀？（《w》）

第二，"怎么"如问方式，只有肯定形式，表示"不可能VP"。例如：

[25] 戴眼镜的：怎么会不通？车都过了多少！（《车》）

[26] 聋子：不下棋怎么行呢？（《棋》）

[27] 程卓：是你问的，我怎么知道？（《w》）

还有两个与"怎么"相关的疑问代词也出现在本节的语料中：一是"怎么的"（也可以说成"怎么着"），一是"怎么样"或"怎样"。这两个词均可在句中做谓语，询问状况。当说话人认定不会出现什么状况却发问时，反问用法便产生了。这两个疑问代词在反问用法中均表示不屑、不以为然的语气，可以理解为"没怎么样""不能怎么样"。例如：

[28] 大爷：冠军又怎么的？他那棋，还差口气！（《车》）

[29] 程卓：我搬回来了又怎么样？能改变点什么吗？（《w》）

根据"怎么"反问句在形式上的特点，我们将其分成四类，下面分别举例说明。

1. 怎么＋助动词＋VP

"怎么"常与助动词"能""会""敢""肯""可以"等组合使用，尤以"怎么能"的使用频率最高。助动词本身可以表示"许可、可能、能力"等意义，当与反问句中的"怎么"结合使用时，"怎么"的意义就会变得模糊，相当于一个否定副词。这时，"怎么能 VP"表示"不可能 VP"，"怎么能不 VP"表示"一定要 VP"，其他助动词可以依此类推。例如：

[30] 大爷：再看看，既有站牌子怎么能没个站名呢？（《车》）

[31] 何云清：天呀！我怎么可以冤枉你！（《棋》）

[32] 程卓：你外边有人了？

　　　艾扬：怎么会呢？（《w》）

2. 怎么＋副词＋VP

根据我们搜集到的语料，"怎么"反问句中，VP 前的副词一般限于"不""没""也""还""才""就"等词语。这些副词的使用能凸显"怎么"类问句的反问语气：没有这些副词，"怎么"问句可能是一个或反问或疑问的两歧句式，加上这些副词一般只能是反问句。其中，出现最多的便是"怎么"与"不""没"的组合，其意义相当于一个双重否定，可以理解为"应该 VP"；"怎么"与其他副词的组合则应理解为"不应该 VP"。例如：

[33] 马主任：年纪轻轻的，怎么不学好呀？（《车》）

[34] 何云清：这些评价你怎么今天才得出来？（《棋》）

[35] 艾扬：我这怎么不是好好在说话呀？（《w》）

需要说明的是，否定副词"不""没"在反问句中常常与其他副词叠加使用，进一步加强"应该 VP"的主张，如"怎么还不 VP""怎么也不 VP""怎么就不 VP"等。例如：

[36] 聋子：你怎么还不起？（《棋》）

[37] 戴眼镜的：你们怎么就没听见呢？那人早到城里了。（《车》）

[38] 马主任：你怎么也不向他反映反映汽车公司的问题？（《车》）

3. 怎么＋这么/这样＋VP

由于有指示代词"这么/这样"的修饰，"怎么"后面的 VP 表示的事物就是定指的事物，也就是已经出现或存在的事物。既然是既定的事物，那么对它的否定就应该理解为：本不应该如此。例如：

［39］戴眼镜的：大家叫你排队，怎么这么不知趣？（《车》）

［40］何云清：我怎么就这么没出息？（《棋》）

［41］艾扬：你怎么这么关心？（《w》）

4. 怎么＋VP

在此类问句中，如果 VP 只是一般的谓词性短语，那么"怎么＋VP"表示疑问还是反问就需要通过语境来判断。但如果 VP 是可能补语形式的话，"怎么＋VP"多半表示反问。例如：

［42］何云清：不，你母亲怎么受得了？（《棋》）

在这句话中，"怎么受得了"的意思就是"一定受不了"。同样，"怎么受不了"的意思应该理解为"应该受得了"。

（四）"谁"类反问句形式描写与分析

疑问代词"谁"在疑问句中是询问人的，可以做主语以及宾语。但在反问句中，则指"任何人"，含有无一例外的意思。而且，"谁"在反问句中的句法位置与它在疑问句中的位置是一样的。例如：

［43］程卓：谁怕你了？（《w》）

［44］做母亲的：谁不想调到城里去，可得有门路呀，唉！（《车》）

［45］聋子：劈，劈就劈，你吓唬谁？（《棋》）

"谁＋VP"表示"没有任何人 VP"，所以例［43］的意思是"没有任何人怕你"，隐含意义为"我一点都不怕你"；"谁＋不/没＋VP"表示"任何人都VP"，所以例［44］的意思是"任何人都想调到城里去"，隐含意义为"我们当然很想调到城里去"；"VP＋谁"表示"对任何人都没有/不 VP"，所以例句［45］的意思是"你吓唬不了任何人"，隐含意义为"你根本吓唬不了我"。

"谁"类反问句中比较独特的形式结构有以下几种：

1. 谁叫＋VP

在"谁叫＋VP"句中，"谁"处于主语的位置，语义上是致使者。而这类反问句正是通过对没有致使者或很难说出致使者的行为发问，从而产生隐含意义。

［46］做母亲的：谁叫我们是女人呢？我们命中注定了就是等，没完没了地等。（《车》）

〔47〕戴眼镜的：谁叫您不看清楚的？（《车》）

例〔46〕的意思是"没有人让我们当女人"，隐含意义为"我们找不到让我们当女人的负责者，所以只能接受自己是女人的事实，只能接受生活中的不公平"。例〔47〕的意思是"没有人让您不看清楚"，隐含意义为"您没看清楚不关别人的事，是您自己的问题"。

2. 谁说＋VP

"谁说"可以是真的询问"说"这个动作的发出者，如"刚才那些话是谁说的？"但如果"谁说"位于句首，那么这个句子通常不是疑问句，而是反问句。"谁说"的意思是"没有人说"，功能是否认对方或某人的判断。例如：

〔48〕何云清：谁说我今天要谈棋？我今天就谈女人。（《棋》）

3. 谁知＋VP

"谁知"用于现代汉语中只表示反问，表示"没人知道"及其语境意义。例如：

〔49〕何云清：无所谓了……再说谁知她是怎么想的。（《棋》）

（五）"哪/哪儿"类反问句形式描写与分析

"哪"作疑问代词，用在数量词或数量词加名词前，表示要求在同类事物中加以确指。这时"哪"与"哪儿"不通用。但如果说话人已经知道对方无法确指，因为根本没有满足条件的备选项时仍然发问，那么他的目的就是反诘，他所使用的"哪"类问句就是反问句。例如：

〔50〕何云清：至于你，一子不舍，哪回不是丢条大龙？（《棋》）

在例句中，"哪回"的意思是"没有一回"，整句话因为是双重否定，所以应理解为"你每回都是丢条大龙"。

"哪"还可以用作副词，形成"哪＋VP"的结构形式。这种结构形式只用于反问句，"哪"表示否定，相当于"不"或"没"，此时"哪""哪儿"通用。相比于"哪＋数量"的结构形式，"哪/哪儿＋VP"的形式更多更常用。在本节搜集到的14例"哪"类反问句中，只有1例是"哪＋数量"结构，而10例属于"哪/哪儿＋VP"的形式。例如：

〔51〕大爷：这哪是雨？是雪！（《车》）

〔52〕何云清：你们只知胡杀，哪有听棋的心思？（《棋》）

〔53〕夏炎：太搞笑了！哪有吃草的豹子？（《w》）

还有3例反问句属于"哪儿"的特殊用法，不能由"哪"替换：

〔54〕戴眼镜的：你哪儿不好晃荡？（《车》）

[55] 大爷：这交通，都哪儿哪儿呀？（《车》）

[56] 姑娘：您这是哪儿的话！（《车》）

在这 3 个反问句中，"哪儿"仍有处所的意义，但表示的是"任何地方"。例 [54] 的意思是"任何地方都好晃荡"，隐含意义为"那么多地方可以晃荡，你别总在这儿晃荡"；例 [55] 中的"哪儿"是虚指，"哪儿哪儿"为"哪儿是哪儿"的省略，这句话的意思是"这交通，哪儿都不是哪儿"，隐含意义为"交通情况实在太混乱了"；例 [56] 是一种常用的客气的说法，因为"这话在任何地方都不必说"，所以"您说这话太客气了"。

（六）由其他疑问代词构成的特殊疑问句形式反问句的描写与分析

1. 为什么＋VP

"为什么"是问原因的，它用在反问句中表示说话人认为没有理由做某事，可以理解为"应该或不应该 VP"。例如：

[57] 做母亲的：车里就几个人，为什么不停？（《车》）

[58] 何云清：我为什么要听别人摆布？我想下就下，不想下就不下！（《棋》）

[59] 艾扬：我又不是哑巴，我为什么不说？（《w》）

2. "何"类反问句

疑问词"何"主要用于书面语中，可以表示三种意义：什么、哪里和为什么。在现代汉语中，表示"什么"的"何"使用得较多。我们的语料中只有一例是"何"表示"什么"的反问用法，其他两种意义的"何"未见用例：

[60] 何云清：与你这样下棋不动脑子的人对局，谈何乐趣？（《棋》）

"何"单用表示反问的情况不多，但由"何"组成的副词表示反问语气的却不少。如"何必"表示"不必"，"何苦"表示"不值得"，"何尝"表示"未曾或并非"：

[61] 马主任：老爷子，您看您这么一大把年纪了，何苦在这车站上干耗着？（《车》）

[62] 胡铁头：你何必这么认真。（《棋》）

[63] 何云清：人生又何尝不是这样。（《棋》）

3. "多少"类反问句

"多少"，疑问代词，问数量。在反问句中使用时，常常表示数量极多。例如：

[64] 胡铁头：你自以为是高手，可你有多少年没下过对手棋？（《棋》）

[65] 何云清：当一个下了五十年棋的人决心不下棋的时候，他的内心经历了多少痛苦？（《棋》）

上面两个句子，目的都不在于问数量多少，而是在于提醒对方。例句[64]强调"你有很多年没下过对手棋了"；例[65]强调"他的内心经历了很多痛苦"。

4. "几"类反问句

"几"与量词结合后也可以问数量。在反问句中，"几"与"多少"正好相反，往往表示数量极少，可以解释为"没有几个"。例如：

[66] 姑娘：你一生中又有几个十年？（《车》）

[67] 司慧：有几个下棋的会关心别人？（《棋》）

（七）两类特殊疑问句形式反问句的联系与区别

根据前文的分析与描写，我们可以看出：反问句的目的既然不是询问，那么其中的疑问代词就会失去其在句中的焦点地位，而且意义与功能也会随之发生一定的衰变。这时，这些疑问代词，由于在功能和意义上的相通，就可以存在一定的互换关系。下面，我们重点分析一下"怎么"类反问句与"哪/哪里"类反问句的互换关系。

"怎么"用在反问句中，主要表示两种意义：一是问原因，表示"应该或不应该VP"；二是问方式，只有肯定形式，表示"不可能VP"。通过替换我们发现，问原因时"怎么"与"哪/哪儿"不通用，但问方式时两者可以通用。

第一，"怎么"问原因。例如：

[68] 马主任：你怎么也不向他反映反映汽车公司的问题？（《车》）

　　　*你哪儿也不向他反映反映汽车公司的问题？

[69] 何云清：这些评价你怎么今天才得出来？（《棋》）

　　　*这些评价你哪儿今天才得出来？×

[70] 艾扬：你怎么得理不饶人呀？（《w》）

　　　*你哪儿得理不饶人呀？

第二，"怎么"问方式。例如：

[71] 戴眼镜的：怎么瞎说，不信您看表。（《车》）

　　　*哪儿瞎说，不信您看表。

[72] 聋子：不下棋怎么行呢？（《棋》）

　　　*不下棋哪儿行呢？

[73] 程卓：是你问的，我怎么知道？（《w》）

　　　*是你问的，我哪儿知道？

这种现象的存在显示了询问方式的"怎么"和询问原因的"怎么"在句法上对语境的依赖度不同，虚化程度也不同。两类"怎么"反问句在反问度上是有差异的。

我们再从"哪/哪儿"类反问句的角度进行分析。"哪"常常形成"哪＋VP"的结构形式进行反问。这类反问句中的"哪"可以替换成"怎么"，但并不自由，有时需在"怎么"后加上助动词才显得更自然。例如：

[74] 大爷：这哪是雨？是雪！（《车》）

　　　　这怎么是雨？是雪！

[75] 何云清：你们只知胡杀，哪有听棋的心思？（《棋》）

　　　　你们只知胡杀，怎么（会）有听棋的心思？

[76] 夏炎：太搞笑了！哪有吃草的豹子？（《w》）

　　　　太搞笑了！怎么（会）有吃草的豹子？

以上分析表明："哪"比"怎么"的虚化程度更高。可以认为在"哪＋VP"结构中，"哪"已成为一个基本上只表示否定意义的标记词。但"怎么"还存在部分实义，虽然它在反问句中也表示否定，但有时还需要借助助动词凸显这种语义。

五、结语

本节以疑问代词为纲，详细描写了现代汉语特殊疑问句形式反问句的形式特征和意义类别。我们认为，反问句虽然本质上归属于言语行为，但作为一种与疑问句同形的特殊的语言现象，它仍有自身的形式特点和规律。本节的意图就是通过对各类特殊疑问句形式反问句的形式特征的分析，揭示出反问句这一特殊的语言现象的一些特点，从而促进反问句的本体研究和教学研究。

第六节　汉语条件句的语义焦点与视角的双向性①

任何一个语言形式的存在都是有其理由和价值的，它们在交际中承担着传递信息，表达说话人交际意图的作用。传递信息包括"传信"和"传疑"两个方面，"传信"是指说话人通过一定的语言形式表达一种确定的信息（包括肯定和否定），所传达的信息或是客观事实，或是主观认识，也可能是对他人的指令等；而"传疑"则是表达说话人的各种疑问，其目的在于通过疑问从他人或别处获取信息。因此当说话人在交际过程和会话中使用条件句时，条件句就承担着传递客观信息、主观认识和主观感情的作用。说话人既可以使用条件句对所观察到的客观现象进行描述，直接反映客观世界中的条件结果关系；也可

---

① 本节作者：胡秀梅。本节中主要内容载《汉语学习》，2013（2）。

以在这种客观存在的关系的基础上，加上说话人自己的思考和认识，构建主观的条件结果关系。

在这些条件句所传递的信息中，哪个部分的内容是说话人所关注的焦点呢？是条件部分的内容还是结果部分的内容？这个焦点是受到语境的制约还是与人对世界的认知能力、认知方式有关系呢？

通过对实际语料①的考察与分析，我们发现条件句的语义焦点在认知规律与语境的共同作用下呈现出双焦点现象。也就是说，条件句的焦点既可以是条件部分，也可以是结果部分，造成这种现象的最根本原因就是人类对客观世界认知过程中的不同视角系统。由于说话人在概念化过程中的不同视点、观察方向和观察方式，最终产生了不同的结果，赋予条件句不同的语义焦点，并在语用过程中发挥不同的功能。

一、条件句的语义焦点

（一）从焦点/背景原则看条件句的语义焦点

形式是意义的外在表现，而意义反映的是我们对客观世界的认知，我们在认知世界的过程中关注的重点最终表现为句子的语义焦点。对于复合句中的语义焦点与背景的确定，认知语言学家们提出了焦点/背景确定和凸显原则。他们认为，在概念化过程中，从句中的事件往往是主句事件的起因或前提，即参照点，所以从句对应的是背景，主句对应的是焦点。认知语言学家 Talmy 对英语复合句中与时间顺序相关的复合句进行了分析，归纳总结出这类句子中的焦点与背景之间的关系以及焦点/背景的定位原则，最后指出了以下几个原则：顺序原则、因果原则、包含原则、决定原则、替代原则。它们之间的关系如表 5-3 所示。

表 5-3 复句中的焦点/背景确定原则②

	焦点（主句）	背景（从句）	例句	
顺序原则	后发生的事件	先发生的事件	The class began after the bell rang.	铃响后上课了。
因果原则	结果事件	原因事件	She slept until he arrived.	她一直睡到他到来。

---

① 本节的分析是基于国家语委平衡语料库中的语料统计进行的，大部分例句选自语委语料库，少部分为自省语料。

② 转引自李福印：《认知语言学概论》，316 页，北京，北京大学出版社，2008。

续表

	焦点（主句）	背景（从句）	例句	
决定原则	具有依赖性的事件	对一个事件具有决定性的事件	He dreamt while he slept.	他睡觉的时候做梦了。
替代原则	不可预料但事实上发生的事实	可预料但事实上并未发生的事件	He is playing rather than working.	他在玩而不是在工作。
包含原则	时间范围小的、被包含的事件	时间范围大的、具有包含性的事件	He had two affairs while he was married.	他结婚后有过两段婚外情。

从表5-3看到，尽管汉语与英语句子结构上存在不同，但是因为汉语条件句也是时间事件类句子，在语序上大多按照自然的事理顺序排列，所以我们也同样可以根据这个表格中的相关原则来确定条件句的焦点。

戴浩一在对汉语句子语序进行分析时曾指出，汉语的语序是遵循时间先后顺序原则的。条件部分在前，结果部分在后，而按照表5-3的顺序原则，条件句中的条件部分对应的是英语的从句，结果部分对应的是主句。如果从这个角度分析的话，汉语条件句中的焦点是在结果部分。但条件与结果之间的关系并不都是顺序关系，更多地表现为一种相互依赖的关系，结果的实现依赖于条件的实现。那按照决定原则，焦点是具有依赖性的事件，具有决定性的事件是背景，那么焦点也同样就是在结果部分，条件部分为背景。条件句中的条件部分是事件的前提，对一个事件具有决定性，应该是参照点，对应的是背景。而结果部分是具有依赖性的事件，对应的是焦点。条件部分与结果部分相对照，条件部分是确定的、已知的，而结果部分是未知的、不定的。结果的达成完全依赖条件的达成，相对于条件来说，结果是未然的。这样我们也可以根据替代原则，判断出条件句的语义焦点是结果部分。例如：

[1] 只要打电话，就能找到他。

[2] 只有努力才能实现。

在例［1］中，句子的结果"能找到他"，完全依赖"打电话"这一事件的实现，两个事件在时间上的关系是条件在先，结果在后，所以结果部分的"能找到他"应该是句子的语义焦点。同样例［2］中的"努力"是结果"实现"的前提，"努力"在先，"实现"在后，"实现"依赖与"努力"这一前提。按照Tamly提出的焦点和背景的确定原则，未知的、未然的事件往往是我们关注的焦点，这两个句子的焦点都应该是结果部分内容。

因此我们可以说，按照认知语言学的焦点和背景确定原则，汉语条件句的语义焦点通常落在结果部分。但是这是对句子的静态语义的分析，在语言使用过程中的动态的语义却存在不同。

（二）从上下文语境看条件句的语义焦点

语言形式的存在最终都是为了交际，传递说话双方的信息，达到交流的意图。因此，句子的静态语义在实际的交际中受到上下文语境的影响和制约，语义往往更加丰富或者发生变化，句子的语义焦点也会有所变化。同样，条件句的语义焦点也在上下文的语境中发生变化。

我们可以从实际的语篇①中来考察分析条件句的语义焦点。例如：

［3］亚当姆斯没有因为自己缺乏执教经验而感到自卑。"怎么才能有主教练经验？"只有别人给了你这个机会你才知道怎么去当主教练。

［4］农村剩余劳动力转移，要有机构来管理，他们要到哪里，怎么才能有序地流动，得有信息、咨询、职业介绍才行……

［5］孙某忙问："俺怎么才能破了这灾？"另一个相面先生说："要想破灾，就得破财。"

在例［3］中，当我们单独看"只有别人给了你这个机会你才知道怎么去当主教练"这个句子时，并不能很确切地知道句子的焦点在哪里，或者可以根据焦点背景原则确定结果部分应该是语义的焦点。但是当它处于语篇中，因为受到上下文的制约，句子的重点就清晰地凸显出来了。不过句子的焦点并不是在结果部分，而是落在了条件部分。例［3］中的"怎么才能有主教练经验？"为后面的条件句"只有别人给了你这个机会你才知道怎么去当主教练"提供了语境，我们清楚地判断出说话人关注的焦点是条件部分的内容。因为此时的条件部分的内容是新信息，而结果部分的内容因为与前面的疑问句中的内容一致，所以对说话人来说是已知的旧信息，就是背景内容，所以不是这个条件句的语义焦点。同样，例［4］中的"怎么才能有序地流动"为紧随其后的条件句"得有信息、咨询、职业介绍才行……"设定了语境，使句子的焦点落在条件部分。在这两个例句中，说话人的语义焦点都是条件部分，这与按照焦点背景原则确定的语义焦点正好相反。

不过，例［5］虽然同样是使用了"怎么才能……"的疑问方式来提出说话人关注的焦点，但是对这个问题的回答"要想破灾，就得破财"是一个假设条件句，说话人将孙某关注的内容、新的信息"得破财"放到了结果部分，而不是像例［3］和例［4］放在条件部分，所以在例［5］中的条件句的"要想破灾，就得破财"中，句子的焦点落在了结果部分。也就是说在这个句子中，说话人强调的是条件句结果部分的内容。

---

① 例［3］［4］［5］的语篇来自北京大学语料库网络版。例［3］出自新华社 2004 年新闻稿，例［4］出自 1995 年《人民日报》，例［5］出自 1996 年《人民日报》。

　　由此我们可以看到，在实际的交流和语境中，条件句的语义焦点既可以存在于条件部分，也可以落在结果部分。这就是语言使用过程中条件句所呈现出来的双焦点现象，这个现象还可以条件句的疑问形式中得到印证。

（三）从条件句的疑问形式看条件句的语义焦点

　　在语料的统计中，我们发现在所有表示疑问语气的条件句中，疑问的语义指向有三种情况：

　　第一，语义指向整个句子，句子的疑问语气是赋予整个句子而非条件或结果部分。不管是一般疑问形式还是特殊疑问形式，都是针对整个条件句的疑问语气，语义上是对条件结果关系能否成立的质疑。例如：

　　[6] 照你说，只要有把力气就行啦？
　　[7] "真的，你身上无论哪一块都不怕痒？"
　　[8] 你认为办公事就一定不让人高兴吗？
　　[9] 只能食不果腹，衣不蔽体，痛苦不堪，才能得到圣母的垂怜？

　　上面这些句子（例句）的疑问都是针对条件与结果之间的关系能否成立而言的，疑问指向整个句子。这类疑问句的语义焦点需要依赖语境才能确定。

　　第二，语义指向结果部分，主要质疑结果是否能够达成或者会出现何种结果。

　　语料中的"如果"引导的疑问语气的条件句都是对结果提问，在句中的结果分句部分常常使用一些特殊疑问词，如"怎么样""为什么""什么""怎么""是否""多少"。"不管"引导的疑问句也是针对结果的提问，但是使用频率并不高。例如：

　　[10] 可是如果再飞向南河三又要多少年呢？
　　[11] 新闻内容及时吗？如果收到了许多重复的信息，会不会多收我钱呢？
　　[12] 如果过滤速度太慢会发生什么情况？
　　[13] 不管是大奶奶，二奶奶，凭什么要骂人？
　　[14] 连山责问他，不管上哪儿去，为什么不说一声呢？

　　例 [10] 至 [14] 都是疑问语气的条件句，句子的疑问词都出现在条件句的结果部分，是针对结果部分的疑问，表达说话人在假定的条件下对可能出现的结果的疑问和猜测。这些疑问句的语义焦点无疑是在结果部分的未知信息中，这些未知信息是说话人最为关注的部分。当对方以条件句形式回答这些疑问时，新信息就存在于条件句的结果部分，结果部分也就成为句子的语义焦点。

　　第三，语义指向条件，直接寻求结果达成的条件。

　　在语料的统计中，我们发现条件句的疑问形式集中地出现在"才"引导的条件句中，如"怎么才……""怎么才能……""如何才……""如何才能……"，这些都是针对条件部分的疑问形式，疑问词主要出现在条件句的条件部分，是对结果达成的条件的质疑或询问。例如：

[15] 怎么样才不会生这种病呢？

[16] 究竟把一个什么样的世界带入下个世纪，大国应建立何种关系才符合本国的根本利益，是对话还是对抗？

[17] 一出潼关，地倾东南，风沙于后，黄河在前，是有了这么广大的平原才使黄河远去，还是有了黄河才有了这平原？

例 [15] 至 [17] 中的疑问的语义指向条件，直接寻求结果达成的条件。因此这些条件句的焦点集中在条件部分。说话人在表述条件结果关系时，是立足结果，把结果作为背景，寻求条件。这类疑问句比其他各类条件句的疑问形式的出现率都高，针对结果的疑问则相对较少。因此可以说在实际的语言使用过程中，对条件的关注更多一些，条件句的语义焦点也就往往凸显在条件部分。例如：

[18] a. 怎么才能找到他呢？

　　 b. 只要打电话，就能找到他。

[19] a. 如何才能实现这个伟大的梦想？

　　 b. 只有努力才能实现。

在 [18] a 和 [19] a 这两个疑问句中，"怎么"和"如何"代指的未知条件实际是说话人关注的焦点，是说话人表述的中心所在。结果部分则被当作说话人预先设定的背景参照物来凸显条件，显示说话人依据假定的结果寻求未知条件的目的。从这里可以看出，在概念结构的建构过程中，说话人立足结果事件，以此为视点，扫描普遍联系的关系网中与这一节点相关的节点。其关注的焦点并不是结果部分，而是条件部分。[18] b 和 [19] b 两个陈述语气的条件句实际是两个疑问句的回答，基于焦点/背景原则对已知和未知的区分，这两个条件句中的结果部分是说话人已知的内容，而条件部分是新的信息，句子的焦点也是条件部分的内容。

从条件句的疑问语义指向看，它可以表示对条件结果关系的疑问，也可以单独对条件部分或结果部分提出疑问，这也表现出条件句的语义焦点既可以是条件部分也可以是结果部分，其中对条件的疑问形式最集中，焦点也就往往落在条件部分。

综上所述，条件句的语义焦点随语境的不同而不同，这也与说话人对客观世界中的条件与结果之间的关系的认知相关，受到视角系统的影响。

二、说话人视角系统的双向性

认知语言学在分析说话人的视角系统时谈到，说话人的视角系统包括视点、观察（视角）方式和观察方向等概念。其中"立场（视点）和方向既包括具体的空间位置和方向，也包括抽象的时间中的位置和方向"[①]。比如，"现在"表达的是时间位置，是"此刻"，通常是我们观察的立足点，也就是视点。"昨天"表达的时间位置是过去的一天，方向是以"现在"为起点（也是视点）往过去追溯，而"明天"表达的时间位置是未来的一天，方向是以"现在"为起点（视点）向将来延伸。"现在、昨天、明天"这三个概念体现了说话人的视点与观察方向。

从这个分析我们可以知道，人类对事物的观察存在两种相反的方向。向后推断，建构的是现实事件与过去的、已发生或相对顺序在前的事件之间的关系；向前推断，建构的是现实事件与未来的、可能发生或相对顺序在后的事件之间的关系。这就是观察方向具有的双向性特点：既可以向后看，也可以向前看。这种认知方式同样适用于对非时间对象的认知，因为认知语言学认为人的认知方式也是基于隐喻和投射的，对时间关系的认知是来自对空间关系的认知投射，所以我们对任何一个对象都可能存在双向观察。所以，当我们关注一个关系链中的相关对象时，我们既可以采取向前也可以采取向后两种观察方式。这种双向性如图 5-3 所示。

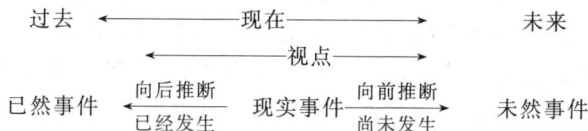

图 5-3　说话人视角系统的双向性

如图 5-3 所示，我们若以"现在"或"现实事件"为视点，当我们采取面向未来、向前推断的观察方向时，我们关注的就是尚未发生的未然事件；相反，当我们采取面向过去、向后推断的观察方向时，我们关注的就是已经发生的已然事件。不同的观察点和方向最终带来不同的概念结构和语义结构，也最终赋予语言形式不同的语义和语用功能。这种双向性的视角系统也同样影响了条件句的语义和功能。

当我们在建构或关注到两个事物或事件间存在的是条件结果关系时，我们若以向前、向未来的观察方向关注这两个对象，建构的就是"说话人立足于条件，推断条件之后的结果"的语义结构；若我们立足于结果事件，向后推断，

---

① 李福印：《认知语言学概论》，361 页，北京，北京大学出版社，2008。

建构的就是"说话人关注产生结果的条件"的语义结构。这种因为视点和观察方向的不同而产生的关注点不同，就使得条件句的语义焦点既可以是条件部分，也可以是结果部分，这也就是条件句存在双焦点现象的重要原因。

由于视角系统存在双向性的特征，条件句就表现出语义双焦点的现象，这也使得条件句在语用过程中表现出双重性：既可以用以强调条件，又可以用以强调结果。

三、条件句语用功能的双重性

条件句因为有条件和结果两部分，所以对话双方所关注的焦点也有两个部分：一个是条件，一个是结果。对条件部分的关注主要表现在"条件的必要程度"上，对结果的关注则表现为"结果达成的可能性"上，所以在功能上条件句也就表现为"强调条件的必要性程度"和"强调结果达成的可能性程度"两个功能。

（一）强调条件的必要性程度

在语料的考察和分析中我们发现，当说话人在判断和表述一个结果的实现是否需要条件的同时，也对所需的条件进行了区分。这种区分的具体的实现手段就是关系标记"只要""只有""如果""除非""无论""不管""就""才""都"以及表示情态的词语。它们实际表达了说话人对条件的必要程度和重要程度的认识和判断，也显示出说话人对条件的关注和强调。

这种关注以结果对条件的依赖程度和说话人主观认识介入的强弱为轴线构成了一个连续统，这个连续统首先通过"就""才""都"所表达的主观量大小来区分，表示说话人对条件必要性大小的判断。因为"就"往往表示一种主观小量，而"才"则表示主观大量，"都"则是全量的标志，它们与"只要""只有""无论"等构成了一个主观量的量级序列，如下：

程度低、低条件→→ → →————→ → →程度高、高条件

无论/不管……都→ →　只要/如果……就　→ → 只有……才

这个由"就""才""都"所表达的主观量序列虽然显示了条件句的基本量级，也表达说话人对条件必要性大小的判断。其中充分类和假设类的条件句都是表达对条件的需求较低的，所提出的条件可能并不是最重要的条件，没有这个条件也许有别的可替代的，是说话人表达事情容易做，结果容易达成的断言；必要类条件句是说话人表达事情对条件的需求较高，所提出的条件是至关重要的，没有可替代的其他条件，是表达事情不容易达成、很难实现的断言；而无条件类则表示对条件的依赖性最低，或者说不需要特别的条件，因此是用来表达对条件否定的功能。例如：

［20］无论有没有开完会都可以回家。

［21］只要开完会就可以回家。

［22］只有开完会才可以回家。

例［20］［21］［22］都是条件句，但是语气和表达的意思是有不同的。句子通过"无论""只要""只有"区分结果"可以回家"的条件。从句子的语气上看，例［20］表达的是"随时可以回家"，很容易。强调并不需要满足什么要求，不需要依赖条件中谈到的"是否开完会"这个条件。相比较而言，例［21］表达的语气则是说话人强调"回家不太难"，所提出的条件是很容易实现的。例［22］表达的则是说话人认为"想回家，不容易"，因为需要等到"开完会"，而且这个条件是必需的。尽管例［21］和［22］都是强调条件的必要性，但是从对结果的制约性来说，"只有"比"只要"更强一些。所以在语言使用过程中，它们所传达的信息也是不同的。

对于同是表达条件必要性程度低的"只要"类条件句和"如果"类条件句，说话人则通过它们在语义上非现实性的程度来表达对必要性程度的判断。说话人利用"如果"类条件句的假设性语义表达对必要性的不那么肯定的判断，而"只要"类条件句则表达出说话人更为强调和肯定的断言。

对于同是表达条件必要性程度高的"只有"类条件句和"除非"类条件句，说话人则是从肯定和否定两个角度来表达对必要性的判断，其中"除非"类条件句比"只有"类条件句语气更为强调和肯定。因此对于条件必要性的大小，可以排序如下：

条件必要性低→→　→　→──→　→　→条件必要性高

无论/不管→　→如果　→　→　只要→　→　只有→　除非

这些对条件的不同区分，实际上表达的是说话人对条件与结果之间关联性的主观认识，是说话人基于客观现实的主观推断，显示说话人对条件的关注和强调。

（二）强调结果的达成可能性程度

条件句同样可以表达说话人对某个条件下结果达成的可能性大小的主观认识和判断。当说话双方关注的焦点是结果的实现时，条件句则具有强调结果实现的可能性功能。即"条件"可以体现为"可能性"，它为"结果"的发生、发展、变化提供了什么样的可能性（如唯一的、可选的，必然的、或然的，事实的、心理的，直接的、间接的等）和多大的可能性。

在语料考察中，我们看到有些疑问语气的条件句的语义指向结果部分，主要质疑结果是否能够达成或者会出现何种结果。例如：

［23］可是如果再飞向南河三又要多少年呢？

［24］如果过滤速度太慢会发生什么情况？

［25］连山责问他，不管上哪儿去，为什么不说一声呢？

从例［23］至［25］中可以看到，说话人关注的焦点是这些疑问词所表示的未知的内容。当说话人说出这些句子的时候，他希望获得的是与这些条件相关的结果，是立足于假设的条件，寻求结果的目的。也就是说，我们交际中也可以使用条件句来强调对结果的关注。

另一方面，条件句的结果部分使用了大量的能愿动词和情态副词来表达说话人对结果实现的可能性的推断。这些能愿动词和情态副词同样形成了一个量级连续统。这个连续统显示的是结果实现的可能性大小，是说话人对"条件给结果造成的影响到底有多大"的判断，这种判断是基于说话人的主观认识的。有时说话人为了强调自己的判断，显示自己的主观认识和态度，会在句中使用表示强调语气的副词，如"一定""肯定""必然"等。例如：

［26］但他们认准一点，只要勇于探索，就一定能揭开极地风云的奥秘！

［27］我们在学校里学习的时候就已经是这样了，如果打灯光的人忙得满头大汗，你上去帮忙，他心里肯定会非常不高兴，他觉得你要抢他的饭碗。

［28］特别是那些分了新居的人家，无论规模大小，都一定免不了是要折腾一番的。

［29］布龙菲尔德认为只有掌握知识之后才能确定词义，"盐"是"氯化钠"，"爱"和"恨"的意义就不能确定。

上面4个例句所陈述的内容都与客观规律或自然现象无关，完全是说话人个人经历和个人认知结果的体现，其中例［26］至［28］还添加了"一定""肯定"进一步加强说话人的强调语气。这些句子中的条件与结果之间的关系认定在客观世界中并不一定是必然的，有的甚至是相反的。如例［27］中的"如果你上去帮忙"这一条件带来的结果是"他肯定会生气"，与我们现实世界中的常规"帮忙后会高兴、会感谢"这样的条件结果关系相反，所以它反映的并不是客观的事理，而只是说话人的主观认识。而例［29］中则以"布龙菲尔德认为"直接表示后面的内容是个人认识。这4个例句都表示说话人对"结果在某种条件下实现的可能性"的推断，这种推断在程度上是有强有弱，具有量级性。

我们根据能愿动词和情态词语所表示的"可能性"和"必然性"的语义强弱，得出一个从可能性到必然性之间的等级序列①：

能、能够＜可能＜可、可以＜应该＜会＜得＜必须＜一定＜肯定＜准＜必

---

① 等级序列的分析参考了彭利贞（2005）和沈家煊（1999）的相关论述。

（必定、必然）

可能性━━━━━━━━━━━━━━━━━━━━━━━━━━━━━━必然性
客观性━━━━━━━━━━━━━━━━━━━━━━━━━━━━━━主观性

这个根据能愿动词和情态副词的语义不同所表现出来的序列显示了说话人主观上的认识（个人看法），当说话人越肯定某一结果会实现，或认定某个结果实现的可能性大，就会选用这个序列中趋向于必然性和主观性一端的词来表达。在这个序列中，越趋近于左端的词具有的主观性越弱，说话人的主观意志越少，越趋近于客观事实或事理的陈述。我们从中可以看到在说话人的思维和认知世界中条件结果关系是一个量级系统。

有时说话人在表述判断的同时，为了显示个人的主观强调的态度，还常常使用强调句式"是……的"表达说话人不容置疑的态度。这类句子在交流中往往被说话人用来表达自己的主观断定，以解除对方或他人的疑虑。例如：

［30］只要集中精力去解决，千年虫问题是不难解决的。
［31］只有坚持不懈的努力，成功才是可能的。
［32］如果咱们能经常在艰苦的环境中锻炼自己，这点雨是算不了什么的！
［33］有时，不管语言多么不合语法，只要绝大多数人都这样说，那它就是正确的。

上面的例句都是表达直接断言的条件句，说话人认定在某个条件下结果是必然的，而这种必然是以极其确定的语气来表述的。这个确定的语气完全来自说话人个人的认识，并不考虑是否与客观现实真的一致，也不考虑是否会成为真正的现实。

从上面的分析我们可以看到，条件句可以表达说话人对条件与结果之间的关联的主观判断，这个判断或是以条件为焦点，或是以结果为焦点。句子的焦点的确定一方面可以通过句子的静态语义显示出来；另一方面可以在动态的语言使用过程中，靠语境和对话双方的视角来显示。条件句这种焦点不确定与视角系统的双向性密切相关，因为概念化过程中的视角系统具有很强的主观性，对于视点和观察方向的不同选择直接导致了条件句既可以强调条件又可以强调结果的功能。不过尽管条件句具有强调条件和强调结果两个功能，但是从他们之间相互依存的关系看，强调结果达成的可能性大小也表现了条件的作用有多大，或者说条件到底有多大作用，因此从这个方面来说，"条件的必要性"是说话双方更为关注的焦点。

条件句的双焦点和视角双向性特征在形式上则通过不同的关系标记来显示：对条件的必要性的强调和区分通过条件标的不同来实现的，对结果可能性的关注则通过表示可能性能愿动词和副词来体现。同时，因为存在双视角现象，有时就会以突出某个关系标记来表达语义的重点，表述说话人的焦点。虽然关系标记常常搭配使用，但条件标记往往可以单用，可以确定条件结果关系并能显示出条件类别的不同。而结果标记单用时一般不足以确定条件结果关系，这也一定程度上说明了条件句在使用过程中，更多地表现为对条件的关注。

第七节　汉语单音节定语移位的语义制约①

一、引言

汉语的多项定语在排序时通常遵循以下顺序（转引自周韧，2006，以下简称"语义顺序"）：

新旧＞大小＞颜色＞形状、气味＞属性＞时间、处所＞材料＞用途＞中心词

也就是说当一个中心词受多个定语修饰时，表示"新旧"义的定语离中心词最远，表示"用途"义的定语离中心词最近。例如：

[1] a. 旧圆碗　　　　　　b. ＊圆旧碗
[2] a. 新型自动洗衣机　　b. ＊自动新型洗衣机

"旧""新型"和"圆""自动"分别表示新旧、形状和属性义，因此都按照新旧在前，形状或属性更靠近中心词的语义顺序排列，如 a 组；违反这个语义顺序的就不是好的组合，如 b 组。

上述两例中的多个定语在音节数量上具有一致性，要么都是单音节，要么都是双音节。然而当中心词之前诸定语音节数量不一致时，有些定语的排序就不再遵循语义顺序了。例如：

[3] a. 大型汉语词典　　b. 汉语大词典
[4] a. 羊皮防寒大衣　　b. 防寒皮大衣

例 [3] a 和 [4] a 表示属性、用途的定语更靠近中心语，符合语义顺序，而 [3] b 和 [4] b 则是表示大小、材料的定语更靠近中心语。

不少研究者认为例如 [3] b [4] b 者是受到韵律规则制约而产生的单音节定语后置移位现象（以下简称"单音节定语移位"），同样的例子还有"北四川路"移位而成"四川北路"等。当然，不同学者所提出的韵律规则又有所不同。

---

① 本节作者：柯航。原文载《中国语文》，2011（5）。在写作过程中得到导师沈家煊先生的悉心指导，又蒙匿名审稿专家提出宝贵修改意见，在此一并致谢。

　　端木三（Duanmu，1997，2000）提出"左重原则"来解释上述单音节定语移位现象。根据"左重原则"，汉语的主重音应该落在音步的左边音节上，即"大汉语词典"的主重音应该落在"大"上，但这样又违反了"辅重必双"规则。因此，只有将"大"向后移位，变成"汉语大词典"，由"汉语"获得主重音，这样正好满足"左重"原则。

　　同样，"北四川路"也是因为无法获得主重音而移位成"四川北路"。

　　冯胜利（1998，2000）通过对并列结构和音译多音节词的音步划分，提出汉语中不受句法语义影响的"自然音步"具有以下属性，称之为"基本规则"：

　　第一，两个音节组成一个独立的音步；

　　第二，三个音节也组成一个独立的音步，因为1＋2跟2＋1都不能说；

　　第三，四字串必须分为2＋2格式，因为没有1＋3或3＋1等可说形式；

　　第四，五字串只能组成2＋3形式，因为3＋2的节律不能说；

　　……

　　根据这些基本规则，又推导出如下"派生规则"：

　　第一，单音节形式不足以构成独立的音步；

　　第二，汉语的自然节律不存在1＋1＋2、2＋1＋1、1＋2＋1等形式；

　　第三，汉语的自然节律中不存在1＋2＋2、2＋2＋1、2＋1＋2等形式；

　　第四，汉语自然音步的实现方向是由左向右（即"右向音步"）；

　　……

　　冯文认为，复合词首先应该是一个韵律词，也就是其音步构成需要符合自然音步的节律特征，这是复合词能够成立的必要条件，简称"自然音步规则"。

　　依照这一规则，"大汉语词典"1＋2＋2和"北四川路"1＋2＋1的音步构成模式都不符合"自然音步"，因此均不是好的结构，需要通过"大"和"北"的移位来满足作为韵律词的自然音步规则。冯胜利先生说，虽然语言中也并非没有这样的四字串或者五字串，但是自然音步不会被动地接受句法和语义的管制，"北四川路"和"大汉语词典"所做的音节调整，就是对自然音步的一种响应。

　　对于端木三和冯胜利的分析，周韧（2006）有过简要评述，认为两者都存在局限性，不能适用于所有语料，因此他提出了新的分析方法。周韧借助陈渊泉（Chen，2000）的研究成果，进而提出在构造复合词的过程中有"不要骑跨（一个词项不能被分开）"，"至少两个音节（单音节不成韵律单位）"，"至多两个音节（多音节不成韵律单位）"，"一致性（韵律单位内部最好是句法成分）"，"从左向右（音步左起）"等诸多因素参与优选。

　　"汉语/大词典"和"大汉语/词典"都违反了"至多两个音节"的限制，而"大汉语/词典"的"大汉语"不构成一个句法成分，还违反了"一致性"

的要求。因此"汉语大词典"之所以能够胜出，或者说"大汉语词典"之所以需要移位①，是因为如果不移位就无法满足韵律单位内部最好是句法成分这一要求。换句话说，"汉语大词典"是为了满足一致性要求，而牺牲了"语义顺序"。

虽然各位研究者已经为单音节定语移位现象提供了多种韵律上的解释，加深了我们对韵律影响汉语结构的认识，但不可否认的是，汉语中单音节定语居首而无须移位的例子也有很多，如"冷排骨粥""老古玩店""黑皮革沙发""新智能手机"等，这些例子无法用上述"左重""自然音步"规则或者优选论的规则加以解释，周韧（2006）因此也承认这是韵律受到了语义的制约，不过周文并未对语义制约韵律的条件做出更进一步的分析。

本文通过下面的分析，希望进一步明确单音节定语移位的语义制约因素。

二、"汉语大词典"与"大汉语词典"

如前所述，学者们一般认为"汉语大词典"是由"大汉语词典"移位而来，移位的动因是韵律制约。然而现实情况是，"大汉语词典"和"汉语大词典"都存在，后者虽更为常见，但前者也并非孤证。因此我们的问题是：第一，既然韵律规则要求单音定语后置，为什么"大汉语词典"仍然能够成立？第二，"大"放在词首和放在中间真的在语义上没有差别吗？

先来回答第二个问题。我们检索了一系列相关的词典名称及收词量，具体如表 5-4 所示。

表 5-4　相关词典名称及收词量

词典名	收词量
新牛津英汉双解大词典	35 万 5 千余条
英汉双解大词典（外研社）	18 万 7 千余条
新时代汉语大词典	近 12 万条
英汉大词典	10 万余条
朗氏德汉双解大词典	6 万 6 千条
高级英汉双解大词典	4 万余条
英汉双解大词典（外文社）	4 万余条

---

① 周韧（2006）认为"大汉语词典"到"汉语大词典"的语序调整是"汉语"从底层向高层移位，这与本文的表述有所不同。但本文内容不涉及移位的方向问题，故对两种说法的差异暂且不论。

续表

词典名	收词量
高级英汉大词典	2 万 5 千余条
学生实用英汉大词典	1 万 2 千条
英语常见问题解答大词典	6 千条
21 世纪大英汉词典	40 万条
大英汉词典	18 万余条
大俄汉词典	15 万 8 千条
大法汉词典	12 万条左右
大德汉词典	12 万条左右

我们将表 5-4 分为两栏，上面的都叫"××大词典（大辞典）"，下面的都叫"大××词典"。从这个表可以看出，"××大词典（大辞典）"的确比"大××词典"出现得多，此外更重要的是两类词典在收词量上有所不同：凡叫"大××词典"的，收词量都比较大，这五本词典中收词最少的也在 12 万条左右，多的则达到 40 万条；而称为"××大词典（大辞典）"的收词量则大小不一，多的达到 35 万条，最少的只有 6 千条，10 本有 6 本的收词量在 6 万条及以下。可见，"大××词典"主要强调收词量大，它又可以进一步外化为体积大，因此"大××词典"的"大"有物理属性的"大小"之义。

那么"××大词典"的"大"指的什么呢？我们认为"××大词典"的"大"，重点不是强调收词数量多，体积大，而是指在相关范围内收词全面。例如《英语常见问题解答大词典》，虽然收词的绝对数量并不大，只有 6 千多个条目，但对该词典的设计内容而言，已经搜罗甚广，因此可以称"大"。《学生实用英汉大词典》收词 1 万 2 千条，词条数量也比较少，但是该词典是汇集课本及四、六级词汇而成，专供学生应付一般学业的，因此对于这个编写目标而言，内容也算全面，故也称之为"大"。

可见，将"大"这样的定语放在距离中心词远近不同的位置，语义上也是有所不同的，为说明的方便，暂且区分为大$_1$（体积大）和大$_2$（收词全面）。不少学者（陆丙甫，1993，2005；张敏，1998）都提出，远离中心词的定语表示外围的、非本质的属性，靠近中心词的定语表示内在的、本质的属性。而从可辨识性的角度来看，体积的大小相对于内容的全面与否是更容易辨识，也更外在的特点。所以，"大汉语词典"的"大"是"大$_1$"，表达词典体积之大，同时说明词量之大；而"汉语大词典"的"大"是"大$_2$"，它在更靠近中心词的位置，意在说明词典涵盖的内容之全面，至于词量大或者体积大等特点，就不是其必有属性了。①

不过因为体积大的词典不仅收词量大，而且与收词全面也具有正相关性，所以"大××词典"和"××大词典"的"大"看起来差别不大。如果把"大"换成"新"，这一区别会表现得明显一些。例如：

[5] 新英汉词典——旧英汉词典

英汉新词典——＊英汉旧词典

当"新"放在词首时，可以指词典品相的新旧，相应的"旧英汉词典"也成立。但是当"新"在中间时，指的是内容和版式，因为没有一本词典会标榜自己版式旧，内容过时，所以相应的"英汉旧词典"就不太好接受。② 可见，"英汉新词典"的"新"并不指品相新，不是描写词典的外在属性，而是指内容新，是词典的内在特点。既然"大"放在词首和放在中间的语义并不等值，也就解释了本节的第一个问题："大汉语词典"和"汉语大词典"之所以能够同时存在，是因为两者语义侧重不同。这也同时可以解释为什么以"汉语大词典"为例的"××大词典"要比"大××词典"更为常见。对一本词典而言，更需要着力向读者说明的特点是它收词全面。一本收词量大，但却没有全面涉及相关领域所有方面词条的词典，一定不是一本好的词典。而一本词典是否体积大，或者相应的收词量大，则并不是判断一本词典好坏的最重要因素。因此，更多的词典会选择"××大词典"的形式作为书名，而不是"大××词典"。

三、"黑皮革沙发"与"皮革黑沙发"

无论哪种对单音节定语后置现象进行解释的韵律规则，都会碰到反例，而且反例还不少。例如：

[6] a. 黑皮革沙发——b. ＊皮革黑沙发（颜色—材料）

[7] a. 旧羊皮挎包——b. ？羊皮旧挎包（新旧—材料）

[8] a. 大液晶电视——b. ？液晶大电视（大小—材料）

[9] a. 红运动短裤——b. ＊运动红短裤（颜色—用途）

上述四例中的a组都遵循语义顺序，但是单音节定语居首，违反了韵律规则，b组则对a组的单音节定语进行了后移，以满足韵律规则的要求，可是在

---

① 沈家煊先生向笔者指出，"大词典"收词量不一定大，说明它可能有词汇化的倾向。就如"大车"不一定是"大的车"，我们可以说"小的大车"一样。

② 或许真有一本词典，是专门收集现在已经废弃不用的英语单词并加以解释的，但即便如此，这样的词典称为"英汉旧词词典"的可能性也会大过"英汉旧词典"。

一般情况下却并不是好的结构。① 那么，什么情况下单音节定语需要或者说可以向后移位？什么情况下单音节定语又不能向后移位呢？仍然先来对比一些例子：

[10] a.？ 旧黑色沙发——黑色旧沙发（新旧—颜色）

[11] a.？ 小圆形书桌——圆形小书桌（大小—形状）

[12] a.？ 皮防寒大衣——防寒皮大衣（材料—用途）

[13] a.？ 小女式挎包——女式小挎包（大小—属性）

我们看到，无须移位的［6］a～［9］a 各例中两个定语分别表达"颜色—材料""新旧—材料""大小—材料""颜色—用途"义，在本文开头所列出的语义顺序序列中，均属于距离相距较远者。而需要移位的［10］a～［13］a 各例中的两个定语分别表达"新旧—颜色""大小—形状""材料—用途""大小—属性"义，两个定语在语义顺序序列中距离相距较近。

由此我们假设单音节定语在按韵律规则进行移位时存在如下语义制约：当居首的单音节定语与后面的定语在语义顺序序列中相距较近时，该单音节定语可以向后移位；当居首的单音节定语与后面的定语在语义顺序序列中相距较远时，该单音节定语不可以向后移位。

为什么会存在这个语义制约呢？仍然要从语义顺序序列中语义属性与中心词的关系谈起。根据语义靠近原则，表达事物更内在和稳定特征的定语更靠近中心词，该定语与中心词之间的语义关系更紧密，反之，表达事物外在、非本质特征的定语离中心词更远，该定语与中心词之间的语义关系更松散。当两个定语在语义顺序序列中相距较远时，两者在表达中心词内在和稳定特征方面的差距也必然很大，两者与中心词之间的语义松紧度差距较大，移位后对语义靠近原则的破坏就越严重。相反，如果两个定语在序列中相距较近，两者在表达中心词内在和稳定特征方面的能力相差不大，或者说两个定语与中心词之间的语义松紧度相差无几，移位后对语义靠近原则的破坏自然就比较小。

因此，上述语义制约又可以进一步表述为（以下简称"语义松紧度接近原则"）：居首的单音节定语与中心词的语义松紧度同后续定语与中心词的语义松紧度相差越小的越容易移位；反之，则越难以移位。

当中心词前几个定语都是双音节时，不同定语与中心词之间的语义松紧度差异大小也会影响定语之间的位置互换。例如：

[14] a. 新款防寒大衣——b.？ 防寒新款大衣（新旧—用途）

[15] a. 大号白色球鞋——b. 白色大号球鞋（大小—颜色）

———————————

① 此处所说"一般情况"指的是没有特殊焦点的情况。

[16] a. 小号玻璃奶瓶——b. ？玻璃小号奶瓶（大小—材料）

[17] a. 玻璃保温奶瓶——b. 保温玻璃奶瓶（材料—用途）

例 [14]、[16] 中的两个定语因为相距较远，与中心词之间的语义松紧度相差较大，所以最好按照语义顺序排列定语，"新旧和用途"或者"大小与材料"换位都不太好，而例 [15]、[17] 中的两个定语因为相距较近，也即两个定语与中心词具有相似的语义松紧度，因此往往可以换位。①

上文"英汉新词典"可以成立，而"英汉旧词典"不好，同样也和语义松紧度接近原则有关。"新"是表达词典的内容特征，"英汉"也是词典的内容特征，两者与中心词的语义紧密度相当，因此这个"新"可以移位至"英汉"之后。"旧"不能表达词典的内容特征，而仅是描述词典的外部特征，与中心词的语义紧密度低，所以不能够移位至"英汉"之后。

"汉语大₂词典"也由于同样的原因可以将"大"后移。设想如果有一本普通词典（也就是收词量并不多）为方便老人阅读而选择超大号的字体印刷，结果词典体积较大，那么一定是称为"大汉语词典"更为合适。

四、"甜红豆粥"与"红豆甜粥"

前面所提韵律规则也希望解释"北四川路"向"四川北路"的移位，可是也存在大量的 1＋2＋1 定中结构并未移位成为 2＋2 定中的反例。从下面一些例子的对比也能看出，1＋2＋1 定中结构是否需要单音节定语移位同样遵循上述语义松紧度接近原则。例如：

[18] a. 甜红豆粥——b. ＊红豆甜粥（味道—材料）

[19] a. 新演员表②——b. ＊演员新表（新旧—材料）

[20] a. 大汽油桶——b. ＊汽油大桶（大小—用途）

[21] a. ＊大方形桶——b. 方形大桶（大小—形状）

[22] a. 棉休闲裤——b. 休闲棉裤（材料—用途）③

[23] a. ？女运动装——b. 运动女装（属性—用途）

---

① 可以换位并不意味着多项定语排序的语义顺序没有意义，而是说明影响多项定语排序的因素是多样的，除了语义因素、韵律因素外，还存在语用因素。这里想强调的是多项定语排序具体到每一个实例时是多重因素共同作用的结果，需要综合考虑。但是作为研究，则需要对多种因素做尽可能的区分。

② "新演员表"有两个意思，一个指表新，一个指演员新。本文取前一个意思。

③ 此例 a 可以成立，大概是因为"休闲裤"已经成词，不过这更能说明语义距离制约的作用。因为例 [19] [20] 中的"演员表"和"汽油桶"同样可以看作是一个词，而前面的定语却不能移位。

例［18］a～［20］a各例中的两个定语之间分别是"味道—材料""新旧—材料""大小—用途"，定语与中心词之间的语义松紧度相差较大，因此不易换位。例［21］a～［23］a各例中的两个定语之间分别是"大小—形状""材料—用途""属性—用途"，定语与中心词之间的语义松紧度比较接近，因此可以换位。

至于"四川北路"，我们认为属于另一种情况，将在后文予以说明。

五、"大黑色圆形电脑桌"

周韧（2006）在分析端木三"左重"原则时曾经提出疑问：当中心词前存在两个以上的定语时，居首的单音节定语应该移位到何处才算是符合"左重"原则？例如，"大黑色圆形电脑桌"和"大方形玻璃餐桌"中的"大"应该移到"黑色"和"方形"的后面还是"圆形"和"玻璃"的后面，才算是符合"左重"呢？"左重"原则没有给出说明。周韧文中也未对这种情况作进一步的分析。实际上"黑色大圆形电脑桌"或者"黑色圆形大电脑桌"都可以说，而"大方形玻璃餐桌"则常常可以说成"方形大玻璃餐桌"，却不太说成"方形玻璃大餐桌"。

这类单音节定语向后移位到底最终可以移到何处，同样遵循"语义松紧度接近原则"。对"大黑色圆形电脑桌"而言，"大""黑色""圆形"三个定语分别描述中心词的大小、颜色、形状，都属于外围特征，三个定语与中心词之间的语义松紧度相差不大，所以换位较为自由。"大方形玻璃餐桌"的前两个定语"大"和"方形"与中心词之间的语义松紧度较接近，可以换位，"大"与表示材料的定语"玻璃"之间语义松紧度差距较大，所以就不易换位了。

六、"北四川路"与"四川北路"

"四川北路"是一个常见的地名，其中以上海的"四川北路"最为著名，因此我们通过Google网上地图查找了上海多条街道的名称，发现凡涉及"东、南、西、北、中"这样一些方位词的街道名，普遍存在两种命名方式：一种是"四川北路"这样，将方位词放在中间，如"淮海东路""淮海中路""淮海西路"；另一种是将方位词放在词首，如"东横浜路""西横浜路""北海宁路"。两种命名方式的存在说明韵律因素的制约作用可能并没有上面几位研究者所说的那么强，否则同样的情况下就没有理由大量存在违反韵律规则的例子。

那么是不是语义距离不同造成的呢？似乎也很难说"北"和"四川"两个定语在语义顺序序列中的距离较远。那么造成两种命名方式同时存在应该另有原因。

具体看一下这些街道的分布情况，对于这些命名的差异就可以一目了然了。在上海，与"横浜路"有关的街道一共三条：东横浜路、横浜路和西横浜路。这三条街道互不连接，西横浜路与横浜路之间有好几条马路隔开，而东横浜路则与横浜路几成垂直状态。从大的方位来说，横浜路在中间，东横浜路和西横浜路分别在其东西两边。具体如图 5-4 所示。

图 5-4　西横浜路、横浜路、东横浜路

而从下面这段来自维基百科对于淮海路的文字介绍，我们知道将方位词放在中间的街道名称意义完全不同。

淮海路是上海市中心的一条商业街。广义的淮海路包括三段：东端的淮海东路，长 373 米，东起人民路，西迄西藏南路，原名宁波路。西端的淮海西路，长 1506 米，东起华山路，西迄虹桥路、凯旋路交汇处，原名乔敦路，20 世纪 30 年代改称陆家路。它们都不长，也不繁华。狭义的淮海路专指淮海中路，东起西藏南路，西至华山路，全长 5500 米。淮海中路最初的名称是西江路，1906 年改名宝昌路，1915 年 6 月更名霞飞路。1950 年 5 月 25 日上海市人民政府把路名改为淮海路，以纪念淮海战役。

由此可见，淮海路是一条东西向的马路，中分三段，分别称为"淮海东路""淮海中路"和"淮海西路"。具体如图 5-5 所示。

淮海西路　　　　　　淮海中路　　　　　　淮海东路

图 5-5　淮海路

这样看来，到底是叫"四川北路"还是叫"北四川路"其实也是有语义区别的。"四川北路"更倾向于表达"四川路北段"的意思，而"北四川路"则倾向于表达"四川路北边的那条路"的意思。①

之所以出现这种差别，应该与汉语的定位方式有关。一般来说定位有两种方式，一种是目标体—参照体，一种是参照体—目标体。刘宁生（1995）、沈家煊（1999）对于目标物、参照体之间的关系均做过论述。例如：

［24］亭子在湖中心。

［25］湖中心有亭子。

例［24］的表述顺序是由目标体到参照体，例［25］的表述顺序是由参照体到目标体。

沈家煊（1999）指出，给事物定位的名词短语，汉语一定是参照体在前，目标体在后，英语一定是目标体在前、参照体在后。给事物定位的句子，汉语由参照体到目标体是通常的、无标记的句式，英语由目标体到参照体是通常的、无标记的句式。命名街道就是给事物定位，因此英语和汉语也遵循各自的规则。例如在美国纽约曼哈顿区的街道命名中，由于第五大道（Fifth Avenue）将曼哈顿分为东区和西区，所以在东西走向的街道中，常常使用"东"或

---

① 笔者查证《北京地名典》发现，北京街道中以"方位＋专名＋通名"方式命名者主要有几种情况：第一，为避免同名而增方位词以示区别，如东城区的"东棉花胡同"原名棉花胡同，1965年一度改他名，后恢复原名时因西城区也有"棉花胡同"，为区别两者而前加"东"字。第二，为使某些胡同配套成龙而称此名，如"南/北锣鼓巷"，据《北京地名典》，"南锣鼓巷"明代即有，当时称"锣锅巷"，清代谐音为"锣鼓"，"北锣鼓巷"出现较晚，清代《京城全图》中方见标出，因为位于原"锣鼓巷"北部，因此称"北锣鼓巷"，"锣鼓巷"也相应改名为"南锣鼓巷"，可见"南/北锣鼓巷"虽然在现在的地图上看起来街道贯连，但从历史沿革来看本属于产生时间不同的两条街道，因此并不使用"锣鼓南巷"和"锣鼓北巷"的称法。第三，街道改名时省略某字而成，如"北兵马司胡同"和"兵马司胡同"，原为"北城兵马司"和"西城兵马司"。前三类的命名方式与本文的基本观点都并无龃龉。第四，原为一条街道，后因种种原因分作几段，因此前加方位词以示区别，如"东/西长安街""东/西绒线胡同"。匿名审稿专家也向笔者指出这类街道名称与本文所说的一般倾向性不符。我们发现与上海等其他城市相比，北京的地名中更多出现"方位词＋专名/通名"的方式，我们猜测这可能与北京城市街道布局的历史特点有关。作为元、明、清三代都城的北京街道比较规整，多为正南北向或东西向，斜街较少，同时城市的东、南、西、北各区所聚居的社会阶层迥然有别，因此东、南、西、北的地理方位对于北京居民而言显得尤为重要，成为确认某个具体位置的重要参照，表现在给地点命名时就常首先区分大方位上的南北东西，这不仅体现在街道名称中，还有别的一些旁证。例如北京城的西部和东部分别称为"西城""东城"，而在很多城市则称为"城西""城东"；另张清常（1996）还提到北京的"右安门"在明朝中叶所建外城的城墙南线上面，是南墙西尽头的门，因此有俗名为"南西门"，这也是先确定门在城市中所处的大方位，再确定小方位，尽管"西南"的组合更符合汉语习惯。

"西"来命名，如116街（116 Street）就被分为 East 116 Street 和 West 116 Street。这样的命名方式就是先说具体的方位是东还是西，然后再说参照体——哪一条街。"淮海东路"这样的路名则是刚好相反，先将淮海路作为参照体说出来，然后再对其具体路段进行细分，指明目标体。

汉语对时间、方位的描述，还有另一个特点，是先说大范围，再说小范围。在很多情况下，这一原则的具体表现与参照体—目标体的顺序是一致的。例如上面所提到的"淮海东路"中，"淮海路"是大范围，"淮海东路"是其东段，是小范围，所以我们也可以理解为"淮海路东路"，因同音删略掉中间的那个"路"而形成如今的名字。

大范围—小范围的原则，通常适用于所定位的事物属于参照体的情况。而"东、西横浜路"与"横浜路"之间则是另一种情况，三条路之间没有隶属关系，无法区分大范围还是小范围。因此，为了不至于造成误解，认为所命名的道路是参照体所指道路的一部分，就采用了有标记的目标体—参照体的命名方式。

在北京的路名中又有这样一种情况，具体如图 5-6 所示。

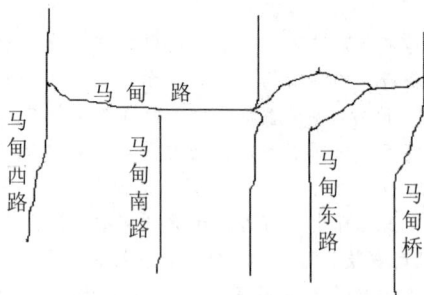

图 5-6　马甸路

看起来好像"马甸路"一组违反了上面说到的原则，因为方位词放在中间却是表示三条完全不同的路，其实则不然。据介绍，清乾隆年间由于此地为贩马、选马的集散地，因此称为"马店"，民国时期改称"马甸"。可见"马甸"作为一个地名由来已久，因此，"马甸西路、中路、东路"仍然应该理解为参照体—目标体的命名方式，只不过此处的参照体是一个地区，而不是一条街道。当然还有以某个点为参照体的，如"东直门外大街""德胜门西大街"等。由于这里作为参照体的"马甸""东直门""德胜门"都不是街道的名称，不会将所定位的街道误当作某街道的一部分，因此均采用了参照体—目标体的命名方式。

从上面三幅图我们看到，汉语在对事物定位时通常倾向于参照体—目标体模式是造成"四川北路"这种命名方式大量存在的重要认知语义原因。但同时，有时候出于避免误解的原因，也会使用"北四川路"的有标记形式。

当然，在城市街道命名中，"四川北路"这种方式比"北四川路"更常见，有时候即使并不相连的几条街道也可以用"四川北路"这类方式来命名。但是这种情况不能反过来，如果要指称四川路的北段，不能说成"北四川路"。我们将"北四川路"所指称的街道情况称之为街道平行，如"东横浜路"；将"四川北路"指称四川路北段的这种情况称为街道贯连，如"淮海东路"。两种命名方式所表达的意思可以表述为如图 5-7 所示扭曲关系。

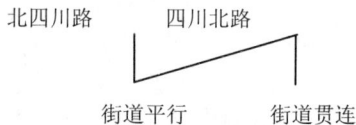

北四川路　　四川北路

街道平行　　　　街道贯连

图 5-7　"街道平行"和"街道贯连"命名方式

如果指称几条贯连的街道，只能用"四川北路"，不能用"北四川路"，这既遵守了认知语义上的参照体—目标体原则，又与韵律规则相吻合，所以是很好的结构。如果指称几条平行的街道，既可以用"北四川路"，又可以用"四川北路"。使用前者是出于表义清晰性的需要，使用后者则是以牺牲表义清晰性为代价来满足参照体—目标体原则和韵律规则。

"东横浜路"和"西横浜路"显然是选择了满足表义清晰性的需要。

七、结语

我们将各种要求单音节定语不能居首的韵律规则统称"韵律要求"，将两个定语与中心词的语义松紧度较接近者称为符合"语义松紧度接近原则"，记作"＋"，与中心词语义松紧度相差较大者称为违反"语义松紧度接近原则"，记作"－"。本文前面所讨论的几组例子大致可总结为如表 5-5 所示。

表 5-5　韵律要求与语议松紧度接近原则

原形式	韵律要求	语义松紧度接近原则	单音节定语能否移位
大₂ 汉语词典	＋	＋	＋
黑皮革沙发	＋	－	－
甜红豆粥	＋	－	－
大方形桶	＋	＋	＋

从表 5-5 可以很清楚地看出，虽然韵律上要求多项定语的定中结构居首的单音节定语向后移位，但单音节定语能否移位最终受到语义松紧度接近原则的制约，只有当该单音节定语与后续定语同中心词之间的语义松紧度相接近时，

才能最终实现移位。前文的分析则进一步说明，单音节定语移位后最终到达的位置，也与语义松紧度接近原则密切相关。如果再考虑到"东横浜路"和"甜红豆粥"都是因为受制于语义因素而不能后移单音节定语，可以认为，语义是决定单音节定语能否移位的首要制约因素。

第八节　"对……来说"和"在……看来"①

一、引言

"对……来说"（"对于……来说"与"对……来说"相同，本文中用"对……来说"代表这两种形式）和"在……看来"是汉语中的两个固定格式，它们在句中的语义作用和用法有相近之处。有的句子中的"对……来说"换成"在……看来"后，句意基本相同。例如：

[1] a. 这次能打进世乒赛决赛，我很高兴，这个成绩对我来说，已经很不错了。②

b. 这次能打进世乒赛决赛，我很高兴，这个成绩在我看来，已经很不错了。

[2] a. 对许多观众来说，银幕上的赫本是优雅、沉静和魅力的生动写照。

b. 在许多观众看来，银幕上的赫本是优雅、沉静和魅力的生动写照。

有的句子中的"在……看来"换成"对……来说"后，意思差别也不大。例如：

[3] a. 在他看来，通过各种凹凸透镜观察世界简直是一种享受。

b. 对他来说，通过各种凹凸透镜观察世界简直是一种享受。

[4] a. 在孔繁森看来，居官为民，那是天经地义的。

b. 对孔繁森来说，居官为民，那是天经地义的。

这样的相似性导致了学汉语的外国留学生将这两个格式弄混，例如：

[5] ＊ 对很多学生来说，我们大学的老师都很聪明。（美国学生）

[6] ＊ 对我来说，北京人很善良友好。（新西兰学生）

---

① 本节作者：白荃。原文见北京师范大学民俗典籍文字研究中心编：《民俗典籍文字研究》第五辑，北京，商务印书馆，2008。

② 本文所采用的正例除个别例句外，其余均取自北京大学中文语料库。在此谨致诚挚的谢意！

［7］＊　对我来说，死刑对犯罪者具有威慑力。（日本学生）

［8］＊　对他来说，我和我妈妈像朋友一样。（韩国学生）

因此，有必要对这两个格式的异同辨析清楚。本文拟从语义、句法和语用三个平面来考察分析。

二、从语义的角度分析

"对……来说"和"在……看来"所在句子都主要用来表达某人的看法或判断。上面例［1］中的"这个成绩……已经很不错了"就是个判断，例［2］至［4］句的主干部分也都是判断。这是它们的相同点，也是这两个格式有时可以互换从而导致外国学生弄混的原因之一。

然而，从语义上说，"对……来说"和"在……看来"有几点不同。

（一）两个格式的语义作用不同

"在……看来"的语义作用是介绍出某种看法、判断的持有人，"在某人看来"大致相当于"某人认为"或"从某人的角度来看"。对此，语法学界的认识基本相同。

对于"对……来说"的语义作用，语法学界有不同的看法，其中主要有以下两种不同的观点：

第一，认为"对……来说"引进某种看法或判断所针对的人或事物①。

第二，认为"对……来说"表示从某人、某事的角度来看②。

以上第一种观点，我们认为基本准确地揭示了"对……来说"这个格式以及其中"对"的语义作用，我们是赞成的。不过，我们觉得可以把"引进某种看法或判断所针对的人或事物"进一步概括为"引进某种看法或判断所针对的对象"，并且认为这个观点对于说明"对……来说"的语义作用具有普遍意义。

对于第二种观点，即认为"对……来说"表示"从某人、某事的角度来看"的观点，我们不同意。理由主要有两点：

其一，有些句子中的"对……来说"显然不宜转换成"从……的角度来看"。例如：

［9］"学富五车"，对他来说，绝不是过誉。（"学富五车，绝不是过誉"是

---

①　参见刘月华等：《实用现代汉语语法》（增订本），286 页，北京，商务印书馆，2001；侯学超：《现代汉语虚词词典》，173 页，北京，北京大学出版社，1998；王还主编：《汉英双解词典》，226 页，北京，北京语言文化大学出版社，1997。

②　参见吕叔湘主编：《现代汉语八百词》（增订本），182 页，北京，商务印书馆，2001；刘镰力主编：《汉语 8000 词词典》，331 页，北京，北京语言文化大学出版社，2000；张斌主编：《现代汉语虚词》，158 页，北京，商务印书馆，2001。

针对"他"来说的,"他"并非看问题或做出这个判断的角度,而是这个判断所针对的对象。若是从"他"的角度来看,很可能他认为这是过誉。)

[10] 对于高官来说,俸禄尤其优厚。(这里并非在谈"高官"的看法,也不是在表示说话者从高官的角度来看俸禄的优厚与否,而是在表示"俸禄尤其优厚"这个判断是针对"高官"来说的,也就是说话者认为高官的俸禄尤其优厚。若是从"高官"的角度来看,他们未必觉得那样的待遇是优厚的。)

[11] 时间对每个人来说,是最公平的,一昼夜都是 24 小时,一年都是365 天。(每个人看待事物的角度是确定的、与他人的角度不同的,因而结论也应该是不尽相同的,其中包含主观的因素。而该句中的判断"时间是最公平的"是针对每个人的,即对每个人都是一样的,这是客观的现象。)

这说明,"从某人、某事物的角度来看"的观点,虽然可以用来说明一些句子中"对⋯⋯来说"的作用,但这种观点只是片面、局部地说明了"对⋯⋯来说"的作用。

其二,这个观点容易导致将"对⋯⋯来说"和"在⋯⋯看来"弄混。有些对外汉语教材中采用了这种说法来说明"对⋯⋯来说"的作用①。"从某人、某事物的角度来看"的说法,光从字面上就容易让学生误解为"在⋯⋯看来"。而有的对外汉语教材甚至在同一本课本里,对这两个格式的说明采用了几乎完全相同的这种说法②。按照这样的说明,外国学生很难区分这两个格式的不同作用,而只会把它们等同起来,从而极易造出像本文前面列举的那样一些误句。

"在⋯看来"中"在"的宾语既是后面的判断或看法的持有者,也可以认为是"看某事的角度",有的句子中的"在⋯看来"更侧重于表示"从⋯的角度来看"。例如:

[12] 在欧美人看来,汉语方言之间的差别比英语、德语之间的差别还要大。

[13] 这在旁人看来不是骂师父吗?

[14] 延长酒馆营业时间的建议在大多数人看来是愚蠢的。

例 [12] 的"欧美人"既是后面看法的持有者,也是看这个问题的角度。而例 [13][14] 则分别表示说话者认为从"旁人""大多数人"的角度来看,

---

① 陈灼主编的《桥梁——实用汉语中级教程》(北京,北京语言学院出版社,1996)上册第一课就采用这种说法,见该教材第 13 页。

② 北京师范大学编的外国学生汉语言专业本科系列教材《汉语精读课本》(北京,中国社会科学出版社,2006)一年级上册第 17 页上说:"'对⋯⋯来说'表示从某人或某个角度看问题。"第 165 页上说:"'在⋯⋯看来'表示从某人的角度或观点去看问题。"

结论会怎么样。如果认为"对……来说"表示"从某人、某事的角度来看"，那么就应该说这两个格式都可以表示"从某人的角度看来"。既然如此，当"对……来说"中"对"的宾语是表示人的词语时，"对……来说"和"在……看来"就应该可以自由互换；可事实上，二者常常不能互换。例如：

〔15〕对健康人来说，每种化学成分总是在一定的浓度范围之内变化。

〔16〕对于小学生来说，学习基本知识是重要的，但更重要的是教会他们怎样学习。

〔17〕经商对她来说全然是外行，酒家繁烦的工作使她身心交瘁。

这些句子中的"对……来说"都不能转换成"在……看来"。根据以上两点，我们认为，把"对……来说"的语义作用概括为"从某人、某事物的角度来看"的观点，是片面而不准确的，而"引进某种看法或判断所针对的对象"的观点才是客观、全面而准确地概括出了这个格式本质的语义作用。

（二）两个格式所在句子表示的看法或判断的持有者有所不同

"对…来说"所在句子表示的某种看法或判断的持有者大多是并未出现在该语段中的说话者"我"。例如：

〔18〕这个价格对他及家人来说，太优惠了。（"我"的看法）

〔19〕义务教育对儿童来说是一种权利。（"我"的看法）

有时该看法的持有者出现在"对……来说"这个结构的上下文。例如：

〔20〕江泽民说，1992年对军队来说是非常重要的一年。

〔21〕美国防部长佩里明确表示，"对美国来说，整个巴尔干地区都非常重要"。

一般不在"对……来说"中，也就是说不在"对"的宾语的位置上。只有当说话者"我"或出现在上下文的说话者与该看法或判断针对的对象相同时，表示该看法持有者的词语才可以位于"对"的宾语的位置上。例如：

〔22〕这件事对我来说，无疑是晴天霹雳。

〔23〕莱斯昨天在澳大利亚墨尔本表示，1993年对她来说是艰苦的一年。

而"在……看来"所在句子表示的某种看法的持有者一定是"在"的宾语所表示的人。例如：

〔24〕在他看来，人民的利益是高于一切的。

〔25〕在我看来，旅客永远是正确的，任何时候都不能说"不"字。

（三）两个格式中介词宾语的语义类型不同

"对"的宾语既可以是表示人的词语，也可以是表示事物，甚至行为、状态的词语。例如：

〔26〕完全被情绪左右对哈佛经理来说是极端危险的。（人）

〔27〕对硬件来说"维护"意味着"维修"。（具体物品）

〔28〕对于有意注意来说，只能设法进行培养。（抽象事物）

〔29〕对研究人类的起源来说，提出这三个论点已经表明是富有成果的了。（行为）

〔30〕对于海南农村的现状来说，这的确是个宏伟的目标。（状态或状况）

"在"的宾语只能是表示人（或由人组成的单位、国家等）的词语。例如：

〔31〕这次维也纳艺术家的音乐会，在我看来，有三个显著特点。

〔32〕在主管部门看来，信用评级亦属可有可无。

"对……来说"和"在……看来"中"对"和"在"的宾语的语义类型不同，其原因就在于"对"后要求的是某种看法、判断所针对的对象，不论这对象是人、事物还是行为、状态；而"在"后要求的则必须是持某种看法的人。这是句子的语义结构所要求的语义限制，如同动作动词要求其前的施事必须是有生名词一样。

（四）两个格式所在句表示的看法或判断及其所涉事物与"对"和"在"的宾语的相关性不同

"对……来说"所在句子表示的某种看法或判断及其所涉事物必定与"对"的宾语，即该看法、判断所针对的对象相关。这有两层含义：第一，整个判断是针对"对"的宾语而言的，即该判断适用于该对象，而不适用或未必适用于其他对象。第二，该判断所涉及的事物（包括人和各种事物、关系等）必定与"对"的宾语所表示的对象相关。例如：

〔33〕对她来说，父亲永远是一笔精神财富。（"父亲"是"她"的父亲）

〔34〕这1000元钱对汪春强来说太重要了。（"这1000元钱"是"汪春强"急需的）

〔35〕加入WTO，对石化集团来说，既有机遇也有挑战。（"加入WTO"这事对"石化集团"有影响）

〔36〕对我们来说，重要的不仅要能防止冲突的产生，还应学会消除人际冲突的后患即消极情绪。（谓语涉及的两件事都是"我们"应该做的）

〔37〕对中小学生来说，语文水平的高低对其他各科知识的学习影响很大。（定语"语文水平"指"中小学生"的语文水平）

〔38〕对乌拉圭来说，同中国的关系是特殊、优先的关系。（"同中国的关系"是指"乌拉圭"同中国的关系）

这些句子包括了多种类型的谓语句，但都表示了判断，这些判断都是针对"对"的宾语而言，而且这些句子的主语或谓语、定语等部分所表示的人或事物中至少有一个跟"对"的宾语所表示的针对对象有关系。整个判断之所以能针对"对"的宾语所表示的对象，就是因为该判断所涉之事物与那个对象相关。如果该判断及其所涉事物与"对"的宾语完全没关系，该判断就不可能是针对该对象说的，这样的句子也是无法理解的，因而通常也是不能说的。例如下面的句子都是不成立、不能说的：

[39] * 对我来说，以巴双方不应该打仗。

[40] * 对他来说，"四人帮"隐瞒事实真相，撒下弥天大谎。

"在……看来"所在句子表示的看法或判断所涉事物可能与"在"的宾语，即该看法的持有者有关，也可能与该看法的持有者无关。例如：

[41] 在她看来，孩子们学业有成，是她的最大财富。（整个判断"孩子们学业有成，是她的最大财富"及其所涉人物"孩子们"，都与"在"的宾语"她"有关）

[42] 实现永久、全面的和平在我们看来是巴勒斯坦人民的合法权利。（这个判断及其所涉事物跟"我们"都不直接相关）

这两句表达的看法，都是"在"的宾语所表示的人所持有的，从这点上说，看法与看法持有人是相关的。但一个人所看之事，可能与这个人相关，也可能是他人之事而与其不相关，他只是作为一个旁观者来看这事。所以"在……看来"所在句表示的看法所涉事物有时跟"在"的宾语，即该看法的持有人是不相关的。

三、从句法的角度分析

"对……来说"和"在……看来"在句中的位置相同，都可以用于主语之后、谓语动词或形容词之前。例如：

[43] a. 这对生产企业来说是一件好事。

b. 这在穆斯林看来是一件十分荣耀的事情。

[44] a. 这项工作对每个孩子来说都很难。

b. 洛阳桥在他们看来比生命还重要。

"对……来说"和"在……看来"也同样可以用于主语之前，即句首的位置上，例如：

[45] a. 对我来说，快乐的意义比钱重要得多。

b. 在陆文夫看来，文学创作比赚钱要重要得多。

这两个格式结构相似，在句中的位置相同，这也是外国学生容易将二者弄混的原因之一。然而，二者在句法上也有一些不同之处。

（一）"对……来说"和"在……看来"在句中充当的句子成分是不同的

"对……来说"在句中充当状语。虽然状语不是句子的主干成分，然而在表意上仍然是重要的，有时甚至是必需的，没有它，句子可能就不通，或与原句意相反。例如：

[46] 他俩［把肠子］都要笑断了。⇒ * 他俩都要笑断了。

[47] 我［不］喜欢喝酒。≠我喜欢喝酒。

"对……来说"作为状语，表示判断针对的对象，删掉它，可能造成句子不通或与原意不同。例如：

[48] 艰难困苦，［对于弱者来说］是可怕的，而［对于坚强的共产党人来说］，则往往是一种无声的召唤。

⇒ * 艰难困苦，是可怕的，而则往往是一种无声的召唤。

[49] 乔木同志去世，是我国我党的重大损失，［对我个人来说］，更是痛失良师。

≠乔木同志去世，是我国我党的重大损失，更是痛失良师。

"在……看来"在句中做独立语，不属于句子的六大成分，也不跟各个成分发生结构上的关系，删掉它，一般不会造成句子不通，也不会改变句子的基本意思。例如：

[50] <u>总之</u>，<u>在占星家看来</u>，日月星辰有规律的出没是上帝安排的次序。

[51] 这<u>在旁人看来</u>不是骂师父吗？

[52] 公司派来了一个<u>在我看来</u>几乎不懂护理的人员。

这三例中的"在……看来"分别在主语前、主语后谓语动词前以及定语中，删掉"在……看来"，只是删去了某个判断、看法的持有人，句子所表示的判断或看法的基本意思都不会改变。例[50]的"总之"也是独立语，删掉句中的"在占星家看来"跟删掉"总之"一样，不改变基本句意。

（二）这两个格式中充当介词"对"和"在"的宾语的词词性有所不同

与前面"从语义的角度分析"部分两个格式中介词宾语的语义类型不同相对应，"对"的宾语可以是名词性成分，也可以是动词性成分；而"在"的宾语则只能是表示人（或由人组成的单位、国家等）的名词性成分（例子见"从语义的角度分析"部分的第3点）。

（三）这两个格式框架组合的松紧程度不同

"对……来说"中"对……"和"来说"组合相对松散，后面部分的"来说"有时可以删去而不改变结构的意思。例如：

　　[53] 这对生产企业来<u>说</u>是一件好事。("是"字句)

　　[54] 民主监督对政协来<u>说</u>是至关重要的。("是……的"句)

　　[55] 这对个人和社会来<u>说</u>，都有着积极意义。("有"字句)

　　[56] 亚太地区的迅速崛起对俄罗斯来<u>说</u>，无疑产生了极大的吸引力。(动词谓语句)

　　[57] 计划生育对我们来<u>说</u>十分重要。(形容词谓语句)

以上几句删去"来说"后，句意几乎没什么变化，可见剩下的"对……"跟原句的"对……来说"的作用相同，都表示某种看法或判断针对的对象。同时也说明"对……来说"这个格式框架的组合是比较松散的。

　　"在…看来"中"在…"和"看来"组合则比较紧密，"看来"一般不能删去。例如：

　　[58] 在周恩来<u>看来</u>，彭德怀的信，是一种正常的情况。

　　[59] 在他们<u>看来</u>，政府还必须以更实际的举动融进经济。

　　[60] 黄裳的文章在我<u>看来</u>是最好的。

　　[61] 在我<u>看来</u>，是角色就漂亮，不是角色就不漂亮。

这几个句子若删去"看来"，句子就不通，或容易造成误解。

　　汉语中有些句子中的看法或判断前有由"在"加上表示人的名词构成的"在……"。例如：

　　[62] 出门坐摩托，在我还是平生第一次。

　　[63] 严于律己，诚恳待人，这在他是一贯的。

　　[64] 一旁的顾客告诉老人：这事，在他们是很平常的！

这几个句子中的"在……"都不表示某种看法或判断的持有人，而是表示某种看法或判断所针对的对象，相当于"对……来说"，而并非"在……看来"省去"看来"后剩下的部分。

四、从语用的角度分析

　　"对……来说"和"在……看来"所在的句子都是用来表示某种看法或判断的，但这两个格式在语用方面有所不同。

（一）这两个格式在语用价值方面有所不同

　　按照"三个平面"理论的观点，句子的独立成分属于语用成分。作为独立成分的"在……看来"就是一个语用成分，它的语用价值就是在句中用作引述的标记（如同"关于"是话题的标记一样），其中大多是转述他人的看法，同时也可引述说话者自己的看法。而"对……来说"并无这样的语用价值，它只是在句子中的语义平面作为关事（句子语义结构中动作行为所关涉的对象）的标记，表示句子中的判断针对的对象。

（二）两个格式所在句子表示的看法或判断所反映出的主观性和客观性方面有差别

主观性是语言中语用层面上的一种特性。说话人在通过句法和语义结构表示客观的事实或事件的同时，往往也会有意或无意地表现出这种主观性，"也就是说，说话人在说出一段话的同时表明自己对这段话的立场、态度和感情，从而在话语中留下自我的印记"①。不同类型的句子所表现出的主观性的强弱程度是不同的。就本文讨论的"对…来说"和"在……看来"这两种格式所在的句子来说，由于"对……来说"所在的句子中的判断大多是说话者的看法，因而其主观性较强，那些常常用于表现说话人主观估计、立场、态度、感情的词语，如"想必""肯定""无疑""恐怕""说不定""竟""未免""应该""难道""怎么"等经常在"对…来说"后面表示看法、判断的谓语当中充当状语。例如：

[65] 对她来说，这想必是件最恼人的事情了。

[66] 无论怎样，对于约翰来说肯定是好的。

[67] 这个数字对双方来说，无疑都是最合适的。

[68] 文枝的失踪，对他来说恐怕也是个重大的打击。

[69] 没被这家公司录用，对他来说，说不定是件好事，"塞翁失马，焉知非福？"

[70] 这种舆论对于他们来说，竟成了福利的充沛泉源！

[71] 这个问题对于他来说未免太艰深了。

[72] 由于冯承钧先生的译介，烈维的名字对中国读者来说应该是不陌生的。

[73] 结婚对于女人来说难道竟是一剂毒药吗？

[74] 这对学生来说，怎么承受得了？

即便那些包含"对……来说"而谓语中没有上述那些反映说话者主观性词语的句子，通常也可以相当自由地加上这类词语。例如：

[75] 美中双方本着极大的诚意达成了协议，这对双方来说 [　] 都是一个好的协议。（可以加上"想必""肯定""无疑"等）

[76] 对人体来说，铁锅 [　] 要比铝锅好得多。（可以加上"肯定""恐怕""说不定"等）

---

① 沈家煊：《语言的"主观性"和"主观化"》，载《外语教学与研究》，2001（4）。

[77] 对别人来说，错误是耻辱的来源，对索罗斯来说，承认自己的错误[ ]是骄傲的来源。（可以加上"竟"）

[78] 漏洒粮食，对经营者来说[ ]不也是一种损失吗？（可以加上"难道"）

而"在……看来"所在的句子，因为大多是说话者转述他人的看法或判断，为了让听者相信这话的真实性，通常说话者必须非常客观、理性地转述那人的看法，所以那些表现说话者主观性的词语通常不宜或很少用于"在…看来"后面的看法或判断中，例如在下面两个句子中状语的位置上就不宜加上通常表示说话者估计的"想必"：

[79] 在小平同志看来，发展生产力[ ]是中国最大的实际。

[80] 在许多人看来，李琰[ ]从此将从冰场上消失。

有时"在……看来"后谓语中有这类词语，但往往也不是反映说话者的主观性，而是反映"在"的宾语所表示的某人的估计或态度。例如：

[81] 在外人看来，北京站成天卖车票肯定买票很容易。（"肯定"表示"外人"的估计）

[82] 在某些好客的国人看来，一国总统，竟用面条宴客，未免有点小气。（"竟"和"未免"分别表现出"某些好客的国人"的意想不到和不以为然的否定态度）

"认知语法"的开创者 R. W. Langacker 曾形象地说明过语言中的主观性和客观性：如果把戴着的眼镜褪下来拿在手里作为观察的对象，眼镜的客观性就强；如果是戴着眼镜看东西，眼镜已成为观察主体的组成部分，眼镜的主观性就强。显然，在上面两例中的"肯定""竟""未免"表现的是客观对象的一部分——句中人物的估计或态度，反映的是客观性，而不是主观性，即不是说话者的主观估计或态度。

我们在北大语料库中搜集到的 4582 个"在……看来"的例句中，"在……看来"后的谓语部分状语位置上无一例有"想必"或"难道"；有"说不定"或"怎么"（表反问）的各一例，占 0.02%；有"肯定"的 4 例，占 0.08%；有"未免"的 5 例，占 0.1%。显而易见，这样的比例是很低的。在这其中，还有相当一部分的句子中"在"的宾语为"我"。例如：

[83] 一种寻常的有蹄兽类，在我看来，肯定是可以转变为长颈鹿的。

[84] 如果有人认为这两次慷慨行为能够相提并论，那在我看来，未免太可笑了吧。

由于这类句子中"在"的宾语和说话者是同一人，所以这类"在……看来"句子所表示的看法、判断的确可以反映出说话者的主观性，其中含有"肯定"

"未免"等表示主观性的词语也是自然的。但在 4582 个包含"在……看来"格式的句子中,"在"的宾语为"我"的有 972 句,把"在"的宾语为"我们"的都算上,总共也只有 1151 句,占 25.1%,即大约仅占 1/4。就是说,占大多数的其他"在……看来"句所表现的转述他人看法、判断的部分通常反映出的是一种客观性,而非主观性。

综上所述,"对……来说"和"在……看来"在语义、句法和语用平面上都存在着一定的差别。其中的一些差别,对中国人来说,往往是习焉不察,对学习汉语的外国人来说,不弄清楚二者的区别,就会导致他们错误地使用这两个格式。因此,辨析清楚二者的异同,尤其是它们的不同之处,不仅在汉语本体上有助于揭示出这两个格式的本质特征,同时在对外汉语教学中也具有一定的应用价值。

第六章　词类及其相关句法问题研究

第一节　形容词 AABB 重叠式和"很＋形容词"语法语义研究[①]

一、引言

形容词重叠是对外汉语教学初级阶段的一个语法项目，跟"把"字句、动态助词等语法项目比起来，并不是语法教学的重点。但是形容词重叠的教学效果却并不理想，外国学生学习之后常常回避不用，即使偶尔使用了，错误率也很高，占到了近50％。[②]

在学生错句中有相当多的句子是将形容词重叠式等同于在意义上与之相近的"程度副词＋形容词"，例如：

［1］＊这辆自行车漂漂亮亮的。（这辆自行车很漂亮。）

［2］＊我们今天去了西单，我们高高兴兴。（我们今天去了西单，我们特别高兴。）

［3］＊别担心，这个问题简简单单的。（别担心，这个问题很简单。）

形容词的重叠形式与"程度副词＋形容词"结构虽然意义相近，但是也存在着细微的差别。如果教学中只是强调二者的共同之处，忽视了对二者差别的研究和说明，外国学生难免会出现上面的偏误。以往关于形容词重叠式的语义研究可以说几乎都是集中在"量"的研究上面，虽然各家对形容词重叠式语法意义的看法都不完全相同，但是都认为形容词重叠以后主要表示程度的加深。对形容词重叠形式的主要语法功能则有不同的看法：李泉（2005）认为其主要

---

①　本节作者：汝淑媛。原文载《北京师范大学学报》（社会科学版），2007（4），此处有修改。

②　2005年我们搜集了北师大汉语文化学院101年级（学过半年的汉语）的学生（约150人）一个学期的作业和口头表达，只得到了78个形容词重叠的例句，而其中有问题的句子就有35个。

的语法功能是述谓功能；齐沪扬、王爱红（2001）认为作状语是其主要的语法功能。

对外汉语教材中的教学语法直接从理论语法脱胎而来，存在着同样的问题。我们调查了 7 部对外汉语教材，其中有 5 部都是将形容词重叠的意义解释为程度的加深。① 而对其语法功能都只是笼统地标注为可以做谓语、状语、定语和补语，没有进一步说明最常用的语法功能，这就会使学生很容易就联想到常用的"程度副词＋形容词"结构，而将熟悉的语言形式简单地等同甚至代替陌生的语言形式正是造成外国学生错句的主要原因之一。

为此，本文选取了形容词重叠式中最有代表性的双音节形容词重叠式 AABB 式②和"程度副词＋形容词"结构中最常用的"很＋形容词"（以下称为"很 A"）这两种语言形式，从主要的语法功能和基本的语法意义两个方面作一个初步分析。

二、形容词 AABB 重叠式与"很 A"主要语法功能的考察和比较

（一）统计范围和对象

考虑到我们的目的和可操作性，我们以《高等学校外国留学生汉语言专业教学大纲》中可以重叠为 AABB 形式的 206 个性质形容词为考察对象，将 2004 年全年的《北京晚报》和北京大学汉语语言学研究中心的现代汉语语料库作为统计和选取语料的封闭语料库，分别对 206 个性质形容词 AABB 重叠式和与之相对应的"很 A"的语法功能作了统计。

（二）统计方法

以往对形容词重叠形式语法功能的统计往往只统计可以做某种语法成分的形容词重叠式的数量和所占比例，而不统计同一个形容词作不同语法成分时实际用例的多少及比例。比如，"漂漂亮亮"在语料库中既有为数颇多的作补语、作定语的例子，也有少量的作状语的例子，却只有一个作谓语的例子。以往的研究就会认为"漂漂亮亮"同时具有作补语、定语、状语和谓语四种语法功能，而不再区分它充当这四种语法成分时的能力的强弱和使用频率上的差异，这样统计出来的结果可能会有偏差，如果以这样的结果来指导教学的话，则可

---

① 这 7 部教材分别是《汉语教程》《汉语会话 301 句》《发展汉语》《汉语初级教程》《新汉语教程》《简明汉语课本》和《速成汉语教程》。其中，将形容词重叠的意义解释为程度的加深的 5 部教材是：《汉语教程》《汉语会话 301 句》《发展汉语》《新汉语教程》《简明汉语课本》。

② 沈家煊（1999）认为："形容词重叠式是典型的状态形容词，双音节形容词重叠式的典型性较单音节形容词更强，因为单音节形容词带有一些性质形容词的性质。"

能会起一定的误导作用。

因此，我们既统计可以作某种语法成分的形容词重叠式和"很 A"的数量和所占比例，也统计同一个形容词重叠式和"很 A"作不同语法成分时实际用例的多少及比例，并将这两种统计结果进行对比分析，综合考虑。

（三）统计结果

1. 形容词 AABB 重叠式的主要句法功能考察和分析

首先，我们按照传统的方法，不考虑在语料库的实际用例的多少，对每一个形容词 AABB 重叠式实际具有的语法功能进行了统计，结果如下：206 个 AABB 形容词重叠式中可以作状语的有 150 个，占 72.82%；可以作补语的有 81 个，占 39.32%；可以作谓语的有 120 个，占 58.25%；可以作定语的有 106 个，占 51.46%。

由以上统计数据可以看出，AABB 重叠式可以作定语、谓语、状语和补语，而在这四种语法功能中，可以作状语的最多，其次为谓语，再次为定语，最后是补语。那么，是否因此就可以说 AABB 重叠式充当语法成分的能力按照强弱依次是：状语＞谓语＞定语＞补语呢？我们对这些重叠式作不同语法成分时的实际用例数量的统计结果与此有些不同①：206 个 AABB 形容词重叠式中作状语时用例数量最多的有 78 个，占 37.86%；作补语时用例数量最多的有 7 个，占 3.4%；作谓语时用例数量最多的有 12 个，占 5.88%；作定语时用例数量最多的有 19 个，占 9.22%。

对比以上两个统计数据可以看出，作状语是形容词 AABB 重叠式的主要语法功能，作谓语的功能并不强，甚至可以说很弱。

2. "很 A"的主要句法功能考察和分析

在 206 个可以按照 AABB 方式重叠的双音节性质形容词中有 195 个都可以受程度副词"很"的修饰，占 94.17%，可以说绝大多数能以 AABB 方式重叠的双音节性质形容词都可以受程度副词"很"的修饰。只有 12 个不能受"很"修饰，它们是"急忙、零星、蓬勃、确实、弯曲、完全、絮叨、隐约、真正、正好、欢笑、慌忙"。在不考虑在语料库的实际用例的多少的情况下，对 195 个"很 A"结构实际具有的语法功能的统计结果如下：可以作状语的"很 A"有 84 个，占 43.08%；可以作补语的有 131 个，占 67.18%；195 个"很 A"都可以作谓语；124 个"很 A"可以作定语，占 63.59%。

从上面的统计数量来看，约有一半的"很 A"可以自由充当谓语、定语、状语和补语，其中以作谓语的能力最强。按照"很 A"充当不同语法成分时的

---

① 另外，还有 23 个（约占 11.16%）双音节形容词重叠式因为在作不同语法成分时，例句的数量相差不到 20%，我们把它们算作不同语法成分例句数量相当，不计入在内。

实际用例数量进行统计后，得到的结果显示此结构在充当不同语法成分的能力上的差异是很大的①：195 个"很 A"结构中作谓语时用例数量最多的有 113 个，占 57.95%；作定语时的用例数量最多的只有 4 个，仅占 2.05%；作状语和作补语时用例数量最多的相差无几，分别为 13 个（占 6.67%）和 14 个（占 7.18%），

综合以上两种统计的结果来看，"很 A"无论是可以作谓语的数量还是实际语料中作谓语的例句数量都是最多的，因此作谓语的功能是它的主要语法功能。

3. AABB 重叠式与"很 A"的主要语法功能比较

我们将形容词 AABB 重叠式可以充当的语法成分的比例和"很 A"的相应比例作了一个对比，如表 6-1 所示。

表 6-1 AABB 重叠式和"很 A"可以充当的语法成分的比例

	作谓语	作补语	作定语	作状语
AABB 重叠式	58.25%	39.32%	51.46%	72.82%
"很 A"	100%	67.18%	68.5%	43.08%

我们也把"很 A"跟形容词 AABB 重叠式在作不同的语法成分时的实际用例数量比例作了一个对比，如表 6-2 所示。

表 6-2 AABB 重叠式和"很 A"在作不同的语法成分时的实际用例数量比例

	作谓语	作补语	作状语	作定语
AABB 重叠式	5.83%	3.4%	37.86%	9.22%
"很 A"	57.95%	2.05%	6.67%	7.18%

通过对以上数据进行分析，可以说双音节形容词重叠式与"很 A"所能充当的语法功能大致相同，但是它们在充当不同的语法成分时的能力却有所不同：双音节形容词重叠式充当状语的能力最强，作谓语的能力很弱；而"很 A"作谓语的能力最强，作状语的能力比较弱。因此，在很多情况下，作句子的谓语时，用"很 A"比用形容词重叠式要合适，例如本节引言部分的三个偏误句。

可见，语法位置是影响形容词 AABB 重叠式与"很 A"使用的重要因素，但是又是什么影响了这两个表达式的主要语法功能，使得形容词 AABB 重叠式多出现在状语的位置上，而"很 A"常出现在谓语的位置上？二者在语义上存在着怎样的区别？

---

① 另外，还有 27 个（约占 13.85%）"很 A"因为在作不同语法成分时，例句的数量相差不到 20%，我们把它们算作不同语法成分例句数量相当，不计入在内。

三、形容词 AABB 重叠式与"很 A"主要语法意义的分析和比较

（一）形容词 AABB 重叠式的主要语法意义

戴浩一（1992）根据认知语言学中的重叠象似动因理论，为形容词重叠表示量的增加找到了理论上的依据，认为语言表达形式的重叠对应于概念领域的重叠，形容词重叠则表示性质状态的加强和所指范围的增大，这一观点已经被研究者所广泛接受。但是，在概念领域的重叠却并不一定只带来增量的效果。例如，我们在白纸上对一个事物反复描画的结果会有两个，一个当然是颜色的加深，即量的增加；另外还有一个十分明显的效果，就是被反复描画的事物与没有被反复描画的事物相比更加鲜明突出了，也就使得被反复描画的事物能在观者的脑海里留下深刻而生动的印象，而后一个是形容词重叠的主要语法意义。那是因为，在汉语里通常由"很 A"来表达前一种意义，而不是由两种不同的语法形式来表达一种完全相同的意义。当然，形容词重叠后在意义上会带来一些量的增加，只是这个语法意义是附带的，并不是核心的语法意义，核心的语法意义只是凸显事物的状态，使之生动而鲜明。在这一点上，形容词重叠式与"很 A"有所区别，请看下面一段话：

［4］圆圆的小脸上浓浓的眉毛下镶嵌着两颗亮晶晶的大眼睛，高挑的小鼻子，红润润的小嘴，真是惹人喜爱。再看那双细嫩的小手，白白胖胖的，十个小手指头就像是泡涨了的大花生仁儿两个、三个的接在了一起似的，鼓鼓的、白白的、嫩嫩的，可爱极了。（《北京晚报》2004 年 4 月 27 日《侄儿手上的老茧》）

这是描写小孩子的一段话，在这段 100 多字的话里共使用了 8 个形容词的完全重叠式和不完全重叠式，给人的印象鲜明而生动，如果把这些重叠式都换成"很 A"的话，虽然语法上没有问题，但是这种鲜明生动的形象就会荡然无存，这个孩子的形象就会平板而无趣：

很圆的小脸上很浓的眉毛下镶嵌着两颗很亮的大眼睛，高挑的小鼻子，很红的小嘴，真是惹人喜爱。再看那双细嫩的小手，很白很胖，十个小手指头就像是泡涨了的大花生仁儿两个、三个的接在了一起似的，很鼓、很白、很嫩，可爱极了。

石毓（2010）从历时的角度勾画出了汉语形容词重叠形式的历史发展轨迹，并证明了汉语形容词重叠形式产生和演变的原因主要是在使用过程中形容词重叠形式的描写性不断弱化与言语交际中要求形容词重叠形式的描写性要不断强化存在着矛盾。这个结论说明了汉语形容词重叠形式的主要语法功用是描写，核心语法意义是表示事物或行为的生动状态，当这样的功能和意义得不到

充分实现时，形容词的重叠形式在形式和用法上就要慢慢地产生一些变化来强化这一意义和功能。

综上所述，形容词 AABB 重叠式主要的语法意义是表示事物或行为的生动鲜明的状态，具有描写性。

（二）"很 A"的主要语法意义

"很 A"和形容词重叠式虽然都被朱德熙先生（1956）归入状态形容词一类，与性质形容词在事物的内在性质还是外在状态和恒久性还是临时性（朱德熙，1982）这两点上存在着对立。但是，"很 A"的语法意义与形容词重叠式并不完全相同。"很 A"所表示的并不是事物呈现出的外在的状态，而是说话人对事物性质所达到的程度的评价，是一种主观上的量的判定。如果说话人认为事物或行为的某一性质达到了他心理中认定的充足的量，就可以用"很"。在现代汉语中，形容词作谓语时除了要与另一事物相对比之外，一般是不用形容词的原式的，要么重叠，要么要在形容词前面加"很"。例如：

[5]（那两个人）走过来了，是两个鬼子，一个高一个矮。（李晓明《平原枪声》）

[6] 陈文英今年二十三岁，在这些人当中，年纪最大，身体瘦弱，个子很高。（欧阳山《三家巷》）

[7] 他个子高高的，长得斯斯文文，性格内向，不大爱说话。（张平《十面埋伏》）

对于形容词作谓语常常要加"很"的这一语法现象，外国留学生都很不理解，他们认为并没有达到"very"的程度，为什么要用"很"？其实，这是因为形容词这三种不同的谓语形式分别表达了不同的语法意义。加"很"表示对性质的足量评价和判断，重叠表示对状态的描写，如果既不加"很"，又不重叠，就是表示对举或对说了。例如：

[8] 哪个房间干净？
这个房间干净，那个房间脏。

[9] 这个房间怎么样，你满意吗？
很干净，很满意。

[10] 他们的房间什么样子？
干干净净的，还铺着白色的地毯。

对话 [8] 中的回答旨在区别"这个房间"和"那个房间"，而性质的区别是两个事物之间最本质的区别，因此回答时常使用形容词的原式；对话 [9] 中的回答旨在评价"这个房间"，以满足听者对说话人态度的期待，而评价中的一个重要内容是在程度上给予特别的认定，回答可以是"很干净""比较干净"

"干净极了"等，不过在我们的实际语言中以采用"很 A"的形式为最多；对话 [10] 中的回答旨在描述"他们的房间"，以满足听者对了解"他们房间的样子"的要求。

"很 A"与其说是表示一种高量，不如说是说话人的一种足量评价或判断的标志更为合适。储泽祥等（1999）认为"很 A"是一种通比结构，它并不依靠某几个特定对象之间的比较来标示量的差异，而主要是表达认知主体对于事物性状的大致水平的主观判断，是与同类的所有事物相比较得出的结果。以"他很高"为例，只要说话人认为"他"的高度高于一般，达到了说话人心理中认为的"高"的标准，就可以说"他很高"，而不一定是"他"的身高非得像姚明一样。做出这样的评价往往是不假思索的，因为每个人对于不同事物的性质在是否足量的问题上都有一个常识性的现成的标准，对于说话人来说，衡量是否达到自己心理的既定标准是件容易的事情，而进一步判断超过既定标准多少或者差多少不足既定标准就需要更为精确的判断和思考，所以"很 A"的使用率很高，而"比较""特别""相当""有点""不太"等表示程度更为精确的词语的使用率相对就要低一些。

因此，"很 A"主要的语法功能是表示事物或行为的性质达到了充足的量，具有评价性。

（三）两种相近表达式的语义区别及对其主要语法功能的影响

上文我们通过双音节形容词 AABB 重叠式和"很 A"的语义分析，可以知道两种语法形式在意义上主要是状态和足量、描写性和评价性的差别。这样的意义区别有时是很难分辨的，表现为在同样的条件下既可以用形容词重叠形式也可以用"很 A"。例如：

[11]　他做什么事都很马虎。

　　　他做什么事都马马虎虎的。

但是，在一定的语境下两者的意义差别就会凸显出来，请看学生的错句：

[12]　＊他长得不帅，可是没想到他的女朋友漂漂亮亮的。

　　　他长得不帅，可是没想到他的女朋友很漂亮。

[13]　＊我要穿上最好的衣服，因为我想很漂亮地跟男朋友见面。

　　　我要穿上最好的衣服，因为我想漂漂亮亮地跟男朋友见面。

[14]　＊我高高兴兴地参加今天的开学典礼。（一位留学生代表在开学典礼上的讲话）

　　　我很高兴参加今天的开学典礼。

例句 [12] 意在突出"他女朋友"的漂亮程度使人出乎说话人的预期，而不是向我们生动地描写她漂亮的样子，因此，在这里用形容词重叠形式是不合适的，应该改为"很A"。而在例句［13］中，说话人要传达给我们的是"她"见到男朋友时的"漂亮"的样子或状态，而不是要评价她自己的漂亮程度有多高，在这种语境下用"很A"就不如用形容词重叠式更为恰当。例句［14］是说明"我"参加开学典礼时高兴的程度，而不是要描写"我"参加开学典礼时高兴的样子，应该使用"很高兴"。可是同样的一个句子，如果在动词"参加"后加上"了"，整个句子就变成了一个描写句，就可以用形容词重叠式"高高兴兴"了："我高高兴兴地参加了今天的开学典礼。"这样的语义区别对语法功能也产生了影响，这是因为汉语中语法位置所表达的语法意义需要跟语言形式所表达的语法意义相互配适。

朱德熙先生（1956）认为："由形容词构成的状语表示的是动作的方式或状态；就性质来说，这种状语是描写性的，不是限制性的。"所以，状语位置与描写性成分有着自然的契合，这也就造成了形容词重叠式多作状语这样一种语法现象。而具有评价功能的"很A"常常出现在谓语的位置也是不难理解的，因为陈述句的谓语"是对选定了的话题的陈述，即说明主语怎么样或是什么"（朱德熙，1982）。

这种语法位置和语法意义的互相选择和配适在形式上也有一定的标记。形容词AABB重叠形式的主要语法功能是作状语，当形容词重叠式作状语时"地"在很多情况下是可有可无的，当"很A"作状语时，"地"则是必需的。例如：

［15］石根先生从抽屉中翻出他的简历，又认认真真地看了一遍。（梁晓声《激杀》）

  ＊石根先生从抽屉中翻出他的简历，又很认真看了一遍。

［16］（他）一本一本认认真真读了几天。（梁晓声《激杀》）

  ＊（他）一本一本很认真读了几天。

而"很A"的主要语法功能是作谓语，在谓语的语法位置上"很A"不需加"的"，形容词AABB重叠式作谓语时一般加"的"。例如：

［17］心里别别扭扭的。（梁晓声《感觉日本》）

  心里很别扭。

［18］这样，我们都有些难为情，想对他亲热点，又不知从何做起，于是都客客气气的。（王朔《动物凶猛》）

  这样，我们都有些难为情，想对他亲热点，又不知从何做起，于是都很客气。

四、几点教学启示

在对外汉语教学中，我们常常会碰到一些意义相近的表达形式，但是由于我们多是着眼于这些表达式的结构，对它们的语法功能缺乏科学的统计和认识，对语义语用的研究也很不够，学生在使用时也往往从形式入手，用一种语法形式简单地替代另一种语法形式，或者就干脆回避使用难度较大的一种。我们研究的目的并不是要构建一个关于形容词重叠的语法理论系统，而是想针对外国学生学习这个语法项目的难点，深入分析，试图做出新的解释，发掘出内在的语言规律，然后再回归到教学，为形容词重叠形式的教学提供一点帮助。

根据本文对形容词重叠式和"很 A"的语法功能和语义的研究，结合对外汉语教学中形容词重叠教学的现状和学生学习中出现的问题，我们认为比较合理的教学对策是：

第一，突出形容词重叠式的意义和功能。在教材注释和课堂讲练中突出形容词重叠式的状态意义和描写作用，不要提及表示程度增加的意义，也不要将其和"很 A"作对比，更不能将二者等同起来或以后者解释前者，以免误导学生。在说明形容词重叠式可以作定语、状语、谓语和补语的同时，进一步强调其作状语的功能，并在例句中增加作状语的例句数量，引导学生使用。

第二，丰富练习形式，机械性练习、半机械性练习和交际性练习互相配合。练习的质和量决定了学习者技能的掌握情况，单一少量的练习显然对技能的掌握是不利的。我们一方面要加大关于形容词重叠式的练习量，另一方面还要采取多种练习形式，从机械性练习过渡到半机械性练习，最后通过交际性的练习让学习者达到可以灵活运用的目的。例如，由朗读、替换、填空到回答问题和自由表达的练习程序对学习者全面掌握形容词重叠式的用法应该是有帮助的。

第三，设计灵活多样的交际性练习，增加语段和语篇的练习。学习者练习的目的是为了在真实语境中实际运用，交际性练习就是达到这一目的的一座桥梁，而现在关于形容词重叠的练习中最缺乏的就是这方面的练习。根据形容词重叠具有描写性这样一个语义特点，看图说话或看图写话是一种不错的练习形式。我们可以给出一幅关于人物或风景的图画，让学生多用形容词重叠式对图画的内容进行描述，也可以让学生多用形容词重叠式来描述自己熟悉的一个人。

第二节　"A 没有 B×"中的形容词研究①

　　比较句是对事物之间存在的量的差异如数量、体积、性质等性状以及存在的程度差异等进行比较，"A 没有 B×"是汉语初级汉语教学中的一个重要句型，刘月华在《实用现代汉语》中认为："这种格式所表示的意义是 A 达不到 B 的程度，比较时以 B 为标准。'A 没有 B……'相当于'B 比 A……'从语义上看，'A 没有 B……'是与'B 比 A……'相对应的否定形式。"我们的教材和教学顺序也常常如此，在"比"字句的后面安排"A 没有 B×"的教学内容，由此，学生常常生成一些合法不合理的句子：

　　我没有她矮。

　　我身体没有她坏。

　　教师常常会对学生要求，在"A 没有 B×"句子中应该用正面、积极性形容词：

　　我没有她高。

　　我身体没有她好。

　　由此，我们对充当"×"的词语产生了兴趣，可以充当"×"的有很多，根据杨惠芬（1998）的总结，主要有形容词、动词＋得＋形容词、主谓结构（形容词谓语）、"有＋名"结构、动宾结构、助动词＋动词/动宾结构，最常用的句型是前三种，它们有一个共同点，是比较语中都有形容词。本文讨论的就是进入"A 没有 B×"句式中的形容词特点。

一、"A 没有 B×"中的"×"多为积极性形容词

　　大部分的形容词都是积极性的正面词：

　　妹妹没有姐姐漂亮。

　　上海的冬天没有北京舒服。

　　很多研究者也都发现了"A 没有 B×"这样的特性，根据徐燕青（1997）对 125 个句子的考察，发现褒义的为 53.1％，中性为 24.2％，贬义的只有 22.7％。

　　我们知道，形容词的积极性词语的使用频率高，据《现代汉语频率词典》，

---

　　①　本节作者：陈颖。原文载《语言文字应用》，2006 年专刊。

"大小""长短""深浅""变低"等形容词的使用频率分别为："大"5202，"小"3281，"长"600，"短"190，"深"308，"浅"57，"高"1167，"低"474。因此，"A 没有 B×"句中正面形容词的使用频率自然要比负面形容词高。

"A 没有 B×"句式中的"×"多为正面、积极性形容词还与人们的语言认知特点和形容词的特性有关。根据标记理论，一般来说，在一对反义词中正面词是无标记项，负面词是有标记项。石毓智（2001）研究认为，形容词的标记现象实质是用于问句时的询问范围。词语都具有量，形容词的量表现在程度的高低，形容词可分为定量和非定量形容词，可以用能不能加程度副词来判断，能被程度副词修饰的都是非定量词。这些形容词在量上具有伸缩性，有连续变化的过程，如"好"，可以是"有点好""比较好""很好""非常好"，有量变的意义，因此具有连续性。同时这些形容词可以用具体数量修饰，从而切分出界限分明的大小不同的等级，是离散量的特征。如问"他有多高"时，它所询问的范围包括了从上到下的任何高度，是全量幅词，而当"矮"用于问句时，其询问范围只包括了一个较小的高度，是半量幅词。这种情形在句法上的表现是，询问某人高矮时，通常是问"他有多高""他高吗"，很少问"他有多矮""他矮吗"，作为否定比较句"A 没有 B×"，也往往是对量的比较，所以多采用全量幅词。

从认知的角度来看，我们知道一般的肯定句中谓语部分表达的是未知信息，而否定句是否认或反驳已经引入的信息，"从意义和使用条件来讲，自然语言在使用否定句时一般得先设一个相应的肯定命题"（沈家煊，1999）。

"我没有她高。"这个句子中的肯定命题是"我的个子和她一样"或"她比我高"。作为否定命题，所要否定的是个子的高低程度，石毓智（2001）认为，"积极性词语的量幅大、语义范围广，可以照顾到整个概念范围，从而表达相应的消极成分"。因此，进入到"没有"句的大部分是表达积极含义的形容词了。从语义上说，我没有她高，是一种期待"我"达到"她"一样高甚至超过"她"，"高"是一种正常期待，谁也不会期待个子矮。可见"A 没有 B×"句的语义是 A 没有达到 B 的标准或程度，"×"就是期待的内容，人们往往对美好的、正面的东西怀有期待，因此"×"常常选用积极性的词语。

二、进入"A 没有 B×"的消极性词语

在"A 没有 B×"句子中还是会有一些消极性词语进入：

今天没有昨天冷。

我没有你那么害怕。

我们认为消极性词语的进入还是有一定的条件的：

（一）认知的焦点

沈家煊（1999）认为，对人类的感知而言，具有显著的特征往往更能引起人的注意，那些具有积极性的词语具有的特征往往更能引起人们的注意，如"高"比"矮"，"长"比"短"容易引起人们的关注，在一对反义词中，正面义的是往往是无标记词，反面义为有标记词。人们会选用积极性词语，但是像"难""远"虽然不是逻辑上的正面义，是消极性词语，但是由于具有显著的特征，也容易成为人们关注的焦点，我们更关心完成的困难，行动的距离，所以，也就可以进入到"A 没有 B×"中：

> 今天的考试没有昨天的难。
> 她家没我家远。

人们对事物的态度是具有一定主观性的，在特定的情况下，通常被认为是消极性的方面成为人们关注的焦点，成为一种期待，这时，消极词语在某种意义上已经转化为积极性，如在骑自行车慢车比赛中，"慢"才是好，成为一种期待，我们就可以说："我没有她慢。"

（二）形容词的量幅

形容词具有离散量性和连续量性，石毓智（2001）探讨了形容词的量幅问题，他认为形容词中的积极性词语往往概括一个量的从低到高的全部，可以概括比较时量的特性，这样积极性词语是全量幅词语，如大、高、干净，"A 没有 B×"句表达的是一个量的比较，因此多以积极性词语为主。但是石毓智也发现冷热类词语都是半量幅的，在这类反义词中，"每对词的两个成分的量级上限都是开放的，两者共用一个下限"，"冷热类词双方都是半量幅词，加'不'后都不能再用程度次切分，都照顾不到对方的语义范围"。（石毓智，2001）因此都能进入"A 没有 B×"句，由此，在"A 没有 B×"中，我们可以说"今天没有昨天冷"，但是不可以说"我的房间没有他的脏"。

（三）语境的作用

在前面我们提到，"A 没有 B×"中的×表示一种期待，因此，人们喜欢使用正面的、积极性的词语。我们知道，否定句是要否定一种看法，"A 没有 B×"句当然也是要否定某种比较的结果。这时"A 没有 B×"句也可以使用消极性词语。但是，我们认为要使这样的句子成立，必须置于一个语境中：

> 她的个子很矮，我没有她矮。
> 她只有 1 米 5，我没有她矮。

我们知道，在会话中人们应该遵循语言交流的"适量原则"，即提供的信息要足量，但也不能过量。"A 没有 B×"本身就包含了一个预设的肯定命题，如"我没有她高"就可能预设了"我比她高"，但是由于"高"是一个全量词，所以不必特别说明。但是当我们使用"我没有她矮"时，我们必须交待一个前提，创造一个合理的语境，如"我的个子很矮"或者"她的个子很矮"，否则会因信息量不够使人不能理解，这也许就是学生们会生成很多错误的句子原因。我们也发现，如果没有前提句，这时句中必须有"那么"或者"这么"。

（四）用"那么""这么"

在"A 没有 B×"句中×前常常可以加入"这么""那么"：

虎妞没有她这么年轻，没有她这么美好。

他们可没有楚雁潮那么沉稳……

很多人认为"那么""这么"表达的是程度。日本的相原茂先生说："由于有'这么''那么'，就使后续形容词表示的性质状态成为事实或已然化了。"史有为先生（1994）认为："这里的原因恐怕除了音节的多少之外，还有程度词语本身类型的问题。"郑懿德先生（1994）认为："形容词前加上指示代词'这么、那么'，事实上是表示'有'的后项是作为量度的标准。"我们认为，"那么""这么"是指称一个已知的量。很多消极义的词语不能进入"A 没有 B×"，但是却可以进入"A 没有 B 那么（这么）×"中。

袁毓林（2004）指出："当代语言认为，代词具有指别和照应两种功能，所谓指别是指说话人用代词指示和识别他人讲话时所说及的事物、形状或行为。所谓照应是指用代词代替句中语句中的有关成分。"作为代词的"那么""这么"也同样具有上述功能，因此我们可以认为它们指称的是一个量，这个量是在上文出现过的或是别人已经知道的信息。

这样我们可以理解，如果在"A 没有 B×"句中加上"那么""这么"的词语后，贬义性的×又可以使句子成立：

我身体没有她那么坏。

我没有她那么矮。

这是因为在句子中有一个前提，这和我们上文所说的前提句一致，只不过由于"这么""那么"的参与，前提句被省略了：

（我身体很坏，）我身体没有她那么坏。

（我个子不高，）我没有她那么矮。

我们认为"这么""那么"进入"A 没有 B×"中使句子×量幅和性质发生改变。在"A 没有 B×"句中，形容词表达的是一个离散量，是一个相对的概念：

我没有她高。

这里的"高"，是高度的量，可以表示从"矮"到"高"的全量，可以是她一米八，我一米七，也可以是她一米四，我一米三。而"A没有B那么（这么）×"句中，"这么""那么"修饰后面的形容词，表达了一个确定的"高度"，是一个离散量，我们可以根据自己的价值判断标准来确定量的程度，如一米七以上，因此这时的"×"只能是个半幅量词了。这样，这两个句子的语义是有差别的，"A没有B×"是一个纯粹的比较句，而"A没有B那么（这么）×"表示"没有达到某种程度"，这样，不管是积极还是消极的程度都可以被我们拿来进行比较，因此，在"A没有B那么（这么）×"中，我们可以用"矮""坏"这样的贬义词。

三、教学建议

"A没有B×"是初级汉语教学中的一个重要的语言点，但是在实际应用中并不多，徐燕青（1997）通过270万字的检索，共找到128个句，实际使用频率96428：1，这样低的使用频率是不是应该作为教学重点，值得我们考虑。另外，我们认为，不应该把"A没有B×"作为"比"字句的否定式来进行教学，这会使学生使用类比而生成合法而不合理的句子。为了避免学生的偏误，我们建议教学中强调前提句的使用。

第三节　单音节形容词与名词搭配问题研究①

词汇是语言的建筑基石，人们在运用语言进行交际时，词语搭配运用得恰当与否直接影响到语言表达的准确性。它不仅可以显示出一个人的语言水平，而且还可以体现出语言的深层知识，涉及语法、语义、民俗习惯、民族心理、思维方式等诸多方面。关于词语搭配的研究始于20世纪初，最早提出"搭配（collocation）"这一概念的是英国语言学家——被公认为搭配研究之父的J. R. Firth。Firth将"collocation"称作一种"结伴关系"，也称横向组合关系（syntagmatic relation）。他认为语言的词汇并不是单独或孤立使用的，而是和别的一些词构成习惯性和典型性的结伴关系一起使用，其著名论断"You shall know a word by the company it keeps（由词之伴而知其词）"是这种"结伴关系"的重要依据。（Palmer，1986）其后，Halliday，Sinclair等人继承并发展了Firth的理论，提出了基于语料库的实证主义研究方法，强调词语搭配的研究必须以真实语料为依据，而不能靠研究者的个人直觉。从语料库中提取搭配例证进行研究的方法给以后的词语搭配研究带来了巨大的影响。其后，以欧美

---

① 本节作者：步延新。

语言为研究对象的词语搭配研究得以广泛开展，与此同时，我国学者也开始关注词语搭配问题。汉语词汇众多、形态不够丰富的特点决定了词语搭配的突出地位，"在任何语言里，词语搭配都是一个重要问题，在汉语，尤其突出"（张志公，1987）。近年来，国外搭配理论的引入，为汉语的词语搭配研究提供了更为坚实的理论基础，同时，随着信息化技术，特别是语料库技术的不断发展，词语搭配问题吸引了越来越多的语言教学及信息处理工作者的目光。与之相关的新方法、新理论层出不穷，研究成果也被广泛运用到语言教学、词典编撰、信息处理等诸多领域并取得了显著的效果。

纵观国内学者对词语搭配的研究，绝大部分是以英语、俄语、法语等外语为研究对象，研究成果主要运用到外语教学当中，以汉语为研究对象的研究相对不足。现有的以汉语为对象的词语搭配研究主要集中在动词与名词、动词与动词、形容词与名词、名词与名词、关联词等几个方面。相对于动词而言，形容词与名词的搭配研究还比较薄弱。而形容词是汉语中一个非常重要的词类，其中的单音节形容词个数相对固定，非常容易辨识，是形容词这个大类中最为重要的核心部分，是非常适合进行研究的对象。就单音节形容词与名词的搭配问题，学者们已经进行过大量深入细致的研究。朱德熙（1956）、吕叔湘（1965，1966）、张敏（1998）、张国宪（1996）等学者的研究成果比较具有代表性。其中吕叔湘（1966）和张敏（1998）都根据单音节形容词作定语能力的强弱将单音节形容词分为三个小类。两位学者都指出每类词的数量是不一致的，不能直接修饰名词的单音节形容词占少数，而绝大多数单音节形容词是可以直接修饰名词的。两位学者在分类时只是举例性地列举了几个词，没有具体指出各类具体包含哪些词，也没有说明分类的标准。此外，具体有哪些单音节形容词可以与名词搭配、哪些不能与名词搭配，所搭配的名词之间的共性特征等都是值得研究的问题。

一、单音节形容词的搭配能力

单音节形容词虽然总体数量不多，但各类词典中的数量有所差异。为将研究成果与教学实际相结合，我们选取《汉语水平词汇与汉字等级大纲》① 中的249个单音节形容词作为研究对象。近年来的研究结果显示，以义项为单位进行研究更加符合准确性和科学性的原则，所以我们根据《现代汉语词典》（第

---

① 《汉语水平词汇与汉字等级大纲》一直是对外汉语教学、教材编写、课堂教学、成绩测试的主要依据，也是我国汉语水平考试和具体教学活动的依据和规范。

五版）所分列的义项，经过适当的合并与分列①，又去除了 12 个方言义项，最后统计得出 459 个单音节形容词义项。运用语料库技术是词语搭配研究的重要方法之一，我国目前已经建立的各种类型的语料库中，国家语委语料库是一个现代汉语通用语料库，其语料抽样合理、分布均匀、比例适当的特点为我们的研究提供了坚实的基础。

（一）单音节形容词的分类

我们将语料库中检索出来的词条直接导入 Excel 中，然后进行人工统计分类②，最后统计得出 459 个单音节形容词词项与名词搭配的情况。

统计结果显示，不能直接与名词搭配的单音节形容词义项共计 188 个，有 271 个义项可以直接与名词搭配。这 271 个可以与名词直接搭配的义项，在搭配能力上存在很大的差异，有的义项仅能跟一两个名词搭配，或是只在特定的语境中才能与名词搭配，而有的义项则可以跟几百个名词搭配。具体情况如下：可以与 100 个以上名词搭配的义项：7 个；可以与 51～100 个名词搭配的义项：10 个；可以与 21～50 个名词搭配的义项：28 个；可以与 11～20 个名词搭配的义项：82 个；可以与 1～10 个名词搭配的义项：144 个。

从整体上看，这 271 个义项中大部分与 10 个以内的名词进行搭配，我们以"10"③ 为分界线，以自由度的大小为标准，将可与名词进行搭配的形容词义项分为两类："高自由度"和"低自由度"，而不能直接和名词搭配的义项，命名为"无自由度"。每一类中的形容词义项详见表 6-3。

---

① 在统计过程中，我们发现《现代汉语词典》划分义项时存在过于细致或过于宽泛等情况。为了对形容词的常用义项进行考察，避免由于条目分列过细而引起的麻烦，我们将部分意义比较接近、难以划分界限的义项合并在一起。同时，我们也根据具体情况为某些词分列出了常用义项，如"死"在《现代汉语词典》中表示"生物失去生命"这个意义只标注为动词词性，没有标注形容词词性，而在语料中却出现了大量"死猫、死狗、死猪、死老鼠、死乌鸦、死孩子……"等搭配形式，我们为"死"分列了形容词义项。

② 国家语委的语料库没有对的不同义项进行标注，因此只能通过人工来确定词的具体意义。

③ 之所以以"10"为分界线，出于两种考虑：一是可以与 10 个以下的名词进行搭配的形容词义项有 144 个，这一类义项的数量比较多；二是这类义项中有近一半只能和一两个名词搭配，这部分义项一般要在一定语境中才能出现，是比较特殊的一类。如果以"20"为界限就会有更多的义项与这些较特殊的义项混杂在一起，不利于进一步的研究分析。

表 6-3　"高自由度""低自由度"和"无自由度"中的形容词义项

高自由度（127 个）	矮$_2^{甲}$① 暗$_2^{乙}$ 白$_1^{甲}$ 笨$_1^{乙}$ 扁$_1^{丙}$ 薄$_2^{乙}$ 长$_{1b}^{甲}$ 长$_3^{甲}$ 臭$_1^{乙}$ 臭$_2^{乙}$ 纯$_1^{丙}$ 粗$_1^{乙}$ 粗$_2^{乙}$ 大$_1^{甲}$ 单$_1^{乙}$ 单$_2^{乙}$ 淡$_3^{乙}$ 低$_1^{甲}$ 低$_2^{甲}$ 毒$_1^{乙}$ 短$_1^{甲}$ 短$_{1b}^{甲}$ 恶$_2^{丙}$ 方$_1^{乙}$ 肥$_1^{甲}$ 副$_2^{乙}$ 干$_1^{甲}$ 干$_2^{甲}$ 高$_1^{甲}$ 高$_2^{甲}$ 公$_2^{丙}$ 古$_1^{乙}$ 怪$_1^{乙}$ 光$_2^{乙}$ 好$_1^{甲}$ 好$_2^{甲}$ 黑$_1^{甲}$ 黑$_2^{甲}$ 黑$_3^{乙}$ 黑$_4^{乙}$ 横$_1^{丁}$ 红$_1^{甲}$ 厚$_1^{甲}$ 花$_5^{乙}$ 坏$_1^{甲}$ 坏$_2^{乙}$ 坏$_3^{乙}$ 黄$_1^{甲}$ 灰$_2^{丙}$ 活$_4^{乙}$ 假$_1^{甲}$ 尖$_1^{乙}$ 净$_2^{丙}$ 旧$_1^{甲}$ 旧$_2^{乙}$ 空$_1^{甲}$ kōng 蓝$_1^{甲}$ 烂$_1^{乙}$ 烂$_2^{乙}$ 老$_1^{甲}$ 老$_2^{甲}$ 冷$_1^{甲}$ 良$_1^{丙}$ 亮$_1^{甲}$ 绿$_1^{甲}$ 乱$_1^{甲}$ 满$_1^{甲}$ 美$_1^{甲}$ 母$_1^{乙}$ 男$_1^{甲}$ 嫩$_1^{乙}$ 浓$_1^{乙}$ 女$_1^{甲}$ 胖$_1^{甲}$ 破$_3^{乙}$ 浅$_1^{甲}$ 浅$_5^{丁}$ 强$_1^{乙}$ 亲$_1^{甲}$ 青$_1^{乙}$ 穷$_1^{甲}$ 全$_2^{乙}$ 热$_1^{甲}$ 软$_1^{乙}$ 弱$_1^{乙}$ 傻$_1^{甲}$ 深$_1^{甲}$ 深$_4^{丙}$ 湿$_1^{甲}$ 实$_1^{丙}$ 瘦$_1^{甲}$ 熟$_2^{甲}$ 竖$_1^{丙}$ 双$_1^{丙}$ 死$_4^{乙}$ 酸$_3^{乙}$ 甜$_1^{甲}$ 同$_1^{乙}$ 秃$_1^{丁}$ 土$_3^{丙}$ 稀$_1^{乙}$ 细$_1^{甲}$ 细$_4^{丙}$ 鲜$_1^{乙}$ 鲜$_3^{丁}$ 咸$_1^{甲}$ 香$_2^{乙}$ 小$_1^{甲}$ 邪$_1^{乙}$ 斜$_1^{乙}$ 新$_1^{甲}$ 新$_3^{乙}$ 洋$_2^{丙}$ 野$_4^{丁}$ 野$_5^{丁}$ 硬$_2^{乙}$ 硬$_3^{丙}$ 原$_1^{甲}$ 圆$_1^{甲}$ 脏$_1^{甲}$ 窄$_1^{乙}$ 整$_2^{乙}$ 正$_2^{乙}$ 正$_6^{乙}$ 直$_1^{甲}$ 重$_1^{甲}$ 紫$_1^{乙}$
低自由度（144 个）	矮$_1^{甲}$ 暗$_1^{乙}$ 凹$_1^{丁}$ 白$_2^{甲}$ 白$_5^{甲}$ 棒$_1^{丙}$ 饱$_1^{甲}$ 饱$_2^{乙}$ 笨$_2^{乙}$ 笨$_3^{乙}$ 薄$_1^{乙}$ 馋$_1^{丁}$ 丑$_1^{甲}$ 臭$_3^{乙}$ 纯$_2^{丙}$ 蠢$_1^{丁}$ 雌$_1^{丙}$ 次$_2^{丙}$ 粗$_3^{乙}$ 粗$_4^{乙}$ 脆$_1^{丁}$ 错$_1^{甲}$ 大$_2^{甲}$ 大$_3^{甲}$ 呆$_1^{乙}$ 呆$_2^{乙}$ 淡$_2^{乙}$ 淡$_4^{乙}$ 低$_3^{甲}$ 刁$_1^{丁}$ 陡$_1^{丙}$ 多$_1^{甲}$ 饿$_1^{甲}$ 反$_4^{丙}$ 肥$_2^{甲}$ 肥$_4^{甲}$ 疯$_1^{乙}$ 高$_3^{甲}$ 乖$_1^{丙}$ 广$_1^{甲}$ 旱$_1^{乙}$ 好$_3^{甲}$ 黑$_5^{乙}$ 狠$_1^{乙}$ 狠$_2^{乙}$ 红$_4^{甲}$ 滑$_1^{乙}$ 坏$_4^{乙}$ 黄$_3^{甲}$ 活$_1^{甲}$ 急$_1^{甲}$ 佳$_1^{丙}$ 奸$_1^{丁}$ 尖$_2^{乙}$ 尖$_4^{乙}$ 贱$_1^{丙}$ 贱$_2^{丙}$ 僵$_1^{丙}$ 娇$_1^{丁}$ 紧$_1^{甲}$ 紧$_2^{甲}$ 近$_1^{甲}$ 精$_1^{乙}$ 静$_1^{甲}$ 绝$_3^{乙}$ 俊$_1^{丁}$ 空$_3^{甲}$ kòng 枯$_1^{丙}$ 苦$_1^{甲}$ 苦$_2^{甲}$ 快$_1^{甲}$ 快$_3^{甲}$ 宽$_1^{甲}$ 阔$_1^{丙}$ 辣$_1^{乙}$ 赖$_1^{丁}$ 懒$_1^{甲}$ 懒$_2^{甲}$ 烂$_3^{乙}$ 老$_3^{甲}$ 老$_5^{甲}$ 老$_6^{甲}$ 愣$_1^{丙}$ 凉$_1^{甲}$ 灵$_1^{丁}$ 聋$_1^{乙}$ 慢$_1^{甲}$ 美$_2^{甲}$ 猛$_1^{乙}$ 密$_1^{乙}$ 妙$_1^{乙}$ 难$_1^{甲}$ 嫩$_2^{乙}$ 浓$_2^{乙}$ 浓$_3^{乙}$ 暖$_1^{甲}$ 平$_1^{甲}$ 破$_1^{甲}$ 巧$_1^{乙}$ 巧$_2^{乙}$ 亲$_2^{甲}$ 轻$_1^{甲}$ 轻$_3^{甲}$ 清$_2^{甲}$ 热$_2^{甲}$ 软$_2^{乙}$ 生$_1^{甲}$ 生$_3^{甲}$ 生$_4^{乙}$ 瘦$_2^{甲}$ 瘦$_3^{甲}$ 熟$_1^{甲}$ 熟$_3^{甲}$ 死$_1^{甲}$ 死$_3^{乙}$ 死$_5^{乙}$ 素$_1^{丙}$ 甜$_2^{甲}$ 凸$_1^{丁}$ 秃$_2^{丁}$ 秃$_3^{丁}$ 歪$_1^{乙}$ 歪$_2^{乙}$ 晚$_1^{甲}$ 温$_1^{乙}$ 细$_3^{甲}$ 鲜$_2^{乙}$ 闲$_1^{甲}$ 闲$_2^{乙}$ 险$_1^{乙}$ 香$_1^{乙}$ 小$_2^{甲}$ 腥$_1^{丁}$ 凶$_1^{丙}$ 虚$_1^{乙}$ 阴$_1^{甲}$ 硬$_1^{乙}$ 远$_1^{甲}$ 杂$_1^{乙}$ 早$_1^{甲}$ 正$_5^{乙}$ 壮$_1^{丙}$
无自由度（188 个）	矮$_3^{甲}$ 安$_1^{丙}$ 白$_3^{甲}$ 薄$_3^{乙}$ 薄$_4^{乙}$ 惨$_1^{丁}$ 惨$_2^{丙}$ 差$_1^{乙}$ 差$_2^{乙}$ 差$_3^{乙}$ 馋$_2^{丁}$ 沉$_1^{丙}$ 沉$_2^{丙}$ 沉$_3^{丙}$ 迟$_1^{甲}$ 纯$_3^{丙}$ 蠢$_2^{丁}$ 粗$_5^{乙}$ 粗$_6^{乙}$ 脆$_2^{丁}$ 脆$_3^{丁}$ 错$_2^{甲}$ 淡$_1^{乙}$ 淡$_5^{乙}$ 独$_1^{丙}$ 对$_1^{甲}$ 多$_2^{甲}$ 繁$_1^{丙}$ 肥$_3^{甲}$ 干$_3^{甲}$ 乖$_2^{丙}$ 光$_1^{乙}$ 贵$_1^{甲}$ 好$_4^{甲}$ 好$_5^{甲}$ 好$_6^{甲}$ 好$_7^{甲}$ 好$_8^{甲}$ 好$_9^{甲}$ 狠$_3^{乙}$ 厚$_2^{甲}$ 厚$_3^{甲}$ 厚$_4^{甲}$ 厚$_5^{甲}$ 花$_2^{乙}$ 滑$_2^{乙}$ 慌$_1^{乙}$ 急$_2^{甲}$ 急$_3^{甲}$ 挤$_1^{乙}$ 尖$_3^{乙}$ 僵$_2^{丙}$ 紧$_3^{甲}$ 紧$_4^{甲}$ 近$_2^{甲}$ 精$_2^{乙}$ 精$_3^{丙}$ 静$_2^{甲}$ 久$_1^{甲}$ 均$_1^{丙}$ 渴$_1^{甲}$ 枯$_2^{丙}$ 快$_2^{甲}$ 宽$_2^{甲}$ 宽$_3^{甲}$ 狂$_1^{丙}$ 困$_1^{甲}$ 辣$_2^{乙}$ 烂$_4^{乙}$ 牢$_1^{丙}$ 老$_4^{甲}$ 累$_1^{甲}$ 冷$_2^{甲}$ 冷$_3^{甲}$ 凉$_2^{甲}$ 亮$_2^{甲}$ 亮$_3^{甲}$ 灵$_2^{丁}$ 乱$_2^{甲}$ 满$_2^{甲}$ 慢$_2^{甲}$ 忙$_1^{甲}$ 闷$_1^{丙}$ mèn 闷$_2^{丙}$ mēn 嫩$_3^{乙}$ 嫩$_4^{乙}$ 能$_1^{甲}$ 偏$_1^{乙}$ 偏$_2^{乙}$ 平$_2^{甲}$ 齐$_1^{乙}$ 齐$_2^{乙}$ 齐$_3^{乙}$ 浅$_2^{甲}$ 浅$_3^{甲}$ 浅$_4^{甲}$ 浅$_6^{丁}$ 强$_2^{乙}$ 强$_3^{乙}$ 强$_4^{乙}$ 巧$_3^{乙}$ 亲$_3^{甲}$ 勤$_1^{丙}$ 勤$_2^{丁}$ 青$_2^{乙}$ 轻$_2^{甲}$ 轻$_4^{甲}$ 清$_1^{甲}$ 晴$_1^{甲}$ 全$_1^{乙}$ 软$_3^{乙}$ 软$_4^{乙}$ 软$_5^{乙}$ 弱$_2^{乙}$ 弱$_3^{乙}$ 善$_1^{丙}$ 实$_2^{丙}$ 少$_1^{甲}$ shǎo 深$_2^{甲}$ 深$_3^{甲}$ 深$_5^{丙}$ 深$_6^{丙}$ 盛$_1^{丙}$ 盛$_2^{丙}$ 瘦$_4^{甲}$ 熟$_4^{甲}$ 熟$_5^{甲}$ 竖$_2^{丙}$ 帅$_1^{丁}$ 顺$_1^{甲}$ 俗$_1^{丙}$ 酸$_1^{乙}$ 酸$_2^{乙}$ 通$_1^{甲}$ 头$_1^{丁}$ 透$_1^{乙}$ 透$_2^{乙}$ 秃$_4^{丁}$ 土$_1^{丙}$ 妥$_1^{乙}$ 妥$_2^{乙}$ 晚$_2^{甲}$ 稳$_1^{乙}$ 稳$_2^{乙}$ 稳$_3^{乙}$ 稀$_2^{乙}$ 细$_2^{甲}$ 细$_5^{丙}$ 香$_3^{乙}$ 香$_4^{乙}$ 响$_1^{丙}$ 新$_2^{甲}$ 行$_1^{丁}$ 凶$_2^{丙}$ 虚$_2^{乙}$ 严$_1^{乙}$ 严$_2^{乙}$ 痒$_1^{丙}$ 痒$_2^{丙}$ 野$_1^{丁}$ 阴$_2^{甲}$ 优$_1^{乙}$ 冤$_1^{丙}$ 圆$_2^{甲}$ 远$_2^{甲}$ 远$_3^{甲}$ 匀$_1^{丁}$ 糟$_1^{丙}$ 糟$_2^{丙}$ 早$_2^{甲}$ 窄$_2^{乙}$ 窄$_3^{乙}$ 整$_1^{乙}$ 正$_1^{乙}$ 正$_3^{乙}$ 正$_4^{乙}$ 正$_7^{乙}$ 正$_8^{乙}$ 直$_2^{甲}$ 直$_3^{甲}$ 直$_5^{甲}$ 中$_1^{甲}$ 重$_2^{甲}$ 专$_1^{丙}$ 准$_1^{乙}$ 足$_1^{丙}$

① "矮$_2^{甲}$"右上角的"甲"是指"矮"在《词汇大纲》中是甲级词，右下角的"2"是指在《现代汉语词典》中"矮"的第二个形容词义项。由于篇幅所限，本文不能将每个义项的具体意义罗列出来。

需要说明的是，"高自由度"和"低自由度"都是可以直接修饰名词的单音节形容词义项，中间可以不加"的"。有些搭配中间可以加"的"，也可以不加"的"，这些搭配形式都属于可以修饰名词的一类，而那些必须加"的"才能与名词搭配的形容词列入"无自由度"一类。"无自由度"形容词大体上包含两部分内容：一部分是完全不能和名词搭配的，如"错$_2^{₣}$（坏，差，用于否定形式）""好$_7^{₣}$（表示赞许、同意或结束等语气）""中$_1^{₣}$（成；行；好）"等；另一部分是可以用在"很……的""比较……的""更……的"等结构中修饰名词的形容词，如"很差的条件"，"非常深的感情"，"更凶的目光"等。

此外，"低自由度"一类形容词义项是比较特殊的一类，这类形容词可以跟名词搭配，但是可搭配名词的数量非常少。在全部 144 个形容词中有近一半只能与一两个名词搭配。这些搭配分为两种情况：一种是只有在一定语境中才出现的搭配，如"饱"一般不与名词搭配，而"饱汉子"是一个形名搭配形式，这种形式只在"饱汉子不知饿汉子饥"这个句子中出现，且出现的频率不高；另外一种情况是，虽然所搭配的名词不多，但每个搭配形式出现的频率比较高，如"好身体""棒小伙""老儿子""愣小子""乖孩子""硬汉子""尖嗓子""尖耳朵"等。这些形容词之所以只能与几个名词搭配，其主要原因在于它们的意义非常精确，限制了所搭配名词的范围。如"好身体"中"好"的意思是身体健康、疾病痊愈；"老儿子"中的"老"专指排行在末的；"乖孩子"中的"乖"指"小孩不闹，听话"；"尖嗓子"中的"尖"表示声音高而细；"尖耳朵"中的"尖"表示耳、口、鼻灵敏。受形容词语义的限制是此类形容词所搭配名词数量少的最主要原因。

（二）单音节形容词与名词搭配状况分析

1. 大部分义项可直接修饰名词

每个小类中单音节形容词义项的数量可以表明，可以与名词搭配的形容词义项占全部义项的 60%（包括"高自由度"和"低自由度"两类）。我们从义项的角度进一步证实了吕叔湘、张敏两位学者的观点——单音节形容词大部分是可以直接修饰名词的。但从每个小类中单音节形容词的数量来看，我们统计的结果与两位学者的结果有一定的差异。两位学者都认为"比较自由"（全能的）和"局限性大的"（无能的）两类形容词均占少数，而我们的统计结果显示"无自由度"一类是三类形容词中数量最多的，而"高自由度"和"低自由度"两类在数量上相差不大。两位学者都没有明确指出划分类别的标准，我们是以形容词所搭配名词的数量来确定类别的，这也许是产生差异的原因。

2. 具有超强搭配能力的义项为数甚少

有一部分形容词义项搭配能力极强，可以与 100 个以上的名词进行搭配，但这样的义项数量极少，在我们统计的单音节形容词义项只有 7 个，它们分别是"大$_1^{甲}$""好$_1^{甲}$""黑$_1^{甲}$""老$_1^{甲}$""女$_1^{甲}$""小$_1^{甲}$""新$_1^{甲}$"，其中所搭配名词最多的是"小$_1^{甲}$"（表示在体积、面积、数量、力量、强度等方面不及一般或不及比较的对象），所搭配的名词数量超过 550 个。虽然这几个义项的搭配能力非常强，但也不可以与任意一个名词进行搭配，不能相当自由地与名词进行组合，在与名词进行搭配时也是有一定限度的。

3. 同一形容词不同义项的搭配能力有所不同

在表 6-3 中我们可以看到这样的情况，在"高自由度"中可以看到"大""小""高""低"等词，在"低自由度"中同样可以看到这些词，甚至有些形容词的不同义项同时出现在三类中，如"矮""白""粗""好""老""正"等，这就显示出以义项为单位进行统计的准确性和科学性。这种统计方法可以充分显示出一个词不同义项的搭配特点，如"大"，表示"在体积、面积、数量、力量、强度等方面超过一般或超过所比较的对象"等意义时，与名词的搭配能力非常强，而表示"排行第一的"、"用在时令或节日前，表示强调"等几个意义时，只能与几个名词搭配，搭配能力很弱。再如"高$_1^{甲}$"（表示从下向上距离大；离地面远）可以与 12 个名词搭配，而"高$_2^{甲}$"（表示在一般标准或平均程度之上的）则可以与 53 个名词进行搭配。由此可以看出，以义项为单位进行研究是非常科学的，可以使研究数据更准确，研究结果更有说服力。

4. 反义形容词的搭配能力有所差异

在我们统计的结果中，自由度最大的 7 个义项分别是"大$_1^{甲}$""小$_1^{甲}$""好$_1^{甲}$""黑$_1^{甲}$""老$_1^{甲}$""女$_1^{甲}$""新$_1^{甲}$"。吕叔湘认为"大、小""新、旧""好、坏""真、假"4 对反义形容词同为可以比较自由地与名词进行搭配的形容词，但在自然语料中，反义形容词的使用频率和搭配能力等方面都存在一定的差异。在我们统计的语料中，"好$_1^{甲}$"可以与 202 个名词进行搭配，而"坏$_1^{甲}$"只能和 13 个名词进行搭配，"新$_3^{甲}$"（没有用过的，跟"旧"相对）可以与 210 个名词进行搭配，而"旧$_2^{甲}$"（因经过长时间或经过使用而变色或变形的，跟"新"相对）可以跟 56 个名词进行搭配。产生反义形容词所搭配名词数量不均衡的原因有很多，涉及语用、语义、社会生活习惯、民族文化等各个方面。

5. 特定的搭配形式

有学者认为，像"呆""紧""饱""静""远""活""广""干"等词不能与名词搭配（张敏，1998），但在我们检索出的语料中，可以发现，在一定的语境中，这些词是可以和名词搭配的，如紧袖口（7）①、呆鸟（20）、静水

---

① 括号中的数字表明该搭配在北京大学现代汉语语料库中出现的次数。该语料库中的语料数量远远大于国家语委的语料库，为了了解某些形名搭配出现的情况，我们在该语料库中进一步进行求证。

（42）、饱雨（4）、远树（17）、远源（9）、广袖（14），而"干"则可以和十几个名词进行搭配。由此可以看出，通过语料库对自然语料进行统计分析，比单纯"内省式"或对小范围语料进行的研究更具科学性。

二、单音节形容词与名词搭配的语义特征

（一）本义在搭配中占主导地位

"在组合规则制约下，义位被分为两个系统：第一性义位（本义或基本义）和第二性义位（派生义）。前者选择限制较少，后者选择限制较多。前者的组合或搭配是个相对开放的系统，而后者的组合和搭配是个相对封闭的系统。在这两个系统里，语义语境制约较强，而语法的制约性都较弱。"（张志毅、张庆云，2005）由此可以看出，义项的义位特性（本义或派生义）与组合的能力密切相关，本义的组合能力强，派生义的组合能力弱。

我们对"高自由度""低自由度"和"无自由度"三类形容词义项的义位特性进行统计分析。一般情况下，词典在排列词条的义项时，将本义排在前面，引申义或比喻义排在后面，《现代汉语词典》基本也是按照这样的原则编排的。我们对三类义项在该词典中的分布情况进行了调查，统计结果如表 6-4 所示（单位是"个"）。

表 6-4　三类形容词不同义项在《现代汉语词典》中的分布情况表

	义项$_1$	义项$_2$	义项$_3$	义项$_4$	义项$_5$	义项$_6$	义项$_7$	义项$_8$	义项$_9$
高自由度	91	24	6	2	3	1			
低自由度	76	35	23	7	2	1			
无自由度	60	62	29	20	8	5	2	2	1

注：表中的义项是具有形容词词性的义项。

根据表 6-4 中的数据可以进一步统计得出："高自由度"一类中义项$_1$和义项$_2$共 115 个，占该类全部义项的 91%；"低自由度"一类中义项$_1$和义项$_2$共 111 个，占该类全部义项的 77%；"无自由度"一类中，义项$_1$和义项$_2$共计 122 个，占该类全部义项的 65%，这也就是说，"高自由度"义项以本义和基本义为主。

从数量上看，"高自由度"一类是三类义项中最少的，但是从搭配能力和使用频率上看，"高自由度"是三类义项中最为重要的一类。我们曾对《词汇大纲》中的甲级单音节形容词不同义项的使用频率进行过统计，统计结果显

示，表示本义或基本义的义项使用频率最高①。我们从统计结果中随机抽取了10 个词作为例证，如表 6-5 所示（单位为"次"）。

表 6-5　部分单音节形容词不同义项使用频率表

	义项$_1$	义项$_2$	义项$_3$	义项$_4$
矮	17	11	1	
白	55	2		
低	80	18	2	
高	33	62	18	
黑	56	21	2	3
坏	15	8	15	4
旧	25	21	3	
浅	14	7	2	6
香	24	2	2	2
重	13	5	1	

表 6-5 中的数据可以更明确地显示出，表示本义和基本义的义项$_1$和义项$_2$是高频义项。"高自由度"义项中绝大部分都是义项$_1$和义项$_2$，这也就是说"高自由度"一类义项在自然语料中使用的频率最高。

我们从义位分布以及使用频率两个角度对三类形容词义项进行了分析，最后得出"高自由度"义项多为本义或基本义。在三类义项中，虽然"高自由度"义项的数量是最少的，但该类义项的搭配能力最强，使用频率最高。因此，这类单音节形容词义项在所有单音节形容词义项中占有重要的地位。

（二）单音节形容词所搭配名词的义类特点

索绪尔在研究词语的关系时提出了"组合关系"和"聚合关系"，这是词语搭配的基础理论之一，词语搭配体现了这两种关系。前面我们曾讨论了形容词与名词搭配的"组合关系"，下面我们从语义的角度来探讨形容词所搭配的名词的"聚合关系"。

"高自由度"形容词可以与多个名词搭配，与某一形容词进行搭配的名词形成了一个存在某种关系的聚类。在搭配理论中，这种聚类被称为"语义韵"。"语义韵"是搭配理论中一个非常重要的概念。"它是指某些词语由于经常同具有某种语义特征的语言单位共现而产生的一种语义特征"（王泽鹏、张燕春，

---

① 参见步延新：《面向对外汉语教学的单音节动词形容词义频研究》，北京师范大学硕士学位论文，2005。

2005)。语义韵是在词语搭配的基础上考察词的语义特点。"语义韵"是学者们在对外语进行搭配研究时确定的一个概念，而在汉语中其实早有类似的概念——"义类"。

所谓"义类就是词义的类别"。《尔雅》是我国第一部语义分类词典。《仓颉篇》《急就章》《幼学杂字》等识字类的书，其共同特点就是按照事物的类别进行编排，这也可以证明，古人早就开始利用义类的观念进行启蒙教育。"古人之所以很早就按照义类归纳词，并且编成词典，说明汉民族的心理上，需要，或者说可以接受这样一个了解和把握词的观念。"（许嘉璐，2002）近年来，学者们也编撰了一些义类词典，如王安节编的《简明类语词典》，林杏光、菲白编的《简明汉语义类词典》，董大年主编的《现代汉语分类词典》等，这些词典对语文教学工作发挥了积极的作用。此外，林从纲（2006）、张和生（2007）等学者也开始尝试将义类的观念引入第二语言教学。"利用义类观念进行汉语教学，可能会让学习者更快、更多、更好地掌握汉语词汇（主要是理解深刻）。"（许嘉璐，2002）

从心理语言学的角度说，"义类"是人们对客观事物范畴化的结果，范畴是人类在认知过程中对事物的分类。人的大脑具有将事物分门别类的基本功能，也就是说，大脑会将具有共同特征的事物划分为同一个类别。人对事物的认识，以概念的形式储存在大脑的心理词典中，这种储存不是无序零散的，而是有关联有组织的。大脑中的词以各种大小不等的范畴形式类聚在一起，彼此联系的词在心理词典中形成了具有网络状的词义组织，这个网络中的各个节点词代表着词或词所携带的概念，它们通过各种网络的联系连接在一起，形成层次网络模型。在词义网络上有些词处于同一层，而另外一些词处于更高的层次或更低的层次，词与词之间有明显的层次性。（王文斌，2002）这样，在某一个词被使用时，与之相关的词就可以更便捷、更经济地从记忆中被激活、被提取。当一个使用频率较高的词被激活时，它会带动一串属于同一范畴的词。

我们在统计时发现，与"高自由度"一类形容词进行搭配的名词数量较多，在意义上也呈现出这种网络层次性，与人脑中的心理词典模式极为相似。比如，与"长$_{1a}^{甲}$"（表示两点之间的距离大，指空间）进行搭配的名词主要涉及身体部位（长脸、长鼻子、长眉毛、长脖子、长尾巴等）、服装饰品（长背心、长袍子、长布条、长围巾等）、生活用品（长沙发、长板凳、长绳子、长棍子）、自然环境（长街、长桥、长树枝）四类词语进行搭配。每一"类"词都由某种共同的意义联系在一起，每一大类还可以根据需要再细分成若干小类，如与"红^{甲}"搭配的名词中有一类表示动物植物，可以再细分为"动物类""植物类"；"动物类"可以进一步分成"昆虫类""兽类""鱼类"等；"植物类"可以进一步分为"水果类""鲜花类""树木类"等。这样就构成了一个具有上下位关系的层级系统。

从意义上说，上述名词涉及人体部位、服装饰品、生活用品、自然环境、餐饮食品、动物植物等几大类。认知语言学认为，"自然语言作为人类最主要的交际工具，它在本质上是人类感知、认识世界，通过心智活动将经验到的外在现实加以概念化，并将其编码的结果；换言之，自然语言是人类心智的产物。同时，由于心智活动和语言之间密不可分的关系，也由于心智本身难以独立地观察到，因此自然语言又是观察人类心智的一个重要窗口。"（张敏，1998）人类对于范畴的认识及头脑中最终形成的范畴体系主要来自人类的生活经验。人们在认知世界时，一般是由近及远，由自身到周围的环境，逐步进行的。人们首先感知的是自己的身体，然后是服饰，之后是所用的工具以及周围的环境，再后是将具体的东西抽象出来，形成抽象的概念，这一点也体现在词语搭配上。

此外，研究时我们还发现，同一类形容词义项所搭配的名词在类别上也存在共性特征。比如，"白$^{甲}_1$""黑$^{甲}_1$""红$^{甲}_1$""黄$^{甲}_1$""绿$^{甲}_1$""青$^{乙}_1$""蓝$^{甲}_1$""紫$^{乙}_1$"等颜色词，基本都可以与身体部位、服装饰品、生活家居、动物植物、自然环境等几类名词搭配，而一般不与抽象名词搭配。一些反义形容词所搭配的名词也具有共性特征，如"长$^{甲}_{1a}$"和"短$^{甲}_{1a}$"、"粗$^{乙}_1$"和"细$^{甲}_1$"多与表示身体部位、服装饰品、生活用品等类名词搭配，而"新$^{甲}_1$"和"旧$^{甲}_1$"多与制度、观念、思想等抽象类名词搭配，"低$^{甲}_2$"和"高$^{甲}_2$"也多与抽象类名词进行搭配。将词语搭配的这些特征合理地运用到词汇教学中，是提高词汇教学效果的良好途径之一。

（三）搭配双方的相互选择性和限制性

单音节形容词与搭配的名词在意义上具有选择性，所搭配的名词要在语义上与修饰它的形容词相配合，这种选择性是以现实生活为基础的。词语搭配反映的是客观世界存在的事物，客观世界中不存在的现象，一般不会出现相应的搭配形式，有的虽然以比喻等形式出现，但出现的频率也比较低。例如，可以说"圆球""方格子"，但是不能说"方球""圆格子"。"圆"选择了形态上是圆的东西进行搭配，同样"球"也根据自身的特点选择了"圆"来进行修饰。如果是"桌子"，则既可以是"方桌子"，也可以是"圆桌子"，因为现实生活中的"桌子"有方的也有圆的。所以说，词语搭配的双方具有相互的选择性。

从形容词的角度来说，这种选择性可以看作是一种限制性。形容词本身的意义对所搭配的名词具有限制作用，如"大$^{甲}_2$"表示排行第一的，这个意义已经限制了所搭配的名词必须是表示人的，一般是家庭成员，是可以进行排行的，所以"大儿子""大姑娘""大闺女""大弟子"是出现频率比较高的搭配形式。"浅$^{甲}_5$"表示颜色淡，搭配的都是表示颜色的名词，如"浅粉色""浅胛色""浅褐色""浅红色""浅灰色""浅咖啡色""浅蓝色""浅绿色""浅桃色"
"浅紫色""浅棕色""浅绛色"等。"单$_2$"表示只有一层的，一般搭配服装类
名词，如"单背心""单长衫""单褂子""单皮鞋""单裤子""单帽""单皮
衣""单裙子""单线袜""单衣裤"等。这说明形容词与名词进行搭配时，所
搭配的名词受形容词意义的限制，换句话说，就是形容词对所搭配的名词具有
限制性作用。

三、结语

朱德熙（1956）曾指出定语和中心语是相互选择的，二者不能任意替换。
譬如可以说"白纸""白头发"，但是不能说"白手""白家具"。类似的情况很
多，如贵东西（＊贵手绢儿）、薄纸（＊薄灰尘）、凉水（＊凉脸）、短袖子
（＊短沉默）、绿绸子（＊绿庄稼）、蓝墨水（＊蓝天空）等。后来，学者们对
这一现象又进行了深入细致的探讨和研究。张敏（1998）用认知语义学的理论
对这种现象进行了解释。对"庄稼""天空"而言，"绿""蓝"分别是它们的
属性，"天空"和"庄稼"的原型性的颜色分别被感知为蓝的和绿的，尽管它
们有时显现为其他颜色，但都是临时性的，不足以用作稳定的分类证据。"庄
稼"已经具有了"绿"的属性，所以就没有必要再用"绿"来修饰它。刘欣宇
（2006）认为这些结构中的单音节形容词主要都是性质形容词，性质形容词的
主要功能是区别，区别是以具有分类的可能为前提的。如庄稼一般是绿的，在
色彩上具有唯一性，"绿"不具备区别作用，所以"绿庄稼"不可以说，而
"绿绸子"中的"绿"具有区别作用，就可以说。"冷冬天""咸海水"中的形
容词起不到限制修饰的作用，所以没有这样的说法。学者们注重运用不同理
论、从不同角度来解释为什么有些结构不能说，而对这些单音节形容词可以与
哪些名词进行搭配，所修饰的名词具有哪些特点等问题却没有予以足够的重
视。理论研究的目的是为了应用，本文从应用的角度出发，利用已经比较成熟
的词语搭配理论及语料库对形容词与名词的搭配问题进行实践性的探索，总结
出了单音节形容词与名词搭配的特点，并根据研究结果将单音节形容词进行了
分类，同时，我们进一步证实了运用语料库技术对语言进行研究比单纯内省式
的研究更科学，更具说服力。

第四节　双音节时空类形容词与后置名词搭配研究①

一、引言

　　搭配（collocation）是语言学领域最为重要的概念与研究内容之一。林杏光先生在《词语搭配的性质与研究》中认为："词与词的搭配不是任意的，它既受词性的制约，也受词义的制约。一个实词能够与哪些实词搭配，具有突出的选择性特征。一般语法书上说，动词＋名词、代词产生动宾关系，名词、代词＋动词、形容词产生主谓关系，这并不完全正确，因为不是所有的名词、代词都能和所有的动词或形容词搭配，不是所有的动词都能和所有的名词、代词搭配。在语言运动过程中，词与词的搭配是有条件的，也是有规律的。词语的搭配关系，一与词性有关，二与词的类别义有关。"在《论词语搭配及其研究》一文中，他还将搭配分为两种："一是纯习惯性的，没有什么道理可讲；一属于事理性的，能这样搭配而不能那样搭配是讲得出道理来的。大部分的词语搭配属于第二种类型。"

　　目前，我国的词语搭配研究主要是对词语的搭配情况进行描写，这样的做法只是笼统地从语法的角度告诉我们一个词可以和哪些词搭配。以形容词为例，以往的研究只介绍一个形容词是否可以和动词、名词等搭配，至于一个形容词到底应该与哪类名词、哪类动词搭配以及搭配原因等则基本没有提及。这对于没有汉语语感的外国学生来说，在学习使用形容词时除了死记硬背，别无他法，这无形中加大了记忆负担，也强化了学生的畏难情绪。既然大部分词语搭配是可以进行解释的，那么我们在进行搭配细节描写的同时，探讨词语搭配的原因也是必要的。

二、本研究的理论依据

（一）汉语形容词分类研究

　　早期学者们更多是依据句法功能的标准进行形容词分类的研究。例如，黎锦熙根据词的句法功能将形容词分为性状形容词、数量形容词、指示形容词（指示代词的"形附"用法）及疑问形容词（疑问代词的"形附"用法）。赵元任（1979）将形容词分为四组对立的成分：简单形容词和复杂形容词；可比较

---

　　①　本节作者：海峰、李彤。本节由李彤在学生海峰硕士学位论文《汉语双音节形容词与后置名词搭配的汉英对比研究》基础上修改而成。

的和不可比较的形容词；绝对性质形容词（不受程度副词修饰）和相对性质形容词（受程度副词修饰）；修饰形容词和表述形容词。朱德熙（1956）首次提出将形容词分为性质形容词和状态形容词，后来又在1982年发表的论文《语法分析和语法体系》以及论著《语法讲义》上又对这一分类方法作了详尽论述。

赵春利（2006）认为形名组合是一种依附性短语，形容词反映了名词在语义上的属性。他依据哲学理论，根据形名语义关系类型以及属性值、属性域和属性承载语义分析模式将形容词分为主体、事体、物体、时空和评价五类，每一大类下面又分为若干小类。雷立娜（2008）依据赵春利的标准对《高等学校外国留学生汉语言专业教学大纲》一、二年级词表中的121个汉语双音节形容词进行分类，考察了它们与后置名词的搭配情况，并对赵春利的一些小类分类作了一些补充。根据雷立娜的分类，本文对《高等学校外国留学生汉语言专业教学大纲》中的17个时空类形容词与后置名词的搭配情况进行研究。17个空间类形容词如下：

环境类：安静　热闹　平静　舒适　拥挤
时长类：古老　悠久　长远　长期　漫长　短暂
空间类：广大　广阔　宽阔　宽敞　开阔　宽大

（二）名词的分类

由于名词语法功能的相对单一性，对于名词的分类多是基于语义的标准。很多语言学大师都对名词的分类提出了自己的看法，如吕叔湘（1954）按照意义和作用相近的原则，提出四类名词：人物、物件、物质、无形；王力（1943）提出了通名、专名、单位名词（量词）；赵元任（1968）划分出了四类：个体名词、物质名词、集体名词、抽象名词；朱德熙（1982）划分出了五类：可数名词、不可数名词、集合名词、抽象名词、专有名词。赵春利（2006）从语义的角度把名词分为主体、事体、物体、时空和逻辑五大类，每大类下面又分了若干语义小类。但是，需要注意的是，各家分类体系的目的和应用范围不同，对同一事物可能有不同的定义和归类。而且，这些分类多数是从意义出发，基于自然科学或常识而将名词独立于实际句子以外。所以，在实际的语言分析，尤其是对名词的词义组合的分析中，这种分类的作用是有限的。

王惠（2004）参照美国普林斯顿大学自1996年起开发的在线英语词典Wordnet的分类方法，根据名词和形容词的搭配情况对现代汉语的名词进行了语义分类。首先，作者将具体事物、抽象事物与过程、时间、空间并列为5大类；然后逐层细分；具体事物分为生物、非生物两小类，生物里再把人与动物、植物、微生物相并列，非生物中则进一步区分为人工物、自然物、分泌物和外形。然后，根据 Wordnet 补充了一些低层的小类，如"人"的一些下位概念（"职业""身份"）等。王惠的分类从搭配研究的角度出发，充分考虑到事物的属性与语义之间的关系，对本文的写作具有重要的参考价值。

三、双音节时空类形容词与后置名词搭配研究①

（一）环境类形容词与后置名词搭配

此小类形容词共 5 个："安静""热闹""平静""舒适""拥挤"。"环境"是这类形容词的共有属性，"环境"具有空间、时间、主体三种要素。

1. 安静

"安静"有两个义项：一是"没有声音；没有吵闹和喧哗"；二是"安稳平静"。第一个义项属于环境类形容词，其后多为建筑物类名词、处所名词和时性类名词。例如：

一向严肃的安民显出的幽默让安静的会场发出阵阵笑声。

我现在没有别的想法，只想好好过些安静日子。

2. 热闹

"热闹"表现空间属性要素时搭配的名词主要有建筑物类名词（如"礼堂""餐厅"）和处所类名词（如"市场""城市"）；表现时间属性要素时搭配的名词主要有绝对时间类名词（如"夜晚"）和时性类名词（如"春节"）。例如：

尽管以往热闹的禽鸟市场已变得十分冷清，但鸡肉柜台还是会有顾客光顾。

上海有那么多孤独的老人，每逢热闹的佳节会触景生情。

另外，"热闹"与事性类名词搭配的频率也相当高，常见的有与"气氛""景象""场面"等名词的搭配。例如：

街道上竖起的 4 个巨大的电视屏幕将热闹的场面活灵活现地呈现在人们的面前。

为了给游客营造热闹的气氛，澳门特区民政总署和旅游部门安排了丰富的节目。

3. 平静

"安静"与"平静"在语义上的主要区别在于：前者强调"不吵闹，无噪音"，可以指外部世界也可以指内心环境；后者则主要强调"无起伏"，可以指外部世界的状态也可以指内心的心态，但以后者较为常见。也就是说，"平静"

---

① 本文语料均来自北京大学现代汉语语料库（网络版）。

多是指内心对外部世界的感受，其后多为情感类名词（如"平静的心情"），在这种情况下，"平静"属于主体类形容词。"平静"作为环境类形容词时主要用来描述环境的时间要素，所以经常与时间类、时性类名词（如"日子""岁月"）搭配。同时，事性类名词中的环境类名词（如"气氛""氛围"）是"平静"的主要描述对象，这些词也经常与"平静"搭配。例如：

> 即使在较平静的日子里，海浪也有 2 米多高。
>
> 他说，从格撒除俄军事基地应当在平静的气氛中进行，并得到财政保障。

4. 舒适

"舒适"是行为主体对环境内要素的感受。根据语料，"舒适"对后置名词有较高的限定性。"舒适"的后置名词中出现频率最高的是处所类名词（如"客舱""礼堂"）。例如：

> 除有舒适的客舱外，客船上还有餐厅、电影院、商店等设施。
>
> 还在巴黎大学上学时，居里夫人放弃舒适的环境，单身住到一个简陋的阁楼上。

部分器具类名词（如"床""沙发"）也可以用在"舒适"之后。例如：

> 坐在这样舒适的沙发上，看着装修精美的房间，阿喜几乎不敢相信自己的眼睛了。

根据刘丹青（1987）的研究，事实上"舒适的沙发"这样的搭配前面存在着"让人感觉"这样的隐现成分，完整的短语应该为"让人感觉舒适的沙发"。其中，"沙发"是导致"舒适"这个感受的因素，"感觉"是"舒适"的属性，"人"是"舒适"这一属性的主体。所以，"舒适"也可以与部分表示其属性的心理特征类名词搭配。例如：

> 这款汽车追求的是最舒适的驾驶感受。

5. 拥挤

"拥挤"是一定空间内存在过多无秩序主体造成的客观情况，以及这种客观事实映射给人的主观感受。根据语料，与"拥挤"搭配最多频率最高的名词包括人群类名词和处所类名词（如"观众""城市"），以及个别抽象事体类名词（如"交通"）。例如：

> 上海是最拥挤的城市，但那里的住房也是最讲究的。
>
> 他在新乡火车站站台上候车时，被拥挤的人群挤下了站台。
>
> 日益拥挤的交通让居住在这个城市中的上班族不堪其忧。

环境类的 5 个双音节形容词与后置名词的搭配情况如表 6-6 所示。

表 6-6　环境类形容词与后置名词搭配表

	安静	热闹	平静	舒适	拥挤
建筑类名词	＋	＋			
处所类名词	＋	＋		＋	＋
时性类名词	＋	＋	＋		
时间类名词		＋	＋		
事性类名词		＋	＋		
器具类名词				＋	
人群类名词					＋

从表 6-6 可以看出，在这 5 个词虽同属于环境类形容词，但它们在修饰名词时仍各有侧重。"舒适"侧重形容器具类的名词，"拥挤"侧重修饰人群类的名词。"安静"和"平静"都可修饰时性类名词，二者的不同在于，"安静"主要修饰建筑类和处所类的名词，"平静"可用来修饰时间类名词和事性类名词。"安静"与"平静"的反义词"热闹"则可修饰与它们搭配的 5 种名词。

（二）时长类形容词与后置名词的搭配

此类形容词共 6 个："古老""悠久""长远""长期""漫长""短暂"。"时间长度"是时长类形容词的共有属性。但是，具备时间长度属性的名词种类较多，这 6 个时长类形容词与后置名词的搭配情况也有所不同。

1. 古老

该词在《现代汉语词典》中的解释是"历经了久远年代的"，反映的是"年代久远"的时间属性。举例来说，"古老的传说"可以成立，但"古老的谣言"则不被接受，因为"谣言"不可能历经很长时间还是"谣言"。根据语料测查，经常与"古老"搭配的名词语义小类包括处所类名词（如"城市""村庄""都城"等）、建筑物类名词（如"城墙""寺院""教堂""园林"等）、地表物类名词（如"高原""河流""岩石"等）、人群类名词（如"部落""民族""国家"等）、文化类名词（如"艺术""戏曲""习俗""诗歌"等）、器具类名词（如"工具""武器""乐器"等）。例如：

文殊寺是苏州最<u>古老</u>的寺庙之一。

篆刻是中国<u>古老</u>的传统艺术，向有"冶金刻玉古时章，花乳青田质最良"之说。

南美洲分布着几块<u>古老</u>高原，自北向南为圭亚那高原、巴西高原和巴塔哥尼亚高原。

2. 悠久

"悠久"与"古老"对后置名词都有"年代久远"的属性要求。二者的不同在于,"悠久"在"年代久远"的基础上更要求人文历史的属性,而"古老"没有这方面的要求。比如,"悠久的爬行动物"是不被接受的,但"古老的爬行动物"则是成立的。根据语料显示结果,"悠久"对与其搭配的后置名词限制度较高,主要为历史文化名词,如"历史""文化""传统""艺术"等。例如:

素以烟草业闻名的玉溪市地处滇中,具有悠久的养兰历史,境内所产的通海剑兰被列为云南四大名兰之一。

十几位华侨少女身着旗袍登台表演,展示中国悠久的服饰文化。

3. 长远

"长远"的后置名词一般具有一种"可预期、可计划"的属性,对后置名词的语义限制度也较高。经常与"长远"搭配的名词,包括计划类名词(如"计划""规划""打算""方针"等)、目标类名词(如"目的""目标"等)、意义类名词(如"意义""影响""作用"等)、结果类名词(如"利益""效益"等)。例如:

应从内地各道调精兵屯朔方各重镇,以作防守边疆的长远计划。

不顾目前的生产水平,把工资和福利提得过高过快,违反工人阶级的长远利益。

这些国家制定了经济增长、合理利用自然资源和环境效益相结合的长远政策,强调人类与环境协调发展。

4. 长期

"长期"与"长远"在语义上有较大区别。根据语料,我们发现可以与"长远"搭配的名词大多都可以与"长期"搭配,如"长期的利益""长期的计划""长期的政策"等。但是,可以与"长期"搭配的名词却并不都可以和"长远"搭配,"长期"更着重描写具有时间属性的名词。例如:

缓解和消除贫困仍然是中国今后一项长期的历史任务。

俄方需要建造新的军营,这是一个长期的过程。

没有足够和确定的资金,大规模、长期的项目将无法进行。

5. 漫长

《现代汉语词典》对"漫长"的解释为:"长得看不见尽头的(时间,道路)。"与"漫长"搭配的名词语义小类也主要分为两类:时性类名词(如"年代""时期""岁月""冬天""夜晚""阶段""过程"等)和道路类名词(如道路、海岸线、旅途等）。例如：

他们紧挨着坐在一起，聊得很投机，在漫长的旅途中渐渐产生了感情。

倒是不断的失败体验、寂寞淡静的心态、专注的精神，伴随着科研的漫长岁月。

6. 短暂

通过观察语料，笔者发现与"短暂"搭配的大多数后置词均为像"停留""会谈""访问"这样的动词。例如：

博诺将在返程途中在科威特作短暂停留，同科威特国防大臣萨巴赫举行会谈。

"短暂"对其后置名词的限制度较高，局限在"时间""生命""假期"等绝对时间类名词以及"爱情""友谊""感情"等少数情感类名词的范围内。例如：

他们如信徒一般的虔诚，无怨无悔地度过他们短暂的生命。

自己则利用午间的短暂时间起草补充发言稿，以回答对中国的造谣中伤。

汉森生前与好莱坞著名影星奥黛丽·赫本曾有一段短暂的恋情。

时长类的 6 个双音节形容词与后置名词的搭配情况如表 6-7 所示。

表 6-7　时长类双音节形容词与后置名词搭配表

	古老	悠久	长远	长期	漫长	短暂
建筑物类名词	＋					
处所类名词	＋					
地表物类名词	＋					
团体类名词	＋					
历史文化类名词	＋	＋				
器具类名词	＋					
计划类名词			＋			
目标类名词			＋			
意义类名词			＋			
结果类名词			＋			
有时间属性名词				＋		
时性类名词					＋	
道路类名词					＋	
绝对时间类名词						＋
情感类名词						＋

由表 6-7 可以看出，这 6 个时长类形容词中，"悠久"和"长期"的搭配能力最弱，"悠久"只能修饰历史文化类名词，"长期"只能修饰带有时间属性的名词。"漫长"和"短暂"二者看似互为反义词，但二者修饰的名词在事类上并不相同。"长远"虽可修饰 4 类名词，但每一类名词的内涵较小，因此"长远"的后置名词数量并不算多。"古老"是 6 个词中搭配能力最强的形容词，主要修饰建筑物类名词、处所类名词、地表物类名词、团体类名词、历史文化类名词和器具类名词。

（三）空间类形容词与后置名词的搭配

空间类形容词有 6 个："广大""广阔""宽阔""宽敞""开阔""宽大"。"空间属性"是这类形容词的共同属性。与空间类形容词搭配的名词语义小类包括：建筑物类名词（如"礼堂""大厅""会议室""图书馆"等）、处所类名词（如"世界""地区"等）、地表物类名词（如"草原""高原"等）、人性类名词（如"眼界""胸怀"等）、事性类名词（如"前景""市场""背景"等）。

1. 广大

"广大"有两个常用义项，即"面积宽阔"和"人数众多"。根据语料，我们发现在"面积宽阔"这个义项下，"广大"后置名词多为"地区"这个词。在与上文所列的几类名词的搭配中，"广大的大厅""广大的高原""广大的眼界"都是不被接受或者极不常见的，这是"广大"不同于其他几个空间类形容词的语义特点。例如：

我国青藏高原以至西南广大地区，大麦是当地人民的主要粮食。

在劳动力仍旧离不开土地的广大地区，把土地集中交给少数人经营是行不通的。

相对于"面积广阔"的义项，"广大"的"人数众多"这个义项更加常用，这个义项的"广大"属于数量类的形容词，多与团体类名词搭配。例如：

在近现代，广大回民以不同形式参加了反帝爱国斗争。

彭德怀提醒广大指战员从总体上来认识和对付敌人的阴谋。

2. 广阔

"广阔"对其后置名词有一个基本的语义限制是"具有很大的平面面积"。根据语料测查结果，这些名词主要包括地表物类名词（如"高原""平原""沙漠"等）、事性类名词（如"前景""市场"等）、人性类名词（如"胸怀""眼界""视野"等）。例如：

周恩来顾全大局的崇高风格、平等待人的谦逊作风和作为政治家所具有的广阔胸怀，博得了与会代表一致的钦佩和赞扬。

在这些河流的中下游，一般都分布有广阔的平原和三角洲。

比亚迪汽车在非洲拥有广阔的市场。

其中，事性类名词的所谓"平面面积"是抽象的。比如在"广阔的市场"这个短语中，将"市场"这个无形的事物有形化，以"广阔"语义属性中包含的"平面面积"来比喻"市场"的交易空间。

3. 宽阔

主体对一定空间范围的度量通常会有"纵""横"两个纬度。从语料上看，"宽阔"在语义上注重横的纬度。经常与"宽阔"搭配的名词包括道路类名词（如"道路""街道""马路""公路"等）、区域类名词（如"江面""湖面""停车场""广场""海洋""舞台"等）、厅堂类名词（如"大厅""礼堂""会议室""车间"等）、身体构件类名词（如"肩膀""前额""脑门"等）和少数人性类名词（如"胸怀""视野"等）。例如：

凌力有着宽阔的肩膀和强壮的手臂。
晚上 11 点，这条宽阔的大街已经挤满了人。
宽阔的胸怀是一个高素质领导者所必备的自然条件。

4. 宽敞

"宽敞"在语义上并不限于"横"的纬度，更强调主体对一个封闭空间大小的整体感受，或者可以说是从"长""宽""高"三个纬度上衡量一个封闭空间。"宽敞"后一般跟房间类名词（如"火车站""客厅""大厅""机身""办公室""厂房"等），也可跟道路类名词（如"马路""大街""路口""走廊""过道"等）。例如：

这座宫殿占地近二公顷，王宫中心是一个宽敞的内庭，数以百计的房间围绕着内庭。
在宽敞明亮的大厅内，人们有秩序地排队等候，鱼贯通过检查口。
每个快餐厅都有宽敞的大厅，分三个食品台，有 20 多个品种，受到游人的称赞。

5. 开阔

"开阔"的后置名词主要包括地表物名词中的区域类名词（如"原野""平原""湖面""田野"等）和人性类名词（如"胸怀""视野"等）。例如：

裂谷底部是一片坦荡开阔的原野，一连串如蓝宝石般的晶莹湖泊散落在谷底。
周末和朋友离开了城市，到山上选了块靠着小溪、四面环林的开阔草地露营。
我们善于以开阔的视野学习借鉴世界各国的优秀文明成果。

6. 宽大

语料测查结果表明，经常与"宽大"搭配的名词包括建筑物类名词中的房间类名词（如"厨房""卧室""卫生间""接待室"等）、身体构件类名词（如"怀抱""肩膀""额头"等）、衣物类名词（如"衣服""裙子""外套""裤子"等）、家具类名词（如"沙发""写字台""床"等）。例如：

印度斯坦男子一般穿无领长袖宽衣、围裤或<u>宽大的裤子</u>。

阿米娜看到舞台起火，护着学生拼命往外跑，遇难时，她那<u>宽大的怀抱</u>里搂着自己的学生。

他唆使亲信徐树铮、王揖唐等人，在北京西城安福胡同租了一处<u>宽大的宅院</u>，建立了一个俱乐部，作为笼络、收买议员的场所。

空间类的 6 个双音节形容词与后置名词的搭配情况如表 6-8 所示。

表 6-8　空间类双音节形容词与后置名词搭配表

	广大	广阔	宽阔	宽敞	开阔	宽大
区域类名词	＋		＋			
地表物类名词		＋			＋	
事性类名词		＋				
人性类名词		＋	＋		＋	
道路类名词			＋	＋		
厅堂类名词			＋	＋		＋
身体构件类名词			＋			＋
衣物类名词						＋
家具类名词						＋

在这 6 个词中，"广大"只修饰区域类名词，搭配能力最弱。"宽阔"和"宽敞"虽然都能修饰道路类名词和厅堂类名词，但"宽阔的道路"与"宽敞的道路"所表达的语义并不相同。此外，"宽阔"还可以修饰身体构件类名词、人性类名词和区域类的名词。"广阔""宽阔"和"开阔"都可以修饰人性类名词，在这一点上，三个词是同义的，如"广阔的胸怀""开阔的胸怀""宽阔的胸怀"基本上表达相同的语义。"宽大"主要修饰一些具体的事物名词。

四、双音节时空类形容词与后置名词搭配频次统计

本文利用北京大学中国语言学研究中心的《现代汉语语料库》（网络版）对上文分析的 17 个时空类形容词与其后置名词的搭配频率进行了统计，总结了每个形容词与之搭配频率最高的 10 个名词，具体如表 6-9 所示。

表 6-9 环境类双音节形容词与后置名词搭配频次表

	安静	热闹	平静	舒适	拥挤
语料总数	648 条	6064 条	1397 条	1134 条	668 条
名词 1	环境 （55 条）	地方 （53 条）	生活 （88 条）	环境 （164 条）	人群 （85 条）
名词 2	地方 （46 条）	场面 （35 条）	气氛 （38 条）	生活 （82 条）	城市 （23 条）
名词 3	生活 （12 条）	市场 （33 条）	水面 （32 条）	房间 （35 条）	市场 （15 条）
名词 4	时候 （10 条）	街道 （22 条）	海面 （29 条）	条件 （32 条）	人流 （15 条）
名词 5	角落 （10 条）	时候 （20 条）	日子 （25 条）	床 （23 条）	街道 （13 条）
名词 6	时刻 （8 条）	气氛 （19 条）	时候 （23 条）	工作 （22 条）	车厢 （12 条）
名词 7	教室 （7 条）	景象 （16 条）	湖面 （15 条）	家 （29 条）	公共汽车 （12 条）
名词 8	日子 （7 条）	大街 （13 条）	一年 （14 条）	地方 （16 条）	地方 （11 条）
名词 9	房间 （6 条）	节日 （10 条）	港湾 （11 条）	椅子 （16 条）	办公室 （7 条）
名词 10	家庭 （6 条）	婚礼 （9 条）	湖水 （9 条）	住宅 （11 条）	环境（5 条） 道路（5 条） 列车（5 条）

表 6-10 时长类双音节形容词与后置名词搭配频次表

	古老	悠久	长远	长期	漫长	短暂
语料总数	4414 条	1591 条	1012 条	3565 条	2274 条	1544 条
名词 1	土地 （111 条）	历史 （537 条）	眼光 （63 条）	任务 （202 条）	岁月 （221 条）	时间 （84 条）

续表

	古老	悠久	长远	长期	漫长	短暂
名词2	文明 （73条）	友谊 （59条）	利益 （57条）	过程 （176条）	过程 （143条）	一瞬（间） （47条）
名词3	传说 （54条）	历史文化 （54条）	目标 （21条）	关系 （78条）	道路 （68条）	一生 （45条）
名词4	城市 （51条）	传统 （50条）	规划 （21条）	工作 （61条）	时间 （61条）	生命 （23条）
名词5	文化 （48条）	关系 （24条）	影响 （16条）	环境 （41条）	生涯 （53条）	一刻 （14条）
名词6	传统 （47条）	文化 （19条）	目光 （15条）	生涯 （34条）	历程 （44条）	人生 （13条）
名词7	民族 （42条）	文明 （12条）	意义 （13条）	战争 （19条）	时期 （44条）	瞬间 （13条）
名词8	故事 （41条）	岁月 （10条）	打算 （11条）	政策 （13条）	路 （35条）	片刻 （12条）
名词9	建筑 （24条）		作用 （9条）	影响 （12条）	封建社会 （31条）	时期 （12条）
名词10	神话 （22条）		计划 （8条）	问题 （11条）	冬季 （29条）	间歇 （12条）

表 6-11　空间类双音节形容词与后置名词搭配频次表

	广大	广阔	宽阔	宽敞	开阔	宽大
语料总数	1339条	4453条	1156条	663条	443条	750条
名词1	市场 （76条）	前景 （532条）	胸怀 （49条）	大厅 （30条）	视野 （49条）	衣服 （12条）
名词2	世界 （56条）	市场 （423条）	公路 （48条）	房间 （24条）	胸襟 （19条）	叶子 （12条）
名词3	地区 （54条）	空间 （419条）	大路 （45条）	客厅 （23条）	眼界 （17条）	肩膀 （9条）
名词4	范围 （12条）	道路 （62条）	肩膀 （34条）	办公室 （19条）	地方 （9条）	办公桌 （9条）

续表

	广大	广阔	宽阔	宽敞	开阔	宽大
名词5	领土 （10条）	视野 （56条）	马路 （29条）	房子 （18条）	草原 （9条）	脸 （6条）
名词6	领域 （9条）	胸怀 （19条）	胸膛 （26条）	街道 （14条）	广场 （8条）	沙发 （6条）
名词7	土地 （8条）	平原 （19条）	街道 （25条）	住房 （13条）	平原 （8条）	手掌 （5条）
名词8	舞台 （8条）	草原 （13条）	广场 （18条）	地方 （11条）	田野 （7条）	办公室 （5条）
名词9	空间 （8条）	海面 （8条）	前额 （18条）	马路 （10条）	思路 （7条）	玻璃窗 （5条）
名次10	区域 （8条）	水域 （6条）	道路 （18条）	住宅 （10条）	草地 （7条）	房间 （5条）

五、结语

通过以上研究，我们认为，要想提高汉语双音节形容词教学效率，除说明形容词的词义外，应尽快进行形容词与其他词语的搭配输入。进行形容词搭配教学，可以培养外国学生的汉语语感，向学生输入每个词的典型搭配，可以让学生在搭配对比中比较近义词的异同，能够在最短的时间内让学生了解词与词之间的差别，提高学习效率，准确掌握所学词语。

第五节　属性的描述与表达①

一、关于属性

《现代汉语词典》对"属性"的定义是"事物所具有的性质、特点"，对"性质"的定义是"一种事物区别于其他事物的根本属性"。

刘春卉《现代汉语属性范畴研究》一书所给出的定义："属性是人们在认识世界和改造世界的过程中感知或认识到的主客观对象的各种可供认知或比较

---

① 本节作者：马新宇。

的方面，它们依附于特定的对象，不能独立存在。"

我们认为，这个定义可再进一步精简为"属性是对象本身可供认识和比较的方面"。对这个定义，我们不妨这样理解：在某一属性平面上，存在着很多客观对象，尽管这些对象还可能具有多种其他属性，但仅就被选定的该属性来说，这些客观对象是同质的、同处于一个层面上的，认知主体将要在这个属性层面上对这些客体展开认识或进行比较。

一般来说，描述某一属性的形容词相对较少，而同时，人们又很关心这一属性本身的某些特征，其原因就在于属性的这些特征可能会成为人们为存在于其上的相关事物进行分类的依据。

二、属性的描述

尽管"描述这一属性的形容词相对较少"，但是，对某一特定属性层面进行描述，这件事本身就引出了几个问题：

第一个问题：为什么要对这一特定属性层面进行描述？或者说，认知主体出于什么目的要"对这一特定属性层面进行描述"？

第二个问题：对该属性层面来说，这种描述是对它的分析、定性与限定，还是对它的说明、描摹或演绎、阐释？——要充分重视到，这是两种不同性质的描述，体现在汉语语言层面上，它会直接影响组合的结构形式及组合成分之间的关系。

第三个问题：被描述之后的属性层面跟描述之前的属性层面又是怎样的关系？

对第一个问题，我们认为：由于同一属性层面上存在的客观对象数量较多，认知加工的精细化原则要求认知主体对这些客观对象做进一步的分类，且这种精细化的认知过程要严格限定在该属性层面进行。这样一来，精细化加工的对象便首先指向该属性层面本身，随着属性层面被精细化处理，存在于其上的客观对象也就自然地层层剥离，在同一属性的各个精细化层面上，得到了精确明晰的定位，从而达到对客观对象进行精细化认识的目的。

也就是说，出于在一定的属性层面上进一步精确明晰地认识客观对象的目的，认知主体采取了首先对其某一特定的属性层面进行精细化加工的策略。换言之，对客观对象某一特定属性层面精细化处理的第一驱动力，源自认知加工的精细化原则。

对第二个问题，我们认为，对"描述"的考察，至少要从以下几个方面进行：描述者、被描述的客体对象、描述本身，另外，这种描述的接受者也是一个不容忽视的重要因素。

（一）两种性质的"描述"

对客观对象的描述分为两种：一种是"限定性描述"，另一种是"述释性描述"。这是两种不同性质的"描述"。

1. 限定性描述

"限定性描述"是描述者置身于对象之外，以它为处置目标进行定性、限定或分析，使之确定化。因此，这种描述一般是客观理性的，有据可依的，有标准可循的。这种描述不以谕示接受者为目的，只是为了表达或记录描述者对这一类客观对象的认识。因此，对描述者个体来说，这类描述过程在其认知心理层面应该对应于概念的形成过程，特别是"析取概念"的形成过程。

在这类描述中，被描述的客观对象通常表现为指称一类事物类范畴的概念，一般不强调它的具象性特征。如"漂亮的马鞍"中的"马鞍"所指称的就是类范畴概念：即使在马背上铺一块布，那块布也可以叫作"马鞍"，尽管它极其不"像"马鞍，但只要描述者知道这就是"马鞍"就可以了。

最后，描述过程结束后所产生的结果，或作为描述后的整体，"漂亮的马鞍"之类的组合结构体，仍是指称一类事物的概念，尽管它比之前的"马鞍"这个概念要具体得多。

2. 述释性描述

"述释性描述"是描述者置身于对象之内，面向接受者说明、描写、阐释甚至介绍、演绎该对象。因此这种描述会带有主观感性的色彩，也是因人而异的。

在这类描述中，描述者对被描述对象的方方面面早已"烂熟于心"，"了如指掌"，亦即对象的概念在描述者的认知心理层面业已充分形成，不需要记录或表达给自己。描述者出于知会、晓谕接受者的目的，会将体现着对象最本质属性的具象呈现给接受者，以便让其尽快领会。

因此，在这类描述中，被描述的客观对象通常被接受者领会为体现着类本质的典型具象，如"马鞍漂亮"中的"马鞍"，在接受者看来就不太可能是一块铺在马背上的布。

最后，描述过程结束后所产生的结果，或作为描述后的整体，"马鞍漂亮"之类的组合结构体已经完成了一个具体的整体意义的表达。

3. 两种描述在语言中的深层、表层结构

这两种不同性质的描述，在语言的深层结构中是通过同一种组合形式来表达的，我们在这里暂且记为如表 6-12 所示的形式。

表 6-12

	深层结构		
限定性描述	（A） 承担描述任务的词语	修饰限定分析关系 ———————→	（B） 指称客观对象的词语
述释性描述	（A） 承担描述任务的词语	表述说明阐释关系 ———————→	（B） 指称客观对象的词语

也就是说，在语言的深层结构中，存在着两个组合成分和两种需要表达的语义关系。简单排列组合情况如表 6-13 所示。

表 6-13

	深层语义关系：修饰限定分析关系
限定性描述	承担描述任务的词语 ＋ 指称客观对象的词语 （A＋B）
	指称客观对象的词语 ＋ 承担描述任务的词语 （B＋A）
	深层语义关系：表述说明阐释关系
述释性描述	承担描述任务的词语 ＋ 指称客观对象的词语 （A＋B）
	指称客观对象的词语 ＋ 承担描述任务的词语 （B＋A）

实际上，只要在表层结构中形成"A＋B"组合式和"B＋A"组合式就能够分别完成两种关系的体现，语言中的事实也的确如此。

这两种不同性质的"描述"，在语言中一方面体现为指称客观对象的词语 B 跟承担描述任务的词语 A 在组合中结合的方式不同（即 A＋B 与 B＋A）；另一方面则体现为指称客观对象的词语 B，在组合中所表示和侧重强调的概念结构有所不同。也可以这样说，承担描述任务的词语 A 在组合中对指称客观对象的词语 B 的概念结构的选择侧重有所不同，这都是由它们所要表达的不同的深层语义关系造成的。

"限定性描述"在汉语中的表层结构形式一般表现为：承担描述任务的词语＋指称客观对象的词语（即"A＋B组合式"，偏正结构）。在该组合结构式中，指称客观对象的词语（即偏正结构的中心语"B"）通常侧重强调其概念结构中的抽象性内涵，或者说，在该组合结构中，承担描述任务的词语 A 更加注重对中心语 B 概念中抽象内涵部分的选择和强调。如"大眼睛"中的"眼睛"就是如此，此时的"眼睛"只侧重表示其概念结构中的抽象性内涵，而不强调其概念结构中的具象性外延。比如在一个人脸轮廓中点两个点或画两道线，那个点或那道线都可以是眼睛，尽管它们极其不"像"眼睛，但只要描述者自己知道这个点或这道线就是"眼睛"即可。从另一个角度来说，"大眼睛"中的"大"对"眼睛"这个概念的修饰限定是有选择的，它只侧重强调对"眼睛"

这个概念中的抽象内涵进行选择，而不侧重甚至抑制其具象性外延。"高个子"中的"个子"情况也如此类，尽管"个子"之类专门指称属性的属性名词在其概念结构中只具有抽象性的内涵。

由此我们不妨进一步推论：

推论一：

汉语中偏正式结构（尤其是"定语＋中心语"式结构）中的中心语，不能再接受诸如数量词、代词之类词语的直接修饰和限定，如"＊漂亮的一个马鞍"，"＊漂亮的这马鞍"，"＊漂亮的他的马鞍"，理由就在于直接接受这类词的修饰与限定之后，构成的中心语"一个马鞍""这马鞍""他的马鞍"所指称的对象会呈现强烈的具体化、明确化甚至特指化、专门化的特点，其概念结构中抽象性内涵的表述就会被抑制，这与我们上面观察到的结果（即该"中心语"通常侧重强调其概念结构中的抽象性内涵）相矛盾。

另一方面，我们也发现，以数量词、代词之类词语作直接限定成分，会使中心语所指称的概念呈现最强的具体化、明确化特征。或者说：数量词、代词之类的直接限定成分，具有选择提取中心语概念结构中最强烈的具象化外延的语义功能，并同时具有抑制中心语概念结构中抽象性内涵之表述的功能。

另外，由于"一个漂亮的马鞍"，"这漂亮的马鞍"，"他的漂亮的马鞍"之类组合结构的合法，我们也可以认为，中心语前面如果存在多个语义指向它的限定性成分，且这样的偏正组合体合法，则这些限定成分对中心语的具象化影响力，从左到右呈现由强到弱的顺序排列，如"他的这一个漂亮的马鞍"。

简言之，在有多个限定修饰成分的偏正结构中，限定成分对中心语的具象化影响力，按由强到弱的顺序，呈现如下特点的排列：人称代词＞指示代词＞数量词＞形容词。这也就意味着，在语义亲和度上，直接限定关系＞数量关系＞指代关系＞领属关系（这里的"＞"应视为"亲于"或"紧密于"）。

推论二：

汉语中偏正式结构（"定语＋中心语"）中的中心语，在组合中，其概念结构中的抽象化内涵被选中并加以侧重强调，因此，就势必要求直接修饰和限定它的词语在概念结构上体现出具体化、明确化的特点，进而使整个组合体在语义上得到确定。否则，如果直接限定成分也呈现出抽象化特点，那么，最后的整个组合结构在语义上仍然处于不确定、不明确的状态，如"速度的调整""形式的改变"之类。

推论三：

汉语中，一切组合结构形式，都不同程度地承担着具体化、明确化、完整化表意的语法任务。至于偏正式组合结构，具有使中心语成分表意完整的语法功能。

推论四：

作为偏正结构中的"中心语"成分，具有给它前面的组合位置指派"修饰限定格"格位的功能，同时具有给该格位指派具有"限定或修饰"语法意义的论旨角色的功能。

推论五：

汉语偏正组合结构的全部语法意义：

设：某一组合由"位置Ⅰ"和"位置Ⅱ"构成，用以完成"描述"任务。

若：该组合表达"修饰限定分析"性描述关系。

则：在汉语中——

（1）承担描述任务的词语占据"位置Ⅰ"，指称客观对象的词语占据"位置Ⅱ"。

（2）占据"位置Ⅱ"的词语作为中心语成分，将"位置Ⅰ"指派为"修限格格位"，并给占据该格位的词语指派上"修饰限定"的论旨角色。

（3）"修限格格位"上的词语，从语义关系上来看，具有选择并侧重强调中心语概念结构中抽象性内涵的功能，并同时具有抑制其具象性外延的功能。

（4）鉴于组合的目的是使中心语成分表意完整明确，因此"修限格格位"上的词语在语义上必须较中心语成分更加具体化、明确化。

（5）组合体实现了中心语成分的完整表意之后，仍作为一个词语留在词法层面。

"述释性描述"在汉语中的结构形式一般表现为：指称客观对象的词语＋承担描述任务的词语（即"B＋A组合式"，主谓结构）。在该组合结构式中，指称客观对象的词语（即主语"B"）通常侧重强调其概念结构中的具象性外延，或者说，在该组合中，承担描述任务的词语（A）更加注重对主语"B"概念中具象性外延部分的选择和强调。如"眼睛大"中的"眼睛"，在接受者看来只能是眼睛，不可能是一个点或一条线，即便就是一个点或一条线，在接受者那里也会被"还原"成真正的眼睛。"个子高"中的"个子"也是如此。

这里要特别说明的是，"个子"之类的词语是抽象性的属性名词，指称的是某种特定的属性，而属性作为一种概念，从逻辑学角度来看，其概念结构存在着明显的"缺陷"：它只有抽象性的内涵而缺乏具象性的外延。这种"缺陷"在语言中最明显的表现就是它无法接受数量词、指示代词和某些描状性形容词的直接修饰，而只能接受某些特定的名词或定性性形容词及与它有广义领属关系的词语的直接修饰。例如：

一只眼睛大。　　＊一个个子高。

这眼睛大。　　＊这个子高。

漂亮的眼睛大。　　＊漂亮的个子高。（比较："难看的个子矮"）

　　　　　　　　（若"漂亮的"转指"个子"的领有者则该句成立）

他眼睛大。他个子高。

由此我们不妨进一步推论：

推论六：

汉语中主谓式结构中的主语，其概念结构中的具象化外延被述释性成分选中并加以侧重强调，而其抽象性内涵则被抑制。因此，对于属性名词所指称的概念来说，由于其概念结构中抽象性内涵丰富而具象性外延贫乏，就造成了属性名词无法单独作主语的情况。

推论七：

主谓式结构具有完整表意的语法功能，既可以独立成句，也可以以一个完整意义的外壳的身份继续留在词法层面。

推论八：

作为主谓结构的主语，具有给其后面的组合位置指派"述释格"格位的功能，同时具有给该格位指派具有"述释"语法意义的论旨角色的功能。

推论九：

汉语主谓结构的全部语法意义：

设：某一组合由"位置Ⅰ"和"位置Ⅱ"构成，用以完成"描述"任务。

若：该组合表达"表述说明阐释"性描述关系。

则：在汉语中——

（1）指称客观对象的词语占据"位置Ⅰ"，承担描述任务的词语占据"位置Ⅱ"。

（2）占据"位置Ⅰ"的词语作为主语成分，将"位置Ⅱ"指派为"述释格格位"，并给占据该格位的词语指派上"述释"的论旨角色。

（3）"述释格格位"上的词语，从语义关系上来看，具有选择并侧重强调主语概念结构中具象性外延的功能，并同时具有抑制其抽象性内涵的功能；有鉴于此，属性名词不能单独作主语。

（4）鉴于组合的目的是对主语成分的表述说明与阐释，因此"主格格位"上的词语在语义上必须突出化、明确化、具体化，呈现出"焦点"特性，因此，作为"结构格"的"主格格位"也可以从语用角度叫作"焦点位置""话题位置"。

（5）组合体实现了一个意思的完整表达之后，既可以独立成句，也可以以一个意义完整的词语的身份继续留在词法层面。

（二）对属性的描述

描述的目的，是使描述后的结果实现完整明确的表意。对属性的限定性描述，可以使属性名词概念结构中的抽象性内涵得以具体化，从而达到这一目的；而对属性的述释性描述，由于属性概念结构的缺陷，无法满足明确表达一个完整意义的要求，如"质量好""个子高"之类的表述，尽管结构合法，但表意并不完整——人们仍可以不满地问："什么的质量好？""谁的个子高？"

其实，人们描述某一属性的目的，并不是为了向接受者解释介绍、描述阐释这一属性，而是为了对这一属性层面进行精细化处理，以便使这一属性层面剥析出一层层的精细化层面，进而达到对客观对象进行精细化认识的目的。所以，在这种描述过程中，描述者显然要置身于该属性层面之外，将属性作为处置的对象，根据一定的客观标准或以一定的公理为依据，对该属性层面进行分析剥析。故而，这种性质的"描述"应该也只能是"限定性描述"，在语言中以"承担描述任务的词语＋指称客观对象的词语（即'A＋B'式偏正结构）"的结构形式体现，亦即"承担属性表达的词语＋属性名词"的形式（有"形容词＋属性 N"和"名词＋属性 N"两种形式）。也只有这样，才能最低限度地实现属性名词的表意完整。比如说"优质""金质"，尽管人们仍可以不满地问："优质的什么？""金质的什么？"但对于属性名词"质"来说，不论"优质"还是"金质"，在表意上至少要比它完整多了，也具体多了。

对第三个问题，即被描述之后的属性层面跟描述之前的属性层面又是怎样的关系？我们认为：被描述之后的属性层面属于描述之前的属性层面，可被看作原属性层面一定条件下的"子层面"。也就是说，不论"优质"还是"金质"，都是"质"这一属性层面在一定条件下的"子平面"。但它们之间又不是一般的"隶属—领有"关系，而是一种"被包含—包含"的关系，而且，这种关系仅仅发生且存在于同一个概念内涵层面上——相对于"优质"和"金质"而言，"质"作为概念，仅仅拥有抽象的内涵，而没有具象的外延；而相对于"质"而言，"优质"和"金质"的概念内涵要小于"质"的内涵，但其概念的外延要大于"质"的外延（至少不会没有外延）。

如表 6-14 所示，设："质"的内涵值为"1"；外延值为"0"：

表 6-14

概念的逻辑结构	"质"	"优质"与"金质"
内涵	有，且＝1	有，且＜1
外延	没有，且＝0	有，且＞0

存在于被描述之后的属性子层面之上的客观对象，是原有属性层面上所有客观对象之集合在一定条件下的子集；承担对"一定条件"进行赋值之任务的，即是以精细化认知原则为原动力的、对原有属性层面进行精细表达的词语，一般多为定性性形容词、某些特定的名词或相关短语。

三、属性的表达

"这一属性本身的某种特征"实质上已经不指纯粹或完整的该属性层面了，而是经过了人们对该属性的某种认知定义或认知表述后的"该属性层面"了，可以认为它是原属性层面一定条件下的"子平面"。而正是这"一定条件"及其所造成的属性子层面"成为人们为相关事物分类的依据"，而不是该属性层面本身成为相关事物的分类依据。那么，这种认知表达是否就是由形容词（或其他同性质的词语如某类名词）来完成的呢？

这样，指称该属性的属性名词就经常和表达该属性特征的形容词组合起来共同限定事物，久而久之，二者就可能因为常常组合在一起而变成黏合性结构，进而缩略并固化成词。很多区别词就是这样构成的，如"优质""高速""速效""大型""急性""慢性"等。

第一，"指称该属性的属性名词就经常和表达该属性特征的形容词组合起来共同限定事物"这句话已经对上述疑问做出了回答，即对这一属性层面的"这种认知表达"就是由形容词来完成的。换言之，"成为人们为相关事物分类之依据"的、造成这一属性子平面的"一定条件"，以及承担表达这一属性本身某种特征之任务的，就是相关的形容词（这里的"相关"二字指的是与属性名词组合之后的形容词，亦即"表达该属性特征的形容词"，而不是词典中仅有词汇意义的那种形容词——这点很重要，因为未与名词性成分相结合的形容词是不具备这种功能的），也就是说，相关的形容词（即"与属性名词组合之后的形容词"）就是"人们为相关事物分类的依据"。人们可以以这种"相关形容词"为依据，对某一属性层面做进一步的剖析和分割，进而达到对具有该属性的众多对象进行认识、比较和分类的目的。

第二，"指称该属性的属性名词就经常和表达该属性特征的形容词组合起来共同限定事物"这句话还引出一个问题，即"指称该属性的属性名词"与"表达该属性特征的形容词"的组合方式是怎样的？

因为只有两个单位——"指称该属性的属性名词 N"与"表达该属性特征的形容词 A"，故而在语言中的组合形式只有两种："A＋属性 N"和"属性 N＋A"，因此，"优质"与"质优"、"高速"与"＊速高"、"速效"与"＊效速"、"大型"与"＊型大"、"急性"与"性急"、"慢性"与"＊性慢"等就都能限定事物，事实也差不多如此，比如"质优""性急"就能限定事物，构成诸如"质优产品""性急的人"之类的短语。那么，同样的"久而久之"，为什么只有"优质""高速""速效""大型""急性""慢性"等会"常常组合在一起而变成黏合性结构，进而缩略并固化成词"，而"质优""＊速高""＊效速""＊型大""性急""＊性慢"之类就没得此等运气呢？甚至还产生了"＊速高""＊效速""＊型大""＊性慢"之类的"别扭"组合呢？

根据"第一"中得出的结论，即承担表达某个属性层面上某种特征之任务的相关形容词是"人们为相关事物分类的依据"，我们可以看出，这里有三方面的因素：一是事物的某一个属性层面；二是对该属性层面某种特征的表达；三是存在于该属性层面上等待认识与比较的相关事物。形容词首先要完成表达属性层面的某种特征之任务（即形容词要首先在这一属性层面上按照自身的特定条件剥析或划分出一个相关的子平面），然后再以这种特征（即该子平面与该形容词自身特定条件的结合体）为依据对存在于原属性层面上的诸多事物进行认识和比较。

从语义关系上来看，形容词的语义首先必须指向承担属性指称任务的属性名词，然后"形 & 属性名词"组合的语义再指向相关对象名词，从而完成"在某一属性层面为众多相关事物进行分类"的任务。

为了体现这种语义关系，深层结构首先提供了如下要素：一是承担表达属性某种特征任务的形容词；二是承担指称属性任务的属性名词；三是承担指称客观对象类范畴任务的普通名词。其次提供了几种成嵌套形式的语义关系：第一，组合整体的目的是"以体现着形容词自身特点的属性子平面为标准，对客观对象进行分类"；第二，令形容词的语义指向属性名词，并对该属性名词概念中的抽象性内涵进行剥析与分割，从而在原属性层面上形成一个"体现着该形容词自身特点的属性子平面"；第三，将该子平面作为标准，并使"形 & 属性名词"组合的语义指向相关对象名词，从而完成对客观对象的分类。

现将深层语义结构中的这些情况图示如下（图 6-1）：

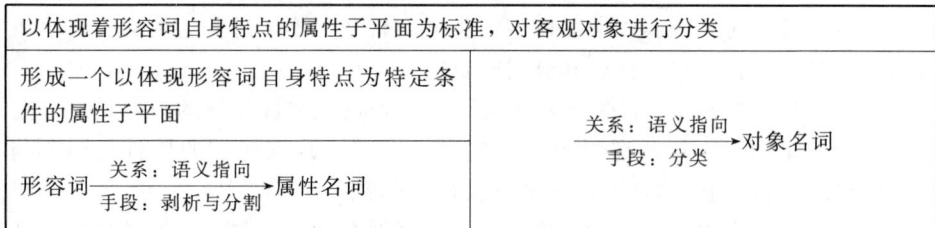

以体现着形容词自身特点的属性子平面为标准，对客观对象进行分类	
形成一个以体现形容词自身特点为特定条件的属性子平面	关系：语义指向 手段：分类 ——→对象名词
形容词 关系：语义指向 手段：剥析与分割 ——→属性名词	

图 6-1

我们知道，"形 & 属性名词"组合有两种形式："形＋属性名词"与"属性名词＋形"，汉语语言事实选择的是前者。这是为什么呢？为什么不用"属性名词＋形"组合的语义指向相关的对象名词呢？

如果仅从浅层回答这个问题，我们前文的论述就已经足够了，但如果深入地回答这个问题，我们就必须首先认清认知层面与语言层面的关系。

认知层面所形成的认知成果及认知意图将会映射到语言层面，并在语言层面形成投影；然后，语言系统会对这些认知投影进行处理，这种处理所依据的原则有二：一是认知原则；二是语言系统为实现这些认知成果和认知意图所设置的相配套的语义语法规则，两者的综合运用决定了语言层面上组合的形式及组合成分之间的语法关系。

其中有两点要特别注意：

第一，绝不能将认知原则与语言系统为这种认知成果和认知意图所设置的相配套的语义语法规则混为一谈，两者并不属于同一领域——认知原则属于认知领域，语义语法规则属于语言领域。

第二，从某种意义上讲，我们可以将组合中的语义语法关系理解为是对认知意图的"翻译"，既然是"翻译"，就必定有误差和信息损耗，这就决定了认知系统跟语言系统之间必然存在有紧密的反馈与交流机制，因为只有这样，才能不断修正"翻译"所带来的误差、弥补"翻译"过程中造成的信息损耗。除此之外，还可以将语言系统在执行认知任务时所遇到的困难与障碍及时反馈给认知系统，使认知系统调整认知角度、改换认知方法。

第六节　《汉语水平词汇与汉字等级大纲》
所录量词系源研究[①]

量词在汉藏语系语言中，特别是现代汉语系统中有着重要地位。对量词的掌握水平会在很大程度上影响语言使用者对相关结构的理解和运用，有的人习焉不察随意混用，有的人知其然而不知其所以然。要全面了解汉语量词的使用情况及其形成目前语义、用法的原因，系统性、理据分析性的研究极其必要。必须从历时的角度，对常用名量词、动量词分组进行探源研究，才能给出量词的使用理据，使语言使用者、学习者不仅能准确地使用量词，也能从根本上了解之所以如此使用的缘由。限于篇幅，本文选择《汉语水平词汇与汉字等级大纲》（以下简称《大纲》）为依据，对该大纲所录量词进行分类系源。

一、《大纲》所录名量词研究

据统计，《大纲》共收录非度量衡量词 112 个，其中可用作名量词的总计103 个。除去主要用作动量词的"顿""回""阵""场""番" 5 个词语和主要用作临时名量词的"杯""袋""担""盒""瓶""身""箱""盏""声" 9 个词语外，我们对余下的 89 个名量词进行了探源分析。概括说来，这些名量词的产生途径主要有两个：一是引申；二是通借。

（一）由引申途径产生的名量词

此处所谓的"引申"指的是在旧有意义、用法的基础上发展出新意义、新用法，新旧意义和用法之间的关系是可以说明的。具体可分为用法引申和意义引申两种。

---

① 本节作者：伏学凤。部分内容载《语言文字应用》，2005 年专刊。

1. 用法引申产生的名量词

这一类词语的特点在于量词义和名词义基本相同，只是由名词用法转为量词用法而已。

例如，"册"，本义即"简册"，上古文字著于竹简或木牍上，"册"字正表示用皮绳编串简牍而成书籍之义。如《尚书·多士》："有册有典。"《仪礼·聘礼》："百名以上书于策（册），不及百名书于方。"其量词义正是由名词义"简册"直接转来的，如《魏书·礼志》："今之取证，唯有王制一简，公羊一册。"现代汉语中仍用来称量装订成册的书本，特别是成套书中的一本，如"大学英语第二册"，"小学语文第一册"等。

《大纲》中此类量词共 5 个，除"册"外，还有"艘""篇""家""期"等。对于这一类名量词，学习者在了解其初始意义后很容易掌握。

2. 意义引申产生的名量词

这一类量词的特点在于其量词义都是直接或间接地从该词形所表示的初始意义发展、演变而来的，在成为量词之后，其语义特征仍和初始义密切相关。主要有以下两类：

（1）由隐喻式引申产生的名量词

所谓"隐喻"主要通过"相似联想"实现，引申前后的两个意义之间存在某种"相似性"。

例如，"块"，本义指"土块"，量词义正是由此本义引申而来的。但开始只用于量"土壤"类，如《说苑·复恩》："今为一人言施一人，犹为一块土下雨也。"进一步引申，才用于表示有明确边界的特定区域，多量疆土，如《明史·刘宗周列传》："致江北一块土，拱手授贼。"继续引申，也可用于计量其他如"疆土"般有一定界线之物，如《本草纲目·蓖麻》："一人病手臂一块肿痛，亦用蓖麻捣膏贴之，一夜而愈。"《本草纲目·丁香》："取母丁香三个，陈橘皮一块，水煎，热服。"现代汉语中，此类用例还很常见，如"一块伤疤""一块天地""一块皮""一块布"等。此外，由于形状的相似性，其他"块状"物也可用"块"计量，如《东坡志林·异事》："取而剖之，得雄黄一块如桃仁。"《苏轼文集·与滕达道》："拥数块熟炭，读《前汉书·戾太子传赞》，深爱之。"现代汉语中"一块饼""一块砖""一块手表"等搭配源出于此，大都具有明显"块状"特征，"立体性"特点突出。

《大纲》中此类名量词共有 28 个。其中，个体量词 21 个："滴""粒""颗""丸""片""幅""面""层""股""条""道""块""朵""顶""部""匹""盘""间""件""项""桩"；集合量词 7 个："对""点""群""辈""团""角""行"。

（2）由换喻式引申产生的名量词

所谓"换喻"，主要通过"相关联想"实现。与"隐喻"以义项间的"相似性"为基础不同，"换喻"的基础是引申前后两义项间的"相关关系"。

例如，"卷"（捲），《说文》："卷，膝曲也。"本指膝关节，引申为动词"弯曲"，后来写作"捲"。"卷"的量词义正是由动词义通过动作相关性换喻途径引申而来的。初作量词时，多用于计量"书"。《说文》"篇"字段注："卷者，缣帛可卷也。"又《说文通训定声》："其书于帛可捲者谓之卷。"胡朴安《古书校读法·论校书法》（1925）也提到："篇字从竹，竹书曰篇；帛可卷舒，帛书曰卷。"因此，可以推测，"卷"最早用于计量帛书。除量"书"外，"卷"还用于量其他可弯曲成卷的物体，如《醒世姻缘传》："走到半路，只见……旁边一大卷衣裳。"《老乞大谚解》："有一个客人，缠带里装着一卷纸。"现代汉语中，"卷（juǎn）""卷（juàn）"分立。量"书"时读作"卷（juàn）"，如"图书馆藏书十万卷"，"本书共分上、中、下三卷"等。量成卷之物时读作"卷（juǎn）"，如"一卷行李"，"几卷胶卷"等。《大纲》只录"卷（juǎn）"。

《大纲》中此类名量词共47个，其中个体名量词26个："支""枝""根""株""本""枚""个""口""头""尾""首""架""座""幢""门""栋""张""封""具""句""辆""只""位""名""号""台"；集合名量词21个："双""副""把""堆""串""排""列""束""包""班""套""批""摊""笔""倍""届""伙""节""卷""章""重"。

（二）由通借途径产生名量词

所谓"通借"，本来是关于用字的概念。有两种（王宁，1996）：一是使用阶段的借字，即"本有其字"的"通假"；二是造形阶段的借字，即许慎所说的"本无其字，依声托事"的"假借"。针对量词来说，通过"通借"途径产生的量词义一般与该词形所反映的初始本义之间无渊源关系。

由"通假"产生的量词共有7个："棵""段""份""分""样""种""类"。以"棵"为例，"棵"本义为"断木"，本为"棵"的异体。《集韵》有云："棵，断木也。……或作棵。"作为量词，其本字当作"科"，《说文》："科，程也。从禾斗，斗者量也。"《广雅·释诂三》："科，本也。草木一本称一科。"《广雅·释言》："科，品也。"由此引申出量词用法，专门表示等级、品类。较早的量词用法见于魏晋南北朝时期，当时还写本字，如《齐民要术·种谷》："凡五谷唯小锄为良，良田，率一尺留一科。"唐五代时期，"棵"已与"科"并存混用，例如《酉阳杂俎》卷十九："兴唐寺有牡丹一窠（棵）。"谭用之《山中春晚寄贾员外》："高添雅兴松千尺，暗养清音竹数科。"此后，"棵"逐渐成为计量植物的专用量词，彻底替代了本字"科"，且历代沿用，如《红楼梦》："宝玉离了钗玉两个，到了一棵石榴树下。"现代汉语中，"棵"用法单纯，只用于量植物，如"一棵树""几棵草""两棵白菜"等；本字"科"只用于量学术上或生物学上的分类，如"文理两科""松、杉、柏三科"等。

由"假借"产生的量词共2个:"所""些"。以"所"为例,《说文》:"伐木声也",段注:"伐木声,乃此字本义。用为处所者,假借为'处'字也……用为分别之词者又从处所之义引申之……皆与本义无涉,是真假借也。"由此可知,"处所"义是"所"的假借义,只不过在长时间的演变过程中,其本义渐废,而假借义却日渐通行而已。量词"所"正是由此通行的假借义引申而来的。"因此可以说,'所'字作为量词,虽然是通假字,但它并没有本字,因为它就是从已经通假的意义发展而成为量词的。"(陈绂,2002)"所"的量词用例较早见于汉代,如《汉书·郊祀志》:"所祠,凡六百八十三所。"魏晋南北朝时期用法成熟,可计量各类建筑,例如《宋书·沈庆之传》:"居清明门外,有宅四所。"《魏书·尔朱荣传》:"秀容界有池三所,在高山之上。"沿用至现代汉语中,"所"的适用范围稍有缩小,只量人工建筑,如"一所四合院""几所大学"等。

在我们所考察的89个名量词中,经由"通借"途径产生的共9个:"棵""段""分""份""样""种""类""所""些"。

比较而言,这一类量词的理据性稍差一些,但"本有其字"类毕竟占多数,我们仍然可以通过其真正的本字探寻到其量词义的源头及其发展、演化情况,同样是有理据可寻的,只不过需突破现在所用字形而已。此类量词数量不多,"但却是应该引起注意的,尤其在对外汉语教学中。我们要想让学习汉语的外国人记住汉语量词的种种用法,就应该对量词的特点有所归纳,因为这是针对成年人的、第二语言的教学特点。……虽然我们没有必要向他们讲明每一个通假而来的量词的所以然,但作为教师,是必须明白其中的道理的"(陈绂,2002)。

综合以上分析,可得表6-15。

表 6-15

途径			词语	数量	百分比(%)
引申而来	用法引申		篇、册、艘、期、家	5	5.60
	意义引申	隐喻	粒、颗、滴、丸、片、幅、面、层、股、条、道、块、朵、顶、匹、部、盘、件、项、桩、间、对、团、行(háng)、群、辈、角、点	28	31.5
		换喻	支、枝、根、株、本、枚、个、口、头、尾、首、架、座、幢、门、栋、张、封、具、句、辆、只、位、名、号、台、双、副、把、堆、串、排、列、束、包、班、套、批、摊、笔、倍、届、伙、节、卷、章、重	47	52.8
通借而来	通假		棵、段、分、份、种、样、类	7	7.9
	假借		所、些	2	2.2
总计				89	100

显然，绝大多数量词都是通过引申途径产生的，占到总量的 89.9%，通借而来的量词比例较低。除这一类量词理据性较差以外，其他近 90% 的量词都可以通过研究寻到量词义发生的源头和发展演变的轨迹，都可以寻到其运用理据。而这也正是我们解决对外汉语量词教学中"所以然"问题的基础，应予以足够重视。

二、《大纲》所录动量词研究

《大纲》所收录的 112 个非度量衡量词中，可用作动量词的共有 18 个，其中，有 7 个如"把""笔""道"等主要用作名量词，还有一个"声"字用为临时量词，真正常用的动量词只有 10 个，这正是我们要进行探源和对比分析的对象。

根据所计量动作行为的性质，可先将这 10 个常用动量词分为如表 6-16 所示几类。

表 6-16

类别	泛用动量词	一般动量词		
		短时性动量词	持续性动量词	整体性动量词
词语	回、次、度	下	番、阵	遍、顿、场、趟

（一）泛用动量词

"泛用动量词"所适用的动词范围最为广泛，一个动词只要可以和动量词组合，那么，它便至少应该可以和这一类量词组合。

在大纲所收录的 3 个泛用动量词中，"次"的实际适用范围最广，几乎所有重复出现、可计数的动作都可用"次"来计量，如"吃一次亏"，"喝两次酒"，"摔倒好几次"，"一次次呼唤"等，侧重计量动作的一个停顿。这一用法是由其本义辗转引申而来的，《广韵》："次，坐也。"《广雅·释诂》："次，舍也。"《说文》："次，不前不精也。"陆宗达先生则指出，"次"之古字形状似帐篷，由此可推知"次"之本义当与"驻扎"或"驻扎之地"有关，文献中有具体用例，如《左传·闵公二年》："郑人恶高克，使帅师次于河上。"进一步引申则产生了"空间""位次"义，如《荀子·王制》："贤能不待次而举。"《尔雅·释天》郭璞注："岁，取岁星行一次；祀，取四时一终。"很显然，当"次"与数词连用后，"就很像是量词了"。① 由此发展，"次"便逐渐虚化为动量词，表动作的次数，如唐代张籍《祭退之》："三次论诤退，其志亦刚强。"《朱子语类》："体验是自心里暗自讲量一次。"

---

① 刘世儒：《魏晋南北朝量词研究》，271 页，北京，中华书局，1965。

"回"的本义与"次"不同，《说文》："回，转也，从口，中象回转之形。"本义指"曲折""回转"。如《诗经·大雅·云汉》："倬彼云汉，昭回于天。"每有一次"曲折""回转"即可视为"一回"，这便引申出量词用法，如梁简文帝《升仙篇》："灵桃恒可饵，几回三千年。"晋《西曲歌·江陵乐》："试作两三回，蹀场方就好。""从那时（南北朝）到唐五代，'回'在所有动量词中发展最快。从数量上看，它在《全唐诗》中出现达 333 次，居专用动量词之首；从所量对象来看，由仅含往返义的动词发展为形形色色的动词，成了当之无愧的通用动量词。"① 至此，"回"的动量词用法发展成熟。与"次"相比，"回"侧重计量动作的一个回还，如"去了几回"，"探望两回"，"回回失败"。

"度"在语义上基本相当于"次"，只是文言色彩偏重些。和近义量词"回"相比，"回"称量"往复"义动词的能力强于"度"，"度"称量"度过"义动词的能力强于"回"。② 这是由它们的本义决定的。"度"的本义是指计量长短的标准，《玉篇》："度，尺曰度。"《说文》："度，法制也。"如《韩非子·外储说上》："已得履，乃曰：吾忘持度。"由本义可直接引申出名量词用法，表示按一定标准划分出的计量单位。现代汉语中常用作度量衡量词，用来表示电能、温度、浓度、经纬度等。其动量词用法是由源于本义的动词义"度过"引申而来的，每"度过"一次即为"一度"，如《明觉禅师语录》："九年人不识，几度过流沙。"辛弃疾《青玉案·元夕》："众里寻他千百度。"至此，动量词"度"基本脱离了本义的束缚，演变为一个真正的计数动量词。只不过，由于其文言色彩、书面色彩比较重，随着语言系统的发展，口语日渐显示出其强大的生命力，"度"的许多功能便逐渐为口语色彩偏强的"次"所代替。

（二）一般动量词

此类动量词主要有"下""番""阵""遍""顿""场""趟"7 个。它们对所搭配动词常有特殊要求："下"常要求和具有"短时性"意味的动词搭配；"番""阵"常要求所量动作行为具有一定的"持续性"；"遍""顿""场""趟"则侧重强调所量动作行为的"整体性""完整性"。

1. 短时性动量词

此类动量词只有"下"一个。"下"，《说文》："下，底也。"本义指底部、下方，如《诗经·召南·殷其靁》："在南山之下。"以本义为基础，可引申出动词用法，表示到达底部或下方的动作，如《左传·庄公十年》："下，视其辙。"动量词用法正是由动词义引申而来的，计量由上往下的动作，如《汉书·王莽传》："莽立载行规，亲举筑三下。"《风俗通义》："从者击亭卒数下。"

---

① 王绍新：《从几个例词看唐代动量词的发展》，载《古汉语研究》，1997（2）。
② 同上。

自上到下的动作一般又暗含"动作快、时间短"的特点，因此，"下"作为量词就具备了"短时性"的特点，强调动作的"短促"意味，如《真诰·协昌期》："北帝煞鬼之法，先叩齿三十六下。"《朱子语类》："不若今人只说一下便了，此圣人所以为圣人。"在现代汉语中，"下"所表示的"短促"意味更明显，对动作是否有"自上而下"特点几乎不再有要求，如"问一下""检查一下""拥抱一下"等。

2. 持续性动量词

此类动量词共有"番""阵"两个，都强调动作的"持续"意味，常用来计量较为复杂、费时费力的动作、行为。当然，因本义和演变过程不同，二者之间的差异也是存在的："阵"侧重强调动作在时间上的持续性，而"番"则侧重强调动作的重复、复杂。

"阵"，本义表"军队队列"，是"陈（陈）"的分化字。《玉篇》："阵，师旅也。"《正字通》："阵，军之行列也。"如《孙子兵法·军争》："勿击堂堂之阵。"《孙膑兵法·十阵》："凡阵有十，有方阵，有圆阵……"每次交战都需列阵，交战一次即为"一阵"，这便产生了"阵"的动量词用法，如《张义潮变文》："决战一阵，蕃军大败。"《朱子语类》："西蕃小小挠边，只是打一阵退便了，却去深入侵他疆界。"由这一用法引申，凡像列阵作战一样延续一段时间的事情或动作、现象，几乎都可用"阵"来计量，如《警世通言》："云生东北，雾长西南，下一阵大雨。"关汉卿《感天动地窦娥冤》："不觉得一阵昏沉上来。"现代汉语中，"阵"作为典型的"持续动量词"仍用于称量延续一定时间的动作、现象，如"哭一阵笑一阵"，"刮了一阵大风"等；也可修饰表感受的动词，如"一阵晕眩"，"一阵心酸"等，仍能隐约看出和本义的联系。

"番"本义为兽类的脚掌。《说文》："番，兽足谓之番。从采（biàn），田象其掌"。此义后来写作"蹯"，成为后出本字。而"番"在使用过程中则逐渐用作"反"的通假字①，其量词用法也是从"反"而来："反"本义为"翻转"，《说文》："反，覆也。""翻转"则是以现状替换以前的状态，引申出"更替、轮番"义。其量词用法正是源出于此，最初用作名量词，计量轮番出现、相互更替的事物，如《宋史·蔡挺传》："又分义勇为伍番，番三千人。"《旧唐书·褚亮传》："诸学士并给珍膳，分为三番，更直宿于阁中。""更替""轮番"必然是整体或集体一致的改换，不容许有个别例外，因此，作为名量词，"番"多强调计量对象成分上的丰富性和整体上的一致性。现代汉语中，"一番话语""一番苦心""一番心血"和"一番盛世景象""一番良辰美景"等用法当源出于此。"番"的动量词用法是从名量词用法发展而来的，所以常侧重强调动作

---

①　朱骏声《说文通训定声》："番，假借为反。"

的"复杂性"和"大规模"意味，如《世说新语·文学篇》："（王）弼自为客主数番，皆一座所不及。"《南史·张邵传》："往复数番，少文每欲屈。"现代汉语中，"番"作为动量词仍然沿袭这一用法，如"考虑一番""拼搏一番""调查一番"等，与"考虑一阵""拼搏一阵""调查一阵"的主要差异也正在于此。

3. 整体性动量词

此类动量词共有"遍""顿""场""趟"4个，都常用于计量累积量较大、整体性较强的动作、行为。但它们各自的本义相差较远，是分别从不同途径发展引申为量词的。

"遍"，本义为"周匝""周遍"，《说文》："徧①，帀也。"《广韵》："徧，周也。"动量词用法由此引申而来，因"周遍"暗含"从头至尾，每一处都已经完成"的语义特征，故用于计量动作全程完结的次数。如《宋书·沈演之传》："演之折节好学，读《老子》日百遍。"柳永《梦觉清宵半》："从卧来，展转千余遍。"现代汉语中，动量词"遍"仍然侧重于计量动作行为全程重复的次数，如"读几遍课文""锄两遍地""只说了一遍"等，都强调了动作从头到尾的意味。

"顿"，本义为是动词，表示"以头触地，叩头"。《说文》。"下首也。""叩头"时，头触地后会略作停留，故引申出"停顿、停止"义；同时，仅仅"以头触地"，是不能称为"叩首"的，还当包括一连串其他动作，故其本义还暗含一种强调动作完整性的意味。量词"顿"最早是作为名量词使用的，常用于计量"饭"，如《世说新语·任诞篇》："闻卿祠，欲乞一顿食耳。"杜甫《遣闷》："家家养乌鬼，顿顿食黄鱼。"唐宋时期开始出现动量词用法，用于计量责罚的次数，如《朝野金载·娄师德》："我欲打汝一顿。"白居易《论姚文秀打杀妻状》："姚文秀杀妻，罪在十恶……委所在决重杖一顿处死。"现代汉语中，"顿"作为名量词仍常用于计量饮食的次数，如"一顿午饭""两顿饭的工夫""饱餐一顿"等；作为动量词，仍限于计量斥责、打骂等不如意行为的次数，如"批评一顿""挨了一顿骂""打一顿"等，这大概还是因为其来源于"叩首"这一本义，给人叩首总归有低人一等、居于下位之意，用于计量打骂等不如意之事应是与此有关。

"场"，本义指平坦、开阔的空地。《说文》："场，祭神道也，一曰田不耕；一曰治谷田也。"在现代汉语中，"考场""赛场""球场"等词语中的"场"仍用此义，多指集体活动的场所。量词义由此引申而来，用于计量在一定场所内

---

① 朱骏声《说文通训定声》："徧，字亦作遍。""徧""遍"实为一字，现"遍"为正体，"徧"为异体。

发生的动作、行为。如李白《自汉阳病酒归寄王明府》："愿扫鹦鹉洲，与君醉百场。"《近代汉语语法资料汇编·宋四公大闹禁魂张》："众人再到马观察家，混乱了一场。"

"趟"，本义指从浅水里走过去。《广韵》："趟，逾趟，跃跳也。"用作量词也多计量与行走来往有关的动作，出现较晚，如《儿女英雄传》第十七回："我带了铺盖来，打算住下，省得一天一趟的跑。"《红楼梦》第十六回："往苏杭走了一趟回来，也该见些世面了。"现代汉语中，"趟"常用于计量人的来往走动或车的往返运行，都旨在强调跨越一定空间并重又返回原处的完整过程，如"进了一趟城"，"连续搬运了三趟"等。即使是计量成套的武术动作，也暗含从开始动作耍起，完成全套动作后又回到开始动作的意味，如"打一趟猴拳"，"表演一趟太极剑"等，都旨在强调动作的完整性，仍和本义密切相关。

通过探源研究，基本可以了解《大纲》所录专用量词产生、发展的途径和历程，找到它们形成当前搭配状况的可信理据，相信可以在一定程度上解决第二语言学习者和教学者在运用或教授汉语量词过程中常感困惑的"所以然"问题。

第七节　汉语陪伴性物量词的由来及其应用原则[①]

一

汉语量词有一个很大的特点，即它不像其他语言的量词那样，从产生到使用都有一个独立的体系，汉语的量词绝大部分都是由其他类的词转化而来的，即在成为量词之前，这个词曾作为其他类的词在汉语中存在着、使用着。转化为量词之后，在许多情况下，它一方面充作量词；另一方面，在不同的语言环境中，它的本来意义及用法还仍然保留着。量词的这一特点决定了它与其他语言，尤其是与印欧语系语言中的量词有本质的区别。

在对汉语量词进行分析后我们发现，这庞大的"家庭"内部并非无序，恰恰相反，其间存在着种种法则与规律。同时，每一个量词的用法都与它在转化为量词之前所具有的本来意义以及在转化过程中所遵从的引申线索有着密切的关系。不过，由于人类大脑的类推功能以及汉民族所特有的文化与心理特征，使汉语量词的用法显得更为灵活罢了。同时，我们还应该指出，在长期思维发展过程中，量词作为汉语词汇的一部分，也在随着汉语的整体演变而演变着。

[①] 本节作者：陈绂。原文曾载《语言文字应用》，1998（4）。

汉语量词分为两大类，即物量词（又称名量词）和动量词。

物量词的分类可以有多种角度，我们认为，刘世儒先生的分类方法将它们分为"陪伴量词""称量量词"以及介于二者之间的"陪伴称量量词"，充分体现了物量词的性能，由此出发，也容易展开对物量词的由来的研究。我们十分同意并采取了刘世儒先生的这一分类法。

陪伴量词也可称为类别量词，指的是那些旨在陪伴名物、与名物的类别分别对应而并不起核算作用的量词，而称量量词则是要实际称量名物的。例如"一位老师"，"位"字的作用只在于指明"老师"的范畴意义，同实际称量的数目没有关系，这是陪伴量词；而"五斤苹果"的"斤"则直接表明了苹果的重量，是必须存在并且不能更改的。换言之，如果更改了，意义则会发生很大的变化，这是称量量词。介于二者之间的"陪伴称量量"是指那些既具有陪伴性质又具有称量性质的一种量词，如"一家人""一丛草"等，"家"与"丛"既指明了范畴意义，又在一定程度上涉及实际的称量（如不用这两个词，则实际所称量的数目就不一样了）。本文仅将研究的范围限于陪伴性物量词，力图从几个应用比较宽泛的词例出发，由一点而管窥全貌，找出陪伴性物量词的由来及其应用范围之间的内在联系。

二

现代汉语常用的陪伴性物量词中，大多数都是从名词转化而来的，当然也有从动词转化来的。从名词转化来的量词大致包括：一些与植物有关的词，如"条""样"等；一些表示人体某一部分的词，如"头""股""项"等；一些与人的生活有关的词，如"所""门""册""笔"等；还有相当数量的土地、道路等世间万物有关的词，如"道""块""行"等。在这些词中，有些词只要我们把它们的名词本义讲述清楚，并把它们转化为量词思维过程与它们成为量词之后的应用范围与名词本义之间的对应关系讲述清楚，一般学习者是很容易理解的；但也有一些量词，虽然我们也知道它们是由名词转化而来，但却对它们的本义及其向量词转化的缘由不甚了然，对它们成为量词后的应用范围与其本义之间的关系也不能透彻地加以揭示，因此也就更有必要对这些量词的由来及发展线索进行详细的分析与研究。由动词转化来的量词的情况有些就更为复杂，下面就分类举例加以说明。

"条"的本义指树上的枝条，《说文解字》中解为"小枝也"，段玉裁注曰："条为枝之小者。"而枝是"木别生条也"，可见，"条"与"枝"在意义上大同小异。《诗·周南·汝坟》中的"伐其条枚"和《管子·明法解》中的"条直以长"均用的是"条"的本义。由本义引申，"条"可以指一切条状之物，如在"缕条紧而贯矩，针鼻细而穿空"（庾信《七夕赋》）中，"条"指细长的丝织品。这一特点一直沿用至今，今天说"面条""纸条"也多是取"条"的这一特征。应该说，"条"在向量词转化的过程中以及它转化为量词后的应用范围，也都体现了这一意义特征。

"条"转化为量词之后，可以称量的事物很宽泛，许多呈长形、条形的物品都可以称量，如"裙子""裤子""被子""口袋""毛巾""香烟""围巾"等衣物；"路""街""船""军舰"等道路及交通工具；"狗""蛇""狼""驴""鱼""腿""舌头""尾巴"等动物和动物身上的"部件"；"江""河""沟""山脉""虹"等一些表示自然、地理等事物的名词也可以用"条"来称量。这些事物的共同的特点是呈长形、条形，这也正是它们得以用"条"来称量的原因所在。

然而，还有一些同样可以用"条"来称量的事物却并不一定明显地具有这一特点，如"意见""路线""原则""制度""政策""消息"以及"诉讼""罪状"等，这些都表示抽象事物，都属于古代所说的"事"，它们似乎和"呈长形、条形"没有什么共同点。其实不然，我们分析一下古代量词"条"的用法就可以找到其中的原因了。量词"条"最早的虚化用法就是用来量"事"，如《汉书·刑法志》的"大辟四百九条"，《王莽传》的"又增法五十条，犯者徒之四海"等，其中的"条"所称量的都是抽象事物"法"，也就是"事"。而这些"事"事必须写出条文的，用"条"来称量"事"正是起源于必须把"事"写成条文的特点。《广雅·释诂》："条，书也。"颜师古在《汉书注》中注道："凡言条者，一一而疏举之，若木条然。"可见，这种用法其实也还是同"木条"有联系的。开始，这种虚化总以真写成"条文""若木条然"为限，发展到后来，这种限制也就慢慢消失了。现代汉语中的"消息""原则"等词用"条"来称量，就是进一步虚化的结果。

陪伴性物量词中有许多量词同"条"一样，既保留着原始词义的特点，又在转化为量词后进一步引申虚化，以至可以称量许多从表面看起来似乎并不持有原词义特征的事物，但它们之间的内在联系还是固执地存在着，如"本""笔""道""点""根""股""块""棵""颗"等。虽然有的词作为名词时的本义与转化为量词之后的应用范围之间的内在联系现在似乎很难看出来了，但我们只要仔细研究一下它们的本义所具有的种种特征还是可以找出其中的原因的。试举几例加以说明。

"块"，它的本义是"土块"（也有说是装土的土筐，但从"块"与"颗"的音转关系上看，理解为土块似乎更合理一些），作为量词，最初当自"陪伴"土壤起，以后逐渐泛指一切块状之物，如"一块表""一块砖""一块砚台"等。至于它作为人民币的单位，大概是由称量小小的块状银元开始的。

"颗"的本义是"小头"，后来"引申为凡小物一枚之称，珠小曰颗，米粒曰颗是也"（段玉裁注）。《说文解字系传》更是直接点明了"颗"的用法："今言物一颗，犹一头也。"由此发展，很多圆形、体积小的物品都可以用它来作量词了，如"一颗花生""一颗图章""一颗子弹"等。

"股"，它的本义原指大腿，《说文解字》："股，上胫也。"其引申方向有两个：一是由于大腿是人体四肢之一，是一个整体中的一部分，"股"用为量词就具有专量整体事物中的一部分的功能，如组成绳子的"三股线"等。由此虚化，"股"又可以与"力量""气"等表示比较抽象的意义的名词搭配，应该说，其缘由也出自此，因为"力量""气"等都有一个整体与部分的关系。另一条线索是根据"股"的细而长的形象特点而引申的，如"一股烟""一股风"等。当然，用"股"来称量"线"等物，除了表示"整体中的一部分"而外，同"线"的细而长的特点也不能说不无关系。

用"首"来称量诗歌、词曲等作品应该说是很难理解的，但这要看我们怎么来分析"首"的本义所表现出来的特征。"首"就是"头"，但作为量词，二者引申的出发点却并不一样。"头"是直接由"脑袋"之义引申出来的，所以经常用来与动物名称搭配，成为以部分量整体的范例之一，如"一头象""一头牲口"等；而"首"为量词则是间接由"端头"义引申出来的，它与称量对象之间，不存在着部分与整体的关系，而是体现着"脑袋"在人体中的位置这一特征。在古代它曾作为量丝的量词（见《后汉书·舆服志》"长丈七尺，百二十首"），刘世儒先生说这是由"线头"义转化来的。由此，"头"又被用来称量抽象名词"术"，如"术几万首"（见《全后魏文》，意思是说"术几乎有一万端"）。由此发展，"首"逐渐专用于作品，应该说这也是由这种抽象的"端头"义变化而来的，因为作品也有"首"有"尾"。再进一步引申，"首"就变为诗歌的专用量词，并一直沿用至今。

由此我们可以得出结论，由名词转化成的陪伴性物量词中，很大一部分都与它们名词的本义密切相关。它们向量词的转化，大多借助了从原名词所对应的现实现象的特点引申出来的某些义项。

正如前文所说，由名词转化来的物量词中也有一部分并不如此简单，我们实在很难找出其名词本义与它们所称量的事物之间的内在联系。

如"页"在现代汉语中是一个比较常见的量词，用它来称量的可以是具体的"纸"，也可以是抽象的"历史""故事"等，这是因为"历史"和"故事"都可以像一本"纸制的书"一样"一页一页"地翻开。但"页"的本义却是"头"（《说文解字》"页，头也"），这一意义可以从它的文字形体中得到充分的证明："页"的古文字形就是一个人头的形象。从这一本义出发如何能转化为称量"纸张"等事物的量词呢？在《说文解字》"葉"字下，段玉裁注道："小儿所书写，每一苦谓之一葉。今书一纸谓之一页，或作叶，其实当作此葉。"

《说文通训定声》也认为："（葉）俗用页。"可见，量词"页"本应该写作"葉"，而"葉"的本义是指古代小孩书写时使用的一种竹简，用它来称量书写所用的纸张，自然十分有道理。但在人们传写的过程中，逐渐用表示头颅的"页"字代替了本字"葉"，如今要找"页"的本义与其所以能称量纸张的内在联系，当然就不那么容易了。

陪伴性物量词中有少数几个是从动词转化来的，如"封""张""段"等。这些词的转化过程和本义与量词的应用范围之间的关系，同样是有的比较容易理解，有的不很容易理解。

如"张"，本义是把弓拉开。因为与弓有密切关系，故可以称量弓本身。由此引申，就可以称量与弓具有相同特点的事物。如弓有弦，"张"就可以称量有弦之物，如"一张琴"。同时因为"张"这一动作的结果是使弓张开，所以作为量词又可以称量可张开之物，如"纸""画"等。张开的结果是使之形成一个平面，所以"张"还可以用于称量一些平面之物，如"床""桌子"等。应该说，"张"的引申线索还是比较清楚的。

"封"由堆土分封的本义引申为"封闭"义，其间的过程虽不很简单，但其线索总能勾画出来。由"封闭"义转化为"信"等必须封闭的事物的量词，应该也是不难理解的。

但"段"转化为量词的原因就不如此简单了。作为现代汉语中一个常见的量词，用它来称量的有：一些具体的、长形而可以分开的物，如"电线""管子"等；一些抽象的、但也可以分开的"事"，如"故事""恋情"等；一些能记录下来的、同样是可以分开的"文"，如"日记""文章"甚至"乐章"等；它还可以称量时间："一段时间"，这是因为时间也可以被分开。但我们分析"段"的本义，却发现它与作为量词后的应用范围之间毫无关系："段，椎物也。从殳。"（《说文解字》）这说明，"段"是一个动词，最初的意义是锤炼金属一类的物品，与"锻"为古今字。段玉裁在注释中说："分段字自当作'断'。"《说文通训定声》的作者朱骏声也认为："（段）假借为'断'，今所用大段、分段字。"由此我们得知，"段"充当量词，是文字假借现象，本字应该是"断"。从字形上分析，"断"也是一个动词，《说文解字》解为"截也"。把物品断开叫"断"，断开的物品也可以用"断"称量，这是很符合汉语词汇的特点的。只不过在书写的过程中，逐渐用表示"锤炼"义的"段"代替了表示"断开"义的"断"，"段"充当了本该由"断"充当的量词罢了。

"段"大约是在南北朝时期开始借为"断"充当量词的，因为在先秦两汉的典籍中我们没有发现"段"字的量词用法，而在南北朝的作品中，"段"已经常充当量词了。其用法与现代汉语并无多大区别：可以用来量"物"，量"事"，量"文"，也可以用来量"时"。可以说，自从"段"字转化为量词后，其应用原则一直没有大的变化。

在汉语词汇的发展过程中，这种文字的假借现象并不少见，在名词、动词向量词的转化过程中也如此。如我们常说的"一挺机关枪"的"挺"，我们很难归纳出它与"机关枪"之间在意义上的联系。其实这个"挺"本该写作"梃"，其本义是植物的"干"，而且不包括枝叶，取其挺直义，在古代可用来称量"甘蔗"等具有挺直特点的事物，用它来称量"机关枪"自然是由此义发展而来的了。但后来人们将"梃"写成了"挺"，致使大家很难理解了。

三

通过对上述词例的分析，我们了解了大部分陪伴性物量词的由来，也分析了它们在转化为量词之后与它们各自的本义之间的对应关系，由此我们可以得出以下两点结论：

第一，无论是由名词转化来的，还是由动词转化来的，凡是由本字充当的陪伴性物量词，其应用范围与它们各自的本义之间有着密切的关系，也就是说，转化为陪伴性物量词的名词、动词，在转化的过程中以及在转化之后的使用中，都或多或少地保留着它们在造字之初的原始意义（当然，由假借字充当的量词除外）。何以陪伴性物量词具有这样的特点呢？这自然是由陪伴性物量词本身的特点功能决定的。前文已经说明，陪伴性物量词的作用就是"陪伴"它所称量的名词，即根据名词所对应的现实现象的特点指明它的范畴意义。如用"条"所称量的事物都属于条状范畴；用"块"所称量的事物都属于块状范畴；用"段"所称量的事物都属于可以断开的范畴等。这种量词不是真正用来计算事物的数量的，而是要通过量词的使用，分辨出所量事物的类别。这当然要求量词和它所量事物之间在特点、所属范畴等方面保持一致。在遣词造句时，使用不使用这种量词并不影响数量意义的准确表达。这就是陪伴性物量词之所以保持了它转化之前的词汇意义的根本原因。了解了这一点，我们在掌握和讲解量词时，就应该充分运用其本义带给我们的准确信息，通过本义勾画出它的演变线索，从而对它的应用范围有一个明确而充满理性的描述。当然，在陪伴性物量词中也有由假借而产生的，这一方面提醒我们在分析它们时一定要把文字的假借这一特有的用字现象考虑进去，同时也从反面证实了由本字逐步转化形成的陪伴性物量词确实与自己所能"陪伴"的名词之间有着一种不可置换的密切关系。

第二，在分析上述词例时我们还发现，尽管陪伴性物量词与它们所"陪伴"的名词之间在意义上有密切的关系，但在不断地引申发展的过程中，由于人脑的类推功能，致使量词和名词之间的对应关系有时显得不那么明显，因而也就不那么容易理解。如果把能使用同一量词的名词排列开来，寻找这些名词之间的共同特点以及引申线索，我们就会发现，这是一件很值得思考、也很有意义的工作。如前面举到的"条"，从具体到抽象，它可以称量的事物多种多样；又如"道"，能与它搭配的除了与道路有关的名词之外，还可以有"关口""水闸""山脉""眉毛"等，这些名词之间虽然在类别、大小等方面差别悬殊，但我们也必须承认，它们之间确实在"长道形"这一点上有共同之处。而"工序""命令""题"这些并非与道路有关、又不表示具体的"长道形"的事物的词也可以用它称量，这就是一种从具体到抽象的类推了。因为在汉民族的心目中，它们也都应该有"长道形"的书面形式。

汉语量词的使用范围为什么如此宽泛而灵活呢？我们认为，除了人类所共有的类推功能之外，影响量词的应用范围的还有汉民族的文化特征和心理特征。如"本"，原指树木的根，转化为量词，它自然可以称量植物，如"百本薤，五十本葱"（《汉书·循吏传》）。到了南北朝时期，又出现了用"本"量书籍的语言现象。大多数人认为，量植物用"本"，是由"根本"义引申出来的；而量书籍用"本"则是由"本"的引申义"本源"引申出来的。因为古人传书各有"本源"，因之就把所传之书也称为"本"，如《论语义疏叙》："此书遭焚烬，至汉时合壁所得及口以传授，遂有三本：一曰古论，二曰齐论，三曰鲁论。既有三本，而篇章亦异。"这里的三本，是说《论语》一书的来源所本有三：本于古、本于齐、本于鲁（即古《论语》、齐《论语》、鲁《论语》），"本"作为量书的量词正是这样发展起来的（此说采用刘世儒先生的意见）。由此发展，"本"又可以称量"日记""地图""杂志""小说"等，因为它们也都是"书"。然而，"本"作为量词传到日本却没有发生这种变化，直至今日，日本人仍用它来称量长形的植物类的东西，如"葱""萝卜""黄瓜"等，量书则用"册"。恐怕这是由于"本"的引申义及由此产生的量词用法并不符合日本的文化及其流传特点，因此也就没有流传到日本去。"枚""个""件"等用法十分宽泛的量词也充分证明了这一点，因另有专文论述，这里不再赘言。

正如前文所述，由于量词的种种特点，给外国人学习汉语造成了一定的困难。应该如何根据汉语的本质同时又考虑留学生的特点进行汉语量词的教学呢？我们认为，在给留学生讲授量词时，首先应立足于汉语本体，用理论指导我们的教学。当然，这并不是说要在课堂中不分对象地全面讲授关于量词的理论，而是说要时刻想到它与其他语言中的量词的本质区别，并把这些考虑贯穿在对量词的具体讲解中。也就是说，虽然在我们的授课过程中，量词可能是一个一个地碰到，并一个一个地教给学生们的，但在老师的头脑中，量词则是一个完整的、充满理据的群体，因此，尽管教师在讲授某一个具体量词，但通过讲授所传达出的信息却是关系到量词的完整的理论体系的。

正因为此，讲授的方法就至关重要。学生不会使用或错误地使用量词，首先是对汉语量词的不理解。他们受自己母语的影响，经常会混淆母语与汉语在量词使用上的区别。如果再没有较为系统的解释，他们会很难理解汉语为什么有如此之多的量词，同一个量词所能对应的名词为什么会有如此之大的差异等问题。所以我们在讲解某一个量词与名词的对应关系时，同样要有理论做指导。我们认为，针对学习者的不同情况适当地讲解某一量词的由来是解决这一问题的行之有效的好办法，只有这样，才能使学生真正懂得某一量词的含义，也才会真正学会使用这一量词，并进一步做到举一反三，从而逐步掌握汉语量词的应用法则。我们之所以提出这样的想法，一是出于对留学生们的知识结构与文化水平的认识，二是出于对我们自己课堂教学的经验的总结。当然，我们强调系统讲解的重要性，并不意味着我们轻视语言技能的训练，我们只是认为，训练固然是非常重要的，在理解基础上的训练则会更积极，更有针对性，从而有可能收到事半功倍的效果。

第八节 "统统"句的语法语义考察①

"统统"是范围副词中表示总括的副词，表示全部。它的句法位置比较简单，只能位于谓语核心之前，主语之后。这里所说的"总括"指的是范围副词同它们限制的对象（即总括对象）之间的关系，"它是一种用来指明其对象的每一个成员或每一部分都同相关谓词发生直接语义结构关系的范围限制"（徐杰，1985），它所总括的对象一定是复数名词。在对外汉语教学过程中，我们对学生作了上述解释后，却发现外国留学生在习得"统统"句时，还会造出很多误句，或者是中国人从来不这么说、听起来不自然的句子。例如：

[1]　*太极拳、长拳等功夫我统统学。
[2]　*这几首歌我统统听了听，我不想再听了。
[3]　*同学们非常高兴，大家统统大笑。
[4]　*我们的汉语水平统统提高了。
[5]　*他统统敢吃猫、蛇这样奇怪的东西。
[6]　*有些事我们外国人统统不明白。
[7]　*大部分人统统迷路了。
[8]　*每一个学生统统迟到了。
[9]　*我的听力题全统统做错了。
[10]　*我们统统几乎摔倒了。

---

① 本节作者：吕俞辉。原文载《中国社会科学院研究生院学报》，2011（4）。

〔11〕＊我们用电脑统统写文章，所以我们都不想学习写汉字。

〔12〕＊住在留学生一公寓的学生在公用洗澡间统统洗澡。

〔13〕＊我们是昨天下午统统考完的。

学生的出错率之高促使我们关注这个总括副词，我们使用北京大学的语料库，检索出包含"统统"的句子2318条，去除不是副词的句子75个，共得到有效句子2243个。通过分析这些句子，我们发现，从逻辑上看，"统统"在句子中表达的是全称量化词（universal quantifier）的意义，包含"统统"的句子的语义可以解释为：存在一个集合S，S包括 n 个成员，它们是 $\{X_1, X_2, X_3, \cdots, X_n\}$，全部参与了谓语所表示的事件或处于谓语所表示的状态。"统统"作为一个全称量化词，使得包含它的句子在句法和语义方面确实存在着很多特殊性。

一、"统统"后谓词性成分的限制条件

"统统"句中的谓语成分不能是单个动词。通过分析语料，我们发现"统统"句中的谓语成分极少是光杆动词，它常常以下列语法形式呈现：

第一，统统＋动词＋结果补语。例如：

〔14〕段秀实得到报告，立刻派出一队兵士，把十七名酗酒闹事的人统统逮住，就地正法。

〔15〕你要干大事，这批人最难对付，不如把他们统统赶走。

〔16〕最好有一个水獭，把这些鱼统统吃光。

第二，统统＋动词＋趋向补语。例如：

〔17〕吕太后杀了如意，还残酷地把戚夫人的手统统砍去。

〔18〕年初一，扫帚统统收藏起来，不许扫地，以图吉祥。

第三，统统＋动词＋可能补语。例如：

〔19〕没有政治稳定，社会动荡不安，什么改革开放，什么经济建设，统统搞不成。

〔20〕东闯金矿自己的矿用生产车和通勤车就统统动不了。

第四，统统＋动词＋动量补语。例如：

〔21〕在离任前，他把外贸局的各种材料统统"消化了一遍"，还对有关的机密文件作了复印备件处理。

〔22〕招考教师把被推荐来的统统"相"过一遍后，皆不满意。

第五，统统＋连动短语。例如：

[23] 海瑞又从他的行装里，搜出几千两银子，统统没收充公，还把他狠狠教训一顿。

[24] 言外之意我已神会，只好将这些有犯忌之嫌的语句统统清除付排。

第六，统统＋动词＋宾语。例如：

[25] 皇帝听说有人竟敢违反他下的禁令，一气之下，就下令把换钱的两个人统统砍头。

[26] 他下令把盐统统分给穷人，解放了俘虏。

第七，统统＋动词＋"了"。例如：

[27] 一道诏书，免了一些苛捐杂税；把宫市、五坊小儿一类欺负百姓的事，统统取缔了。

[28] 终于真相大白，在铁一般的事实面前，美国的谎言和对中国的无端指责统统破产了。

第八，统统＋其他状语＋动词。例如：

[29] 凡一切归牛做的活儿，统统由水牛"代劳"。

[30] 失业保险、养老保险、医疗保险等一系列社会保障制度，这方面的负担统统由企业自己解决。

第九，统统＋否定副词＋动词。例如：

[31] 这些至关重要的内容，文章中统统没说。

[32] 创奖评优、赞助摊派等等，一律由总厂出面承担，"三产"企业统统不参加。

在我们搜集到的语料中，也确实发现了极少数"统统"加光杆动词的用例。例如：

[33] 一些旅游胜地的铁路及公路交通业已中断，阿尔卑斯山通道统统关闭。

[34] 直到 3 月 5 日，他才转败为胜，在 8 个州的预选中统统夺魁。

我们搜集到的可以在"统统"句中出现的光杆动词还有"消融""接受""撤销""绝迹""下放""过滤""丢弃""逮捕""免除"等。分析这些动词我们会发现，这些动词都是有界（bounded）动词。沈家煊（1995）指出："有界的动作在时轴上有一个起始点和终止点，无界的动作则没有起始点和终止点，或只有起始点没有终止点。"上述 9 种结构不论是动词加结果补语，还是动词加"了"，都是为了使"统统"句的 VP 有界。所以我们可以说，"统统"句要求它的 VP 一定是有界的，如果单个动词可以满足这一要求，它们也可以出现在"统统"句中。"统统"句要求谓语是有界的表达。

要想让"统统"句在句法上合理，至少要满足上述的一种要求，当然也可以两种或三种结构杂糅在一起用。例［1］和例［2］中，"统统"后的谓语动词出现了光杆动词"学"和"听了听"，它们都是无界表达，如果在动词后加上结果补语或可能补语等成分，变成"太极拳、长拳等功夫我统统学会了"，或者"太极拳、长拳等功夫我统统学不会"，"这几首歌我统统听腻了，我不想听了"。这样句子就满足了"统统"句对VP的要求，句子也就合法了。

从语义上来说，不是所有的动词都可以出现在"统统"之后作谓语，通过分析语料我们可以看出，能够出现在"统统"后的动词常常是这些："（被）撤（职）""抓（起来）""砍（头）""饿（死）""逮（住）""赶（走）""没收""驱逐""卡（死）""烧（光）""清除""告吹""关（门）""消逝""破产""打（倒）""踩（在脚下）""腐蚀""杀"等，这些都是消极语义的、大家不希望发生的词语，也有一部分是中性语义的词语，如"分""在""填""收集""给""写""解释"，它们也可以出现在"统统"句中。很少有积极意义的谓词性成分，如"加强""提高""确信""就业"等这样的词语出现在"统统"后作谓词性成分。我们说"这些人被统统撤职了"，非常自然，不用什么限制条件，但我们说"这些人被统统提升了"，就不那么自然了，它需要一定的语境限定。例［3］和［4］这两个句子之所以不合法，不自然，就是因为"大笑"和"提高"都是积极语义的谓词性成分。是不是所有积极语义的动词都不能出现在"统统"句中呢？那也不尽然，在少数情况下，如果"统统"后的谓词性成分是积极意义的，那么它的前后必定有消极语义的词语或句子，使得整个句子的语义是消极的，是大家不希望看到的。如"他把迎合他的官员和徒子徒孙统统提拔起来，担任朝廷要职"，这个句子中有"迎合他的官员和徒子徒孙"这些消极语义的词语，就使得整个句子的语义是大家不希望实现的了。

形容词可以充任"统统"句的谓词性成分。例如：

［35］原先鼓吹变法、新学，乃至当时资产阶级宣传的自由革命统统全错，因为中国缺少的只是物质。

［36］过几年，统统老了，不但不能到军、师工作，到军区、总部工作也不好办。

在形容词充任谓词性成分的"统统"句中，整个句子的语义一般也是消极的，是作者不希望其实现的。

二、"统统"总括的成分的限制条件

"统统"是表示范围的总括副词，"统统"对其所总括的成分的最基本的条件是有一个复数的名词性短语，并出现在其前。在例［5］中，因为"统统"之前只有一个单数名词性成分，不符合"统统"句的要求，而唯一的复数名词性短语却位于"统统"之后，我们知道汉语是SVO类语言，但是副词"统统"却要求它所总括的复数名词性短语一定要放在动词前。所以，这个句子是不合法的，如果改成"猫、蛇这样奇怪的东西他统统敢吃"，这个句子就合法了。

"统统"不但要求谓语成分是有界的，而且也要求被全称量化的NP，一般都是一个有指（referential）的、定指（identifiable）的成分。定指指的是NP中要包含有"这些"、"老师的"等成分，有些没有定指修饰语的光杆名词可以使句子成立，是因为在人们的心目中，这些成分是有定的，或者在上下文中表明了的。不能出现的修饰成分是"一些""有些""某些""多数"和"少数"。全称性限定词语"凡是""一切""所有""连"等，以及分配算子"无论""不管"因为满足了复数、定指两个条件而常常出现在"统统"句中。例如：

［37］这些至关重要的内容，文章中统统没说。

［38］凡是过去搞错了的东西，统统应该改正。

［39］中国只有……在一切能够使用机器操作的部门和地方，统统使用机器操作，才能使社会经济面貌全部改观。

［40］登上高山，向四方上下一照，所有的山河大地，草木丛林，统统都现在一尺的镜子之中！

［41］连破产企业职工的工资、劳动保险资金和国家税收也会统统被拿走，企业也失去了重整旗鼓的机会，后果严重。

［42］河南省周口地区第一兽药厂不管人药兽药统统掺假。

［43］政治的、经济的、地理的、文化的，无论是国人大作还是洋人短札，统统取来精心阅读。

例［6］和例［7］中的"有些事"和"大部分人"作为"统统"的总括对象，他们虽然是复数，可是它们都不是定指的，没有满足"统统"句对被总括对象的要求，所以它们是误句。例［8］中"每"也是分配算子，袁毓林（2005）指出："分配算子'每'使得它所约束的变量的每一个元素都跟谓词发生述谓关系。"在这一点上它和"无论"和"不管"是相同的，但是"无论"和"不管"大量地出现在"统统"句中，可是在我们的语料中却未见一例"每"修饰的成分作"统统"的总括成分的。分析其原因，我们会发现，"无论"和"不管"修饰的被总括的成分，强调的是无例外的所有，是复数性结构，而"每"修饰的被总括性成分，强调的是一组事件的个体，它是单数性结构，所以它不符合"统统"句的要求，句子自然也就不合法了。

"统统"和"把"字句。复数的名词、全称性限定词修饰的短语和"不论""不管"短语都常出现在"统统"前，作"统统"的总括对象或者说语义指向，其实最容易作"统统"的语义指向的是"把"字介宾短语，也就是说，总括副词"统统"常常出现在"把"字句中，在笔者搜集到的语料中，这样的句子占到了60%左右（包括用"将"的句子）。例如：

[44] 他常常让这些人以第一人称说话，让他们把自己内心里的一切统统说出来。

[45] 贝多芬无疑是一位善于把万千种感触、思想和观念统统转化成音符的人。

[46] 这种分析活动，将以往千百年来的哲学研究活动连同哲学家的努力统统划出哲学的界外。

为什么会出现这样的情况呢？先让我们看一下"把"字句的句法限制条件："'把'跟名词组合，用在动词前"；"名词所指的事物是有定的，已知的，或见于上文，或可以意会的"；"'把'后面的动词要带其他成分，一般不是单个动词"。（吕叔湘，1994）"把"字句的这些限制条件和"统统"句的限制条件是一致的，只是"统统"句还要求"统统"总括的词语是复数。所以在教学生使用"统统"句时，我们可以从"把"字句入手，这样可以避免一些误句的发生。

三、"统统"和其他修饰语共现时的顺序

（一）"统统"和其他范围副词的共现顺序

在例[9]和[10]在这两个误句中，句中的两个副词的位置出现了问题，这就引出了一个"统统"和其他副词共现时的顺序问题。非常有意思的是经常和"统统"共现的也是范围副词。根据杨荣祥（2000）对副词的分类，"都""全"和"统统"一样，同属于范围副词中的总括副词，"几乎"是范围副词中的统计副词，"就"是范围副词中的限定副词，"也"是范围副词中的类同副词。这几个范围副词常常和"统统"连用。通过分析我们得到的语料，我们发现这些范围副词连用时的共现顺序通常是：

总括副词"统统"和类同副词"也"共现时，类同副词在前，也就是"也＋统统＋VP/AP"。例如：

[47] 不单单服装、小百货、自行车能退，就连电视机、摩托车、高档音响也统统能退。

总括副词"统统"和总括副词"全"共现时，"统统"在前，"全"在后，也就是"统统＋全＋VP/AP"。有时一个句子还可出现三个总括副词"统统""都"和"全"连用的情况，这时"全"在前，"都"居中，"统统"在最后，也就是"全＋都＋统统＋VP/AP"。例如：

[48] 写到吴琼花参军为止，参加娘子军连以后的戏统统全删，即砍掉三分之二以上的篇幅。

[49] 不论是江海还是群山，五岳四海全都统统地接受。

范围副词"几乎"和"统统"共现时，放在"统统"之前，也就是"几乎＋统统＋VP/AP"，因为"几乎"限定的是"统统"，而不是后面的谓语。例如：

[50] 街异常冷清，无论是大型百货商场、超级市场，还是中小商店，几乎统统关门。

总括副词"统统"和限定副词"就"共现时，"就"在前，"统统"在后，也就是"就＋统统＋VP/AP"。例如：

[51] 不过多大的抱负，一旦卷进这官僚机器，渐渐地，热情、意志和希望就统统被磨掉了。

最经常和"统统"共现的是同属于总括副词的"都"，这样的句子几乎占了"统统"和其他副词共现的句子的75％，而且这样的句子情况比较复杂。分析我们得到的语料，我们发现，有些句子中"都"既可出现在"统统"前，也可以出现在"统统"后，句义不会发生变化。例如：

[52] 命运的思考，历史的审视，社会的观察，都统统化作了散文语言，凝聚在三篇散文中。

但是有些出现在"统统"后的"都"不能前移，如果前移，句子会不合法，至少是不自然。例如：

[53] 所以当与会者接到通知后，又惊又喜，统统都来了。
　　＊所以当与会者接到通知后，又惊又喜，都统统来了。

有些居后的"都"如果前移，语义会有变化，会产生歧义。例如：

[54] a. 每一次打开窑炉，不合心愿的作品，他们都统统砸掉。
　　 b. 每一次打开窑炉，不合心愿的作品，他们统统都砸掉。

这两个句子似乎都合法，但是它们的语义有细微的差别。[54] a 句有歧义，因为在"都"的左向有两个复数的名词性成分，所以"都"既可以总括受事"作品"，又可以总括施事"他们"，而且这个句子从一般人的语感来说，倾向于"都"重读，总括施事，也就是说这个句子倾向性地被解释成所有的、每一个艺术家都砸掉了不合心愿的作品。[54] b 句也有歧义，但是会倾向性地理解成"都"总括受事"作品"，艺术家要砸掉所有的、每一个不合心愿的作品。为什么会出现这样的现象？我们可以用语义指向理论来解释，在我们搜集到的语料中，和表示总括的副词"统统"发生直接语义关系的绝大部分是动词性成分和受事论元，只有很少，不足 5% 的句子"统统"和施事论元发生直接的语义关系，所以我们可以说［54］b 中"统统"和"都"的语义指向是受事论元。在［54］a 中，"都"在"统统"前，紧挨着句子的施事，张谊生（2003）指出："总括副词'都'从 VP 的作用看，量化的对象一般都是 VP 的施事或主体"，根据"近邻原则：在语义上发生关联的两个成分的距离近于在语义上没有关联的两个成分，这可以说是语言在语序上的一种倾向"。"都"和"统统"就获得了和施事论元发生关系的可能性，如果"都"是重音位置所在，这个句子就有了两种语义解释，就有了歧义，而且倾向性地被解释成被总括的成分是施事论元。

（二）"统统"和否定副词的共现顺序

"统统"和否定副词共现时的顺序是"统统"＋否定副词＋VP/AP。例如：

［55］这些至关重要的内容，文章中统统没说。

［56］一般的同情、恩情、怜悯，一时情绪的冲动，统统不是感情。

［57］陈列在同一玻璃柜中的其他珍贵文物统统未动，唯独这件珍宝不翼而飞。

（三）"统统"和介词短语的共现顺序

"统统"常常和由"由""向""从""以""与""用"等介词构成的介词短语共现，共现时的顺序是："统统"＋介词短语＋动词。例如：

［58］无论何人之作统统都由编辑代改，结果必然是所有的文章都失去了原有的意思和风格。

［59］这段时间为什么忙，对国家、企业和个人都有些什么好处，利害得失统统向职工交底。

［60］至于什么大庆、渡口、石河子、乌鲁木齐、加格答齐，统统从地图上一笔抹去，我们祖国大地上将会到处都是张家庄、李家店、王家铺子、赵家村。

［61］已经掌握并参加了世界比赛的"空翻越杠抓杠"类型的高难动作，统统以一些高难新颖的连接动作所替换。

［62］对文化产业的内涵阐述为：把生活、消费、工作、娱乐、消遣等活动统统与文化结合在一起，通过各种文化活动，刺激和增加人们的大量消费。

［63］园内的一切，包括围墙、座椅、秋千、金字塔、怪兽、机器人……统统用废旧轮胎做成。

例［11］中有一个表示工具的状语"用电脑"，它出现在"统统"和它指向目标之间，这样就阻隔了"统统"的指向，形成"阻隔现象"。

"统统"也常和表示时地的"在"字短语共现，它们的共现顺序有些复杂。看了例［12］这个误句，我们似乎可以说，表示时地的状语不能放在"统统"前，但我们在语料中又搜集到了这样的句子。

［64］工厂生产的这些东西统统在国内销售。

［65］原来的青草池塘、竹篱短墙、泥砖陋屋，还有那条弯路统统在尘土中消失了，不见了。

例［64］中的"统统"不能移到"在国内"之后，否则，句子就不合法了。例［65］中的"统统"可移到"在尘土中"后，两者都合法。对这个现象的解释我们可引用董秀芳（2003）对"都"字句的解释："主题性时地成分不会引起'都'的阻隔效应，而非主题性时地成分会引起'都'的阻隔效应。主题性时地成分与非主题性时地成分的区别在于二者的表达功能不同，即在句子信息结构中的地位不同，前者是以非焦点信息的面目出现的，后者则是以焦点信息的面目出现的"。在这个误句中的"在公用洗澡间"是一个非主题信息，指出了事情发生的地点，是新信息，是语义焦点。所以它不能出现在"统统"之前。而例［65］中的"在尘土中"是背景性信息，它不是语义焦点，所以它在前在后都可以。例［13］这个误句是一个"是……的"的强调句，强调时间成分"昨天下午"。"是"是焦点标记，它后面的成分就一定是非主题性的新信息，这样就会出现阻隔效应，所以这个句子就不合法。

（四）"统统"和"把"字介宾短语的共现顺序

我们说过在我们收集到的"统统"句中，60%左右的是"把"字句。那么"统统"和这个介宾短语的共现顺序是怎样的呢？通过分析语料可以发现，"统统"可以出现在这个介宾短语前，也可以出现在其后。例如：

［66］它把高贵与卑贱，庸俗与雅致，进取与堕落统统看作批判的因素。

［67］11 位评委统统把最高分给了他。

在这两种共现形式中，"把"字介词短语居前的占绝大多数，可我们也找到了为数不多的介词短语居后的例子。分析这些句子我们发现，如果"把"字短语是"统统"的语义指向，它们一定居于"统统"前，［67］句虽然有"把"字介词短语，可是它不是"统统"的语义指向，也就是说不是"统统"总括的对象，这个句子的语义指向是施事论元，所以，"统统"必须紧挨着它的总括对象，"把"字介词短语也就只能居于其后了。

综上所述，"统统"句因"统统"作为一个全称量化词的特殊作用，使得它在语法和语义方面确实存在着很多特殊要求。

第九节 "丝毫"句的语义考察①

"丝毫",表示"极少或很少;一点儿"。从逻辑学上讲"丝毫"是一个存在量词,而且是一个相对量限式的存在量词,表示模糊的少量。但它进入句子这层语言单位后却从来不以肯定形式出现,而总是和否定词结合。"一个含有相对量限式的否定命题能推出一个负的全称否定命题"。(陈宗明,1993)所以"丝毫"和否定词结合后语义上等值于全称量词的否定。

在我们看到的词典中,对"丝毫"一词的词性的界定是众说纷纭,有名词、形容词、副词等几种说法。教科书中对这个词的解释也很含糊,大多解释为"表示'一点儿'的含义",留学生根据这些说解在使用"丝毫"成句过程中,出错率非常高,达75%。例如:

[1] *我的成绩比以前有了丝毫的进步。
[2] *考试虽然很难,可是我丝毫没有放松。
[3] *这几天我丝毫也没学习。
[4] *这个东西的质量特别不好,我丝毫不推荐。
[5] *这本词典丝毫不好。
[6] *我丝毫不认识他。
[7] *这个饭馆今天没有丝毫客人。
[8] *我生病了,今天没吃丝毫的饭。

本文统计了2002年全年的《北京日报》,检索出包含"丝毫"的句子201个,结合笔者搜集到的留学生的误句92个,对包含"丝毫"的句子的语义结构进行了系统的考察。

一、"丝毫"句和否定词

"语言中有些词语一般只能用在肯定句,有些词语一般只能用于否定句。如果把肯定、否定看作正、负两极,那么语言中有些词语属于'极性词'。"(沈家煊,1999)"丝毫"就是这样一个极性词。关于汉语中的极性词,石毓智先生曾作过全面和系统的研究,得出了"自然语言的肯定和否定公理"——语义程度极小的词语,只能用于否定结构;语义程度极大的词语,只能用于肯定结构;语义程度居中的词语可以自由地用于肯定和否定两种结构之中。"丝毫"表示"极少或很少;一点儿",当然是语义程度极小的词语,所以它在句中一

① 本节作者:吕俞辉。原文载《河南大学学报》,2005 (6)。

定和否定词共现，否定词可以是"不""没有""没""无""未"，共现的形式也是多种多样的。否定词"不""没有""未""无"和副词"丝毫"共现时，分布在"丝毫"后（作者只搜集到了一例例外："要取信于市场，要取信于人民，在产品质量上就不能丝毫麻痹。"2002 年 9 月 4 日《冠生园的教训》，但这个句子有病句之嫌），也就是说，存在量词"丝毫"的辖域是宽域，它控制着句子的谓词性成分，否定算子当然也被它辖制着。例如：

[9] 工期虽紧，工程质量却丝毫不打折扣。（2002 年 3 月 18 日 《下月我家住新房》)

[10] 昨天上午虽然有小雨，但丝毫没有影响人们游览八大处公园的兴致。（2002 年 10 月 15 日《乐登山老人日增两倍》）

[11] 可从现在的情况看，新人们丝毫未受影响。（2002 年 9 月 18 日《婚庆公司高挂免战牌》）

否定副词"不"还可以出现在"丝毫"所修饰的动补结构中。例如：

[12] 这本名为《医方集解本草备要合编》的药书有数百页，但捧在手中却丝毫感觉不到重量。（2002 年 10 月 15 日《奇异药书纸如蝉翼》）

[13] 机头是用 4 根粗铁丝拧成，相当精致，接头处丝毫看不出来。（2002 年 8 月 31 日《刘呈来玩儿铁丝出了彩儿》）

否定词"不""没有""无"还可以和形容词"丝毫"共现，否定词"不""没有"修饰句中主要谓语动词，"无"本身就是表否定的动词，形容词"丝毫"修饰谓语动词的宾语，这时存在量词"丝毫"取窄域，它所管辖的只是后面的名词性成分，而且它受到否定算子的控制。例如：

[14] 一天到晚，工作认认真真，不敢有丝毫的马虎、懈怠。（2002 年 6 月 28 日《女人婚后不生病》）

[15] 妈妈的虚荣令我如芒刺在背，张健和他的父母没有表现出丝毫的不满。（2002 年 6 月 14 日《文玩"医生"祝书民》）

例 [1] 中，语义程度极小的"丝毫"出现在肯定句中，违背了"自然语言的肯定和否定公理"，所以它是不能成立的。

二、"丝毫"句的意义潜势

从笔者搜集到的语料来看，"丝毫"句本身，有时也关涉前面的语句，都存在着两个语义因子，而且都有一个共同的意义潜势，客观条件甲（p）按常理或预期应该导致乙（q）条件的出现，可是乙条件没有出现，而出现了丙（r）。甲是客观前提句，可以是叙述性小句，这时这个小句就和"丝毫"句形成分立的小句，两个小句共同完成这个意义潜势。在汉语里，在英语中，都常常出现这样的情况，以名词为中心的指称性结构可以和叙述性小句互换，这样前提条件甲就出现在了"丝毫"句中。乙是按常理或预期应该出现的结果，但是在"丝毫"句中，乙的语义常常是不出现的，所以常常是零形式。丙是出现的结果，这个结果常是和预期的结果不同的，所以常会出现表示转折的关联词语。为什么乙语义常常是零形式？因为丙和乙的语义是对立的，用逻辑关系表达式是 ￢q＝r，q＝￢r（￢，并非，表否定）。由于语言交际中存在着"经济原则"，同时也存在着突出显现的原则，所以已出现的结果不能被省掉，这样就只能省掉乙了。"丝毫"句的逻辑关系我们可以这样表达：［(p→q)∨(p→r)］∧￢［(p→q)∨(p→r)］（→表蕴含，∨表或者，∧表并且）。例如：

［16］工期虽紧，工程质量却丝毫不打折扣。（2002 年 3 月 18 日《下月我家住新房》）

［17］一纸禁止进口涉嫌"疯牛病"化妆品的公告，丝毫没浇凉人们在"三八"节疯狂购物的热情。（2002 年 3 月 09 日《进口化妆品销售仍火爆》）

"工期紧"是客观条件，按常理推导的结果可能是工程质量差，可是结果却出现了"工程质量却不打折扣"。这个句子实现了"丝毫"句的这一意义潜势。

例［2］中的甲是"考试很难"，按常理或预期应该出现的结果的乙应是"要努力学习，不能放松"，乙和显现的结果丙应是对立的关系，可这个句子乙和丙是一致的，显然它不符合这一句式的语义要求。

三、"丝毫"句对动词的选择

在"丝毫＋不＋动词""丝毫＋没有＋动词"这两种结构中，并不是所有的动词都可以进入这两个框架中。笔者搜集到的可以进入这一框架的动词有"动摇""阻挡""减少""放松""懈怠""降低""差""逊色""违背""怀疑""低估""松动""亚于""理会""推脱""让""受到……影响""减损""反对""触动""减轻""照顾""变""减""觉得""感到""涉及"等。通过分析我们发现这些动词在语义上有以下特点：

第一，动词常是动作性不强的动词，像"吃""写""学习"等这些动作性很强的动词都不能进入这两种结构。

第二，动词常是消极意义的或是中性的词语，像"加强""提高"等积极意义的动词不能出现在这两种结构中。

第三，动词常含有可以度量的、可切分的程度意义，而且大多有偏离某一标准的意义。

第四，因为"丝毫"和否定词结合后等值于一个全称量词的否定，按照"自然语言的肯定和否定公理"，后面的动词常是语义强度比较低的词。比如说"怀疑""相信""确信"这一组词中，"怀疑"的语义强度最低，它可以出现在"丝毫＋不＋动词"这一结构中，而"确信"因其语义强度太高而不能出现在这一结构中。例如：

[18] 即使是在假期结束后，其销售的旺热也丝毫没有减退。（2002 年 10 月 24 日 《国产手机热销令上市公司业绩"喜上眉梢"》）

[19] 据说冰层厚度达数十厘米，丝毫不用担心塌陷。（2002 年 1 月 5 日 《长白山冬季旅游"解禁"》）

例 [3] 中的"学习"是动作性很强的动词，所以它不能出现在这个结构中。例 [4] 中的动词"推荐"是积极意义的动词，而且语义强度也很高。在"推荐""介绍""透露"这个语义系列中，"推荐"是语义强度最高的，所以这个句子不能成立。例 [5] 中的主要谓语不是动词，而是形容词。在笔者调查的语料中，没有一例形容词出现在这个位置上的。例 [6] 中的"认识"是一次性完成的动词，它不含有可以度量的、可切分的程度意义，所以这个句子是不成立的。

四、"没有＋丝毫＋名词"这一结构对名词的要求

否定副词"没""不"还可以出现在"丝毫"前，形成"没有＋丝毫＋名词"结构，这时"没有"作句子的主要谓语，形容词"丝毫"作定语。在"不＋动词＋丝毫＋名词"这种结构中，形容词"丝毫"也是作定语。这些结构中存在量词"丝毫"都取窄域，只修饰动词的宾语。在这样的结构中，动词、名词在语义上都有特殊的要求。在"没有＋丝毫＋名词"这一结构中，对名词的要求是：

第一，名词一定在抽象名词这一论域中，如"气氛""意识""影响"等。

第二，名词常是"动名词"，它本身常是作动词使用，但在这里临时当作名词用。如"变动""伤害""减轻""抱怨""动摇"等。

第三，一般名词不能用在这一结构中，如"书""客人""桌子"等。例如：

[20] 那种虚妄的、超自然力量的迷信印记，却一直都是十分清晰而没有丝毫的更改。（2002 年 2 月 22 日《迷信的"工业化"生产》）

[21] 而城建二公司鲁艺经理部职工却丝毫没有寒意。（2002 年 5 月 27 日《职工智擒夜贼》）

例 [7] 中的，"客人"是一般名词，所以这个句子不能成立。

五、"不十动词十丝毫十名词"这一结构对动词的要求

第一，动词不是动作性很强的动词。

第二，动词多是表示存在意义的，如"有""产生""留下""露"等。

第三，主要动词前常有"能""会""敢"等能愿动词。例如：

[22] 在他们的档案里不会留下丝毫工读的痕迹。（2002 年 2 月 27 日《谭朴让迷途浪子回了头》）

[23] 它能把来往汽车所产生的噪音和震动控制在槽内，对中关村科研院所的精密仪器不会产生丝毫影响。（2002 年 3 月 14 日《190 公里新路是怎么来的?》）

这一结构对名词的要求和"没有十丝毫十名词"这一结构对名词的要求相同。

例 [8] 中的，"吃"是动作性很强的动词，而且"饭"是一般名词，而不是抽象名词或是"动名词"，所以这个句子也是不能成立的。

总之，"丝毫"句总是以否定的形式出现，它在逻辑上，在对句中的主要谓语动词和它所控制的名词宾语的语义上都有很多严格的限制。

第十节　"简直"句的语义考察[①]

"简直"是具有顺转正向强调功能、带有强烈主观倾向的语气副词（齐沪扬，2003），"简直"句是对外汉语教学的一个难点。以往的诸多课本对这一句型的注释一般都是："简直，副词，simply，强调完全是这样或差不多是这样，含有夸张的语气。"所以留学生很容易写出"她简直很漂亮"这样的错句。笔者在北京师范大学留学生 102 年级作了一个调查，发现留学生使用"简直"句时出错率高达 65％。前人已经对这一语言现象有所评述，他们多是从语法的角度进行考察。但是从语法的角度进行考察不能解决对外汉语教学的实际问题。为了解决对外汉语教学的实际问题，我们将从语义入手，对"简直"句进行考察。

一、"简直"句的语义类型

本文检索了 2000 年全年的《北京日报》，以及《小鸟在前边带路》《47 楼

---

① 本节作者：吕俞辉。原文载《北京师范大学学报》，2003 年专刊。

207》和《热狗》三部小说，找出"简直"句231个，从语义的角度对"简直"句进行了考察，试图找出什么样的语义才能受语气副词"简直"的修饰。笔者发现，"简直"句的语义一定不是平铺直叙的客观陈述，而是引人注目的主观夸张，这样才能达到强调的目的。

（一）"简直"所修饰的词语的意义要表示程度

1. 用特殊的结构来表示程度

（1）"太……了"

这个结构在笔者搜集到的231个句子中有8个。例如：

我们开通这个服务项目，简直太方便了。（2000年9月2日《北京电信实现"189"一号对外受理客户咨询》）

他天真地认为，女孩子不会爬树，不会踢足球，只喜欢绣花和跳舞，简直太笨了。（2000年1月10日《破镜何需再重圆》）

（2）"是"

在笔者搜集到的句子中，"简直"后面常常跟着"是"，其中有些是表示判断的系动词，但也有许多"是"不是典型的表示判断的。它们出现在形容词性、动词性词语前，是表示强调的。"表示强调的'是'和系动词'是'其实是形似而神不似，句法特征有着很大的区别"（石定栩，2003），系动词"是"不可以省，但表示强调的"是"可以省掉。在书面语中，语义重心的表示有时依靠语气副词，最常用的是语气副词"是"。作为指示"对比焦点"的形式标志且有顺接强调功能的"是"具有十分明显的加重语气的作用，使其所修饰的成分程度提高。这种结构在笔者搜集到的231个句子中有35个。例如：

萨诺维奇是败军之将，大连请他去简直是疯了。（2000年1月21日《"那小子在哪里？我要和他打一架！"》）

海外华人代表团简直是没想到，由26名博士、博士后组成的海外学子代表团，共达成了179个合作项目。（2000年5月17日《北京收获高科技》）

他简直是在拿中国足球"开涮"。（2000年11月1日《亚洲杯后说米卢》）

（3）"就"

"就"可以用来加强肯定（吕叔湘，1994），"简直"可以表示夸张强调。这两个副词常常连用，共同修饰其后的谓语，使其所表示的程度更高。这样的句子在笔者搜集到的231个句子中有41个。例如：

这简直就是最美味，最奢华的一餐。（2000年1月4日《永远的羊皮相册》）

孩子的话让我们觉得要孩子真没劲，父母对他们来说简直就得是个银行。（2000年1月13日《出国旅游给我们带来什么》）

她做的小衣服、小斗篷等，简直就像是一件工艺品，相当漂亮。（2000年1月4日《魏老太将幸福结缘三个世纪》）

写出一篇让自己满意的千字文，偶有发表，那高兴劲简直就无法形容。（2000年10月10日《无暇孤独最时尚》）

"简直＋就"以后，常常跟着动词"是"和"像"，这两个动词在这类句子中所占比例高达96％。副词"就是"也可以用来强调肯定，它也可以出现在"简直"的后面，和"简直"一起修饰谓语。例如：

舞蹈团自创的舞蹈有50多套，表演时间在1个半小时，简直就是让您经历一次民族风情巡礼。（2000年6月22日《消夏避暑到傣风酒楼》）

（4）"到了……的境地（地步、程度）"，"与……毫无二致"，"有……之势"，"可以和……媲美"，"可以用……来形容"，"可以算……"

这些结构在笔者搜集到的231个句子中有12个。用了这些结构后，表示这些结构连接的两者程度相同。例如：

我头一次听说就觉得这等级观念简直到了令人啼笑皆非的境地。（2000年2月11日《"副科以上打针"》）

呆到后来，简直到了难以忍受的地步。（2000年11月7日《放飞的风筝》）

一些地方包揽的行政审批事项多达三四千项，简直到了"干什么都要审批"的程度。（2000年10月10日《纠偏补弊激浊扬清》）

明明是一簇珍奇而美丽的灵芝，无论颜色、形态简直与真品毫无二致。（2000年12月1日《石不惊人誓不休》）

刘瑾被称为"立的皇帝"，简直有与坐的皇帝正德爷并驾齐驱之势。（2000年7月17日《鸣响历史的警钟》）

每年来这里聚栖繁衍的鸟类已多达170多种、30万只左右，其中属国家保护的一、二级鸟类就有20余种，简直可以和青海湖鸟岛媲美。（2000年6月11日《退耕还林、草、湖》）

这几年，北京市的房地产建设简直可以用突飞猛进来形容。（2000年5月12日《走"两广"街，话老房子》）

相对于卖一台才赚几十元的彩电来说，简直可算"暴利"了。（2000年3月30日刊《空调降价小字辈之战》）

2. 用本身有程度意义的词语来表示程度

我站起来冲我儿子嚷嚷："简直业余水平。"（2000年4月19日《国安老总说国安》）

她痴迷于化学，班里的人也都为她的好学精神所感动，皆称许说："瞧这

孩子，简直入了迷。"（2000 年 11 月 17 日《航天公主王之任》）

一位二百三十磅的胖子竟然有这么矫捷的身手，简直吓一跳。（2000 年 10 月 9 日《洪金宝上了美国收视排行榜》）

那个"苦夏"对王淑兰来说简直刻骨铭心。（2000 年 3 月 4 日《八女情怀》）

我说的是她的嘴，实在奇妙，一和人说话就向四面八方扭动，简直了不得。（《小鸟在前边带路》）

值得注意的是很多成语都包含有程度意义，如"欣喜若狂""倒背如流""易如反掌""不可思议""惊愕不已""不堪重负""杯水车薪"等，所以"简直"后面常常出现一个成语。在笔者搜集到的 231 个句子中有 39 个这样的句子。

3. 用情态补语来表示程度

这样的"进化"哪是什么好事呢？简直"旧"得掉渣儿了。（2000 年 4 月 5 日《"后后……"现代的"新新……"人类》）

而这一刻的裴文中，真是惊喜得简直有些忘乎所以了。（2000 年 2 月 25 日《寻找"北京人"》）

杨女士拿到移民签证时，激动得简直说不出话来了。（2000 年 3 月 3 日《民警帮找移民证》）

从 20 日"燕莎春茶现炒现卖"活动开始，每天都是这样，简直忙得抬不起头来。（2000 年 3 月 30 日《商家支锅"炒"春茶》）

以上类型的补语，有人说是程度补语，有人说是情态补语，我们这里采用刘月华的《实用现代汉语语法》（1986）的说法，把它们说成是情态补语。在这本书中，她把情态补语分成了四类：表示程度的情态补语；对动作进行描写、评价或判断的情态补语；描写动作的施事者或受事者的情态的情态补语；主谓短语充任情态补语。从我们搜集到的例句来看，除了第二种对动作进行描写、评价或判断的情态补语不能和"简直"组合外，其他三种都可以受"简直"的修饰。同时我们也可以看出，"简直"可以放在动词前，也可以放在程度补语之前。在笔者搜集到的 231 个句子中有 7 个这样的句子。

（二）"简直"所修饰的词语的意义要表示结果

1. 用结果补语来表示结果

那是盛夏里的一天。乍一走进墓园，我简直惊呆了。（2000 年 1 月 26 日《墓园家园》）

月底一看水电费，简直愣住了：98 元水费，398 元电费。（2000 年 7 月 25 《住大房子是享受还是受罪》）

可当她把小贩找的钱拿出来一看，简直气晕了头。（2000 年 2 月 23 日《持刀吓顾客》）

台球厅里像个黑洞，简直要憋闷死我啦！（《小鸟在前边带路》）

从以上例句我们可以看出，并不是所有的结果补语都可以出现在"简直"句中，只有表示通过一个动作使人或事物发生了某种变化或发出另一动作，即这种结果补语说明"人"或"事物"时，这种结果补语才可以出现在"简直"句中。只是说明动作，没有"使动"意义的结果补语则不能出现在"简直"句中。在笔者搜集到的 231 个句子中有 8 个这样的句子。

2. 用本身有结果意义的词语来表示结果

在笔者搜集到的 231 个句子中有 5 个这样的句子。例如：

说什么艺术品是无价的，简直活见鬼。（2000 年 10 月 11 日《艺术的刁民》）

（三）"简直"所修饰的词语要有比喻意义

"简直所修饰的中心语一般总是一种比喻的说法"（北京大学中文系 1955、1957 级语言班，1982）。这些比喻有明喻，也有暗喻。在笔者搜集到的 231 个句子中有 36 个这样的句子。其比喻词可以是"就像是""就像""像""像……一样""跟……一样""是""就是""成了"等。例如：

她做的小衣服、小斗篷等，简直就像是一件工艺品，相当漂亮。（2000 年 1 月 4 日《魏老太将幸福结缘三个世纪》）

去年以来，《快乐大本营》《欢乐总动员》这类电视节目简直就像受宠的孩子，人见人爱。（2000 年 1 月 5 日《还是家里看电视最舒坦》）

呆在空调房里我的感觉，太硬太锐，简直像被剥了一层皮。（2000 年 8 月 23 日《热读李白冷读杜甫》）

这两口井都有 1 米多深，里面用杂草和木棍填着，简直像坑人的陷阱一样。（2000 年 3 月 25 日《水井没盖磕掉牙》）

这两天公共汽车车厢里就像火炉一样，从车上下来，简直跟水洗过的一样。（2000 年 7 月 14 日《空气在燃烧行人难出户》）

他们连奏带唱，给人的感觉简直是乡村摇滚。（2000 年 4 月 26 日《新民乐来了》）

飞机一降落，就想立刻登上民航班车。等背着两个包裹跨进自家的院子，简直就是一个陶渊明了。（2000 年 6 月 13 日《马俊华做父亲的感觉真好》）

美国的公路简直成了一个流动的天然车辆展览馆。（2000 年 3 月 7 日《在美国"拖家带口"去旅游》）

（四）"简直"所修饰的词语要有否定意义。

笔者搜集到 30 个这样的句子。

1. 否定意义可以用有标记的否定副词来表示

（1）"没（有）"

新走上工作岗位，老王的高兴劲儿简直没法形容。（2000 年 1 月 22《日保一方平安》）

善克简直没有想到，才短短几年，罪恶的战争便使哈斯特上校完全变成了一个白发苍苍、精神恍惚的干瘪老头。（2000 年 5 月 16 日《寻找"北京人"》）

（2）"不"

我简直不敢相信这是真的，上天对我真是太厚爱了。（2000 年 1 月 5 日《啼血杜鹃》）

这么高的电话费简直不可能。（2000 年 2 月 23《电话遭盗打》）

记得读到汪曾祺先生的《受戒》时，读了一遍又一遍，简直爱不释手。（2000 年 9 月 6 日《尊重与信赖》）

（3）"无"

离开了文化交流，人类简直无法生活，一切都是无法想象的。（2000 年 6 月 26《季羡林为什么研究糖史？》）

在中国，龙简直无所不在。龙的文化，源远流长。（2000 年 2 月 5《飞向新世纪的中华巨龙》）

我简直搞不懂，这件事为什么会变成这样。（《小鸟在前边带路》）

从以上句子我们可以看出，否定副词可以出现在"简直"后、动词谓语前，也可以出现在成语中，还可以出现在可能补语中，只要"简直"后的语义是否定的，句子就可以成立。所以我们说"简直"句对语义的要求重于对语法结构的要求。这一结论我们还可以从下面的句子得到印证。

2. 否定意义也可以是无标记的

不管是中戏还是北影表演系的女孩子，所受的"折磨"简直少之又少。
（2000 年 12 月 13 日《痛并快乐着的芭蕾女孩》）
如果没有包场，演出简直难以想象。
（2000 年 10 月 11 日《首都剧场上演〈蛐蛐四爷〉》）

这些句子形式是肯定的，是无否定标记的，但是它们的意义是否定的，它们都可以出现在"简直"句中。

（五）"简直"所修饰的词语要有使令意义

笔者搜集到 10 个这样的句子。使令意义可以用以下结构来表示：

1.“令人……”

这种对前贤毫无敬畏之心的狂妄简直令人感到愤怒。（2000 年 1 月 31 日《不要轻言"创造"》）

主席西尔顿形容这种现象简直令人吃惊。（2000 年 1 月 16 日《不懂用句号》）

2.“使……”

北京发生变化之大简直使人不能相信。（2000 年 5 月 23《三千个胶卷定格古都》）

3.“让……”

在我们看来，学生的读音并不准确，许多字母简直让人听不出区别，但谷老师却总在鼓励她的学生们。（2000 年 5 月 19 日《走进无声的世界》）

他的话简直让我绝望了。（《热狗》）

上述五种形态是"简直"句成句的必要条件。只有满足这五种条件之一，"简直"句才能完成其特有的表示强调夸张的功能。

二、“简直”句偏误分析

在对外汉语教学中，我们常常会发现留学生在用"简直"句时出现偏误，且出错率非常高。现举一些学生典型的错句并加以分析。

第一组：

＊ 他的女朋友简直漂亮。

＊ 清华大学简直很大，我非得买自行车不可。

＊ 今天简直非常热。

在这组错句中，"简直"后面或直接加上了形容词，或加上程度副词"很""非常"之后，再加上"简直"，这些都是不对的。在汉语中，"简直"后不能只有一个形容词，即使形容词加上程度副词"很""非常"也不行，因为这些程度副词与"简直"相比它们的程度不够高了。它们只是平铺直叙的描述，而不是引人注意的夸张，所以它们和表示夸张强调语气的语气副词"简直"不匹配。如果把"很""非常"换成"极了""太……了"，语义上就匹配了。上述错句可以改成：

他的女朋友简直太漂亮了。

清华大学简直太大了，我非得买自行车不可。

今天简直热极了。

第二组：

* 我简直看完了这本书。

* 他今天简直来晚了。

在汉语中，并不是所有的结果补语都可以出现在"简直"句中，只有表示通过一个动作使人或事物发生了某种变化或发出另一动作，即这种结果补语说明"人"或"事物"时，这种结果补语才可以出现在"简直"句中。只是说明动作，没有"使动"意义的结果补语不能出现在"简直"句中。所以我们可以根据上下文语义把它们改成：

我几乎看完了这本书。

我今天简直来得太晚了。

第三组：

* 昨天他简直睡得很晚。

* 他简直唱歌唱得非常好。

在汉语中，这种通常所说的程度补语"动词＋得＋副词＋形容词"，《实用现代汉语语法》所说的"对动作进行描写、评价或判断的情态补语"，不能受"简直"修饰。所以我们可以把句子改成：

昨天他睡得很晚。

他简直唱得让大家都入了迷。

第四组：

* 他上课的时候简直常常睡着。

* 周末我的同屋简直往往喝醉了。

"常常"和"往往"都是表示重复、频率的副词，在汉语中这类副词不和语气副词"简直"共现。在笔者搜集到的 231 个"简直"句中没有一个这样的句子，因为"常常"和"往往"是用来客观地描述通常发生的事，它们和带有夸张和强调语气的"简直"语义上不匹配。

第五组：

* 雪那么大，你简直别回去了。

* 你别犹豫了，简直说出来。

在这两个句子中，语气副词"干脆"误用为了"简直"。因为"简直"的英文翻译是"simply"，但是"simply"和"简直"的意义不是完全对应的。它还有一个义项是"坦白地、干脆"，在使用这个义项时，我们不能用"简直"来翻译。所以受英语的影响，学生发生了这两个语气词的误用。

综上所述，"简直"所修饰的词语要表示程度；"简直"所修饰的词语要表示结果；"简直"所修饰的词语要有比喻意义；"简直"所修饰的词语要有否定意义；"简直"所修饰的词语要有使令意义。上述五种形态是"简直句"成句的必要条件，只有满足了这五种条件之一，"简直"句才能完成其特有的表示强调夸张的功能。

第十一节　"V 给 N_1N_2"句式中"给"的标记作用[①]

在现代汉语中，"给"的使用十分广泛，它可以单独使用，如"我给她一碗粥"；也可以出现在动词前，如"我给你拿了一件衣服"；也可以出现在动词后面，"我递给她一本书"。对于这种"V 给"形式出现的句子，很多学者进行了讨论，但是至今还是众说纷纭，没有一个明确的界定。我们试从语用的角度，对"V 给 N_1N_2"句式中的"给"进行分析。

一、"V 给 N_1N_2"句式的意象图式

(一)"V 给 N_1N_2"句式体现了"起点—路径—目标"意象图式

认知语言学认为："语言不能直接反映客观世界，而是由人对客观世界的认知介于其间，'心生而言立'，其模式是：客观世界→认知加工→概念→语言符号"。(赵艳芳，2001) 语言体现了人类的认知，人类的认知方式决定语言的形式。因此，语言结构是基于人们对世界的经验，不同的语言形式必然表达了不同的语义。

人类在与客观世界的联系中产生经验，这些经验就会在大脑中形成认知模式，由于人体的特点，人与外部世界首先形成一种空间关系以及由此形成了意象图式。意象图式有一定的内部结构和组织，人的经验中具有多种意象图式，这种图式会投射到我们的语言中，帮助我们理解句子的语义。我们认为"V 给 N_1N_2"句式是一个表示转移的句式，可以通过"起点—路径—目标"图式来进行理解。这个图式的生理基础是当物体从一个起点移到另一个地点时，一定有起点、终点和路径。构成要素有起点、终点、路径和方向。例如：

［1］我借给她一本书。

这个句子表达了"书"的转移途径，起点是"我"，终点是"她"，是通过"借"的方式实现的。

---

① 本节作者：陈颖。原文载《语言文字应用》，2005 年专刊。

［2］她写给我一封信

"信"从"她"处转移到"我"手中,是"她""写"的。

(二)"V 给 N_1N_2"句式是表已然的转移

我们发现,可以表达转移的句式并不少:

［3］a. 我买给她一件礼物。

［4］a. 我买了一件礼物给她。

［5］a. 我给她买了一件礼物。

这三个句子都表达了"礼物"从"我"到"她"之间的转移,但是三者的形式不完全一样,那么他们所表达的语义是不是也存在着差异呢?兰盖克认为不同的句法结构可以在受话者大脑中产生不同的意象,象征着不同的语义,会造成不同的理解。我们把这三个句型记作"V 给 N_1N_2""VN_2 给 N_1"和"给 N_1VN_2",我们认为在这三种句型中,都表达了事物从一个起点向某个目标的转移,但是这种转移是不是实现,有没有到达终点,三者表达的语义却不尽相同:

［3］b. 我买给她一件礼物,她很喜欢。(转移实现)

［4］b. 我买了一件礼物给她,她很喜欢。(转移实现)

［5］b. 我给她买了一件礼物,她很喜欢。(转移实现)

上述三个句子,转移都已经实现了,但是下面的句子却相反:

［3］c. ＊我买给她一件礼物,明天你转交给她好吗?

［4］c. 我买一件礼物给她,明天你转交给她好吗?(转移没有实现)

［5］c. 我给她买一件礼物,明天你转交给她好吗?(转移没有实现)

我们可以发现,"V 给 N_1N_2"式的句子在表达"未完成"语义时,句子不能成立。

范继淹先生 (1982) 曾说过:"以动词的光杆形式表示未然,是汉语句法的通则。"在例［3］和例［4］的句式里,如果动词后没有语助词"了",句子的语义也就会发生变化。试比较:

［4］a. 我买了一件礼物给她。

［4］d. 我买一件礼物给她。(她喜欢什么呢?)

［5］a. 我给她买了一件礼物。

［5］d. 我给她买一件礼物。(买什么好呢?)

可以看出,d 句表达的是还没有实行的动作,更不可能转移。而在"V 给 N_1N_2"句式中,由于动词与"给"结合在一起,表达了实现了的转移。

语言成分之间的距离反映所表达的概念成分之间的距离，沈家煊（1999）认为在"V N₂ 给 N₁"中转移和到达是两个分离的过程，而"V 给 N₁ N₂"中，转移和到达是统一的过程。由于"V 给 N₁ N₂"句式表达的是已然的转移，因此在"V 给 N₁ N₂"句式中被转移的事物一定是定指的。例如：

[6] 我给你买词典，但不是今天。

[7] 我买词典给你，你别急。

[8] 我买给你词典，你也不用。

例 [6] 和例 [7] 句的"词典"，是不确定的，可以是书店里的任何一本，但是例 [8] 句中的"词典"是双方都知道的一本词典，因为此时的转移已完成。因此，"V N₂ 给 N₁"和"给 N₁ V N₂"句式如果要表达转移的完成，事物一定要用限定、修饰的成分来表示双方都确定的事物，而"V 给 N₁ N₂"句式中，可以不用限定成分，但却能确定是某物。

（三）"V 给 N₁ N₂"中的"给"是表示转移的标志

在上面的论述中我们知道"V 给 N₁ N₂"是表示转移的意象图式，那么"给"就是表示转移方向的标志。我们来看下面的句子：

[9] 我给了她一本书。

　　我的一本书现在在她的手里。

[10] 我送给她一本书。

　　我的一本书现在在她的手里。

[11] 我借给她一本书。

　　我的一本书现在在她的手里。

[12] 我买给她一本书。

　　我的一本书现在在她的手里。

可以发现，这些句子都表达了转移，在这里"给"是转移的标志，指向转移的对象"她"。我们可以这样来理解这些句子：

[10] a. 我的一本书现在在她的手里，作为礼物。

[11] a. 我的一本书现在在她的手里，但是以后要还给我的。

[12] a. 我的一本书现在在她的手里，书是我买的。

二、"V 给 N₁ N₂"中的动词和"给"的标记强弱

在"V 给"中，"给"是转移方向的标志，而动词就表示了转移的性质和转移物获得的方式。这样，我们可以给进入"V 给"句式进行分类：

(一) 表转移实现的方式

这类动词主要有"送""借""赠""奖""让""陪""租""告诉""教""通知""寄""发""派"等。

［13］去年十二月十九日，我寄给国内朋友一封信。(《冰心文集》)

［14］我们就替您做主，送给小孩一双虎头鞋。(《京华烟云》)

我们发现上面的句子中的"给"都可以省略，成为：

［13］a. 去年十二月十九日，我寄国内朋友一封信。

［14］a. 我们就替您做主，送小孩一双虎头鞋。

很多研究者认为，这些动词都是"给予"类动词，由于"给予"动词"描述反映了构成一个完整'给予'事件所需的三方参与者主体、与体和客体"(徐峰，2002)，那么这些词本身就具有转移的能力，和"给"具有同样的作用，因此可以省略"给"。词语在构句过程中要求一定数目的、具有一定特性的成分与之组配结合，词语的配价能力也就是指词语这种能关联一定数目的、一定性质的成分的能力。动词的配价就是指和动词共现的名词性成分，进入"V 给 $N_1 N_2$"的动词应该有三个名词性成分，即转移者、转移物和转移对象，"给予"类动词是典型的三价动词。我们还发现，"教""告诉"虽然不是"给予"类动词，但属于三价动词。"我告诉她这个问题的答案"这句话中"告诉"的三个名词成分是"我""她"和"这个问题的答案"，也能进入"V 给 $N_1 N_2$"句中：

［15］他以为教育不仅是教给学生一点课本上的知识。(《四世同堂》)

在这些句子中动词和"给"都分别能与转移物和转移者发生联系，"给"也都可以省略。因此我们认为当进入"V 给 $N_1 N_2$"中的动词是三价动词时，其动词在句中的语义是表"转移实现的方式"，"给"的标记义最弱。

但是在"借"类的动词中，它们虽然也表示"给予"，是三价动词但是由于这些词表示的转移是双向的，"我借她一本书"，可以理解我的书转移到她处，也可以理解为她的书转移到我处，因此，"给"是不能省略的，由此，也可以证明"给"是转移方向的标志。

(二) 转移物获得的方式

在下面的句子中，我们可以发现还有很多动词可以进入"V 给 $N_1 N_2$"句式：

［16］你父亲留给我差不多两万块钱现款，还在银行里。(《京华烟云》)

［17］他见了唐小姐七八次，写给她十几封信。(《围城》)

从上面的句子中我们可以看到，这些句子中的动词都是二价的。

［18］我写信。

＊我写信她。

［19］父亲留钱。

＊父亲留钱她。

可见，例［17］和例［18］中表示转移的是"给"，这些句子可以变换成连动句：

［16］a. 我父亲留了差不多两万块现款送给我，还在银行里。(《京华烟云》)

［17］a. 他写了十几封信寄给唐小姐。(《围城》)

而三价的"V给"句是不能做这样的变换的：

［13］b.＊去年十二月十九日，我寄一封信送给国内朋友。

［14］b.＊我们就替您做主，送一双虎头鞋寄给小孩。

因此，我们认为"V给 N_1N_2"句中的"V"为二价动词时，"V"表示的是转移者获得转移物的方式，是朱德熙先生（1982）所认为的连动形式。由于这些动词不能具有转移语义，因此"给"作为表示转移方向的标志，是不能省略的。

三、和"V给 N_1N_2"相关的句式

(一) N_2 V给 N_1

［20］他住的那间公寓房间现在租给一个爱尔兰人。(《围城》)

［21］信是寄给木兰和阿非的。(《京华烟云》)

我们认为这个句型是可以由"V给 N_1N_2"中的 N_2 提前而得到的：

［20］a. 现在租给一个爱尔兰人他住的那间公寓房间。

［21］a. 寄给木兰和阿非信。

沈家煊（1999）认为，"在汉语中，体现'施受动'顺序的是无标记模式，其他的句式都体现不同程度的有标记语序"。在" N_2 V给 N_1"中， N_2 是受事，我们可以把这个句子看成是"V给 N_1N_2"中受事前置，所以我们可以认为" N_2 V给 N_1"是"V给 N_1N_2"的有标记形式，是要强调转移物的转移结果。

(二) 把 N_2 V给 N_1

［22］孙小姐知趣得很，说自己有雨帽，把手里的绿绸小伞借给他。(《围城》)

［23］桐芳把权利让给了招弟。(《四世同堂》)

这些句子也可以还原成"V给 N_1N_2"形式：

［22］a. 孙小姐借给他绿绸小伞。

［23］a. 桐芳让给招弟权利。

这些句子将 N_2 提取出来，用"把"来作为标记，将受事放在了动词前面，突出了转移物，因此也是"V 给 N_1 N_2"的有标记形式。

（三）V_1 N_2 V_2 给 N_1

［24］她拧了一条热毛巾，拿给曼娘。（《京华烟云》）

［25］傅先生掏出一张十元的纸币递给和尚，并谢谢他们的美味宴席。
（《京华烟云》）

在这个句式中，句式变成连动，说明了 N_2 的获得方式，其基本语义还是：

［24］a. 她拿给曼娘一条热毛巾，毛巾是她拧的。

［25］a. 傅先生递给和一张十元的纸币，纸币是从傅先生口袋里掏出来的。

我们可以将这些句子改造成"V 给 N_1 N_2"句式：

［24］b. 她拧给曼娘一条热毛巾。

［25］b. 傅先生掏给和尚一张十元的纸币。

（四）V 给的 N

［26］她常常往父亲送给她的三棱镜中窥看。（《京华烟云》）

［27］送给女人的东西，很少是真正自己的，拆穿了都是借花献佛。（《围城》）

在这个句式里，"V 给"作为定语形式出现，强调名词的属性是转移物，用定语形式确定其转移的路径。如［26］中，是"从父亲处转移到她（木兰）处"的"三棱镜"，而不是其他的三棱镜；［27］中"东西"的特性是"（从别人）处转移到女人手里的"。

通过以上分析，我们可以认为上面所说的四种句式"N_2 V 给 N_1""把 N_2 V 给 N_1""V_1 N_2 V_2 给 N_1""V 给的 N"其实都是"V 给 N_1 N_2"的变化形式，可以说是同性的，因此，在这些句子中的"给"也是表转移的方向。

四、小结

从上文的论述中，我们可以看到"V 给 N_1 N_2"作为一个典型的转移图式，表达了物体由 A 到 B 处转移的实现，有四种变形形式"N_2 V 给 N_1""把 N_2 V 给 N_1""V_1 N_2 V_2 给 N_1""V 给的 N"。在"V 给 N_1 N_2"及其变形中，"给"是一个表示转移方向的标记，由于动词不同，"给"的标记性有强有弱，在三价动词中，由于三价动词本身就要求带有三个名词性成分，"给"的标记性较弱，但是"借"类动词由于语义方向的不确定性，虽然是三价动词，"给"的标记性比较强。二价动词本身不能进入"V 给 N_1 N_2"句式，"给"标记出事物转移的方向，动词是交代转移物的来源。

第七章 语义表达及其修辞研究

第一节 汉语的时间表达[①]

认识事物变化的过程要参照事物变化中的某些特征，时间就是靠事物的变化特征来表示的，没有变化就没有时间。在我们的认识里，空间是一种相对的存在，认识空间，必须依靠参照系统，如"上—下""前—后"等。同样，时间也是一种相对的存在，认识时间也要通过一定的参照系统，因此在认知上，人们借用空间的结构特征来认识时间[②]，这也是汉语用表示空间的名词、介词等表示时间的原因。

一般来说，语言有两种表达时间的方式：一种以说话时间为参照点来表达；另一种以发生的事件互为参照。为了便于说明，我们把第一种情况称为绝对时间，第二种情况称为相对时间。当然，从根本上说，时间与空间一样，都是相对的。

昨天—今天—明天

去年—今年—明年

在上面两组词语中，"今天""今年"常作为说话时间，即参照点。

每种语言有自己的一套手段来表示时间系统，对第二语言学习者来说，掌握所学语言的时间表达手段往往是学习的重点内容。下面是学习汉语的留学生的偏误句，从中可以发现学生没有完全掌握汉语时间表达的某些手段：

5 月 1 日，我们去了香山，明天我们又去了颐和园。

2009 年我来到北京，明年又到了北师大。

以上两个句子都可以用"第一、第二……"来表达时间。"今天—明天""今年—明年"互为参照，但上例的"5 月 1 日""2009 年"不能与"明天""明年"互为参照，这种情况可用"第一、第二……"来表达：

---

① 本节作者：李晟宇。

② 陈振宇：《时间系统的认知模型与运算》，41 页，上海，学林出版社，2007。

表示绝对时间的参照系："昨天——今天——明天"。

表示相对时间的参照系："第一天——第二天——第三天"。

总体上看，汉语的时间表达包括以下几个方面：

第一，绝对时间的表达。（1）一些词直接表示绝对时间，如名词"今天、明天、以后、以往、今后"，副词"曾经"等；（2）结合词语的语义特征来表示，如名词"后来"，副词"往往、又、再"等。

第二，相对时间的表达。（1）一些表示时间的词语直接表达，如名词性词语"第一天""1999 年""星期二"，副词"已经"等；（2）用动态助词"了"等来表达；（3）还有一些格式也表示相对时间，如"快……了"。

第三，主观时间的表达。主观时间指说话人对时间的主观感受。（1）副词"终于""早日""趁早""就""才"等用于表达主观时间；（2）格式"一……就……"等。

这些时间表达方式在汉语使用中起着重要作用。本节力图在已有研究的基础上，从对外汉语教学的角度出发，从语法、语用等方面入手，对部分与时间表达有关的名词、副词、动态助词等进行分析，以期发现汉语时间表达的一些微观特征，寻找这些表达方式的句法、语义特征，希望能于对外汉语教学有所助益。

一、名词性词语和时间表达

时间的本质是一种变化，时间是以事物的变化为表现形式的，认识时间，必须有参照物，语言中的时间系统，也是一个参照系统。下面我们对部分名词进行分析，探讨一些名词表示时间的规律。

（一）互为参照的时间名词、方位词

表时间的名词常常是互相对应、互为参照的，这类词包括部分时间名词和方位词。

1. 时间名词

过去　现在　将来

昨天　今天　明天

去年　今年　明年

上午　下午

春　夏　秋　冬

虽然在实际的使用时，这些词语常单独出现，但是从认知和语言系统的角度来说，上面每组内的词语是共存的，互为参照的。

2. 表时间的方位名词

（1）"以前"和"以后"

"以前"和"以后"是方位词，在现代汉语中，这两个词主要用来表示时间，其作用相当于时间名词。先看几个偏误句：

我们先去了王府井，以后去了西单。
我三年前到了北师大，以后去了北语。

上例中的"以后"都应改为"后来"。

"以前—以后"构成了一个时间的参照系统，但是，如果"以后"不构成"×以后"，就不能用于过去，"以前"不构成"×以前"格式，就不能用于将来，其原因是二者在构成时间参照系统时，分别位于说话时间的前后："以前——（说话时间）——以后"，其意义相当于"现在以前"和"现在以后"。

"以前——后来"也可以互为参照，但与"以前——以后"不同："以前——后来——（说话时间）"，"以前"和"后来"都位于说话时间以前。

"×以前""×以后"都可以用在过去或将来。在"×以前""×以后"格式中，参照点有两种：一是说话时间；二是"×"。谁是参照点与"×"的特征有关。出现在"×"位置的可以是以下几类词语：

第一，表示时间点的名词性词语。例如：

九点以前
三点以后
1979 年以后

此时"×以前""×以后"的参照点就是"×"。

第二，表时间段的词语。例如：

三天以前
多年以前
3.7 亿年以前
三十年以后

此时时间参照点为说话时间，如无其他时间表达手段限制，"时间段＋以前"一般用于过去，"时间段＋以后"则可以用于过去、将来。

从空间上看，能做参照点的事物必须有明确的位置，时间上同理。表示时间点的词语处于一个表示时间的序列中，如"1 点——2 点——3 点……""1978——1979——1980……"等，它们都有自己的相对位置；表示时间段的词语是表示时间长短的，不表示先后，没有位置意义，不能做参照点，如"两天——三天——四天""三年——四年——五年"等。所以"×以前""×以后"中的时间段不能做参照点。

第三，动词性词语。例如：

上课以前

回家以后

任何动作行为都在一定的时间发生，因此动作行为可以作为时间参照点出现，上例中的"上课""回家"都是时间参照点。表面上看，此时时间参照点为动词性词语表示的事件，实际上是以该事件发生的时间为参照点的。再如：

考试结束以前

蒸汽机发明以前

人类出现以前

如果以说话时间为参照点，一般直接用"以前""以后"即可。例如：

我以前去过长城，以后还想去。

我以后会继续学习。

以非说话时间为参照点时常用"×以前""×以后"。例如：

课程结束以前完成作业。

请你下课以后来一下。

"以前""以后"单用时以说话时间为参照点，所以一般不再与表示说话时间的"今天""现在"等搭配，因此"×以前""×以后"中的×很少是表示说话时间的，如"今天以前""现在以后"。但这种用法并非完全没有，只是很少出现。

（2）"前后"和"左右"

在现代汉语中，方位词"以前"和"以后"都用来表示时间，但"前后"和"左右"既可表方位，也可表示时间，构成"×前后""×左右"格式。这两个格式对"×"的要求不同，前者表示的是时间点，后者既可表示时间点，也可表示时间段。例如：

8点前后　　　　　8点左右

6月1日前后　　　6月1日左右

＊半个月前后　　　半个月左右

＊一年前后　　　　一年左右

（3）"以前""先前"和"后来"

"以前"和"先前"都常与"后来"共同出现，"以前"和"以后"也常常对应使用，但是"先前"很少这样用。例如：

积雪受雨水作用开始融化。先前是一滴滴的，慢慢的。后来是一道道的，匆匆的。

? 积雪受雨水作用开始融化。以前是一滴滴的，慢慢的。后来是一道道的，匆匆的。

他以前抽烟，后来不抽了。

? 他先前抽烟，后来不抽了。

"以前"强调说话时间以前，"先前"除了强调说话时间以前，还有在某事之前的意思，往往用来对比强调某事前后的不同。另外，"以前"可以和"以后""后来"对照，"先前"可以和"后来"对照：

以前从没有人成功过，以后也不会有人成功。

＊先前从没有人成功过，以后也不会有人成功。

以前我的决策都凭直觉，以后则要靠科学。

＊先前我的决策都凭直觉，以后则要靠科学。

以前他曾在这儿呆过，但他后来走了。

先前他曾在这儿呆过，但他后来走了。

以前说是大鱼吃小鱼，后来又出现了快鱼吃慢鱼。

先前说是大鱼吃小鱼，后来又出现了快鱼吃慢鱼。

从上例可以看出，"先前"与"以后"不能对照使用，与"先前"搭配的是"后来"。

（二）表时间名词的附加语义特征

先看一个偏误例子："明天，来了客人。"这个句子要表达的意思是"第二天，来了客人"。"明天"的参照点是"今天"，对"明天、昨天"的认知是立足于当前时间的。因此例句中的叙述不能用"明天"，这里可用"第二天"，"第一天、第二天、第三天……"互为参照，但是其中的任何"一天"都不立足于某一绝对时间，所以可以自由使用。

再看一个偏误例子："……生了炉子，以后有人来找父亲。"这句话要说的是"后来有人来找父亲"。"以后"用在过去，必须是"×以后"的形式，否则只能表示将来，即"以后"有［＋将来］的语义特征。例句应该使用"后来"。"后来"不能用来描述未发生的事情，即"后来"带有［＋过去］的语义特征。我们还可以进行一些类似的分析：

时段＋以前［＋过去］

时段＋以后［＋过去］［＋将来］

当时［＋过去］［＋将来］

当年［＋过去］［＋将来］

当初［＋过去］

当今［＋现在］

当前［＋现在］

　　"当时、当年"常用于过去时间，但也可用于将来。"当初"与"后来"一样带有［＋过去］的语义特征，如："现在回过头来再看，当初拍的那部所谓的'纪录片'，我觉得那不过是小儿科罢了"。

　　在汉语中，词语的这些语义特征并不表现为某种形式标志，但是使用者会根据需要来选择带有某种语义特征的词语。在表示时间的名词中，主要的语义特征就是［±过去］、［±现在］、［±将来］。但是带有与时间有关的语义特征的不只是名词，且语义特征也不仅限于［±过去］、［±现在］、［±将来］，下文将以副词为例进行说明。

二、副词和时间表达

　　副词的主要作用是修饰限制动词、形容词性词语，表示程度、范围、时间等①，据此可把副词分为程度副词、范围副词、否定副词、时间副词、频率副词等小类，划分这些小类的依据主要是语义。对时间副词也有分类研究，如把时间副词分为定时时间副词和不定时时间副词②，前者表示某特定时间的事件，后者则不受特定时间的限制；再如把表时间的副词分为时量类和动量类，时量类表示时间，动量类表示频率。③ 时间副词归属及小类划分并非本节要讨论的问题，但是，与时间有关的副词不仅限于时间副词，另外，时间副词也并非只表示时间。有些副词是直接表示时间的，一般将其称为时间副词，如"曾经""早日""趁早"，有些副词是通过语义特征来表示时间的，如频率副词"常常""往往""又""再"。

（一）时间副词与绝对、相对时间

　　有些时间副词表示的是绝对时间，如"曾经""早日""趁早""早先"，另有一些时间副词表示的是相对时间，如"已经""刚""正在""立刻""马上"，如果不对这两类词加以区分，可能会引起理解上的问题。例如"已经"常表示已发生、过去的事情：

　　考试已经结束了。
　　他已经把英语背得滚瓜烂熟，但第二天考试还是不及格。

但不能据此说"已经"用于过去：

———————————

①　黄伯荣、廖序东主编：《现代汉语》下册，增订三版，24 页，北京，高等教育出版社，2002。
②　陆俭明、马真：《现代汉语虚词散论》，98 页，北京，语文出版社，1999。
③　张谊生：《现代汉语副词的性质、范围与分类》，载《语言研究》，2000（1）。

明天这个时候，已经在回国途中了。

上例的"已经"用于将来时间，表示相对于某一时间，某事发生。

（二）副词与时间有关的语义特征

从语义特征看，副词与名词一样，有的用于表示过去的情况，有的既可表过去，也可表现在，"往往"和"常常"是两个典型的例子。我们可以作如下分析：

往往［＋过去］
常常［＋过去］［＋现在］［＋将来］

再如：

又［＋过去］
再［＋将来］

当然"往往"和"常常"的区别不止于此，"往往"与"常常"同属频率副词，但"往往"的本质不是频率，而是概括总结。

（三）时间副词的附加语义特征

时间副词"曾经""终于"表示过去，"早日""趁早"表示将来，但是，这些副词除了表示的时间不同外，还存在其他方面的差异，我们可以从语义上进行简要分析。先看例子：

我的目的很明确，想让他看在曾经一起住过地下室的份上，帮我在某位导演面前美言几句。

我也曾经犯过一些傻，甚至做过一些让自己感觉挺不可思议的事。

经过大半年的忙碌，专辑终于面市了。

我踌躇了一阵，终于鼓起勇气决定问一问过路的人。

在七十六岁高龄时终于熬不过折磨。

此后的几天一直盼望开幕式早日到来。

做父母的都盼望儿子好好改造，早日回家。

百姓忍受不了啦，大王如果不趁早改变做法，出了乱子就不好收拾了。

有的说，跟汉军的力量相差太大，不如趁早投降；有的主张逃到钟山死守；也有人主张拼一死战。

非让孩子读书，学问值几个钱，不如趁早退学，好歹算个劳动力。

从上面的例子看，"曾经"表示过去，用来描述过去发生的事，"终于"也用于过去，但强调在一个较长过程后出现了某一结果，这个结果可能是说话人希望的，也可能不是。

"早日"和"趁早"都表示将来，除了语体色彩不同，从上例还能发现一些差别:"早日"表达说话人的希望、企盼,希望的结果都是积极的;"趁早"更多用于建议、劝说,其结果未必是积极的。因为二者的这些特征,产生下面的变换结果:

此后的几天一直盼望开幕式早日到来。→ *此后的几天一直盼望开幕式趁早到来。

大王如果不趁早改变做法,出了乱子就不好收拾了。→ 大王如果不早日改变做法,出了乱子就不好收拾了。

跟汉军的力量相差太大,不如趁早投降。→ *跟汉军的力量相差太大,不如早日投降。

不如趁早退学,好歹算个劳动力。→ *不如早日退学,好歹算个劳动力。

从上面的分析看,与"曾经"比,"终于""早日""趁早"带有说话人的更多主观色彩。

(四)副词的主观时间表达

一些副词表示的并不是客观的时间,而是说话人对时间的主观感受,这里的主观"指说话人在说出一句话表达一个命题的同时还传递说话人对这个命题的态度、观点和情感"(沈家煊,2005:5)。最典型的是副词"就"和"才",二者都可用来表达时间,但都是说话人的主观感受。例如:

她从周六下午五点就开始排队,为的是买到一张下周一中心球场的门票。

专家们每天从早上七点就开始工作,中午只吃一个盒饭后又开始手术,一直工作到晚上七点。

十一日凌晨五点才来到金鑫基地。

每天凌晨三点她就走出家门,晚上七、八点才回家,一干就是十几个小时。

这里的"就"和"才"表示说话人主观上感觉的时间早晚,类似的还有"终于""早日""趁早"等。"终于"用于过去时间,但更多表示说话人的主观感受:经过一段较长的时间,某种结果出现。"早日"和"趁早"用于将来时间,但是说话人用这两个词表示主观上希望、建议某事在不久的将来实现、施行。

三、"了"和时间表达

在对外汉语教学中,表示动态的"了"总是带来诸多困扰。"了"与时间有关,但"了"并不对应"过去—现在—将来"的某一段,"了"只是表示相对时间的一个标记。如果说"了"表示过去,或者说表示过去发生的事情,会带来很多问题。本节主要从微观上讨论"了"的作用。

（一）"了"的分类

表动态的"了"有两个典型位置：动词性词语后和句尾，二者功用不同，一般称前者为"了₁"，后者为"了₂"。对"了₁"的研究，主要集中在两个问题上：一是"了₁"是构词单位还是词；二是"了₁"的意义。

有研究认为"了₁"是词缀。《现代汉语语法讲话》（以下简称《讲话》）在"构词法"一章讨论"了₁"，将"了₁"与词缀"-儿""-子""-头"归为一类，但《讲话》也提到"了₁"还可以出现在动词词组后，如"做完了功课"，这时"了₁"是"整个结构的尾，不是一个单纯动词的尾"。（丁声树等，1961：225）《汉语口语语法》列出了四种形态类型：重叠、前缀、后缀、中缀，认为"了₁"是动词后缀，表示完成态，并从方言的角度分析了词缀"了₁"和助词"了₂"的差异。（赵元任，1979：126）《语法讲义》也把"了₁"归入词缀，认为"了₁"是"表示动作完成"的动词后缀。（朱德熙，1982：68）

也有研究认为"了₁"是词。《现代汉语八百词》（以下简称《八百词》）把"了₁"和"了₂"都归入助词，认为"了₁"表完成，"了₂""主要肯定事态出现了变化或即将出现变化，有成句作用"。（吕叔湘，1980：314）《实用汉语语法》把"了₁"列为动态助词，并根据动词特点分析了"了₁"的意义："了₁"在动作动词后表示动作行为的发生，"至于动作的持续、完成等意义是由动词以及上下文、语境等提供的"（刘月华，2007：363）；"了₁"在状态动词后表示状态的出现；结束性动词后的"了₁"表示动作发生并结束。

对"了₂"的研究主要集中在两方面：第一，"了₂"是词，一般将其归入表示语气的助词；第二，"了₂"的意义，常见的说法有表变化、新情况出现等。

《讲话》把"了₂"与"啊""吧""吗""呢"等并列归入语气助词，"语助词是表示语气的，通常在一句的末了或句中停顿的地方，如'下雨了，怎样办呢？'"（丁声树等，1961：7）；《讲话》在"语气"一章提到"了₂"表示变化："一是本来没有这个情况，现在才有；二是本来没有注意或知道这件事，现在才注意或知道。"（丁声树等，1961：214）《汉语口语语法》认为"助词和后缀都是附着于前边的成分，但是后缀属于词，助词属于短语或句子"（赵元任，1979：353），除了词缀"了"，还有一个助词"了"，即"了₂"。《汉语口语语法》列出了"了₂"的7种作用，其中第一种是表示事情开始或出现新情况，并通过汉英对比分析了"了₁"和"了₂"的不同。《语法讲义》把"了₂"归入语气词，表示新情况的出现。《实用汉语语法》把"了₂"归入语气助词，语气助词"了₂"的作用之一与动态助词"了₁"相同，"表示动作状态的实现……'出现了新情况'，表示'变化'，也是这个意思"（刘月华等，2007：379）。《实用汉语语法》列出了"了₂"表"实现"的6种情况，从根本上说，这些情况都可归入"变化"。

总体上看，已有研究将"了₂"归入语气助词，对于"了₂"是语气助词的看法，陈贤纯（1979）很早就提出质疑，认为"变化"不属于语气，表变化的"了₂"应该是动态助词。

一般认为"了₂"表新情况、变化，有学者的观点与此不同，认为"了₂"表示的"其实就是一件对方不知道，或者说与对方已知不同的事实（一个'新'的信息）。句尾'了'的作用就在于申明这种新事态"。（刘勋宁，1990）其实这一说法与其他观点并不冲突，只是角度不同：一是从交际角度出发；一是从句子本身意义出发。

（二）"了"的管控范围

依据以往对"了₁"和"了₂"的分析，在对外汉语教学中大体上能够分析出"了"的偏误问题所在，但有些细节仍需进一步的分析，如果笼统地说"完成""变化"，则不容易解决问题。

先看几个例子：

[1] 买了什么东西。
[2] 买什么东西了。
[3] 买了什么。
[4] 买什么了。
[5] 买了二斤西红柿。
[6] 买二斤西红柿了。

如果不考虑语境，以上几个例子都成立。例[1]和[2]、例[3]和[4]有时可以互换使用，在无语境的情况下似乎区别不大。例[5]和[6]各自都能成立，但意思不同：

[7] 你买了什么？/你买什么了？
　　　我买了二斤西红柿。
[8] 你买了什么？/你买什么了？
　　　*我买二斤西红柿了。

例[7]中的回答没问题，但例[8]中的答句不成立。例[7]和[8]的不同显示出两个问题：一是"了₁"和"了₂"之间的差异，学界对此早有研究；二是"了"对句内词语有何限制，对此可以作进一步的思考。

从句法结构看，"买了什么""买什么了"和"买了二斤西红柿""买二斤西红柿了"都是动宾结构，在这一层面上，难以分辨各自的特征。再深入一层分析，"买了"可看成动补结构，"买二斤西红柿了"中的"了"是通常所说的"了₂"。在进行句法分析时，这个"了₂"难以具体分析。

从表示时间上来说，例[7]中的"了"是表完成的"了₁"，例[8]中是表变化的"了₂",这样可以解释为何例〔7〕成立,例〔8〕不成立。

但例〔7〕和〔8〕的对立在下面的情况中消失了:

〔9〕你买什么了?

　　我买西红柿了。

〔10〕你买什么了?

　　我买了西红柿。

例〔7〕〔8〕和例〔9〕〔10〕的不同在于前者有数量词,后者则没有。下面是两组用于对比的例子:

〔11〕买了西红柿。

〔12〕买了二斤西红柿。

〔13〕买西红柿了。

〔14〕买二斤西红柿了。

据《现代汉语八百词》的分析,"动+了₁+宾"的"了"表示动作完成,"动+宾+了₂"的"了"表示出现变化。(吕叔湘,1980:314~315)例〔11〕〔12〕为"了₁",例〔13〕〔14〕为"了₂"。在此我们对变化作进一步的说明:变化指 A 情况变成了 B 情况。

〔15〕你买什么了?

　　我买西红柿了。

〔16〕你买西红柿了吗?

　　我买西红柿了。

例〔15〕和〔16〕的不同在于,例〔15〕特别强调 A 情况到 B 情况的变化已发生:"A:没买西红柿→B:已买西红柿"。

例〔16〕的变化是。"A:没买→B:已买。"从重音上也能发现二者表达重点不同:

你买什么了?

我买西红柿了。

你买西红柿了吗?(可变成正反问)

我买西红柿了。

例〔13〕和〔14〕的区别是例〔14〕中有数量词"二斤",从意思上看,二者都是"A 情况变成 B 情况",例〔13〕包含"未买"到"已买"的变化,但例〔14〕的表达重点却不在这里,一般来说,例〔14〕中的"买"是确定已经发生了。针对例〔14〕的最佳问句应该是:

[17] 你买多少西红柿了？

　　买二斤西红柿了。

句子的重音在"多少"和"二斤"上。

例[17]中的"了₂"仍表变化，但变化的不是"买"，而是"二斤"，或者说，数量词语"二斤"是句中的变量。从意义上看，"二斤"只是"一斤→二斤→三斤→…"系列变量的一部分。"了₂"表示这种变化已经开始并可能继续发生，同时，当前"二斤"的变化已完成，所以句子可以说成："买了二斤西红柿了。"这里的"了₁"表示完成。

再如：

学三年汉语了　　　学了三年汉语了

去三趟了　　　　　去了三趟了

为了便于说明，我们把以上例子形式化：

VP＋了₁＋NP

VP＋NP＋了₂

前者称"了₁"句式，后者称"了₂"句式。按照已有研究，"了₁"句式的"了"表 VP 完成，我们要进一步说明的是，"了₁"句式中的"了"还表示 VP＋NP 结果出现。看下面一组例句：

[18] 买椅子了，但没买到。

[19] ＊买了椅子，但没买到。

[20] 找女朋友了，但没找到。

[21] ＊找了女朋友，但没找到。

[22] 买了东西回家。

[23] ＊买东西了回家。

据前面的分析，例[19]中的"了₂"表示"未买"到"已买"的变化，句子可以变成"买了，但没买到"，不影响整个句子意义的表达，但如果变成"买一把椅子了，但没买到"则不成立，因为此时"了₂"已转而表达数量的变化，"买"则是既成事实。

例[20]中的"了"是"了₁"，笼统说"了₁"表完成，并不能清楚解释[20]为何不成立。"了₁"表示什么完成、完成到什么程度是都是关键问题。从例[20]看，"了₁"表示的不仅仅是"买"完成，而是"买椅子"完成，或者说句式"VP＋了₁＋NP"中的"VP＋NP"是一个完成的结果。例[21]和[22]同理。

"了₂"句式的"了"表变化，又分两种情况：

第一，"未 V"到"已 V"的变化。例如

［24］吃药了。

［25］去公园了。

第二，句式中数量的变化。例如：

［26］吃两次药了。

［27］去三趟公园了。

另外一种类似的句式是"NP＋了"，"了"表示 NP 的变化：到达 NP，达到 NP 的水平、程度等。（邢福义，1984）

［28］秋天了。

［29］半小时了。

［30］大学生了。

"了"之所以能表示 NP 的变化，离不开 NP 的特点：NP 具有"推移性"（刑福义，1984），或者说，NP 是某种可变序列中的一个变量，如"春天、夏天、秋天、冬天""10 分钟、半小时、一小时……""小学生、中学生、大学生"。

另外，"VP＋了"的 VP 如果是形容词，"了"表示 VP 出现，其实质还是一种变化。例如：

［31］（天气）热了。

［32］（花）红了。

（三）"了"的偏误分析

从使用"了"的偏误中，能发现"了"的一些规律，这些偏误有些可以用已有观点来解释，有些有待于进一步研究。

［33］＊沈雪批评他也还是看手机，沈雪生气，把他的手机扔在垃圾桶。

［34］＊沈雪听这些话，生气地说："不能上这门课！"

例［33］和［34］遗漏了"了"，这样例［33］中的"变化"、例［34］中的"完成"都不能表达出来。

［35］他在那棵树下等着好几天。

这里的"等"应该是完成的动作，应该说"等了好几天"。

［36］今天早上台长让我写一章检查了，把这检查交给你。

例［36］如果去掉"一章"就基本成立，这说明"了"管控"一章"。

［37］他非常后悔了。

"后悔"表示心理，"非常后悔"表示一种状况，不涉及变化，所以不能用"了"，"他后悔了"则可以说。另外，表示持久性心理感知的非行为动词后不能带"了"（丁崇明，2009：175），如常见的偏误"希望了""打算了"等。

［38］过了几天她又去那个摊儿，那天菜也贵了。

与例［37］一样，例［38］也不存在变化，所以不用"了"。

［39］但对于我个人来说，这一个星期是非常无聊的时间了。

例［39］表示判断，与变化无关，不能用"了"，但关系到变化则可用，如"你是大学生了"。

［40］我十点钟才回家了。
［41］我们刚开始了新的学期。

例［40］和［41］的问题之一是"了"与表时间的"才""刚"有冲突。

从以上偏误可以看出，有些问题可以用已有研究解释，有些问题需进一步探讨，如"了"与"刚""才"等词语的冲突。

四、固定格式和时间表达

汉语里有一些格式是用来表示时间的，构成时间格式的可以是名词、形容词、副词等。

（一）"×（的）时候"和"×时"

这是两个常用的时间格式，常用来作句首状语，一般用来表示事情发生的相对时间。这两个格式是名词性的，但其中的"×"有多种情况：

第一，"×"的位置是名词。例如：

黄昏时
清明的时候
民国时
新文化运动时

这时"×"可以是表示时间的名词，也可以是表示某一事件的名词。

第二，"×"的位置是形容词或形容词性词语。例如：

小时候
烦闷的时候
最轻松的时候
困难的时候

总体上看，形容词性词语多出现在"×的时候"格式中。

第三，"×"的位置是动词性词语，例如：

做好饭时
快到画家村时
不工作的时候
开始的时候

第四，"×"的位置是指示代词。例如：

这时候
那时候

指示代词有时与量词"个"共同使用，如"这个时候""那个时候"。"这""那"指示的是某一事件，整个格式表示是这一事件发生的时间。

第五，"×"的位置是疑问代词。例如：

什么时候
啥时候

在方言里也有"哪时候"的说法。现代汉语使用短语询问时间，如"什么时候""几点"等。

第六，"×"的位置是数量词。例如：

五年级的时候

（二）"快×了"

"快×了"是形容词参与构成的格式，表示快到×或快到×发生的时间。

第一，"×"可以是表示时点的词语。例如：

快3点了

整个格式表示时间接近该时点。

第二，"×"也可以是表示时段的词语。例如：

快一个月了
快三年了

此时格式表示时间长度接近该时段。

第三，"×"也可以是形容词。例如：

（感冒）快好了
（天）快黑了

此时格式表示形容词"×"代表的情况快要出现。

第四，"×"是动词性词语，例如：

快下课了

快考试了

快做完了

此时格式表示时间接近动词性词语表示的事件或该事件即将发生。

"快＋形容词＋了"与"快＋动词＋了"不同，前者意思是形容词表示的情况即将出现，后者表示某事即将发生或快到某事发生的时间。

（三）其他词语参与构成的时间格式

介词、能愿动词、副词、方位词都可参与时间格式的构成，如"在×""从×到×""要×了""一×就 Y""×以前"，这些时间格式是一个有机的整体，进行整体的研究与分析，有助于掌握这些格式的特点，有利于汉语教学。

五、余论

一种语言怎样表达时间，是学习、使用、研究该语言的重要内容。汉语的时间表达手段多种多样，对此进行研究梳理，对汉语研究、教学来说都很重要。在从宏观上考虑汉语表达时间的规律同时，更要从微观上具体分析每种表达手段。例如，"了"的词类归属、副词小类的划分、各种表达手段之间的配合与冲突等。

第二节　句末"点儿"的语法功能和认知模式分析①

一、问题的提出

作为量词，句末"点儿"的基本语义是表示"少量"。《现代汉语八百词》（吕叔湘，1991）把"动/形＋（一）＋点儿"结构中的句末"点"解释为"表示程度、数量略微增加或减少，数词限于'一'，可省略"。我们在考察了以上句末"点儿"后发现，虽然可以把句末"点儿"解释为"表示程度、数量略微增加或减少"，但在"动/形＋（一）＋点儿"中"点儿"有其特殊的语法功能和表义作用。出于对外汉语教学的需要，对于句末"点儿"表示"程度"的具体情况还需要作更为细致的观察。本文所说的句末"点儿"不包括小句之后的"点儿"。

---

① 本节作者：卢华岩。原文载《语言文字应用》，2007 年专刊。

二、句末"点儿"的语法功能

(一) 动/形＋(着)＋点儿

首先我们认为"点儿"和"一点儿"有时并不能等同。比如"再吃点儿""往左点儿""简单点儿""快点儿""节约一点儿"中的"点儿"可以看成是"一点儿",但在"动/形＋着＋点儿"格式中,如"防备着点儿""看着点儿""小心着点儿""来回跑着点儿""简单着点儿""快着点儿"等都不可以把"点儿"说成"一点儿"。《现代汉语八百词》"动/形＋着＋点儿"格式所举例句中的"点儿",也都不是"一点儿"。可见,"动/形＋着＋点儿"的"点儿",不能解释为"一点儿"省略了"一"。这说明"点儿"表"少量"的意思趋于减弱,"一点儿"有被虚化为表语气功能的倾向。

《现代汉语八百词》把"动/形＋着＋点儿"句式解释为"用于命令、提醒等"。考察《现代汉语八百词》"动/形＋(一)＋点儿"格式后,发现其中的某些句子也可以用于祈使句。"点儿"表达祈使语气,并具有完句功能,如"节约一点儿""防备着点儿""小心一点儿""简单点儿"等。周元林在详细分析了"V着点儿"动词的语义特征和句法分布特征,比较了"V着点儿"和"V着"在对动词选择限制上的区别后,也认为"V着点儿"是祈使句式。他认为"(一)点儿"具有很强的语法功能,可以充当一些祈使句的完句成分。(周元林,1998)邢福义的《汉语语法学》(1998)在形容词的语义中提到"×点儿!"是祈使句肯定形式之一种。"小心""高""低""大""小""轻""重""谦虚""客气""主动""热情""果断"等表示主观能控状态,并且具有褒义或中性色彩的形容词,都能直接进入上述祈使句式。因此,我们认为"动/形＋(一)＋点儿"的"点儿"表示对行为状态请求、提醒、劝诱的祈使语气。"防备"或"防备着"不表达请求、劝诱的信息,而且也不能作为完句存在。"防备着点儿"所表达的请求、劝诱的信息和完句的功能是由"点儿"来完成的。在"动/形＋(一)＋点儿"中,"点儿"的作用是配合语气,加强语气表达的信息量。

周一民(1998)说:"语气词有表示程度的作用。语气词的特点之一就是有的语气词在表示语气的同时,兼有表示时体、程度或完句的作用。"由此看来,把"动/形＋(一)＋点儿"结构中表示程度的"点儿"解释为具有祈使语气的功能,也完全符合语气词的特点。因此,在"动/形＋(一)＋点儿"中,"点儿"表示程度、数量略微增加或减少的量词语法功能更多地虚化为祈使语气。也可以说,句末"点儿"已被或正在被虚化为语气词。

有些动词加"点儿"时,往往在动词前加上"多""少""再"等词语,如"多吃点儿","少打点儿(电话)","再买点儿"等。如果把"点儿"解释为

"少量"，那么就无法解释"多吃点儿"动词前后的度量成分语义互相排斥的矛盾现象。

（二）动/形＋了＋点儿

1."动＋了＋点儿"

"动＋了＋点儿"中句末"点儿"是对动词宾语的模糊处理，仅表"少量"。宾语必须在"点儿"后，在对话语境中可省略，省略后表现为句末"点儿"结构。例如：

[1] 你吃饭了吗？

[2] 吃了点儿（饭）。

2."形＋（了）＋点儿"

"形＋（了）＋点儿"中的"点儿"表示变化或偏离标准的程度。《现代汉语八百词》认为"形＋了₁＋数量"有两种情形：一种是表示变化并且说出变化的幅度，如"头发白了许多"等；另一种是不表示有什么变化，只表示某一性质偏离标准的幅度，如"这件衣服短了点儿"，"这双鞋大了一号"。（吕叔湘，1991）"头发白了许多"和"这件衣服短了点儿"的语法结构完全一样，为什么"头发白了许多"表示变化，而"这件衣服短了点儿"不表示有什么变化呢？《现代汉语八百词》没有说清楚。通过下面[2][3]两句中的"头发白了点儿"的不同语义，我们可以更清楚地看出"形＋（了）＋点儿"格式的两种不同意义。

[2] 他跟十年前比，头发白了点儿

[3] 这个人哪儿都好，就是头发白了点儿

[2]句中的"了"表示变化，[3]句中的"了"不表示变化。同样都是"形＋（了）＋点儿"结构，为什么会出现这样的不同呢？

我们认为"形＋了"结构都存在对比。在表示一种变化已经完成，出现新的情况时，"形＋了"结构都表示已完成的某种变化与变化前的对比，只是语义指向在于变化，而不是对比。而"形＋（了）＋点儿"结构语义指向在于对比，而不是变化。"点儿"表示变化前后对比的差距，也可以说是这种对比的标志。"点儿"的作用使"形＋（了）＋点儿"结构表示对比，不表示变化。比如"头发白了""这件衣服短了"语义指向是表示变化，当变化前后对比时，"头发白了点儿"和"头发白了许多"一样，表示"有了变化并且说出变化的幅度"。但语义指向不在于变化，而在于对变化前后的对比，"点儿"表示对比后的"少量"差距。比如"他跟十年前比，头发白了点儿"，这种对比表示一个主体自身变化前后不确定的程度差距。

对比的标准有主观标准和客观标准。变化前后的对比标准是客观标准。当

与客观标准对比时，"形＋（了）＋点儿"结构表示说话人对比客观标准，说出变化的程度。由于这种变化主观上不可控制，所以对比的标准只能是客观的。比如"天（比刚才）亮了点儿"，"亮"的标准是客观的，可以用"亮度"作为标准来衡量。再比如"树绿了点儿"，"（他跟十年前比，）头发白了点儿"，"（洗了以后，）这件衣服短了点儿"，"绿""白""短"的标准是客观的，可以用"色度""尺寸"作为标准来衡量其变化程度。但语言交际的模糊性导致对这种变化程度的衡量只能是不确定不精确的。因此在与客观标准对比的情况下，只能用表"少量"的"点儿"来体现语言的模糊性。这就是表变化的句末"点儿"。

当与主观标准对比时，"形＋（了）＋点儿"结构的语义指向是表示说话人对比主观标准后，对已完成的"某一性质偏离标准"表示遗憾、不满、不合适等贬抑语气。"点儿"表示偏离主观标准的幅度。正因为如此，绝对褒义形容词不能进入该格式。比如"灯（比刚才）亮了点儿"与客观标准对比时，表示对"已完成的变化"和"新情况"的陈述，"点儿"表少量。但与主观标准对比时，就不表示有什么变化，比如"灯亮了点儿（能不能调暗一点儿）"，"（这个人哪儿都好，就是）头发白了点儿"，"这件衣服短了点儿"，这里的"亮""白""短"的标准是主观的，不必用"亮度""色度""尺寸"作为标准来衡量，"点儿"自然也就不起衡量变化程度的作用。"灯亮了点儿"是与说话人主观上"亮"的标准相比，偏离了说话人认定的"亮"的标准。因此在与主观标准对比的情况下，"点儿"表示偏离说话人主观标准的幅度及对偏离标准表示遗憾、不满、不合适等贬抑态度。"（这个人哪儿都好，就是）头发白了点儿"，也是与说话人主观上"白"的标准相比，偏离了说话人认定的"白"的标准，这就是不表变化的句末"点儿"。

可见，同样都是"形＋（了）＋点儿"结构，由于存在变化前后相对于客观标准的对比和与某一主观标准的对比这两种情况，因此"头发白了点儿"存在两种不同语义。

由于某些客观事物本身不能变化或不可控制，有些"形＋（了）＋点儿"结构只能与主观标准对比。比如我们无法把"这间房子小了""脑袋大了"一类句子看成是客观状态下的"变化"，只能理解为主观上的"对比"。这样一来，"这间房子小了点儿""脑袋大了点儿"就不表示变化的程度，而只表示偏离主观标准的对比，"点儿"表示偏离主观标准的幅度和贬抑语气。

除了主体相对于主观标准和客观标准的对比外，"形＋（了）＋点儿"结构也可以是两个主体之间的对比。"点儿"表示两个主体之间差距的不确定程度，如"山那边的情况我熟悉，还是我去好一点儿""他的汉语好，我比他差点儿""你妹妹好像比你高一点儿"。

因此，"形＋（了）＋点儿"有三种不同的对比，分别是与主观标准的对比（"衣服短了点儿"）、与客观标准的对比（"我的表快了点儿"）和两个主体之间的对比（"你妹妹好像比你高点儿"）。在某种特殊语境中，"形＋（了）＋点儿"还可以表示委婉语气，这种语用含义另当别论。

3. 关于"太＋形＋了＋点儿"格式

现代汉语中还有一类"太＋形＋了＋点儿"格式，比如：

［4］你也太狠了点儿。

［5］他太傲了点儿。

［6］他太严肃了点儿。

［7］你高兴得也太早了点儿。

表面上，形容词前后的"太"和"点儿"语义互相排斥，但其实"太"和"点儿"的语法功能都是表示程度。在"太＋形＋了＋点儿"格式中，我们面临的是"太／＋形＋了＋点儿"还是"太＋形＋了／＋点儿"的语义切分问题。从"形＋了＋点儿"格式出发，我们倾向于"太／＋形＋了＋点儿"。因为"了"的不可替代性决定只能是"了"选择"太"，从而使该格式的程度副词不是"很""非常""十分"之类。因此，在"形＋了＋点儿"结构表示遗憾、不满等说话人贬抑态度的基础上，"太＋形＋了＋点儿"格式中的语气加重为对"偏离标准"表示埋怨、批评和指责。

邢福义在帅宝春《说"太 A 了一点"》（1999）论文的"导师评语"中说："汉语里，形容词前后的度量成分一般互相排斥，不会同时并见。"因此，我们不同意帅宝春所说的"'点儿'表示的程度量低，与前面的'太'配合运用时，形成前强后弱的气势，'太'所表达的强烈语气通过'一点'的削减得到缓和，从而使整个格式表示的语气较为委婉"的看法。这种看法的出发点是"太＋形＋了／＋点儿"，"太＋形＋了＋点儿"格式中表示偏离标准幅度的"点儿"是配合"太"加重表示超出主观认定标准的过分程度。

三、句末"点儿"的认知模式

（一）句末"点儿"的认知模式一

表"少量"，"动＋了＋点儿"结构，"点儿"是对动词宾语的模糊处理（图 7-1），如例［1］。

（二）句末"点儿"的认知模式二

表祈使语气，"动／形＋（着）＋点儿"结构或"介宾短语＋点儿"结构，句末"点儿"虚化为表示祈使语气（图 7-2）。例如，"简单点儿"，"高兴点儿"，"看着点儿"，"往左点儿"，

图 7-1 模式一

"再吃点儿"。

图 7-2　模式二

模式二的主体多为第二人称。"父亲高兴一点儿"是陈述语气，不成立。但如果是祈使语气，把主体"父亲"改为呼语或改为"你"，即"父亲，高兴一点儿！"或"你高兴一点儿！"即可成句。模式一中的动词如果没有"了"，就变成模式二。

（三）句末"点儿"的认知模式三

表示偏离主观标准的不确定程度，"形＋（了）＋点儿"结构（图 7-3）。例如：

[8] 这件衣服短了点儿。

[9] 这间房子小了一点儿。

[10] 这盏灯亮了点儿。

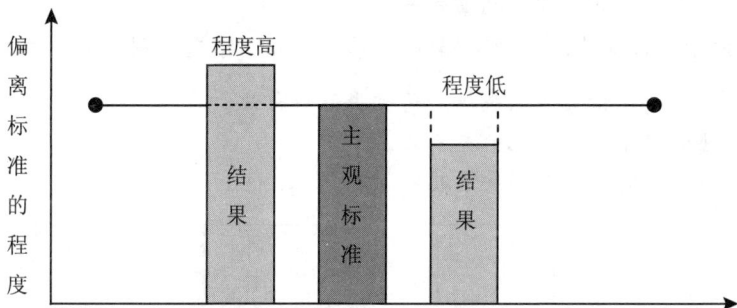

图 7-3　模式三

"形＋（了）＋点儿"结构是把偏离标准的结果跟主观标准进行对比，如例 [8] 至 [10] 的主体是"房子"（面积）、"灯"（亮度）、"衣服"（尺寸）。模式三的主体本来具有度量和计算功能，句末"点儿"的作用是从主观出发，对度量和计算进行模糊的不确定的程度处理，以表示贬抑态度。

（四）句末"点儿"的认知模式四

表示与客观标准相比的变化的不确定程度，"形＋（了）＋点儿"结构（图 7-4）。例如：

[11] 我的病（比以前）好了一点儿。

[12] 他跟十年前比，头发白了点儿。

［13］天（比刚才）亮了点儿。

［14］今天下班晚了点儿。

［15］我的表快了点儿。

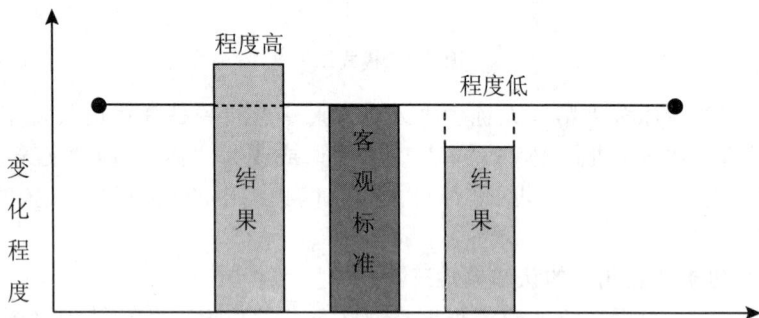

图 7-4　模式四

"形＋（了）＋点儿"结构是把变化的结果跟客观标准进行对比。句末"点儿"的作用是从客观出发，对主体本来具有的度量和计算功能进行模糊的不确定的变化程度处理，仅表客观变化的少量程度，不表示贬抑态度。

（五）句末"点儿"的认知模式五

表示两个主体对比的不确定程度，"形＋点儿"结构（图 7-5）。例如：

［16］山那边的情况我熟悉，还是我去好一点儿。

［17］他的汉语好，我比他差点儿。

［18］你妹妹好像比你高一点儿。

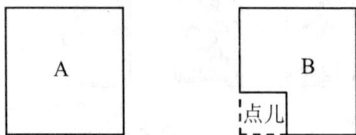

图 7-5　模式五

两个主体相对比，存在程度上的差距。出于表达的需要，说话人对这种程度的差距进行模糊处理。"点儿"表示对比后的一个不确定的差距程度。与模式三和模式四不同的是，模式五只是两个主体之间程度差距的对比，而不是某个主体与标准的对比，说话人按照主观态度来进行这种对比。如例［18］对比的是说话人主观上认定的两个主体"你妹妹"和"你"之间"高"的程度差距（表 7-1）。

表 7-1　句末"点儿"认知模式表

模式	结构	对比	功能	例句
模式	一动/＋了＋点儿	无	表少量	吃了点儿
模式二	动/形＋（着）＋点儿	无	祈使	高兴点儿、看着点儿
模式三	形＋（了）＋点儿	有	偏离主观标准的程度	这件衣服短了点儿
模式四	形＋（了）＋点儿	有	偏离客观标准的程度	天（比刚才）亮了点儿
模式五	形＋点儿	有	主体间对比的差距	我比他差点儿

四、句末"点儿"的教学对策

留学生汉语句末"（一）点儿"的偏误主要表现在句末"点儿"和非句末"点儿"的混淆方面。在《外国人学汉语病句分析》（佟慧君，1986）所举三类"（一）点儿"的偏误例子中，有两类都与句末"点儿"的偏误有关。例如：

[19]　＊我会说英文一点儿

　　　　我会说一点儿英文。

[20]　＊他肚子疼，吃药以后他疼得一点儿好。

　　　　他肚子疼，吃药以后他疼得好一点儿了。

[21]　＊我的身体有一点儿好。

　　　　我的身体好一点儿了。

[22]　＊父亲一点儿高兴。

　　　　父亲高兴一点儿了。

《现代汉语正误辞典》（杨庆惠主编，1993）举例：

[23]　＊他的病一点儿好了。

　　　　他的病好了一点儿。

例[19]句为模式一误用。例[20][21][23]应属于模式四，也就是"现在"和"以前"两种情况对比后所存在的程度上的不确定差距。例[22]应属于模式三，偏误的原因在于不知道模式三中句末"点儿"表示形容词偏离标准的不确定程度，即把已完成的结果跟标准进行比较后程度上的不确定差距，改正后的"父亲高兴一点儿了"也可以改为"父亲高兴了一点儿"或"父亲高兴了一点儿了"。当然，例[22]也可以按照模式二，改为祈使句："父亲，高兴一点儿！"

教学中学生常常混淆"一点儿"和"有点儿"。郑军研究发现："'有点儿A'中'A'为具有比喻义或引申义的抽象名词、心理动词、表持续状态语义特征变化动词、形容词时，'有点儿 A'可以转换成'A（了）一点儿'，转换后意思相同或相近；当'A'为一般抽象名词和动作动词时，'有点儿 A'不能转换成'A（了）一点儿'，或转换后意思发生变化。"（郑军，2003）我们认为，"有点儿 A"和"A（了）一点儿"的这种转换应该是可逆的，也就是说，按照以上限制条件，"A（了）一点儿"也可以转换成"有点儿 A"，但"A（了）一点儿"和"有点儿 A"的互相转换仅限于模式三和模式四。例如：

[24] 这件衣服短了点儿。

这件衣服有点儿短。

[25] 今天下班晚了点儿。

今天下班有点晚了。

因此，从句末"点儿"的认知模式出发进行教学，可以减少学习者有关"点儿"的偏误，提高教学效率。

第三节　汉语修辞学与对外汉语教学①

长期以来，在对外汉语教学中，人们将目光集中在语音、词汇、语法的教学上。留学生们也为自己的发音是否标准、词语运用是否得当、语法规则是否正确而努力。的确，掌握一定的汉语知识、具备相当的汉语交际水平标志着对外汉语教学任务的完成。然而，是否这就意味着对外汉语教学中教学目标的最终实现呢？我们发现，有些具有较高汉语水平的留学生在中国汉语水平考试中并不能取得较高的等级，他们在说话时较少有语法错误，表达也很流畅，可是，他们写出来的文章却显得稚嫩而且呆板，词语运用贫乏，句式缺少变化，更谈不上运用一定的修辞手段，结果就是很难想象这样的文章是出自一个具备一定思想内涵的成年人之手。学生们不满意，老师们也觉得缺少了点什么。缺少的就是长期以来被人们所忽视的修辞教学问题。随着对外汉语教学事业的发展，语言的实际运用能力在交际中的作用日益突出，学生对汉语知识的渴求已不仅仅局限于语音、词汇、语法方面。在对外汉语教学中是否要传授修辞知识，怎样教会学生运用一定的修辞手段来提高表达效果已经成为我们面临的一个新的课题。

---

① 本节作者：吴方敏。

一、与对外汉语修辞学有关的几个定义

（一）修辞的定义

我国历史上最早出现的把"修"和"辞"连在一起的用法出现在《周易》中："子曰：君子进德修业。忠信，所以进德也；修辞立其诚，所以居业也。"唐代孔颖达的注释是："修辞立其诚，所以居业者，辞谓文教，诚谓诚实也；外则修理文教，内则立其诚实，内外相成，则有功业可居，故云居业也。"可见最早的"修辞"二字的含义与今天不同，不是指修饰文辞，而是"修理文教"之意。后来"修辞"逐渐被解释为修饰文辞，"修辞立其诚"也成为作文、修辞的总原则。

现代汉语修辞学对修辞有着多种定义，《现代汉语词典》，有关修辞的解释是："修饰文字词句，运用各种表现方式，使语言表达得准确、鲜明而生动有力。"黄伯荣、廖序东主编的《现代汉语》里的解释是："在表达内容和语言环境确定的前提下，如何积极调动语言因素和非语言因素，以加工后的最完美的语言形式来获取最理想的表达效果，这种语言加工的实践活动就是修辞。"在《我对于"修辞"的看法》中，吕叔湘先生认为："所谓修辞，就是在各种可供选择的语言手段之间——各个（多少是同义的）词语之间，各种句式之间，各种篇章结构之间，各种风格（或叫作语体）之间——进行选择，选择那种最适合需要的，用以达到当前特定目的的。"① 虽然对于修辞的定义表述不同，但是总体可以总结为，修辞是运用语言的方法和技巧，或者调整语言的活动或规律。

（二）修辞学

修辞学是研究修辞的学科，是研究如何提高表达效果、探讨语言表达规律的学科。

作为交际工具的语言，人们运用它来进行口语或书面交际，总得根据交际目的、内容、对象、场合等，将它组合成相应的言语形式，以获得最佳的表达效果。在这个过程中，为了寻求最佳组合形式所进行的说、写活动，就是修辞活动。在修辞活动中出现的一切富于表达效果的手段就是修辞手段。研究修辞手段、修辞规律的科学就是修辞学。

（三）修辞学的两大分野

陈望道的《修辞学发凡》（1932）是现代汉语修辞学的奠基之作。《修辞学发凡》不仅全面地探讨了各种修辞技巧，而且把修辞方式一分为二，概括为

---

① 吕叔湘：《我对于"修辞"的看法》，见中国修辞学会编：《修辞和修辞教学》，1页，上海，上海教育出版社，1985。

"两大分野"。在《修辞学发凡》一书中，陈望道详尽阐述了这两大分野——消极修辞和积极修辞。他认为，修辞应包括：狭义，"修"应当作修饰解，"辞"当作文辞解，修辞就是修饰文辞；广义，"修"当作调整或适用解，"辞"当作语辞解，修辞就是调整或适用语辞。他把狭义和广义交叉，得出 4 种含义：修饰文辞、修饰语辞、调整或试用文辞、调整或试用语辞。消极修辞讲求表达的明确、通顺、平匀、稳密。积极修辞具体体现在对"辞格"和"辞趣"的使用上，辞格是对语言文字的形式和意义两方面综合运用；而辞趣则是对语言文字本身情趣的利用。也就是说，修辞除了包括功能旨在使话语生动形象的"积极修辞"之外，还应该包括旨在表达得清楚明白的"消极修辞"。消极修辞是基本的修辞手法，积极修辞在此基础上力求有力动人，两者在使用上是统一的。陈望道的修辞两大分野说一直影响着现代汉语修辞学。

（四）对外汉语修辞学

随着对外汉语教学的蓬勃发展，培养留学生汉语交际能力成为汉语教学中的重要目标。对于第二语言学习者来说，如果不了解中国的修辞，不了解中国的文化，就难以把握和理解某些词语、句子的含义，也就影响学生对第二语言——汉语的学习、理解、掌握和运用。在对外汉语教学中是否要传授修辞学知识，如何培养学生的语言应用能力？由此，产生了一门新兴学科——对外汉语修辞学。首先，"作为一门新兴的边缘学科，对外汉语修辞应当有自己的理论体系，它不是修辞学与对外汉语教学的单纯相加，不是简单地在修辞学的论述中加上一点对外汉语教学的例子作为调料，也不是心血来潮地在对外汉语教学过程中穿插一点修辞知识作为点缀。对外汉语修辞必须有自己的理论基础和特定的研究对象、研究范围。其次，作为一门应用学科，对外汉语应当总结、归纳出一套独特的适用于对外的修辞方法，以区别于对内的一般汉语修辞学。最后，对外汉语修辞应当研究对外汉语教学的具体实践，包括对外汉语修辞教学方法，修辞教学在整个对外汉语教学过程中的合理安排，外国学生的汉语修辞偏误规律及其纠正对策，等等。"[①]

二、现代汉语修辞学研究概况

我国现代修辞学所取得的显著成就，突出地表现在语言本体修辞学研究进展显著。除涌现出一批通论性著作外，20 世纪 30 年代，陈望道《修辞学发凡》在索绪尔的影响下，提出了"以语言为本位"的重要观点，建立了科学的修辞学体系，成为我国现代修辞学史上的第一座里程碑。这一时期，其他重要的汉

---

① 王志刚在第二届对外汉语修辞教学国际学术研讨会上的发言，转引自侯友兰：《对外汉语教学中修辞教学与修辞能力的培养》，载《绍兴文理学院学报》，2005（3）。

语修辞学著作还有唐钺的《修辞格》（商务印书馆，1923）、王易的《修辞学通诠》（上海神州国光社，1930）、张弓的《中国修辞学》（天津南开华英书局，1926）等，这些著作对现代汉语修辞学的开创以及修辞学以后的发展产生了深远的影响。

20 世纪 60 年代，张弓的《现代汉语修辞学》建立了修辞手段与语言三要素关系，语体等为纲的体系，被称为我国现代修辞学史上的第二座里程碑。

20 世纪 80 年代之后，汉语修辞学研究在继承前人成就的基础上有了明显的深入。具体表现在以下几个方面：八九十年代涌现出一批修辞学通论性著作，如郑远汉的《现代汉语修辞知识》、吴士文的《修辞讲话》、宗廷虎等的《修辞新论》、倪宝元的《修辞》、王希杰的《汉语修辞学》《修辞学新论》、刘焕辉的《修辞学纲要》等；修辞格研究全面深入，如吴士文的《修辞格论析》、谭永祥的《汉语修辞美学》《修辞新格》、郑远汉的《辞格辨异》、濮侃的《辞格比较》等；在单项辞格探讨方面，有袁晖的《比喻》、李济中的《比喻论析》等；在词句篇章修辞研究方面，有郑文贞的《段落的组织》、徐炳昌的《篇章的修辞》、郑文贞的《篇章修辞学》等，为篇章修辞研究开辟了新局面；在语体风格研究方面，有程祥徽的《语言风格初探》、黎运汉的《汉语风格探索》《现代汉语语体修辞学》、郑远汉的《言语风格学》、王德春的《语体略论》等。

20 世纪 90 年代以后，汉语修辞学在临近学科的结合和融合方面取得了重要突破。在修辞学与逻辑学的结合与交融方面，张炼强的《修辞理据探索》是我国第一部将修辞与逻辑结合起来进行系统探讨的专著；在修辞学与文学、美学的结合和交融方面，郑颐寿的《文艺修辞学》、骆小所的《艺术语言学》、冯广艺和冯学锋的《文学语言学》等在修辞学与文学、美学的结合交融方面所做的探索，具有创新意义；在修辞学史研究方面，宗廷虎的《中国现代修辞学史》、郑子瑜等主编的《中国修辞学通史》将修辞学史研究发展到新的高度。

进入 21 世纪以来，汉语修辞学研究又有了新的进展。宗廷虎曾经指出，21 世纪的汉语修辞学将"在修辞学理论研究方面有大的突破，修辞学为实践服务将会有大的进展，修辞学研究将紧扣言语交际的全过程、修辞学的动态研究将与动态研究同步进展"。① 一系列研究成果的面世印证了以上论点，如陈炯主编的《中国文化修辞学》、谭学纯和朱玲的《广义修辞学》《接受修辞学》、吴礼权的《修辞心理学》、陈汝东的《对外汉语修辞学》等。这些修辞学著作的问世，给修辞学研究注入了新的活力。

---

① 宗廷虎：《汉语修辞学 20 年的回顾与展望》，见《宗廷虎修辞论集》，长春，吉林教育出版社，2003。

三、修辞在对外汉语教学中的地位和作用

（一）修辞是汉语知识教学的重要内容

早在 1987 年，吕必松就已明确指出，修辞是对外汉语教学的内容之一。①
2002 年，国家汉办编写的《高等学校外国留学生汉语言专业教学大纲》明确指
出，修辞是"汉语知识教学"的内容之一，并规定"通过汉语言知识，包括汉
语语音、词汇、语法、修辞、汉字及语言基础知识的讲授及训练，使学生具备
系统完整的汉语言理论知识"。②

在《汉语水平等级标准与语法等级大纲》中，对言语能力的规定有：

四级标准的言语能力："基本符合汉语的规范性，初步体现汉语的多样性，
初步显示汉语运用的得体性，基本适应不同语体的不同需要。对所学汉语的
'文化背景'和语义内涵应有一定的了解和初步运用的能力。"

五级标准的言语能力："具有从事较高层次的学习、社会交际活动和带有
一定专业性工作的能力。言语活动符合汉语的规范性，体现汉语的多样性，显
示汉语运用的得体性，适应不同语体的不同需要。对所学汉语的文化背景和语
义内涵应有较深的了解和活用的能力，并初步具备运用汉语进行思维的能力。"

而《中国汉语水平考试大纲》（高等）客观性考试（120 题）中听力理解
（第 40 题）有五点要求，其中三条与修辞有关：

第一，能正确理解必要的修辞手段和语言策略，听懂对方的真实语义。

第二，能听懂带有个性特点的谈话，从谈话人使用的不同语气和口气，推
断出说话人的身份、态度和感情倾向。

第三，能听懂口语中常用的成语、俗语、惯用语等。对口语里不完整或不
规范的语句，能正确理解语义，不发生误听。

自 2009 年起开始推行新汉语水平考试，其中对词汇的要求进行了调整，
根据交际情境和交际任务建立了新的分级词表，摒弃了已不能反映当下语言生
活状况的过时词汇。新汉语水平考试不单独考查语法和语言知识，而更加注重
交际任务中的语境。要达到以上要求，学生应当掌握一定的修辞知识。修辞在
对外汉语教学中应占有重要的地位。

（二）修辞与语言三要素的密切关系

修辞与语音、词汇、语法语言三要素有着密切的联系。

修辞是运用语言要素和语言规律来提高语言表达效果的。语音是语言的物

---

① 吕必松：《对外汉语教学探索》，73～75 页，北京，华语教学出版社，1987。

② 国家对外汉语教学领导小组办公室编：《高等学校外国留学生汉语言专业教学大
纲》，2 页，北京，北京语言文化大学出版社，2002。

质外壳，在消极修辞中，单双音节的搭配、声调的平仄相间和语音密切相关；在积极修辞中，不少修辞格是利用语音来体现修辞效果的，如双关、对偶、谐音等。词汇是语言的建筑材料，修辞是从词语锤炼的角度研究词语运用的。词汇研究为修辞过程中词语的选择、锤炼提供了条件，比如消极修辞过程中对词语准确地运用以及在辞格中的语义双关、反语等运用都与词汇有关。一般来说，讲究修辞首先要合乎语法，选择什么样的句式去表达，话语的连贯与否等都与语法有很大关系，语法为修辞现象、修辞规律提供了表现形式，修辞扩大了语法的功用。

修辞教学的内容已经渗透到了语言教学的各个方面。"语言运用是一个利用各种要素，结合语境，根据自己的语言动机建构适当的话语和理解话语的交际过程。因此语言教学的始终都应该贯彻语言习得与语境结合的原则，无论是情境教学，还是语言理论教学，都应该不同程度地将修辞教学贯穿始终。"①从对外汉语的教学实践也可以发现，汉语学习者在学习汉语的过程中，必须掌握一定的修辞知识，了解汉语的一些修辞特点。无论是针对低水平的汉语学习者还是中高级水平的汉语学习者，都应该运用一定的修辞知识帮助他们更好地学习并掌握汉语，提高他们运用汉语进行交际的能力。

（三）修辞是对外汉语教学中的难点

修辞学在对外汉语教学中占有重要地位，但是修辞也是对外汉语教学中的难点。除了要求学习者有一定的语音、语法、词汇和修辞本体知识以外，还需要有一定的文化知识。

在汉语学习过程中，具有不同文化背景的学习者不会自觉地运用汉民族文化和观念来理解汉语修辞的内容，已存在的文化差异往往会让汉语学习者在运用修辞过程中出现理解上的困难和运用上的偏误。辞格中暗喻、双关等辞格的意义便隐含在词语的内部，不少修辞有特殊的形式转换，如粘连、仿拟等，这类在原有习惯用法上的转换更让汉语学习者感到费解。要了解这些辞格形式的变化及意义，需要相关的语言和文化知识。

四、对外汉语教学中的修辞学研究

近几年来，很多学者已经逐渐认识到修辞学在对外汉语教学中的重要性。在对外汉语学界，研究修辞的著作和文章也日益丰富。

在专著方面，陈汝东的《对外汉语修辞学》（2000）是国内从跨文化角度研究对外汉语修辞的第一部专著。陈汝东从修辞的动态过程研究出发，阐释了

---

① 侯友兰：《修辞与文化应贯穿对外汉语教学始终》，见陈汝东主编：《修辞学论文集》（第八集），北京，北京大学出版社，2005。

对外汉语修辞的基本理论和基本认识，从跨文化对比的角度分析了汉语常用的修辞手段、修辞方法的结构和功能。

在论文方面，与对外汉语教学有关的修辞学研究主要集中在以下几个方面：

（一）修辞及修辞学在对外汉语教学中的重要作用和地位

陆庆和的《对外汉语教学中的修辞问题》（1998）、杨德峰的《试论修辞教学在对外汉语教学中的地位》（2001）、董明和桂弘的《谈对外汉语修辞的教学》（2006）、肖莉的《修辞在对外汉语教学中的地位和作用》（2004）等都从宏观角度讨论了修辞及修辞学在对外汉语中的重要作用和地位。

（二）修辞教学的实施

陈汝东的《简论以修辞为纲的对外汉语教学理念》（2004）认为在对外汉语教学中，语言结构体系的教学是基础，而修辞教学是目的，应该起纲领和统帅的作用，应围绕修辞来进行教学。常敬宇的《委婉表达法的语用功能与对外汉语教学》（2000）、曹成龙的《修辞教学与对外汉语教学》（2004）、于宏梅的《对外汉语写作教学中的修辞教学》（2004）、冯晓鸿的《浅谈初级对外汉语教学中的修辞导入》（2005）、侯友兰的《对外汉语教学中修辞教学与修辞能力的培养》（2005）、宋春阳的《对外汉语修辞与中高级听力测试》（2005）、翟宜疆的《现代修辞学理论与高级听说教学》（2005）、陈光磊的《对外汉语的语用修辞教学》（2006）、叶皖林的《对外汉语修辞教学简谈》（2007）、刘权和黄薇的《留学生口语修辞运用情况调查分析》（2008）、周莹《文化视野中的对外汉语修辞教学》（2008）则分别从修辞理论及修辞与对外汉语教学的关系出发，针对不同汉语水平的学习者如何在教学过程中实施修辞教学进行了探讨和研究。

（三）语境与对外汉语教学的关系

常敬宇在《语境和对外汉语教学》（1986）中，研究了语境与修辞和对外汉语教学的关系，并阐明了语境在对外汉语教学中的作用。

对外汉语教学中的修辞学引起越来越多的关注，随着研究的不断深入也取得了一定的研究成果。但是，在对外汉语教学实际中，教学内容基本上都是以语言基本要素为教学的重点，而对于修辞大多还是停留在传统观念上，即使是教授修辞，也仅仅局限在修辞格的教学上而忽略了消极修辞。在如何传授修辞学知识及提高学生实际语言运用能力方面还有待于进一步研究。

修辞学在对外汉语教学界并未受到足够的重视。在各类教材和开设的各种课程中，"修辞"这两个字提到得很少。在具体的教学实践中，教师很少自觉地把修辞知识运用到教学中。长期以来，对外汉语教学界认为，修辞应该属于语言学习的高级阶段。修辞学作为一门有效使用语言的艺术，本应该在对外汉语教学中取得足够的重视和发挥应有的作用，但是在我国对外汉语教学中的情况却不太理想，造成这种状况的原因是多方面的。首先，这是由修辞学的学科性质决定的。陈望道曾指出，修辞学是一门介于语言学与文学之间的学科，也是一门边缘学科。20 世纪 80 年代，宗廷虎指出，修辞学既属于语言学，又是介于多门学科之间的边缘学科，修辞学与许多学科有着密切的联系，不仅与语法学、逻辑学、美学、心理学有着密切的关系，而且同语体学、语用学的关系也非常密切。修辞学自身的特点决定了其在对外汉语教学中的地位。其次，这与人们的修辞观有密切关系。很多人认为修辞就是刻意的修饰和美化语言，把修辞等同于比喻、夸张、借代、拟人等具体的修辞格。因此人们认为对于汉语水平尚有待于提高的留学生来说，修辞格的知识对他们来说是高级阶段的任务。因此在教学过程中，即使涉及修辞的教学，也只是把它当作知识来讲授，而没有把它看作一种语言活动。

五、对外汉语修辞学研究的内容及方法

在对外汉语教学中，尽管在中高级阶段的汉语教材中才出现修辞格知识，但是与修辞有关的教学应贯穿始终。在初中级阶段，消极修辞应成为教学中的内容。

在《对外汉语写作教学中的修辞教学》（于宏梅，2004）中，作者对留学生写作中的修辞偏误进行分析，其中包括词语选择的偏误。写作要取得较好的表达效果，必须要注意词语在意义、色彩、声音等方面的锤炼与选择。在《谈对外汉语修辞的教学》（董明、桂弘，2006）一文中，作者指出，消极修辞与语言文字使用的关系非常密切，不管语言使用者水平的高低，消极修辞在语言使用过程中都具有不可回避的性质。在《对外汉语教学中的消极修辞教学》（李哲，2007）中，作者指出，对外汉语教学体系中，消极修辞教学是一个相对薄弱的环节。消极修辞是除各种修辞格之外的语音修辞、词语修辞、句法修辞、篇章修辞等，词语的选择、句式的选择、篇章修辞是消极修辞中的突出问题。

在中高级阶段，很多汉语教材都涉及了修辞格的知识，但是在修辞格的运用上，汉语学习者表现出不同的情况。以一组与眼睛有关的比喻句为例：

他的眼睛像两颗黑葡萄，又大又圆。

她那两个眼珠一闪一闪的，宛如一对明亮而美丽的珍珠在闪耀。

婴儿的眼睛好像清冽的泉水一样。

眼睛像苹果似的又大又圆。

他的眼睛像青蛙一样大。

我的眼睛很小，有如针眼一般。

在这一组例句中，眼睛像"黑葡萄"，"宛如一对明亮而美丽的珍珠"，"好像清冽的泉水一样"，在比喻辞格的运用方面比较成功，这组例句不仅符合汉语的表达习惯，而且把眼睛比喻成"葡萄""泉水"非常形象、生动，具有美感。而眼睛"像苹果""像青蛙一样大""如针眼一般"这类比喻句虽然用了比喻句的标志性词语"像""如"，但喻体的选择不太恰当，句子不太符合中国人传统的审美习惯。因此在修辞格教学中，除了向学生讲清楚辞格的基本构成之外，还应指出在辞格运用上应注意的问题，如比喻辞格中喻体的选择、运用夸张时应注意的度、运用排比时注意各分句之间的关系等。

对外汉语修辞学应研究外国学生的汉语修辞偏误规律以及纠正对策等。如果在汉语教学中能够注意总结归纳学生的修辞偏误，并根据偏误类型提出相应的解决策略，将会对学生的语言运用起到极大的推动作用。学生的母语迁移、回避策略在一定程度上影响了学生对修辞知识的运用，教师应尽可能鼓励学生使用修辞知识，并根据学生特点，在语言运用上提出更高的要求。

六、与对外汉语修辞教学有关的思考与建议

在教学中，我们应针对不同汉语水平的学习者采取不同的策略，使修辞学在对外汉语教学中得以更好地发挥作用。

在初级阶段，教师应该贯彻修辞教学的理念，这样可以使汉语学习者对修辞有一个感性的认知。重点要培养学生的修辞意识，即注重基本的语用原则和方法，强调在具体语境中语言运用的得体性和适切性。在语音教学方面，适当强调韵律。在词汇教学方面，除了教授词汇的基本意义和用法外，还要结合上下文语境教学，感情色彩、语体色彩一定要说明，这样才能为学生学好汉语打下坚实的基础。

针对中高级水平汉语学习者，教师应注重汉语学习者修辞能力的培养，包括词语的选择、句式的选择、辞格的运用等多个方面。在汉语修辞教学过程中要注意介绍中国文化，帮助汉语学习者消除母语文化的负迁移影响，解决修辞教学中的文化接受问题。此外还应加强修辞格、成语、俗语的教学。汉语成语、俗语等的学习与运用，直接反映出学生的汉语水平。要提高语言的表现力，成语、俗语的教学是必不可少的。在讲授过程中一定要加强文化对比，从文化内涵、民族心理的角度加以深入分析，可以极大提高学生的学习兴趣，并激发学生运用的自觉性。在学习汉语过程中，想达到理想的交际效果，必须要学习修辞格，教师也要掌握修辞格的一些原则和规律，如修辞格运用要切合语体规范，辞格运用应符合民族习惯。讲授修辞格不单是为了学习某个修辞格的用法，更为重要的是让学习者体会在语言中运用修辞格所要表达的效果。

教师必须注意要将修辞内容穿插于各类语言技能课之中。目前，在对外汉

语教学中基本是以听说领先，尤其是初级阶段，在教学过程中注重听说，易于提高学生学习的积极性，学生很快能掌握基本口语，但由于教学内容缺乏语体意识，学生往往不注意语体上的区别，出现错位现象，违背文体的写作要求，最明显的是在书面语写作中经常用口语，因此将修辞内容穿插于各种语言课才能全面提高留学生汉语的听、说、读、写能力。

修辞学是语言教学中必不可少的部分，在对外汉语教学中也理当如此。同时我们也必须认识到，要使修辞学走进对外汉语教学的课堂，真正成为对外汉语教学的重要内容，其内容的安排、知识传授的方式、理论与实践结合的途径、自身体系的完善等都存在不足。在对外汉语的教学过程中，与修辞学有关的研究不论是修辞教学的研究者，还是语言教学的实践者，都还需要付出努力。

第八章　语法偏误分析

第一节　韩国中高级汉语水平学生语法偏误分析[①]

从 20 世纪 60 年代末开始，英国语言学家科德（S. pit Corder）发表了一系列文章讨论偏误分析，从此第二语言习得偏误分析逐渐得到了学者们的重视。中国学者从 80 年代开始关注外国学生汉语偏误分析，鲁健骥（1994）分析了外国学生语法偏误，由此外国学生汉语学习的偏误分析逐渐引起国内学者的重视，陆续出现了一些外国学生汉语偏误分析的文章，如韩在均（2003）分析了韩国学生使用"了"的常见错误。近十多年以来，韩国学习汉语的学生数量一直居于首位，其数量远高于其他国家学生的人数，而我们针对韩国学生汉语习得中的偏误研究还很不够，特别是语法偏误的分析还很不深入，缺乏针对不同水平学生的偏误的研究，特别是对中高级学生的语法偏误的研究还比较缺乏。本节通过笔者在韩国成均馆大学研究生班教授汉语过程中搜集到的大量第一手材料，对韩国中高级汉语水平学习者习得汉语过程中的语法偏误进行分析，总结出韩国中高级汉语学习者语法偏误类型，在此基础上对造成这些偏误的原因进行了分析，最后提出一些教学建议。我们希望本项研究能够帮助教师了解韩国中高级汉语学习者常见的语法偏误及其造成这些偏误的原因，从而使教授韩国学生汉语教师能够更具有针对性地、更有效地进行汉语教学，提高学生学习汉语的效率。我们也希望本项研究对于编写针对韩国学生的分国别的汉语教材具有参考价值。

①　本节作者：丁崇明。原文载《北京师范大学学报》，2009（6），是教育部人文社科规划项目"外国留学生汉语虚词习得研究"的阶段性成果，项目批准号：07JA740024。

一、韩国中高级汉语水平学生语法偏误

（一）"了"的使用偏误

1. 语气词"了"的滥用

汉语的"了"是外国学生习得汉语的一个难点，特别是句末语气词"了"是相当难掌握的。它不仅在学习汉语初期是一个难点，就是中高级汉语水平的学生也常犯这样的错误。最明显的是语气词"了"的滥用，很多学生常常在不该用语气词"了"的时候加上"了"。我们收集到的最为典型的一个例子是一位中文专业本科毕业的学生，已经取得了汉语水平考试 10 级证书，可用汉语进行交际，也能在课堂上用汉语讨论问题，但他的第一次作文，在仅有 18 个句子、519 个汉字的小短文中竟然在 10 处不该用"了"的地方，错误地加了语气词"了"（加点的是用错了的"了"，另外为了保证语料的真实性，其中写错的字，用错的词完全保留未改）：

父亲童年在一个村里生活了。因为他的父母来到北京去工作，所以只有他和爷爷俩一起生活了。村里做医生的爷爷特别宠爱父亲，送给长孙很多好玩，好稀罕的东西了……

小狮子本身是一条漂亮的雌狗，它长大了就所有的村里的雄狗都看上了它……甚至爷爷终于决心把小狮子扔掉了，爷爷还是比较善良，没有吃狗或者卖狗吃，只是在离家远的地方把小狮子扔掉了。那时父亲不懂事，基本上对那种情况没有意识到了。但是那条小狮子回归本性非常强，不久回来了。

爷爷的性格非常固执，他又把小狮子扔掉扔得更远的地方了……爷爷带着父亲到北京去的时候，途中在一个火车站再次丢弃可怜的小狮子了……

小狮子每次被爷爷扔掉后，受伤了，吃苦了，挨饿了，都说不完。

也有少数的是句末应当用语气词"了"而没有用的。例如：

你陪他们我就放心。（缺少句末的"了"）

2. 动态助词"了"的误用。

相对来说，韩国中高级汉语水平者句中的动态助词"了"的误用的情况要少一些，但也有一些。有的学生不明白，表示过去有规律的非连续性的单一的动作行为，动词后不加动态助词"了"。例如：

我上大学是，就曾经有过学生记者的经验，我每周在报纸上写了一篇文章，采访了主要新闻。

也有少数的应当用"了"而没有用，这样的学生一般是水平相对比较高的学生。例如：

一辈子行医的太爷爷决定了把它送到研究所，这时太爷爷向送别亲人那样流（应有"下了"）眼泪，因为他知道小狮子不能回来（应当有"了"）。

有的学生分不清楚动态助词"了"与"过"的区别的。例如：

毕业以后这些年你都做过什么工作？我教了汉语，此外我在贸易公司翻译了汉语。

（二）补语的偏误

1. 缺少必要的补语

汉语补语出现频率很高，而韩语没补语，所以缺少必要的补语是韩国学生比较容易犯的语法错误之一。汉语的句子很多动词需要加一个结果补语才能够成立，韩国中高级汉语水平学习者语法偏误中缺少结果补语的比率高于其他类型的补语出错的比率。例如：

找工作以后，每个星期五晚上的聚餐是免不了的。（"找"后面缺少结果补语"到"）

最近制作好的假的很多，不容易分假的。（应为"分清"）
A：你听完相声以后去哪儿了？B：我一听就去见朋友。（应为"听完"）
你能不能把这本书给我翻译？（缺动量补语"一下"）

2. 误用补语

有的学生用错了补语。例如：

除了北京，你绝对吃不了这样的烤鸭。（应为"吃不到"）
我希望贵公司尽快把这个问题解决过来。（应为"解决了"或"解决好"）

3. 补语误作为状语来用

因韩语没有补语，所以韩国中高级汉语学习者在写比较复杂的句子时，有时会把作补语的成分放到状语的位置上去，这虽然属于语序方面的错误，但根源在对补语认识不清。以下偏误是把本来应当作动量补语的成分放到了状语的位置上去：

一个星期至少三四次去星巴克喝咖啡已经很普遍的现象。（应为"去三四次"）

人们一天起码两三次一起喝茶。（"两三次"应是补语，"一起喝两三次茶"）

但是这个问题发生以后，给你们公司打电话了好几次……（应为"打了好几次"）

（三）副词的偏误

汉语副词数量多，用法复杂，所以即使是中高级汉语学习者，也会出现不少副词方面的偏误。

1. 误用副词

有的学生对某些副词的用法的差异不能很好地把握，从而造成一些偏误。以下例子主要的偏误是否定副词"没有"的偏误，句中应当用"不"：

钢板是造船的主要材料，没有准时供给材料的话，工厂不能生产，造成很大损失。

如果你们没有回复或者没有什么对这个问题的解释，我们也不知道该怎么办。

2. 缺少必要的副词

有的复句中连词要与某些副词前后呼应配合使用，很多复句其前面的连词可以省略，但是后面的副词常常不能省略，特别是当前面分句的连词省略了以后，后面分句的副词就不能省略。如假设关系的复句，前面分句的连词"如果"省略了，后面的副词一般就不能省略。例如：

没有时尚我们失去了发展的动因。（应为"我们就失去了……"）

这电子辞典才用了两个月出现了问题。（缺少"就"）

以后，太爷爷几次扔掉小狮子，但它每次找回家了。（应当有一个"都"，"家"后面应当有个"来"）

现在在韩国很多人自称"中国专家"。可是我不觉得。他们的能力是可以讲汉语而已。（应为"仅是可以讲汉语而已"）

（四）助动词的偏误

汉语的助动词是外国学生学习汉语的一个难点，韩国中高级汉语学习者，在使用"会""要""想"这几个助动词时，比较容易出现偏误。

1. 误用助动词"会""要""想"

例如：

我非常可惜不会参加这次服务团。（应为"不能"）

因为质量不好，人们不要吃这种大米。（应为"不想吃"）

虽然乡镇企业财政状况不太好，但是不到万不得已他不要主动离开乡镇企业。（应为"不会"）

请贵司跟海运公司联系再不会发生这种事情。（应为"再也不要"）

2. 缺少必要的助动词

例如：

这样的情况下，没有竞争力的话受到很大的损。（应为"会受到很大的损失"）

只要你努力学习，就得到好成绩，并且你的妈妈也很高兴。（应为"就会"，"并且你的妈妈也会很高兴")

你放心，你担心的这样的情况绝不发生。（应为"绝不会发生"）

3. 助动词多余

例如：

我很想要在三星公司工作。（不需要"要"）

我很想要见老师。（不需要"要"）

（五）介词的偏误

介词使用的偏误主要出现在框式介词结构中搭配使用的介词方面。"所谓框式介词，大多并非固定词项。一个框式介词多由一个前置词和一个后置词在句法组合中临时同现，因此也经常有用一舍一的情况。所以，框式介词主要是一种句法现象，而不是一种词项。"（刘丹青，2002）韩国学生不会使用有的搭配使用的框式介词结构。例如：

世界上韩国的印象是有礼貌的。（缺少"在"）

那时代人的角度来看，当时的喝茶的习惯也是跟现代的喝咖啡的习惯一样的一种时代的潮流。（句首缺少"从"）

一部分孩子来说，父母的希望会造成他们的负担。（句首缺少"对"）

我们可以传统当中找到祖先的智慧。（应为"在传统当中"）

这件行李太重了，我想放着房间不带走。（应为"放在房间"）

（六）某些汉语中特殊的句式的偏误

汉语中有些特殊的句式，韩国学生掌握这些句式有一定的难度，就是中高级汉语学习者也比较容易在这方面出现偏误。

1. "是……的"的偏误

"是……的"句式很多语言中没有，韩语中也没有，所以有些句子该用"是……的"句而没有用。例如：

这样的场景能常见的。（应为"是很常见的"）

模仿流行的也值得的。（应为"也是值得的"）

2. "把"字句的偏误

汉语中的"把"字句很多语言中没有，韩语中也没有。这方面的偏误也比较多，第一类是该用"把"字句而不用。例如：

这个国家有了一个很奇怪的习俗。这就是如果自己的父母老了以后没有力气、没有能力、没有钱的话在山上丢掉。（应为"把他扔在山上"）

我司需要的促销品（赠品）是开瓶器和烟灰缸，请贵公司运好这些物品。（应为"把这些物品运给我们"）

他特别宠爱我父亲为了哄孙子高兴经常当地绝无仅有的物件送给父亲玩儿。（应为"把当地绝无仅有的物件送给父亲玩儿"）

"把"字句偏误中第二类是不该用"把"字句的用"把"字句。例如：

我们要把传统文化继承的话，对年轻人，从小学一直教传统游戏，让他们对那个感兴趣。（应为"我们要继承传统文化的话"）

我们要求把这次发生的运费和包装费和代理赔偿费由贵公司来承担。

3. "被"字句误用

例如，本来要表达"他还是个男孩，妈妈却让他结婚"，学生却把兼语句与"被"字句杂糅在一起，说成"小孩的儿子让妈妈被结婚"。

（七）语序偏误

汉语缺乏形态，语序和虚词是汉语主要的语法手段。汉语的语序有比较灵活的一面，但是有些成分的语序有很严格的规则。外国学生甚至是中高级汉语水平的学生，语序方面的错误是很常见的。韩国学生常见的汉语语序偏误有以下五种：

1. 副词语序偏误

副词语序偏误是出现频率比较高的，其中"也"出现语序的偏误较多，"已经、都、就"也比较容易出现语序的偏误，特别是有多个状语的句子中。例如：

我也以前在你们公司学了很丰富的经验。

世界已经全球化了，各国之间的文化交流也是已经一般的现象。（应为"也已经是"）

我在成均馆大学中国大学院学了已经三个月。

这个契约都2001年结束了。

4月30日就大家都要搬来。

2. 宾语语序偏误

由于韩语的宾语在动词前，所以，韩国学生有时会受自己母语的负迁移的影响，把汉语中的宾语置于动词性成分之前。例如：

我用它一段时间它自己电源关掉。（应为"它自己关掉电源"）

在我家的仓库，椅子、家具、架子之类的东西制作。（应把"制作"提到前面）

您能不能几个方面的知识教我呢？（应为"教我这几方面的知识呢"）

3. 状语后置的偏误

汉语状语主要的位置在主语与谓语中心语之间，也有的介词短语或时间名词充当状语可以放在句首，但任何状语都不能放在句末。当出现有多项状语时，状语语序的偏误也是比较常见的。例如：

还有我有一些不满对你们公司的服务。

贵厂应该把毛呢运到 8 月份。（应为"8 月份把毛呢运到"）

当时我学除了中文以外中国经济、中国文化、中国经营等等。（"除了……"提前）

这虽然对促销有好处，而且提高在中国贵公司产品的知名度。（"在中国"提前）

4. 否定副词的位置

当句中出现多个状语，特别是有介词短语的时候，否定副词的位置比较容易出现偏误。例如：

有些传统文化给人们没有大的印象。

我虽然跟家人不能一起每天生活……（应为"不能跟家人每天一起生活"）

5. 多项定语语序的偏误

汉语多项定语语序颇为复杂，这也是外国学生比较容易出错的一个方面。例如：

我们公司和贵公司有着亲密的长期合作关系。（应为"有着长期的亲密合作关系"）

（八）不及物动词带宾语

不及物动词不能带宾语，这在很多语言中都是一样的。但是汉语中有一类不及物动词由于是动宾型的，词的内部已经包含了一个相当于宾语的语素，所以不能再带宾语，而外国学生不清楚这些动宾型的词的构成方式，常常错误地在这些动宾型的不及物动词后面加上宾语。例如：

今年三月，我入学了成均馆大学中国大学院。

我辞职公司已经过了一年了。

我最近准备考研究生，打算报名成均馆大学中国大学院。（应为"报考"或者"打算到成均馆中国大学院报名"）

二、韩国学生语法偏误形成的原因

第一，语言类型差异和学习中的负迁移现象使然。韩国中高级水平的学生所出现的这些语法偏误有相当一部分是由于汉语与韩语的语言类型不同，学习者在中介语中把母语中的语法规则用到汉语中的负迁移（negative transfer）现象引起的，如我们在前面所总结出的学习者滥用"了"的错误就是最典型的负迁移造成的。丁崇明（2009）认为："汉语的动态的表达方式不完全靠语法形态来表示。汉语可以有多种表示动态的方式，可以在谓语中心语前面加副词来表示，也可以在谓语中心语后面加动态助词来表示，还可以在句末加语气词来表示，甚至可以在动词、形容词后面加有一定虚化程度的趋向动词来表示。""汉语属于孤立语（isolating language），不同于黏着语（agglutinating language，如日语、韩语）和屈折语（inflecting language，如大多数印欧语系语言），汉语表示语法意义的成分并不是强制性的，有的情况下常常不出现'了'这样的虚词。"韩语没有与"了"相对应的虚词，韩语根据动词的语音条件，在动词后面加上相应的词缀来表示完成的语法意义，而这种变化形式是强制性的，只要是已经完成的动作行为，动词后面就要出现相应的词缀。韩语形容词不能单独充当谓语，必须有动词，当表示某种状态变化完成以后，动词也必须用相应的表示完成态的语法形式。正是由于韩语的上述语法特征，所以不少韩国学生受其母语的影响，在汉语某些表示过去的动作或状态的动词或形容词后面一律加上"了"，但实际这些句子在汉语语篇中却不该加"了"。这样的偏误属于第二语言习得中比较常见的负迁移现象。又如韩语的宾语处于动词之前，汉语的宾语在动词之后，有的韩国学生尽管是中高级的汉语学习者，有时也会受母语负迁移的影响，错误地把宾语放到了动词之前。

　　第二，不熟悉汉语某些特殊的句法规则。韩国学生的很多语法错误是属于对汉语比较特殊的句法规则不熟悉造成的。汉语中有补语，韩语中没有；汉语中有比较特殊的"把"字句、特殊的"是……的"句和"被"字句，而韩语中没有这些句式，所以就是以韩语为母语的中高级汉语学习者也容易在这些方面出现偏误。

　　汉语和韩语属于不同的语系，语言类型不同，汉语是孤立语，形态很少，主要借助语序和虚词表达不同的语法意义。而韩语是黏着语，有着丰富的形态变化，与汉语在语法上差异较大。汉语语序比较复杂，特别是谓语中心语前可以有多项状语，状语不能放在谓语后面，汉语的定语全都放在中心语之前，汉语的语序对于韩国学生来说是一个难点，所以韩国学生语序方面的错误是比较常见的。另外，汉语的虚词在句中可以表达各种不同的语法语义，特别是某些常用的副词用法十分复杂，特别是语义比较虚的副词外国学生更难以掌握，这些都是韩国学生比较容易出错的方面。

　　第三，教师讲解时的误导或疏于解释。有的学生的偏误是由于教师讲授时错误地误导导致的。如有的学生常常用错"了"，除了是由语言的类型差异造成之外，还有一个原因是老师在教授"了"时只泛泛地讲"了"用于表示过去完成的动作或状态，没有说明"了"在有些情况下不能用，特别是在语篇中不能每个句子都用"了",另外有的情况下"了"还可以用来表示还未发生的动作行为之后。又如,有的老师讲"辞职"这词只介绍意义,没有强调它是一个不及物动词,没有介绍它的用法,所以学生说出"我辞职公司已经过了一年了"这样错误的句子。

三、教学对策

第一,分散教学与集中教学结合,辅之以练习突破难点。为了提高学生学习汉语的效率,使学生尽量避免类似的错误,我们建议教师在平时的语言课中讲词汇时简要地讲解语法,并在适当的时候对某一个语法点进行总结,然后辅之以相当数量的练习。例如我们针对韩国学生比较容易出现的语法偏误,在"汉语中高级精读课""汉语商务口语"这些课程中遇到相关的语法点时进行分散地讲解,另外又在"现代汉语语法"课集中系统地进行讲解后,让学生做相关的练习。这样四周以后,学生在作业中类似的错误大大降低了。例如我们课中系统讲解了汉语的"了"分为两个,一个是动态助词,另一个是语气词,说明了其语法意义,更主要的是说明哪些情况下不能用,并让学生做了教材中的练习。(丁崇明,2009)这样,"了"的偏误很少再出现了。如果没有专门的语法课,教师也可以在适当的时候集中进行总结性的讲解。

第二,把语法、词汇与功能结合起来进行教学。教师在教学中不能泛泛地讲一个词的词义,而是要把它所出现的句法结构介绍给学生,要让学生掌握目的语的语法规则。单纯地讲解语法规则学生不易记住,所以难以避免语法偏误,应当在平时学习课文和词汇时就把语法句法规则贯穿其中,并且还要把特定的句式和语法项目的语义功能介绍给学生,让学生知道在表达什么语义的情况下使用某种特殊的语法功能。例如,老师讲不及物动词"毕业"时只说它的意义,不介绍用法,导致学生给它带上宾语说出"﹡我毕业北京师范大学"。而我们介绍这个词要结合其句法结构,说明它不能带宾语,它有 4 种用法:(1)某人+时间+毕业;(2)某人+(时间)+毕业+于某校(其中时间词可不出现);(3)某人+(时间)+从某校+毕业(其中时间词可不出现);(4)某人+是+某学校+毕业+的。然后让学生造句,这样,学生就可以学会正确地使用该词,还学到了一些句法规则。又如汉语"把"字句十分复杂,有 20 多种不同变式。(丁崇明,2009)我们除了课文中遇到"把"字句时进行讲解外,还集中介绍它常见的变式、使用的情景以及常用的词汇,最后让学生根据教师提供的句子的模式和常用动词和语境自己造句,让学生反复训练。通过这样的教学过程,学生基本上掌握了一些常见的"把"字句的用法。

第二节　对外汉语教学中的离合词偏误分析①

一、引言

在对外汉语教学中，有些学生常会说出这样的话："＊我可以照相你"，"＊我想见面她"，"＊我们每天都去游泳游泳"，"＊我去那个病院看病过"……以上句子正确的说法应该是："我可以给你照相"，"我想跟她见面"，"我们每天都去游游泳"，"我去那个医院看过病"。这些偏误都是由于离合词使用不当造成的，为什么会产生这样的离合词偏误？怎样才能让学生少犯这样的错误？本节收集了北京语言大学 HSK 动态作文语料库中留学生使用离合词时出现问题的偏误句，总结归纳出了学生易出现的问题类型，结合离合词的性质、特点分析了产生这些问题的原因，并给出了教学中相应的策略和办法。

二、离合词研究简述

从时间上来说，20 世纪 40 年代开始至今，学者们对离合词的研究大致可以分为两个阶段。

20 世纪 40 年代至 70 年代，这一阶段是离合词问题研究的基础阶段，主要是关于离合词的名称、定义、性质等问题的讨论。自从人们发现离合词这一现象开始，就对它进行了诸多命名，其中以陆志韦（1957）提出的"离合词"这一名称使用最为广泛，本节也采纳这一术语。

20 世纪 80 年代至今，这一阶段是离合词问题研究的发展与应用阶段，学者们在前一阶段研究成果的基础上，进一步运用新的理论和方法对离合词进行了更加深入的研究，涉及离合词的性质、成因、结构、用法、教学、发展和规范等各个方面。又因这一阶段对外汉语教学和中文信息处理的快速发展，学者们在这两个领域发现有关离合词的新问题，同时也将已有的研究成果应用于其中。

总的来说，到目前为止学者们对离合词的研究涉及其名称、性质、界定、结构、类别、扩展、句法、语义、语用、修辞、发展、规范、离合程度、离析原因、离析功能、汉语教学实践、中文信息处理实践等方面。

---

① 本节作者：杨泉。原题为《基于 HSK 作文语料库的留学生离合词偏误计算机自动纠错系统初探》，载《语言文字应用》，2011（2）。

三、本节离合词的定义、性质及特点

（一）离合词的定义

目前学界对于到底什么是离合词的标准还不太统一，比如有些学者认为"回来"可以扩展为"回家来"，"情绪"可以扩展为"有情无绪"，因此把它们都作为离合词来处理。各家各派一定是根据自己研究的需要才作此处理的，但就对外汉语教学来讲，"回来"我们在趋向动词时就给学生讲解了，"有情无绪"作为一个短语介绍给学生，不会把它们作为离合词处理，因此本研究进行过程中排除了这两类词语。

总结前修时贤的研究成果，我们将离合词定义为既可以合起来使用，又可以分开来在其中插入有限扩展成分的词。以"帮忙"为例，组成它的"帮"和"忙"可以合起来用，例如：

他有困难，你应该帮忙。

也可以分开用，例如：

最近他经常帮我的忙。

（二）离合词的性质

关于离合词的性质，学界主要有"词说""短语说""离为短语合为词说""中间状态说"四种观点。从对外汉语教学的角度来讲，教学过程中不宜过多引入语法学术语，将离合词作为一个词处理，"合"则为词，无须解释；"离"则为复合词的有限扩展形式，为方便外国学生理解和接受这种汉语特有的语言现象，我们采纳"词说"这一观点。

（三）离合词的特点

作为一种特殊的、能离能合的词，离合词有着一些与众不同的特点，也正是因为这些特点，外国学生在使用离合词时才会出现这样或那样的问题，如果我们把使用离合词的规律和特点都讲授给学生，相信一定会减少他们产生偏误的概率。离合词的特点主要有以下几点：

1. 构成离合词的语素可以分离，中间插入其他成分

离合词都可以"分离"出两项成分，假设离合词的原型为"L"，分离后第一项成分为"A"，第二项成分为"B"，则有"L＝A＋B"。

一般来讲，分离后插入的成分就是前一项或后一项的补充、说明或修饰成分，据此离合词分离后可插入的成分不外乎有以下三种情况：

第一，在 A 后面插入某成分，假设它为 AC。扩展后的离合词结构可描写为"A＋AC＋B"。

第二，在 B 前面插入某成分，假设它为 BC。扩展后的离合词结构可描写

为"A＋BC＋B"。

第三，AC、BC 与 A、B 同时出现，扩展后的离合词结构可描写为"A＋AC＋BC＋B"。

如果我们清楚了哪些词可以出现在 AC 和 BC 位置上，也就清楚了可以插入离合词的成分。下面我们将常见的 AC 与 BC 位置上的成分列表（表 8-1）。由于离合词是汉语特有的语言现象，留学生在了解了这种用法后，受其母语的影响常常将其与一般词语等同使用，将第一、第二种简单的情况用清楚已经相当不易，后一种情况在实际使用时非常复杂，学生使用时一般就是在"A＋AC＋B"或"A＋BC＋B"两个结构"A"的后面加上"了""着""过"，用法基本上等同于这两种情况，因此我们不单独处理，下面以前两种情况为主列表说明在 AC 与 BC 位置上有哪些可以出现的成分。

表 8-1　离合词的可插入成分列表

分离类型	可插入成分	插入后例句
A＋AC＋B	助词"了""着""过"	他们一直跳着舞。 她早就跟我离了婚。 我在一家书店打过工。
	动量短语、时量短语	出趟国，就谁都不认了？
	动词补语	吃完饭他迅速离开了。
A＋BC＋B	名词	你别吃眼前亏呀！
	形容词或形容词短语	你这样下去会吃大亏的。
	指示代词、疑问代词、人称代词或名词的所属格形式	你倒不必操那个心。 他们会马上抄他的家。
	名量短语、时量短语	我们四个人在市场照了一张相。 我想请半天假。

2. 大部分离合词后面不能带宾语

离合词后面不能带宾语，这是大家公认的特点，前面例中所提到的"照相""见面""游泳""看病"等词都是离合词，正是由于这个特点，所以不能说"我可以照相你"，"我想见面她"等句子。离合词虽然不能带宾语，却并不意味着有离合词出现的句子就不存在动作的受事，只不过动作的受事不出现在宾语位置，而出现在其他位置，主要有以下两种情况：

第一，在离合词作谓语的句子中，可以用某些介词把受事提到离合词前面充当状语，这些介词包括"和""跟""同""与""给""为""向"等。例如：

＊我要<u>结婚</u>他。

我要<u>和他结婚</u>。

此句中，应该用介词"和"将受事"他"提前，整个介宾结构在句子中充当状语。如果我们假设介词为 P，宾语为 O，则整个介宾结构为 PO，这类离合词在句中可描写为"PO＋A＋（AC）＋（BC）＋B"。

第二，在离合词作谓语的句子中，还可以把受事插在离合词两个字的中间充当定语。例如：

＊我正在<u>生气</u>他。

我正在<u>生他的气</u>。

此句中，受事"他"应该作定语，而不是宾语。假设我们把这个受事定语设为 AO，在 A 或 AC 后面插入 AO，就可以得到公式"A＋（AC）＋AO＋（BC）＋B"。

但研究发现也有一小部分离合词由于词义的凝固程度较高而可以带宾语。范妍南（2007）对《高等学校外国留学生汉语教学大纲（长期进修）》及《汉语水平词汇和汉字等级大纲》中的双音节动词进行了统计，以《现代汉语词典》（2002 年增补本）为标准确定了其中的离合词，共计 233 个。发现其中有 20 个词可以带宾语，它们分别是"操心""成交""出口""出席""担心""发愁""放心""告别""关心""解雇""进口""列席""留神""留心""留意""起草""缺席""在意""注意""走私"。以"出席"和"放心"为例：

作为领导，我们必须<u>出席</u>这次会议。

妈妈不<u>放心</u>我一个人出远门。

3. 离合词的重叠形式

绝大部分离合词都有重叠形式，方法是只重叠前一个语素，形成"AAB"式重叠。例如：

＊晚饭以后，我想去<u>散步散步</u>。

晚饭以后，我想去<u>散散步</u>。

离合词"散步"的重叠形式应该是"散散步"，而不是"散步散步"。其他离合词的离合形式也应该是"AAB"式，如"跳跳舞""聊聊天""见见面"等。

四、离合词偏误类型分析

正是因为离合词有着上述特点，所以留学生在使用离合词时都会出现许多问题。下面我们就结合上述特点及 HSK 作文语料库中的语料总结一下留学生使用离合词时经常出现的偏误。

（一）在离合词中插入的成分出现偏误

1. AC 出现偏误

第一，AC 为助词"了""着""过"的情况。当离合词与"了""着""过"共同出现时，一般应该把"了""着""过"等词放在离合词两个语素的中间。例如：

　　＊他们两个人一直<u>跳舞着</u>。

　　　他们两个人一直<u>跳着舞</u>。

　　＊我上大学时，在一家书店<u>打工过</u>。

　　　我上大学时，在一家书店<u>打过工</u>。

我们在 HSK 作文语料库中查到的此类偏误语料如表 8-2 所示。

表 8-2　HSK 作文语料库中的 AC（了、着、过）偏误语料

例词	偏误例句	修改后例句
点头	他很满意地<u>点头了</u>。	他很满意地<u>点了头</u>。
受伤	因为香烟的火有的孩子<u>受伤过</u>。	因为香烟的火有的孩子<u>受过伤</u>。
打工	我在大学读书时，在一家书店<u>打工过</u>。	我在大学读书时，在一家书店<u>打过工</u>。
戒烟	我爸爸，从来没<u>戒烟过</u>，他生病时也一直吸烟。 我有一段时间<u>戒烟过</u>，不过戒烟太难，大概十个月以后又开始了抽烟。	我爸爸，从来没<u>戒过烟</u>，他生病时也一直吸烟。 我有一段时间<u>戒过烟</u>，不过戒烟太难，大概十个月以后又开始了抽烟。
见面	虽然这么多年都没<u>见面过</u>，但我和他们的记忆，是忘不了的。	虽然这么多年都没<u>见过面</u>，但我和他们的记忆，是忘不了的。

第一，AC 为动量短语或时量短语时的情况又分为两种类型：一种是把 AC 放在了离合词的前面，如表 8-3 所示；另一种是把 AC 放在了离合词的后面，如表 8-4 所示。

表 8-3　HSK 作文语料库中的 AC（动量短语或时量短语在前）偏误语料

例词	偏误例句	修改后例句
挑水	我在这儿只能省你<u>一次挑水</u>而已，不如你自己挑水，自己喝，我不太适合当这儿的和尚。 挑水决定下来，三天<u>一次挑水</u>的话更舒服了。	我在这儿只能省你<u>挑一次水</u>而已，不如你自己挑水，自己喝，我不太适合当这儿的和尚。 挑水决定下来，三天<u>挑一次水</u>的话更舒服了。

例词	偏误例句	修改后例句
见面	每个星期一次跟一起准备的同学见面。	每个星期跟一起准备的同学见一次面。
打架	结果他们每天好几次打架。	结果他们每天打好几次架。
回家	那时候我弟弟上的高等学校不在我们家的附近，他住在学校里，所以只能一个月一次回家。	那时候我弟弟上的高等学校不在我们家的附近，他住在学校里，所以只能一个月回一次家。
抽烟	都知道这样的结果，不过一次抽烟以后他们不能停止抽烟，不能了解没吸烟的人。 但很长时间抽烟的话，对健康肯定有坏处。	都知道这样的结果，不过抽一次烟以后他们不能停止抽烟，不能了解没吸烟的人。 但抽很长时间烟的话，对健康肯定有坏处。
说话	他们三个人半天说话也没有结果。	他们三个人说（了）半天话也没有结果。
写信	亲爱的父亲母亲：不知多少年前给你们写过信，好像我从小时候一两次写信给你们以后直到现在没有了吧。	亲爱的父亲母亲：不知多少年前给你们写过信，好像我从小时候写（了）一两次信给你们以后直到现在没有了吧。

表 8-4　HSK 作文语料库中的 AC（动量短语或时量短语在后）偏误语料

例词	偏误例句	修改后例句
住院	以前我身体不好就住院几个月，那时一个孩子，不知道是什么样的病，但我看他已经没有希望了。	以前我身体不好就住几个月院，那时一个孩子，不知道是什么样的病，但我看他已经没有希望了。
帮忙	可是农村人很有人情味儿，相互之间知道有什么困难赶去帮忙一下。	可是农村人很有人情味儿，相互之间知道有什么困难赶去帮一下忙。
搬家	小时候由于爸爸的工作的关系，我曾经搬家过 5 次。 为了孟子的教育，他的母亲搬家了三次。	小时候由于爸爸的工作的关系，我曾经搬过 5 次家。 为了孟子的教育，他的母亲搬了三次家。
放假	上次五月初有劳动节，我们公司也放假了一个星期假。	上次五月初有劳动节，我们公司也放了一个星期假。

第三，AC 为动词补语的情况，如表 8-5 所示。

表 8-5　HSK 作文语料库中的 AC（动词补语）偏误语料

例词	偏误例句	修改后例句
考试	<u>考试完</u>以后，开始写毕业论文，顺利通过的话，六月末就毕业了。	<u>考完试</u>以后，开始写毕业论文，顺利通过的话，六月末就毕业了。
合心	那也不要担心，四个五个七八个也好，越人多越劳动力增加，他们好几个人能一起<u>合心起来</u>，在山上最恰当的位置上，一起挖出个井……	那也不要担心，四个五个七八个也好，人越多劳动力越增加，他们好几个人能一起<u>合起心来</u>，在山上最恰当的位置上，一起挖出个井……

2. BC 出现偏误

第一，BC 为形容词或形容词短语且误用在了离合词前面的情况，如表 8-6 所示。

表 8-6　HSK 作文语料库中的 BC（形容词或形容词短语在前）偏误语料

例词	偏误例句	修改后例句
抽烟	我国有名的演员死了，因为他每天<u>很多抽烟</u>，所以他生病了，就是肺癌。我们一起玩的时候，他抽烟多了以后马上开始说"别<u>那么多抽烟</u>"。"我不会<u>太多抽烟</u>"但是每一次都一样他抽烟。	我国有名的演员死了，因为他每天<u>抽很多烟</u>，所以他生病了，就是肺癌。我们一起玩的时候，他抽烟多了以后马上开始说"别<u>抽那么多烟</u>"。"我不会<u>抽太多烟</u>"但是每一次都一样他抽烟。
吸烟	虽然我会<u>一点点吸烟</u>，但是他们不断地给我点烟。	虽然我会<u>吸一点点烟</u>，但是他们不断地给我点烟。
流泪	我知道他的心，看不见他流泪，可是他心中<u>很多很多流泪了</u>。	我知道他的心，看不见他流泪，可是他心中<u>流了很多很多泪</u>。
打工	我做了<u>不少打工</u>，例如做服务员，送寿司，做管理员，等等。	我<u>打了不少工</u>，例如做服务员，送寿司，做管理员，等等。

第二，BC 为形容词或形容词短语且误用在了离合词后面的情况，如表 8-7 所示。

表8-7　HSK 作文语料库中的 BC（形容词或形容词短语在后）偏误语料

例词	偏误例句	修改后例句
受伤	一天在电视上我看见一个人用枪杀死了一个动物不是因为那个人要他杀的动物，是因为那个动物受伤了很重。	一天在电视上我看见一个人用枪杀死了一个动物不是因为那个人要他杀的动物，是因为那个动物受了很重（的）伤。
省力	它暗示一个人来做事时，要独力去做，成功的机会也有；两个人来干同一事时，大家合力去干，省力了许多，而且成功的机会更大；至于三个人一起干同一事时，你推我让，自私的心理令彼此不愿多下力量，结果事情反而做得不好。	它暗示一个人来做事时，要独力去做，成功的机会也有；两个人来干同一事时，大家合力去干，省了许多力，而且成功的机会更大；至于三个人一起干同一事时，你推我让，自私的心理令彼此不愿多下力量，结果事情反而做得不好。

（二）大部分离合词后面不能带宾语

第一，有些离合词的受事宾语只能作 PO，却出现在了离合词的后面，如表8-8所示。

表8-8　HSK 作文语料库中 PO 偏误语料

例词	偏误例句	修改后例句
服务	他们每天觉得因为自己的地位太高，所以另外两个和尚要服务他。	他们每天觉得因为自己的地位太高，所以另外两个和尚要为他服务。
见面	他是为了见面他的女朋友来到北京。我认识他们已经过了五年，但是今年过年的时候他从台湾来上海，我又见面他了。现在我也有机会见面他们。	他是为了跟他的女朋友见面来到北京。我认识他们已经过了五年，但是今年过年的时候他从台湾来上海，我又跟他见面了。现在我也有机会跟他们见面。

第二，有些离合词的受事宾语只能作 AO，却出现在了离合词的后面，如表8-9所示。

表8-9　HSK 作文语料库中 AO 偏误语料

例词	偏误例句	修改后例句
中毒	他们也明明知道香烟对自己的身体多么不好，可是不能没有它，人一旦中毒了香烟，就无法摆脱。	他们也明明知道香烟对自己的身体多么不好，可是不能没有它，人一旦中了香烟的毒，就无法摆脱。

例词	偏误例句	修改后例句
听话	可是，现在几乎没有这样的家庭，所以孩子不能理解爷爷的想法，有时候，爷爷到孩子家来住几天的话，孩子不<u>听话爷爷</u>。	可是，现在几乎没有这样的家庭，所以孩子不能理解爷爷的想法，有时候，爷爷到孩子家来住几天的话，孩子不<u>听爷爷的话</u>。
罚款	吸烟虽然是个人的权力但是在公共场所的吸烟会对别人有害，所以同意这个某市政府<u>罚款公共场所吸烟的人</u>的规定。 医院也是公共场所，该<u>罚款这样的中国人</u>吧！ 某市政府出台的规定，<u>罚款在公共场所边走边抽烟的人</u>，这个规定是最近在日本也越来越常见的。	吸烟虽然是个人的权力但是在公共场所的吸烟会对别人有害，所以同意这个某市政府<u>罚公共场所吸烟的人款</u>的规定。 医院也是公共场所，该<u>罚这样的中国人款</u>吧！ 某市政府出台的规定，<u>罚在公共场所边走边抽烟的人款</u>，这个规定是最近在日本也越来越常见的。

第三，有些离合词的受事宾语既可以作 PO，又可以作 AO 位，但是却出现在了整个离合词的后面，如表 8-10 所示。

表 8-10　HSK 作文语料库中 AO 或 PO 偏误语料

例词	偏误例句	修改后例句
帮忙	但有些老同学们热情地<u>帮忙我</u>后来我的留学生活好多了。 以前，我还记得，在我两三岁的时候，祖父是开纺织厂的，爸爸每天早上起来就上班，<u>帮忙祖父</u>，我爸爸在燃料方面很有一手。 我们艰难的时候，她老是<u>帮忙我们</u>。 爸爸从来没有为了钱，为了东西，<u>帮忙自己的朋友</u>。 在法国期间，我除了进修以外，课余时间有时<u>帮忙法国一些名牌服装公司</u>设计简单的服装。	但有些老同学们热情地<u>给我帮忙</u>后来我的留学生活好多了。 （或：但有些老同学们热情地<u>帮我的忙</u>后来我的留学生活好多了。） 　以前，我还记得，在我两三岁的时候，祖父是开纺织厂的，爸爸每天早上起来就上班，<u>给祖父帮忙</u>，我爸爸在燃料方面很有一手。 我们艰难的时候，她老是<u>给我们帮忙</u>。 爸爸从来没有为了钱，为了东西，<u>给自己的朋友帮忙</u>。 在法国期间，我除了进修以外，课余时间有时<u>给法国一些名牌服装公司帮忙</u>设计简单的服装。

续表

例词	偏误例句	修改后例句
	那时我妈妈因会写信，经常<u>帮忙邻居</u>的妇女写家信，我就经常要帮她抄整齐一点。 学习忙，而且<u>帮忙爸爸的公司</u>工作也忙。	那时我妈妈因会写信，经常<u>给邻居的妇女帮忙</u>写家信，我就经常要帮她抄整齐一点。 学习忙，而且<u>给爸爸的公司帮忙</u>工作也忙。
举例	她不但说了这句话，还<u>举例某人</u>因少年时不用功读书，只顾好玩，以致荒废学业……	她不但说了这句话，还<u>拿某人举例</u>因少年时不用功读书，只顾好玩，以致荒废学业……

（三）离合词的重叠形式问题

在 HSK 作文语料库中，离合词的重叠用法几乎没有偏误例句出现。一方面可能是因为受母语的影响，学生不习惯这种表达方式；另一方面因为这是作文语料库，学生在写作时都尽量用一些书面语色彩较强的表达方式，而离合词的重叠形式口语色彩较强，所以学生很少使用，偏误也就相对较少，只有一个不太典型的偏误出现，如表 8-11 所示。

表 8-11　HSK 作文语料库中离合词重叠形式偏误语料

例词	偏误例句	修改后例句
让步	所以互相<u>让步一步</u>想一想，对方也是沉闷、忧郁。	所以互相<u>让步</u>想一想，对方也是沉闷、忧郁。

（四）本应出现在主语位置，却出现在了宾语位置

有些留学生受母语影响，在不能加宾语的离合词后面加上宾语，而这个宾语应该加在离合词的前面作主语。在 HSK 作文语料库产生这类偏误的只有一个词"毕业"，全部语料如表 8-12 所示。

表 8-12　HSK 作文语料库中主语偏误语料

例词	偏误例句	修改后例句
毕业	她<u>毕业了大学</u>就来我校给我们讲课，我们一看这位又年轻（当时她 24 岁）又可爱的女老师就喜欢了。 有一天，我们快要<u>毕业小学</u>时我和她聊了好久，那时我告诉她我将来的梦想："我要当一个时装设计师。"	她<u>大学毕业了</u>就来我校给我们讲课，我们一看这位又年轻（当时她 24 岁）又可爱的女老师就喜欢了。 有一天，我们快要<u>小学毕业</u>时我和她聊了好久，那时我告诉她我将来的梦想："我要当一个时装设计师。"

续表

例词	偏误例句	修改后例句
	两年后我要<u>毕业大学</u>的时候，他跟我说一件事。	两年后我要<u>大学毕业</u>的时候，他跟我说一件事。
	今年我<u>毕业了大学</u>，但由于我国的不好的经济情况我还找不到工作。	今年我<u>大学毕业了</u>，但由于我国的不好的经济情况我还找不到工作。
	爸妈，女儿快要<u>毕业大学</u>了。	爸妈，女儿快要<u>大学毕业</u>了。
	明年我们都<u>毕业大学</u>。	明年我们都（将）<u>大学毕业</u>。
	可是<u>毕业大学</u>以后过一年还没找到工作，真对不起。	可是<u>大学毕业</u>以后过一年还没找到工作，真对不起。
	妈妈已帮助我<u>毕业大学</u>了。	妈妈已帮助我<u>大学毕业</u>了。
	在我快要<u>毕业大学</u>的时候，父母对我说："你去国外学习。"	在我快要<u>大学毕业</u>的时候，父母对我说："你去国外学习。"

（五）离合词的其他用法错误

离合词的个性特别鲜明，主要体现在各个离合词用法迥异，比如大部分离合词可以有受事出现在其前面、中间或后面，但也有一部分离合词不允许再有受事出现，如"怀孕"一词其前面、中间、后面都不能加入受事。语料库出现了一例偏误，如表 8-13 所示。

表 8-13　HSK 作文语料库中离合词的其他用法偏误语料

例词	偏误例句	修改后例句
怀孕	母亲<u>怀孕</u>小弟时，父亲去世了。	母亲<u>怀</u>小弟时，父亲去世了。 （或：母亲<u>怀孕</u>时，父亲去世了。）

五、离合词的教学策略

产生离合词偏误的原因是多方面的，最主要的是母语负迁移和目的语泛化。从以上语料中我们可以看出目的语泛化主要是将离合词等同于一般动词的用法。根据我们的研究结果，在离合词的教学过程中应该注意以下几个问题：

第一，避开学术界的理论分歧。尽管学术界对离合词的定义、性质、分类、界定等问题有过许多纷争，但我们在教学过程中不要囿于其中，应该本着"拿来主义"的原则，一切对我们教学有利的、能迅速提高学习效果的理论和方法都应该拿来。离合词教学目的只有一个，就是让学生能够准确、熟练、得体地使用离合词。

第二，注重个性，各个击破。有些学者认为离合词是词向短语过渡的中间状态，在这个状态下难免会出现不能整齐划一的局面，离合词的个性很鲜明，有的可以直接带宾语，有的不能带宾语；有的受事放在前面，有的受事放在中间，可以说几乎没有哪两个离合词的用法是完全一样的，因此需要我们在教学过程中谨慎对待其与众不同的个性，各个击破，每遇到一个离合词都要详细讲解其独特的用法。

第三，教学比重"离"大于"合"。虽然对于离合词自身而言，"离"与"合"的用法都是其不可忽视的特点，但"离"的用法，即离合词的扩展形式一直都是学生掌握的难点。教学策略上可以运用先词后语、词语同行、教词补语等多种不同方法，但在教学内容上我们应该把重点放在离的讲解和训练上。

六、余论

如果我们弄清楚离合词的特点及学习者经常出现的问题，结合正确的教学方法，一定会让留学生正确使用离合词。但到目前为止，对离合词的研究还没有达到逐一描写的精度，下一步的工作重点就是要描写清楚每个离合词"离"与"合"的特点，力争找到如此形式的原因，以便更有效地进行教学。

第三节 美国留学生"比"字句偏误分析[①]

一、引言

表示比较关系的"比"字句是一个使用频率较高的句式，也是汉语学习者习得过程中的重点和难点，学习者在"比"字句的使用上经常出错，错误的出现甚至会延续到高级阶段。关于"比"字句的偏误已有过不少研究，其中对偏误的分类是各研究者关注的焦点。李大忠（1996）指出留学生使用该句式时主要会出现 3 类偏误：第一，误用，即在不应使用"比"字句的地方使用了"比"字句，如"现在，中国青年喜欢的音乐比日本青年相同"。第二，误加，即在表示比较结果的成分中，把表程度的修饰语误放于形容词前，如"今天比昨天很冷"。第三，否定词位置偏误，主要是将否定词"不"的位置置于比较结果成分之中而不是置于"比"字之前，如"我比我姐姐不好看"。在第三类偏误的判定上，李大忠认为正确形式应为"我不比我姐姐好看"，并指出只有当比较后项为疑问代词时，才可将"不"放在结果项上，如反问句"它比谁不厉害！"这个偏误判定存在一些问题。首先，在现代汉语中，的确存在"A 比 B 不……"的形式（周小兵，1994），但这种句式的使用是有语境限制的，一般

情况下不使用。其次，如果说像"我比我姐姐不好看"这样否定副词后置的句子不符合语法，那么其正确形式是否就是"我不比我姐姐好看"却也并不一定。根据相原茂（1992）、吕文华（1994）等的研究，"不比"句虽然在形式上是"比"字句的否定形式，但在意义上却并不是其否定形式，而是"没有"句，而"不比"句具有特殊的话语功能，而且其使用要受语境限制，不能单独成句。从这一观点看来，上述用例如果使用"不比"句式也并不一定正确，还要看原文中的语境是否符合要求。从该误例产生者的母语背景——日语来说，可能其真正想表达的应该是"我没有姐姐好看"，由于母语负迁移的影响，将否定副词置于结果项形容词之前。王茂林（2005）、刘峰（2004）、柳多利（2005）对偏误的分类，除了李大忠所指出的 3 种以外，还包括搭配偏误（如"先进的程度比我想象的更快"）、遗漏（如"这个班的学生那个班多两倍"）、句式杂糅（如"这个教室比那个一样大"）、误序（如"在我们国家会汉语的人容易找工作比他们不会汉语的朋友"）等。实际上，考察具体每一个误例的判定，我们发现存在着很强的主观性，各人的着眼点不同会影响到对某一错误类别归属的判断。比如"这个教室比那个一样大"，"你的观点比我的一样"（刘峰例），被归入句式杂糅，实际上是将表示差比的比较标志"比"代替了表示等比的比较标志"跟"，属于李大忠所说的对"比"字句的误用，而在王茂林那里却属于"无法归类"（如"广州的东西价钱比韩国的差不多一样"）；王判定"先进的程度比我想象的更快"属于搭配错误，但这并非"比"字句本身独有的错误，在其他场合也可能同样存在，不是属于比字句本质上的偏误。总的来说，要判定一个偏误，并不是表面上看起来那么简单。每个偏误都有一个"偏误涉及范围"，这个范围包括词、短语、分句、前后句甚至较长的语篇。因此"比"字句的偏误判定，不仅要考虑"比"字句句子内部的各成分结构组合关系，还要考虑句子外部的上下文、语境，找到真正属于"比"字句句法语义性质的偏误，才能进而准确揭示出偏误背后所隐藏的学习者在习得过程中的困难和规律。因此，本研究语料全部来源于中级阶段美国留学生所写的作文。选择作文作为考察对象，正是考虑到只有在完整的语篇环境下才能正确判断学习者对比较句的真实使用倾向及准确度。本研究未采取任何诱导性的方式来促使学生使用比较句，因此可以说是学生在最自然的状态下，基于自身语言表达的需要而使用的"比"字句语料。

二、汉语的"比"字句句式

在汉语语法本体研究及对外汉语教学中，对"比"字句式的分类方式和具体类别虽然稍有不同，但总的来说较为统一，分歧不大，基本上是根据内部成分结构进行较为细化的划分，我们考察了目前所出版的 6 部语法大纲①，并参考了卢福波（2005）和陈珺、周小兵（2005）的研究，对各家所出现的"比"字句进行归纳整理，共得出以下 2 大类 13 小类的"比"字句式，如表 8-14 所示。

表 8-14　"比"字句句式

	句式	例句
介词性"比"字句	句式一：A 比 B＋形容词	他比我高。
	句式二：A 比 B＋形容词＋数量、程度补语	他比我高三厘米/姐姐比妹妹漂亮得多。
	句式三：A 比 B＋更/还/再＋形容词	这儿比那儿更热。
	句式四：A 比 B＋心理动词/能愿动词＋宾语	姐姐比妹妹爱打扮。/他比我能喝。
	句式五：A 比 B＋提高、减少类动词＋数量宾语	今年的产量比去年提高了三百公斤。
	句式六：A 比 B＋一般动词＋程度补语	他比我跑得快。
	句式七：A 比 B＋一般动词＋宾语＋一般动词＋程度补语	他比我打球打得好。
	句式八：A 比 B＋早、多、难、先＋一般动词＋宾语/程度补语	这个汉字比那个汉字难写一些。
	句式九：A 比 B＋更/还/再＋动词＋宾语	他比我更喜欢猫。
	句式十："不比"句	他不比你差多少，你别瞧不起他。
动词性"比"字句	句式十一：A 比不/得上 B＋那么/这么＋形容词	这儿的风景比不上我的老家。
	句式十二：A 跟/和/与/同 B＋比……	你跟他比，你哪个方面都差一些。
	句式十三：A 跟/和/与/同 B＋比起来……	这儿跟那儿比起来，环境差不多。

我们将根据上述句式的框架，对收集到的"比"字句语料进行考察分析。

---

① 这 6 部语法大纲包括王还主编：《对外汉语教学语法大纲》，北京，北京语言学院出版社，1995；孙瑞珍主编：《中高级对外汉语教学等级大纲（词汇·语法）》，北京，北京大学出版社，1995；杨寄洲主编：《对外汉语教学初级阶段教学大纲（一）》，北京，北京语言文化大学出版社，1999；国家对外汉语教学领导小组办公室汉语水平考试部编：《汉语水平等级标准与语法等级大纲》，北京，高等教育出版社，1996；国家对外汉语教学领导小组办公室编：《高等学校外国留学生汉语教学大纲（长期进修）》，北京，北京语言文化大学出版社，2002；国家对外汉语教学领导小组办公室编：《高等学校外国留学生汉语言专业教学大纲》，北京，北京语言文化大学出版社，2002。

三、研究对象及语料搜集方法

本研究的被试均为在美国学习汉语的美国大学生，共 9 人，其中包括几名华裔学生。他们在参加该项研究之前均已在大学进行过为期 30 周、每周约 7.5 个小时的课堂汉语学习，所使用的教材为美国出版的《中文听说读写》（*Integrated Chinese*），各学生具体情况如表 8-15 所示。

表 8-15　跟踪调查实验的被试情况

	年龄	性别	家庭背景	母语
C1	19	男		英语
C2	19	男		英语
C3	19	男		英语
C4	19	女	父母为华人	英语、汉语普通话
C5	19	女	母亲为华人	英语
C6	19	男	国际学生，秘鲁籍	西班牙语
C7	19	男	父母为华人	英语、汉语广东话
C8	19	男	父母为华人	英语、汉语普通话
C9	19	男	父母为华人	英语、汉语广东话

注：参与者以字母 C1、C2、C3……代表

表 8-15 中的 9 名被试中除了 4 名毫无中文背景的学生外，还包括 4 名父母均为华人的学生和 1 名母亲为华人的学生。根据笔者的调查了解，这 5 名华裔学生在家庭中都多少使用一些汉语（有些是汉语方言）与家人进行交流。但无论其背景如何，在进行课堂汉语学习之前，都参加了该校组织的汉语水平分班考试，根据他们的书面和口语成绩被划归到零起点班。

我们于 2009 年 6～12 月对上述 9 名学生进行为期 7 个月的跟踪调查，7 个月中每个学生的作文篇数为 10 篇，各篇平均间隔 21 天左右，共收集到 90 篇，总字数约 27000 字，共得到包含"比"字的用例 43 个，其中 1 个由于句子意思不知所云而被剔除①，全部 42 个用例中，介词性"比"字句用例为 36 个，动词性"比"字句用例为 6 个。

---

① "美国也有的比不上的习俗，这个特有的联合"这个句子中，"有的"的"的"很难判断属于什么性质，另外下文也无法给我们提供理解前句的有用信息。

四、偏误情况分析

（一）偏误率

从我们收集到的 42 个"比"字句用例来看，有 16 例出现了这样那样的偏误，其中有些是在同一例句中出现了两处偏误，我们将其视为一个偏误用例。有的偏误显然属于错别字范畴，我们将其排除在外，比如下面的句子：

［1］＊Portland 的冬天就有一点冷了，下得雨比春和秋天下得多。（前后两个比较项中的"得"应该是"的"）

［2］＊我也觉得秘鲁的文化比美国的好的多。（"好的多"中的"的"应改为"得"）

以上两句表明学生对"的"和"得"的使用区别还没掌握，以致产生混淆。

另外，有的偏误与比较句本质无必然关系，即这类偏误不只发生在比较句中，也可能发生在别的句式上，而且就错误严重程度而言微乎其微。例如：

［3］＊美国的习俗跟中国的习俗比起来算得很少。（"算得很少"应改为"算得上很少"）

［4］＊生多几个孩子比只生一个孩子好一点。（"生多几个孩子"应改为"多生几个孩子"）

我们发现上述类型的偏误并不算严重，它们不影响句子意思的理解，而有些错误甚至就连母语为汉语的人也经常犯，比如"的""得"，将补语标记"得"跟结构助词"的"混淆使用。一些方言区的人说普通话时会说出"生多几个孩子""吃多一点"这样的句子。有的虽然影响对句子意思的理解，但仅属于词汇层面，如例［6］中出现"有权利的新闻"，这是由于不懂得另一词语"权威性的新闻"而造成的。这些都不属于"比"字句性质的偏误。

排除了以上类型的偏误，我们共判定偏误用例为 10 例，其中介词性"比"字句的偏误是 7 个，动词性"比"字句的偏误是 3 个，如表 8-16 所示。

表 8-16　美国学生"比"字句偏误率

偏误	正确	总用例	偏误率
10	32	42	23.8%

表 8-17　美国学生不同词性的"比"字句偏误率

	介词性比字句	动词性比字句
总用例	36	6
偏误用例	7	3

续表

	介词性比字句	动词性比字句
正确用例	29	3
相对偏误率（占所有该词性用例）	19.4%	50%
绝对偏误率（占全部 42 个比字句用例）	16.7%	7.1%

　　表 8-16、表 8-17 所显示的数据表明，参与实验的这些美国学生在使用"比"字句时出错频率不算很高。不过，他们动词性比字句 50% 的相对偏误率却是令人感到意外的，这一现象可能是因为收集到的用例数量相对不够充足的缘故，因此可能缺乏代表性和科学性。另外，有一个现象也引起了我们的注意，就是在全部 3 个动词性比字句偏误中，有 1 个是由于其他成分的词汇性错误引起的"＊跟别的大学比起来，达特茅斯大学的学生是最喝酒的"，其中的"最喝酒"，是错误地将程度副词和动作性动词搭配在一起，中间缺少"爱"或"喜欢"等心理动词，或者可以改为"是喝酒喝得最凶的"。这样的偏误看起来是一般性的搭配错误，但出现在比较句中（可能不只是动词性比字句，也可能出现在介词性比字句中），却具有特别的意义，它提醒我们，在主要以形容词性短语构成比较结果的比较句中，学习者面临如何将动词性短语转化为符合语法规则的比较结果的难题。

　　前面是对"比"字句总体使用偏误的考察，下面考察语料中不同"比"字句式的偏误情况，如表 8-18 所示。

表 8-18　美国学生不同"比"字句式的偏误情况

句式	一	二	三	四	五	六	七	八	九	十	十一	十二	十三	其他①
出现例数	15	14	2	0	0	1	0	1	0	1	1	0	5	2
偏误例数	3	1	0	0	0	1	0	0	0	0	0	0	3	2
相对偏误率（占所有该句式用例,%）	20	7.1	0	0	0	100	0	0	0	0	0	0	60	100
绝对偏误率（占全部 42 个比字句用例,%）	7.1	2.4	0	0	0	2.4	0	0	0	0	0	0	7.1	4.8

① "其他"类的偏误指的是在 13 类句式中找不到对应的句式的偏误，这样的句子确实属于比较句的偏误，但属于应该使用别的比较句式而误用"比"字句的情况，这样的用例有两个："北京是一个很有趣的城市，比我的家乡和达大都很不一样。""在达大，我们的周末娱乐比一般的大学周末娱乐有一点不一样。"

如表 8-18 所示，被试使用句式二、三、八、十、十一时，相对偏误率很低，而使用句式一、六、十三时，相对偏误率比较高，甚至句式六的相对偏误率高达 100％。是否可以因此推论句式一、六、十三的习得会比句式二、三、八、十、十一的习得晚？甚至是否可以由此认为，偏误率为 0 的句式四、五、七、九、十二是学生最快习得的呢？由于我们的样本数量很少，显然不可下如此结论，但是这些统计数据却可以在一定程度上透露出这些美国学生在"比"字句的习得过程中存在的一些问题，这也将是我们后面所要进一步探究的。

（二）偏误类型

"比"字句是汉语中句法形式和语义结合高度紧密的表达形式之一，不仅在句法结构上，而且在语法意义上都有着相对突出的本质特征。这一特点使我们在考虑偏误分析时，两个方面的因素都不能忽视。以往的偏误分析比较偏重从表层句法形式入手，而没有从语义的角度加以深入。从语义的角度来看，无论何种句式的"比"字句，都必须具备以下三个构成要素：参与比较的比较项，构成比较关系的标记词，比较的结果。其中，比较项是构成比字句的核心要素之一，比字句的比较项通常有两个，一般来说，位于介词"比"前面的比较项被称为比较前项，位于"比"后面的比较项被称为比较后项，按照两者的语义关系，又可将比较前项称为比较主体，将比较后项称为比较基准。

我们认为，从这三个方面来判定学习者的偏误才能真正抓住"比"字句的偏误本质。因此尽管每个语义构成要素的偏误在表层形式上都可以表现为成分多余、缺失、错位和误用，但我们仍可以从比较句的这三个构成要素入手来划分偏误类型，这样划分的好处是偏误的寻找和归类相对简单易操作，而且充分体现了比较句的本质特征。根据上述原则，我们对收集到的美国学生的"比"字句用例进行了偏误分类，其中出现的偏误类型可分为以下几类：

第一，比较项偏误。例如：

［5］＊要是学生们上课的话政府会给父母钱，那个总数比<u>孩子在街上可以赚</u>高得多。（比较项"孩子在街上可以赚的"缺失"的"）

［6］＊所以新闻工作者觉得<u>有人们喜欢报纸的目的</u>比给人们世界上的有权利的新闻重要。（比较项"有人们喜欢报纸的目的"中"的目的"多余）

［7］＊把一个孩子带大比<u>多一些孩子</u>便宜。（比较项"多一些孩子"缺失"把……带大"）

第二，标记词偏误。例如：

［8］不过，洛杉矶的冷天气是 Hanover 的暖和的。（比较标记"比"字缺失）

［9］＊不过，我的名字比起来同学们的不错。（比较标记"比起来"错位，应为"比起同学们的来"或者添加连接比较项的标记词"跟"，"跟同学们的比

起来"）

[10] ＊北京是一个很有趣的城市，比我的家乡和达大都很不一样。（"比"字误用，应用等比标记词"跟"）

[11] 在达大，我们的周末娱乐比一般的大学周末娱乐有一点不一样。（"比"字误用，应用等比标记词"跟"）

[12] 跟别的美国城市跟纽约比起来，别的城市都算上挺安静，比较缓慢。（根据原文上下文语境判断，是句首"跟"多余）

第三，比较结果项偏误。例如：

[13] ＊跟别的大学比起来，达特茅斯大学的学生是最喝酒的。（"是最喝酒的"中缺失"爱"）

[14] 原来这个日子是一个 Ireland 的节日，但是现在美国比 Ireland 庆祝得多。（"庆祝得多"中，"庆祝"为动词，不能带程度补语"……得多"，应为"庆祝得更隆重"）

语料中比字句构成的各要素的偏误情况为：比较项偏误 3 例，标记词偏误 5 例，结果项偏误 2 例，如表 8-19 所示。

表 8-19　"比"字句构成的各要素的偏误率

	比较项	标记词	结果项
误例	3	5	2
总偏误例数	10	10	10
偏误率	30%	50%	20%

在分析偏误时，有一个情况也需要考虑，那就是不同偏误类型的偏误严重程度如何？不同类型的偏误对句子的可懂度造成了多大程度的影响？这些偏误多大程度上体现了学习者在习得"比"字句的过程中需要面对的特有的困难？从另一个方面来说，克服了这些偏误，是否意味着学习者的"比"字句习得达到了更高的水平甚至可以说习得了？

通过分析上面的偏误，我们发现显然标记词的偏误是相对最严重的，误例 [8] 和 [12] 使人不知道作者想比较的到底是哪个城市，而误例 [10] 和 [11] 则完全弄乱了比较句的语义范畴，使人不知是差异比较还是等同比较，要依靠上下文才能明白原意。相对而言，其他类型的偏误倒可以通过句内的词语而推知句子所要表达的语义，而不必依靠上下文。

（三）偏误成因分析

从前文的偏误语料来看，美国留学生"比"字句的比较项的偏误主要体现在一些构成成分较复杂的比较项上。汉语比较项的句法类型分为四类：名词与名词性短语，动词与动词性短语，形容词与形容词性短语，小句。根据语料分析，发现美国留学生一般倾向于使用比较精练短小，构成成分简单，没有复杂的小句构成的名词性的比较项，这主要是受英语比较句的比较项构成特点的影响。这种特点使学生总是试图将较复杂的动词性、形容词性和小句比较项转化为名词性的比较项，而在实际应用中，这样的转换常常因构成成分的复杂而容易出错。

在各类型偏误中，我们发现被试在比较结果项上完全没有出现很多研究者提到的一些常见的结果项的偏误，如"我现在比刚来北京时非常忙"，"她的嗓子比我的好得很"，"所以北京的游人比别的城市很多"。我们原来设想，由于受母语英语的影响，美国学生在结果项上会出现许多程度副词位于形容词之前的偏误（其他研究者的研究也确实证实了这一点），然而在这一次的语料调查中我们却没有发现一例这类型的错误。为了探究原因，我们考察了被试所用的教材。我们发现被试的教材中明确地将"今天比昨天一点儿冷"，"今天比昨天很冷"作为错误列出，这显然对学生起到了提示作用。另外我们考虑到的一个重要因素是，由于我们搜集的语料形式是书面语料，是经过一段时间完成的作文，根据语言输出监控假说（Krasen，1985），学习者有更多的时间专注于形式，有较多的"监控"，因此错误也就得到有效的过滤。当然，由于我们的语料规模有限，可能未能完全反映被试的真实情况，如果语料规模更大一些，也不排除可能出现此类错误。

在各类型偏误中，"比"字句的标记词偏误是最多的，其中有两个偏误比较典型，值得我们注意：

［15］ ＊北京是一个很有趣的城市，比我的家乡和达大都很不一样。

［16］ ＊在达大，我们的周末娱乐比一般的大学周末娱乐有一点不一样。

在这两个误例中，学生应该使用"跟/和"而不是"比"来构成等同比较。考察学生的学习背景，我们还进一步发现一个值得注意的现象：上述两个偏误例全部出自一人，而对照该实验对象的较早时候的"比"字句用例，我们发现该学习者其实已经正确输出了差比句式，而且无论在句式、构成成分的句法位置和词性上都呈现出较为多样的状态，显然该学习者已经在"比"字句的使用上达到了相对熟练的阶段，为什么还出现这种偏误？考察学习者使用的教材，发现教材中明白无误地指出了差比标记"比"和等比标记"跟"的区别，显然这方面的知识已经学过了。另外，我们还注意到，这一现象的出现具有普遍性，李大忠（1996）、刘峰（2004）、王茂林（2005）、柳多利（2005）等都发现了学习者将表示差比的比较标记误用于表示等比的句子中，而且出现在不同母语背景的学习者身上，既有日语、韩语，也有英语、泰语。由此看来，这一类型的偏误显然不能从母语的负迁移上得到完满的解释。① 因此，我们不能不思考这一问题，究竟是什么因素阻碍了学习者正确习得差比句的比较标记。

从汉语比较句的历史发展来看，比字句表示差异比较的语法功能在一开始并不是其专属功能，专门表差异比较的句法形式是"X＋形容词＋于＋Y"（黄晓惠，1992；史佩信，1993），如"季氏富于周公"（《论语·先进》）。"比"字句取代"X＋形容词＋于＋Y"形式成为差异比较的主要表达形式是经过了漫长的句法演化过程的。像汉语中大多数介词一样，今天的介词"比"是从动词"比"发展演化而来的。"比"字最早的词义之一是表并列，是动词，"比"作动词的"X 比 Y＋W"句法形式在汉魏六朝大发展，能表示超过、不及、等同等各种比较结果。这些用法一直延续到明代，句子中"比"的动词意义越来越弱，逐渐虚化。随着动词"比"演化为表示抽象语法意义的比较标记，其语法意义也逐渐向表示差比的方向倾斜，因此到明清时期，虽然表示各种比较的用法还偶有出现，但"X 比 Y＋W"终于取代一直占统治地位的"XW 于 Y"的差比格式而成为单纯表示差比的主流句式。

汉语"比"字句的句法演变是一个长达二千多年的漫长过程，它的发展体现了人类对客观世界从混沌到分化，从具体到抽象，从简单到复杂的认知发展过程。值得注意的是，这个发展过程与儿童的比较句习得有相似之处。从儿童比较句的实际语料上看，我们确实发现了其中出现一些与汉语比较句历史演化进程中所出现的用法相似的句子。根据笔者对自己孩子的观察，在她 3 岁 11 个月时，她曾产生过以下这类句子：

[17]（在谈论一个比自己小的孩子时，说那个孩子年龄比自己小，所以不能从很高的地方跳下来）他现在不能跳，他三岁了，他就比我一样了。

[18]（谈别的孩子的玩具）她的比我的不好看。

李向农（1991）对儿童习得母语比较句的研究也曾记录下这样的用例：

[19] 我们家那个、那个桌子比、比、跟这个桌子这下面的这个东西不一样。（5 岁）

---

① 单从英语表示比较的句式来看，跟汉语一样，英语也使用不同的词语和句式来表示等比和差比，二者也不能混同。参看以下例子：（引自 Ronald Carter & Michael McCarthy：*Cambridge Grammar of English*. Cambridge：Cambridge University Press，2006）

差比：He is **more** interesting **than** his brother.（他比他的兄弟有趣。）

London is **less** crowded **than** Paris.（伦敦没有巴黎那么挤）

等比：They are **as** keen to join in **as** we are（他们跟我们一样渴望加入。）

His walkman is **the same as** the one I used to have.（他的随身听跟我以前的那个一样。）

上面例子中出现的停顿、支吾表明语言发展水平比较高的儿童（5岁）处在摆脱早期不成熟的用法的干扰而迈向正确的母语表达形式的阶段，也可以说是认知水平发展到一定阶段的具体体现。从这些真实的语料，可以看出儿童在使用"比"字句时，并没有意识到介词"比"只具有表达差异比较关系的功能，而不具有表达所有比较关系（超过、不及、等同）的功能。儿童的这种母语习得过程与汉语比较句上千年的历史发展轨迹看起来巧合的现象，实在值得研究者们注意，曾有学者提出儿童母语习得和语法化的历史演变在总体上相平行的观点。（杨成虎，2005）

无独有偶，这种表示泛比的"比"字句也同样出现在学习汉语的外国人身上，根据我们对不同研究者收集到的不同母语背景的学习者的"比"字偏误用例的考察，发现其中都有大量这样的偏误，例如（以下例句均采自各研究者论文中所举例证，此处不一一注明出处）：

[20] *我的手表比你的手表一样漂亮。
[21] *这种茶比那种茶不一样。
[22] *大卫的个子比其他人的最高。
[23] *我比他来得不早。
[24] *牛肉比羊肉不贵。
[25] *我丈夫的性格比我的相反。
[26] *你们学校比我们的这么大。

由此可见，在习得比字句的过程中，无论儿童习得母语还是成人学习第二语言，都存在着共同的偏误现象，这一共同现象能给予我们什么启示呢？

根据国内外儿童心理学的研究，儿童在习得母语时，先习得实词，如表示实物的名词、表示具体动作的动词（C. A. Ferguson，1973）；在词汇意义上，先习得描述人和动物的行为动作的词，其次习得趋向动词、心理动词和存现动词（郭小朝、许政援，1991）；在句法结构的发展上，由较少语法规则的单、双词句阶段发展到有较多修饰语、成分间制约严密的复杂句（朱曼殊，1979）。总的来说，儿童的语言发展过程也表现为从混沌一体到逐步分化，从结构松散到逐步严谨，从压缩呆板到逐步扩展灵活的认知发展特点（王永德，2001）。具体到"比"字句的习得上，表现为先习得意义实在的"比较"义动词"比"，用"比"连接两个比较的对象，表示确立两个事物之间的可比关系，再由此得出比较结果。此后随着儿童认知能力的发展，语言输入的增长，他们对"比"字的认识再进一步向抽象的意义发展，认识到"比"在句子中是一个抽象的句法标记，只在表示差别的句子中才使用。这一从实到虚的过程体现了人类认知思维从具体到抽象不断发展完善的过程，是一个不可逾越的人类大脑认知机制的必然发展阶段。从这一角度来思考，似乎可以解释为什么在不同母语背景、不同学习阶段、不同学习能力、不同学习经历的学习者的语言事实中发现大量这样相似的偏误。简言之，人类共同的认知发展过程与"比"字这一差异比较标记的误用有一定的关系。

导致比较标记习得困难的另一原因还体现在汉语"比"字句本身的语言难度上。虽然"比"已经发展出意义很虚的比较标记的用法，然而在共时的语法层面上，与古汉语相似的意义实在的用法却仍然大量保留。比如动词性"比"字句的存在，"拿A跟B比……""A比起B来……"等"比"字句仍然具有泛比的语义功能。而"比"字本身的词汇意义也不仅有"比较"的意思，也还保留了上古汉语中"等同，类似"的语义，试看以下例子：

[27] 这一次不比昨夜，声音更近，而且是十几尊大炮同时开放……（巴金《家》）

[28] 祁老人先提出实际的问题："你有粮食没有？没有，告诉我一声！粮食可不比别的东西，一天，一顿，也缺不得！"（老舍《四世同堂》）

[29] 辛楣一壁斟酒道："抱歉抱歉！我们罚自己一杯。方先生，你应该知道出典，你不比我们呀！为什么也一窍不通？……"（钱钟书《围城》）

以上用例中的"比"都有"等同于、类似于"的意思，是动词用法，只不过由于"比"字前后似乎都有比较项的出现而被众多研究者视为表示比较的一般性"比"字句了。这种共时存在的复杂语言现象是语言演变的体现。客观上，"比"的用法的复杂性干扰了学习者对介词性比字句的习得，造成混淆。

从上面进行的分析中，我们了解了学生在习得"比"字句时会产生什么样的偏误，引导我们思考产生这些偏误的原因，对我们今后的教学具有一定的指导意义。当然，我们也应该意识到偏误分析这一分析方法存在着一些局限，首先，判定某一用例是否属于偏误、描述和解释它属于哪一类偏误具有很大的主观性，假如在一开始就判定失误，那么必然影响其后分析解释的准确性和可靠性；其次，在研究某一语法结构的偏误时要甄别其偏误是否属于该句式的偏误，即是否是由于该语法结构的本质特征造成的，这一点应引起我们足够的重视。正如Rod Ellis（2005）所说："没有对偏误本质的真正了解，没有对何种偏误应该纠正的准确判断，偏误的克服也就不可能有所进步。"

第四节 日本学生学习助动词的难点与误区①

助动词（或称能愿动词）是汉语动词中较为特殊的一类，大部分的有关现

---

① 本节作者：陈绂。原文载《语言文字应用》，2002年专刊。

代汉语体系的著作都将这类动词单独提出，并明确指出它们的语法功能是用在动词前，"表示可能、应该、必须、意愿等意思"（史锡尧、杨庆蕙主编《现代汉语》）。同时，又根据它们所表示的不同的语法意义而分为几个小类。助动词是一个相对封闭的类，各部著作中所列举的助动词大致有二十几个。在《汉语水平词汇等级大纲》（以下简称《词汇大纲》）中有 22 个词被标注为助动词："能""能够""会""可以""可能""应该""应""该""应当""要""得""总得""须""必须""必需""当""愿""愿意""敢""肯""乐意""想"。其中甲级词 13 个，乙级词 3 个，丙级词 5 个，丁级词 1 个。

这类动词与其他动词之间不尽相同的语法特点，它们在文句中所表现出来的意义以及这些意义之间的种种差异等，都给学习汉语的外国学生造成了一定的困扰，因而成为对外汉语教学中的一个难点。我们应该针对日本学生使用助动词时所产生的错误展开分析，力图找出产生错误的原因以及解决问题的方法。

一、日本学生使用助动词的偏误

在教学中，我们发现由于表达的需要，日本学生在遣词造句时经常使用助动词，使用频率最高的有"能""能够""可能""会""应""应该""该""可以""要""愿""愿意""必须""想"等词，这不仅占到汉语助动词的多一半，而且涵盖了助动词所能表示的"可能、应该、必须、意愿"等各种功能，可见学生们对这类词还是有一个基本的、整体的掌握的。然而，我们也发现，在众多的使用助动词的句子中，有相当数量的句子存在着种种不同类型、不同程度的谬误，这又反映出了日本学生在如何正确使用这类词上还存在着一定的问题。对这些问题进行认真的分析，可以帮助我们进一步了解日本学生学习助动词乃至学习汉语时所存在的误区，从而对症下药，找出更合理的教授方法。

我们在具有中级汉语水平的日本学生中收集了 84 个在使用助动词上有问题的例句，并根据其问题的性质将它们分为以下 4 类。

（一）漏用

这类病句共收集到 39 例，占病句总数的 46％左右，是所占比例最多的一类。这类错误又分为两小类：

第一，漏用了助动词，共 28 例。例如：

[1] ＊他努力追求，就（　）达到目的。

[2] ＊我觉得（　）帮助她。

从例句中看，所漏掉的助动词有"能、应该、会、要、愿意、可以"等，占了他们经常使用的助动词的大多数，可见，这种漏用是"全方位的"。

句中只使用了助动词而漏用了其他类的词，共11例。例如：

　[3]　*那你就不会（　）很大压力。
　[4]　*自己可能（　）癌症。

我们发现，在"会""要""能""应该""可能""可以"等助动词之后都可能发生漏用主要动词的情况，也就是说，这种差错同样并不只是出现在对某一二个助动词的使用中，而是几乎与日本学生所经常使用的所有的助动词有关。

（二）多用

这类病句共收集了12例，占病句总数的14％左右。例如：

　[5]　*只能卖了一箱。
　[6]　*我20岁了，可以能喝酒了。

这类错误在全部病句中所占的比例并不多，主要涉及表示"可能"和表示"应该"这两类助动词。这种失误又分两种情况：一种是某些句子并不需要使用助动词，但日本学生却加上了一个助动词（例[5]），所加的助动词往往是"能""应该""要"等；另一种情况是某些句子虽然应该使用助动词，但只需要使用一个，日本学生却用了两个（例[6]）。这种失误往往发生在同类助动词内部，以表示"可能"的助动词为最常见，如"能"与"会"同时使用，"能"与"可以"同时使用等。

（三）错用

这类错误共收集到25例，占全部病句的30％强。其中又可以分为两小类：
第一，在助动词之间错用，我们共收集到16句这类例句。例如：

　[7]　*如果不了解，结婚以后应该发生矛盾。（应该用"可能"）
　[8]　*他们不要伤害走路的人。（按上下文意，应该用"愿意"）

我们发现，这种错用，既有发生在表示不同意义之间的、也有发生在表示同一意义内部的。应该说，在助动词之间产生错用的现象还是比较普遍的。
第二，与其他类的词相互错用。例如：

　[9]　*最好具备两种能。
　[10]　*我愿望在中国的贸易公司工作。
　[11]　*日本社会现在要外国人打工。

例[9]该用"能力"却用了"能"；例[10]该用"愿意"却用了"愿望"；例[11]该用"需要"却用了"要"。可见，助动词与其他类的词的相互错用，情况比较复杂。其中，有可能将名词与助动词搞混，也有可能将普通动词与助动词搞混。

(四) 词序颠倒

这类病句共收集到 8 例，所占比例不到病句总数的 10％，是所有病句中数量最少的。例如：

[12] ＊我愿意跟姥爷<u>不</u>一起玩了。
[13] ＊为了健美，<u>应该我</u>运动。
[14] ＊<u>要我</u>喝可乐。

使用了助动词的句子出现词序颠倒的讹误，其原因是多种多样的，但本节只就有关助动词的问题加以分析。我们发现，这类失误多数是将副词的位置放错了，如例 [12] 中"不"的位置。当然也有其他情况，例 [13] 与例 [14] 都是将主语"我"和助动词（"要""应该"）颠倒了，就例 [14] 而言，句子虽然通顺，但与原来要表达的意思却完全不同了。容易产生这类失误的句子一般以使用了"能""不""要""应该"等助动词的为多。这类失误在病句总数中所占的比例虽然不多，但也反映了日本学生在使用助动词时容易出现的问题。

前文已经说过，日本学生在使用助动词时所产生的讹误是带有普遍性的。在收集例句的过程中，我们还发现，这种普遍性不仅表现在讹误几乎涵盖了他们经常使用的全部助动词，而且也表现在学生们的出错率上，也就是说，我们所调查的班级中的日本学生几乎个个都会出错，只是错误的数量与种类不同罢了。同时，我们也发现，这种失误是很顽固的，即使经过多次的纠正，还是频频出现。这一点恰恰证明了学术界对中介语的特点的归纳。

二、汉语与日语表达"能愿"的差异

以上这些谬误显示了日本学生在学习和掌握助动词时存在的一些误区，那么，造成这些误区的原因是什么呢？我们认为首先应该从学生们的母语与目的语之间的差异上考虑这一问题。

日本学生学习汉语是一种"第二语言的学习"，而"第二语言学习一般是在母语习得大体已经完成之后进行的，学习者的母语交际能力早已达到相当的水平，他们的其他知识与技能也日趋完善"（冯志伟，1999），因此，教师教授的只是某种新的语言表现形式，即一些新的语言规律。这种"新的"语言形式和语言规律与他们业已掌握的母语之间的差距越大，学习目的语的困难就会越大。日本学生在学习汉语助动词时显现出来的问题正是这种"差距"所造成的困难的凸显。而要搞清楚这种"差距"，首先必须清楚地了解母语与目的语这两种语言的本体特征。

作为汉语的一个组成部分，助动词自然体现着汉语自身的特点，这些特点与日语有着明显的区别。主要表现在以下几个方面。

（一）在表达方式上的种种差异

正如前文所述，汉语在表达"可能""需要""愿意"等意思时，必须有助动词的"参与"，即形成"助动词＋动词"的语法格局。助动词作为一种"用在动词前、把动词的动作行为变为可能或变为愿望、需要的词"（刘月华，1983），必须与句中的主要动词结合使用，不能单独使用，这是助动词最明显、最主要的语法功能与语法特征，也是汉语与日语的本质区别。

在日语中，表达"可能"概念时主要依靠两种形式：

1. 依靠动词的形态变化

其中，动词的形态变化又有两种情况：

第一，使用动词的"可能式"，即在动词未然形后续可能助动词［れる］、［られる］的形式（サ变动词则一般采取"词干＋できる"的形式）。例如：

他努力追求，就能达到目的。——彼は努力精進しさえすれば目的を達成できる。

他也能用日语打电话了。——彼はもう日本語で電話がかけられます。

第二，直接使用"可能动词"的方式。"可能动词"是一种与一般动词相对的动词，表示"有能力做什么"。它实际上是五段活用动词未然形后续可能助动词［れる］时发生音变造成的，其实质仍然是动词词尾的变换，如"讀む"（读）变为"讀める"（能读）、"書く"（写）变为"書ける"（能写）等。例如：

我能读日语报纸了。——私は日本語の新聞が讀めた。

他会说俄语，也会说日语。——彼はロシシヤ语を话せ、日本語も話せる。

这种依靠动词的形体变化来表示能愿意义的方式说明：在汉语中用"助动词＋动词"这一语法格局所表达的意义在日语中是用改变动词词尾的方式表达的，因此，如果日本学生对两种语言中所存在的差异缺乏清楚的了解，没有将这两种完全不同的表达形式进行有机地对比，就可能出现漏用汉语动词或助动词的讹误。上文中所列举的"漏用"的例句，大多与这一原因有关。

2. 采用"动词连体形＋……ことができる"的形式

表面看起来，这样的句子中出现了表示"可能"意思的"できる"一词，但与汉语相比，也存在着明显的差别：第一，表达"可能"的意思时，它一般出现在句子的最后，并不是用在主要动词之前；第二，作为一个动词，"できる"可以单独使用，如"今日中にできますか？（今天能做完吗?）"，"できる"的变体就是句中的主要动词。同时，"できる"在日语里具有几个不同的含义，

这一点和汉语的"能"也很不相同，因此，它在日语中的语法功能及其所含有的语法意义，同样会给日本学生在学习汉语助动词时带来干扰。例如：

你才能成为一个成功的人。——それでやっと貴方も成功者に<u>なることができる</u>。

如果考虑到孩子的兴趣的话，就能减少走歪路的孩子。——子供の気持が分かれば、道を踏み外す子供達を<u>減らすことができる</u>。

在表达"愿意做什么"和"应该做什么"时，这两种语言之间的差异也是相当大的：日语用希望助动词"たがる""たい"接在动词连用形后面来表示愿望，而且，在意义的表达上，日语的这两个助动词也是有分工的：表达第三者的愿望用"たがる"；表达第一人称、第二人称的愿望时用"たい"，这一点与汉语有明显的区别。同时，日语的助动词"たがる""たい"是用在动词之后的。

在表达"应该做什么"时，日语一般有两种方法：在动词后面接续"べきだ"或者接续"なければならない"。

"べき"，在有的字典中被称为"文语助动词"，它也用在动词之后，一般的用法是"动词的连体形＋べき＋だ"，表示"应该"的意思，且不说这种用法本身与汉语助动词的用法就不尽相同，会给学生们的学习带来一定的困难；仅就使用的汉字而言，也极容易给日本学生造成误解——"べき"用的汉字是"可"（"可き"），表示的却是"应该"之意。上文所列举的将"可以"与"应该"搞混的例句，其讹误之所以产生恐怕正缘于此。

而"なければならない"，如果直译的话，应译作"如果不……的话，是不行的"，这当然是"应该"的意思。但对语法结构而言，它是先将动词变为假设形，然后再加上表示否定的词，这显然与汉语的"'应该'＋动词"的结构是根本不同的。

总之，在汉语中需要添加助动词来表达的意思，在日语中，一般是采用变换动词词尾或者连接后续助词的方式来表达的，这些表达方法都与汉语的表达方法有着很大的区别，这种差异自然很容易给初学汉语的日本学生带来困惑，使他们很难找到这两种语言之间的对应点。我们认为，日本学生在遣词造句时所出现的漏用、多用、错用以及颠倒句中词的顺序等讹误，往往都是由于直接套用了日语的语法格式造成的。

（二）在意义上的种种差异

1. 汉语助动词的兼类现象

汉语没有严格意义上的词形变化，因此，词类与词类之间往往缺乏严格的界限，词的兼类现象十分突出，这一点也体现在助动词上。助动词虽然是一个相对封闭的类，但也有兼类现象，在《词汇大纲》中明确标注的具有兼类性质的助动词就有 8 个，如"必须"（助动词、副词）、"该"（助动词、动词）、"可能"（助动词、名词）等。而在实际应用中，兼类现象还要多，还要灵活。

词的兼类自然会产生词义上的差别，在使用这些兼类词时，如何区分不同类别的词在语义上的差异就成为日本学生的难点之一。因为在日语中，词汇本身具有一定的形态变化，词的类界比较清楚，即使是一些具有相同词干、在语义上也表现出双重词性的词，词性的变化也会在词尾上体现出来。另一方面，表达"可能、应该、愿望"等意义的任务大部分由接续助词承担，这些助词的用法及其所表达的意义基本上是单一的，没有汉语中的兼类现象，使用起来自然也就不容易搞混。习惯于词性分明的日本学生在学习和区分具有兼类性质的汉语助动词时，自然会由于不能深刻理解这种语言特性而产生讹误。我们认为，许多"误用"的出现，就源于此。

2. 汉语助动词的多义现象

如前所述，汉语助动词不仅具有鲜明的语法功能，而且还能表示实在的意义。那么，每一个助动词是否只有一个义项呢？答案显然是否定的。与其他实词一样，由于引申等各种原因，单义的助动词是十分罕见的，每一个助动词往往具有多个义项，这种多义性导致同一类别的助动词之间在语义上往往大同小异，从而在表达功能上也相应地呈现出种种差异，这些差异使得某些具有相同语法意义的助动词之间有时并不能置换使用。

如"能""能够""可能""可以""会"这组助动词在意义上有相同之处，因此表达某些意义时彼此间可以互换，但是，在表示"客观可能性"时就不能通用，如我们可以说"明天可能下雨"，却不能说"明天能够下雨"或者"明天可以下雨"；同样，在估计某件已经发生的事时只能用"可能"而不能用其他的词，我们只能说"他可能已经来了"却不能说"他会已经来了""他能已经来了"等。

又如"该"与"应该"属于一类，都可以表示"情理上或事实上的需要"，但是，在表示"估计或推测"时，就只能用"该"而不能用"应该"了：可以说"吹了风，又该感冒了"，但不能说"又应该感冒了"；同样，可以说"我们应该吃饭了"，却不能说"我们应该饿了"。

这些语义上的差别在日语中基本上是并不存在或者是并不明显存在的。与汉语不同，日语中没有众多的意义上大同小异的助动词，它在表示某种意向时所使用的表达方式即使不是一种，彼此之间在形式上也绝没有产生混淆的可能，其使用的法则十分清晰，因此，日本学生在初学阶段，面对着汉语形形色色的、有同有异的助动词，出现了上述种种偏误，自然就是十分正常的现象。

（三）在否定形式上的种种差异

汉语助动词、特别是同一类别中的助动词在语义上的种种差异，带来了它们在否定形式上的不同，这也是教授日本学生助动词时应该特别注意的。

如"能"的否定形式是"不能"，但属于同一类别的助动词"可以"在表示"没有能力做什么"时，它的否定形式并不是"不可以"，而是"不能"。之所以出现这样的差异，与"可以"一词的意义很有关系：作为助动词，"可以"虽然具有与"能"相同的、表示"有能力做什么"的功能，但是它还表示对某种动作行为的"许可"和"赞成"，这一义项是"能"所没有的。而"可以"的否定形式只能对"许可""赞成"这一含义进行否定，不能对"能力"进行否定。所以，虽然"可以"与"能"有时可以表达相同的意思，甚至可以互相置换；但是，"不可以"与"不能"的意思则是完全不同的。在这一点上，汉语与日语之间同样存在着差异：日语的各种句型间的否定形式基本上是统一的，不存在汉语中的这种区别，因此，日本学生也就很难了解汉语助动词否定式的一些不同寻常的规律。

综上所述，日本学生在学习和使用助动词时出现的种种讹误，与母语的影响有很大关系，正因为汉语与日语在表达"可能、应该、希望"等意思时采用的是很不相同的方式，因此造成了日本学生学习时的障碍，使他们在没有清楚地理解汉语助动词的种种特点时出现各种偏差。

另一方面，我们认为，无论是助动词之间的混淆还是助动词与其他词的混淆，其原因，一方面是由于助动词本身在意义上的差异以及在使用中所显示出的灵活性，造成了日本学生对它的不理解或者不够理解；另一方面也涉及了一些与汉语词义、汉语造词规律以及词汇教学等有关的问题。这一点，将在下文进一步探讨。

三、助动词教学建议

以上我们所分析的是日本学生在学习和使用汉语助动词时产生讹误的原因之一。众所周知，在学习一门外语的过程中出现种种偏误是很正常的，其原因也一定是多种多样的，除了母语所造成的负迁移之外，教材编写和教学方法中的某些偏差同样可能造成学生学习中的困惑。因此，认真分析学生们学习中的问题，对我们的教学工作会有相当的启示作用，促使我们去考虑，在我们的教学中是否也相应地存在着"误区"？我们认为，答案是肯定的。既然如此，那么，我们应该如何进行助动词的教学呢？在教学中又应该注意哪些问题呢？根据对外汉语教学的规律，我们提出以下几点看法，以期得到广大同行和专家们的指正。

第一，在大纲以及教材的编写中，应该给予助动词更多的关注。

应该说，目前的《词汇大纲》对助动词已经给予了相当的关注，不仅排列出了几乎所有的助动词，而且明确地标注了词性，这对于留学生来说是很有帮助的。但我们仍然感到，这个词汇大纲还可以做得更具体一些，如对兼类词的处理，目前是在一个词之下标注不同词性，因此，就把不同的意义、不同的语法功能归入同一个级别了，这样的归属显然是不够科学的，正像前文论述的那样，汉语助动词内部的情况是十分复杂的，它所带有的兼类现象以及多义性使得每一个助动词的使用法则也显得很灵活，只是笼统地按词形进行排列和标注，无形中就降低了它的指导作用。

在教材编写中也有这样的情况，我们统计了几套比较有影响的阅读教材（即精读教材），发现它们对助动词的处理都不太到位，不仅数量偏少，而且讲解也比较简单，既没有把助动词的主要特点较为全面地展现出来，也缺乏对其意义特征以及使用规则的总结。如果我们的教师对于这一问题再缺乏必要的重视的话，其结果就可想而知了。我们认为，目前日本留学生在助动词的掌握上所表现出来的似懂非懂的倾向，就说明了我们在教材编写上以及在教学过程中的不精细与不到位。我们希望，在高年级的教材中，尤其在汉语本科生的教材中，对助动词有一个较为系统的解说。

第二，在讲授的过程中，应该强调语法与语义之间的密切关系。

我们认为，讲授过程中在语法与语义之间存在着一定程度上的脱节，或者说在讲解语法知识时缺乏与语义的有机联系是造成上述失误的第二个原因，上面所列举的十几个错用能愿动词的病句无一不说明了这个问题。在将"要"作为"需要"使用、将"愿望"作为"愿意"使用、将"能"作为"能力"使用等例句中，我们看到，学生们不仅将词义搞混了、将助动词与名词和普通动词混淆了，而且也将共用同一个语素的两个不同的双音节词搞混了，甚至还将单音节词与双音节词搞混了。我们认为，产生这些讹误的原因虽然是多方面的，但有两点不容忽视：（1）对于语义的不理解严重地影响了学生们对于助动词的掌握；（2）对于汉语构词法知识的欠缺也是留学生们在学习助动词的过程中出现偏差的重要原因。这就给了我们很重要的启发：如何讲解才能最有效地帮助学生们理解与掌握有关助动词的知识。我们认为，遵从汉语的特点将语法与语义有机地结合起来进行讲授这一点是非常重要的，因为只有这样，学生们才有可能对助动词有一个较为全面的理解，因而也才有可能正确地使用它们，这是因为"汉语由于缺乏形态，语法分析在一定程度上依据语义分析，使得语法、语义的关系更为密切"（史锡尧，1999）。其次，必须让学生们对于汉语构词法这一重要问题具有理性的认识与掌握，这是汉语与其他语种的本质区别之一，也是留学生们在学习汉语的过程中很难理解、但又必须理解的要点之一。汉语的语素与语义之间的关系决定了汉语构词的特点，而汉语构词的特点又与汉语的语法、语义有极为密切的关系，对汉语的构词特点缺乏必要的了解，就直接影响到留学生们对汉语知识的学习与掌握，助动词也不例外。上述这两个问题解决了，在助动词的使用中所产生的种种讹误也就容易避免了。此外，我们还应该充分利用对比的手法，将相关的两个词之间的种种差异以及一个词内部所具有的不同语义及其不同的语法功能尽可能地揭示出来，使学生们能够充分地感受到并搞清楚这些差别，这样就能使他们对这些词的特点及其用法产生深刻的印象，掌握起来自然就容易多了。同时我们还应该将学生们有可能产生讹误的地方预先估计出来，提醒他们注意。我们随时都应该意识到，我们所教的是成年人，尽管帮助他们尽快地掌握语言技能是我们的主要任务，但也应该看到，技能的培养对于成年人而言，同样是要在一定的理解的基础上进行的。

总之，我们一贯主张，对外汉语教学既然是一门"研究如何将汉语作为外语进行教学的理论与规律"的学科，那么，对于汉语本体的研究就是这门学科重要的研究内容之一，然而，这种研究应该是"应用型"的，应该以解决教学中的问题为目的。我们既要避免缺乏理论指导的、"就事论事"的研究，也要避免"只研究主义"的不切实际的倾向。